C. H. BECK
STUDIUM

D1875817

Hans-Ulrich Wehler

Bibliographie zur neueren deutschen Sozialgeschichte

Verlag C.H.Beck München

Die Deutsche Bibliothek – CIP-Einheitsaufnahme

Wehler, Hans-Ulrich:
Bibliographie zur neueren deutschen Sozialgeschichte /
Hans-Ulrich Wehler. – München : Beck, 1993
(C. H. Beck-Studium)
ISBN 3 406 37382 8
NE: HST

ISBN 3 406 37382 8

Einbandentwurf: Bruno Schachtner, Dachau

Druck und Bindung: C. H. Beck'sche Buchdruckerei, Nördlingen
Gedruckt auf säurefreiem,
aus chlorfrei gebleichtem Zellstoff hergestelltem Papier
Printed in Germany

Inhaltsverzeichnis

Vorwort 9

1. Einführungen in die Sozialgeschichte, Handbücher, übergreifende Darstellungen 15

2. Bibliographien, Hilfsmittel, Forschungsberichte 21

3. Lexika, Nachschlagewerke 26

4. Zeitschriften 28

5. Arbeitsbücher ("Reader"), Sammelwerke 31

6. Quellensammlungen, Statistik 34

7. Allgemeine theoretische Fragen der Geschichtswissenschaft 37

8. Theoretische Fragen der Sozialgeschichte 51

9. Kooperation zwischen Geschichts- und Sozialwissenschaft 74

10. Methodenprobleme 85

11. Bevölkerung 91

12. Soziale Ungleichheit (Schichtung, Stratifikation, Klassenstruktur/Soziale Mobilität 100

13. Horizontale Mobilität (Binnen- und Auswanderung) 122

14. Geschlechtergeschichte/Frauengeschichte 126

15. Familie 146

16. Kindheit, Jugend, Sozialisation, Generationenproblematik, Jugendbewegung 153

17. Alter 159

18. Lebenshaltung 160

19. Ernährung 166

20. Wohnen 168

21. Krankheit und Gesundheitswesen 170

22. Ländliche Gesellschaft 172

23. Adel 177

24. Bauern 185

25. Landarbeiter (Landproletariat, ländliche Unterschichten) 190

26. Bürgertum 193

27. Wirtschaftsbürgertum/Unternehmer 201

28. Bildungsbürgertum/Professionen 212

29. Kleinbürgertum 218

30. Handwerker 221

31. Angestellte 227

32. Unterschichten 230

33. Arbeiterschaft/Industrieproletariat 236

34. Sozialgeschichte der Industrialisierung 254

35. Sozialpolitik 258

36. Urbanisierung/Stadtgeschichte 265

37. Sozialer Protest - Soziale Kontrolle - Soziale Bewegungen 277

38. Streiks 283

39. Kultur und Volkskultur 286

40. Sozialgeschichte der Religion 288

41. Protestantismus 291

42. Katholizismus/Politischer Katholizismus 294

43. Sozialgeschichte der Aufklärung 298

44. Vereinswesen 299

45. Sozialgeschichte des Lesens, der Literatur, der Kunst, der Presse, der Öffentlichen Meinung 301

46. Bildungswesen 307

47. Schulen (Elementarschulen, Gymnasien, andere Höhere Schulen 311

48. Lehrer, Schüler 315

49. Universitäten, Wissenschaften 316

50. Professoren, Studenten 320

51. Ingenieure, Technische Hochschulen 325

52. Sozialgeschichte des Rechts 327

53. Kriminalität, abweichendes Verhalten 329

54. Eliten 331

55. Bürokratie 333

56. Militär 340

57. Sozialgeschichte der Politik, Wahlen, Parlamente 344

58. Parteien 353

59. Liberale Parteien/Liberalismus 355

60. Konservative Parteien/Konservativismus 363

61. NSDAP 366

62. Arbeiterbewegung/Sozialdemokratische und Kommunistische Parteien 370

63. Interessenverbände 385

64. Nationalismus 391

65. Juden und Antisemitismus 395

66. Allgemeine Revolutionsgeschichte und Revolutionstheorie 406

67. Die Revolution von 1848/49 410

68. Die Revolution von 1918/19 416

69. Sozialgeschichte der deutschen Staaten und Regionen bis 1871 419

70. Sozialgeschichte des Kaiserreichs und seiner Staaten 423

71. Sozialgeschichte der Weimarer Republik 425

72. Sozialgeschichte des nationalsozialistischen Deutschland 428

73. Sozialgeschichte der Bundesrepublik und der DDR 433

Abkürzungsverzeichnis 437

Vorwort

Moderne Sozialgeschichte, die sich auf der Höhe des gegenwärtigen Reflexionsniveaus und Leistungsstands bewegen will, muß problemorientiert und theoriegeleitet vorgehen. Sie arbeitet daher explizit mit Idealtypen, Modellen, Theorien, um diesem Anspruch gerecht zu werden. Zugleich ist sie zu empirischer Strenge und zu einem weiten, unkonventionellen Verständnis von möglichen Quellenbeständen verpflichtet. Da sie oft an Problemen, welche die herkömmlichen akademischen Fächergrenzen übergreifen, interessiert ist, kann sie sich nicht mit den etablierten Fragestellungen der Historikertradition zufriedengeben. Vielmehr setzt sie von vornherein auf interdisziplinäre Aufgeschlossenheit - je nachdem, welche Nachbarwissenschaft für das anvisierte Problem bewährte Sachkenntnisse und methodische Anregungen bereits anzubieten hat. Das kann die Soziologie oder die Politikwissenschaft, die Ökonomie oder die Kulturanthropologie sein. Berührungsängste hat es dabei nicht gegeben, es darf sie auch nicht geben. Für die Analyse des einmal gewählten Themas zählt nur die Chance, dasjenige Potential, welches den besten Beistand verspricht, ausnützen zu können. Selbstverständlich muß dann der Wissensstand der anderen Humanwissenschaften je nach den erkenntnisleitenden Interessen und den spezifischen Sachgesichtspunkten des Historikers gefiltert, müssen ihre Methoden und Theorien für die spezifischen Bedürfnisse der geschichtswissenschaftlichen Forschung "paßgerecht" gemacht werden. Die direkte, geschweige denn die umstandslose Übernahme ist so gut wie nie möglich.

Für die Überprüfung ihrer Fragen und Ergebnisse kann gerade die moderne Sozialgeschichte auf den Vergleich nicht verzichten. Er stellt die höchsten Ansprüche an das Theorie- und Methodenbewußtsein, an die intellektuelle und handwerkliche Kompetenz. Aber nur die komparative Untersuchung ermöglicht tendenziell eine so rigorose Überprüfung, daß sie als einziger Ersatz für das naturwissenschaftliche Experiment gelten kann.

Schließlich sollte die moderne Sozialgeschichte auf die regulative Idee der Totalität nicht verzichten. Vielmehr muß sie auch unter diesem Gesichtspunkt auf der Notwendigkeit von umfassenden Synthesen bestehen. Ob es sich dabei um eine Sozialgeschichte des neuzeitlichen Adels oder der Arbeiterklassen, des Bildungsbürgertums oder des Liberalismus, vielleicht auch um die Sozial- oder Gesellschaftsgeschichte einer bestimmten Epoche handelt - über die Priorität braucht hier nicht entschieden zu werden. Aber: Die Herausforderung ernst zu nehmen, die Verpflichtung zu akzeptieren, daß nur die weit angelegte Synthese die inzwischen schier unüberschaubare Spezialforschung noch zu integrieren vermag, das gehört zu den anspruchsvollen Forderungen, denen sich die Sozialgeschichte gegenübersieht und auch nach Kräften gerecht zu werden hat.[1]

An einem solchen umfassenden Verständnis von Sozialgeschichte, das jede dogmatische Verengung und jeden arroganten Purismus ablehnt, ist auch diese Bibliographie orientiert, die als Hilfsmittel das mühselige Einarbeiten in wichtige Problemfelder erleichtern, den oft erheblichen Zeitaufwand verkürzen soll. Das Arbeitsbuch ist aus dem Bedürfnis des akademischen Lehrbetriebs, selbstverständlich auch aus eigenen Interessen hervorgegangen. 1976 wurde eine erste Auflage unter dem Titel "Bibliographie zur modernen deutschen Sozialgeschichte" im Verlag Vandenhoeck & Ruprecht in Göttingen als UTB-Taschenbuch veröffentlicht. Sie kam damals offenbar einer lebhaften Nachfrage entgegen und war nach ziemlich kurzer Zeit vergriffen. Die Titelsammlung für eine erweiterte Fassung wurde fortgesetzt. Aber einmal verhinderten dringendere eigene Projekte den Abschluß der Überarbeitung. Zum zweiten erlebte auch die deutsche Sozialgeschichte eine Phase vehementer Expansion, die es geboten erscheinen ließ, eine geraume Zeit lang abzuwarten, ehe eine Art Zwischenbilanz erneut gezogen werden konnte.

Die Ausweitung der sozialgeschichtlichen Themenfelder spiegelt sich nicht nur in dem beträchtlich vermehrten Umfang der zweiten Auflage mit ihrer Verzehnfachung der Titel, sondern auch in den neu hinzugekommenen Abteilungen wider. Gab es zuerst 50, sind es jetzt 73. Sie lenken auf neu erschlossene Dimensionen der Sozialgeschichte hin, oder sie sind aus einer klareren Differenzierung früherer Stichworte hervorgegangen (wie z.B. Geschlechtergeschichte, Familie, Jugend, Alter, Ernährung, Wohnen, Krankheit, Vereinswesen, Religion, Nationalismus, Antisemitismus usw.).

Der Vergleich mit einem der neuesten Handbücher zur Sozialgeschichte, der "Cambridge Social History of Britain", ermöglicht eine Kontrolle.[2] Fast alle Themenbereiche dieser

---

[1] Hierzu am aufschlußreichsten: J. Kocka, Sozialgeschichte. Begriff - Entwicklung - Probleme, Göttingen 1986², und der vorzügliche historiographische Abriß von G.A. Ritter, Die neuere Sozialgeschichte in der Bundesrepublik Deutschland, in: J. Kocka Hg., Sozialgeschichte im internationalen Überblick, Darmstadt 1989, 19-88. Vgl. auch die einschlägigen Beiträge in: R. van Dülmen Hg., Fischer Lexikon Geschichte, Frankfurt 1990²; H.-U. Wehler, Historische Sozialwissenschaft u. Geschichtsschreibung, Göttingen 1980, 13-150, 161-223, und die Einleitung in: ders., Deutsche Gesellschaftsgeschichte, Bd. I, München 1989², 6-30.

[2] F.L.M. Thompson Hg., Cambridge Social History of Britain 1750-1950, 2 Bde, Cambridge 1990. Derselbe Anspruch ist auch im Hinblick auf F. Braudel u. E. Labrousse Hg., Histoire économique et sociale de la France, Bde III/1 u. 2, Paris 1976, dt. gekürzt: Wirtschaft u. Gesellschaft im Zeitalter der Industrialisierung, 2 Bde, Frankfurt 1988, gerechtfertigt. Für die Vereinigten Staaten fehlt noch eine vergleichbare Synthese. Vgl. vorerst H.G. Gutman Hg., Who Built America? Working People and the Nation's Economy, Politics, Culture, and Society, Bd. I: From Conquest to 1877, N.Y. 1989. Auf diesen Band trifft dasselbe Urteil zu.

beiden Bände, die für die Zeitspanne von 1750 bis 1950 zahlreiche Probleme mit eindrucksvoller Genauigkeit behandeln, sind in der vorliegenden Bibliographie vertreten. Es fehlen "Freizeit" und "Sport", da die deutsche Forschung in dieser Hinsicht nicht einmal von ferne so weit entwickelt ist wie etwa in England und Amerika. Es fehlt auch die "Philanthropie", die wegen der unvergleichlich geringeren Bedeutung des Sachphänomens in Deutschland noch kaum Aufmerksamkeit auf sich gezogen hat.[3]

Andererseits wird hier zentralen sozialgeschichtlichen Problemen, die in der "Cambridge Social History of Britain" als eigener Gegenstand gar nicht thematisiert, sondern bestenfalls unter anderen Gesichtspunkten mehr oder weniger explizit berücksichtigt werden, viel Platz eingeräumt. Zum Beispiel: Die Erforschung der Sozialen Ungleichheit markiert unverändert den Königsweg der modernen Sozialgeschichte, auch einer historisch interessierten Soziologie. Deshalb ist erheblicher Wert darauf gelegt worden, die wichtige neue und ältere Literatur hier zu verzeichnen. Das gilt auch für die Probleme der sozialen, vertikalen und geographischen, horizontalen Mobilität, der Geschlechtergeschichte, der verschiedenen Formationen des Bürgertums, der Parteien und Verbände. Andererseits taucht ein Modebegriff wie die "Alltagsgeschichte", die nach dem Überschreiten ihres Zenits zur Zeit offenbar einer reflektierten Kulturgeschichte weicht, nicht eigens auf. Die nennenswerten methodischen Äußerungen sind in Abteilung 8 erfaßt (einer Theoriedebatte haben sich die Alltagshistoriker bekanntlich bisher nicht gestellt); die brauchbaren empirischen Arbeiten sind unter den zutreffenden Sachgesichtspunkten zu finden.

Was die Gliederung dieser Bibliographie angeht, verzeichnet sie zunächst die wichtigsten Einführungen in die Sozialgeschichte, die Handbücher und übergreifenden Darstellungen. Darauf folgen Hilfsmittel wie Bibliographien, Forschungsberichte und Lexika, dazu die breite Palette der einschlägigen Zeitschriften, ehe theoretischen und methodischen Titeln viel Platz eingeräumt wird, da nun einmal die Theorie- und Methodenfragen, die Chancen und Grenzen der interdisziplinären Kooperation für die moderne Sozialgeschichte eine so bedeutsame Rolle spielen. Um der Komplexität der gesellschaftlichen Phänomene in einem weit verstandenen Sinne gerecht zu werden, wird dann in 63 Abteilungen unter einer Vielzahl von Gesichtspunkten die Literatur präsentiert.

---

[3] In absehbarer Zeit müßte sich über das deutsche Stiftungswesen - das erste Handbuch (Bundesverband Deutscher Stiftungen Hg., Verzeichnis der Deutschen Stiftungen 1991, Darmstadt 1991) erfaßt jetzt immerhin 4.500 Stiftungen - ebenfalls substantiell arbeiten lassen.

Zugegeben: Hier und da könnte man die Akzente auch anders setzen. Die Gliederung dieser Bibliographie insgesamt und die Zuordnung der Titel zu den einzelnen Abteilungen ist häufig das Ergebnis pragmatischer Kompromisse. Ein Schuß Dezisionismus läßt sich dabei kaum vermeiden, da es ein absolut schlüssiges, gar nicht zu reden von dem einzig möglichen Verfahren für solch einen Zweck nicht gibt.

Selbstverständlich sind gerade wegen der relativ strengen Selektion nicht wenige Ergänzungen möglich. Ich habe die Titel in den letzten dreißig Jahren ursprünglich für Universitätsveranstaltungen und eigene Arbeiten gesammelt. Trotz aller Anstrengung, die einschlägigen Veröffentlichungen möglichst gleichmäßig zu erfassen, kommen natürlich in der Dichte oder Lückenhaftigkeit der Titelangaben auch eigene Interessenschwerpunkte zum Ausdruck. Manchmal aber ist der Bestand an Literatur, soweit ich zu sehen vermag, in der Tat sehr schmal. In solchen Fällen kann auch eine bibliographische Zusammenstellung nicht umhin, die Lücken der Forschung widerzuspiegeln. Im übrigen will und kann ein solches Arbeitsbuch keine "totale" Bibliographie sein, sondern bei der Verfolgung bestimmter sozialgeschichtlicher Interessen weiterhelfen.

Deshalb gibt es auch keine strengere und zugleich kompliziertere Systematik, die zahlreiche Überschneidungen zur Folge und die Benutzung letzten Endes nur erschwert hätte. Eine relativ schnell überschaubare Gliederung scheint vorteilhafter zu sein. Wer die Bibliographie benutzt, ob Student oder Doktorand, Lehrer oder Tagungsleiter, von interessierten Fachkolleginnen und Kollegen zu schweigen, wird wohl bereit sein, auch größere Abteilungen durchzusehen. Ohnehin empfiehlt es sich in vielen Fällen, mehrere Abteilungen (z.B. alle zum Bürgertum, zum Bildungswesen, zur Politikgeschichte) heranzuziehen.

Für die Zuordnung der Titel ist in aller Regel der Sachgesichtspunkt ausschlaggebend gewesen (z.B. Familie), nicht die Art der Veröffentlichung (z.B. Sammelwerk). In strittigen Fällen wurde nicht nach einem vagen Titel, sondern nach dem Inhalt entschieden. Innerhalb der jeweils durchnumerierten Abteilungen gilt die alphabetische Reihenfolge der Autoren- oder Herausgebernamen. Das soll auch die rasche Durchsicht neben einem Bibliothekskatalog oder einer anderen Bibliographie erleichtern. Auf eine Kommentierung der einzelnen Titel ist verzichtet worden, da sie trotz aller gebotenen Askese den Umfang des Bandes verdreifacht und ihn dementsprecht teurer gemacht hätte.

Um es zu wiederholen: Selbstverständlich sind immer wieder auch andere Entscheidungen möglich - bei der Auswahl oder Ausscheidung von Titeln, bei ihrer Zuordnung, bei der gesamten Gliederung des Materials. Außer den vorn skizzierten Interessen der modernen Sozialgeschichte und eigenen Präferenzen blieb die Abwägung maßgebend, was praktisch am zweckmäßigsten wirkt. Dem Benutzer mit einem handlichen Hilfsmittel rasch einen Überblick über die bis 1992 erschienene internationale Literatur zu bieten, ihm damit Zeit zu sparen und die Vorbereitung der eigentlichen Arbeit abzukürzen - das ist das Hauptziel dieser Bibliographie.

Unter diesen Gesichtspunkten wird sie sich, wie ich hoffe, ungeachtet der auch mir zum Teil bewußten Lücken und Grenzen bewähren, zumal sie zur Zeit die einzige für diese Disziplin der Geschichtswissenschaft ist.[4] Im Rückblick auf die mühsame Sammelarbeit glaube ich sagen zu dürfen, daß diese Bibliographie manche Suchstunde abnimmt, die dem Lesen und Schreiben zugute kommen kann.

Für ihre ebenso bereitwillige wie entsagungsvolle Mitarbeit beim Verifizieren der Titel, bei ihrer Zuordnung zu den einzelnen Abteilungen und beim Korrekturlesen, last but not least für ihre offenherzige Kritik, ihre Ergänzungs- und Ausscheidungsvorschläge danke ich an dieser Stelle noch einmal:
Svenja Goltermann M.A., Dr. Claudia Huerkamp, Kerstin Meiring M.A., Anette Stockmann M.A., Iris Schäferjohann-Bursian M.A.;
Dr. Rudolf Boch, Jürgen Bossmann M.A., Dr. Robert v. Friedeburg, Dr. Manfred Hettling, Stefan Hoffmann, Bernd Holtwick, Dr. Frank-Michael Kuhlemann, Andreas Lüking M.A., Stefan Nesenhöner, Dr. Paul Nolte, Dr. Karl-Heinrich Pohl und Dr. Hans-Walter Schmuhl. Frau Wiegmann danke ich für die schwierige Herstellung des Manuskripts. Ernst-Peter Wieckenberg, der sich im Verlag C.H. Beck auch dieses Projekts bereitwillig angenommen hat, gilt mein Dank in besonderem Maße.

Bielefeld, 1. Oktober 1992 Hans-Ulrich Wehler

---

[4] Zu der Thematik einzelner Abteilungen sind Spezialbibliographien in Abt. 2 verzeichnet. Auf die wichtigsten sei hier bereits hingewiesen. Besonders zu beachten sind für: Abt. 6: Nr. 64, 93. Abt. 7: Nr. 10. Abt. 8: Nr. 71, 98. Abt. 9: Nr. 12, 18, 19, 24-26, 32, 33, 62, 80, 81, 119. Abt. 10: Nr. 70. Abt. 11: Nr. 14, 79. Abt. 12: Nr. 54. Abt. 14:Nr. 8, 27, 31, 35, 38-40, 45, 50, 51, 74, 99, 120. Abt. 15: Nr. 4, 76, 85, 10. Abt. 16: Nr. 45, 57, 102. Abt. 23: Nr. 23. Abt. 27: Nr. 20, 72, 118. Abt. 33: Nr. 6, 61, 77, 108, 110. Abt. 76: Nr. 36, 105-107. Abt. 44: Nr. 86. Abt. 45: Nr. 55, 61. Abt. 57: Nr. 41, 95. Abt. 58: Nr. 96, 97, 114. Abt. 59: Nr. 59. Abt. 62: Nr. 43, 44, 46, 56, 103, 104, 108, 110. Abt. 63: Nr. 113, 114. Abt. 64: Nr. 48, 92. Abt. 66: Nr. 28. Abt. 67: Nr. 7, 29, 30, 60. Abt. 68: Nr. 68, 109. Abt. 69: Nr. 49. Abt. 70: Nr. 49. Abt. 73: Nr. 58, 118.

1. Einführungen in die Sozialgeschichte, Handbücher, übergreifende Darstellungen

1 *Abelshauser, W. u.a.* Hg., Deutsche Sozialgeschichte 1914—45, München 1985.

2 *Abendroth, W. u. K. Lenk* Hg., Einführung in die Polit. Wissenschaft, Bern 1968.

3 *Ambrosius, G. u. W. Hubbard,* Sozial- u. Wirtschaftsgeschichte Europas im 20. Jh., München 1986.

4 *Anderson, E.N. u. P.R.,* Political Institutions and Social Change in Continental Europe in the 19th Century, Berkeley 1967.

5 *Aron, R.,* Die Industrielle Gesellschaft, Frankfurt 1964.

6 --, Hauptströmungen des soziolog. Denkens, 2 Bde, Köln 1971.

7 --, Die deutsche Soziologie der Gegenwart, Stuttgart 1953.

8 *Aubin, H. u. W. Zorn Hg.,* Handbuch der Deutschen Wirtschafts- u. Sozialgeschichte, 2 Bde, Stuttgart 1971/1976.

9 *Bahrdt, H.P.,* Wege zur Soziologie, München 1973[8].

10 *Baasch, E.,* Wirtschaftsgeschichte, in: WbV 3. 1933, 1024—30.

11 *Bauer, C.,* Wirtschafts- u. Sozialgeschichte, in: Staatslexikon 8. 1963[6], 838—47, u. in: ders., Ges. Aufsätze, Freiburg 1965, 1—9.

12 *Bechtel, H.,* Wirtschafts- u. Sozialgeschichte Deutschlands, München 1967.

13 *Berg-Schlosser, D. u.a.,* Einführung in die Politikwissenschaft, München 1974.

14 *Berger, H. u.a. Hg.,* Handbuch der soziolog. Forschung, Berlin 1989.

15 *Berger, P.L.,* Invitation to Sociology, N.Y. 1963; dt. Einladung zur Soziologie, München 1971.

16 *Bergeron, L. u.a.,* Das Zeitalter der europ. Revolution 1780—1848, Frankfurt 1969.

17 *Bergier, J.-E.,* The Industrial Bourgeoisie and the Rise of the Working Class 1700-1914, London 1971.

18 *Beutin, L.,* Einführung in die Wirtschaftsgeschichte, Köln 1958/1973[2].

19 --, Wirtschaftsgeschichte, in: Handwörterbuch der Wirtschaftswissenschaft Wiesbaden 1966, 1407-43.

20 *Böhme, H.,* Prolegomena zu einer Sozial- u. Wirtschaftsgeschichte Deutschlands im 19. u. 20. Jh., Frankfurt 1968.

21 *Boelcke, W.A.,* Verfassungswandel u. Wirtschaftsstruktur, Würzburg 1969.

22 --, Wirtschafts- u. Sozialgeschichte, Darmstadt 1987.

23 *Bog, I.,* Wirtschaft u. Gesellschaft im Zeitalter der Industriellen Revolution, in: GWU 20. 1969, 193—224.

24 *Born, K.-E.,* Wirtschafts- u. Sozialgeschichte des Deutschen Kaiserreichs 1866/71— 1914, Wiesbaden 1985.

25 *Braudel, F.,* Sozialgeschichte des 15.—18. Jh., 3 Bde, München 1985/86.

26 *Brinkmann, C.,* Wirtschafts- u. Sozialgeschichte, Göttingen 1953[2].

27 *Bruck, W.F.,* Social and Economic History of Germany from William II. to Hitler, London 1938/ND N.Y. 1962.

28 *Bruford, W.H.,* Germany in the 18th Century, Cambridge 1965.

29 *Brusatti, A.*, Wirtschafts- u. Sozialgeschichte des Industriellen Zeitalters, Köln 1968^{2}.

30 *Claessens, D.*, Rolle u. Macht, München 1968.

31 -- *u. K.*, Kapitalismus als Kultur, Düsseldorf 1973/Frankfurt 1979.

32 *Conze, W. u.a. Hg.*, Funk-Kolleg Geschichte, 2 Bde, Frankfurt 1981.

33 --, Social History, in: JSH 1. 1967, 7-16.

34 --, Sozialgeschichte, in: RGG 6. 1962^{3}, 169–74.

35 --, Sozialgeschichte, in: Moderne Deutsche Sozialgeschichte, Hg. H.-U. Wehler, Köln 1966/ Königstein 1981^{6}, 19–26.

36 --, Sozialgeschichte 1800-1850, in: HWS II.1976, 426–94.

37 --, Sozialgeschichte 1850–1918, in: HWS II.1976, 602–84.

38 --, Der Weg zur Sozialgeschichte nach 1945, in: C. Schneider Hg., Forschung in der Bundesrepublik, Weinheim 1983, 73–81.

39 *Court, W.H.B.*, Economic History, in: H.P.R. Finberg Hg., Approaches to History, Toronto 1962, 17–50.

40 *Dahrendorf, R.*, Gesellschaft u. Demokratie in Deutschland, München 1965/19-74^{4}.

41 *Droege, G.*, Deutsche Wirtschafts- u. Sozialgeschichte, Berlin 1973.

42 *Eisenstadt, S.N*, The Political Systems of Empires, Glencoe 1963.

43 *Eisermann, G.* Hg., Die Lehre von der Gesellschaft, Stuttgart 1969^{2}.

44 *Elias, N.*, Was ist Soziologie? München 1970.

45 --, Über den Prozeß der Zivilisation, 2 Bde., Bern 1939/ND München 1969^{2}, Frankfurt 1991^{1}.

46 *Engelsing, R.*, Kleine Wirtschafts- u. Sozialgeschichte Deutschlands, Hannover 1968; u. als: Sozial- u. Wirtschaftsgeschichte Deutschlands, Göttingen 1973^{2}.

47 *Eschenburg, T.*, Staat u. Gesellschaft in Deutschland, Stuttgart 1965^{9}.

48 *Finer, H.*, Der moderne Staat, 3 Bde, Stuttgart 1957/58.

49 *Fischer, W.*, Deutschland 1850–1914, in: HEWS V.1985, 357–442.

50 --, Sozialgeschichte, in: W. Bernsdorf Hg., Wörterbuch der Soziologie III, Frankfurt 1972, 761f.

51 --, Wirtschaft u. Gesellschaft Europas 1850–1914, in: HEWS V.1985, 1–207.

52 --, Wirtschaft, Gesellschaft u. Staat in Europa 1914–1980, in: HEWS VI. 1987, 1–222.

53 *Freyer, H.*, Einleitung in die Soziologie, Leipzig 1931.

54 --, Soziologie als Wirklichkeitswissenschaft, Leipzig 1930/ND Darmstadt 1966.

55 --, Weltgeschichte Europas, Stuttgart 1969^{3}.

56 *Fürstenberg, F.*, Soziologie, Berlin 1974^{3}.

57 *Gehlen, A. u. H. Schelsky* Hg., Soziologie, Düsseldorf 1968^{7}.

58 *Greenstein, F. u. N. Polsby* Hg., Handbook of Political Science, 9 Bde, Reading/Mass. 1975.

59 Grundriß der Sozialökonomik, 9 Bde, Tübingen 1923–30^{2}.

60 *Hamerow, T.S.*, The Birth of a New Europe. State and Society in the 19th Century, Chapel Hill 1983.

61 Handbuch der empir. Sozialforschung, Hg. *R. König*, 2 Bde, Stuttgart 1962/1967^{2}/14 Bde, München 1973–1979^{3}.

62 Handbuch der Soziologie, Hg. *W. Ziegenfuß*, Stuttgart 1956.

63 Handwörterbuch der Soziologie, Hg. *A. Vierkandt*, Stuttgart 1931/ND 1959.

64 *Handke, H.*, Sozialgeschichte – Stand u. Entwicklung in der DDR, in: J. Kocka Hg., Sozialgeschichte im internat. Überblick, Darmstadt 1989, 89–108.

65 Handlexikon der Politikwissenschaft, Hg. *A. Görlitz*, München 1970.

66 *Harbison, F.U. u.a.*, Quantitative Analysis of Modernization and Development, Princeton 1970.

67 *Hardach, G.*, Deutschland in der Weltwirtschaft 1870–1970. Eine Einführung in die Sozial- u. Wirtschaftsgeschichte, Frankfurt 1977.

68 *Hecht, J.J.*, Social History, in: IESS 6. 1968, 455–62.

69 *Heintz, P.*, Einführung in die soziolog. Theorie, Stuttgart 1968[2].

70 *Heinz, W.R. u. P. Schöber*, Theorien kollektiven Verhaltens, 2 Bde, Neuwied 1973.

71 *Henning, F.-W.*, Das vorindustrielle Deutschland 800–1800, Paderborn 1974/1985[4].

72 --, Deutschland von 1914 bis zur Gegenwart, in: HEWS VI. 1987, 416–48.

73 --, Die Industrialisierung in Deutschland 1800–1914, Paderborn 1973/1984[6].

74 *Henning, H.*, Sozialgeschichtl. Entwicklungen in Deutschland 1815–60, Paderborn 1977.

75 --, Sozialgeschichte, in: HWW 6. 1981, 661–89.

76 *Hilger, D.*, Zum Begriff u. Gegenstand der Sozialgeschichte, in: Buch u. Bibliothek 23. 1971, 17–26 u. in: P. Borowsky u.a. Hg., Einführung in die Geschichtswissenschaft II, Opladen 1975, 26–44.

77 *Hobsbawm, E.J.*, The Age of Revolution 1789–1848, London 1962; dt. Europ. Revolutionen, München 1962.

78 --, The Age of Capital 1848–75, London 1975; dt. Die Blütezeit des Kapitals, München 1977.

79 --, The Age of Empire 1875–1914, London 1987; dt. Das imperiale Zeitalter, Frankfurt 1989.

80 -- *u. T. Ranger* Hg., The Invention of Tradition, Cambridge 1984.

81 *Homans, G.C.*, Was ist Sozialwissenschaft? Opladen 1969.

82 *Huber, E.R.*, Deutsche Verfassungsgeschichte seit 1789, 7 Bde, Stuttgart 1957/1984.

83 *Jacobeit, S. u. W.*, Illustrierte Alltagsgeschichte des dt. Volkes, 3 Bde, I: 1550–1810, Köln 1986, II: 1810–1900, Köln 1987, III: 1900–1945, Köln 1992.

84 *Jonas, F.*, Geschichte der Soziologie, 4 Bde, Reinbek 1968/69.

85 *Kaelble, H.*, Auf dem Weg zu einer europ. Gesellschaft? Eine Sozialgeschichte Westeuropas 1880–1980, München 1987.

86 *Kellenbenz, H. u. L. Beutin*, Grundlagen des Studiums der Wirtschaftsgeschichte, Köln 1973.

87 --, Die Methoden des Wirtschaftshistorikers, Köln 1973.

88 --, Probleme einer deutschen Sozialgeschichte der neueren Zeit, Nürnberg 1960.

89 --, Wirtschaftsgeschichte – Grundlegung, in: HSW 12. 1965, 124–41.

90 --, Deutsche Wirtschaftsgeschichte, 2 Bde, München 1977/1981.

91 *Kirchgässner, B.*, Einführung in die Wirtschaftsgeschichte. Grundriß der deutschen Wirtschafts- u. Sozialgeschichte bis 1806, Düsseldorf 1979.
92 *Kiss, G.*, Einführung in die soziolog. Theorien, 2 Bde, Opladen 1974[2].
93 *Klages, H.*, Geschichte der Soziologie, München 1969.
94 *König, R.* Hg., Soziologie: Fischer Lexikon, Frankfurt 1971[1].
95 *Kofler, L.*, Zur Geschichte der bürgerl. Gesellschaft, Neuwied 1966[3].
96 *Kocka, J.*, Sozialgeschichte – Strukturgeschichte – Gesellschaftsgeschichte, in: AfS 15. 1975, 1–42.
97 --, Sozial- u. Wirtschaftsgeschichte, in: SDG VI. 1972, 1–39.
98 --, Theorieprobleme der Sozial- u. Wirtschaftsgeschichte, in: Geschichte u. Soziologie, Hg. H.–U. Wehler, Köln 1972/Königstein 1984[3], 305–30.
99 -- *u. G. Ranki* Hg., Economic Theory and History, Budapest 1985.
100 *Kuczynski, J.*, Geschichte des Alltags des deutschen Volkes, 5 Bde, Berlin 1980/82.
101 *Lange, M.G.*, Polit. Soziologie, Berlin 1964[2].
102 *Lehmbruch, G.* Hg., Einführung in die Politikwissenschaft, Stuttgart 1970[3].
103 *Léon, P.* Hg., Histoire économique et sociale du monde, 6 Bde, Paris 1977/78.
104 --, Economies et sociétés préindustrielles, 2 Bde, Paris 1970.
105 --, L'évolution démographique, économique et sociale, in: M. Beloff u.a. Hg., L'Europe du XIXe et du XXe siècle, I, Mailand 1959, 333–70.
106 *Lütge, F.*, Geschichte, Wirtschaft, Wirtschaftsgeschichte, München 1959.
107 --, Deutsche Sozial- u. Wirtschaftsgeschichte, Berlin 1966[3].
108 --, Wirtschaftsgeschichte, in: RGG 6. 1962[3], 1747–53.
109 --, Wirtschaftsgeschichte – Neuzeit, Deutsche Wirtschaftsgeschichte, in: HSW 12. 1965, 177–85.
110 *MacKenzie, W.J.M.*, Politics and Social Sciences, Harmondsworth 1967.
111 --, Politikwissenschaft, Berlin 1972.
112 *Mandrou, R.*, Wirtschaftsgeschichte – Neuzeit, in: HSW 12. 1965, 166–77.
113 *v. Martin, A.*, Gesellschaft, in: Staatslexikon 3. 1959[3], 817–43.
114 *Massing, O.*, Polit. Soziologie, Frankfurt 1974.
115 *Mathias, P.*, Economic History, in: M. Ballard Hg., New Movements in the Study and Teaching of History, London 1970, 76–92.
116 *Matthes, J.*, Einführung in das Studium der Soziologie, Reinbek 1972.
117 *Mayhew, L.H.*, Society, in: IESS 14.1968, 577–85.
118 *Miliband, R.*, The State in Capitalist Society, N.Y. 1969; dt. Der Staat in der kapitalist. Gesellschaft, Frankfurt 1972.
119 *Mommsen, H.*, Sozialgeschichte, in: Fischer Lexikon 24, Frankfurt 1961, 313–22; u. in: Moderne deutsche Sozialgeschichte, Hg. H.–U. Wehler, Köln 1966/Königstein 1981[6], 27–34.
120 *Moore, W.E.*, Strukturwandel der Gesellschaft, München 1968[2].
121 *Münch, R.*, Die Struktur der Moderne. Grundmuster u. differentielle Gestaltung des institutionellen Aufbaus der modernen Gesellschaften, Frankfurt 1984.
122 *Narr, W.D. u. F. Naschold*, Einführung in die moderne polit. Theorie, 3 Bde, Stuttgart 1971/73.
123 *Niethammer, L. u.a.*, Bürgerl. Gesellschaft in Deutschland, Frankfurt 1990.

124 *Nipperdey, T.*, Deutsche Geschichte 1800-66. Bürgerwelt u. starker Staat, München 1983.

125 --, Deutsche Geschichte 1866—1918, I: Arbeitswelt u. Bürgergeist, München 1990.

126 --, Deutsche Geschichte 1866—1918, II: Machtstaat vor der Demokratie, München 1992.

127 *Nitschke, A. u.a. Hg.*, Jahrhundertwende. Der Aufbruch in die Moderne 1880—1930, 2 Bde, Reinbek 1990.

128 *North, D.C.*, Economic History, in: IESS 6. 1968, 468—74.

129 *Oppenheimer, F.*, Abriß einer Sozial- u. Wirtschaftsgeschichte Europas, IV, Jena 1935/Stuttgart 1964².

130 *Perkin, H.J.*, Social History, in: H.P.R. Finberg Hg., Approaches to History, London 1969², 51—82; u. in: F.Stern Hg., The Varieties of History, N.Y. 1972, 430—55.

131 --, What's Social History? in: Bulletin of the John Rylands Library 6. 1953/54, 56—74.

132 *Pöls, W.* Hg., Deutsche Sozialgeschichte 1815—1870, München 1973/1979³.

133 *Proesler, H.*, Hauptprobleme der Sozialgeschichte, Erlangen 1951.

134 --, Sozialgeschichte, in: HSW 9. 1956, 447—55.

135 *Renner, K.*, Wandlungen der modernen Gesellschaft, Wien 1953.

136 *Rex, J.*, Problems of Sociological Theory, London 1963; dt. Grundprobleme der soziolog. Theorie, Freiburg 1970.

137 *Ritter, G.A. u. J. Kocka* Hg., Deutsche Sozialgeschichte, 1870—1914, München 1982³.

138 --, Die neuere Sozialgeschichte in der Bundesrepublik Deutschland, in: J. Kocka Hg., Sozialgeschichte im internat. Überblick, Darmstadt 1989, 19—88.

139 *Rosenstock-Huessy, E.*, Soziologie, 2 Bde, Stuttgart 1956/58.

140 *Rüstow, A.*, Ortsbestimmung der Gegenwart, 3 Bde, Zürich 1950—1956.

141 *Ruppert, W. Hg.*, Lebensgeschichten. Zur deutschen Sozialgeschichte 1850—1950, Opladen 1980.

142 *Sagarra, E.*, A Social History of Germany 1648—1945, London 1976.

143 *Schäfers, B.* Hg., Grundzüge der Soziologie, Opladen 1986.

144 *Scheuch, E.K. u. T. Kutsch*, Grundbegriffe der Soziologie, I: Grundlegung u. elementare Phänomene, Stuttgart 1975²; II: Komplexe Phänomene u. systemtheoret. Konzeptionen, ebd. 1976.

145 *Schieder, T.* Hg., Handbuch der Europ. Geschichte, Bde 5-7/1 u. 2, Stuttgart 1968/81.

146 *Schieder W. u. V. Sellin* Hg., Sozialgeschichte in Deutschland, 4 Bde, Göttingen 1986/87.

147 *Schmoller, G.*, Grundriß der allgemeinen Volkswirtschaftslehre, 2 Bde, München 1923².

148 *Schröder, W.H.*, Histor. Sozialforschung: Forschungsstrategie - Infrastruktur - Auswahlbibliographie, in: Histor. Sozialforschung, Beih. 1. 1988, 5—109.

149 *Seger, I.*, Knaurs Buch der modernen Soziologie, München 1970.

150 *Seraphim, P.H.*, Deutsche Wirtschafts- u. Sozialgeschichte, Wiesbaden 1966².

151 *Siebel, W.*, Einführung in die systemat. Soziologie, München 1974.

152 *Simmel, G.*, Soziologie, Berlin 1908/ND Frankfurt 1992.

153 *Smelser, N.J.*, Soziologie der Wirtschaft, München 1968.

154 *Sombart, W.*, Der moderne Kapitalismus, 6 Bde, Leipzig 1902ff./ND Berlin 1955 u. München 1986.

155 --, Sozialismus u. soziale Bewegung im 19. Jh., Jena 1908[6]/ND Wien 1966 (10. Aufl.: Der proletar. Sozialismus, Jena 1924).

156 *Sorokin, P.*, Sociological Theories of Today, N.Y. 1966.

157 *Stammer, O. u. P. Weingart*, Polit. Soziologie, München 1972.

158 *Stearns, P.N.*, European Society in Upheaval. Social History Since 1800, N.Y. 1967.

159 *Steitz, W.*, Schwerpunkte der deutschen Sozial- u. Wirtschaftsgeschichte im 19. u. 20. Jh., Heidelberg 1979.

160 *Tilly, R.*, Soll u. Haben II: Wiederbegegnung mit der Deutschen Wirtschafts- u. Sozialgeschichte, in: ders., Kapital, Staat u. sozialer Protest in der deutschen Industrialisierung, Göttingen 1980, 228–51.

161 *Tipton, F.B. u. R. Aldrich*, An Economic and Social History of Europe, I: 1890–1939, II: 1939 to the Present, Baltimore 1987.

162 *Treue, W.*, Wirtschafts- u. Sozialgeschichte Deutschlands im 19. Jh., in: Gebhardt - Handbuch der deutschen Geschichte III, Stuttgart 1970[9], 377–541.

163 *UNESCO* Hg., Main Trends of Research in the Social and Human Sciences, I: Social Sciences, Paris 1970.

164 *Vierkandt, A.*, Gesellschaftslehre, Stuttgart 1928/ND 1961[3].

165 *Weber, M.*, Ges. Aufsätze zur Religionssoziologie, 3 Bde, Tübingen 1963[5]/72[5]/71[5]/ND 1988.

166 --, Ges. Aufsätze zur Sozial- u. Wirtschaftsgeschichte, Tübingen 1924/ND 1988.

167 --, Ges. Aufsätze zur Soziologie u. Sozialpolitik, Tübingen 1924/ND 1988.

168 --, Gesamtausgabe, Hg. H.Baier u.a., Tübingen 1984ff.

169 --, Wirtschaft u. Gesellschaft, Tübingen 1980[5].

170 --, Wirtschaftsgeschichte. Abriß der universalen Sozial– u. Wirtschaftsgeschichte, Berlin 1958[3].

171 *Wehler, H.-U.*, Deutsche Gesellschaftsgeschichte, I: Vom Feudalismus des Alten Reiches bis zur Defensiven Modernisierung der Reformära 1700–1815, München 1987/1989[2]/Frankfurt 1989.

172 --, Deutsche Gesellschaftsgeschichte, II: Von der Reformära bis zur Industriellen u. politischen "Deutschen Doppelrevolution" 1815–1845/49, München 1987/1989[2]/Frankfurt 1990.

173 *Weis, E.*, Der Durchbruch des Bürgertums 1776–1847, Berlin 1978.

174 *Wendorff, R.*, Zeit u. Kultur: Geschichte des Zeitbewußtseins in Europa, Opladen 1985[3].

175 Wirtschaftsgeschichte, in: HSW 12. 1965, 124-85.

176 Wirtschaftsgeschichte, in: HWW 9. 1982, 55–119.

177 *Wurm, F.F.*, Wirtschaft u. Gesellschaft in Deutschland 1848–1948, Opladen 1969.

178 *Zorn, W.*, Einführung in die Wirtschafts- u. Sozialgeschichte des Mittelalters u. der Neuzeit, München 1974².
179 --, Sozialgeschichte – eine polit. Wissenschaft? in: P.C. Meyer-Tasch Hg., Münchner Beiträge zur Politikwissenschaft, Freiburg 1980, 50-67.
180 --, Sozialgeschichte 1918–1970, in: HWS II. 1976, 876–933.

2. Bibliographien, Hilfsmittel, Forschungsberichte

1 Historical Abstracts (1775–1945), Hg. *E. Boehm*, Santa Barbara/Cal. 1955ff.
2 Sociological Abstracts, N.Y. 1952ff.
3 *Aldcroft, D.H. u. R. Rodger*, Bibliography of European Economic and Social History, Manchester 1984.
4 *Aldous, J. u. H. Reuben Hg.*, International Bibliography of Research in Marriage and the Family 1900–64, Minneapolis 1967.
5 *Arnim, M.* Hg. Internat. Personalbibliographie, I, Leipzig 1944; II, Stuttgart 1952; III, ebd. 1961.
6 *Arnold, H.L.* Hg., Handbuch zur deutschen Arbeiterliteratur, 2 Bde, München 1977.
7 Auswahlbibliographie von Veröffentlichungen der sozialist. Staaten (1944–1972) zur bürgerl.-demokrat. Revolution von 1848/49, in: JbG 8. 1973, 469–561.
8 *Ballon, P.K.*, Bibiograpies for Research on Women, in: Signs 3. 1977, 436–50.
9 *Baumgart, W.*, Bücherverzeichnis zur deutschen Geschichte. Hilfsmittel, Handbücher, Quellen, Berlin 1973².
10 *Berding, H.*, Bibliographie zur Geschichtstheorie, Göttingen 1977.
11 *Bestermann, T.* Hg., World Bibliography of Bibliographies, 5 Bde, Lausanne 1965/66⁴.
12 *Bette, K. u.a.*, Bibliographie zur deutschen Soziologie 1945–1977, Bonn 1980.
13 Deutsche Bibliographie, Bearb. Deutsche Bibliothek Frankfurt, Frankfurt 1951ff. (1. Halbjahresverzeichnis, 2. Wöchentl. Verzeichnis, A: Erscheinungen des Buchhandels, 1947ff.; B: Erscheinungen außerhalb des Buchhandels, 1965ff.; C: Karten, 1965ff.).
14 Bibliographie International de la Demographie Historique, Lüttich 1978ff.
15 Bibliographie zur Geschichte der deutschen Industrie- u. Handelskammern u. des Deutschen Industrie- u. Handelstags, Bonn 1963.
16 Bibliographie générale des industries à domicile, Suppl. zu: Les industries à domicile en Belgique, Brüssel 1908.
17 Internat. Bibliographie der Geschichtswissenschaften, Bd. 1–14 (= 1926–39) Washington u. Paris 1930–42; 16 (= 1947)ff., Zürich 1949ff.
18 Bibliographie der Sozialwissenschaften, 1. 1905–42; dann in: JbS NF 1. 1950ff.
19 Bibliographie soziolog. u. sozialpolit. Literatur, Hamburg 1966.

20 Bibliographie von Veröffentlichungen zur Geschichte der kapitalist. Unternehmen, die nach 1945 in Westdeutschland u. Westberlin erschienen sind, in: JbW 1960/II, 355–402.

21 Bibliographie für Zeitgeschichte, München 1952ff.

22 Bibliographie für Zeitgeschichte, in: ZfG 1952ff.

23 Internat. Bibliographie der Zeitschriftenliteratur, 1861ff., Hg. *F. u. R. Dietrich*, Leipzig 1897ff. (A: Deutsche Zeitschriften 1. 1896ff.; C: Rezensionen 1. 1900ff. (seit 1965 A u. B. zus.), NF 1. 1963ff., Hg. O. Zeller, Osnabrück 1965ff.).

24 Internat. Bibliography of Economics, 1955ff.

25 Internat. Bibliography of Political Science, London 1954ff.

26 Internat. Bibliography of the Social Sciences, Chicago 1951ff.

27 *Bickner, M.L.*, Women at Work: An Annotated Bibliography, 2 Bde, Los Angeles 1974/1977.

28 *Blackey, R.*, Modern Revolutions: A Bibliography, Oxford 1976.

29 *Bleiber, H. u. W. Schmidt*, Forschungen zur Geschichte der Revolution von 1848/9, in: Histor. Forschungen in der DDR 1960–70, Berlin 1970, 408–27.

30 *Bleiber, H.*, Literatur zur Geschichte der Revolution von 1848/49, in: Histor. Forschungen in der DDR 1950–1960, Berlin 1960, 212–28.

31 *Bock, U. u. B. Witych*, Thema: Frau. Bibliographie der deutschsprachigen Literatur zur Frauenfrage 1949–1979, Bielefeld 1980.

32 *Bracher, K.D. u. H.-J. Jacobsen* Hg., Bibliographie zur Politik in Theorie u. Praxis, Düsseldorf 1970; Erg. Bd. 1969–72, ebd. 1973.

33 *Brode, J.* Hg., The Process of Modernization. An Annotated Bibliography, Cambridge/Mass. 1969.

34 Deutsches Bücherverzeichnis, Bde 1–22 (1911–1940), Leipzig 1916–1942/Graz 1960/62; Bd. 23 (1941)ff., Leipzig 1953ff.

35 *Bullough, V.L.* u.a. Hg., A Bibliography of Prostitution, N.Y. 1977.

36 *Caron, P. u. M. Jaryc* Hg., World List of Historical Periodicals and Bibliographies, Oxford 1939.

37 *Dahlmann-Waitz*, Hg. H. Haering, Quellenkunde zur deutschen Geschichte, 2 Bde, Leipzig 1931/32^{9}; Hg. H. Heimpel, Stuttgart 1969^{1}ff.

38 *Daniel, U.*, Bibliographie zur Sozialgeschichte von Frauen 1800–1914, in: E. Walter Hg., "Schrieb oft, von Mägde Arbeit müde." Lebenszusammenhänge deutscher Schriftstellerinnen um 1800 - Schritte zur bürgerl. Weiblichkeit, Düsseldorf 1985, 247–78.

39 *Davis, N. u. Conway, J.*, Society and the Sexes: A Bibliography of Women's History in Early Modern Europe, Colonial America and the United States, N.Y. 1978.

40 *Delvendahl, J. u. D. Marek* Bearb., Die Frauenfrage in Deutschland. Bibliographie, Bd. 10: 1931–1980, München 1982.

41 *Diederich, N. u.a.* Hg., Wahlstatistik in Deutschland. Bibliographie 1848–1975, München 1976.

42 *Dimpfel, R.*, Biograph. Nachschlagewerke, Adelslexika, Wappenbücher, Leipzig 1922/Wiesbaden 1969.

43 *Dowe, D.*, Bibliographie zur Geschichte der deutschen Arbeiterbewegung, sozialist. u. kommunist. Bewegung von den Anfängen bis 1863 (1945–1975), Bonn 1976.

44 --, Führer zu den Archiven, Bibliotheken u. Forschungseinrichtungen zur Geschichte der europ. Arbeiterbewegung, Bonn 1984.

45 *Eichler, M.* Hg., An Annotated Selected Bibliography of Bibliographies of Women, Pittsburgh 1973.

46 *Emig, D. u. R. Zimmermann*, Arbeiterbewegung in Deutschland. Ein Dissertationsverzeichnis, Berlin 1977.

47 *Ende, A.*, Bibliography on Childhood and Youth in Germany 1820–1878, in: Journal of Psychohistory 7. 1979, 283–87.

48 *Faber, K.-G.*, Die nationalpolit. Publizistik Deutschlands 1866–71, 2 Bde, Düsseldorf 1963.

49 *Fout, J.* Hg., German History and Civilization 1806–1914. A Bibliography of Scholarly Periodical Literature, Metuchen/N.Y. 1974.

50 --, An English-Language Bibliography on European and American Women's History, in: ders. Hg., German Women in the 19th Century, N.Y. 1984, 368–423.

51 *Frey, S.L. u.a.*, Woman in Western European History. A Select Chronological, Geographical and Topical Bibliography, 2 Bde, Westport/Conn. 1982–84.

52 *Gall, L.* Hg., Neuerscheinungen zur Geschichte des 20. Jh., München 1992 (= HZ SoH 16).

53 *Giersiepen, E.*, Die deutsche Wirtschafts- u. Sozialgeschichte in der Forschungsarbeit der Wirtschaftshistoriker der DDR, in: ZfG, SoH. 1960, 229–44.

54 *Glenn, N.D. u.a.* Hg., Social Stratification. A Research Bibliography, Berkeley 1972^2.

55 *Graff, H.J.*, Literacy in History. A Bibliography, N.Y., 1981.

56 *Gulick, C.A. u.a.* Hg., History and Theories of Working-Class Movements. A Selected Bibliography, Berkeley 1955.

57 *Herrmann, U. u.a.*, Bibliographie zur Geschichte der Kindheit, Jugend u. Familie, München 1980.

58 *Hersch, G.* Hg., A Bibliography of German Studies 1945–1971, Bloomington 1972.

59 *Hess, J. u. E. van Steensel van der Aa* Hg., Bibliographie zum deutschen Liberalismus, Göttingen 1981.

60 *Hofmann, J. u. W. Schmidt*, Forschungen zur Geschichte der Revolution von 1848/49, in: Histor. Forschungen in der DDR 1970–1980, Berlin 1980, 143–68.

61 *Hoppe, R.*, Bibliographie der 1820–1850 erschienenen bürgerl. Literatur zur Lage der Arbeiter, in: J. Kuczynski, Bürgerl. u. halbfeudale Literatur aus den Jahren 1840–1847 zur Lage der Arbeiter, Berlin 1960, 267–84.

62 *Hoselitz, B.F.*, A Readers Guide to the Social Sciences, N.Y. 1970.

63 *Humpert, M.*, Bibliographie der Kameralwissenschaften, Köln 1937/1972^2.

64 Statist. Jb. für das Deutsche Reich, 1913: Übersicht über die Veröffentlichungen des Kaiserl. Statist. Amts S. XIII–XXXII.

65 Jahresbibliographien der Bibliothek für Zeitgeschichte Stuttgart, 1. 1960ff., Frankfurt 1961ff.

66 Jahresberichte der deutschen Geschichte, Bd. 1–7 (= 1918–1924), Berlin 1920–1926.

67 Jahresberichte für Deutsche Geschichte, Bd. 1–15/16 (= 1925–1939/40), Leipzig 1927–1942, NF (= 1949)ff., Berlin 1952ff.

68 Jahresberichte der Geschichtswissenschaft, Bd. 1–36 (= 1878–1913), Berlin 1880–1916.

69 Jahresverzeichnis der deutschen Hochschulschriften, Bearb. Deutsche Bücherei, 1. (= 1885/86)ff., Leipzig 1887ff., ND 1–36 (1885–1920) Nendeln o.J.

70 *Johnson, E.A.*, Quantitative German History in the US and the UK, in: CEH 21. 1988, 396–420.

71 *Käsler, D. u. H. Fogt*, Max-Weber-Bibliographie, in: KZfS 27. 1975, 703–30.

72 Katalog der Fest- u. Denkschriften wirtschaftl. Betriebe (Schacht-Sammlung), Berlin 1937.

73 *Kayser, C.G.*, Vollständiges Bücherlexikon (Deutschland 1750–1910), Bd. 1–36, Leipzig 1834–1911/ND Graz 1961–63.

74 *Kelly, J.*, Bibliography in the History of European Women, Bronxville/N.Y. 1976[4].

75 *Keyser, E.*, Hg., Bibliographie zur Städtegeschichte Deutschlands, Köln 1969.

76 *Klippel, D.*, Neue Literatur zur Sozialgeschichte der Familie, in: Zs. f. das gesamte Familienrecht 31. 1984, 1179–88; 32. 1985, 444–55.

77 *Klotzbach, K.*, Bibliographie zur Geschichte der deutschen Arbeiterbewegung 1914– 1945, Bonn 1974.

78 *Koehler u. Volckmar-Fachbibliographien*, Geschichte, 2 Bde, Köln 1964/65.

79 *Lengsfeld, W. u.a.*, Bibliographie deutschsprachiger bevölkerungswissenschaftl. Literatur, 3 Bde, Wiesbaden 1979–81.

80 Literaturverzeichnis der polit. Wissenschaften, 1. 1952ff., München 1952ff.

81 *MacKenzie, N.* Hg., Führer durch die Sozialwissenschaften, München 1969.

82 *Mattheisen, D.J.*, History as Current Events: Recent Works on the German Revolution of 1848, in: AHR 88. 1983, 1219–37.

83 *Menzel, U.*, Geschichte der Entwicklungstheorie. Einführung u. systemat. Bibliographie, Hamburg 1991.

84 *Meyer, G.P.*, Bibliographie zur deutschen Revolution 1918/19, Göttingen 1979.

85 *Milatz, A. u. T. Vogelsang* Hg., Hochschulschriften zur neueren Geschichte. Eine Bibliographie 1945–1955, Bonn 1956.

86 *Milden, J. W.*, The Family in Past Time: A Guide to the Literature, N.Y. 1977.

87 *Müller, J.*, Die wissenschaftl. Vereine u. Gesellschaften Deutschlands im 19. Jh., Bibliographie, Hildesheim 1965.

88 Deutsche Nationalbibliographie, Hg. Deutsche Bücherei, Leipzig 1946ff. (A: Neuerscheinungen des Buchhandels; B: Neuerscheinungen außerhalb des Buchhandels; C: Dissertationen u. Habilitationsschriften).

89 *Plumpe, W. u. J. Rosenkranz*, Forschungsbibliographie zum Problem der langen Wellen wirtschaftl. Entwicklung, in: D. Petzina u. G. van Roon Hg., Konjunktur, Krise, Gesellschaft, Stuttgart 1981, 379–411.

90 *Rees, P.*, Fascism and Pre-Fascism in Europe, 1890–1945: A Bibliography of the Extreme Right, Totowa/N.J. 1984.

91 *Ritter, G. u. W. Holtzmann* Hg., Die deutsche Geschichtswissenschaft im Zweiten Weltkrieg, 2 Bde, Marburg 1951.

92 *Roach, J.* Hg., A Bibliography of Modern History, Cambridge 1968.

93 *Rosenberg, H.*, Die nationalpolit. Publizistik Deutschlands 1858–66, 2 Bde, München 1935.

94 *Sachse, W.*, Bibliographie zur preuß. Gewerbestatistik 1750–1850, Göttingen 1981.

95 *Sagarra, E.*, Quellenbibliographie autobiograph. Schriften von Frauen im deutschen Kulturraum 1730–1918, in: IASL 11. 1986, 175–231.

96 *Schumacher, M.*, Wahlen u. Abstimmungen 1918–33. Eine Bibliographie zur Statistik u. Analyse der politischen Wahlen in der Weimarer Republik, Düsseldorf 1976.

97 *Schumann, H.-G.*, Ausgewählte Bibliographie zur Geschichte der polit. Parteien in Deutschland, in: L. Bergsträsser u. W. Mommsen, Geschichte der polit. Parteien in Deutschland, München 1965[1], 269–335.

98 -- Hg., Die polit. Parteien in Deutschland nach 1945. Ein bibliograph.-systemat. Versuch, Frankfurt 1967.

99 *Seyfarth, C. u. G. Schmidt*, Max-Weber-Bibliographie, Stuttgart 1982[2].

100 *Siegel, P.J.*, Women in the Scientific Search. An American Biobliography 1724–1979, N.Y. 1985.

101 *Sheehan, J.J.*, Germany 1890–1918. A Survey of Recent Research, in: CEH 1. 1968, 345–72.

102 *Soliday, G.L.* Hg., History, Family and Kinship. A Select International Bibliography, Milwood/N.Y. 1980.

103 *Sommerville, C. J.*, Toward a History of Childhood and Youth. Bibliographical Note, in: JIH 3.1972, 439–47.

104 *Stammhammer, J.*, Bibliographie des Sozialismus u. Kommunismus, 3 Bde, Jena 1893–1908/ND Aalen 1963/64.

105 *Steinberg, H.J.*, Die deutsche sozialist. Arbeiterbewegung bis 1914. Eine bibliograph. Einführung, Frankfurt 1979.

106 *Stoob, H. u.a.*, Bibliographie zur deutschen histor. Städteforschung, Köln 1986.

107 *Sutcliffe, A.*, The History of Urban and Regional Planning. An Annotated Bibliography, N.Y. 1981.

108 -- Hg., The Rise of Modern Urban Planning. A Bibliographical Guide, Birmingham 1977.

109 *Tenfelde, K.* Hg., Arbeiter u. Arbeiterbewegung im Vergleich, München 1986.

110 -- *u. G.A. Ritter*, Bibliographie zur Geschichte der deutschen Arbeiterschaft u. Arbeiterbewegung 1863–1914 (1945–1975), Bonn 1981.

111 --, Massenbewegung u. Revolution in Deutschland 1917–1923. Ein Forschungsüberblick, in: H. Konrad u. K.M. Schmidlechner Hg., Revolutionäres Potential in Europa am Ende des Ersten Weltkrieges, Wien 1991, 9–15.

112 *Thränhardt, D.*, Bibliographie Bundesrepublik Deutschland, Göttingen 1980.

113 *Totok, W. u. R. Weitzel*, Hg., Handbuch der bibliograph. Nachschlagewerke, Frankfurt 1972[4].

114 *Tudyka, K.B. u. J.*, Verbände. Geschichte, Theorie, Funktion. Ein bibliograph.-systemat. Versuch, Frankfurt 1973.

115 *Ullmann, H.-P.*, Bibliographie zur Geschichte der deutschen Parteien u. Interessenverbände, Göttingen 1978.

116 *Wehler, H.-U.*, Bibliographie zur modernen deutschen Sozialgeschichte 18.-20. Jh., Göttingen 1976.

117 --, Bibliographie zur modernen deutschen Wirtschaftsgeschichte, Göttingen 1976.

118 -- Hg., Die moderne deutsche Geschichte in der internat. Forschung 1945—1975, Göttingen 1978 (= GG, SoH. 4).

119 *Wessel, H.*, Bibliographie zur Unternehmensgeschichte, in: ZfU 22. 1977, 71—216.

120 *White, C.M. u.a.*, Sources of Information in the Social Sciences, Totowa/N.J. 1964, 63—228.

121 *Williamson, J.*, New Feminist Scholarship: A Guide to Bibliographies, Old Westbury 1979.

122 *Winkler, H.A. u. T. Schnabel*, Bibliographie zum Nationalismus, Göttingen 1979.

3. Lexika, Nachschlagewerke

1 *Ballerstedt, E. u.a.*, Soziolog. Almanach. Handbuch gesellschaftspolit. Daten u. Indikatoren für die Bundesrepublik Deutschland, Frankfurt 1975.

2 *Banks, A.S. u. R. Textor* Hg., A Cross-Polity Survey, Cambridge/Mass. 1966.

3 *Bauer, R.A.* Hg., Social Indicators, Cambridge/Mass. 1966.

4 *Bayer, E.*, Wörterbuch zur Geschichte, Stuttgart 1966[2].

5 *Bellebaum, A.*, Soziolog. Grundbegriffe, Stuttgart 1974[4].

6 *Berger, H. u.a.* Hg., Handbuch der soziolog. Forschung, Berlin 1989.

7 *Bernsdorf, W.* Hg., Wörterbuch der Soziologie, 3 Bde, Frankfurt 1972[3].

8 *Besson, W.* Hg., Fischer Lexikon 24: Geschichte, Frankfurt 1961.

9 *Allgemeine Deutsche Biographie*, 56 Bde, Berlin 1895—1912/1973[2].

10 *Neue Deutsche Biographie*, bisher Bde 1—16, Berlin 1953—1990.

11 *Bosl, K. u.a.* Hg., Biograph. Wörterbuch zur deutschen Geschichte, 3 Bde, München 1974/75.

12 *Braun, E. u. H. Rademacher* Hg., Wissenschaftstheoret. Lexikon, Graz 1978.

13 *Buchholz, E.W. u. U. Köllmann* Hg., Bevölkerungs—Ploetz, Würzburg 1965[4].

14 *Davis, K.* Hg., Basic Data for Cities, Countries and Regions. World Urbanization 1950—1970, I, Berkeley 1970.

15 *Deldycke, T. u.a.*, International Historical Statistics, I: The Working Population, Brüssel 1968.

16 *Drechsler, H. u.a.* Hg., Gesellschaft u. Staat. Lexikon der Politik, Baden-Baden 1971.
17 *van Dülmen R.* Hg., Fischer Lexikon Geschichte, Frankfurt 1990².
18 Encyclopaedia of the Social Sciences, 15 Bde, N.Y. 1930–1935.
19 International Encyclopaedia of the Social Sciences, 17 Bde, N.Y. 1968.
20 *Ermrich, R.* Hg., Basisdaten. Zahlen zur sozioökonom. Entwicklung der Bundesrepublik Deutschland, Bonn 1974.
21 *Flora, P.* Hg., Indikatoren der Modernisierung: Ein histor. Datenbuch, Opladen 1975.
22 --, State, Economy, and Society in Western Europe 1815–1975. A Data Handbook, 2 Bde, Frankfurt 1983/87.
23 *Fuchs, K. u. H. Raab* Hg., Wörterbuch zur Geschichte, 2 Bde, München 1972.
24 *Gillespie, J.V. u. B.A. Nesvold* Hg., Cross-National Research. Macro-Quantitative Analysis, Beverly Hills 1970.
25 *Gleitze, B.* Hg., Wirtschafts- u. sozialstatist. Handbuch, Köln 1960.
26 Geschichtl. Grundbegriffe. Histor. Lexikon zur polit.-sozialen Sprache in Deutschland, Hg. *O. Brunner u.a.*, bisher 7 Bde, Stuttgart 1972–92.
27 *Haberkern, E. u. E.J. Wallach*, Hilfswörterbuch für Historiker, 2 Bde, München 1980⁶/1987⁷
28 Handwörterbuch der Sozialwissenschaften, 14 Bde, Göttingen 1953–1968.
29 Handwörterbuch der Staatswissenschaften, 9 Bde, Jena 1921–1929⁴.
30 Handwörterbuch der Wirtschaftswissenschaften, 10 Bde, Stuttgart 1977–82.
31 *Herzfeld, H.* Hg., Geschichte in Gestalten, 4 Bde, Frankfurt 1963 u.ö.
32 Index to Economic Journals, I: 1886–1924, 1961ff.
33 International Index: A Guide to Periodical Literature in the Social Sciences and Humanities, I: 1907–1915, 1916ff.
34 Lexikon zur Geschichte u. Politik des 20. Jh., Hg. *C. Stern u.a.*, 2 Bde, Köln 1971.
35 Lexikon zur Soziologie, Hg. *W. Fuchs u.a.*, Opladen 1973.
36 Biograph. Lexikon. Geschichte der deutschen Arbeiterbewegung, Berlin 1976.
37 Österr. Biograph. Lexikon, 1815–1950, bisher Bde 1–10, Graz 1957ff.
38 Meyers Handbuch der Geschichte, I: Lexikon der Histor. Persönlichkeiten, Mannheim 1968.
39 *Mulhall, M.G.*, The Dictionary of Statistics, London 1892.
40 *Obermann, K.* Hg., Biograph. Lexikon zur Deutschen Geschichte (bis 1917), Berlin 1970².
41 OECD Historical Statistics, 1960–1981, Paris 1984.
42 *Osterroth, F.* Hg., Biograph. Lexikon des Sozialismus, I, Hamburg 1960.
43 Religion in Geschichte u. Gegenwart, 6 Bde, Tübingen 1957–65³.
44 *Rössler, H. u.a.* Hg., Biograph. Wörterbuch zur deutschen Geschichte, München 1952; 2 Bde, ebd. 1973².
45 -- *u. G. Franz* Hg., Sachwörterbuch zur deutschen Geschichte, München 1958/ND 2 Bde, Nendeln 1970.
46 *Rokkan, S.* Hg., Data Archives for the Social Sciences, Den Haag 1966.

47 -- *u. J. Meyriat* Hg., International Guide to Electoral Statistics, I, Den Haag 1969.

48 *Russet, B.M. u.a.* Hg., World Handbook of Political and Social Indicators, New Haven 1967.

49 Sachwörterbuch der Geschichte Deutschlands u. der deutschen Arbeiterbewegung, 2 Bde, Berlin 1969/70.

50 *Schwarz, M.* Hg., Biograph. Handbuch des Reichstags, Hannover 1965.

51 *Sheldon, E.B. u. W.E. Moore* Hg., Indicators of Social Change, N.Y. 1968.

52 Evangel. Soziallexikon, Hg. *F. Karrenberg*, Stuttgart 1969^{6}.

53 Kathol. Soziallexikon, Hg. *A. Klose*, Innsbruck 1964.

54 *Speck, J.* Hg., Handbuch wissenschaftstheoret. Begriffe, 3 Bde, Göttingen 1980.

55 Staatslexikon, 8 Bde, Freiburg 1957/63^{6}.

56 Evangel. Staatslexikon, Hg. *H. Kunst u. S. Grundmann*, Stuttgart 1966.

57 *Taylor, C.L. u. M. Hudson* Hg., World Handbook of Political and Social Indicators, New Haven 1972.

58 *Thiel, M.* Hg., Enzyklopädie der geisteswissenschaftl. Arbeitsmethoden, 10. Lieferung: Methoden der Geschichtswissenschaft u. der Archäologie, München 1974.

59 *Wehler, H.-U.* Hg., Deutsche Historiker, 9 Bde, Göttingen 1971–82.

60 Kleines Soziolog. Wörterbuch, Hg. *H. Schoeck*, Freiburg 1971^{4}.

61 Wörterbuch der Soziologie, Hg. *G. Hartfiel*, Stuttgart 1972.

62 Wörterbuch der marxist.-leninist. Soziologie, Hg. *W. Eichhorn u.a.*, Opladen 1971^{2}.

63 Wörterbuch der Volkswirtschaft, 3 Bde, Jena 1931-1932.

64 *v. Wurzbach, C.* Hg., Biograph. Lexikon des Kaisertums Österreich (1750–1850), 60 Bde, Wien 1856–1923; z.T. ND. N.Y. 1966.

65 *Zahn, F.*, Die amtl. Statistik in den einzelnen Staaten: A. Deutschland, in: HStW 7. 1911^{3}, 832–58.

4. Zeitschriften

1 Annales - Économies, Sociétés, Civilisations, 1929ff.

2 Annali dell' Istituto G. Feltrinelli, 1958ff.

3 L'Année Sociologique, 1896/97ff.

4 Archiv für Bevölkerungswissenschaft u. Bevölkerungspolitik, 1931–1943.

5 Archiv für die Geschichte des Sozialismus u. der Arbeiterbewegung, 1–15, 1911– 1930/ND 1964–66.

6 Archiv für Kulturgeschichte, 1951ff.

7 Archiv für Sozialgeschichte, 1961ff.

8 Archiv für Sozialwissenschaft u. Sozialpolitik, 1904–1933.

9 Bankhistor. Archiv, 1975ff.

10 Europ. Archiv für Soziologie, 1960ff.

11 Weltwirtschaftl. Archiv, 1896ff.
12 Archiv für soziale Gesetzgebung u. Statistik, Bd. 1—18, 1888—1903 (ab 19: Archiv für Sozialwissenschaft u. Sozialpolitik)/ND N.Y. 1971.
13 Beiträge zur Geschichte der Deutschen Arbeiterbewegung, 1959ff.
14 Beiträge zur Geschichte der Technik u. Industrie, 1—21, 1909—1931/32 (ab 22: Technikgeschichte).
15 Blätter für Deutsche Landesgeschichte, 1853ff.
16 Business History, 1958ff.
17 Business History Review, 1954ff.
18 Cahiers Internationaux de Sociologie, 1946ff.
19 Cahiers V. Pareto, 1962ff.
20 Computers and the Humanities, 1966ff.
21 Explorations in Economic History, 1970ff. (früher: Explorations in Entrepreneurial History 1948—58; NF 1—6, 1963—69).
22 The Family in Historical Perspective, 1972ff.
23 Social Forces, 1922ff.
24 Geschichte u. Gesellschaft, 1975ff.
25 Histoire des Entreprises, 1959ff.
26 History of Political Economy, 1968ff.
27 Economic History Review, 1927ff.
28 History and Theory, 1961ff.
29 History Workshop, 1976ff.
30 Agricultural History, 1927ff.
31 Central European History, 1968ff.
32 Social History, 1976ff.
33 Sozialwissenschaftl. Informationen für Unterricht u. Studium, 1972ff.
34 Sociological Inquiry, 1931ff.
35 Jahrbuch für Geschichte, 1966ff.
36 Jahrbuch für Regionalgeschichte, 1966ff.
37 Jahrbuch für Sozialwissenschaft, 1950ff.
38 Jahrbuch für Wirtschaftsgeschichte, 1960ff.
39 Hamburger Jahrbuch für Wirtschafts- u. Gesellschaftspolitik, 1956ff.
40 Schmollers Jahrbuch 1877—1970, seit 1971: Zeitschrift für Wirtschafts- u. Sozialwissenschaften
41 Jahrbücher für Nationalökonomie u. Statistik, 1862ff.
42 Journal of Central European Affairs, 1940—1964.
43 Journal of Comparative Sociology, 1960ff.
44 Journal of Contemporary History, 1966ff.
45 Journal of Economic History, 1941ff.
46 Journal of Economic and Business History, 1-4, 1928—1932.
47 Journal of Family History, 1976ff.
48 Journal of Interdisciplinary History, 1970ff.
49 Journal of Modern History, 1929ff.
50 Internat. Journal of Women's Studies, 1978ff.
51 Journal of Peasant Studies, 1973ff.

52 Journal of Political Economy, 1892ff.
53 Journal of Social History, 1967ff.
54 Journal of Urban History, 1975ff.
55 American Journal of Economics and Sociology, 1942ff.
56 American Journal of Sociology, 1895ff.
57 British Journal of Political Science, 1971ff.
58 British Journal of Sociology, 1950ff.
59 Economic Journal, 1896ff.
60 Internat. Social Science Journal, 1959ff.
61 Informationen zur modernen Stadtgeschichte, Berlin 1973ff.
62 Internat. Wissenschaftl. Korrespondenz zur Geschichte der deutschen Arbeiterbewegung, 1965ff.
63 Kyklos, 1947ff.
64 Labor History, 1960ff.
65 Leviathan, 1973ff.
66 Manchester School of Economic and Social Studies, 1940ff.
67 Historical Methods Newsletter, 1967ff.
68 Le Mouvement Social, 1952ff.
69 Neue Polit. Literatur, 1956ff.
70 Oxford Economic Papers, 1949ff.
71 Past and Present, 1952ff.
72 Population Studies, 1947ff.
73 Quality and Quantity. European Journal of Methodology, 1967ff.
74 Sociological Quarterly, 1960ff.
75 Social Science Quarterly, 1919ff.
76 Social Research, 1934ff.
77 Review of Economics and Statistics, 1919ff.
78 Review of Economic Studies, 1933ff.
79 American Economic Review, 1911ff.
80 Amercian Political Science Review, 1906ff.
81 American Sociological Review, 1936ff.
82 Internat. Review of Social History, 1956ff.
83 Revue d'Economie Politique, 1887ff.
84 Revue Française de Science Politique, 1951ff.
85 Revue Française de Sociologie, 1960ff.
86 Revue d'Histoire Economique et Sociale, 1908ff.
87 Revue Internat. d'Histoire de la Banque, 1973ff.
88 Signs. Journal of Women in Culture and Society, 1975/76ff.
89 Social Science History, Association Newsletter, 1975.
90 American Sociologist, 1965ff.
91 Sociology, 1967ff.
92 Current Sociology, 1952ff.
93 Der Staat, 1962ff.
94 Feminist. Studien, 1982ff.
95 Comparative Studies in Society and History, 1958ff.

96 German Political Studies, 1974ff.
97 Theory and Society, 1975ff.
98 Tradition, 1956–76; seit 1977: Zeitschrift für Unternehmensgeschichte.
99 Vierteljahreshefte für Zeitgeschichte, 1953ff.
100 Vierteljahreshefte zur Konjunkturforschung, 1925ff.
101 Polit. Vierteljahresschrift, 1960ff.
102 Vierteljahrschrift für Sozial- u. Wirtschaftsgeschichte, 1903ff.
103 Soziale Welt, 1949ff.
104 Zeitgeschichte, 1973ff.
105 Zeitschrift für Agrargeschichte u. Agrarsoziologie, 1953ff.
106 Zeitschrift für Geschichtswissenschaft, 1952ff.
107 Zeitschrift für Nationalökonomie, 1930ff.
108 Zeitschrift für Sozial- u. Wirtschaftsgeschichte, 1893–1900.
109 Zeitschrift für Sozialforschung, 1932-1942/ND 1970.
110 Zeitschrift für Soziologie, 1972ff.
111 Kölner Zeitschrift für Soziologie u. Sozialpsychologie, 1948ff.
112 Zeitschrift für die gesamte Staatswissenschaft, 1844ff.
113 Zeitschrift für Stadtgeschichte, 1974–76/seit 1977ff: Die alte Stadt.
114 Zeitschrift für Wirtschafts- u. Sozialwissenschaften (früher: Schmollers Jahrbuch), 1971ff.
115 Zeitschrift für allgemeine Wissenschaftstheorie, 1970ff.
116 Histor. Zeitschrift, 1859ff.

5. Arbeitsbücher ("Reader"), Sammelwerke

1 *Allardt, E. u. S. Rokkan* Hg., Mass Politics. Studies in Political Sociology, N.Y. 1970.
2 *Atteslander, P. u. B. Hamm*, Materialien zur Siedlungssoziologie, Köln 1974.
3 *Aydelotte, W. u.a.* Hg., The Dimensions of Quantitative Research in History, Princeton 1972.
4 *Barber, B. u. A. Inkeles* Hg., Stability and Social Change, Boston 1971.
5 *Barkhausen, M.*, Aus Territorial- u. Wirtschaftsgeschichte, Krefeld 1963.
6 *Behre, O.*, Geschichte der Statistik in Brandenburg-Preußen bis zur Gründung des Königl. Statist. Büros, Berlin 1905.
7 Beiträge zur deutschen Wirtschafts- u. Sozialgeschichte im 18. u. 19. Jh., Berlin 1962.
8 *Bendix, R.*, Embattled Reason, N.Y. 1970.
9 -- *u. Roth, G.*, Scholarship and Partisanship. Essays on M. Weber, Los Angeles 1971.
10 -- Hg., State and Society, Boston 1968.
11 *Bezucha, R.J.* Hg., Modern European Social History, Lexington 1972.

12 *Böckenförde, E.W. u. R. Wahl* Hg., Moderne Deutsche Verfassungsgeschichte 1815—1918, Köln 1972/Königstein 1982^2.

13 *Böder, W.*, Ortssippenbücher. Erschließung einer genealog. Sekundärquelle für die Sozialgeschichte, in: BDLG 121. 1985, 1—48.

14 *Braudel, F.*, Schriften zur Geschichte, I, Stuttgart 1992.

15 *Braun, R. u.a.* Hg., Gesellschaft in der Industriellen Revolution, Köln 1973.

16 *Brinkmann, C.*, Wirtschaftsformen u. Lebensformen, Tübingen 1950^2.

17 *Bühl, W.L.* Hg., Funktion u. Struktur. Soziologie vor der Geschichte, München 1975.

18 -- Hg., Verstehende Soziologie, München 1972.

19 *Bruns, T. u. S.B. Saul* Hg. Social Theory and Economic Change, London 1967.

20 *Conze, W.*, Gesellschaft - Staat - Nation. Ges. Aufsätze. Hg. U. Engelhardt u.a., Stuttgart 1992.

21 *Coser, L.A.* Hg., Political Sociology, N.Y. 1966.

22 *Dahrendorf, R.*, Gesellschaft u. Freiheit, München 1961.

23 --, Konflikt u. Freiheit, München 1972.

24 --, Pfade aus Utopia, München 1967.

25 *Deuerlein, E.* Hg., Gesellschaft im Maschinenzeitalter. Bilder aus der deutschen Sozialgeschichte, Reinbek 1970.

26 *Dietrich, R.* Hg., Histor. Theorie u. Geschichtsforschung der Gegenwart, Berlin 1964.

27 *Dreitzel, H.P.* Hg., Sozialer Wandel, Neuwied 1972^2.

28 *Eisenstadt, S.N.*, Essays on Sociological Aspects of Political and Economic Development, Den Haag 1961.

29 --, Essays on Comparative Institutions, N.Y. 1965.

30 -- Hg., Comparative Perspectives on Social Change, Boston 1968.

31 -- Hg., Readings in Social Evolution and Development, London 1970.

32 -- Hg., Political Sociology, N.Y. 1971.

33 -- *u. S. Rokkan* Hg., Building States and Nations, I, Beverly Hills 1973.

34 *Elias, N.*, Studien über die Deutschen, Frankfurt 1989.

35 *Engelhardt, U. u.a.* Hg., Soziale Bewegung u. polit. Verfassung, Fs. W. Conze, Stuttgart 1976.

36 *Engelsing, R.*, Zur Sozialgeschichte deutscher Mittel- u. Unterschichten, Göttingen 1973/1978^2.

37 *Faunce, W. u. W.H. Form* Hg., Comparative Perspectives on Industrial Society, Boston 1969.

38 *Fischer, W. u.a.*, Sozialgeschichtl. Arbeitsbuch 1815—1870, München 1982.

39 -- Hg., Wirtschafts- u. sozialgeschichtl. Probleme der frühen Industrialisierung, Berlin 1968.

40 --, Wirtschaft u. Gesellschaft im Zeitalter der Industrialisierung, Göttingen 1972.

41 *Gehlen, A.*, Studien zur Anthropologie u. Soziologie, Neuwied 1963.

42 *Geiger, T.*, Arbeiten zur Soziologie, Hg. P. Trappe, Neuwied 1962.

43 *Gerschenkron, A.*, Continuity in History, Cambridge/Mass. 1968.

44 *Gilbert, F. u. S.R. Graubard* Hg., Historical Studies Today, N.Y. 1972.

45 *Gross, L.* Hg., Sociological Theory, N.Y. 1967.

46 *Hintze, O.*, Ges. Abhandlungen, Hg. *G. Oestreich*, 3 Bde, Göttingen 1962/67.

47 *Hohorst, G. u.a.*, Sozialgeschichtl. Arbeitsbuch 1870–1914, München 1975/1978[2].

48 *Horowitz, I.L.* Hg., The New Sociology, N.Y. 1965.

49 *Hoselitz, B.F.*, Sociological Aspects of Economic Growth, Glencoe 1960.

50 -- *u. W.E. Moors* Hg., Industrialization and Society, Den Haag 1963.

51 --, Wirtschaftl. Wachstum u. sozialer Wandel, Berlin 1969; z.T. auch in: H.-U. Wehler Hg., Geschichte u. Ökonomie, Köln 1973/Königstein 1985[2], 104–20.

52 *Iggers, G.G.*, Ein anderer histor. Blick. Beispiele ostdeutscher Sozialgeschichte, Frankfurt 1991.

53 *Jaeggi, U.* Hg., Sozialstruktur u. polit. Systeme, Köln 1976.

54 *Jaenicke, M.* Hg. Herrschaft u. Krise, Opladen 1973.

55 -- Hg., Polit. Systemkrisen, Köln 1973.

56 *Kehr, E.*, Der Primat der Innenpolitik. Ges. Aufsätze zur preuß.–deutschen Sozialgeschichte im 19. u. 20. Jh, Hg. H.-U. Wehler, Berlin 1965/1976[3].

57 *Klinckmüller, H.*, Die amtl. Statistik Preußens im vorigen Jh., Jena 1880.

58 *Kocka, J.* Hg., Geschichte, München 1976.

59 -- *u. H. Günther-Arndt* Hg., Geschichtsbuch. Die Menschen u. ihre Geschichte in Darstellungen u. Dokumenten, Bd. 3: Das 19. Jh., Berlin 1986.

60 *Kocka, J. u. G.A. Ritter* Hg., Deutsche Sozialgeschichte. Dokumente u. Skizzen II: 1870–1914, München 1974/1982[3].

61 *König, R.*, Soziolog. Orientierungen, Köln 1965.

62 --, Studien zur Soziologie, Frankfurt 1971.

63 -- *u. J. Winckelmann* Hg., M. Weber zum Gedächtnis, Opladen 1963.

64 *Koselleck, R. u. W.-D. Stempel* Hg., Geschichte - Ereignis u. Erzählung, München 1973.

65 -- Hg., Studien zum Beginn der modernen Welt, Stuttgart 1977/1982[2].

66 *Lahnstein, P.* Hg., Report einer guten alten Zeit 1750–1805, Stuttgart 1971[2].

67 *Lane, F.C. u. J.C. Riemersma* Hg., Enterprise and Secular Change, London 1953.

68 *Lederer, E.*, Kapitalismus, Klassenstruktur u. Probleme der Demokratie in Deutschland 1910–1940, Hg. J. Kocka, Göttingen 1979.

69 *Lepsius, M.R.*, Interessen, Ideen u. Institutionen, Opladen 1990.

70 --, Polit. Ordnung u. soziokulturelle Milieus. Konstellationsanalysen zur deutschen Geschichte des 19. u. 20. Jh., Göttingen 1993.

71 *Lipset, S.M.* Hg., Politics and the Social Sciences, N.Y. 1969.

72 *Lorwin, V.R. u. J.M. Price* Hg., The Dimensions of the Past, New Haven 1972.

73 -- Hg., Labor and Working Conditions in Modern Europe, N.Y. 1967.

74 *Luckmann, T. u. W.M. Sprondel* Hg., Berufssoziologie, Köln 1972.

75 *Mills, C.W.*, Images of Man. The Classic Tradition in Sociological Thinking, N.Y. 1960, dt. Klassiker der Soziologie, Frankfurt 1966.

76 --, Power, Politics, and People, Hg. I.L. Horowitz, N.Y. 1963.

77 *Moore, W.E.*, Order and Change. Essays in Comparative Sociology, N.Y. 1967.

78 *Musgrave, P.W.* Hg., Sociology, History, and Education, London 1970.

79 *Narr, W.-D. u. C. Offe* Hg., Wohlfahrtsstaat u. Massenloyalität, Köln 1975.

80 *Nora, P.* Hg., Les lieux de mémoire, 3 Bde, Paris 1984–87.
81 *Petzina, D. u.a.*, Sozialgeschichtl. Arbeitsbuch 1914–1945, München 1978.
82 --, Materialien zum wirtschaftl. u. sozialen Wandel in Deutschland seit dem Ende des 19. Jh., in: VfZ 17. 1969, 308–38.
83 *Richter, M.* Hg., Essays in Theory and History, Cambridge/Mass. 1970.
84 *Ritter, G.A.*, Arbeiterbewegung, Parteien u. Parlamentarismus, Göttingen 1976.
85 -- Hg., 1. Fs. für H. Rosenberg, Berlin 1970.
86 -- Hg., Gesellschaft, Parlament u. Regierung im 19. u. 20. Jh., Düsseldorf 1974.
87 *Rokkan, S. u.a.*, Citizens, Elections, Parties, Oslo 1970.
88 *Ruëgg, W. u. O. Neuloh* Hg., Zur soziolog. Theorie u. Analyse des 19. Jh., Göttingen 1971.
89 *Runciman, W.G.*, Sociology in Its Place, Cambridge 1970.
90 *Scheuch, E.K. u. Meyersohn, R.* Hg., Soziologie der Freizeit, Köln 1972.
91 *Schieder, T.*, Staat u. Gesellschaft im Wandel unserer Zeit, München 1974[3].
92 *Schmoller, G.*, Zur Sozial- u. Gewerbepolitik der Gegenwart, Leipzig 1890.
93 --, Umrisse u. Untersuchungen zur Verfassungs-, Verwaltungs- u. Wirtschaftsgeschichte, Berlin 1898.
94 *Schulz, G.*, Das Zeitalter der Gesellschaft, München 1969.
95 *Schumpeter, J.A.*, Aufsätze zur Soziologie, Tübingen 1953.
96 *Smelser, N.J.*, Essays in Sociological Explanation, Englewood Cliffs 1968.
97 -- *u. S.M. Lipset* Hg., Social Structure and Mobility in Economic Development, Chicago 1966.
98 *Stammer, O.*, Polit. Soziologie u. Demokratieforschung, Berlin 1965.
99 -- Hg., M. Weber u. die Soziologie heute, Tübingen 1965.
100 *Stearns, P.N.* Hg., The Impact of the Industrial Revolution-Protest and Alienation, Englewood Cliffs 1972.
101 *Tilly, C.* Hg., The Formation of National States in Western Europe, Princeton 1975.
102 *Wehler, H.-U.*, Krisenherde des Kaiserreichs, Göttingen 1979[2].
103 -- Hg., Sozialgeschichte Heute. 2. Fs. H. Rosenberg, Göttingen 1974.
104 -- Hg., Moderne deutsche Sozialgeschichte, Köln 1966/Königstein 1981[6].
105 *Zollschan, G.K. u. W. Hirsch* Hg., Explorations in Social Change, Boston 1964.
106 *Zorn, W.*, Wirtschaftl.-soziale Bewegung u. Verflechtung, Stuttgart 1992.

6. Quellensammlungen, Statistik

1 Statist. Abriß für das Königreich Bayern, 2 Bde, München 1876.
2 *Adelmann, G.* Hg., Quellensammlung zur Geschichte der sozialen Betriebsverfassung, 2 Bde, Bonn 1960/65.
3 *Kaiserl. Statist. Amt* Hg., Statist. Hdb. für das Deutsche Reich, 2 Bde, Berlin 1907.
4 -- Hg., Statist. Jb. für das Deutsche Reich, 1880ff.

5 -- Hg., Monatshefte zur Statistik des Deutschen Reiches, 1879ff.

6 Beiträge zur Statistik des Großherzogtums Baden, 1855—1888; NF 1—20, 1888—1920.

7 *Berghaus, H.K.*, Statistik des preuß. Staates, Berlin 1845.

8 Bericht der Bundesregierung u. Materialien zur Lage der Nation, 3 Bde, Bonn 1971/72/74.

9 *Bienengräber, A.*, Statistik des Verkehrs u. Verbrauchs im Zollverein 1842—1864, Berlin 1868.

10 *v. Brachelli, H.F.*, Hdb. der Statistik des Königreichs Preußen u. der deutschen Mittel- u. Kleinstaaten, Leipzig 1864.

11 *Königl. Statist. Bureau* Hg., Jb für die amtl. Statistik des Preuß. Staates, 1863ff.

12 *Conze, W.* Hg., Quellen zur Geschichte der deutschen Bauernbefreiung, Göttingen 1957.

13 *Dieterici, C.F.W.*, Hdb. der Statistik des preuß. Staates, Berlin 1861.

14 --, Der Volkswohlstand im preuß. Staate, Berlin 1846.

15 *v. Ferber, C.W.*, Neue Beiträge zur Kenntnis des gewerbl. u. kommerziellen Zustandes der preuß. Monarchie, Berlin 1832.

16 *Fischer, W. u. A. Kunz* Hg., Grundlagen der Histor. Statistik von Deutschland, Opladen 1991.

17 *Frantz, A.* Hg., Der Preuß. Staat. Handbuch der Statistik, I, Leipzig 1854.

18 --, Tabellen der Gewerbestatistik der Staaten des deutschen Zollvereins, Brieg 1867.

19 *v. Gülich, G.*, Tabellar. Übersichten zu der geschichtl. Darstellung des Handels, der Gewerbe u. des Ackerbaus der bedeutendsten Staaten der neueren Zeit, 5 Bde, Jena 1830/45/ND Graz 1972[2].

20 Statist. Handbuch für den preuß. Staat, 2 Bde, Berlin 1888/1893.

21 *Hassel, G.*, Statist. Umriß der sämtl. europ. Staaten, Braunschweig 1805.

22 *Henning, H.* Hg., Quellen zur sozialgeschichtl. Entwicklung in Deutschland 1815—1860, Paderborn 1977.

23 *Höck, J.D.A.*, Statist. Übersicht der deutschen Staaten, Basel 1800.

24 *Hoffmann, W.G. u.a.*, Das Wachstum der deutschen Wirtschaft seit der Mitte des 19. Jh., Heidelberg 1965.

25 *Jacobi, L.H.W.*, Gewerbestatistik von Preußen, 3 Bde., Iserlohn 1857—64.

26 Jahrbuch für die amtl. Statistik des Preuß. Staates, Hg. Königl. Statist. Bureau.

27 Statist. Jahrbuch für die Bundesrepublik Deutschland, 1949ff.

28 Statist. Jahrbuch für das Königreich Sachsen, 1871ff.

29 *Kraus, A.* Bearb., Quellen zur Berufs- u. Gewerbestatistik Deutschlands 1816—75; Preuß. Provinzen. (Bd. II: Quellen zur Bevölkerungs-, Sozial- u. Wirtschaftsgeschichte 1815—75, Hg. W. Köllmann), Stuttgart 1989.

30 *Krug, L.*, Abriß der preuß. Statistik, Berlin 1805[2].

31 --, Betrachtungen über den Nationalreichtum des Preuß. Staats u. über den Wohlstand seiner Bewohner, 2 Teile, Berlin 1805/ND Aalen 1970[2].

32 --, Geschichte der staatswirtschaftl. Gesetzgebung im preuß. Staate, Berlin 1808.

33 -- *u. A.A. Mützell*, Neues topograph.-statist.-geograph. Wörterbuch des Preuß. Staates, 6 Bde, Halle 1821–25.

34 Länderrat des Amerikan. Besatzungsgebiets Hg., Statist. Handbuch von Deutschland 1928–1944, München 1949.

35 *Mitchell, B.R.*, European Historical Statistics 1750–1970, N.Y. 1975.

36 Mitteilungen des Statist. Bureaus in Berlin, 1848–1860; NF 1860ff.

37 Statist. Mitteilungen über das Großherzogtum Baden, 1876ff.

38 Mitteilungen des Statist. Vereins für das Königreich Sachsen, 1831–1848.

39 *Mommsen, W.* Hg., Deutsche Parteiprogramme, München 1970.

40 Monatshefte zur Statistik des Deutschen Reiches, Hg. Kaiserl. Statist. Amt, 1879ff.

41 *v. Reden, F.W.*, Deutschland u. das übrige Europa, 2 Bde, Wiesbaden 1854.

42 --, Erwerbs- u. Verkehrsstatistik des Königstaates Preußen, 3 Bde, Darmstadt 1853/54.

43 --, Allg. vergleich. Handels- u. Gewerbe-Geographie u. Statistik, Berlin 1844.

44 *Rudhart, J.*, Über den Zustand des Königreichs Bayern, 3 Bde, Stuttgart 1825/27.

45 *Schraepler, E.* Hg., Quellen zur Geschichte der sozialen Frage in Deutschland, 2 Bde, Göttingen 1955/57.

46 *Schubert, F.W.*, Handbuch der allg. Staatskunde von Europa, I/1–4; II/I, Königsberg 1835–1842.

47 Statistik der Bundesrepublik Deutschland, 1949ff.

48 Statistik des Deutschen Reiches, 1873ff.

49 *Steitz, W.* Hg., Quellen zur deutschen Wirtschafts- u. Sozialgeschichte im 19. Jh. bis zur Reichsgründung, Darmstadt 1980.

50 *v. Viebahn, G.*, Statistik des zollvereinten u. nördl. Deutschlands, 3 Bde, Berlin 1858/62/68.

51 Vierteljahrshefte zur Statistik des Deutschen Reiches, 1892ff.

52 *Wallraven, K.P.* Hg., Die soziale Frage im 19. Jh., Schwalbach 1969.

53 *Weber, F.B.*, Hdb. der staatswirtschaftl. Statistik u. Verwaltungskunde der Preuß. Monarchie, Breslau 1840.

54 *Woytiniski, W.S.*, Die Welt in Zahlen, 7 Bde, Berlin 1925–27.

55 -- *u. E.S.*, World Commerce and Government, N.Y. 1955.

56 --, World Population and Production, N.Y. 1953.

57 Zeitschrift des Königl.Bayer. Statist. Bureaus, 1868ff.

58 Zeitschrift des Königl. Preuß. Statist. Bureaus, 1861ff.

59 Zeitschrift des Königl. Sächs. Statist. Bureaus, 1855–1904.

60 Zeitschrift des Vereins für deutsche Statistik, 1847–1848.

7. Allgemeine theoretische Fragen der Geschichtswissenschaft

1 *Abel, T.*, The Operation Called "Verstehen", in: H. Albert Hg., Theorie u. Realität, Tübingen 1964/1972^{2}, 177–88.

2 *Acham, K.*, Über Deutung u. Auswahl in der Historiographie, in: L. Landgrebe Hg., Philosophie u. Wissenschaft, Meisenheim 1972, 377–400.

3 --, Analyt. Geschichtsphilosophie, Freiburg 1974.

4 --, Grundlagenprobleme der Geschichtswissenschaft, in: M. Thiel Hg., Enzyklopädie der geisteswissenschaftl. Arbeitsmethoden, Lfg. 10, München 1974, 1–76.

5 --, Zum wissenschaftl. Status u. zur Pragmatik der Geschichtswissenschaft, in: H. Lenk Hg., Neue Aspekte der Wissenschaftstheorie, Braunschweig 1971, 129–67.

6 --, Subjektives Interesse u. histor. Objektivität, in: Zeitschrift für Philosoph. Forschung 23.1969, 47–72.

7 *Adams, J.W.*, Anthropology and History in the 1980s: in: T.K. Rabb u. R.J. Rotberg Hg., The New History, Princeton 1982, 253–65.

8 *Albert, H.*, Geschichte u. Gesetz. Zur Kritik des methodolog. Historismus, in: Fs. E. Topitsch, Tübingen 1979, 111–32.

9 --, Methodolog. Individualismus u. histor. Analyse, in: K. Acham u. W. Schulze Hg., Teil u. Ganzes, München 1990, 219–39.

10 --, Konstruktion u. Kritik, Hamburg 1972.

11 --, Plädoyer für krit. Rationalismus, München 1975^{4}.

12 --, Theorie, Verstehen u. Geschichte, in: Zeitschrift für Allg. Wissenschaftstheorie 1. 1970, 3–23.

13 --, Traktat über krit. Vernunft, Tübingen 1991^{5}.

14 --, Krit. Vernunft u. menschl. Praxis, Stuttgart 1977.

15 -- *u. E. Topitsch* Hg., Der Werturteilsstreit, Darmstadt 1971.

16 *Althusser, L.*, Esquisse du concept d'histoire, in: La Pensée 121. 1965, 3–21.

17 *Anderle, O.F.*, Theoret. Geschichte, in: HZ 185. 1958, 1–54.

18 --, A Plea for Theoretical History, in: HT 4. 1964/65, 27–56.

19 *Angehrn, E.*, Geschichte u. Identität, Berlin 1985.

20 *Apel, K.–O.*, Szientistik, Hermeneutik, Ideologiekritik, in: Hermeneutik u. Ideologiekritik, Frankfurt 1971, 7–44.

21 *Ariès, P.*, Le temps de l'histoire, Monaco 1954.

22 *Aron, R.*, Les trois modes d'intelligibilité historique, in: Méthodologie de l'histoire et des sciences humaines, Paris 1973, 7–22.

23 *Bagby, P.*, Culture and History, London 1958.

24 *Barth, P.*, Die Philosophie der Geschichte als Soziologie, Leipzig 1922^{4}/ND Darmstadt 1967.

25 *Baumgartner, H.M.*, Historie u. Interesse, in: L. Landgrebe Hg., Philosophie u. Wissenschaft, Meisenheim 1972, 401–11.

26 --, Kontinuität u. Geschichte, Frankfurt 1972.

27 -- *u. J. Rüsen* Hg., Seminar: Geschichte u. Theorie, Frankfurt 1976.

28 *Becher, U.A.J. u. K. Bergmann* Hg., Geschichte - Nutzen oder Nachteil für das Leben? Düsseldorf 1986.

29 *Beer, S.H.*, Causal Explanation and Imaginative Reenactment, in: HT 3. 1963, 6–29.

30 *Benner, D.*, Zur Fragestellung einer Wissenschaftstheorie der Historie, in: Wiener Jb. für Philosophie 2. 1969, 52–97.

31 *Berding, H.*, Selbstreflexion u. Theoriegebrauch in der Geschichtswissenschaft, in: J. Kocka Hg., Theorien in der Praxis des Historikers, Göttingen 1977, 205–24.

32 *Bergmann, K. u. H.-J. Pandel*, Geschichte u. Zukunft, Frankfurt 1975.

33 *v. Berlepsch, H.-J.*, Die Wiederentdeckung des "wirklichen Menschen" in der Geschichtswissenschaft, in: AfS 29. 1989, 488–510.

34 *Berlin, I.*, History and Theory, in: HT 1. 1960, 1–31.

35 *Betti, E.*, Allg. Auslegungslehre als Methode der Geisteswissenschaften, Tübingen 1967.

36 *Birtsch, G.*, Geschichtswissenschaft u. Gesellschaft, Trier 1976.

37 *Blalock, H.*, Theory Construction, Englewood Cliffs 1969.

38 *Bloch, M.*, Apologie der Geschichte oder der Beruf des Historikers, München 1985.

39 *Bobinska, C.*, Historiker u. histor. Wahrheit, Berlin 1967.

40 *Boring, E.G.*, History, Psychology, and Science, Hg. R.J. Watson, N.Y. 1963.

41 *Braudel, F.*, On History, Chicago 1980.

42 *Bridbury, A.R.*, Historians and the Open Society, London 1972.

43 *vom Brocke, B.*, Kurt Breysig. Geschichtswissenschaft zwischen Historismus u. Soziologie, Lübeck 1971.

44 *Büsch, O. u. M. Erbe* Hg., O. Hintze u. die moderne Geschichtswissenschaft, Berlin 1983.

45 *Bütow, H.G.*, Philosophie u. Geschichte im Marxismus-Leninismus, Berlin 1965.

46 *Canguilhem, G.*, Etudes d'histoire et de philosophie des sciences, Paris 1979^2.

47 *Carr, E.-H.*, What is History? London 1961; dt. Was ist Geschichte, Stuttgart 1972^3.

48 *Clark, J.M.*, Relations of History and Theory, in: JEH, Suppl. II, 1942, 132–42.

49 *Cohen, P.S.*, Modern Social Theory, N.Y. 1968.

50 *Cohn, B.S.*, Anthropology and History in the 1980s: Toward a Rapprochement, in: T.K. Rabb u. R.J. Rotberg Hg., The New History, Princeton 1982, 227-52.

51 --, History and Anthropology, in: CSSH 22. 1980, 198-221.

52 Conceptus, Sonderheft 1971: Erklärung u. Interpretation in der Geschichtswissenschaft.

53 *Danto, A.C.*, Analytical Philosophy of History, Cambridge 1965; dt. Analyt. Philosophie der Geschichte, Frankfurt 1973.

54 --, Histor. Erklären, histor. Verstehen u. die Geisteswissenschaften, in: P. Rossi Hg., Theorie der modernen Geschichtsschreibung, Frankfurt 1987, 27–56.

55 *Davis, N.Z.*, Anthropology and History in the 1980s: The Possibilities of the Past, in: T.K. Rabb u. R.J. Rotberg Hg., The New History, Princeton 1982, 267–75.

56 *Demo, P.*, Herrschaft u. Geschichte. Zur polit. Gesellschaftstheorie Freyers u. Marcuses, Meisenheim 1973.

57 *Dhoquois, G.*, Pour l'histoire, Paris 1971.

58 *Dietl, P.J.*, Deduction and Historical Explanation, in: HT 7.1968, 167–88.

59 *Donagan, A.*, Historical Explanation, in: HT 4. 1964/65, 3–26.

60 *Drake, H.* Hg., Applied Historical Studies, London 1973.

61 *Dray, W.H.* Hg., Philosophical Analysis and History, N.Y. 1966.

62 --, Law and Explanation in History, Oxford 1957.

63 --, Einige Überlegungen zu Problemen der Narrativität, in: P. Rossi Hg., Theorie der modernen Geschichtsschreibung, Frankfurt 1987, 221–29.

64 *Droysen, J.G.*, Historik, Hg. R. Hübner, Darmstadt 1974[7].

65 *Duby, G. u. G. Lardreau*, Geschichte u. Geschichtswissenschaft, Frankfurt 1982.

66 *v.d. Dunk, H.*, Wertfreiheit u. Geschichtswissenschaft, in: HZ 214. 1972, 1–25.

67 *Dux, G.*, Die Zeit in der Geschichte, Frankfurt 1992.

68 *Ehrard, J. u. G.P. Palmade*, L'Histoire, Paris 1965[3].

69 *Engelberg, E. u. W. Küttler* Hg., Formationstheorie u. Geschichte, Berlin 1978.

70 *Engelberg, E.*, Theorie, Empirie u. Methoden in der Geschichtswissenschaft, Berlin 1980.

71 -- Hg., Probleme der marxist. Geschichtswissenschaft, Köln 1972.

72 *Eulenburg, F.*, Sind histor. Gesetze möglich? in: M. Palyi Hg., Fs. M. Weber I, München 1923, 22–71.

73 --, Über Gesetzmäßigkeiten in der Geschichte, in: ASS 35. 1912, 299–365.

74 *Faber, K.-G.*, Ausprägungen des Historismus, in: HZ 228. 1979, 1–22.

75 --, Cogito ergo sum historicus novus, in: P. Rossi Hg., Theorie der modernen Geschichtsschreibung, Frankfurt 1987, 248–56.

76 -- *u. C. Meier* Hg., Histor. Prozesse, München 1978.

77 --, Theorie der Geschichtswissenschaft, München 1971/1982[5].

78 *Fain, H.*, History as Science, in: HT 9. 1970, 154–73; u. in: ders., Between Philosophy and History, Princeton 1970.

79 --, Between Philosophy and History, Princeton 1970.

80 *Faulenbach, B.* Hg., Geschichtswissenschaft in Deutschland, München 1974.

81 *Febvre, L.*, Combats pour l'histoire, Paris 1953.

82 --, Das Gewissen des Historikers, Berlin 1988.

83 *Feix, H.*, Werturteile, Politik u. Wissenschaft. M. Weber, Göttingen 1978.

84 *Fischer, D.H.*, Historian's Fallacies. Toward a Logic of Historical Thought, N.Y. 1970.

85 *Fleischer, H.*, Marxismus u. Geschichte, Frankfurt 1969.

86 *Flohr, H.*, Geschichtswissenschaft u. Biologie. Überlegungen zur biowissenschaftl. Orientierung des Historikers, in: Saeculum 36. 1985, 80–97.

87 *Fogel, R.W.*, "Scientific" History and Traditional History, in: L.J. Cohen u.a. Hg., Logic, Methodology and Philosophy of Science 6. 1982, 15–61.

88 *Frederickson, G.M.*, Comparative History, in: M. Kammen Hg., The Past Before Us. Contemporary Historical Writing in the United States, Ithaca 1980, 457–73.

89 *Freyer, H.*, Schwelle der Zeiten, Stuttgart 1975.

90 --, Theorie des gegenwärtigen Zeitalters, Stuttgart 1955.

91 *Gadamer, H.-G.*, Wahrheit u. Methode, Tübingen 1965^2.

92 *Gallie, W.V.*, Philosophy and the Historical Understanding, N.Y. 1964.

93 *Gardiner, P.*, The Nature of Historical Explanation, Oxford 1968^2.

94 --, The Philosophy of History, in: IESS 6. 1968, 429—34.

95 -- Hg., Theories of History, Glencoe/III. 1969^9.

96 --, Historical Understanding and the Empiricist Tradition, in: B. Williams u. A. Montefiore Hg., British Analytical Philosophie, London 1967^2..

97 *Giesen, B. u. M. Schmid* Hg., Theorie, Handeln u. Geschichte, Hamburg 1975.

98 *Gismondi, M.A.*, "The Gift of Theory": A Critique of the Histoire des Mentalités, in: SH 10.1985, 211—30.

99 *Goldstein, L.J.*, Evidence and Events, in: Philosophy of Science 29. 1962, 175—94.

100 --, Theory in History, in: Philosophy of Science 34. 1967, 23—40.

101 *Gould, J.D.*, Hypothetical History, in: EHR 22. 1969, 195—207.

102 *Greimas, A.J.*, Sur l'histoire événementielle et l'histoire fondamentale, in: R. Koselleck u. W.—D. Stempel Hg., Geschichte - Ereignis u. Erzählung, München 1973, 139— 54.

103 *Grew, R.*, The Case for Comparing Histories, in: AHR 85. 1980, 763—78.

104 *Groh, D.* , Anthropolog. Dimensionen der Geschichte, Frankfurt 1992.

105 --, Krit. Geschichtswissenschaft in emanzipator. Absicht, Stuttgart 1973.

106 *Gründer, K.*, Perspektiven für eine Theorie der Geschichtswissenschaft, in: Saeculum 22. 1971, 101—13.

107 *Gurevic, A.J.*, Die Geschichte als Dialog mit den Menschen vergangener Epochen, in: P. Rossi Hg., Theorie der modernen Geschichtsschreibung, Frankfurt 1987, 266—73.

108 *Habermas, J.*, Analyt. Wissenschaftstheorie u. Dialektik, in: Fs. T. Adorno, Frankfurt 1963, 473—501; u. in: ders., Zur Logik der Sozialwissenschaften, Frankfurt 1970^2, 9—39.

109 *Haller, R.*, Regularitäten in der Geschichte, in: Conceptus 10. 1976, 83—93.

110 *Hampl F. u. I. Weiler* Hg., Vergl. Geschichtswissenschaft, Darmstadt 1978.

111 --, Grundsätzliches zur Frage der Methode der Geschichtswissenschaft, in: Fs. S. Moser, Meisenheim 1967, 329—49.

112 *Hardtwig, W.*, Geschichtskultur u. Wissenschaft, München 1990.

113 --, Geschichtsreligion - Wissenschaft als Arbeit - Objektivität. Der Historismus in neuer Sicht, in: HZ 252. 1991, 1—32.

114 --, Geschichtsschreibung zwischen Alteuropa u. moderner Welt. Jacob Burckhardt in seiner Zeit, Göttingen 1974.

115 -- Hg., Über das Studium der Geschichte. Texte zur Geschichtstheorie u. Geschichtswissenschaft, München 1990.

116 *Hauptmeyer, C.-H.*, Heimatgeschichte heute, in: ders. Hg., Landesgeschichte heute, Göttingen 1987, 77—96.

117 *Hedinger, H.-W.*, Historik, in: Histor. Wörterbuch der Philosophie, III, 1974, 1132—38.

118 --, Theorienpluralismus in der Geschichtswissenschaft, in: A. Diemer Hg., Der Methoden- u. Theorienpluralismus in den Wissenschaften, Meisenheim 1971, 229–58.

119 *Hempel, C.G.*, Explanation in Science and in History, in: W.H. Dray Hg., Philosophical Analysis and History, N.Y. 1966, 95–126.

120 --, The Function of General Laws in History, in: P. Gardiner Hg., Theories of History, Glencoe 1960^2, 344–56.

121 Hermeneutik u. Ideologiekritik, Frankfurt 1971.

122 *Hesse, R.*, Geschichtswissenschaft in prakt. Absicht, Wiesbaden 1979.

123 *Haussmann, T.*, Erklären u. Verstehen, Frankfurt 1991.

124 *Hexter, J.*, Some American Observations, in: JCH 2. 1967, 5–23.

125 *Hill, A.O. u. B.H.*, M. Bloch and Comparative History, in: AHR 85. 1980, 828–46.

126 *Hillgruber, A.*, Gedanken zu einer polit. Geschichte moderner Prägung, in: Freiburger Universitätsblätter 9. 1970, 33–43.

127 --, Polit. Geschichte in moderner Sicht, in: HZ 216. 1973, 529–52.

128 *Hinrichs, E.*, Zum Stand der histor. Mentalitätsforschung in Deutschland, in: Ethnologia Europaea 11.1979/80, 226–33.

129 *Hintze, O.*, Über individualist. u. kollektivist. Geschichtsauffassung (1897), in: ders., Soziologie u. Geschichte, Hg. G. Oestreich, Göttingen 1982^3, 315–22.

130 Histoire et Structures, in: Annales 26. 1971, Sonderheft 3/4.

131 *Hobsbawm, E. J.*, K. Marx's Contribution to Historiography, in: R. Blackburn Hg., Ideology in Social Science, London 1972, 265-83.

132 --, The Social Function of the Past, in: PP 55. 1972, 3–17.

133 *Hollinger, D. A.*, T. S. Kuhn's Theory of Science and Its Implications for History, in: AHR 78. 1973, 370–93.

134 *Honegger, C. Hg.*, M. Bloch u.a., Schrift u. Materie der Geschichte, Frankfurt 1977.

135 *Hübner, K.*, Erkenntnistheoretische Fragen der Geschichtswissenschaft, in: Fs. K.D. Erdmann, Stuttgart 1975, 41–58.

136 --, On Theories in Historical Science, in: Man and World 8. 1975, 363– 82.

137 *Hughes, H. S.*, History as Art and as Science, N.Y. 1965.

138 *Hunt, L.* Hg., The New Cultural History, Berkeley 1989.

139 *Hutton, P. H.*, The History of Mentalities. The New Map of Cultural History, in: HT 20. 1981, 237–59.

140 *Iggers, G. G. u. W. Schulz*, Geschichtswissenschaft, in: SDG 2. 1968, 914 –59.

141 --, Deutsche Geschichtswissenschaft, München 1976^3.

142 -- *u. H. T. Parker Hg.*, International Handbook of Historical Studies, Westport/-Conn. 1979.

143 *Jaeger, F. u. J. Rüsen*, Geschichte des Historismus, München 1992.

144 *Jonas, H.*, Wandlung u. Bestand. Vom Grunde der Verstehbarkeit der Geschichte, in: Fs. M. Heidegger, Frankfurt 1970.

145 *Jones, G. S.*, History: The Poverty of Empiricism, in: R. Blackburn Hg., Ideology in Social Science, London 1972, 96–115.

146 *Joynt, G. B. u. N. Rescher*, The Problem of Uniqueness in History, in: HT 1. 1961, 150–62.

147 *Junker, D.*, Über die Legitimität von Werturteilen in den Sozialwissenschaften u. der Geschichtswissenschaft, in: HZ 211. 1970, 1–33.

148 -- *u. P. Reisinger*, Was kann Objektivität in der Geschichtswissenschaft heißen u. wie ist sie möglich? in: T. Schieder Hg., Methodenprobleme der Geschichtswissenschaft, München 1974, 1–46.

149 *v. Kempski, J.*, Die Logik der Geisteswissenschaften u. die Geschichte, in: ders., Brechungen, Reinbek 1964, 79–104.

150 *Klaus, G. u. H. Schulze*, Sinn, Gesetz u. Fortschritt in der Geschichte, Berlin 1967.

151 *Klingenstein, G.*, Kultur- u. universalgeschichtl. Aspekte in strukturaler Sicht, in: AfK 52. 1970, 280–96.

152 *Kluxen, K.*, Vorlesungen zur Geschichtstheorie, 2 Bde, Paderborn 1974/1981.

153 *Kocka, J.*, Angemessenheitskriterien histor. Argumente, in: R. Koselleck u.a. Hg., Objektivität u. Parteilichkeit in der Geschichtswissenschaft, München 1977, 469–75.

154 --, Theoretical Approaches to the Study of Social and Economic History in Modern Germany, in: JMH 47. 1975, 101–19.

155 --, Zu einigen sozialen Funktionen der Geschichtswissenschaft, in: Neue Sammlung 1972, 6. SoH., 12–17; u. in: ders., Sozialgeschichte, Göttingen 1977, 112–31.

156 --, Gesellschaftl. Funktionen der Geschichtswissenschaft, in: W. Oelmüller Hg., Wozu noch Geschichte? München 1977, 11–33.

157 --, Wozu Geschichte? in: K. Filser Hg., Theorie u. Praxis des Geschichtsunterrichts, Bad Heilbrunn 1974, 24–35; u. in: Ex Libris 28/2, Zürich 1973, 11–20.

158 --, Geschichte u. Aufklärung, Göttingen 1989.

159 --, Struktur u. Persönlichkeit als methodolog. Problem der Geschichtswissenschaft, in: M. Bosch Hg., Persönlichkeit u. Struktur in der Geschichte, Düsseldorf 1977, 152–69.

160 -- *u. T. Nipperdey Hg.*, Theorie u. Erzählung in der Geschichte, München 1979.

161 -- u.a. Hg., Theoriedebatte u. Geschichtsunterricht, Paderborn 1982.

162 --, Theorien in der Geschichtswissenschaft, in: ders. u.a., Theoriedebatte u. Geschichtsunterricht, Paderborn 1982, 7–27.

163 -- Hg., Theorien in der Praxis des Historikers (=GG, SoH. 3), Göttingen 1977.

164 --, Theorieorientierung u. Theorieskepsis in der Geschichtswissenschaft, in: HSR 1982/23, 4–19.

165 --, Theories and Quantification in History, in: Social Science History 8. 1984, 169–78.

166 --, Theory and History: Recent Developments in West Germany, in: Social Research 47. 1980, 426–57.

167 *Kohli-Kunz, A.*, Erinnern u. Vergessen. Das Gegenwärtigsein des Vergangenen als Grundproblem histor. Wissenschaft, Berlin 1973.

168 *Kon, J.*, Die Geschichtsphilosophie des 20. Jh., 2 Bde, Berlin 1964.

169 *Koselleck, R.*, Linguistic Change and the History of Events, in: JMH 61. 1989, 649–66.

170 -- *u.a. Hg.*, Formen der Geschichtsschreibung, München 1982.

171 -- *u.a.*, Geschichte, Historie, in: GGr II. 1975, 593–717.

172 -- *u. H.-G. Gadamer*, Hermeneutik u. Historik, Heidelberg 1987.

173 --, Hermeneutik u. Historik, in: Sitzungsberichte der Heidelberger Akademie der Wissenschaften, Philos.-Histor. Klasse, Heidelberg 1987, 9–28.

174 --, Wozu noch Historie? in: HZ 212. 1971, 1–18.

175 --, Über die Theoriebedürftigkeit der Geschichtswissenschaft, in: W. Conze Hg., Theorie der Geschichtswissenschaft, Stuttgart 1972, 10–28.

176 --, Vergangene Zukunft. Zur Semantik histor. Zeiten, Frankfurt 1979.

177 *Koshar, R.*, Playing the Cerebral Savage: Notes on Interpreting German History Before the Linguistic Turn, in: CEH 22. 1989, 343–59.

178 *Kosthorst, E. Hg.*, Geschichtswissenschaft, Göttingen 1977.

179 *Kracauer, S.*, Time and History, in: HT, Beih. 6, 1966, 65–78.

180 *Krieger, L.*, The Horizons of History, in: AHR 63. 1957, 62–74.

181 *Kuhn, T. S.*, Die Beziehungen zwischen Geschichte u. Wissenschaftsgeschichte, in: ders., Die Entstehung des Neuen, Frankfurt 1977, 194–237.

182 --, Die Entstehung des Neuen. Studien zur Struktur der Wissenschaftsgeschichte, Frankfurt 1977.

183 --, Die Struktur wissenschaftl. Revolutionen, Frankfurt 1967; engl. Chicago 1970², Postscript, dt. in: P. Weingart Hg., Wissenschaftssoziologie I, Frankfurt 1972, 287– 319.

184 *Lakatos, I. u. A. Musgrave* Hg., Criticism and the Growth of Knowledge, Cambridge 1970; dt. Kritik u. Erkenntnisfortschritt, Braunschweig 1974.

185 *LeGoff, J. u. P. Nora*, Constructing the Past, N.Y. 1985.

186 -- *u. P. Nora* Hg., Faire de l'histoire, 3 Bde, Paris 1974.

187 *Leidinger, P. Hg.*, Theoriedebatte u. Geschichtsunterricht. Sozialgeschichte, Paradigmawechsel u. Geschichtsdidaktik in der aktuellen Diskussion, Paderborn 1982.

188 *Lenk, K.*, Zum Problem der sozialen Gesetzmäßigkeit, in: GWU 14. 1963, 669–81.

189 *Leontief, W.*, When Should History Be Written Backward? in: EHR 16. 1963, 1– 8.

190 *Lepenies, W.*, Wissenschaftsgeschichte u. Disziplingeschichte, in: GG 4. 1978, 437– 51.

191 *Levich, M.*, Interpretation in History, in: HT 24. 1985, 44–61.

192 *Ludz, P.-C.*, T. S. Kuhns Paradigmathese, in: Fs. E. Topitsch, Tübingen 1979, 217–46.

193 *Lübbe, H.*, Geschichtsbegriff u. Geschichtsinteresse, Basel 1977.

194 *Lüthy, H.*, Wozu Geschichte? Zürich 1969.

195 *Luhmann, N.*, Evolution u. Geschichte, in: GG 2. 1976, 284–309.

196 *Mandelbaum, M.*, Societal Laws, in: British Journal for the Philosophy of Science 8. 1957, 211–24.

197 *Mann, G.*, Die alte u. die neue Historie, in: Tendenzwende, Hg. C. Podewils, Stuttgart 1975, 40–58.

198 *Marrou, H. L.*, De la connaissance historique, Paris 1955²; dt. Über die histor. Erkenntnis, Freiburg 1973.

199 *Marwick, A.*, The Nature of History, London 1970.

200 *Meier, C.*, Der Alltag des Historikers u. die histor. Theorie, in: H. M. Baumgartner u. J. Rüsen Hg., Seminar: Geschichte u. Theorie, Frankfurt 1976, 36–58.

201 --, Notizen zum Verhältnis von Macro- u. Microgeschichte, in: K. Acham u. W. Schulze Hg., Teil u. Ganzes, München 1990, 111–40.

202 --, Plädoyer für eine Aufhebung der "histoire nouvelle", in: P. Rossi Hg., Theorie der modernen Geschichtsschreibung, Frankfurt 1987, 257–65.

203 *Meran, J.*, Theorien in der Geschichtswissenschaft, Göttingen 1985.

204 *Mérei, G.*, Strukturgeschichtsforschung in der bürgerl. Geschichtsschreibung der BRD, Budapest 1975.

205 *Meyerhoff, H.* Hg., The Philosophy of History in Our Time, Garden City 1959.

206 *Mink, L. P.*, Mind, History, and Dialectic, Bloomington 1969.

207 --, Philosophy and Theory of History, in: G. G. Iggers u. H. T. Parker Hg., Internat. Handbook of Historical Studies, Westport/Conn. 1979, 17–27.

208 *Mommsen, H.*, Die Herausforderung durch die modernen Sozialwissenschaften, in: B. Faulenbach Hg., Geschichtswissenschaft in Deutschland, München 1974, 112–20.

209 *Mommsen, W. J.*, Social Conditioning and Social Relevance of Historical Judgements, in: HT 17. 1978, 19–35.

210 --, Die Geschichtswissenschaft in der modernen Industriegesellschaft, in: B. Faulenbach Hg., Geschichtswissenschaft in Deutschland, München 1974, 147–68, u. in: VfZ 22. 1974, 1–17.

211 --, Die Geschichtswissenschaft jenseits des Historismus, Düsseldorf 1972².

212 --, Die Mehrdeutigkeit von Theorien in der Geschichtswissenschaft, in: J. Kocka u. T. Nipperdey, Theorie u. Erzählung in der Geschichte, München 1979, 334–70.

213 --, Gesellschaftl. Relevanz u. gesellschaftl. Bedingtheit histor. Urteile, in: Fs. K. D. Erdmann, Stuttgart 1975, 208–24.

214 --, Die Sprache des Historikers, in: HZ 238. 1984, 57–82.

215 --, Wandlungen im Bedeutungsgehalt der Kategorie des "Verstehens", in: C. Meier u. J. Rüsen Hg., Histor. Methode, München 1988, 200–26.

216 --, M. Webers Begriff der Universalgeschichte, in: J. Kocka Hg., Max Weber, der Historiker, Göttingen 1986, 51–72.

217 *Morazé, C.*, La Logique de l'Histoire, Paris 1967.

218 *Muhlack, U.*, Hermeneutik u. Geschichtswissenschaft, in: ZHF 3. 1976, 1–18.

219 --, Probleme einer erneuerten Historik, in: HZ 228. 1979, 335–64.

220 *Murphy, G.*, Is There a Science of History? in: A. R. Desai Hg., Essays on Modernization of Underdeveloped Societies I, Bombay 1972, 547–52.

221 --, On Counterfactual Propositions, in: HT, Beih. 9, 1969, 14–38.

222 --, Our Knowledge of the Historical Past, Indianapolis 1974.

223 *Nabrings, A.*, Historismus als Paralyse der Geschichte, in: AfK 65. 1983, 157—82.
224 *Nagl-Docekal, H. u. F. Wimmer Hg.*, Neue Ansätze in der Geschichtswissenschaft, Wien 1984.
225 --, Die Objektivität der Geschichtswissenschaft, München 1982.
226 *Newman, F. D.*, Explanation by Description. An Essay on Historical Methodology, Den Haag 1968.
227 *Nipperdey, T.*, Bemerkungen zum Problem einer histor. Anthropologie, in: Fs. S. Moser, Meisenheim 1969, 350—70.
228 --, Die anthropolog. Dimension der Geschichtswissenschaft, in: G. Schulz Hg., Geschichte heute, Göttingen 1973, 225—55; u. in: ders., Gesellschaft, Kultur, Theorie, Göttingen 1976, 33—58.
229 --, Geschichte der Aufklärung, in: M. Zöllner Hg., Aufklärung heute, Zürich 1980, 50—62.
230 --, Wozu noch Geschichte? in: G.-K. Kaltenbrunner Hg., Die Zukunft der Vergangenheit, Freiburg 1975, 34—57.
231 --, Gesellschaft, Kultur, Theorie, Göttingen 1976.
232 --, Historismus u. Historismuskritik heute, in: ders., Gesellschaft, Kultur, Theorie, Göttingen 1976, 59—73.
233 --, Kulturgeschichte, Sozialgeschichte, histor. Anthropologie, in: VSWG 55. 1968, 145—64.
234 --, Marxismus u. Geschichtswissenschaft, in: G. Szczesny Hg., Marxismus - ernstgenommen, Reinbek 1975, 89—108.
235 --, Über Relevanz, in: GWU 23. 1972, 577—96; u. in: ders., Gesellschaft, Kultur, Theorie, Göttingen 1976, 12— 32.
236 *Nitschke, A.*, Histor. Verhaltensforschung, Stuttgart 1981.
237 *Nolte, E.*, Über das Verhältnis von "bürgerlicher" u. "marxistischer" Geschichtswissenschaft, in: APZ 4.8.1973, 10—21 u. in: C. J. Burckhardt u.a., Geschichte zwischen Gestern u. Morgen, München 1974.
238 *Nora, P.* Hg., Les lieux de mémoire, 3 Bde, Paris 1984—86.
239 *Oakes, G.*, The Verstehen Thesis and the Foundations of M. Weber's Methodology, in: HT 16. 1977, 11—29.
240 *Oexle, O. G.*, Die Geschichtswissenschaft im Zeichen des Historismus, in: HZ 238. 1984, 17—55.
241 --, "Historismus". Überlegungen zur Geschichte des Phänomens u. des Begriffs, in: Jb. der Braunschweig. Wiss. Gesellschaft, Göttingen 1986, 119—55.
242 --, "Der Teil u. das Ganze" als Problem geschichtswissenschaftl. Erkenntnis, in: K. Acham u. W. Schulze Hg., Teil u. Ganzes, München 1990, 219—39.
243 *Passmore, J.*, Explanation in Everyday Life, in Science, and in History, in: HT 2. 1962, 105—23.
244 *Perelman, C.* Hg., Les catégories en histoire, Brüssel 1969.
245 --, Raisonnement et démarches de l'histoire, Brüssel 1967[2].
246 *Peukert, D.*, "Die letzten Menschen". Beobachtungen zur Kulturkritik im Geschichtsbild M. Webers, in: GG 12. 1986, 425—42.

247 --, Die Rezeption M. Webers in der Geschichtswissenschaft der Bundesrepublik Deutschland, in: J. Kocka Hg., M. Weber, der Historiker, Göttingen 1986, 264–77.

248 --, "Der Tag klingt ab, allen Dingen kommt nun der Abend ...". M. Webers "unzeitgemäße" Begründung der Kulturwissenschaften, in: R. vom Bruch u.a. Hg., Kultur u. Kulturwissenschaften um 1900, Stuttgart 1989, 155–73.

249 --, M. Webers Diagnose der Moderne, Göttingen 1989.

250 *Pitz, E.*, Geschichtl. Strukturen, in: HZ 198. 1964, 265–305.

251 *v. Plato, A.*, Zum Stand der "Oral History" in Deutschland, in: Fs. G. Iggers, Hagen 1991, 418–39.

252 *Plechanov, G. V.*, Über materialist. Geschichtsauffassung, Berlin 1946.

253 *Pocock, J. G. A.*, History and Theory, in: CSSH 4. 1961/62, 525–35.

254 *Pollard, S.*, The Idea of Progress. History and Society, London 1968.

255 *Popper, K. R.*, Conjectures and Refutations, London 1974[5].

256 --, Das Elend des Historizismus, Tübingen 1965/1979[5].

257 --, Objektive Erkenntnis, Hamburg 1984[4].

258 --, Die Offene Gesellschaft u. ihre Feinde, 2 Bde, Bern 1957/58/München 1980[6].

259 --, Logik der Forschung, Wien 1935/Tübingen 1989[9].

260 *Postan, M. M.*, Fact and Relevance, Cambridge 1971.

261 *Price, J. R. u. V. Lorwin* Hg., The Dimensions of the Past, New Haven 1972.

262 *Puhle, H.–J.*, Theorien in der Praxis des vergl. Historikers, in: J. Kocka u. T. Nipperdey Hg., Theorie u. Erzählung in der Geschichte, München 1979, 119–36.

263 *Rabb, T. K. u. R. J. Rotberg* Hg., The New History, Princeton 1982.

264 *Radkau, J. u. O.*, Praxis der Geschichtswissenschaft, Düsseldorf 1972.

265 *Reichardt, R.*, Histoire des Mentalités. Eine neue Dimension der Sozialgeschichte am Beispiel des französ. Ancien Régime, in: IASL 3. 1978, 130–66.

266 *Reinalter, H.*, Warum ist die Geschichtswissenschaft theoriebedürftig geworden? in: Innsbrucker Histor. Studien 2. 1979, 289–304.

267 --, Theorie, Methodologie u. Didaktik der Geschichtswissenschaft, in: Zeitgeschichte 3. 1976, 183–201.

268 *Richter, M.*, Reconstructing the History of Political Language: Pocock, Skinner and the "Geschichtl. Grundbegriffe", in: HT 29. 1990, 38–70.

269 *Riedel, M.*, Positivismuskritik u. Historismus. Über den Ursprung des Gegensatzes von Erklären u. Verstehen im 19. Jh., in: J. Blühdorn u. J. Ritter Hg., Positivismus im 19. Jh., Frankfurt 1971, 81–91.

270 --, System, Struktur, in: GGr. 6. 1990, 285–322.

271 --, Verstehen oder Erklären? Stuttgart 1978.

272 *Ritter, J.* Hg., Histor. Wörterbuch der Philosophie, bisher 7 Bde, Basel 1971–89.

273 *Rosenhaft, E.*, History, Anthropology, and the Study of Everyday Life, in: CSSH 29. 1987, 99–105.

274 *Rossi, P.* Hg., Theorie der modernen Geschichtsschreibung, Frankfurt 1987.

275 *Rotenstreich, N.*, The Idea of Historical Progress, in: HT 10. 1971, 197–221.

276 --, Between Past and Present. An Essay on History, New Haven 1958.

277 *Rüsen, J. u. H.-W. Blanke* Hg., Von der Aufklärung zum Historismus. Zum Strukturwandel des histor. Denkens, Paderborn 1984.

278 --, Polit. Denken u. Geschichtswissenschaft bei J.G. Droysen, in: 1. Fs. T. Schieder, München 1968, 171—87.

279 --, Erkenntnisinteresse u. histor. Objektivität, in: H. Wendt u. N. Loacker Hg., Der Mensch, Bd. 5, Zürich 1983, 458— 77.

280 --, Erklärung u. Theorie in der Geschichtswissenschaft, in: Storia della Storiografia 1983/4, 3—29.

281 --, Geschichte als Aufklärung, in: GG 7. 1981, 189—218.

282 --, Geschichte u. Norm - Wahrheitskriterien der histor. Erkenntnis, in: W. Oelmüller Hg., Normen u. Geschichte, Paderborn 1979, 110—39.

283 -- *u. H.M. Baumgartner* Hg., Seminar: Geschichte u. Theorie. Umrisse einer Historik, Frankfurt 1976/ 1982[2].

284 --, Geschichte u. Utopie, in: W. Voßkamp Hg., Utopieforschung. Interdisziplinäre Studien zur neuzeitl. Utopie, Bd. 1, Stuttgart 1982/Frankfurt 1986[2], 356—74.

285 --, Wie kann man Geschichte vernünftig schreiben? Über das Verhältnis von Narrativität u. Theoriegebrauch in der Geschichtswissenschaft, in: J. Kocka u. T. Nipperdey Hg., Theorie u. Erzählung in der Geschichte, München 1979, 300—33.

286 --, Begriffene Geschichte, Paderborn 1969.

287 --, Lebendige Geschichte. Grundzüge einer Historik III, Göttingen 1989.

288 --, Grundlagenreflexion u. Paradigmawechsel in der westdeutschen Geschichtswissenschaft, in: Geschichtsdidaktik 11. 1986, 388—405.

289 --, Für eine erneuerte Historik, Stuttgart 1976.

290 --, Für eine erneuerte Historik. Vorüberlegungen zur Theorie der Geschichtswissenschaft, in: F. Engel-Janosi u.a. Hg., Denken über Geschichte, Wien 1974, 227—52.

291 --, Historismus, in: E. Braun u. H. Radermacher Hg., Wissenschaftstheoret. Lexikon, Graz 1978, 244—49.

292 --, Konfigurationen des Historismus. Studien zur deutschen Wissenschaftskultur, Frankfurt 1993.

293 --, Die Kraft der Erinnerung im Wandel der Kultur. Zur Innovations- u. Erneuerungsfunktion der Geschichtsschreibung, in: B. Cerquiglini u. H.U. Gumbrecht Hg., Der Diskurs der Literatur- u. Sprachhistorie, Frankfurt 1983, 356—74.

294 --, Zur Kritik des Neohistorismus, in: Zeitschrift für Philosoph. Forschung 33. 1979, 243—63.

295 --, Histor. Methode, in: C. Meier u. ders. Hg., dass., München 1988, 62—80.

296 -- *u. F. Jaeger*, Histor. Methode, in: R.van Dülmen Hg., Fischer Lexikon Geschichte, Frankfurt 1990[2], 13—32.

297 -- *u. W. Schulze*, Histor. Methode, in: J. Ritter u. K. Gründer Hg., Historisches Wörterbuch der Philosophie, Bd. 5, Basel 1980, 1345—55.

298 --, Narrativität u. Modernität in der Geschichtswissenschaft, in: P. Rossi Hg., Theorie der modernen Geschichtsschreibung, Frankfurt 1987, 230—37.

299 -- *u.a.* Hg., Objektivität u. Parteilichkeit in der Geschichtswissenschaft, München 1977.

300 -- Hg., Histor. Objektivität, Göttingen 1975.

301 --, Probleme u. Funktionen der Historik, in: W. Oelmüller Hg., Wozu noch Geschichte? München 1977, 119—34.

302 --, Rationalität u. Geschichtlichkeit. Zur Logik histor. Erkenntnis, II, in: Philosoph. Rundschau 21. 1974, 24—55.

303 --, Rekonstruktion der Vergangenheit. Grundzüge einer Historik II, Göttingen 1986.

304 --, Der Strukturwandel der Geschichtswissenschaft u. die Aufgabe der Historik, in: A. Diemer Hg., Die Struktur wissenschaftlicher Revolutionen u. die Geschichte der Wissenschaften, Meisenheim 1977, 110—19.

305 --, Der Teil des Ganzen - Über histor. Kategorien, in: K. Acham u. W. Schulze Hg., Teil u. Ganzes. Zum Verhältnis von Einzel- u. Gesamtanalyse in Geschichts- u. Sozialwissenschaften, München 1990, 299—322.

306 --, Theorie der Geschichte, in: R.van Dülmen Hg., Fischer Lexikon Geschichte, Frankfurt 1990^2, 32—52.

307 -- *u. H. Süssmuth Hg.*, Theorien in der Geschichtswissenschaft, Düsseldorf 1980.

308 --, Theory of History in the Development of West German Historical Studies, in: GSR 7. 1984, 11—25.

309 --, Überwindung des Historismus? Zur Logik histor. Erkenntnis, I, in: Philosoph. Rundschau 20. 1974, 269—86.

310 --, Zum Verhältnis von Theorie u. Didaktik der Geschichte, in: GWU 7. 1975, 427—41.

311 --, Histor. Vernunft. Grundzüge einer Historik I, Göttingen 1983.

312 --, Wahrheit u. Methode in der Geschichtswissenschaft, in: Philosoph. Rundschau 18. 1971, 267—89.

313 --, Zeit u. Sinn. Strategien histor. Denkens, Frankfurt 1990.

314 *Rumpler, H.*, Offene Fragen einer "Theorie der Geschichtswissenschaft", in: F. Engel-Janosi u.a. Hg., Denken über Geschichte, München 1974, 207—26.

315 *Salmon, P.*, Histoire et critique, Brüssel 1969.

316 *Samaran, C. Hg.*, L'histoire et ses méthodes, Paris 1967.

317 *Schäppi, H.*, Histor. Wissenschaften: Verstehen - Rechtfertigen - Verändern, in: H. Holzhey Hg., Wissenschaft/Wissenschaften. Interdisziplinäre Arbeit u. Wissenschaftstheorie, Basel 1974, 80—98.

318 *Schaff, A.*, Geschichte u. Wahrheit, Frankfurt 1970.

319 *Schieder, T.*, Geschichte als Wissenschaft, München 1965/1968^2.

320 -- Hg., Methodenprobleme der Geschichtswissenschaft, München 1974.

321 --, Möglichkeiten u. Grenzen vergleichender Methoden in der Geschichtswissenschaft, in: HZ 200. 1965, 529—51, u. in: ders., Geschichte als Wissenschaft, München 1968^2, 187—211.

322 --, Strukturen u. Persönlichkeiten in der Geschichte, in: HZ 195. 1962, 265—306; u. in: ders., Geschichte als Wissenschaft, München 1968^2, 149—86.

323 -- *u. K. Gräubig* Hg., Theorieprobleme der Geschichtswissenschaft, Darmstadt 1977.

324 *Schiffer, W.*, Theorien der Geschichtsschreibung, Stuttgart 1980.

325 *Schleier, H.*, Theorie der Geschichte - Theorie der Geschichtswissenschaft, Berlin 1975.

326 --, Zu den Theorien über die Entwicklung der Gesellschaft im spätbürgerl. deutschen Geschichtsdenken. 4: Sozialgeschichtl. Alternativ-Konzeptionen in der BRD, in: E. Engelberg u. W. Küttler Hg., Formationstheorie u. Geschichte, Berlin 1978, 669—718.

327 --, Zum Verhältnis von Historismus, Strukturgeschichte u. sozialwissenschaftl. Methoden in der gegenwärtigen Geschichtsschreibung der BRD, in: E. Engelberg Hg., Probleme der marxist. Geschichtswissenschaft, Köln 1972, 229—353.

328 *Schulin, E.*, Traditionskritik u. Rekonstruktionsversuch, Göttingen 1979.

329 *Schulze, H.*, Mentalitätsgeschichte, in: GWU 36. 1985, 247—70.

330 *Schulze, W.*, Mikrohistorie versus Makrohistorie, in: C. Meier u. J. Rüsen Hg., Histor. Methode, München 1988, 319—41.

331 *Schupp, F.*, Poppers Methodologie der Geschichtswissenschaft, Bonn 1975.

332 *Schwemmer, O.*, Theorie der rationalen Erklärung. Zu den method. Grundlagen der Kulturwissenschaften, München 1976.

333 *Scriven, M.*, Causes, Connections and Conditions in History, in: W.H. Dray Hg., Philosophical Analysis and History, N.Y. 1966, 238—64.

334 *Seifert, A.*, Geschichtstheorie. Eine Bestandsaufnahme in reorientierender Absicht, in: Philosoph. Rundschau 27. 1980, 161—85.

335 *Seiffert, H.*, Einführung in die Wissenschaftstheorie, 2 Bde, München 1975^8/1975^6.

336 *Simmel, G.*, Aufsätze 1887—90. Über soziale Differenzierung (1890). Die Probleme der Geschichtsphilosophie (1892), Hg. H.-J. Dahme (Gesamtausg. Bd. 2), Frankfurt 1989.

337 *Speer, H.*, Herrschaft u. Legitimität. Zeitgebundene Aspekte in M. Webers Herrschaftssoziologie, Berlin 1978.

338 *Stanford, M.*, The Nature of Historic Knowledge, Oxford 1986.

339 *Stern, A.*, Philosophy of History and the Problem of Values, Den Haag 1962; dt. Geschichtsphilosophie u. Wertproblem, München 1967.

340 *Stone, L.*, The Past and the Present, Boston 1981.

341 Studies in Marxist Historical Theory, Beih. 20, 1981, 358—449.

342 *Süssmuth, H.* Hg., Histor. Anthropologie, Göttingen 1984.

343 --, Histor. Sozialwissenschaft u. Histor. Anthropologie, in: J. Rüsen u. H. Süssmuth Hg., Theorien in der Geschichtswissenschaft, Düsseldorf 1980, 138—73.

344 *Sweezy, P. M.*, The Present as History, N.Y. 1962.

345 *Szalay, M.*, Ethnologie u. Geschichte, Berlin 1983.

346 *Tenbruck, F. H.*, Geschichte u. Gesellschaft, Berlin 1986.

347 *Thaller, M.*, Zur Formalisierbarkeit hermeneut. Verstehens in der Historie, in: Fs. R. Vierhaus, Göttingen 1982, 439—54.

348 Theory and Practice in Historical Study, N.Y. 1946.

349 *Thompson, E. P.*, The Poverty of Theory, London 1978; dt. Das Elend der Theorie, Frankfurt 1980.

350 *Topolski, J.*, Historical Explanation in the Light of the Marxist Theory of the Historical Process, in: Studia Historiae Oeconomicae 15. 1980, 5—19.

351 --, Marx et la méthode des modèles, in: Fs. F. Braudel, Paris 1973,435—42.

352 --, Methodology of History, Dordrecht 1976.
353 --, Die Wissenschaftlichkeit der Geschichtsschreibung u. ihre Grenzen, in: P. Rossi Hg., Theorie der modernen Geschichtsschreibung, Frankfurt 1987, 191–218.
354 *Toulmin, S.*, Human Understanding, Princeton 1972; dt. Menschl. Erkennen, Frankfurt 1978.
355 *v. Treitschke, H.*, Die Gesellschaftswissenschaft, in: ders., Aufsätze, Reden u. Briefe. Hg. K. M. Schiller, Meersburg 1929, 737–809.
356 *Uhlig, R.*, Histor. Grundlagenforschung als Problem der Geschichtswissenschaft, Berlin 1980.
357 *Veyne, P.*, Comment on écrit l'histoire, Paris 1971.
358 --, Von der Geschichtsschreibung, Frankfurt 1987.
359 --, Geschichtsschreibung u. was sie nicht ist, Frankfurt 1990.
360 *Wach, J.*, Das Verstehen, 3 Bde, Tübingen 1926–33.
361 *Walsh, W. H.*, An Introduction to Philosophy of History, London 1953^2.
362 *Weymar, E.*, Geschichtswissenschaft u. Theorie, Stuttgart 1979.
363 *White, H. V.*, The Burden of History, in: HT 5. 1966, 111–34.
364 --, Auch Klio dichtet oder Die Fiktion des Faktischen, Stuttgart 1986.
365 --, Das Problem der Erzählung in der modernen Geschichtstheorie, in: P. Rossi Hg., Theorie der modernen Geschichtsschreibung, Frankfurt 1987, 57–106.
366 *White, M.*, The Foundations of Historical Knowledge, N.Y. 1965.
367 --, Toward an Analytical Interpretation of History, in: M. Farber Hg., Philosophical Thought in France and the US, Buffalo 1950, 705–26.
368 *Wick, P.*, Informationsprobleme der Geschichtswissenschaft, in: E. Engelberg Hg., Probleme der marxist. Geschichtswissenschaft, Köln 1972, 199–212.
369 *Wittkau, A.*, Historismus, Göttingen 1992.
370 *Wittram, R.*, Anspruch u. Fragwürdigkeit der Geschichte, Göttingen 1969.
371 --, Die Erheblichkeit der Forschung. Zum Problem der gesellschaftl. Relevanz der Historie, in: Saeculum 23. 1972, 221–35.
372 --, Das Interesse an der Geschichte, Göttingen 1968^3.
373 --, Möglichkeiten u. Grenzen der Geschichtswissenschaft in der Gegenwart, in: Fs. K. v. Raumer, Münster 1966, 1–28.
374 --, Die Zukunft in den Fragestellungen der Geschichtswissenschaft, in: ders. u.a., Geschichte - Element der Zukunft, Tübingen 1965, 7–32.
375 --, Die Zukunft in der Geschichte, Göttingen 1966.
376 *v. Wright, G.H.*, Erklären u. Verstehen, Frankfurt 1974.
377 --, Explanation and Understanding, Ithaca 1971.
378 *Wunder, H.*, Kulturgeschichte, Mentalitätsgeschichte, histor. Anthropologie, in: R. van Dülmen Hg., Fischer Lexikon Geschichte, Frankfurt 1990^2, 65–86.
379 *Zinn, H.*, The Politics of History, Boston 1970.

8. Theoretische Fragen der Sozialgeschichte

1 *Abramowski, G.*, Das Geschichtsbild M. Webers. Universalgeschichte am Leitfaden des okzidentalen Rationalisierungsprozesses, Stuttgart 1966.

2 *Acham, K.* Hg., Methodolog. Probleme der Sozialwissenschaften, Darmstadt 1978.

3 *Albert, H.*, Probleme der Wissenschaftslehre in der Sozialforschung, in: HES I. 1967^{2}, 38—63, 691—96/TB I. 1973^{3}, 57—102.

4 --, Theorie u. Realität, Tübingen 1972^{2}.

5 *Albrecht, H.*, Anmerkungen zur Konzeption der "modernen deutschen Sozialgeschichte", in: Marxist. Blätter 13. 1975, 62—67.

6 Alltagsgeschichte u. neues Geschichtsbewußtsein, in: NPL 1987/Beih. 5.

7 *Ambros, D.*, Gesellschaft, in: HSW 4.1965, 427—33.

8 *Antoni, C.*, Vom Historismus zur Soziologie, Stuttgart 1950.

9 *Antonio, R. J. u. R. M. Glassman* Hg., A Weber-Marx-Dialogue, Lawrence 1985.

10 *Apel, K.-O.*, Wissenschaft als Emanzipation? Eine Auseinandersetzung mit der Wissenschaftskonzeption der "Kritischen Theorie", in: Zeitschrift für Allg. Wissenschaftstheorie 1. 1970, 173-95.

11 *Ariès, P.*, Zeit u. Geschichte, Frankfurt 1988.

12 *Bahrdt, H.–P.*, Schlüsselbegriffe der Soziologie, München 1984.

13 *Bausinger, H.*, Volkskunde, Darmstadt 1971.

14 *Beier, G.*, Sozialgeschichte u. Universalgeschichte, in: Fs. K. D. Erdmann, Neumünster 1980, 421—41.

15 *v. Below, G.*, Die deutsche wirtschaftsgeschichtl. Literatur u. der Ursprung des Marxismus, in: ders., Die deutsche Geschichtsschreibung, München 1924^{2}, 161—94.

16 *Benson, L.*, Toward the Scientific Study of History, N.Y. 1972.

17 *Berdahl, R. M.*, Anthropologie u. Geschichte: Einige theoret. Perspektiven u. ein Beispiel aus der preuß.-deutschen Geschichte, in: ders. u.a., Klassen u. Kultur, Frankfurt 1982, 263—82.

18 -- *u.a.*, Klassen u. Kultur. Sozialanthropolog. Perspektiven in der Geschichtsschreibung, Frankfurt 1982.

19 *Berding, H.*, Begriffsgeschichte u. Sozialgeschichte, in: HZ 223. 1976, 98—110.

20 *Berger, H.*, Untersuchungsmethode u. soziale Wirklichkeit, Frankfurt 1974.

21 *Berger, J.*, Modernitätsbegriffe u. Modernitätskritik in der Soziologie, in: SW 39. 1988, 224—36.

22 *Berger, P.L. u. T. Luckmann*, Die gesellschaftl. Konstruktion der Wirklichkeit, Frankfurt 1971^{2}.

23 *Bergmann, W.*, Lebenswelt, Lebenswelt des Alltags oder Alltagswelt, in: KZfS 33. 1981, 50—72.

24 *Berkhofer, R. F.*, Clio and the Culture Concept, in: L. Schneider u. C. Boujean Hg., The Idea of Culture in the Social Sciences, Cambridge 1973, 77—100.

25 *Bienfait, W.*, M. Webers Lehre vom geschichtl. Erkennen, Berlin 1930.

26 *Birnbaum, N.*, Conflicting Interpretations of the Rise of Captialism: Marx and Weber, in: BJS 4. 1953, 125–41; dt. Konkurrierende Interpretationen der Genese des Kapitalismus: Marx u. Weber, in: C. Seyfarth u. W. M. Sprondel Hg., Seminar: Religion u. gesellschaftl. Entwicklung, Frankfurt 1974, 38–64.

27 --, Die Krise der industriellen Gesellschaft, Frankfurt 1972.

28 *Blanke, H. u.a.*, Kritik der Polit. Wissenschaft. Analysen von Politik u. Ökonomie in der bürgerl. Gesellschaft, 2 Bde, Frankfurt 1975.

29 *Blanke, W.*, Die Wiederentdeckung der deutschen Aufklärungshistorie u. die Begründung der Histor. Sozialwissenschaft, in: W. Prinz u. P. Weingart Hg., Die sog. Geisteswissenschaften. Innenansichten, Frankfurt 1990, 105–33.

30 *Blasius, D.*, Gesellschaftsgeschichte u. Gesellschaftswissenschaft bei L. von Stein, in: ARS 57. 1971, 261–85.

31 --, L. v. Stein, Diss. Köln 1970.

32 -- *u. E. Pankoke*, Lorenz v. Stein. Geschichts- u. gesellschaftswiss. Perspektiven, Darmstadt 1971.

33 *Bodenstedt, A. A.*, Idealtypus u. soziale Wirklichkeit. A. Schütz u. sein Beitrag zur "Verstehenden Soziologie", in: SW 17. 1966, 79–91.

34 *Bollhagen, P.*, Gesetzmäßigkeit u. Gesellschaft, Berlin 1967.

35 *Bonnell, V.*, The Uses of Theory, Concepts, and Comparisons in Historical Sociology, in: CSSH 22. 1980, 156–73.

36 *Borchardt, K.*, Das Gemeinsame der europ. Sozialgeschichte, in: Rückblick der Sozialpartner, Hg. Ev. Akademie Bad Boll, 1965, 30–52.

37 --, Zur Theorie der sozialökonom. Entwicklung der gegenwärtigen Gesellschaft, in: T.W. Adorno Hg., Spätkapitalismus oder Industriegesellschaft? Stuttgart 1969, 29–47; u. in: Geschichte u. Ökonomie, Hg. H.–U. Wehler, Königstein 1985^2, 273–85.

38 *Boris, D.*, Krise u. Planung. Die polit. Soziologie im Spätwerk K. Mannheims, Stuttgart 1971.

39 *Born, K.-E.*, Der Strukturbegriff in der Geschichtswissenschaft, in: Der Strukturbegriff in den Geisteswissenschaften, Hg. Akademie der Wissenschaft u. Literatur Mainz, Geistes- u. sozialwissenschaftl. Klasse 1973/Nr. 2, Wiesbaden 1973, 17–30.

40 --, Neue Wege der Wirtschafts- u. Sozialgeschichte in Frankreich. Die Historikergruppe der "Annales", in: Saeculum 15. 1964, 298–309.

41 *Bornschier, V. u.a.*, Diskontinuität des sozialen Wandels. Entwicklung als Abfolge von Gesellschaftsmodellen u. kulturellen Deutungsmustern, Frankfurt 1990.

42 *Borscheid, P.*, Alltagsgeschichte - Modetorheit oder neues Tor zur Vergangenheit? in: W. Schieder u. V. Sellin Hg., Sozialgeschichte in Deutschland, III, Göttingen 1987, 78– 100.

43 --, Plädoyer für eine Geschichte des Alltäglichen, in: ders. u. H.-J. Teuteberg Hg., Ehe, Liebe, Tod, Münster 1983, 1–14.

44 *Botz, G.*, Neueste Geschichte zwischen Quantifizierung u. "mündl. Geschichte", in: Fs. K.R. Stadler, Wien 1983, 13–36.

45 -- *u.a.*, Was gewinnt die Geschichtsforschung durch Quantifizierung? in: Conceptus 18. 1984, 48—70.

46 -- *u.a.* Hg., "Qualität u. Quantität". Zur Praxis der Methoden der Histor. Sozialwissenschaft, Frankfurt 1988.

47 *Van den Braembussche, A.A.*, Historical Explanation and Comparative Method: Towards a Theory of the History of Society, in: HT 28. 1989, 1—24.

48 *Braudel, F.*, Sur une conception de l'histoire sociale, in: Annales 14. 1959, 309—319; auch in: ders., Ecrits sur l'histoire, Paris 1969, 175—91.

49 --, Ecrits sur l'histoire, Paris 1969.

50 --, G. Gurvitch et la discontinuité du social, in: Annales 8.1953, 347—61.

51 --, Histoire et sciences sociales. La "longue durée", in. Annales 13. 1958, 725—53; u. in: ders., Ecrits sur l'Histoire, Paris 1969; dt. in: Geschichte u. Soziologie, Hg. H.-U. Wehler, Königstein 1984^3, 189—215.

52 *Breuer, S.*, M. Webers Herrschaftssoziologie, Frankfurt 1991.

53 *Brüls, K.*, Sozialgeschichte, Recklinghausen 1965.

54 *Brunner, O.*, Sozialgeschichtl. Forschungsaufgaben, in: Anzeiger der Österr. Akademie der Wissenschaften 1948, 335—62.

55 --, Der Historiker u. die Geschichte von Verfassung u. Recht, in: HZ 209. 1969, 1—16.

56 --, Land u. Herrschaft, Wien 1965^5/ND Darmstadt 1973^6.

57 --, Das Problem einer europ. Sozialgeschichte, in: ders., Neue Wege der Verfassungs- u. Sozialgeschichte, Göttingen 1980^3, 80—102.

58 --, Zum Problem der Sozial- u. Wirtschaftsgeschichte, in: Zeitschrift für Nationalökonomie 7. 1936, 71—85.

59 --, Neue Wege der Verfassungs- u. Sozialgeschichte, Göttingen 1980^3.

60 *Bruun, H.H.*, Science, Values and Politics in M. Weber's Methodology, Kopenhagen 1972.

61 *Bullock, A.*, Is History Becoming a Social Science? Cambridge 1977.

62 *Busse, D.*, Histor. Semantik, Stuttgart 1987.

63 *Chartier, R.*, Intellectual History or Sociocultural History? in: LaCapra, D. u. S.L. Kaplan Hg., Modern European Intellectual History, Ithaca 1982, 13—46.

64 *Childers, T.*, Political Sociology and the "Linguistic Turn", in: CEH 22. 1989, 381— 93.

65 *Clark, G.K.*, The Critical Historian, London 1967.

66 *Cobban, A.*, The Vocabulary of Social History, in: PSQ 71. 1956, 1—17.

67 *Cochran, T.C.*, The Uses of History, Wilmington 1973.

68 *Collins, R.*, Weberian Sociological Theory, Cambridge 1986.

69 *Conrad, H. u. G. Gundlach*, Stand, in: Staatslexikon 7. 1962, 651—55.

70 *Conze, W.*, Beruf, in: GGr 1. 1972, 490—507.

71 --, Mittelstand, in: GGr 4. 1978, 49—92.

72 --, Nation u. Gesellschaft, in: HZ 198. 1964, 1—16.

73 --, Was ist Sozialgeschichte? in: Deuxième Conférence Internat. d'Histoire Economique, Aix 1962, Den Haag 1965, 819—23.

74 --, Die Stellung der Sozialgeschichte in Forschung u. Unterricht, in: GWU 3. 1952, 648—57.

75 --, Die Strukturgeschichte des techn.-industriellen Zeitalters, Köln 1957.
76 -- Hg., Theorie der Geschichtswissenschaft, Stuttgart 1972.
77 *Corni, G.*, La "Neue Sozialgeschichte" nel recente dibattito storiografico tedesco, in: Annali dell'Istituto Italo-Germanico in Trento 3. 1977, 513—39.
78 *Crew, D.F.*, Alltagsgeschichte: A New Social History "From Below"?, in: CEH 22. 1989, 394—407.
79 *Darnton, R.*, The History of Mentalités, in: R.H. Brown u. S. Q. Lyman Hg., Structure, Consciousness, and History, Cambridge 1978, 106—36.
80 --, The Symbolic Element in History, in: JMH 58. 1986, 218—34.
81 --, In Search of Enlightenment: Recent Attempts to Create a Social History of Ideas, in: JMH 43. 1971, 113—32.
82 *Dieckmann, J.*, M. Webers Begriff des "modernen okzidentalen Rationalismus", Diss. Köln/Düsseldorf 1961.
83 *Dorpalen, A.*, German History in Marxist Perspective. The East German Approach, London 1985.
84 *Dreitzel, H.P.*, Die gesellschaftl. Leiden u. das Leiden an der Gesellschaft, Stuttgart 1980[3].
85 *Duby, G.*, Histoire des mentalités, in: C. Samaran Hg., L'histoire et ses méthodes, Paris 1967, 937—66.
86 *van Dülmen, R.*, Histor. Anthropologie in der deutschen Sozialgeschichtsschreibung, in: GWU 42. 1991, 692—709.
87 *Dumke, R.*, Income Inequality and Industrialization in Germany 1850—1913, Habil. Münster 1987
88 *Eberlein, G. u.a.* Hg., Forschungslogik der Sozialwissenschaften, Düsseldorf 1974.
89 *Ehalt, H.C.* Hg., Geschichte von unten, Wien 1984.
90 -- Hg., Zwischen Natur u. Kultur. Kritik biologist. Ansätze, Köln 1985.
91 *Ehmer, J. u. A. Müller*, Sozialgeschichte in Österreich, in: J. Kocka Hg., Sozialgeschichte im internat. Überblick, Darmstadt 1989, 109—40.
92 *Eldrige, J.T.*, M. Weber and the Interpretation of Social Reality, London 1972.
93 *Eley, G. u. K. Nield*, Why Does Social History Ignore Politics? in: SH 5. 1980, 249—71.
94 --, Memories of Under-Development: Social History in Germany, in: SH 2. 1977, 785—92.
95 --, Some Recent Trends in Social History, in: G.G. Iggers u. H.T. Parker Hg., Internat. Handbook of Historical Studies, Westport/Conn. 1979, 55—70.
96 --, Is All the World a Text? From Social History to the History of Society Two Decades Later, in: T.J. McDonald Hg., The Historic Turn in the Human Sciences, Ann Arbor 1992,
97 *Elias, N.*, Zum Begriff des Alltags, in: KZfS, SoH. 20. 1978, Hg. K. Hammerich, 22—29.
98 --, Die Gesellschaft der Individuen, Frankfurt 1991[2].
99 --, Zur Grundlegung einer Theorie sozialer Prozesse, in: ZfS 6. 1977, 127—49.
100 *Engelberg, E.*, Ereignis, Struktur u. Entwicklung in der Geschichte, in: ZfG 23. 1975, 613—35.

101 *Engelsing, R.*, Der Standpunkt der Sozialgeschichte, in: WaG 22. 1962, 124—41.
102 *Evans, R.J.*, Social History in the Postmodern Age, in: History of Historiography 1990/18, 36—41.
103 *Feix, H.*, Werturteil, Politik u. Wirtschaft, Göttingen 1978.
104 *Fischer, D.*, Die deutsche Geschichtswissenschaft von J.G. Droysen bis O. Hintze in ihrem Verhältnis zur Soziologie, Diss. Köln 1966.
105 *Fischer, W.*, Was heißt u. zu welchem Ende studiert man Wirtschafts- u. Sozialgeschichte? in: H. Maier-Leibnitz Hg., Zeugen des Wissens, Mainz 1985, 633—68.
106 --, Sozialgeschichte u. Wirtschaftsgeschichte, in: P.-C. Ludz Hg., Soziologie u. Sozialgeschichte, Opladen 1973, 132—52.
107 --, Sozialgeschichte u. Wirtschaftsgeschichte, in: W. Schieder u. V. Sellin Hg., Sozialgeschichte in Deutschland, I, Göttingen 1986, 53—67.
108 *Fisher, F.M.*, On the Analysis of History and the Interdependence of the Social Sciences, in: Philosophy of Science 27. 1960, 147—58.
109 *Flora, P.*, Modernisierungsforschung, Opladen 1974.
110 --, Quantitative Historical Sociology, in: HIWED 2. 1975, 1—61.
111 *Forster, R.*, The Achievements of the Annales School, in: JEH 38. 1978, 58—79.
112 *Fox-Genovese, E. u. E.D. Genovese*, The Political Crisis of Social History, in: JSH 10. 1976, 205—20; u. in: dies., Fruits of Merchant Capital, Oxford 1984, 179—212.
113 *Frei, A.G. u. M. Wildt*, Hirsebrei u. Seifenblasen: Die Geschichtswerkstätten u. ihre Kritiker, in: L'80. 1986/39, 64—72.
114 *Freund, J.*, Sociologie de M. Weber, Paris 1966; engl. The Sociology of M. Weber, N.Y. 1969.
115 *Frühwald, W.*, Sozialgeschichte u. Literaturgeschichte, in: W. Schieder u. V. Sellin Hg., Sozialgeschichte in Deutschland, I, Göttingen 1986, 110—34.
116 *Furet, F.*, Beyond the Annales, in: JMH 55. 1983, 389—410.
117 *Gallman, R.*, Some Notes on the New Social History, in: JEH 37. 1977, 3—12.
118 *Garrard, J.*, Social History, Political History, and Political Science: The Study of Power, in: JSH 16. 1983, 105—21.
119 *Geck, L.H.A.*, Über das Eindringen des Wortes "sozial" in die deutsche Sprache, Göttingen 1963.
120 *Geertz, C.*, Dichte Beschreibung, Frankfurt 1987.
121 *Genovese, E.D.*, Class, Culture, and Historical Process, in: Dialectical Anthropology 1. 1975, 71—79.
122 *Gessner, W.*, Geschichtswissenschaft im Anschluß an M. Weber. Zum theoret. Konzept der "Gesellschaftsgeschichte", in: Deutsche Zeitschrift für Philosophie 37. 1987, 331—39.
123 *Giddens, A.*, Capitalism and Modern Social Theory (Marx, Durkheim, Weber), London 1974².
124 --, Marx, Weber, and the Development of Capitalism, in: Sociology 4. 1970, 289—310; dt. Marx, Weber u. die Entwicklung des Kapitalismus, in: C. Seyfarth u. W.M. Sprondel Hg., Seminar: Religion u. gesellschaftl. Entwicklung, Frankfurt 1974, 65—96.

125 --, Politics and Sociology in the Thought of M. Weber, London 1972.

126 --, Central Problems in Social Theory, Berkeley 1983[2].

127 --, Profiles and Critiques in Social Theory, Berkeley 1982.

128 *Glassman, R.M. u. W.H. Swatos* Hg., Charisma, History, and Social Structure, N.Y. 1986.

129 *Goddard, D.*, M. Weber and the Objectivity of Social Science, in: HT 12. 1973, 1–22.

130 *Gothein, E.*, Gesellschaft u. Gesellschaftswissenschaft, in: HStW 4. 1909[3], 680–706.

131 *Gottschalk, L.* Hg., Generalization in the Writing of History, Chicago 1963.

132 *Gouldner, A.W.*, The Coming Crisis of Western Sociology, N.Y. 1970; dt. Die westl. Soziologie in der Krise, 2 Bde, Reinbek 1974.

133 *Greverus, J.-M.*, Alltag u. Alltagswelt. Problemfeld oder Spekulation im Wissenschaftsbetrieb, in: Zeitschrift für Volkskunde 79. 1983, 1–14.

134 *Grimm, K.*, N. Luhmanns "Soziolog. Aufklärung" oder Das Elend der apriorist. Soziologie, Hamburg 1974.

135 *Groh, D.*, Strukturgeschichte als "totale" Geschichte? in: VSWG 58. 1971, 289–322.

136 *Gruner, E.*, Sozialgeschichte als Strukturgeschichte, in: Schweizer. Zeitschrift für Geschichte 9. 1959, 395–403.

137 --, Vom Standort u. den Aufgaben der Sozialgeschichte, in: VSWG 50. 1963, 145–63.

138 *Gruner, R.*, Understanding in the Social Sciences and History, in: Inquiry 10. 1967, 151–63.

139 *Guggenberger, B.*, Wem nutzt der Staat? Kritik der neomarxist. Staatstheorie, Stuttgart 1974.

140 *Gurvitch, G.*, The Spectrum of Social Time, Dordrecht 1964.

141 *Habermas, J.*, Erkenntnis u. Interesse, Frankfurt 1968 u.ö.

142 --, Geschichte u. Evolution, in: GG 2. 1976, 310–57.

143 --, Legitimationsprobleme im Spätkapitalismus, Frankfurt 1973.

144 --, Legitimationsprobleme im modernen Staat, in: ders., Zur Rekonstruktion des Histor. Materialismus, Frankfurt 1985[6], 271–303.

145 --, Zur Rekonstruktion des Histor. Materialismus, Frankfurt 1985[6].

146 --, Technik u. Wissenschaft als "Ideologie", Frankfurt 1970[4].

147 --, Theorie u. Praxis, Frankfurt 1972[4].

148 -- *u. N. Luhmann*, Theorie der Gesellschaft oder Sozialtechnologie. Was leistet die Systemforschung? Frankfurt 1971.

149 --, Analytische Wissenschaftstheorie und Dialektik, in: ders., Zur Logik der Sozialwissenschaften, Frankfurt 1970[2], 9–39.

150 *Hagen, E.E.*, On the Theory of Social Change, Homewood/Ill. 1962.

151 *Hahn, M.*, Historiker u. Klassen, Frankfurt 1976.

152 *Hammerstein, N.* Hg., Deutsche Geschichtswissenschaft um 1900, Stuttgart 1988.

153 *Hansen, R.*, Der Methodenstreit in den Sozialwissenschaften zwischen G. Schmoller u. K. Menger, in: A. Diemer Hg., Beiträge zur Entwicklung der Wissenschaftstheorie im 19. Jh., Meisenheim 1968, 137–73.

154 *Hays, S.P.*, Historical Social Research, in: JIH 4. 1974, 475–82.

155 *Heirich, M.*, The Use of Time in the Study of Social Change, in: ASR 29. 1964, 386–97.

156 *Helberger, C.*, Marxismus als Methode, Frankfurt 1974.

157 *Helle, H.J.*, Verstehende Soziologie, Stuttgart 1975.

158 *Hennig, E.*, Thesen zur deutschen Sozial- u. Wirtschaftsgeschichte 1933–38, Frankfurt 1973.

159 *Henrich, D.*, Die Einheit der Wissenschaftslehre M. Webers, Tübingen 1952.

160 *Heuer, K. u.a.* Hg., Alltagsgeschichte - leicht gemacht? Darmstadt 1989.

161 *Hexter, J.*, A New Framework for Social History, in: JEH 15. 1955, 415–26; auch in: ders., Reappraisals in History, N.Y. 1967[4], 14-25.

162 *Himmelfarb, G.*, The Writing of Social History, in: Journal of British Studies 11. 1971, 148–70.

163 *Hinrichs, E.*, Regionale Sozialgeschichte als Methode der modernen Geschichtswissenschaft, in: ders. u. W. Norden Hg., Regionalgeschichte, Hildesheim 1980, 1–20.

164 Histoire et sciences sociales. Un tournant critique, in: Annales 43. 1988, 291–93.

165 L'Histoire Sociale: Sources et Méthodes, Paris 1967.

166 *Hobsbawm, E.J.*, History From Below - Some Reflections, in: History From Below. Fs. G. Rudé, London 1985, 63–73.

167 --, From Social History to the History of Society, in: Daedalus 100. 1971, 20–45; dt. in: Geschichte u. Soziologie, Hg. H.-U. Wehler, Königstein 1984[3], 331–53.

168 *Hochstadt, S.*, Social History and Politics: A Materialist View, in: SH 7. 1982, 75– 83.

169 *Hörning, K.H.*, Macht u. Interesse, in: SW 21/22. 1970/71, 385–404.

170 *Hoffmann, W.G.*, Wirtschaftl. u. soziolog. Probleme des techn. Fortschritts, Opladen 1954.

171 *Hollingsworth, R.J.*, Some Problems in Theory Construction for Historical Analysis, in: HMN 7. 1974, 225–44.

172 *Hondrich, K.O.*, Wirtschaftl. Entwicklung, sozialer Konflikt u. polit. Freiheit, Frankfurt 1970.

173 --, Theorie der Herrschaft, Frankfurt 1973.

174 *Hoselitz, B.F.*, K. Marx on Secular Economic and Social Development, in: CSSH 6. 1963/4, 142–63.

175 *Hübinger, G.*, Kapitalismus u. Kulturgeschichte, in: R. vom Bruch u.a. Hg., Kultur u. Kulturwissenschaften um 1900, Stuttgart 1989, 25–43.

176 --, M. Weber u. die histor. Kulturwissenschaften, in: N. Hammerstein Hg., Deutsche Geschichtswiss. um 1900, Wiesbaden 1988, 269–81.

177 *Hüttl, L.*, Das Verhältnis von Ereignis-, Gesellschafts- u. Strukturgeschichte (Annales), in: ZBL 41. 1978, 1039–96.

178 *Hufnagel, G.*, Kritik als Beruf. Der krit. Gehalt im Werk M. Webers, Berlin 1971.

179 *Hungar, K.*, Empirie u. Praxis. Ertrag u. Grenzen der Forschungen M. Webers, Meisenheim 1971.

180 *Hunt, L.* Hg., The New Cultural History, Berkeley 1989.

181 *Iggers, G.G.*, Die "Annales" u. ihre Kritiker. Probleme moderner französ. Sozialgeschichte, in: HZ 219. 1974, 578–608.

182 -- Hg., Ein anderer histor. Blick. Beispiele ostdeutscher Sozialgeschichte, Frankfurt 1991.

183 --, Neue Geschichtswissenschaft. Vom Historismus zur Histor. Sozialwissenschaft, München 1978.

184 --, Geschichtswissenschaft in Deutschland u. Frankreich 1830–1918 u. die Rolle der Sozialgeschichte, in: J. Kocka Hg., Bürgertum im 19. Jh., III, München 1988, 175–199.

185 --, Marxismus u. moderne Sozialgeschichte, in: ders., Neue Geschichtswissenschaft, München 1978, 157–218.

186 *Irmschler, K.*, Zur Genesis der theoret.–methodolog. Konzepte von Sozial-, Struktur- u. Gesellschaftsgeschichte in der bürgerl. Historiographie der Bundesrepublik, in: JbG 25. 1982, 341–76.

187 -- *u. G. Lozek*, Historismus u. Sozialgeschichte in der gegenwärtigen bürgerl. Geschichtsschreibung, in: ZfG 27. 1979, 195–208.

188 *Jackson, J.H.*, Alltagsgeschichte, Social Science History and the Study of Mundane Movements in 19th Century Germany, in: HSF 16. 1991, 23–45.

189 *Jacobeit, S. u. W.*, Vom Nutzen u. Nachteil alltagsgeschichtl. Denkens für die Historie, in: Fs. G.G. Iggers, Hagen 1991, 134–47.

190 *Janoska-Bendl, J.*, Methodolog. Aspekte des Idealtyps. M. Weber u. die Soziologie der Geschichte, Berlin 1965.

191 *Jantke, C.*, Vorindustrielle Gesellschaft u. Staat, in: Soziologie, Hg. A. Gehlen u. H. Schelsky, Düsseldorf 1966^6, 93–120.

192 *Jarausch, K.H.*, German Social History - American Style, in: JSH 19. 1985, 349– 59.

193 --, Postmodern Predicaments for Quantitative History, in: Fs. G. Iggers, Hagen 1991, 457–70.

194 --, Towards a Social History of Experience, in: CEH 22. 1989, 427–43.

195 *Jay, M.*, The Dialectical Imagination. A History of the Frankfurt School and the Institute of Social Research 1923–1950, London 1973.

196 *Johnson, E.A.*, Quantitative German History in the United States and the United Kingdom, in: CEH 21. 1988, 396–420.

197 --, Reflections on an Old "New History": Quantitative Social Science History in Postmodern Middle Age, in: CEH 22. 1989, 408–26.

198 *Jonas, F.*, Sozialphilosophie der industriellen Arbeitswelt, Stuttgart 1974^2.

199 *Judt, T.*, A Clown in Regal Purple: Social History and the Historians, in: HW 7. 1979, 66–94.

200 *Kaelble, H.*, Sozialgeschichte in Frankreich u. in der Bundesrepublik: Annales gegen Histor. Sozialwissenschaft? in: GG 13. 1987, 77–93.

201 *Käsler, D.*, Die frühe deutsche Soziologie 1909–34, Opladen 1984.
202 --, M. Weber, in: ders., Klassiker des soziolog. Denkens, III, München 1977, 40–177.
203 *Kalleberg, A.L.*, The Logic of Comparison, in: WP 19. 1966, 69–82.
204 *Kaplan, A.*, The Conduct of Inquiry, San Francisco 1964.
205 *Kaupp, P.*, Gesellschaft, in: J. Ritter Hg., Histor. Wb. der Philosophie, III, Darmstadt 1974, 462–65.
206 *Keiter, F.*, Zwölf Regeln der Sozialgeschichte, in: KZfS 2. 1949/50, 158–92.
207 *Kern, H.*, Schlözers Bedeutung für die Methodologie der europ. Sozialforschung, in: H.-G. Herrlitz u. ders. Hg., Anfänge Göttinger Sozialwissenschaft, Göttingen 1987, 55– 71.
208 *Kinser, S.*, Annaliste Paradigm? The Geohistorical Structure of F. Braudel, in: AHR 86. 1981, 63–105.
209 *Kittsteiner, H.-D.*, Theorie u. Geschichte. Zur Konzeption der modernen westdeutschen Sozialgeschichte, in: Das Argument 75. 1972, 18–32.
210 *Kocka, J.*, Theoretical Approaches to the Social and Economic History of Modern Germany: Some Recent Trends, Concepts and Problems in Western and Eastern Germany, in: JMH 47. 1975, 101–19.
211 --, Aufgaben u. Funktionen von Geschichtswissenschaft u. Geschichtsunterricht, in: Beiträge zur Histor. Sozialkunde 4. 1974, 50–53; u. in: J. Rohlfes u. K.-E. Jeismann Hg., Geschichtsunterricht, Stuttgart 1974, 113–23.
212 --, Die Auswirkungen der deutschen Einheit auf die Geschichts- u. Sozialwissenschaften, Bonn 1992.
213 --, Eine Bilanz der deutschen Wirtschafts- u. Sozialgeschichte? in: NPL 14. 1979, 24–36.
214 --, W. Conze u. die Sozialgeschichte in der Bundesrepublik Deutschland, in: GWU 37. 1986, 595–602.
215 --, Einleitung, in: ders. Hg., Sozialgeschichte im internat. Überblick, Darmstadt 1989, 1-17.
216 --, Zwischen Elfenbeinturm u. Praxisbezug. M. Weber u. die "Objektivität" der Kulturwissenschaften, in: ders. u. C. Gneuss Hg., M. Weber. Ein Symposion, München 1988, 184–94.
217 --, Zurück zur Erzählung? Plädoyer für histor. Argumentation, in: GG 10. 1984, 395–408.
218 --, Histor.-anthropolog. Fragestellungen - ein Defizit der Histor. Sozialwissenschaft? in: H. Süssmuth Hg., Histor. Anthropologie, Göttingen 1984, 73–83.
219 --, "Einleitende Fragestellungen" u. "Gegenstandsbezogene Theorien" in der Geschichtswissenschaft: Schwierigkeiten u. Ergebnisse der Diskussion, in: ders. Hg., Theorien in der Praxis des Historikers (= GG, SoH. 3), Göttingen 1977, 9–12 u. 178–88.
220 -- *u. F.-J. Brüggemeier* Hg., "Geschichte von unten - Geschichte von innen". Kontroversen um die Alltagsgeschichte, Hagen 1985.
221 --, Marxist. Geschichtswissenschaft/DDR, in: SoWi 2. 1973, 39–44.
222 --, O. Hintze, in: Deutsche Historiker, Hg. H.-U. Wehler, III, Göttingen 1972, 41–64; 1973, 275–98.

223 --, Kontroversen der Weber-Diskussion, in: NPL 21. 1976, 281–301.
224 --, Legende, Aufklärung u. Objektivität in der Geschichtswissenschaft, in: GG 6. 1980, 449–55.
225 --, K. Marx u. M. Weber im Vergleich, in: ZGS 122. 1966, 328–57; u. in: ders., Sozialgeschichte, Göttingen 1977, 9–40; u. in: Geschichte u. Ökonomie, Hg. H.-U. Wehler, Königstein 1985², 54–84.
226 --, Paradigmawechsel? Die Perspektive der "Historischen Sozialwissenschaft", in: B. Mütter u. S. Quandt Hg., Historie, Didaktik, Kommunikation. Wissenschaftsgeschichte u. aktuelle Herausforderungen, Marburg 1988, 65–80.
227 --, Parteilichkeit in der DDR-marxist. Geschichtswissenschaft, in: R. Koselleck u.a. Hg., Objektivität u. Parteilichkeit in der Geschichtswissenschaft, München 1977, 263– 69.
228 --, Zum Problem von Objektivität u. Parteilichkeit, in: Politik u. Kultur 5. 1979/H. 6, 37–47.
229 --, Wissenschaftl. Progressivität u. polit. Konservativismus im Werk O. Hintzes, in: NPL 18. 1973, 1–7.
230 --, Ideological Regression and Methodological Innovation: Historiography and the Social Science in the 1930s and 1940s, in: History and Memory 2. 1990, 130–38.
231 --, Sozialgeschichte, in: Wb. der Soziologie, Hg. G. Endruweit u. G. Trommsdorff, III, Stuttgart 1989, 596–604.
232 --, Sozialgeschichte, Göttingen 1977/1986².
233 --, Hg., Sozialgeschichte im internat. Überblick, Darmstadt 1989.
234 --, Sozialgeschichte, Gesellschaftsgeschichte, Strukturgeschichte u. Histor. Sozialwissenschaft, in: K. Bergmann u.a. Hg., Hb. der Geschichtsdidaktik I, Düsseldorf 1979, 130–38.
235 --, Hg., Sozialgeschichte u. Kulturanthropologie, Göttingen 1984 (= GG 10. 1984/ H.3).
236 --, Sozialgeschichte - Strukturgeschichte - Gesellschaftsgeschichte, in: AfS 15. 1975, 1–42; überarb. in: ders., Sozialgeschichte, Göttingen 1986², 48–111, 132–76.
237 --, Sozialgeschichte - Strukturgeschichte - Histor. Sozialwissenschaft, in: Gd 2. 1977, 283–97.
238 --, Sozialgeschichte, Gesellschaftsgeschichte, in: K. Bergmann u.a. Hg., Hdb. der Geschichtsdidaktik, Düsseldorf 1985³, 164–168.
239 --, Zur jüngeren marxist. Sozialgeschichte. Eine kritische Analyse unter besonderer Berücksichtigung sozialgeschichtl. Ansätze in der DDR, in: Soziologie u. Sozialgeschichte, Hg. P.-C. Ludz, Opladen 1973, 491–514.
240 --, Sozialgeschichte zwischen Strukturgeschichte u. Erfahrungsgeschichte, in: W. Schieder u. V. Sellin Hg., Sozialgeschichte in Deutschland, I, Göttingen 1986, 67–89.
241 --, Histor. Sozialwissenschaft, in: K. Bergmann u.a. Hg., Hb. der Geschichtsdidaktik, Düsseldorf 1985³, 170–72.

242 --, Preuß. Staat u. Modernisierung im Vormärz: Marxist.-leninist. Interpretationen u. ihre Probleme, in: Sozialgeschichte Heute, 2. Fs. H. Rosenberg, Hg. H.-U. Wehler, Göttingen 1974, 211–27.
243 --, Strukturgeschichte, in: K. Bergmann u.a. Hg., Hb. der Geschichtsdidaktik, Düsseldorf 1985[3], 168–70.
244 --, Theorien in der Sozial- u. Gesellschaftsgeschichte, in: GG 1. 1975, 9–42.
245 --, Theorieprobleme der Sozial- u. Wirtschaftsgeschichte, in: H.-U. Wehler Hg., Geschichte u. Soziologie, Königstein 1976[2], 305–30.
246 --, Theories and Quantification in History, in: Social Science History 8. 1984, 169–78.
247 --, Volkskundliches in der histor. Bürgertumsforschung, in: Fs. W. Jacobeit, Berlin 1991, 44–51.
248 -- *u. Ch. Gneuss* Hg., Max Weber, München 1988.
249 -- Hg., Max Weber, der Historiker, Göttingen 1986.
250 --, M. Webers Bedeutung für die Geschichtswissenschaft, in: ders. Hg., M. Weber, der Historiker, Göttingen 1986, 13–27.
251 *Köllmann, W.*, Zur Bedeutung der Regionalgeschichte im Rahmen struktur- u. sozialgeschichtl. Konzeptionen, in: AfS 15. 1975, 43–50.
252 --, Zur Situation des Faches Sozial- u. Wirtschaftsgeschichte in Deutschland, in: Fs. W. Treue, München 1969, 135–46.
253 *Koselleck, R.*, Begriffsgeschichte u. Sozialgeschichte, in: P.-C. Ludz Hg., Soziologie u. Sozialgeschichte, Opladen 1973, 116–31, u. in: ders., Vergangene Zukunft, Frankfurt 1979, 107–29.
254 --, Einleitung, in: GGr 1. 1972, XIII–XXVII.
255 --, Darstellung, Ereignis, Struktur, in: G. Schulz Hg., Geschichte heute, Göttingen 1973, 307–18; u. in: ders., Vergangene Zukunft, Frankfurt 1979, 144–57.
256 --, Erfahrungswandel u. Methodenwechsel, in: C. Meier u. J. Rüsen Hg., Histor. Methode, München 1988, 13–61.
257 -- *u.a.* Hg., Formen der Geschichtsschreibung, München 1982.
258 -- Hg., Geschichte, Ereignis u. Erzählung, München 1973/1983[2].
259 --, Objektivität u. Parteilichkeit in der Geschichtswissenschaft, München 1977.
260 --, Sozialgeschichte u. Begriffsgeschichte, in: W. Schieder u. V. Sellin Hg., Sozialgeschichte in Deutschland, I, Göttingen 1986, 11–35.
261 --, Moderne Sozialgeschichte u. histor. Zeiten, in: P. Rossi Hg., Theorie der modernen Geschichtsschreibung, Frankfurt 1987, 173–90.
262 *Kousser, J.M.*, The Agenda for Social Science History, in: Social Science History 1. 1977, 383–91.
263 *Krieger, L.*, Marx and Engels as Historians, in: JHI 14. 1953, 381–403.
264 --, The Uses of Marx for History, in: PSQ 75. 1960, 355–78.
265 *Kruse, V.*, Von der histor. Nationalökonomie zur histor. Soziologie um 1900, in: ZfS 19. 1990, 149–65.
266 *Kuczynski, T.*, Bürgerl. Gesellschaftsgeschichte u. Mathematik, in: JbW 1979/I, 159–73.
267 *Küttler, W.* Hg., Gesellschaftstheorie u. geschichtswissenschaftl. Erklärung, Berlin 1985.

268 --, Die histor. Methode aus marxist.—leninist. Sicht, in: C. Meier u. J. Rüsen Hg., Histor. Methode, München 1988, 81—99.

269 -- Hg., Marxist. Typisierung u. idealtyp. Methode in der Geschichtswissenschaft, Berlin 1986.

270 --, Teil u. Ganzes in marxist. Geschichtssynthesen, in: K. Acham u. W. Schulze Hg., Teil u. Ganzes, München 1990, 323—47.

271 --, Max Weber u. die Geschichtswissenschaft. Möglichkeiten u. Grenzen spätbürgerl. Geschichtsperspektiven, Berlin 1989.

272 *Landshut, S.*, Kritik der Soziologie, Neuwied 1969; z.T. in: Geschichte u. Ökonomie, Hg. H.-U. Wehler, Königstein 1985², 40—53.

273 *Langewiesche, D.*, Sozialgeschichte u. polit. Geschichte, in: W. Schieder u. V. Sellin Hg., Sozialgeschichte in Deutschland, I, Göttingen 1986, 9—33.

274 *Laslett, P.*, The History of Population and Social Structure, in: International Social Science Journal 17. 1965, 582—93.

275 --, The Necessity of a Historical Sociology, in: ders., Family and Illicit Love in Earlier Generations, Cambridge 1978², 1—11.

276 *Lears, F.J.L.*, The Concept of Cultural Hegemony, in: AHR 90. 1985, 567—93.

277 *Lefebvre, H.*, Réflexions sur le structuralisme et l'histoire, in: Cahiers International de Sociologie 1963, 3—24.

278 --, Soziologie nach Marx, Frankfurt 1972.

279 *Lefévre, W.*, Zum histor. Charakter u. zur histor. Funktion der Methode bürgerl. Soziologie — M. Weber, Frankfurt 1971.

280 *Leff, G.*, History and Social Theory, London 1969.

281 *Leontief, W.*, Note on the Pluralistic Interpretation of History and the Problem of Interdisciplinary Cooperation, in: Journal of Philosophy 45. 1948, 617—24.

282 *Lepenies, W.*, Probleme einer Histor. Anthropologie, in: R. Rürup Hg., Histor. Sozialwissenschaft, Göttingen 1977, 126—59.

283 *Lepsius, M.R.*, Soziolog. Theoreme über die Sozialstruktur der "Moderne" u. die "Modernisierung", in: R. Koselleck Hg., Studien zum Beginn der modernen Welt, Stuttgart 1977, 10—29.

284 *LeRoy Ladurie, E.*, Le territoire de l'histoire, Paris 1973; engl. The Territory of the Historian, Chicago 1982².

285 *Lindenberger, T.*, Wer hat Angst vor den Barfußhistorikern? in: Gd 11. 1986, 17—20.

286 *Lloyd, C.*, Explanation in Social History, Oxford 1986.

287 *Löwith, K.*, M. Weber u. K. Marx, in: ders., Ges. Abhandlungen, Stuttgart 1960, 1—67.

288 *Loh, W.*, Kritik der Theorieproduktion von N. Luhmann, Frankfurt 1972.

289 *Lowy, M.*, Weber et Marx, in: L'Homme et la société 20. 1971, 85—110.

290 *Lüdtke, A.* Hg., Alltagsgeschichte, Frankfurt 1989.

291 --, "Alltagsgeschichte": Verführung oder Chance? in: Göttinger Jahrbuch 34. 1986, 183—200.

292 -- Hg., Herrschaft als soziale Praxis, Göttingen 1991.

293 *Lüschen, G.* Hg., Deutsche Soziologie seit 1945, Opladen 1979.

294 *Lütge, F.*, M. Weber als Wirtschafts- u. Gesellschaftshistoriker, in: M. Weber. Gedächtnisschrift der Univ. München 1964, Hg. K. Engisch u.a., Berlin 1966, 147–62; u. in: ders., Ges. Abhandlungen, II, Stuttgart 1970, 14–26.

295 *Lüthy, H.*, Die Mathematisierung der Sozialwissenschaften, Zürich 1970; u. in: Geschichte u. Ökonomie, Hg. H.-U. Wehler, Königstein 1985[2], 203–41.

296 *Luhmann, N.*, Soziolog. Aufklärung. Aufsätze zur Theorie sozialer Systeme, 5 Bde, Opladen 1991[6]/1986[3]/1991[2]/1987/1990.

297 --, Gesellschaft, in: SDG 2. 1968, 962–71.

298 --, Macht, Stuttgart 1975.

299 --, Zweck - Herrschaft - System. Grundbegriffe u. Prämissen M. Webers, in: Der Staat 3. 1964, 129–58; u. in: R. Mayntz Hg., Bürokrat. Organisation, Köln 1968, 36– 55.

300 *Lukács, G.*, Geschichte u. Klassenbewußtsein, Neuwied 1988[1].

301 *Magnusson, L.*, History and Social Theory of Today, in: History of Historiography 18. 1990, 61–72.

302 *Maier, C.S.* Hg., Changing Boundaries of the Political. Essays on the Evolving Balance Between the State and Society, Public and Private in Europe, Cambridge 1987.

303 *Malewski, A.*, Der empir. Gehalt der Theorie des Histor. Materialismus, in: KZfS 11. 1959, 281–305.

304 *Marcuse, H.*, Industrialisierung u. Kapitalismus im Werk M. Webers, in: ders., Kultur u. Gesellschaft, II, Frankfurt 1965, 107–46.

305 *Martin, J.*, Die Integration von Erfahrungen, in: F.-J. Brüggemeier u. J. Kocka Hg., "Geschichte von unten - Geschichte von innen", Fernuniversität Hagen 1985, 48–51.

306 *Mathis, F.*, Zur Periodisierung in der Wirtschafts- u. Sozialgeschichte, in: Innsbrucker Histor. Studien 1. 1978, 173–99.

307 *Mattheier, K.J.*, Sprachgeschichte als Sozialgeschichte, in: Fs. W. Köllmann, Dortmund 1990, 293–309.

308 *Mauer, F. u. W. Küttler*, M. Weber - Wirkung, Werk, Methode, in: ZfG 35. 1987, 675–97.

309 *Mead, G.H.*, Geschichtswissenschaft u. experimentelle Methoden, in: ders., Sozialpsychologie, Neuwied 1969, 395–403.

310 *Medick, H. u. D. Sabean* Hg., Emotionen u. materielle Interessen, Göttingen 1984.

311 --, Entlegene Geschichte? Sozialgeschichte im Blickfeld der Kulturanthropologie, in: Fs. G.G. Iggers, Hagen 1991, 360–69.

312 --, Vom Interesse der Sozialhistoriker an der Ethnologie, in: H. Süssmuth Hg., Histor. Anthropologie, Göttingen 1984, 49–56.

313 --, "Missionare im Ruderboot"? Ethnolog. Erkenntnisweisen als Herausforderung an die Sozialgeschichte, in: GG 10. 1984, 295–314.

314 --, Wer sind die "Missionare im Ruderboot"? Oder Kulturanthropologie u. Alltagsgeschichte, in: U.A.J. Becher u. K. Bergmann Hg., Geschichte - Nutzen oder Nachteil für das Leben, Düsseldorf 1986, 63–68.

315 --, Naturzustand u. Naturgeschichte der bürgerl. Gesellschaft. Die Ursprünge der bürgerl. Sozialtheorie u. Sozialwissenschaft als Geschichtsphilosophie, Göttingen 1973.

316 -- *u. A. Leppert-Fögen*, Frühe Sozialwissenschaft als Ideologie des kleinen Bürgertums. John Millar of Glasgow 1755—1801, in: Sozialgeschichte Heute. 2. Fs. H. Rosenberg, Hg. H.-U. Wehler, Göttingen 1974, 22—48.

317 *Meran, J.*, Histor. Methode oder Methoden in der Historie? in: C. Meier u. J. Rüsen Hg., Histor. Methode, München 1988, 114—29.

318 *Merton, R.K.*, Social Theory and Social Structure, N.Y. 1965[9].

319 *Merz, P.-U.*, Max Weber u. Heinrich Rickert. Die erkenntnistheoretischen Grundlagen der verstehenden Soziologie, Würzburg 1990.

320 *Messelken, K.*, Politikbegriffe der modernen Soziologie, Opladen 1970[2].

321 *Mey, H.*, Der Beitrag von B. Moore. Zur soziolog.-orientierten Sozialgeschichte, in: P.-C. Ludz Hg., Soziologie u. Sozialgeschichte, Opladen 1973, 473—90.

322 *Michels, R.*, Probleme der Sozialphilosophie, Leipzig 1914.

323 *Miliband, R.*, Marx and the State, in: Socialist Register 1. 1965, 278—96.

324 *Mills, C.W.*, Kritik der soziolog. Denkweise, Neuwied 1963; dt. z.T. in: Geschichte u. Soziologie, Hg. H.-U. Wehler, Königstein 1984[3], 85—96.

325 *v. Mises, L.*, Theory and History, New Haven 1957.

326 *Mitterauer, M.*, Neue Wege der Alltagsgeschichte zwischen Quantifizierung u. Oral History, in: Fs. O. Pickl, Graz 1987, 433—46.

327 *Mommsen, W.J.*, Gesellschaftl. Bedingtheit u. gesellschaftl. Relevanz histor. Aussagen, in: Conceptus 24. 1974, 17—29.

328 --, Capitalism and Socialism: Weber's Dialogue with Marx, in: R.J. Antonio u. R.M. Glassman Hg., A Marx-Weber Dialogue, Kansas 1985.

329 --, Idealtypus u. reiner Typus. Zwei Varianten der idealtyp. Methode Max Webers, in: W. Küttler Hg., Marxist. Typisierung u. idealtypische Methode in der Geschichtswissenschaft, Berlin 1986.

330 --, Towards the Iron Cage of Future Serfdom. Max Weber's Concept of Bureaucratisation, in: Transactions of the Royal Historical Society, London 1980, 157—82.

331 --, Der perspektivische Charakter histor. Aussagen u. das Problem von Parteilichkeit u. Objektivität histor. Erkenntnis, in: R. Koselleck u.a. Hg., Objektivität u. Parteilichkeit in der Geschichtswissenschaft, München 1977, 134—158.

332 --, Max Weber, in: H.-U. Wehler Hg., Deutsche Historiker, III, Göttingen 1972, 65—90.

333 --, Max Weber. Gesellschaft, Politik u. Geschichte, Frankfurt 1974.

334 --, M. Weber als Kritiker des Marxismus, in: ZfS 3. 1974, 256—78; u. in: ders., M. Weber, Frankfurt 1974, 144—81.

335 --, M. Weber. Persönl. Lebensführung u. gesellschaftl. Wandel in der Geschichte, in: 2. Fs. Schieder, Stuttgart 1985, 261—81.

336 --, M. Weber u. die historiograph. Methode in seiner Zeit, in: Storia della Storiografia 3. 1983, 28—42.

337 -- *u. W. Schwentker* Hg., M. Weber u. seine Zeitgenossen, Göttingen 1988.

338 *Moore, B.*, Social Origins of Dictatorship and Democracy, Boston 1967^2; dt. Soziale Ursprünge von Diktatur u. Demokratie, Frankfurt 1969.

339 --, Strategie in der Sozialwissenschaft, in: ders., Zur Geschichte der polit. Gewalt, Frankfurt 1966, 85–123.

340 *Moore, W.E.*, Man, Time and Society, N.Y. 1963.

341 *Mooser, J.*, Wirtschafts- u. Sozialgeschichte, Histor. Sozialwissenschaft, in: R. van Dülmen Hg., Fischer Lexikon Geschichte, Frankfurt 1990^2, 86–101.

342 *Moses, J.A.*, Restructuring the Paradigm: West German Historians Between Historism and Social History, in: Australian Journal of Politics and History 29. 1983, 368– 78.

343 *Müller, E.W. u.a.* Hg., Ethnologie als Sozialwissenschaft (= KZfS SoH. 26), Opladen 1984.

344 *Muhs, K. u. L. Kofler*, Gesellschaft u. Geschichte, in: W. Ziegenfuß Hg., Hb. der Soziologie, Stuttgart 1956, 484–529.

345 *Myrdal, G.*, Objektivität in der Sozialforschung, Frankfurt 1971.

346 --, Das Wertproblem in der Sozialwissenschaft, Hg. P. Streeten, Hannover 1965.

347 *Narr, W.-D.*, Systemzwang als neue Kategorie in Wirtschaft u. Politik, in: C. Koch u. D. Senghaas Hg., Texte zur Technokratiediskussion, Frankfurt 1970, 218–45.

348 *Negt, O.*, Über das Verhältnis von Ökonomie u. Gesellschaftstheorie bei K. Marx, Hamburg 1973.

349 *Neuendorff, H.*, Der Begriff des Interesses, Frankfurt 1973.

350 *Nicholas, D.V.*, New Paths of Social History and Old Paths of Historical Romanticism: An Essay on the Work and Thought of O. Brunner, in: JSH 3. 1969/70, 277–94.

351 *Nicolet, C.*, Prosopographie et histoire sociale, in: Annales 25. 1970, 1209–28.

352 *Niethammer, L.*, Anmerkungen zur Alltagsgeschichte, in: Gd 5. 1980, 231–42; u. in: K. Bergmann u. R. Schörken Hg., Geschichte im Alltag - Alltag in der Geschichte, Düsseldorf 1982, 11–29.

353 -- Hg., Lebenserfahrung u. kollektives Gedächtnis. Die Praxis der Oral History, Frankfurt 1985^2.

354 --, Das kritische Potential der Alltagsgeschichte, in: Gd 10. 1986, 245–47, u. in: U.A.J. Becher u. K. Bergmann Hg., Geschichte - Nutzen oder Nachteil für das Leben? Düsseldorf 1986, 60–62.

355 *Nipperdey, T.*, Bemerkungen zum Problem einer histor. Anthropologie, in: Fs. S. Moser, Meisenheim 1969, 350–70.

356 --, Die anthropolog. Dimension in der Geschichtswissenschaft, in: Geschichte Heute, Hg. G. Schulz, Göttingen 1973, 225–55.

357 --, Kulturgeschichte, Sozialgeschichte, histor. Anthropologie, in: VSWG 55. 1968, 145–164.

358 --, Marxismus u. Geschichtswissenschaft, in: G. Szczesny Hg., Marxismus - ernstgenommen, Reinbek 1975, 89–108.

359 --, Probleme der Modernisierung in Deutschland, in: Saeculum 30. 1979, 292–303; u. in: ders., Nachdenken über die deutsche Geschichte, München 1986, 44–59.

360 *Nisbet, R.A.*, Social Change and History, N.Y. 1969.

361 --, The Sociological Tradition, N.Y. 1966.

362 *Oaks, G.*, Die Grenzen der kulturwissenschaftl. Begriffsbildung. Methodologie u. Werttheorie bei Weber u. Rickert, Frankfurt 1989.

363 *Oberkrome, W.*, Von der "Volksgeschichte" zur Sozialgeschichte. Deutsche Geschichtswissenschaft 1918–1945, Göttingen 1993.

364 *Oestreich, G.*, Die Fachhistorie u. die Anfänge der sozialgeschichtl. Forschung in Deutschland, in: HZ 208. 1969, 320–63.

365 --, Otto Hintzes Stellung zur Politikwiss. u. Soziologie, in: O. Hintze, Ges. Abhandlg. II, Göttingen 1964, 7–74.

366 *Oexle, O.G.*, Sozialgeschichte - Begriffsgeschichte - Wissenschaftsgeschichte. Anmerkungen zum Werke O. Brunners, in: VSWG 71. 1984, 305–41.

367 *Offe, C.*, Staatstheoret. Perspektiven, in: ders., Berufsbildungsreform, Frankfurt 1975, 9–50.

368 --, Strukturprobleme des kapitalist. Staates, Frankfurt 1972.

369 *Osske, K. u. A. Ibrahim*, K. Marx u. L.v. Stein - ein theoriegeschichtl. Vergleich, in: ZfG 38. 1990, 1059–68.

370 *Ossowski, S.*, Die Besonderheiten der Sozialwissenschaften, Frankfurt 1973.

371 *Pankoke, E.*, Sociale Bewegung, sociale Frage, sociale Politik. Grundfragen der deutschen 'Socialwissenschaft' im 19. Jh., Stuttgart 1970.

372 *Parkin, F.*, M. Weber, Chichester 1982.

373 *Palmer, B.*, Descent Into Discourse. The Reification of Language and the Writing of Social History, Philadelphia 1990.

374 *Parsons, T.*, The Political Aspect of Social Structure and Process, in: D. Easton Hg., Varieties of Political Theory, Englewood Cliffs 1966, 71–112.

375 -- *u. N. Smelser*, Economy and Society, London 1956.

376 --, Politics and Social Structure, N.Y. 1969.

377 --, Societies, Englewood Cliffs 1966; dt. Gesellschaften, Frankfurt 1975.

378 --, Structure and Process in Modern Societies, Glencoe/Ill. 1960.

379 --, Social Classes and Class Conflict in the Light of Recent Social Theory; dt. Soziale Klassen u. Klassenkampf im Lichte der neueren soziolog. Theorie, in: ders., Beiträge zur soziolog. Theorie, Hg. D. Rüschemeyer, Neuwied 1964, 206–22.

380 --, The Social System, Glencoe/Ill. 1963[4].

381 --, The System of Modern Societies, Englewood Cliffs 1971; dt. Das System moderner Gesellschaften, München 1972.

382 --, Zur Theorie sozialer Systeme, Hg. S. Jensen, Opladen 1976.

383 -- *u. E. Shils* Hg., Toward a General Theory of Action, N.Y. 1951/1962[5].

384 -- Hg., Theories of Society, 2 Bde, N.Y. 1961.

385 --, Sociological Theory and Modern Society, N.Y. 1967.

386 *Paul, G. u. B. Schossig* Hg., Die andere Geschichte: Geschichte von unten. Spurensicherung, ökolog. Geschichte, Geschichtswerkstätten, Köln 1986.

387 *Peukert, D.*, Neuere Alltagsgeschichte u. Histor. Anthropologie, in: H. Süssmuth Hg., Histor. Anthropologie, Göttingen 1984, 57–72.

388 --, Ist die neue Alltagsgeschichte theoriefeindlich? in: Conceptus 18. 1984, 7–17.
389 --, Arbeiteralltag - Mode oder Methode? in: H. Haumann Hg., Arbeiteralltag in Stadt u. Land, Berlin 1982, 8–39.
390 *Pfister, B.*, Die Entwicklung zum Idealtypus (Menger, Schmoller, Weber), Tübingen 1928.
391 *Poggi, G.*, Image of Society: Essays on the Sociological Theories of Tocqueville, Marx, and Durkheim, London 1972.
392 *Proesler, H.*, Sozialgeschichte im Zeitalter des Industrialismus, in: Mensch u. Beruf, Berlin 1952, 21–31.
393 *Przeworski, A. u. H. Teune*, The Logic of Comparative Social Inquiry, N.Y. 1970.
394 *Puhle, H.-J.*, Zur Legende von der "Kehrschen Schule", in: GG 4. 1978, 108–19.
395 *Rammstedt, O.*, Die deutsche Soziologie 1933–45, Frankfurt 1986.
396 *Redlich, F.*, Toward Comparative Historiography, in: Kyklos 11. 1958, 362–88.
397 Research in Economic and Social History, Hg. Social Science Research Council, London 1971.
398 *Revel, J.*, Histoire et science sociale: les paradigmes des Annales, in: Annales 34. 1979, 1360–76.
399 *Riasanovsky, A.V. u. B. Riznick* Hg., Generalization in Historical Writing, Philadelphia 1963.
400 *Richter, M.*, Reconstructing the History of Political Language: Pocock, Skinner and the "Geschichtliche Grundbegriffe", in: HT 29. 1990, 38–70.
401 *Riedel, M.*, Gesellschaft, Gemeinschaft, in: GGr. 2. 1975, 801–62.
402 *Ritter, G.A.*, The New Social History of the Federal Republic of Germany, London 1991.
403 --, Die neuere Sozialgeschichte in der Bundesrepublik Deutschland, in: J. Kocka Hg., Sozialgeschichte im internat. Überblick, Darmstadt 1989, 19–88.
404 *Robinson, J.*, Die Gesellschaft als Wirtschaftsgesellschaft, München 1972.
405 *Roche, D.* Hg., L'histoire sociale, Paris 1967.
406 --, Un Mouvement des nouvelles "Annales" en R.F.A.? in: Revue d'Allemagne 1981, 406–75.
407 *Rogers, R.E.*, M. Weber's Ideal Type Theory, N.Y. 1969.
408 *Rosenberg, H.*, Probleme der deutschen Sozialgeschichte, Frankfurt 1969.
409 *Rossi, P.*, Vom Historismus zur histor. Sozialwissenschaft, Frankfurt 1987.
410 *Roth, G.*, F. Braudel u. M. Weber, in: ders. u. W. Schluchter, M. Weber's Vision of History, Berkeley 1979.
411 --, Einleitung, in: ders. u. C. Wittich Hg., M. Weber, Economy and Society, N.Y. 1968.
412 --, History and Sociology in the Work of M. Weber, in: BJS 27. 1976, 306–18.
413 --, M. Weber's Comparative Approach, in: J. Vallier Hg., Comparative Methodology, Berkeley 1971, 75–93.
414 -- *u. W. Schluchter*, M. Weber's Vision of History, London 1979.

415 *Rürup, R.*, Die Geschichtswissenschaft u. die moderne Technik, in: Aus Theorie u. Praxis der Geschichtswissenschaft, Hg. D. Kurze, Berlin 1972, 49–85.

416 -- Hg., Histor. Sozialwissenschaft, Göttingen 1977.

417 *Rüschemeyer, D.*, Partielle Modernisierung, in: W. Zapf Hg., Theorien des sozialen Wandels, Köln 1970[2], 382–96.

418 *Rueter, A.J.C.*, Histoire sociale, in: 9. Congrés Internat. des Sciences Historiques, I, Paris 1950, 296–304.

419 --, Introduction, in: IRSH 1. 1956, 1–7.

420 *Runciman, W.G.*, A Critique of M. Weber's Philosophy of Social Science, Cambridge 1972.

421 --, Sozialwissenschaft u. Polit. Theorie, Frankfurt 1967.

422 *Sahay, A.*, M. Weber and Modern Sociology, London 1971.

423 *Salvadori, M.L.*, Die vielen Historien, in: P. Rossi Hg., Theorie der modernen Geschichtsschreibung, Frankfurt 1987, 274–81.

424 *Samuelsson, K*, Religion and Economic Action, London 1961.

425 *Sarrazin, T.*, Ökonomie u. Logik der histor. Erklärung. Zur Wissenschaftstheorie der "New Economic History", Bonn 1974.

426 *Scaff, L.A.*, Fleeing the Iron Cage. Culture, Politics and Modernity in the Thought of Max Weber, Berkeley 1989.

427 *Schaaf, J.J.*, Geschichte u. Begriff. Eine kritische Studie zur Geschichtsmethodologie von E. Troeltsch u. M. Weber, Tübingen 1946.

428 *Schäfer, U.G.*, Histor. Nationalökonomie u. Sozialstatistik als Gesellschaftswissenschaft. Forschungen zur Vorgeschichte der theoret. Soziologie u. der empir. Sozialforschung in Deutschland, Köln 1971.

429 *Schaff, A.*, The Marxist Theory of Social Development, in: Le dévelopement Social, Hg. UNESCO, Paris 1954, 68–85.

430 *Schaub, W.*, Sozialgenealogie - Probleme u. Methoden, in: BfDL 110. 1974, 1–28.

431 *Schelsky, H.*, Gesellschaftl. Wandel, in: Offene Welt 41. 1956, 337–51; u. in: ders., Auf der Suche nach Wirklichkeit, Düsseldorf 1965, 331–36.

432 *v. Schelting, A.*, M. Webers Wissenschaftslehre, Tübingen 1934.

433 *Scheuch, E.K.*, Soziologie der Macht, in: E. Schneider u. C. Watrin Hg., Macht u. ökonom. Gesetz, Berlin 1973, 989–1047.

434 *Schieder, T.*, Der Typus in der Geschichtswissenschaft, in: ders., Staat u. Gesellschaft im Wandel unserer Zeit, München 1974[3], 172–87.

435 *Schleier, H.*, Der traditionelle Historismus u. die Strukturgeschichte, in: Das Argument 75. 1972, 66–76.

436 *Schluchter, W.*, Die Entwicklung des okzidentalen Rationalismus. Eine Analyse von M. Webers Gesellschaftsgeschichte, Tübingen 1979.

437 --, Rationalismus der Weltbeherrschung, Frankfurt 1980.

438 --, M. Webers Gesellschaftsgeschichte, in: KZfS 30. 1978, 438-67.

439 *Schmidt, A.*, Über Geschichte u. Geschichtsschreibung in der materialist. Dialektik, in: Folgen einer Theorie, Frankfurt 1967, 103–29.

440 --, Geschichte u. Struktur, München 1971/1972[2].

441 --, Zum Problem einer marxist. Historik, in: W. Oelmüller Hg., Wozu noch Geschichte? München 1977, 135–81.
442 *Schmidt, A.*, Gesellschaft zwischen Leinendeckeln. Zur sozialgeschichtl. Relevanz biograph. Lexika (H.A.L. Degners Zeitgenossenlexikon "Wer ist's"), in: SM 15. 1981, 1–32.
443 *Schnur, R.* Hg., Staat u. Gesellschaft. Studien über L.v. Stein, Berlin 1978.
444 *Schöllgen, G.*, M. Weber u. K. Marx, in: GWU 31. 1980, 721–38.
445 *Schörken, R.*, Geschichte in der Alltagswelt, Stuttgart 1981.
446 *Scholz, R.* Hg., Kritik der Sozialgeschichtsschreibung, Hamburg 1990.
447 *Schorn-Schütte, L.*, Karl Lamprecht. Kulturgeschichtsschreibung zwischen Wissenschaft u. Politik, Göttingen 1984.
448 --, Territorialgeschichte - Provinzialgeschichte - Landesgeschichte - Regionalgeschichte, in: H. Jäger Hg., Fs. H. Stoob, I, Köln 1984, 390–416.
449 *Schrader, T.E.*, "Logik der Sozialgeschichte" - zur Diskussion um E.P. Thompson, in: IWK 16. 1980, 478–88.
450 *Schröder, W.H.* Hg., Lebenslauf u. Gesellschaft, Stuttgart 1985.
451 --, Lebenslaufforschung zwischen biograph. Lexikographik u. kollektiver Biographik, in: HSR 31. 1984, 38–62.
452 *Schüddekopf, E.-O.*, Bürgerl. Geschichtsschreibung u. materialist. Geschichtsauffassung um 1850, in: AfS 1. 1961, 61–68.
453 *Schultz, H.*, Wege zur Sozialgeschichte in der DDR, in: History of Historiography 18. 1990, 21–27.
454 *Sedelow, W.A. u. S.Y.*, Formalized Historiography: The Structure of Scientific and Literary Texts I: Some Issues Posed by Computational Methodology, in: Journal of the History of the Behavioral Sciences 14. 1978, 247–63.
455 *Segerstedt, T.R.*, Gesellschaftl. Herrschaft als soziolog. Konzept, Neuwied 1967.
456 *Seibt, F.*, Gesellschaftsgeschichte, in: ders. Hg., dass., Fs. K. Bosl, I, München 1988, 16–28.
457 *Seiters, J.*, Sozialgeschichte, Münster 1962[2].
458 *Sellin, V.*, Mentalität u. Mentalitätsgeschichte, in: HZ 241. 1985, 555–98.
459 --, Mentalitäten in der Sozialgeschichte, in: W. Schieder u. ders. Hg., Sozialgeschichte in Deutschland, III, Göttingen 1986, 101–21.
460 *Sestan, E.*, Histoire des événements et histoire des structures, in: Bibliothéque d'humanisme 34. 1972/2, 209–28.
461 *Sewell, W.H.*, M. Bloch and the Logic of Comparative History, in: HT 6. 1967, 208–18.
462 *Shapiro, G.*, Prospects for a Scientific Social History: 1976, in: JSH 10. 1976, 196–204.
463 *Sheehan, J.J.*, Begriffsgeschichte: Theory and Practice, in: JMH 50. 1978, 312–19.
464 *Shils, E.*, Tradition, in: A.R. Desai Hg., Essays on Modernization, I, Bombay 1972, 1–39.
465 *Sieder, R.*, Was heißt Sozialgeschichte? in: Österr. Zeitschrift für Geschichtswissenschaften 1. 1990, 25–48.

466 --, Zur Theoriebedürftigkeit der neuen Alltagsgeschichte, in: Conceptus 18. 1984, 24–41.

467 *Simon-Schaefer, B. u. W.C. Zimmerli* Hg., Wissenschaftstheorie der Geisteswissenschaften, Hamburg 1974.

468 *Skocpol, T.* Hg., Vision and Method in Historical Sociology, Cambridge 1984.

469 *Smelser, N.J.*, Theory of Collective Behavior, N.Y. 1962; dt. Theorie des kollektiven Verhaltens, Köln 1972.

470 *Smith, A.D.*, The Concept of Social Change. A Critique of the Functionalist Theory of Social Change, London 1973.

471 *Smith, M.G.*, History and Social Anthropology, in: Journal of the Royal Anthropological Institute 92. 1962, 73–85.

472 *Soboul, A.*, Descriptions et Mesures en Histoire Sociale, in: L'Information Historique 28. 1966/III, 104–9; auch in: L'Histoire Sociale, Paris 1967, 9–25.

473 Social Research 47.1980/3: Theory and Social History, Hg. G.G. Iggers u. H.T. Parker.

474 *Spaemann, R.*, Der Ursprung der Soziologie aus dem Geist der Restauration, München 1959.

475 *Spohn, W.*, Zum methodolog. Verhältnis von Sozialgeschichte, histor. Soziologie u. Geschichtsphilosophie, in: AfK 71. 1989, 487–501.

476 *Stallberg, F.W.*, Herrschaft u. Legitimität. Untersuchungen zur Anwendung u. Anwendbarkeit zentraler Kategorien M. Webers, Meisenheim 1975.

477 *Stammer, O.*, Gesellschaft u. Politik, in: W. Ziegenfuß Hg., Hb. der Soziologie, Stuttgart 1956, 530–611.

478 --, Herrschaftsordnung u. Gesellschaftsstruktur, in: Sch.Jb. 71. 1951, 257-97.

479 *Stark, W.*, Wirtschafts- u. Sozialgeschichte: Parallele oder Kontrast? in: ARS 54. 1968, 485–97.

480 *Stearns, P.N. u. C.Z.*, Emotionology: Clarifying the History of Emotions and Emotional Standards, in: AHR 90. 1985, 813–36.

481 --, Social and Political History, in: JSH 16. 1982/83, 3–5.

482 --, Social History and History, in: JSH 19. 1985, 319–34.

483 --, Modernization and Social History, in: JSH 14. 1980/81, 189–209.

484 --, Toward a Wider Vision: Trends in Social History, in: M. Kammen Hg., The Past Before Us, Ithaca 1980, 205–30.

485 *Steinbach, P.*, Alltagsleben u. Landesgeschichte. Zur Kritik an einem neuen Forschungsinteresse, in: HJL 29. 1979, 225–305.

486 --, Zur Diskussion über den Begriff der "Region", in: Hess. Jb. für Landesgeschichte 31. 1981, 185–210.

487 --, Geschichte des Alltags - Alltagsgeschichte, in: NPL 31. 1986, 249–73.

488 --, Neue Wege der regionalhistor. orientierten Alltagsgeschichte, in: Hess. Jb. für Landesgeschichte 30. 1980, 312–36.

489 *Stiehler, G.*, Gesellschaft u. Geschichte, Berlin 1974.

490 *Stinchcombe, A.L.*, Theoretical Models in Social History, New York 1978.

491 Studies in Quantitative History and the Logic of the Social Sciences, in: HT, Beih. 9, Middletown/Conn. 1969.

492 Studies in Marxist Historical Theory, HT Beih. 20, Middletown/Conn. 1981, 358–449.

493 *Stuke, H.*, Sozialgeschichte, Begriffsgeschichte, Ideengeschichte, Stuttgart 1979.

494 *Strzelewicz, W.*, Industrialisierung u. Demokratisierung der modernen Gesellschaft, Hannover 1970².

495 *Sywottek, A.*, Geschichtswissenschaft in der Legitimationskrise, Bonn 1974.

496 *Tawney, R.H.*, Social History and Literature, in: ders., The Radical Tradition, London 1964, 183–209.

497 *Teggart, F.J.*, Theory and Processes of History, Berkeley 1960.

498 *Tenbruck, F.H.*, Gesellschaftsgeschichte oder Weltgeschichte? in: KZfS 41. 1989, 417–38.

499 *Tenfelde, K.*, Alltagsgeschichte, Arbeitergeschichte, Geschichte der Arbeiterbewegung – eine Familie mit Spannungen, in: B. Faulenbach u. F.-J. Jelich Hg., Arbeit u. Arbeiterbewegung in Museen u. Ausstellungen, Recklinghausen 1989, 15–28.

500 --, Schwierigkeiten mit dem Alltag, in: GG 10. 1984, 376–94.

501 *Theunissen, M.*, Gesellschaft u. Geschichte, Berlin 1969.

502 *Thomas, K.V.*, History and Anthropology, in: PP 24. 1963, 3–18.

503 *Thome, H.*, Der Versuch, die Welt zu begreifen. Fragezeichen zur Systemtheorie von N. Luhmann, Frankfurt 1973.

504 *Thrupp, S.L.*, Diachronic Methods in Comparative Politics, in: R.T. Holt u. J.E. Turner Hg., The Methodology of Comparative Research, N.Y. 1970, 343–58.

505 *Tilly, C.*, Big Structures, Large Processes, Huge Comparisons, N.Y. 1984.

506 *Tjaden, K.H.* Hg., Soziales System u. sozialer Wandel, München 1972².

507 *Topolski, J.*, Historical Explanation in the Light of the Marxist Theory of the Historical Process, in: Studia Historiae Oeconomicae 15. 1980, 5–19.

508 --, Marx et la méthode des modèles, in: Fs. F. Braudel, Paris 1973, 435–52.

509 *Torstendahl, R.*, Social History at the End of the 1980s, in: History of Historiography 18. 1990, 29–34.

510 *Trubek, D.R.*, M. Weber on Law and the Rise of Capitalism, in: Wisconsin Law Review 3. 1972, 720–53.

511 *Tyrell, H.*, Gewalt, Zwang u. Institutionalisierung von Herrschaft. Versuch einer Neuinterpretation von M. Webers Herrschaftsbegriff, in: R. Pohlmann, Person u. Institution, Fs. H. Schelsky, Würzburg 1980, 59–92.

512 *Ullrich, V.*, Alltagsgeschichte. Über einen neuen Geschichtstrend in der Bundesrepublik, in: NPL 29. 1984, 50–71.

513 --, Entdeckungsreise in den histor. Alltag, in: GWU 36. 1985, 403–14.

514 *Utterström, G.*, Socialhistorica och socialhistorisk metod, in: Historisk Tidskrift 78. 1958, 68–87.

515 *Vallier, I.* Hg., Comparative Methods in Sociology, Berkeley 1971.

516 *Varna, B.N.*, Modernization Theories, in: ders. Hg., The New Social Sciences, Westport/Conn. 1976, 139–67.

517 *Veyne, P.*, Foucault: Die Revolutionierung der Geschichte, Frankfurt 1992.

518 *Veysey, L.*, Intellectual History and the New Social History, in: J. Higham u. P.K. Conkin Hg., New Directions in American Intellectual History, London 1979, 3–26.

519 *Vierhaus, R.*, Ranke u. die soziale Welt, Münster 1957.

520 *Vilar, P.*, Histoire marxiste, histoire en construction, in: Annales 28. 1973, 165–98.

521 --, Histoire sociale et philosophie de l'histoire, in: La Pensée 118. 1964, 64–77.

522 --, Marxisme et histoire dans le développement des sciences humaines, in: Studi Storici 5. 1959/60, 1008–43; z.T. dt. in: Geschichte u. Ökonomie, Hg. H.-U. Wehler, Königstein 1985^2, 286–303, u. in: G. Ziebura u. H.-G. Haupt Hg., Wirtschaft u. Gesellschaft in Frankreich seit 1789, Köln 1975, 72–90.

523 --, La notion de structure en histoire, in: R. Bastide Hg., Sens et usages du terme structure dans les sciences humaines et sociales, Den Haag 1962, 117–19.

524 *Vogel, P.*, Hegels Gesellschaftsbegriff u. seine geschichtl. Fortbildung durch L. v. Stein, Marx, Engels u. Lassalle, Berlin 1925.

525 *Vorländer, H.* Hg., Oral History, Göttingen 1990.

526 *Vranicki, P.*, Geschichte des Marxismus, 2 Bde, Frankfurt 1972/4.

527 *Wagner, C.*, Funktionale Differenzierung u. soziales System. Zur Systemtheorie von N. Luhmann, in: SW 1970/71, 306–20.

528 --, Sozialwissenschaften u. Staat. Frankreich, Italien, Deutschland 1870–1980, Frankfurt 1990.

529 *Wallace, W.L.* Hg., Sociological Theory, Chicago 1969.

530 *Wallis, G.W.*, Chronopolitics: The Impact of Time Perspectives on the Dynamics of Change, in: Social Forces 49. 1970, 102–08.

531 *Walters, R.G.*, Signs of the Times: C. Geertz and Historians, in: Social Research 47. 1980, 537–56.

532 *Walther, R.*, Marxismus, in: GGr. 3. 1982, 937–76.

533 *Warner, R.S.*, The Methodology of Marx' Comparative Analysis of Modes of Production, in: I. Vallier Hg., Comparative Methods in Sociology, Berkeley 1971, 49–74.

534 *Watkins, J.W.N.*, Ideal Types and Historical Explanation, in: British Journal for the Philosophy of Science 3. 1952, 22–43.

535 *Weber, A.*, Kulturgeschichte als Kultursoziologie, Leiden 1935/München 1963^3.

536 --, Prinzipien der Geschichtssoziologie u. Kultursoziologie, München 1963^3.

537 *Weber, M.*, Ges. Aufsätze zur Wissenschaftslehre, Tübingen 1973^4.

538 --, Die "Objektivität" sozialwissenschaftl. u. sozialpolit. Erkenntnis, in: ders., Ges. Aufsätze zur Wissenschaftslehre, Tübingen 1968^5, 146–214.

539 *Wehler, H.-U.*, Anwendung von Theorien in der Geschichtswissenschaft, in: J. Kocka u. T. Nipperdey Hg., Theorie u. Erzählung in der Geschichte, München 1979, 173– 9, überarb. in: ders., Histor. Sozialwissenschaft u. Geschichtsschreibung, Göttingen 1980, 206–26.

540 --, Aus der Geschichte lernen? München 1988.

541 --, Geschichtswissenschaft heute 1949–1979, in: J. Habermas Hg., Stichworte zur "Geistigen Situation der Zeit", II, Frankfurt 1979/1980^3, 709–53; u. in: ders., Histor. Sozialwissenschaft u. Geschichtsschreibung, Göttingen 1980, 13–41.

542 --, Gesellschaftsgeschichte, in: W. Schieder u. V. Sellin Hg., Sozialgeschichte in Deutschland, I, Göttingen 1986, 33—52, u. in: ders., Aus der Geschichte lernen? München 1988, 115—29.

543 --, Königsweg zu neuen Ufern oder Irrgarten der Illusionen? Die neue deutsche Alltagsgeschichte "von innen" u. "von unten", in: F.J. Brüggemeier u. J. Kocka Hg., Geschichte von unten - Geschichte von innen. Kontroversen um die Alltagsgeschichte, Hagen 1985, 17—47; u. in: ders., Aus der Geschichte lernen? München 1988, 130—51.

544 --, Neoromantik u. Pseudorealismus in der neuen "Alltagsgeschichte", in: ders., Preußen ist wieder chic ..., Frankfurt 1983, 99—106.

545 --, Moderne Politikgeschichte oder "Große Politik der Kabinette"? in: GG 1. 1975, 344—69; u. in: ders., Krisenherde des Kaiserreichs, Göttingen 1979², 383—403.

546 --, Probleme der modernen deutschen Sozialgeschichte, in: ders. Hg., Moderne deutsche Sozialgeschichte, Königstein 1981⁶, 9—16; u. in: ders., Histor. Sozialwissenschaft u. Geschichtsschreibung, Göttingen 1980, 126—35.

547 --, Der Ruf nach mehr Gesellschaftsgeschichte - u. eine Antwort, in: ders., Krisenherde des Kaiserreichs, Göttingen 1979², 371—82.

548 --, Die Sozialgeschichte zwischen Wirtschaftsgeschichte u. Politikgeschichte, in: Sozialgeschichte u. Strukturgeschichte in der Schule, Bonn 1975, 13—25; u. in: ders., Histor. Sozialwissenschaft u. Geschichtsschreibung, Göttingen 1980, 136—50.

549 --, Sozialökonomie u. Geschichtswissenschaft, in: NPL 14.1969, 344—74; überarb. in: ders., Krisenherde des Kaiserreichs 1871—1918, Göttingen 1979², 383—403.

550 --, Theorieprobleme der modernen deutschen Wirtschaftsgeschichte (1800—1945), in: 1. Fs. H. Rosenberg, Berlin 1970, 66—107; u. in: ders., Histor. Sozialwissenschaft u. Geschichtsschreibung, Göttingen 1980, 106—25.

551 --, Vorüberlegungen zu einer modernen deutschen Gesellschaftsgeschichte, in: D. Stegmann u.a. Hg., 2. Fs. F. Fischer, Bonn 1978, 3—20; u. in: ders., Histor. Sozialwissenschaft u. Geschichtsschreibung, Göttingen 1980, 161—80.

552 *Weiler, I.*, Der Vergleich u. vergleichende Aspekte in der Wirtschafts- u. Sozialgeschichte, in: ders. u. F. Hampl, Vergleichende Geschichtswissenschaft, Darmstadt 1978, 243—83.

553 *Weingartner, R.*, The Quarrel About Historical Explanation, in: R.H. Nash Hg., Ideas of History, II, N.Y. 1969, 140—57.

554 *Weiss, J.* Hg., M. Weber heute, Frankfurt 1989.

555 --, M. Webers Grundlegung der Soziologie, München 1975.

556 *Wellmer, A.*, Krit. Gesellschaftstheorie u. Positivismus, Frankfurt 1969.

557 --, Methodologie als Erkenntnistheorie. Zur Wissenschaftslehre K.R. Poppers, Frankfurt 1967.

558 *Wieacker, F.*, Das Sozialmodell der klass. Privatrechtsbücher u. die Entwicklung der modernen Gesellschaft, Karlsruhe 1953.

559 *Wiehn, E.R.*, Soziale Wirklichkeit als Herausforderung der Soziologie, München 1975.

560 *Wieland, W.*, Entwicklung, Evolution, in: GGr. 2. 1975, 199–228.

561 *Williams, R.*, Gesellschaftstheorie als Begriffsgeschichte, München 1972.

562 *Winch, P.*, Die Darstellung der Welt in der Geschichte, in: P. Rossi Hg., Theorie der modernen Geschichtsschreibung, Frankfurt 1987, 282–99.

563 --, Die Idee der Sozialwissenschaft u. ihr Verhältnis zur Philosophie, Frankfurt 1966.

564 *Winckelmann, J.*, Gesellschaft u. Staat in der verstehenden Soziologie M. Webers, Tübingen 1957.

565 *Witt-Hansen, J.*, Historical Materialism, I: The Method, Kopenhagen 1960.

566 *Woodward, C. van*, History and the Third Culture, in: JCH 3. 1968, H. 2, 23–35.

567 *Wrigley, E.A.* Hg., Identifying People in the Past, London 1973.

568 *Wrong, D.* Hg., Makers of Modern Social Science: M. Weber, Englewood Cliffs 1970.

569 *Wüstemeyer, M.*, Die "Annales": Grundsätze u. Methoden ihrer neuen Geschichtswissenschaft, in: VSWG 54. 1967, 1–45.

570 --, Sozialgeschichte u. Soziologie als soziolog. Geschichte. Zur Raum-Zeit-Lehre der "Annales", in: P.-C. Ludz Hg., Soziologie u. Sozialgeschichte, Opladen 1973, 566–83.

571 *Zang, G.*, Die unaufhaltsame Annäherung an das Einzelne. Reflexionen über den theoretischen u. praktischen Nutzen der Regional- u. Alltagsgeschichte, Konstanz 1985.

572 *Zapf, W.*, Modernisierungstheorien, in: Prismata, Fs. B. Hanssler, Hg. D. Grimm u.a., Pullach 1974, 302–17.

573 *Zeldin, T.*, Social History and Total History, in: JSH 10. 1976, 237–45.

574 *Zittel, B.*, Der Typus in der Geschichtswissenschaft, in: R. Schmidt Hg., Methoden der Politologie, Darmstadt 1967, 124–37.

575 *Zorn, W.*, Das Fach Wirtschafts- u. Sozialgeschichte im letzten halben Jh., in: Fs. W. Abel, I, Göttingen 1974, 11–22.

576 --, Territorium u. Region in der Sozialgeschichte, in: W. Schieder u. V. Sellin Hg., Sozialgeschichte in Deutschland, II, Göttingen 1986, 137–62.

577 *Zunz, O.* Hg., Reliving the Past: The Worlds of Social History, Chapel Hill/N.C. 1985.

578 *Zwanowetz, G.*, Die Stellung der Sozial- u. Wirtschaftsgeschichte im Rahmen des Faches "Geschichte u. Sozialkunde", in: Innsbrucker Histor. Studien 2. 1979, 153–66.

9. Kooperation zwischen Geschichts- und Sozialwissenschaft

1 *Abrams, P.*, The Sense of the Past and the Origins of Sociology, in: PP 55. 1972, 18–32.

2 --, Historical Sociology, London 1982.

3 -- *u. D.J. Rothman*, Sociology and History, in: PP 52. 1972, 118–34.
4 *Acham, K.* Hg., Gesellschaftl. Prozesse. Beiträge zur histor. Soziologie u. Gesellschaftsanalyse, Graz 1983.
5 --, Philosophie der Sozialwissenschaften, Freiburg 1983.
6 --, Realgeschichte, Geschichtswissenschaft, Histor. Sozialwissenschaft, in: Fs. E. Topitsch, Tübingen 1979, 135–52.
7 *Adler, F.*, The Basic Difficulty of Historical Sociology, in: SQ 2. 1961, 3–20.
8 *Adorno, T.W.*, Aufsätze zur Gesellschaftstheorie, Frankfurt 1970.
9 -- *u.a.*, Der Positivismusstreit in der deutschen Soziologie, Neuwied 1974^{4}.
10 *Albert, H.*, Marktsoziologie u. Entscheidungslogik, Neuwied 1967.
11 *Albrecht-Carrié, R.*, The Social Sciences and History, in: Social Education 16. 1952, 315–318.
12 *Aronson, S.H.*, Obstacles to a Rapprochement Between History and Sociology, a Sociologist's View, in: M. u. C.W. Sherif Hg., Interdisciplinary Relationships in the Social Sciences, Chicago 1969, 292–304.
13 *Avineri, S.*, Marx and Modernization, in: RoP 31. 1969, 172–88.
14 *Bader, V.M. u.a.*, Einführung in die Gesellschaftstheorie, Gesellschaft, Wirtschaft u. Staat bei Marx u. Weber, 2 Bde, Frankfurt 1976/1980^{2}.
15 *Baier, H.*, Soziologie u. Geschichte, in: ARS 52. 1966, 67–89.
16 *Banks, J.A.*, Historical Sociology and the Study of Social Change, in: Sociologische Gids 1. 1954, 121–24.
17 *Barnes, H.E.*, Historical Sociology, in: J.C. Roucek Hg., Contemporary Sociology, London 1959, 238–69.
18 --, Soziologie der Geschichte, Stuttgart 1951.
19 *Becker, H.*, Historical Sociology, in: H.E. Barnes u.a. Hg., Contemporary Social Theory, N.Y. 1940, 491–542.
20 *Beer, S.H.*, Political Science and History, in: M. Richter Hg., Essays in Theory and History, Cambridge/Mass. 1970, 41–73.
21 *Bendix, R.*, The Comparative Analysis of Historical Change, in: Social Theory and Economic Change, Hg. R. Burns u. S.B. Saul, London 1967, 67–86; u. in: ders. u. G. Roth, Scholarship and Partisanship, Los Angeles 1971, 207–24; dt. in: W. Zapf Hg., Theorien des sozialen Wandels, Köln 1969, 177–87.
22 --, Concepts in Comparative Historical Analysis, in: S. Rokkan Hg., Comparative Research Across Cultures and Nations, Paris 1968, 67–81.
23 --, Modernisierung in internationaler Perspektive, in: W. Zapf Hg., Theorien des sozialen Wandels, Frankfurt 1969, 505–12.
24 --, Modernisierung u. soziale Ungleichheit, in: W. Fischer Hg., Wirtschafts- u. sozialgeschichtl. Probleme der frühen Industrialisierung, Berlin 1968, 179–246.
25 *Bergmann, J.*, Die Theorie des sozialen Systems von T. Parsons, Frankfurt 1967.
26 *Berkhofer, R.F.*, A Behavioral Approach to Historical Analysis, N.Y. 1969.
27 *Best, H.*, Histor. Sozialforschung als Erweiterung der Soziologie, in: KZfS 40. 1988, 1–14.
28 --, Was können Soziologen aus der Geschichte lernen? in: G. Botz u.a. Hg., Qualität u. Quantität, Frankfurt 1988, 43–55.
29 *Birnbaum, N.*, Toward a Critical Sociology, N.Y. 1971.

30 *Black, C.E.*, The Dynamics of Modernization, N.Y. 1967.

31 *Black, M.* Hg., The Social Theories of T. Parsons, Englewood Cliffs 1961.

32 *Böhning, P.* Hg., Geschichte u. Sozialwissenschaften, Göttingen 1972.

33 *Bogue, A.*, New Political History, in: JCH 1968/III, 5–27; u. in: Quantitative History, Hg. D.K. Rowney u. J.Q. Graham, Homewood 1969, 109–26.

34 -- Hg., Emerging Theoretical Models in Social and Political History, London 1973.

35 *Bonnell, V.*, the Uses of Theory, Concepts, and Comparison in Historical Sociology, in: CSSH 22. 1980, 156–73.

36 *Bollhagen, P.*, Soziologie u. Geschichte, Berlin 1966.

37 *Bonnell, V.*, The Uses of Theory, Concepts, and Comparison in Historical Sociology, in: CSSH 22.1980, 156–73.

38 *v. Borch, H.*, Grundlagen der Geschichtssoziologie, in: A. Weber Hg., Einführung in die Soziologie, München 1955, 171–205.

39 *Borgatta, E.* Hg., Sociological Methodology, San Francisco 1969.

40 *Bosl, K.*, Der "soziolog. Aspekt" in der Geschichte, in: HZ 201. 1965, 613–30.

41 --, Geschichte u. Soziologie, Grundfragen ihrer Begegnung, in: ders., Frühformen der Gesellschaft im mittelalterl. Europa, München 1964, 472–93.

42 *Bottomore, T.B.*, Sociology, London 1971².

43 *Bouman, P.J.*, Grundlagen der Soziologie, Stuttgart 1968.

44 *Bouvier, J.*, Histoire économique et histoire sociale, Genf 1968; dt. z.T. in: Geschichte u. Ökonomie, Hg. H.-U. Wehler, Königstein 1985², 375–84.

45 *Bramson, L.*, The Political Context of Sociology, Princeton 1961.

46 *Brand, G.*, Gesellschaft u. persönl. Geschichte, Stuttgart 1972.

47 *Brandenburg, A.*, Systemzwang u. Autonomie. Gesellschaft u. Persönlichkeit in der soziolog. Theorie von T. Parsons, Düsseldorf 1971.

48 *Brandt, G.*, Industrialisierung, Modernisierung, gesellschaftl. Entwicklung. Zum gegenwärtigen Stand gesamtgesellschaftl. Analysen, in: ZfS 1. 1972, 5–14.

49 *Braudel, F.*, Histoire et Sociologie, in: G. Gurvitch Hg., Traité de Sociologie, Bd. 1, Paris 1962², 83–98.

50 *Braun, R.*, Zum Verhältnis von Sozialgeschichte u. Wirtschaftstheorie, in: Schweizer. Zeitschrift für Volkswirtschaft u. Statistik 107. 1971, 447–62.

51 *Briggs, A.*, History and Society, in: N. Mackenzie Hg., A Guide to the Social Sciences, Letchworth 1966; dt. Geschichte u. Gesellschaft, in: N. Mackenzie Hg., Führer durch die Sozialwissenschaften, München 1969, 48–68.

52 --, Sociology and History, in: A.T. Welford u.a. Hg., Society, N.Y. 1968², 91–98; dt. in: Geschichte u. Soziologie, Hg. H.-U. Wehler, Königstein 1984³, 243–50.

53 *Büsch, O.*, Industrialisierung u. Geschichtswissenschaft, Berlin 1969.

54 *Burke, P.*, Sociology and History, London 1980; dt. Soziologie u. Geschichte, Hamburg 1989.

55 *Cacciatore, G.*, "Neue Sozialgeschichte". E Teoria della Storia, in: Studi storici 1984/1, 119–30.

56 *Cahnman, W.J.*, Historical Sociology, in: B.N. Varma Hg., The New Social Sciences, Westport/Conn. 1976, 107–22.

57 -- *u. A. Boskoff* Hg., Sociology and History, Glencoe/Ill. 1964; dt. z.T. in: Geschichte u. Soziologie, Hg. H.-U. Wehler, Königstein 1984³, 157–83.

58 *Calhoun, D.*, History and Theory: The Need for Decadence, in: M. u. C.W. Sherif Hg., Interdisciplinary Relationship in the Social Sciences, Chicago 1969, 305–19.

59 *Challener, R.D. u. M. Lee*, History and the Social Sciences, in: AHR 61. 1956, 331–38.

60 *Chaunu, P.*, Histoire - science sociale, Paris 1974.

61 *Chirot, D.*, Introduction: Thematic Controversies and New Developments in the Uses of Historical Materials by Sociologists, in: Social Forces 55. 1976, 232–41.

62 --, The Social and Historical Landscape of M. Bloch, in: T. Skocpol Hg., Vision and Method in Historical Sociology, Cambridge 1984, 22–47.

63 *Clark, S.D.*, History and the Sociological Method, in: Transactions of the 5th World Congress of Sociology, Bd. 4, Löwen 1962, 31–40.

64 --, Sociology, History, and the Problems of Social Change, in: Journal of the Canadian Political Science Association 25. 1959, 389–400.

65 *Clemenz, M.*, Soziolog. Reflexion u. sozialwissenschaftl. Methode, Frankfurt 1970.

66 *Cobban, A.*, History and Sociology, in: Historical Studies 3. 1961, 1–8.

67 *Cochran, T.C.*, The Inner Revolution. The Social Sciences in History, N.Y. 1964.

68 --, The Historian's Use of Social Role, in: L. Gottschalk Hg., Generalization in the Writing of History, Chicago 1962, 103–10; dt. in: Geschichte u. Soziologie, Hg. H.-U. Wehler, Königstein 1984³, 251–58.

69 *Collins, R.*, A Comparative Approach to Political Sociology, in: R. Bendix u.a. Hg., State and Society, Boston 1968, 42–67.

70 *Cuvillier, A.*, Histoire et sociologie, in: ders., Partis pris sur l'art, la Philosophie, l'histoire, Paris 1956, 217–359.

71 *Dahrendorf, R.*, Homo Sociologicus, Düsseldorf 1974¹.

72 *Davis, R.*, History and the Social Sciences, Leicester 1965.

73 *Dawe, A.*, The Role of Experience in the Construction of Social Theory, an Essay in Reflexion Sociology, in: Sociological Review 21. 1973, 25–55.

74 *Deluz-Chiva, A.*, Anthropology, History, and Historiography, in: International Social Science Journal 17. 1965, 571–81.

75 *Dovring, F.*, History as a Social Science, Den Haag 1960.

76 *Dreitzel, H.P.*, Theorielose Geschichte u. geschichtslose Soziologie, in: Geschichte u. Soziologie, Hg. H.-U. Wehler, Königstein 1984³, 37–52.

77 --, Über die histor. Methode in der Soziologie, in: ders. Hg., Sozialer Wandel, Neuwied 1972², 441–65.

78 *Drewe, P.*, Die "strukturell-funktionale" Theorie u. der soziale Wandel, in: KZfS 18. 1966, 329–36.

79 *Durkheim, E.*, Die Regeln der soziolog. Methode, Hg. R. König, Neuwied 1961/1970³.

80 *Eisenstadt, E.*, American History and Social Science, in: The Centennial Review 7. 1963, 255—72.

81 *Eisenstadt, S.N.*, Social Change and Development, in: ders. Hg., Readings in Social Evolution and Development, London 1970, 3—33.

82 --, Studies of Modernization and Sociological Theory, in: HT 13. 1974, 225—52.

83 *Eisermann, G.*, V. Paretos System der allg. Soziologie, Stuttgart 1962.

84 --, Soziologie u. Geschichte, in: HES I, Stuttgart 1967[2], 601—40.

85 *Elias, N.*, Soziologie u. Geschichtswissenschaft, in: ders., Die höf. Gesellschaft, Neuwied 1969/Frankfurt 1983, 9— 59; u. in: Geschichte u. Soziologie, Hg. H.—U. Wehler, Königstein 1984[3], 53—77.

86 *Erikson, K.T.*, Sociology and the Historical Perspective, in: The Sociology of the Future, Hg. W. Bell, N.Y. 1971, 61—77.

87 *Fischer, A.*, Geschichte u. Soziologie, in: ders., Leben u. Werk, Bd. 3/4, Hg. K. Kreitmair, München 1954, 25—106.

88 *Fischer, F.M.*, On the Analysis of History and the Interdependence of the Social Sciences, in: Philosophy of Science 27. 1960, 147—58.

89 *Flora, P.*, Modernisierungsforschung, Opladen 1974.

90 *Francis, E.K.*, History and the Social Sciences, in: RoP 13. 1951, 354—74.

91 *Freyer, H.*, Diltheys System der Geisteswissenschaften u. das Problem der Geschichte u. Soziologie, in: Fs. W. Goetz, Leipzig 1927, 485—500.

92 --, Gesellschaft u. Geschichte, Leipzig 1937.

93 --, Soziologie u. Geschichtswissenschaft, in: GWU 3. 1952, 14—20; u. in: Geschichte u. Soziologie, Hg. H.-U. Wehler, Königstein 1984[3], 78—84.

94 *Fürstenberg, F.*, Ein analyt. Modell zur soziolog. Theorie des 19. Jh., in: W. Ruëgg u. O. Neuloh Hg., Zur soziolog. Theorie u. Analyse des 19. Jh., Göttingen 1971, 22—33.

95 *Fulbrook, M. u. T. Skocpol*, Destined Pathways: The Historical Sociology of P. Anderson, in: T. Skocpol Hg., Vision and Method in Historical Sociology, Cambridge 1984, 170—211.

96 *Gäfgen, G. u. H.G. Monissen*, Zur Eignung soziolog. Paradigmen, in: JbS 29. 1978, 113—44.

97 *Galambos, L.*, Parsonian Sociology and Post-Progressive History, in: Social Science Quarterly 50. 1969/70, 25-45.

98 *Galtung, J.*, The Social Sciences, in: K. Knorr u. J.N. Rosenau Hg., Contending Approaches to Internat. Politics, Princeton 1969, 243-85.

99 --, Theory and Methods of Social Research, Oslo 1967.

100 *Geiss, I. u. R. Tamchina* Hg., Ansichten einer künftigen Geschichtswissenschaft, Bd. 1: Kritik-Theorie-Methode, Bd. 2: Revolution, München 1974.

101 *Geissler, R.*, Soziolog. Historie u. histor. Soziologie, in: GWU 24. 1973, 65-87.

102 *Gerth, H. u. S. Landau*, The Relevance of History to the Sociological Ethos, in: M. Stein u. A. Vidich Hg., Sociology on Trial, N.Y. 1963, 26—34.

103 *Gibson, Q.*, The Logic of Social Enquiry, London 1960.

104 *Ginsberg, M.* History and Sociology, in: ders., On the Diversity of Morals, London 1956, 163-79.

105 *Goldthorpe, J.H.*, The Relevance of History to Sociology, in: Cambridge Opinion 28, 26–29.

106 *Grew, R. u. Thrupp, S.*, Horizontal History in Search of Vertical Dimensions, in: CSSH 8. 1966, 258–64; u. in: C.L. Taylor Hg., Aggregate Data Analysis, Paris 1968, 107–13.

107 *Gurvitch, G.*, Continuité et discontinuité en histoire et en sociologie, in: Annales 12. 1957, 73–84.

108 --, Dialektik u. Soziologie, Neuwied 1965.

109 *Habermas, J.*, Zur Logik der Sozialwissenschaften, Tübingen 1967/Frankfurt 1970^2 u.ö.

110 *Hahn, E.*, Histor. Materialismus u. marxist. Soziologie, Berlin 1968.

111 *Halpern, B.*, History, Sociology, and Contemporary Area Studies, in: AJS 43. 1957, 1–10.

112 *Harder, T.*, Dynam. Modelle in der empir. Sozialforschung, Stuttgart 1973.

113 *Hay, C.*, History, Sociology, and Theory, in: Transactions of the Annual Conference of the British Sociological Association 1980, London 1981, 633–49.

114 *Hays, S.P.*, A Systematic Social History, in: G.A. Billias u. G.N. Grob Hg., American History, Glencoe/Ill. 1971, 315–66.

115 --, Politics and Social History: Toward a New Synthesis, in: J.B. Gardner u. G.R. Adams Hg., Ordinary People and Everyday Life: Perspectives on the New Social History, Nashville/Tenn. 1983, 161–79.

116 --, New Possibilities of American History: The Sociological Analysis of Political Life, in: S.M. Lipset u. R. Hofstadter Hg., Sociology and History, N.Y. 1968, 181–227.

117 --, Society and Politics: Politics and Society, in: JIH 15. 1985, 481–99.

118 *Heater, P.*, History and the Social Sciences, in: M. Ballard Hg., New Movements in the Study and Teaching of History, London 1970, 134–46.

119 *Heinemann, K.*, Zur Problematik von Gleichgewichtskonzepten in den Sozialwissenschaften, in: JbS 27. 1976, 327–41.

120 *Hintze, O.*, Soziologie u. Geschichte (Ges. Abh. II), Hg. G. Oestreich, Göttingen 1964.

121 History and Social Science, in: International Social Science Journal 17. 1965, Heft 4.

122 *Hofstadter, R.*, History and the Social Sciences, in: F. Stern Hg., The Varities of History, N.Y. 1956, 359–70; dt. Geschichte u. Sozialwissenschaft, in: Geschichte u. Geschichtsschreibung, Hg. F. Stern, München 1966, 369–81.

123 -- *u. S.M. Lipset* Hg., Sociology and History: Methods, N.Y. 1968.

124 *Hollingworth, J.R.*, Perspectives on Industrializing Societies, in: ABS 16. 1973, 715–39.

125 *Holloway, S.W.F.*, History and Sociology, in: W.H. Burston u. D. Thompson Hg., Studies in the Nature and Teaching of History, London 1967, 1–24.

126 --, Sociology and History, in: History 48. 1963, 154–80.

127 *Holt, W.S.*, History and the Social Sciences Reconsidered, in: Kyklos 8. 1955, 389–96.

128 *Hülst, D.*, Erfahrung, Gültigkeit, Erkenntnis. Zum Verhältnis von soziolog. Empirie u. Theorie, Frankfurt 1975.

129 *Hughes, H.S.*, The Historian and the Social Scientist, in: AHR 66. 1960, 20–46, dt. in: Geschichte u. Soziologie, Hg. H.-U. Wehler, Königstein 1984[3], 216–42.

130 *Iggers, G.G.*, Social History, the Social Sciences and Political Culture 1890–1914. An International Perspective, in: TAJB 16. 1987, 117–34.

131 *Jaeggi, U.*, Die Kunst aneinander vorbeizureden. Thesen zum Verhältnis von Soziologie u. Geschichte, in: ders., Theoret. Praxis, Frankfurt 1976, 141–85.

132 -- *u. A. Honneth* Hg., Theorien des Histor. Materialismus, Frankfurt 1977.

133 *Jensen, R.*, History and the Political Scientist, in: S.M. Lipset Hg., Politics and the Social Science, N.Y. 1969, 1–28.

134 --, From Historical Sociology to Theoretical History, in: BJS 27. 1976, 295–305.

135 *Kaesler, D.*, Einführung in das Studium M. Webers, München 1979.

136 -- Hg., Klassiker des soziolog. Denkens, 2 Bde, München 1976/1977.

137 *Kocka, J.*, Geschichtswissenschaft u. Sozialwissenschaft. Wandlungen ihres Verhältnisses in Deutschland seit den 1830er Jahren, in: Fs. G.G. Iggers, Hagen 1991, 345–59.

138 -- Hg., Interdisziplinarität, Frankfurt 1987.

139 *König, R.*, Geschichte u. Sozialstruktur, in: IASL 2. 1977, 134–43.

140 --, Soziologie in Deutschland, München 1987.

141 *Komarovsky, M.* Hg., Common Frontiers of the Social Sciences, Glencoe/Ill. 1957.

142 *Kon, J.S.*, Histoire et Sociologie, in: Social Science Information 10. 1971/2, 87–102.

143 *Kornbichler, T.* Hg., Klio u. Psyche, Pfaffenweiler 1990.

144 *Kousser, J.M.*, The State of Social Science History in Late 1980, in: Historical Methods Newsletter 22. 1989, 13–20.

145 *Krämer, H.*, Grundsätzliches zur Kooperation zwischen Histor. u. Systemat. Wissenschaften, in: Zeitschrift für Philosoph. Forschung 32. 1978, 321–44.

146 --, Zur Ortsbestimmung der Histor. Wissenschaften, in: Zeitschrift für Allg. Wissenschaftstheorie 5. 1974, 74–93.

147 *Kreckel, R.*, Soziolog. Denken, Opladen 1976.

148 --, Soziolog. Erkenntnisse u. Geschichte, Opladen 1972.

149 *Krug, M.M.*, History and the Social Sciences, Blaisdell 1967.

150 *Landau, P.*, Rechtsgeschichte u. Soziologie, in: VSWG 61. 1974, 145–64.

151 *Landes, D.S. u. C. Tilly*, History as a Social Science, Englewood Cliffs 1971.

152 *Laslett, P.*, History and the Social Sciences, in: IESS 6. 1968, 434–40.

153 *Lepenies, W.*, Geschichte u. Anthropologie, in: GG 1. 1975, 325–43.

154 -- Hg., Geschichte der Soziologie, 4 Bde, Frankfurt 1981.

155 *Lepsius, M.R.*, Bemerkungen zum Verhältnis von Geschichtswissenschaft u. Soziologie, in: W. Conze Hg., Theorie der Geschichtswissenschaft, Stuttgart 1972, 55–68.

156 --, Interessen u. Ideen. Die Zurechnungsproblematik bei M. Weber, in: F. Neidhardt u.a. Hg., Kultur u. Gesellschaft, Opladen 1986, 20–31.

157 --, Soziologie in Deutschland u. Österreich 1918–1945 (= KZfS, SoH. 23), Opladen 1981.

158 --, Soziolog. Theoreme über die Sozialstruktur der 'Moderne' u. die 'Modernisierung', in: R. Koselleck Hg., Studien zum Beginn der modernen Welt, Stuttgart 1977, 19–29.

159 *Lewy, G.*, Historical Data in Comparative Political Analysis, in: CP 1. 1968, 103– 10.

160 *Lipset, S.M.*, Bemerkungen zum Verhältnis von Soziologie u. Geschichtswissenschaft, in: E. Topitsch Hg., Logik der Sozialwissenschaft, Köln 1965, 477– 86.

161 --, History and Sociology, in: ders. u. R. Hofstadter Hg., Sociology and History, N.Y. 1968, 20–58; u. in: ders., Revolution and Counterrevolution, N.Y. 1970[2], 3–28; dt. in: Geschichte u. Soziologie, Hg. H.-U. Wehler, Königstein 1984[3], 132–56.

162 --, A Sociologist Looks at History, in: PSR 1. 1958, 13–17; dt. Bemerkungen zum Verhältnis von Soziologie u. Geschichtswissenschaften, in: Logik der Sozialwissenschaften, Hg. E. Topitsch, Köln 1965/Königstein 1980[1], 477–86.

163 --, Political Sociology, in: N. Smelser Hg., Sociology, N.Y. 1967, 463–70; u. in: ders., Revolution and Counterrevolution, N.Y. 1968, 203–23.

164 *Lorwin, V.R.*, Historians and Other Social Scientists. The Comparative Analysis of Nation-Building in Western Societies, in: ISSJ 17. 1965, 594–606; u. in: S. Rokkan Hg., Comparative Research Across Cultures and Nations, Paris 1968, 102–17.

165 *Ludz, P.-C.* Hg., Soziologie u. Sozialgeschichte, Opladen 1973.

166 *McClelland, P.D.*, Causal Explanation and Model Building in History, Economics and the New Economic History, Ithaca 1974.

167 *MacGrew, R.E.*, History and the Social Sciences, in: Antioch Review 18. 1958, 276–89.

168 *McKinney, J.C. u. E.A. Tiryakian* Hg., Theoretical Sociology, N.Y. 1970.

169 *Marwick, A.*, History, Science, and Social Science, in: ders., The Nature of History, London 1970, 97–130.

170 *Mauss, M.*, Soziologie u. Anthroplogie, 2 Bde, Frankfurt 1989.

171 *v. Mises, L.*, Soziologie u. Geschichte, in: ASS 61.1929, 464–512.

172 *Mitchell, W.C.*, Sociological Analysis and Politics. The Theories of T. Parsons, Englewood Cliffs 1967.

173 *Mommsen, H.*, Das Verhältnis von Polit. Wissenschaft u. Geschichtswissenschaft in Deutschland, in: VfZ 10. 1962, 341–72.

174 *Mommsen, W.J.*, Geschichte als Histor. Sozialwissenschaft, in: P. Rossi Hg., Theorie der modernen Geschichtsschreibung, Frankfurt 1987, 107–46.

175 --, "Verstehen" u. "Idealtypus". Zur Methodologie einer histor. Sozialwissenschaft, in: ders., M. Weber, Frankfurt 1974, 208–32.

176 *Münch, R.*, Soziolog. Theorien u. histor. Erklärung, in: ZfS 2. 1973, 163–81.

177 *Nilson, S.S.*, Histoire et science politiques, Bergen 1950.

178 *Nisbet, R.A.*, History and Sociology, in: ders., Tradition and Revolt, N.Y. 1969, 91–104.

179 *Opp, K.-D.*, Methologie der Sozialwissenschaften, Reinbek 1970.

180 *Pankoke, E.*, Fortschritt u. Komplexität. Die Anfänge moderner Sozialwissenschaft in Deutschland, in: R. Koselleck Hg., Studien zum Beginn der modernen Welt, Stuttgart 1977, 352–74.

181 --, Soziologie, Gesellschaftswissenschaften, in: GGr. 5. 1984, 997–1032.

182 --, Soziale Systeme in histor. Prozessen. Zur Problemgeschichte der soziolog. Wandlungstheorie, in: AfS 11. 1971, 483–99.

183 *Pawlowski, T.*, Methodolog. Probleme in den Geistes- u. Sozialwissenschaften, Braunschweig 1975.

184 *Postan, M.M.*, The Historical Method in Social Science, Cambridge 1939; u. in: ders., Fact and Relevance. Essays on Historical Method, Cambridge 1971, 22–34.

185 --, Time and Change, in: W. Robson Hg., Man and the Social Sciences, London 1972, 25–37.

186 *Ragin, C. u. D. Chirot*, The World System of I. Wallerstein: Sociology and Politics as History, in: T. Skocpol Hg., Vision and Method in Historical Sociology, Cambridge 1984, 276–313.

187 *Ridder, P.*, Histor. Funktionalismus, in: ZfS 1. 1972, 333–52.

188 *Ritsert, J.*, Einleitende Thesen zum Verhältnis von kritischer Theorie u. empir. Sozialforschung, in: ders. u. E. Becker, Grundzüge sozialwissenschaftl.-statist. Argumentation, Köln 1971, 11–67.

189 --, Zur Wissenschaftslogik einer kritischen Soziologie, Frankfurt 1976.

190 *Rokkan, S.*, Cities, States, and Nations. A Dimensional Model for the Study of Contrasts in Development, in: S.N. Eisenstadt u. ders. Hg., Building States and Nations, I, Beverly Hills 1973, 73–98.

191 -- Hg., Comparative Research Across Cultures and Nations, Paris 1980.

192 --, Vergleich. Sozialwissenschaft, Frankfurt 1972.

193 *Rostow, W.W.*, Histoire et sciences sociales: la longue dureé, in: Annales 14. 1959, 710–18.

194 *Roth, G.*, Sociological Typology and Historical Explanation, in: R. Bendix u. ders., Scholarship and Partisanship. Essays on M. Weber, Los Angeles 1971, 109–28.

195 *Rudolph, L.J. u. S.H.*, Marx, Modernity, and Mobilization, in: dies., The Modernity of Tradition, Chicago 1967, 17–29.

196 *Ruloff, D.*, Geschichtsforschung u. Sozialwissenschaft, München 1984.

197 *Runciman, W.G.*, Comparative Sociology or Narrative History? in: Europ. Archiv für Soziologie 21. 1980, 162–78.

198 *Salamon, L.M.*, Comparative History and the Theory of Modernization, in: WP 23. 1970, 83–103.

199 *Salomon-Delatour, G.*, Sozialgeschichte u. Geschichtssoziologie, in: HES I, Stuttgart 1967², 601–38.

200 *Saveth, E.N.* Hg., American History and the Social Sciences, N.Y. 1964.

201 *Schieder, T.*, Unterschiede zwischen histor. u. sozialwissenschaftl. Methode, Moskau 1970; u. in: Fs. H. Heimpel, Bd. 1, Göttingen 1971, 1–27; u. in: Geschichte u. Soziologie, Hg. H.-U. Wehler, Königstein 1984³, 283–304.

202 --, Zum gegenwärtigen Verhältnis von Geschichte u. Soziologie, in: GWU 3. 1952, 27–32.

203 *Schlesinger, A.M.*, The Humanist Looks at Empirical Social Research, in: ASR 27. 1962, 768–71; u. in: E.N. Saveth Hg., American History and the Social Sciences, Glencoe/Ill. 1964, 531–36.

204 *Schulze, W.*, Soziologie u. Geschichtswissenschaft, München 1974.

205 The Social Sciences in Historical Study, N.Y. 1954.

206 *Sherif, M. u. C.W.* Hg., Interdisciplinary Relationships in the Social Sciences, Chicago 1969.

207 *Shiner, L.*E., Tradition/Modernity: An Ideal Type Gone Astray, in: CSSH 17. 1975, 245–52.

208 *Simiand, F.*, Méthode historique et sciences sociales, in: Revue de Synthèse 6. 1903, 1–22, 129–57; u. in: Annales 15. 1960, 83–119.

209 *Skocpol, T.*, Emerging Agendas and Recurrent Strategies in Historical Sociology, in: dies. Hg., Vision and Method in Historical Sociology, Cambridge 1984, 356–92.

210 --, Sociology's Historical Imagination, in: dies. Hg., Vision and Method in Historical Sociology, Cambridge 1984, 1–22.

211 -- Hg., Vision and Method in Historical Sociology, Cambridge 1984.

212 *Smelser, N.J.*, Comparative Methods in the Social Sciences, Englewood Cliffs 1976.

213 *Smith, D.*, Discovering Facts and Values: The Historical Sociology of B. Moore, in: T. Skocpol Hg., Vision and Method in Historical Sociology, Cambridge 1984, 313–56.

214 *Smith, D.*, Social History and Sociology, in: Sociological Review 30. 1982, 286–308.

215 *Speer, H.*, Herrschaft u. Legitimität. Zeitgebundene Aspekte in M. Webers Herrschaftssoziologie, Berlin 1978.

216 *Sprondel, W.M. u. C. Seyfarth* Hg., M. Weber u. die Rationalisierung sozialen Handelns, Stuttgart 1981.

217 *Stedman Jones, G.*, Science, Social Science, and History, in: CSSH 24. 1982, 467– 80.

218 *Stoltenberg, H.L.*, Sozialgeschichte in Verbindung mit Soziographie u. Soziologie, in: VSWG 23. 1930, 219–23.

219 *Stone, L.*, History and the Social Sciences in the 20th Century, in: C.F. Delzell Hg., The Future of History, Nashville/Tenn. 1977, 3–42; u. in: ders., The Past and the Present, Boston 1981, 3–43.

220 *Stretton, H.*, The Political Sciences, London 1969.

221 Studies in Quantitative History and the Logic of Social Sciences, in: HT Beih. 9. 1969.

222 *Tenbruck, F.*, Die Soziologie vor der Geschichte, in: P.–C. Ludz Hg., Soziologie u. Sozialgeschichte, Opladen 1973, 29–58.

223 *Thrupp, S.L.*, History and Sociology, in: AJS 63. 1957, 1–10; u. in: R. Grew u. N.H. Steneck Hg., Society and History, Ann Arbor 1977, 293–302.

224 *Tilly, C.*, Clio u. Minerva, in: S.C. Mckenney u. E.A. Tiryakian Hg., Theoretical Sociology, N.Y. 1970, 434—66; dt. in: Geschichte u. Soziologie, Hg. H.-U. Wehler, Königstein 1984^3, 97—131.

225 --, Sociology, Meet History, in: ders., As Sociology Meets History, N.Y. 1981, 1—52.

226 --, As Sociology Meets History, N.Y. 1981.

227 --, Historical Sociology, in: S.G. McNall u. G.N. Howe Hg., Current Perspectives in Social Theory, Greenwich/Conn. 1980, 55—72.

228 *Tipps, D.*, Modernization Theory and the Study of National Society, in: CSSH 15. 1973, 199—226.

229 *Topitsch, E.*, Geschichtswissenschaft u. Soziologie, in: ders., Sozialphilosophie zwischen Ideologie u. Wissenschaft, Neuwied 1966^2, 119—31.

230 -- Hg., Logik der Sozialwissenschaften, Köln 1965/Königstein 1980^1.

231 *Trevor-Roper, H.R.*, The Past and the Present: History and Sociology, in: PP 42. 1969, 3—17.

232 *Trimberger, E.K.*, E.P. Thompson: Understanding the Process of History, in: T. Skocpol Hg., Vision and Method in Historcial Sociology, Cambridge 1984, 211-44.

233 *Tucker, R.C.*, Marxism and Modernization, in: ders., The Marxian Revolutionary Idea, N.Y. 1969, 92—129.

234 *Vierhaus, R.*, Geschichtswissenschaft u. Soziologie, in: G. Schulz Hg., Geschichte heute, Göttingen 1973, 69—83.

235 *Wagner, F.*, Begegnungen von Geschichte u. Soziologie bei der Deutung der Gegenwart, in: HZ 192. 1961, 607—24.

236 *Walther, A.*, M. Weber als Soziologe, in: Jb. f. Soziologie 2. 1926, 1—65.

237 *Watkins, J.W.N.*, Historical Explanation in the Social Sciences, in: British Journal for the Philosophy of Science 8. 1957, 104—17.

238 *Wehler, H.-U.*, Einleitung in: ders. Hg., Geschichte u. Soziologie, Köln 1972/Königstein 1984^3, 11—31; als: Geschichte u. Soziologie, Möglichkeiten einer Konvergenz? in: Fs. R. König, Opladen 1973, 68—86; als: Soziologie u. Geschichte aus der Sicht eines Sozialhistorikers, in: P.—C. Ludz Hg., Soziologie u. Sozialgeschichte, Opladen 1973, 59—80; u. in: T. Schieder u. K. Gräubig Hg., Theorieprobleme der Geschichtswissenschaft, Darmstadt 1977, 385—419; überarb. in: Geschichte als Histor. Sozialwissenschaft, Frankfurt 1980^3, 9—44; u. in: ders., Histor. Sozialwissenschaft u. Geschichtsschreibung, Göttingen 1980, 42—58.

239 -- Hg., Geschichte u. Ökonomie, Köln 1973/Königstein 1985^2.

240 -- Hg., Geschichte u. Psychoanalyse, Köln 1971/Berlin 1974^2.

241 --, Geschichte als Histor. Sozialwissenschaft, Frankfurt 1973/1980^3.

242 -- Hg., Geschichte u. Soziologie, Köln 1972/Königstein 1984^3.

243 --, Modernisierungstheorie u. Geschichte, Göttingen 1975.

244 --, Histor. Sozialwissenschaft u. Geschichtsschreibung, Göttingen 1980.

245 -- Hg., Soziologie u. Psychoanalyse, Stuttgart 1972.

246 --, Zum Verhältnis von Geschichtswissenschaft u. Psychoanalyse, in: HZ 208. 1969, 529—54.

247 *Weingart, P.*, Herrschaft u. Konflikt. Eine Kritik der Kritik Dahrendorfs an der strukturell-funktionalen Theorie, in: SW 19. 1968, 240–67.
248 *Weintraub, D.*, Concepts of Traditional and Modern in Comparative Social Research, in: Sociologia Ruralis 9. 1969, 23–39.
249 *Wilson, B.A.*, Sociological Methods in the Study of History, in: Transactions of the Royal Historical Society, V, 21. 1971, 101–18.
250 *Wolff, K.H.*, Sociology and History, in: AJS 65. 1959, 32–38.
251 *Worsley, P.* u.a., Introducing Sociology, Harmondsworth 1976.
252 *Zander, J.*, Das Problem der Beziehung M. Webers zu K. Marx, Frankfurt 1978.
253 *Zapf, W.*, Die soziolog. Theorie der Modernisierung, in: SW 26. 1975, 212–26.
254 -- Hg., Theorien des sozialen Wandels, Köln 1969/1970².
255 *Zaret, D.*, Sociological Theory and Historical Scholarship, in: American Sociologist 13. 1978, 114–21.
256 --, From Weber to Parsons and Schutz: The Eclipse of History in Modern Social Theory, in: AJS 85. 1980, 1180–201.
257 *Zingerle, A.*, M. Webers histor. Soziologie, Darmstadt 1981.

10. Methodenprobleme

1 *Albert, H.*, Methodolog. Individualismus u. histor. Analyse, in: K. Acham u. W. Schulze Hg., Teil u. Ganzes, München 1990, 219–39.
2 *Alker, H.R.*, Mathematics and Politics, N.Y. 1965.
3 *Allerbeck, K.*, Datenverarbeitung in der empir. Sozialforschung, Stuttgart 1974.
4 *Andrae, C.G. u. S. Lundkvist*, The Use of Historical Mass-Data, in: XIII. International Congress of Historical Sciences, Moskau 1970, 1–8.
5 *Arnold, K.*, Geschichtswissenschaft u. elektron. Datenverarbeitung, in: T. Schieder Hg., Methodenprobleme der Geschichtswissenschaft, München 1974, 98–148.
6 *Atteslander, P.*, Methoden der empir. Sozialforschung, Berlin 1971².
7 *Aydelotte, W.O.* u.a. Hg., The Dimensions of Quantitative Research in History, Princeton 1972.
8 --, Quantification in History, in: AHR 71. 1966, 803–25, u. in: ders., Quantification in History, Reading/Mass. 1971, 39–65; dt. in: Geschichte u. Soziologie, Hg. H.-U. Wehler, Königstein 1984³, 259–89.
9 --, Quantification in History, Reading/Mass. 1971.
10 *Banks, A.S.* Hg., Cross-Polity Time-Series Data, Cambridge/Mass. 1971.
11 *Barzun, J.*, Clio and the Doctors. Psycho-History, Quanto-History, and History, Chicago 1974.
12 *Beiner, F.*, Statistik für Sozialwissenschaftler, I, Düsseldorf 1975.
13 *Benninghaus, H.*, Deskriptive Statistik, Stuttgart 1974.
14 *Best, H. u. H. Thome* Hg., Neue Methoden der Analyse histor. Daten, St. Katharinen 1991.

15 -- *u. R. Mann*, Quantitative Methoden in der histor.-sozialwissenschaftl. Forschung, Stuttgart 1977.

16 --*u. W.H. Schröder*, Quantitative histor. Sozialforschung, in: C. Meier u. J. Rüsen Hg., Histor. Methode, München 1988, 235—66.

17 --, Technology or Methodology? Quantitative Historical Social Research in Germany, in: Computers and the Humanities 25. 1991, 163—71.

18 *Blalock, H.*, Causal Inferences in Non-Experimental Research, Chapel Hill 1964.

19 --, Recasting Verbal Theories as Causal Models, in: ders., Theory Construction, Englewood Cliffs 1969, 27—47.

20 *Bogue, A.*, Quantification in the 1980s: Numerical and Formal Analysis in United States History, in: T.R. Rabb u. R.J. Rotberg Hg., The New History, Princeton 1982, 137— 75.

21 *Boudon, R.*, Mathematical Structures of Social Mobility, Amsterdam 1973.

22 *Brachmann, B.*, Die Anwendung von Methoden der Informationstheorie in der Arbeit des Historikers, in: ZfG 19. 1971, 339—51.

23 *Burgdörfer, F.* Hg., Die Statistik in Deutschland nach ihrem heutigen Stand. Fs. F. Zahn, 2 Bde, Berlin 1940.

24 *Chaunu, P.*, Un nouveau champ pour l'histoire sérielle: le quantitatif au troisiéme niveau, in: Méthodologie de l'histoire et des sciences humaines, Toulouse 1973, 105—25.

25 --, Histoire quantitative et histoire sérielle, in: Cahiers V. Pareto 3. 1964, 165—75.

26 --, Histoire quantitative. Histoire sérielle, Paris 1978.

27 --, L'histoire sérielle. Bilan et perspectives, in: RH 244. 1970, 297—320.

28 *Cicourel, A.W.*, Methode u. Messung in der Soziologie, Frankfurt 1974.

29 *Clubb, J.M. u. H. Allen*, Computer and Historical Studies, in: Journal of American History 54. 1968, 599—607.

30 -- *u. E.K. Scheuch* Hg., Historical Social Research. The Use of Historical and Process-Produced Data, Stuttgart 1980.

31 *Costas, J.*, Grundlagen der Wirtschafts- u. Sozialstatistik, Frankfurt 1985.

32 *Croon, H.*, Methoden zur Erforschung der gemeindl. Sozialgeschichte des 19. u. 20. Jh., in: WF 8. 1955, 139—49.

33 *Deutsch, K.W.*, The Theoretical Basis of Data Programs, in: R.L. Merritt u. S. Rokkan Hg., Comparing Nations, New Haven 1966, 27—55.

34 --, On Methodological Problems of Quantitative Research, in: M. Dogan u. S. Rokkan Hg., Quantitative Ecological Analysis in the Social Sciences, Cambridge/Mass. 1969, 19—39.

35 *Dogan, M. u. S. Rokkan* Hg., Quantitative Ecological Analysis in the Social Sciences, Cambridge/Mass. 1969.

36 *Dollar, C.M. u. R.J. Jensen*, Historian's Guide to Statistics. Quantiative Analysis and Historical Research, N.Y. 1971.

37 *Doreian, P.*, Mathematics and the Study of Social Relations, London 1970.

38 *Erickson, C.*, Quantitative History, in: AHR 80. 1975, 351—65.

39 *Faulkner, H.U.*, History and Statistics, in: The Social Sciences and Their Interrelations, Hg. W.F. Ogburn u. A. Goldenweiser, Boston 1927, 235—41.

40 *Flaskämper, P.*, Grundriß der sozialwissenschaftl. Statistik, 2 Bde, Hamburg 1962.

41 *Flora, P.*, Quantitative Historical Sociology, Den Haag 1977.

42 *Floud, R.*, An Introduction to Quantitative Methods for Historians, London 1973; dt. Einführung in quantitative Methoden für Historiker, Stuttgart 1980.

43 *Fogel, R.W.*, The Limits of Quantitative Methods in History, in: AHR 80. 1975, 329–50.

44 *Fremdling, R.*, Quantitative Probleme in der Wirtschaftsgeschichte des 19. Jh., in: P. Lösche Hg., Göttinger Sozialwissenschaften heute, Göttingen 1990, 67–74.

45 *Friedrichs, J.*, Methoden empir. Sozialforschung, Hamburg 1973.

46 *Furet, F.*, L'Histoire quantitative et la construction du fait historiques, in: Annales 26. 1971, 63–75; engl. Quantitative History, in: Daedalus 100. 1971, 151–67.

47 --, Die Methoden der Sozialwissenschaften in der Geschichtsforschung u. die "histoire totale", in: P. Rossi Hg., Theorie der modernen Geschichtsschreibung, Frankfurt 1987, 147–72.

48 *Geiger, S.*, Erkennen u. Wählen, Köln 1970.

49 *Gundlach, R. u. Lückerath, C.A.*, Nichtnumer. Datenverarbeitung in den histor. Wissenschaften, in: GWU 20. 1969, 385–98.

50 --, Histor. Wissenschaften u. elektron. Datenverarbeitung, Berlin 1977.

51 *Handlin, O.*, The Capacity of Quantitative History, in: Perspectives in American History 9. 1975, 7–26.

52 *Harder, T.*, Werkzeug der Sozialforschung, Stuttgart 1974.

53 *Hartmann, H.*, Empir. Sozialforschung, München 1972².

54 *Hays, S.P.*, Computers and Historical Research, in: E.A. Bowles Hg., Computers in Humanistic Research, Englewood Cliffs 1967, 62–72.

55 *Herlihy, D.*, Quantification in the 1980s: Numerical and Formal Analysis in European History, in: T.K. Rabb u. R.J. Rotberg Hg., The New History, Princeton 1982, 115–35.

56 --, Computation in History: Styles and Methods, in: Computer 11. 1978/ H. 8, 8–17.

57 *Hexter, J.*, History, the Social Sciences, and Quantification, Moskau 1970; u. in: ders., Doing History, Bloomington 1971, 107–34.

58 *Heymann, I. u. P. Wick*, Moderne Informationsverarbeitung in der Geschichtswissenschaft, in: JbG 6. 1972, 449–75.

59 *Hohorst, G.*, Histor. Sozialstatistik u. statist. Methoden in der Geschichtswissenschaft, in: GG 3. 1977, 109–24.

60 *Holt, R.T. u. J.E. Turner* Hg., The Methodology of Comparative Research, N.Y. 1970.

61 *Imhof, A.E.*, The Computer in Social History: Historical Demography in Germany, in: Computers and the Humanities 12. 1978, 227–36.

62 *Irsigler, F.* Hg., Quantitative Methoden in der Wirtschafts- u. Sozialgeschichte der Neuzeit, Stuttgart 1978.

63 *Jarausch, K.H.* u.a., Quantitative Methoden in der Geschichtswissenschaft, Darmstadt 1985.

64 -- *u. W.H. Schröder* Hg., Quantitative History of Society and Economy, St. Katharinen 1987.

65 -- *u. K.S. Hardy*, Quantitative Methods for Historians, Chapel Hill 1991.

66 --, Promises and Problems of Quantitative Research in Central European History, in: CEH 11. 1978, 279–89.

67 -- Hg., Quantifizierung in der Geschichtswissenschaft, Düsseldorf 1976.

68 --, The Role of Quantitative Methods in History, in: History of Historiography 18. 1990, 43–59.

69 --, The State of the Debate. International Styles of Quantitative History, in: ders. u. W.H. Schröder Hg., Quantitative History of Society and Economy, o.O, o.J., 5–18.

70 *Kellerer, H.*, Statistik im modernen Wirtschafts- u. Sozialleben, Reinbek 1972[1].

71 *Klaus, G.*, Kybernetik u. Gesellschaft, Berlin 1973[3].

72 *Kocka, J.*, Quantifizierung in der Geschichtswissenschaft, in: Histor.-Sozialwiss. Forschungen, Bd. 3, Stuttgart 1977, 4–10.

73 *Kaelble, H.*, Histor. Quantifizierung, in: P. Lösche Hg., Göttinger Sozialwissenschaften heute, Göttingen 1990, 75–80.

74 *Kaufhold, K.H. u. J. Schneider* Hg., Geschichtswissenschaft u. elektron. Datenverarbeitung, Stuttgart 1988.

75 *König, R.* Hg., Praktische Sozialforschung, I: Das Interview, Köln 1972[7].

76 --, Praktische Sozialforschung, II: Beobachtung u. Experiment in der Sozialforschung, Köln 1972[8].

77 *van Koolwijk, J. u. M. Wieken-Mayser* Hg., Techniken der empir. Sozialforschung, 8 Bde, München 1975.

78 *Kousser, J.M.*, Quantitative Social-Scientific History, in: M. Kammen Hg., The Past Before Us, Ithaca 1980, 433–56.

79 *Kowalewski, S.*, Ausgewählte Probleme der Sozialstrukturforschung, in: JbW 1970/III, 239–46.

80 *Kriz, J.*, Datenverarbeitung in den Sozialwissenschaften, Reinbek 1973.

81 --, Statistik in den Sozialwissenschaften, Reinbek 1973.

82 *Kurgan, K. u. P. Moureaux* Hg., La quantification en histoire, Brüssel 1973.

83 *Laslett, P.*, Beyond Methodology: The Place of Theory in Quantitative Historical Research, in: ASR 45. 1980, 214–28.

84 *Lebrun, P.*, Structure et Quantification, in: C. Perelman Hg., Raisonnement et démarches de l'histoiren, Brüssel 1964, 29–51.

85 *Le Roy Ladurie, E.* u.a., L'Histoire et ses méthodes, Lille 1981.

86 --, The Mind and Method of the Historians, Chicago 1981.

87 *v.d. Lippe, P.*, Einführung in die Statistik, München 1974.

88 --, Statist. Methoden zur Messung der sozialen Schichtung, Göttingen 1972.

89 *Lorwin, V.R. u. J.M. Price* Hg., The Dimensions of the Past. Materials, Problems and Opportunities for Quantitative Work in History, New Haven 1972.

90 *Lückerath, C.A.*, Elektron. Datenverarbeitung in der Geschichtswissenschaft, in: GWU 20. 1969, 321–29.

91 --, Prolegomena zur elektron. Datenverarbeitung im Bereich der Geisteswissenschaft, in: HZ 207. 1968, 265–96.

92 --, Die histor. Wissenschaft als Anwendungsfeld für elektron. Datenverarbeitung, in: J. de Marées Hg., Geschichte u. Geschichtsunterricht, München 1972, 179–86.

93 *Mackenroth, G.*, Methodenlehre der Statistik, Göttingen 1963[3].

94 *Mangold, W.*, Empir. Sozialforschung, Heidelberg 1971[3].

95 *Marczewski, J.*, Buts et Méthodes de l'histoire quantitative, in: Cahiers V. Pareto 3. 1964, 125–64.

96 --, Quantitative History, in: JCH 3. 1968, 179–91; dt. Quantitative Wirtschaftsgeschichte, in: H.-U. Wehler Hg., Geschichte u. Ökonomie, Königstein 1985[2], 163–73.

97 --, Introduction á l'histoire quantitative, Genf 1965.

98 *Mayntz, R.* u.a., Einführung in die Methoden der empir. Soziologie, Opladen 1974.

99 *v. Mayr, G.*, Statistik u. Gesellschaftslehre, 3 Bde, Freiburg 1895/1917/1926.

100 *Meier, C. u. J. Rüsen* Hg., Histor. Methode, München 1988.

101 *Megill, A.*, Recounting the Past: "Description", Explanation, and Narrative in Historiography, in: AHR 94. 1989, 627–53.

102 *Menges, G.*, Grundriß der Statistik, 2 Bde, Opladen 1971.

103 *Miskimin, H.A.*, The Quality of Quantitative Work, in: CSSH 17. 1975, 253–58.

104 *Murphy, G.G.S.*, Historical Investigation and Automatic Data Processing Equipment, in: Computers and the Humanities 3. 1968, 1–13.

105 *Neurath, P.*, Statistik für Sozialwissenschaftler, Stuttgart 1966.

106 *Ohler, N.*, Quantitative Methoden für Historiker, München 1981.

107 *Opp, K.-D.*, Methodologie der Sozialwissenschaften, Reinbek 1976.

108 *Peschlow, K.*, Faktorenanalyse, Stuttgart 1976.

109 *Pfanzagl, J.*, Allgemeine Methodenlehre der Statistik, I, Berlin 1964.

110 *Philipps, B.S.*, Empir. Sozialforschung, Wien 1970.

111 *Price, J.R.*, Recent Quantitative Work in History, in: HT, Beih. 9. 1969, 1–13.

112 *Rabb, T.K.*, The Development of Quantification in Historical Research, in: JIH 13. 1983, 591–601.

113 *Renn, H.*, Statistik für Soziologen, 4: Nichtparametr. Statistik, Stuttgart 1975.

114 *Riedenauer, E.*, Elektron. Datenverarbeitung im Dienst von Landes- u. Gesellschaftsgeschichte, in: ZBLG 35. 1972, 379–435.

115 *Ritsert, J. u. E. Becker*, Grundzüge sozialwissenschaftl.-statist. Argumentation, Opladen 1971.

116 *Rothstein, M.* u.a., Quantification and American History, in: J. Bass Hg., The State of American History, Chicago 1970, 298–329.

117 *Rowney, D.K. u. J.Q. Graham* Hg., Quantitative History, Homewood 1969.

118 *Ruloff, D.*, Geschichtstheorie, quantitative Historie, Kliometrie, in: NPL 21. 1976, 421–42.

119 *Saalfeld, D.*, Kriterien für eine quantifizierende Darstellung der sozialen Differenzierung einer histor. Gesellschaft - Das Beispiel Göttingen 1760–1860, in: H.

Best u. R. Mann Hg., Quantitative Methoden in der histor.-sozialwissenschaftl. Forschung, Stuttgart 1977, 65—87.

120 --, Method. Probleme zur Darstellung der Sozialstruktur histor. Populationen am Beispiel Göttingen 1763 u. 1829, in: Informationen zur Stadtgeschichte 10. 1975, 18—20.

121 *Sahner, H.*, Schließende Statistik, Stuttgart 1971.

122 *Schnapper-Arndt, G.*, Sozialstatistik. Vorlesungen über Bevölkerungslehre, Wirtschafts- u. Moralstatistik, Hg. L. Zeitlin, Leipzig 1908.

123 *Schrader, A.*, Einführung in die empir. Sozialforschung, Stuttgart 1971.

124 *Schremmer, E.*, Value-Judgement and Measurement in Quantitative History, in: Studia Historiae Oeconomicae 15. 1981, 65—78.

125 *Schröder, W.H.*, Probleme u. Methoden der quantitativen Analyse von kollektiven Biographien. Das Beispiel der sozialdemokrat. Reichstagskandidaten (1898—1912), in: Historisch-Sozialwissenschaftl. Forschungen 3. 1977, 88—125.

126 --, Quantifizierung u. moderne deutsche Stadtgeschichtsforschung, in: ders. Hg., Moderne Stadtgeschichte, Stuttgart 1979.

127 *Schwemmer, O.*, Theorie der rationalen Erklärung. Zu den method. Grundlagen der Kulturwissenschaften, München 1976.

128 *Selltiz, C.* u.a., Untersuchungsmethoden der Sozialforschung, 2 Bde, Neuwied 1972/73.

129 *Sheehan, J.J.*, Quantification in the Study of Modern German Social and Political History, in: V.R. Lorwin u. J.M Price Hg., The Dimensions of the Past, New Haven 1972, 301—31; dt. Die Verwendung quantitativer Daten in politik- u. sozialwissenschaftl. Forschungen zur neueren deutschen Geschichte, in: P.-C. Ludz Hg., Soziologie u. Sozialgeschichte, Opladen 1973, 584—614.

130 *Shorter, E.*, The Historian and the Computer, Englewood Cliffs 1971.

131 *Sjoberg, G. u. R. Nett*, A Methodology for Social Research, N.Y. 1968.

132 *Sprague, D.N.*, A Quantitative Assessment of the Quantification Revolution, in: Canadian Journal of History 13. 1978, 277—92.

133 *Stinchcombe, A.L.*, Constructing Social Theories, N.Y. 1968.

134 *Swanson, J. u. J.W. Wiliamson*, Explanations and Issues: A Prospectus for Quantitative Histor, in: JEH 31. 1971, 43—57.

135 *Swierenga, R.P.*, Computers and American History, in: JAH 60. 1974, 1045—70.

136 --, Computers and Comparative History, in: JIH 5. 1974, 267—86.

137 -- Hg., Quantification in American History, N.Y. 1970.

138 *Thernstrom, S.*, The Historian and the Computer, in: E.A. Bowles Hg., Computers in Humanistic Research, Englewood Cliffs 1967, 73—81.

139 --, Quantitative Methods in History, in: S.M. Lipset u. R. Hofstadter Hg., Sociology and History, N.Y. 1968, 59—78.

140 *M. Thiel* Hg., Enzyklopädie der geisteswissenschaftl. Arbeitsmethoden, 8. u. 10. Lieferung, München 1968/1974.

141 *Tilly, C.*, Computers in Historical Analysis, in: Computers and the Humanities 7. 1973, 323—35.

142 --, Computing History, in: ders., As Sociology Meets History, New York 1981, 53—83.

143 *Usher, A.P.*, The Significance of Modern Empiricism for History and Theory, in: JEH 9. 1949, 137—55.
144 *Wagenführ, R.*, Wirtschafts- u. Sozialstatistik, 2 Bde, Berlin 1973.
145 *Wheeler, R.*, Quantitative Methoden u. die Geschichte der Arbeiterbewegung, in: IWK 10. 1974, 40—51.
146 *Winkler, A.*, Methodik der Sozial- u. Wirtschaftsgeschichte, Wien 1956.
147 *Wolf, W.*, Statistik. Eine Einführung für Sozialwissenschaftler, 2 Bde, Weinheim 1974/1980.
148 *Zahn, F.*, Die Statistik in Deutschland nach ihrem heutigen Stand. Fs. G. v. Mayr, 2 Bde, München 1911.
149 *Zapf, W.*, Soziale Indikatoren, in: Fs. R. König, Opladen 1973, 261—90.
150 *Zeisel, H.*, Die Sprache der Zahlen, Köln 1970.
151 *Ziegler, R.*, Theorie u. Modell, München 1972.
152 *Zimmermann, E.*, Das Experiment in den Sozialwissenschaften, Stuttgart 1972.
153 *Zwahr, H.*, Das deutsche Stadtadreßbuch als orts- u. sozialgeschichtl. Quelle, in: Jahrbuch für Regionalgeschichte 3. 1968, 204—29.

11. Bevölkerung

1 *Abel, W.*, Wachstumsschwankungen mitteleurop. Völker seit dem Mittelalter, in: JNS 42. 1935, 670—92.
2 *Anderson, M.*, Population Change in North-Western Europe 1750—1850, London 1988.
3 *Armengaud, A.*, Population in Europe 1700—1914, London 1970.
4 *Bade, K.J.*, Arbeitsmarkt, Bevölkerung u. Wanderung in der Weimarer Republik, in: M. Stürmer Hg., Die Weimarer Republik, Königstein 1980, 160—87.
5 *Banks, J.A.*, Historical Sociology and the Study of Population, in: Daedalus 97. 1968, 397—414; u. in: D.V. Glass u. R. Revelle Hg., Population and Social Change, London 1972, 55—70.
6 *Berthold, R.*, Agrarkrisen, Agrarkonjunktur u. Bevölkerungsentwicklung, in: JbW 1971/IV, 231—52.
7 --, Bevölkerungsentwicklung u. Sozialstruktur im Regierungsbezirk Magdeburg 1816—1910, in: H.—J. Rach u.a. Hg., Landwirtschaft u. Kapitalismus, II, Berlin 1979, 91— 195.
8 Bevölkerungs-Ploetz, Bd. IV, Würzburg 1965[3].
9 *Blaschke, K.*, Bevölkerungsgeschichte von Sachsen bis zur Industriellen Revolution, Weimar 1967.
10 --, Zur Bevölkerungsgeschichte Sachsens vor der Industriellen Revolution, in: Beiträge zur Deutschen Wirtschafts- u. Sozialgeschichte des 18. u. 19. Jh., Berlin 1962, 133—69.
11 --, Industrialisierung u. Bevölkerung in Sachsen 1830—1890, in: Raumordnung im 19. Jh., Hannover 1965, 69—95.

12 *Bleicher, H.*, Die Bevölkerung des Deutschen Reiches nach örtl. Verteilung, sozialem Aufbau u. allg. Erwerbsverhältnissen, in: Handbuch der Wirtschaftskunde Deutschlands, Bd. I, Leipzig 1901, 241–331.

13 *Böckh, R.*, Der Deutschen Volkszahl u. Sprachgebiet in den europäischen Staaten, Berlin 1869.

14 *Bolte, K.M.* u.a., Bevölkerung, in: HSW 2. 1959, 151–98.

15 --, Struktur u. Entwicklung der Bevölkerung, Opladen 1967^{3}.

16 *Borowski, S.*, Demographic Development and the Malthusian Problem in the Polish Territories under German Rule 1807–1914, in: P. Deprez Hg., Population and Economics, Winnipeg 1970, 33–52.

17 *v. Bortkiewicz, L.*, Sterblichkeit u. Sterbetafeln, in: HStW 7. 1911^{3}, 930–44; ders., Sterbetafeln, ebd., 7. 1926^{4}, 1030–45.

18 *Braun, R.*, Histor. Demographie im Rahmen einer integrierten Geschichtsbetrachtung, in: GG 3. 1977, 525–36.

19 --, Protoindustrialization and Demographic Changes in the Canton of Zürich, in: C. Tilly Hg., Historical Studies of Changing Fertility, Princeton 1978, 289–334.

20 *Brepohl, W.*, Der Aufbau des Ruhrvolkes im Zuge der Ost-West-Wanderung, Recklinghausen 1948.

21 *Buchholz, E.W.*, Ländl. Bevölkerung an der Schwelle der Industrialisierung, Stuttgart 1966.

22 *Carr-Saunders, A.M.*, World Population, Oxford 1937.

23 *v. Castell, A.*, Forschungsergebnisse zum gruppenspezif. Wandel generativer Strukturen, in: W. Conze Hg., Sozialgeschichte der Familie in der Neuzeit Europas, Stuttgart 1976, 161–72.

24 --, Die demograph. Konsequenzen des Ersten u. Zweiten Weltkriegs für das Deutsche Reich, die Deutsche Demokratische Republik u. die Bundesrepublik Deutschland, in: W. Dlugoborski Hg., Zweiter Weltkrieg u. sozialer Wandel, Göttingen 1981, 117–37.

25 *Chmielecki, S.*, Die Bevölkerungsentwicklung in Stadt- u. Landkreis Recklinghausen 1875–1910, Diss. Freiburg 1914.

26 *Cipolla, C. u. K. Borchardt* Hg., Bevölkerungsgeschichte Europas, München 1971.

27 *Dieterici, C.F.W.*, Die Bevölkerung des preuß. Staates 1846, Berlin 1848.

28 *Drake, M.* Hg., Population in Industrialization, London 1969.

29 *Dupâquier, J.*, Pour la demographie historique, Paris 1984.

30 --, Population, in: NCMH 13. 1980^{2}, 80–114.

31 *Esenwein-Rothe, I.*, Einführung in die Demographie, Wiesbaden 1982.

32 *Feichtinger, G. u. K. Schwarz*, Bevölkerung, in: HWW 1. 1977, 610–36.

33 *v. Fircks, A.*, Rückblick auf die Bewegung der Bevölkerung im preuß. Staate 1816– 74, in: Preuß. Statistik 48 A, Berlin 1879.

34 *Fischer, W.*, Bevölkerung als prägendes Element in der Wirtschafts- u. Sozialgeschichte, in: Probleme der Bevölkerungsökonomie, Berlin 1979, 9–28.

35 *Flinn, M.W.*, The European Demographic System, Baltimore 1981.

36 *Franke, W.*, Die Volkszahl deutscher Städte Ende des 18. u. Anfang des 19. Jh., in: ZPSL 62. 1922, 102–21.

37 *Gehrmann, R.*, Leezen 1720—1870. Ein histor.-demograph. Beitrag zur Sozialgeschichte des ländl. Schleswig-Holstein, Neumünster 1984.
38 *Glass, D.V. u. D.E.C. Eversley* Hg., Population in History, London 1965.
39 -- *u. E. Grebenik*, World Population, 1800—1950, in: CEHE VI/1. 1965, 56—138, 930—37.
40 -- *u. R. Revelle* Hg., Population and Social Change, London 1972.
41 *Griesmeier, J.*, Die Entwicklung der Wirtschaft u. Bevölkerung von Baden u. Württemberg im 19. u. 20. Jh., in: Jahrbücher für Statistik u. Landeskunde von Baden-Württemberg 1. 1954, 121—242.
42 *Guillaume, P. u. J.P. Pousseou*, Démographie Historique, Paris 1970.
43 *Habakkuk, H.J.*, Population Growth and Economic Development since 1750, Leicester 1972.
44 --, Population Problems and European Economic Development in the Late 18th and 19th Centuries, in: AER, Papers 1963, 607—18; dt. in: R. Braun u.a. Hg., Gesellschaft in der Industriellen Revolution, Köln 1972, 207—18.
45 *Haines, M.R.*, Fertility and Occupation: Population Patterns in Industrialization, N.Y. 1979.
46 --, Economic-Demographic Interrelations in Developing Agricultural Regions: A Case Study of Prussian Upper Silesia 1840—1914, N.Y. 1977.
47 --, Population and Economic Change in 19th Century Eastern Europe: Prussian Upper Silesia 1840—1913, in: JEH 36. 1976, 334—58.
48 *Harnisch, H.*, Über die Bedeutung der Bevölkerungsgeschichte als Teil der Wirtschafts- u. Sozialgeschichte, in: JbW 1973/IV, 205—20.
49 --, Bevölkerung u. Wirtschaft, in: JbW 1975/II, 57—87.
50 --, Bevölkerungsgeschichtl. Probleme der Industriellen Revolution in Deutschland, in: K. Lärmer Hg., Studien zur Geschichte der Produktivkräfte. Deutschland zur Zeit der Industriellen Revoluiton, Berlin 1979, 267—339.
51 --, Quellen zur Bevölkerungsgeschichte in der Periode des Übergangs vom Feudalismus zum Kapitalismus, in: JbW 1979/I, 243—49.
52 *Haufe, H.*, Die Bevölkerung Europas, Berlin 1936.
53 --, Die nordostdeutsche Bevölkerungsbewegung 1871—1933, in: Archiv f. Bevölkerungswissenschaft 5. 1935, 319—37.
54 *Helleiner, K.F.*, The Population of Europe from the Black Death to the Eve of the Vital Revolution, in: CEHE, IV, 1975, 1—95.
55 *Henry, L.*, Historical Demography, in: Daedalus 97. 1968, 385—96; u. in: D.V. Glass u. R. Revelle Hg., Population and Social Change, London 1972, 43—55.
56 *v. Hippel, W.*, Bevölkerungsentwicklung u. Wirtschaftsstruktur im Königreich Württemberg 1815/60. Überlegungen zum Pauperismusproblem in Südwestdeutschland, in: Fs. W. Conze, Stuttgart 1976, 270—371.
57 --, Regionale u. soziale Herkunft der Bevölkerung einer Industriestadt. Ludwigshafen 1867—1914, in: W. Conze u. U. Engelhardt Hg., Arbeiter im Industrialisierungsprozeß, Stuttgart 1979, 51—69.
58 *Hohorst, G.*, Von der Agrargesellschaft zum Industriekapitalismus: Der Kernprozeß der "demographischen Transition" in Deutschland, in: K.J. Bade Hg., Auswanderer, Wanderarbeiter, Gastarbeiter, Bd. 1, Ostfildern 1984, 110—34.

59 --, Bevölkerungsentwicklung u. Wirtschaftswachstum als histor. Entwicklungsprozeß demo-ökonom. Systeme, in: R. Mackensen u. H. Weber Hg., Dynamik der Bevölkerungsentwicklung, München 1973, 91–118.

60 --, Wirtschaftswachstum u. Bevölkerungsentwicklung in Preußen 1816–1914, N.Y. 1977.

61 *Hollingsworth, T.H.*, Historical Demography, London 1969.

62 *Horst, W.*, Studien über die Zusammenhänge zwischen Bevölkerungsbewegungen u. Industrieentwicklung im niederrhein.-westfäl. Industriegebiet, Essen 1937.

63 *Horstmann, K.*, Bevölkerungs- u. Wirtschaftsentwicklung in Minden-Ravensberg, Lippe u. Osnabrück im 1. u. 2. Drittel des 19. Jh., in: Raumordnung im 19. Jh., Hannover 1965, 97–116.

64 *Imhof, A.E.*, Bevölkerungsgeschichte u. Histor. Demographie, in: R. Rürup Hg., Histor. Sozialwissenschaft, Göttingen 1977, 16–58.

65 --, Histor. Demographie, in: W. Schieder u. V. Sellin Hg., Sozialgeschichte in Deutschland, II, Göttingen 1986, 32–64.

66 -- Hg., Histor. Demographie als Sozialgeschichte. Gießen u. Umgebung vom 17. zum 19. Jh., 2 Bde, Darmstadt 1975.

67 --, Historical Demography as Social History: Possibilities in Germany, in: JFH 2. 1977, 305–32.

68 --, Einführung in die Histor. Demographie, München 1977.

69 --, Die gewonnenen Jahre. Von der Zunahme unserer Lebensspanne seit 300 Jahren, München 1981.

70 -- u.a., Lebenserwartungen in Deutschland vom 17.–19. Jh., Weinheim 1990.

71 --, Die verlängerte Lebenszeit. Auswirkungen auf unser Zusammenleben, in: Saeculum 36. 1985, 46–96.

72 --, Die Lebenszeit, München 1988.

73 -- Hg., Leib u. Leben in der Geschichte der Neuzeit, Berlin 1983.

74 -- Hg., Mensch u. Gesundheit in der Geschichte, Husum 1980.

75 --, Unterschiedliche Säuglingssterblichkeit in Deutschland, 18.–20. Jh. - Warum? in: Zeitschrift für Bevölkerungswissenschaft 7. 1981, 343–82.

76 *v. Inama-Sternegg, T.* u.a., Bevölkerungswesen II: Geschichte der Bevölkerungsbewegung, in: HStW II. 1924^4, 655–97.

77 --, Bevölkerungslehre, in: Handwörterbuch des Grenz- u. Auslandsdeutschtums, Bd. 1, Breslau 1933, 425–63.

78 *Joannidis, C. u. W.R. Lee*, Demographic Fluctuations and the Pattern of Economic Development in Prussia 1816–1873, in: W.H. Schröder u. R. Spree Hg., Histor. Konjunkturforschung, Stuttgart 1980, 289–303.

79 *Kaltenstadler, W.*, Bevölkerung u. Gesellschaft Oberbayerns im Zeitraum der frühen Industrialisierung 1780–1820, Kallmünz 1977.

80 *Kaufmann, F.X.* Hg., Bevölkerungsbewegung zwischen Quantität u. Qualität, Stuttgart 1975.

81 *Kelly, A.C.*, Demographic Cycles and Economic Growth: The Long Swing Reconsidered, in: JEH 29. 1969, 633–56.

82 *Keyser, E.*, Bevölkerungsgeschichte Deutschlands, Leipzig 1938/1959^4.

83 *Kiesewetter, H.*, Bevölkerung, Erwerbsträger u. Landwirtschaft im Königreich Sachsen 1815—1871, in: S. Pollard Hg., Region u. Industrialisierung, Göttingen 1980, 89—106.
84 --, Bevölkerungswachstum während der Industrialisierung im Königreich Sachsen 1815—1871, in: SM 16. 1982, 79—108.
85 *Kintner, H.J.*, The Determinants of Infant Mortality in Germany 1871—1933, Diss. Ann Arbor 1982.
86 *Kirk, D. u.a.*, Population, in: IESS 12. 1968, 342—88.
87 *Klein, K.*, Die Bevölkerung Österreichs vom Beginn des 16. bis zur Mitte des 18. Jh. (nach 1754—1869), in: H. Helczmanovszki Hg., Beiträge zur Bevölkerungs- u. Sozialgeschichte Österreichs, Wien 1973, 47—111.
88 *Knirim, E.*, Die Verschiebungen der Volksdichte im engeren westfäl. Ruhrgebiet 1818—1925, Diss. Münster 1928.
89 *Knodel, J.*, Aussichten für die histor. demograph. Forschung, in: Mitteilungen d. deutschen Gesellschaft f. Bevölkerungswissenschaft 38. 1968, 33—37.
90 --, Demographic Behavior in the Past. A Study of 14 German Village Populations in the 18th and 19th Centuries, Cambridge 1988.
91 --, Two and a Half Centuries of Demographic History in a Bavarian Village, in: PoSt 24. 1970, 353—76.
92 --, The Decline of German Fertility between Unification and the Second World War 1871—1939, Princeton 1973.
93 -- u.a., The Decline of Non-marital Fertility in Europe 1880—1941, in: PoSt 25. 1971, 375—93.
94 -- *u. S. Hochstadt*, Urban and Rural Illegitimacy in Imperial Germany, in: P. Laslett u.a. Hg., Bastardy and Its Comparative History, London 1980, 284—312.
95 --, Infant Mortality and Fertility in 3 Bavarian Villages: An Analysis of Family Histories from the 19th Century, in: PoSt 22. 1968, 297—318.
96 --, Ortssippenbücher als Quelle für die Histor. Demographie, in: GG 1. 1975, 288—324.
97 -- *u. S. De Vos*, Preferences for the Sex of Offspring and Demographic Behavior in 18th and 19-Century Germany: An Examination of Evidence from Village Genealogies, in: Journal of Family History 5. 1980, 145—66.
98 *Köllmann, W.*, Bevölkerung u. Arbeitskräftepotential in Deutschland 1815—65, in: Jahrbuch 1968, Hg. v. Ministerpräsidenten des Landes NRW, Köln 1968, 209—54; u. in: ders., Bevölkerung in der industriellen Revolution, Göttingen 1974, 61—98.
99 --, Die Bevölkerung der Industriegroßstadt Barmen vor u. während der Industrialisierungsperiode, in: Zeitschrift des Berg. Geschichtsvereins 81. 1964/65, 152—62; u. in: ders., Bevölkerung in der Industriellen Revolution, Göttingen 1974, 186—207.
100 --, Die deutsche Bevölkerung im Industriezeitalter, in: Mitteilungen d. Deutschen Gesellschaft f. Bevölkerungswissenschaft 27. Nov. 1962, 56—69; u. in: ders., Bevölkerung in der industriellen Revolution, Göttingen 1974, 35—46.
101 --, Bevölkerung in der industriellen Revolution, Göttingen 1974.

102 --, Die Bevölkerung Rheinland-Westfalens in der Hochindustrialisierungsperiode, in: VSWG 58. 1971, 359–88; u. in: ders., Bevölkerung in der industriellen Revolution, Göttingen 1974, 229–49.

103 --, Die Bevölkerungsentwicklung der Bundesrepublik, in: W. Conze u. M.R. Lepsius Hg., Sozialgeschichte der Bundesrepublik Deutschland, Stuttgart 1983, 66–114.

104 --, Zur Bevölkerungsentwicklung der Neuzeit, in: R. Koselleck Hg., Studien zum Beginn der modernen Welt, Stuttgart 1977, 68–77.

105 --, Bevölkerungsentwicklung in der Weimarer Republik, in: ders. Bevölkerung in der industriellen Revolution, Göttingen 1974, 99–105.

106 --, Zur Bevölkerungsentwicklung ausgewählter deutscher Großstädte in der Hochindustrialisierungsperiode, in: JbS 18. 1967, 129–44; u. in: ders. u. P. Marschalck Hg., Bevölkerungsgeschichte, Köln 1972; auch in: ders., Bevölkerung in der industriellen Revolution, Göttingen 1974, 140–56.

107 --, Bevölkerungsentwicklung u. "moderne Welt", in: ders., Bevölkerung in der industriellen Revolution, Göttingen 1974, 25–34.

108 --, Bevölkerungsgeschichte, in: W. Schieder u. V. Sellin Hg., Sozialgeschichte in Deutschland, II, Göttingen 1986, 9–32.

109 -- *u. P. Marschalck* Hg., Bevölkerungsgeschichte, Köln 1972.

110 --, Bevölkerungsgeschichte 1800–1970, in: HWS, II, Stuttgart 1976, 9–50.

111 --, Entwicklung u. Stand demograph. Forschung, in: ders. u. P. Marschalck Hg., Bevölkerungsgeschichte, Köln 1972, 9–17; u. in: ders., Bevölkerung in der industriellen Revolution, Göttingen 1974, 9–16.

112 --, Gesellschaftl. Grundlagen der Bevölkerungsbewegung, in: F.-X. Kaufmann Hg., Bevölkerungsbewegung zwischen Quantität u. Qualität, Stuttgart 1975, 20–29.

113 --, Grundzüge der Bevölkerungsgeschichte Deutschlands im 19. u. 20. Jh., in: Studium Generale 12. 1959, 381–92.

114 --, Demograph. "Konsequenzen" der Industrialisierung in Preußen, in: L'Industrialisation en Europe au XIX Siècle, Paris 1972, 267–80; u. in: ders., Bevölkerung in der industriellen Revolution, Göttingen 1974, 47–60.

115 --, Genealog. Materialien in Deutschland als Grundlagen bevölkerungsgeschichtl. Forschungen, in: ders., Bevölkerung in der industriellen Revolution, Göttingen 1974, 17–24.

116 --, The Population of Germany in the Age of Industrialism, in: H. Moller Hg., Population Movements in Modern European History, N.Y. 1964, 100–08.

117 --, Rheinland u. Westfalen an der Schwelle des Industriezeitalters, in: Wirtschaft u. Geschichte. 25 Jahre Westfälisches Wirtschaftsarchiv in Dortmund, Dortmund 1967, 11–38; u. in: ders., Bevölkerung in der industriellen Revolution, Göttingen 1974, 208–228.

118 *Kraus, A.* Bearb., Quellen zur Bevölkerungsstatistik Deutschlands 1815–1875, Boppard 1980.

119 *Kuczynski, R.M. u. A.B. Wolfe*, Population, in: ESS 12. 1934, 240–54.

120 *Königl. Statist. Landesamt* Hg., Bayern. Entwicklung nach den Ergebnissen der amtl. Statistik seit 1840, München 1915.

121 *Langer, W.L.*, Europe's Initial Population Explosion, in: AHR 69. 1963, 1–17; u. in: ders., Explorations in Crisis, Cambridge/Mass. 1969, 433–51.

122 *Laslett, P. u. R. Smith* Hg., Bastardy and Its Comparative History, London 1977.

123 *Lee, W.R.*, Bastardy and the Socioeconomic Structure of South Germany, in: JIH 7. 1977, 403–25.

124 --, Germany 1750–1970, in: ders. Hg., European Demography and Economic Growth, London 1979, 144–95.

125 --, Zur Bevölkerungsgeschichte Bayerns 1750–1850. Brit. Forschungsergebnisse, in: VSWG 62. 1975, 309–38.

126 -- Hg., European Demography and Economic Growth, London 1979.

127 --, Regionale Differenzierung im Bevölkerungswachstum Deutschlands im frühen 19. Jh., in: R. Fremdling u. R.H. Tilly Hg., Industrialisierung u. Raum, Stuttgart 1979, 192–229.

128 --, Mortality Levels and Agrarian Reform in Early 19th Century Prussia, in: T. Bengtsson u.a. Hg., Pre-Industrial Population Change, Stockholm 1984, 161–90.

129 --, The Mechanism of Mortality Change in Germany 1750–1850, in: Medizinhistor. Journal 15. 1980, 244–68.

130 --, Medicalisation and Mortality Trends in South Germany in the Early 19th Century, in: A.E. Imhof Hg., Mensch u. Gesundheit in der Geschichte, Husum 1980, 79–113.

131 --, Population Growth, Economic Development and Social Change in Bavaria 1750–1850, N.Y. 1977.

132 -- Hg., Population Patterns in the Past, N.Y. 1977.

133 --, Primary Sector Output and Mortality Change in Early 19th Century Bavaria, in: JEEH 6. 1977, 133–62.

134 --, Demograph. Veränderungen im Dorfe während der Agrarreformen des 19. Jh., in: JbW SoBd. 1989, 109–40.

135 *Leibenstein, H.*, Population Growth and the Take-Off Hypothesis, in: W.W. Rostow Hg., The Economics of Take-Off into Sustained Growth, London 1963, 170–84.

136 *Linde, H.*, Preuß. Landesausbau, Leipzig 1939.

137 --, Theorie der säkularen Nachwuchsbeschränkung 1800–2000, Frankfurt 1984.

138 *Lockridge, K.A.*, Historical Demography, in: C.E. Delzell Hg., The Future of History, Nashville 1977, 53–64.

139 *Lösch, A.*, Bevölkerungswellen u. Wechsellagen, Jena 1936.

140 *Mackenroth, G.*, Bevölkerungslehre, Göttingen 1953.

141 --, Bevölkerungslehre, in: A. Gehlen u. H. Schelsky Hg., Soziologie, Düsseldorf 1955/1968[7], 44–90.

142 *Mackensen, R. u. H. Wewer*, Dynamik der Bevölkerungsentwicklung, München 1973.

143 --, Theoret. Erwägungen zur Vielgestaltigkeit des "Demograph. Übergangs", in: W. Köllmann u. P. Marschalck Hg., Bevölkerungsgeschichte, Köln 1972, 76–83.

144 *McKeown, T.*, The Modern Rise of Population, London 1977.

145 *Markow, A.*, Das Wachstum der Bevölkerung u. die Entwicklung der Aus- u. Einwanderungen, Ab- u. Zuzüge in Preußen u. Preußens einzelnen Provinzen, Bezirken u. Kreisgruppen 1824—1885, Tübingen 1889.

146 *Marschalck, P.*, The Age of Demographic Transition: Mortality and Fertility, in: K.J. Bade Hg., Population, Labour, and Migration in 19th and 20th-Century Germany, N.Y. 1987, 15—34.

147 --, Die Bevölkerungsentwicklung in Deutschland 1850—1980, in: K.J. Bade Hg., Auswanderer - Wanderarbeiter - Gastarbeiter, Bd. 1, Ostfildern 1984, 78—134.

148 --, Bevölkerungsgeschichte Deutschlands im 19. u. 20. Jh., Frankfurt 1984.

149 --, Zur Theorie des demograph. Übergangs, in: K. Schwarz u.a., Ursachen des Geburtenrückgangs, Stuttgart 1979, 43—60.

150 *Matz, K.-J.*, Pauperismus u. Bevölkerung. Die gesetzl. Ehebeschränkungen in den süddeutschen Staaten im 19. Jh., Stuttgart 1980.

151 *Mauersberg, H.*, Bevölkerungs- u. Sozialgeschichte des Berchtesgadener Landes, Hannover 1939.

152 --, Besiedlung u. Bevölkerung des ehem. henneberg. Amtes Schleusingen, Diss. Berlin, Würzburg 1937.

153 --, Beiträge zur Bevölkerungs- u. Sozialgeschichte Niedersachsens, Hannover 1938.

154 *Mayer, K.*, Bevölkerungslehre u. Demographie, in: HES I. 1967², 453—79, 753—58/TB IV. 1974³, 1—50.

155 *Medick, H.*, Bevölkerungsentwicklung, Familienstruktur u. Protoindustrialisierung, in: Sowi 3. 1974, 33—38.

156 --, Strukturen u. Funktionen der Bevölkerungsentwicklung im protoindustriellen System, in: P. Kriedte u.a., Industrialisierung vor der Industrialisierung, Göttingen 1977, 155—93.

157 *Mendels, F.F.*, Recent Research in European Historical Demography, in: AHR 75. 1970, 1065—73.

158 *Michel, H.*, Volkszählungen in Deutschland 1816—1933, in: JbW 1985/II, 79—91.

159 *Mombert, P.*, Die Entwicklung der Bevölkerung Europas seit der Mitte des 17. Jh., in: Zeitschrift für Nationalökonomie 7. 1936, 533—45.

160 --, Bevölkerungslehre, Jena 1929.

161 --, Studien zur Bevölkerungsbewegung in Deutschland, Karlsruhe 1907.

162 *Müller, J.*, Deutsche Bevölkerungsstatistik, in: ders., Grundriß der deutschen Statistik, Bd. 3, Jena 1926.

163 *Müllers, R.*, Die Bevölkerungsentwicklung des rhein.-westfäl. Industriegebietes 1895—1919, Münster 1921.

164 *Neuhaus, G.*, Die Bewegung der Bevölkerung im Zeitalter des modernen Kapitalismus, in: GdS IX/1, Tübingen 1926, 460—505.

165 *Noonan, J.T.*, Empfängnisverhütung. Geschichte ihrer Beurteilung in der kath. Theologie im Kanon. Recht, Mainz 1969.

166 *Norden, W.*, Eine Bevölkerung in der Krise. Histor.-demograph. Untersuchungen zur Biographie einer norddeutschen Küstenregion (Butjadingen 1600—1850), Hildesheim 1984.

167 *Obermann, K.*, Die deutsche Bevölkerungsstatistik u. die Bevölkerungsstruktur des Deutschen Bundes in den Jahren um 1815, in: W. Köllmann u.a. Hg., Bevölkerungsgeschichte, Köln 1972, 190–219.

168 *Pohle, L.*, Bevölkerungsbewegung, Kapitalbildung u. period. Wirtschaftskrisen, Göttingen 1902.

169 *Quante, P.*, Die Bevölkerungsentwicklung der preuß. Ostprovinzen im 19. u. 20. Jh., in: ZfO 8. 1959, 481–99.

170 *Rassow, P.*, Die Bevölkerungsvermehrung Europas u. Deutschlands im 19. Jh., in: ders., Die geschichtl. Einheit des Abendlandes, Köln 1960, 139–50.

171 *Reekers, S.*, Westfalens Bevölkerung 1818–1955, Münster 1956.

172 *Reinhard, M.* u.a., Histoire générale de la population mondiale, Paris 1968^2.

173 *Rintelen, P.*, Deutschlands Bevölkerungsentwicklung, Nahrungsmittelerzeugung u. Nahrungsmittelverbrauch, Diss. Bonn 1932.

174 *Rödel, W.G.*, Die demograph. Entwicklung in Deutschland, in: H. Berding u.a. Hg., Deutschland u. Frankreich im Zeitalter der Französ. Revolution, Frankfurt 1989, 21–41.

175 *Rogman, H.*, Die Bevölkerungsentwicklung im preuß. Osten in den letzten 100 Jahren, Berlin 1937.

176 *Rotberg, R.I. u. T.K. Rabb* Hg., Population and Society, N.Y. 1986.

177 *Sabean, D.W.*, Household Formation and Geographical Mobility: A Family Register Study for a Württemberg Village 1760–1900, in: Annales de Démographie Historique 1970, 275–94.

178 *Schmid, J.* Hg., Bevölkerungswissenschaft, Frankfurt 1985.

179 -- *u.a.*, Einführung in die Bevölkerungssoziologie, Reinbek 1976.

180 *Schofield, R.S.*, Historical Demography, in: Transactions of the Royal Historical Society, V, 21. 1971, 119–32.

181 *Schulz, W.*, Bevölkerung, in: K.v. Rotteck u. K. Welcker Hg., Staatslexikon 2. 1846^2, 458– 501.

182 *Schwarz, K.*, Krit. Bemerkungen zur Beschreibung des Demograph. Übergangs in Deutschland, in: Fs. W. Köllmann, Dortmund 1990, 19–29.

183 *Sieferle, R.P.*, Bevölkerungswachstum u. Naturhaushalt, Frankfurt 1990.

184 *Simon, E.*, Die Entwicklung der Geburtenziffer in Preußen seit 1875, insbes. seit 1901 mit Unterscheidung von Stadt u. Land u. nach Regierungsbezirken, in: ZPSL 61. 1921, 171–95; 64. 1924, 9–45.

185 *Spengler, J.S.*, Population Changes 1900–1950, Socio-Economic Implications, in: Journal of World History 5. 1960, 929–53.

186 *Spree, R.*, Strukturierte soziale Ungleichheit im Reproduktionsbereich in Deutschland 1870–1913, in: J. Bergmann u.a., Geschichte als polit. Wissenschaft, Stuttgart 1979, 55–115.

187 *Strenz, W.*, Zum Prozeß der Bevölkerungsagglomeration unter den Bedingungen der Industriellen Revolution des Kapitalismus am Beispiel der Entwicklung im Königreich Preußen in seiner territorialen Ausdehnung vor 1866, in: K. Lärmer Hg., Studien zur Geschichte der Produktivkräfte, Berlin 1979, 341–62.

188 *Thümmler, H.*, Berlins Stadtgebiet u. Einwohner im 19. u. Anfang des 20. Jh., in: JbW 1987/I, 9–30.

189 --, Zur regionalen Bevölkerungsentwicklung in Deutschland 1816–71, in: JbW 1977/I, 55–72.
190 *Tilly, C.* Hg., Historical Studies in Changing Fertility, Princeton 1978.
191 *Trieb, C.O.*, Wirtschaft u. Bevölkerung in Deutschland während der ersten Hälfte des 19. Jh. in ihren Wechselwirkungen dargestellt an Württemberg, Sachsen u. der Provinz Preußen, Diss. Gießen 1928.
192 *Uekötter, H.*, Die Bevölkerungsbewegung in Westfalen u. Lippe 1818–1933, Diss. Münster 1941.
193 *United Nations* Hg., Growth of the World's Urban and Rural Population 1920–2000, N.Y. 1969.
194 *Urlanis, B.Z.*, Bilanz der Kriege. Die Menschenverluste Europas vom 17. Jh. bis zur Gegenwart, Berlin 1965.
195 *Vann, R.T.*, The New Demographic History, in: G.G. Iggers u. H.T. Parker Hg., International Handbook of Historical Studies, Westport/Conn. 1979, 29–42.
196 --, History and Demography, in: HT, Beih. 9. 1969, 64–78.
197 *Walter, F.*, Die Bevölkerungsentwicklung im westfäl. Industriegebiet 1880–1910, in: Bochum, B. Klaff Hg., III, Bochum 1930, 65–78.
198 *Watkins, S.C.*, Regional Patterns of Nuptiality in Europe 1870–1960, in: PoSt 35. 1981, 199–215.
199 *Weimann, K.*, Bevölkerungsentwicklung u. Frühindustrialisierung in Berlin 1800–50, in: O. Büsch Hg., Untersuchungen zur Geschichte der frühen Industrialisierung, Berlin 1971, 150–90.
200 *Weiss, V.*, Bevölkerung u. soziale Mobilität in Sachsen 1550–1880, Berlin 1992.
201 *Willigan, J.D. u. K.A. Lynch*, Sources and Methods of Historical Demography, New York 1982.
202 *Winkler, W. u.a.*, Bevölkerungswesen, in: HStW 2. 1924^2, 633–825.
203 *Woycke, J.*, Birth Control in Germany 1871–1933, London 1988.
204 *Wrigley, E.A.*, Industrial Growth and Population Change, Cambridge 1961.
205 --, Population and Society, London 1969; dt. Bevölkerungsstruktur im Wandel, München 1969.
206 --, Population History in the 1980s: The Prospects for Population History, in: T.K. Rabb u. R.J. Rotberg Hg., The New History, Princton 1982, 207–26.
207 *Zahn, F.*, Die Bevölkerung des deutschen Reiches im 19. Jh., in: VSDR 11. 1902, 161–226.

12. Soziale Ungleichheit (Schichtung, Stratifikation, Klassenstruktur, Soziale Mobilität)

1 *Abrahamson, M.* u.a., Stratification and Mobility, N.Y. 1976.
2 *Abramson, P.R.*, Social Change and Political Change in Western Europe, in: Comparative Political Studies 4. 1971, 131–55.

3 *Adorno, T.W.*, Reflexionen zur Klassentheorie, in: ders., Gesellschaftstheorie u. Kulturkritik, Frankfurt 1975, 7–25.

4 *Alber, J.*, Versorgungsklassen im Wohlfahrtsstaat, in: KZfS 36. 1984, 225–51.

5 *Albrecht, G.*, Die sozialen Klassen, Leipzig 1926.

6 *Alker, H.R.* u.a., On Measuring Inequality, in: Behavioral Science 9. 1964, 207–18.

7 *Allardt, E.*, Theories About Social Stratification, in: J.A. Jackson Hg., Social Stratification, Cambridge 1968, 14–24.

8 *Allerbeck, K. u. H.R. Stork*, Soziale Mobilität in Deutschland 1833–1970, in: KZfS 32. 1980, 93–110.

9 *Anderson, C.H.*, The Political Economy of Social Class, Englewood Cliffs 1974.

10 *Andorka, R. u. T. Kolosi* Hg., Stratification and Inequality, Budapest 1984.

11 *Andreski, S.* Hg., Reflections on Inequality, London 1975.

12 *Archer, M.S. u. S. Ginet* Hg., Contemporary Europe: Class, Status, and Power, London 1971.

13 *Armstrong, W.A.*, The Use of Information About Occupation, in: E.A. Wrigley Hg., 19th Century Society, Cambridge 1972, 191–310.

14 *Aron, R.*, Social Class, Political Class, Ruling Class, in: R. Bendix u. S.M. Lipset Hg., Class, Status, and Power, N.Y. 1966², 201–10.

15 --, Le développement de la société et la stratification sociale, Paris 1962.

16 --, La Lutte des Classes, Paris 1964.

17 --, Social Structure and the Ruling Class, in: British Journal of Sociology 1. 1950, 1–16, 126–143; u. in: L.A. Coser Hg., Political Sociology, N.Y. 1966, 48–100.

18 *Atkinson, A.E.* Hg., Wealth, Income and Inequality, Oxford 1980².

19 *Ayçoberry, P.*, Probleme der Sozialschichtung in Köln im Zeitalter der Frühindustrialisierung, in: W. Fischer Hg., Wirtschafts- u. sozialgeschichtl. Probleme der frühen Industrialisierung, Berlin 1968, 512–28.

20 *Bachrach, P. u. M.S. Baratz*, Macht u. Armut, Frankfurt 1977.

21 *Balog, A. u. E. Cyba*, Ungleichheit u. soziale Schichtung, in: Österreich. Zeitschrift für Soziologie 12. 1987, 100–109.

22 *Barbalet, J.M.*, Principles of Stratification in M. Weber, in: BJS 31. 1980, 401–18.

23 *Barber, B. u. E.* Hg., European Social Class: Stability and Change, N.Y. 1965.

24 --, Social Stratification, N.Y. 1957.

25 -- u.a., Social Stratification, in: IESS 15. 1968, 288–337.

26 *Bauer-Mengelberg, K.*, Stand u. Klasse, in: Kölner Vierteljahreshefte für Soziologie 3. 1924, 275–87.

27 *Bauman, Z.*, Economic Growth, Social Structure, Elite Formation, in: International Social Science Journal 2. 1964, 203–16.

28 *Beck, U.* u.a., Soziologie der Arbeit u. Berufe, Reinbek 1980.

29 --, Jenseits von Stand u. Klasse? in: R. Kreckel Hg., Soziale Ungleichheiten, Göttingen 1983, 35–74.

30 *Bell, D.*, Meritocracy and Equality, in: Public Interest 29. 1972, 26–68.

31 *Bendix, R. u. Lipset, S.M.* Hg., Class, Status, and Power, N.Y. 1966².

32 --, Culture, Social Structure, and Change, in: ders., Embattled Reason, N.Y. 1970, 139–71.

33 --, Herrschaft u. Industriearbeit, Frankfurt 1960.

34 --, Inequality and Social Structure. A Comparison of Marx and Weber, in: ASR 39. 1974, 149–61.

35 -- *u. S.M. Lipset*, K. Marx's Theory of Social Classes, in: dies. Hg., Class, Status, and Power, N.Y. 1966[2], 6–11.

36 --, Social Stratification and the Political Community, in: European Journal of Sociology 1. 1960, 181–210; u. in: ders., Embattled Reason, N.Y. 1970, 222–49.

37 *Benson, L.*, Group Cohesion and Social and Ideological Conflict, in: ABS 16. 1973, 741–67.

38 *Bergel, E.E.*, Social Stratification, N.Y. 1962.

39 *Berger, P.A.*, Die Herstellung sozialer Klassifikationen. Method. Probleme der Ungleichheitsforschung, in: Leviathan 16. 1988, 501–20.

40 --, Klassen u. Klassifikationen. Zur "neuen Unübersichtlichkeit" in der soziolog. Ungleichheitsdiskussion, in: KZfS 39. 1987, 59–85.

41 --, Entstrukturierte Klassengesellschaft. Klassenbildung u. Strukturen sozialer Ungleichheit im histor. Wandel, Opladen 1986.

42 --, Die Herstellung sozialer Klassifikationen. Method. Probleme der Ungleichheitsforschung, in: Leviathan, 16. 1988, 501–20.

43 -- *u. S. Hradil* Hg., Lebenslagen, Lebensläufe, Lebensstile, Göttingen 1990.

44 -- *u. S. Hradil*, Die Modernisierung sozialer Ungleichheit u. die neuen Konturen ihrer Erforschung, in: dies. Hg., Lebenslagen, Lebensläufe, Lebensstile, Göttingen 1990, 3–24.

45 *Bergmann, J.* u.a., Herrschaft, Klassenverhältnis u. Schichtung, in: T.W. Adorno Hg., Spätkapitalismus oder Industriegesellschaft? Stuttgart 1969, 67–87.

46 *Bertram, H.*, Probleme einer sozialstrukturell orientierten Sozialisationsforschung, in: ZfS 5. 1976, 103–17.

47 *Béteille, A.*, Inequality Among Men, Oxford 1977.

48 -- Hg., Social Inequality, Baltimore 1972[2].

49 *v. Beyme, K.*, Klassen, Klassenkampf, in: SDG 3. 1969, 633–69.

50 *Beutin, L.*, Die Massengesellschaft im 19. Jh., in: WaG 17. 1957, 68–89.

51 *Bibby, J.*, Social Mobility 1960–1975, in: CS 24. 1976.

52 *Biedermann, E.*, Die Einkommens- u. Vermögensverhältnisse der preuß. Bevölkerung 1895–1914 u. ihre Übertragungsmöglichkeit auf das Deutsche Reich, in: Zs. des Preuß. Statist. Landesamtes 58. 1918, 60–86.

53 *Blau, P.M.* Hg., Approaches to the Study of Social Structure, N.Y. 1976.

54 --, Parameters of Social Structure, in: ders. Hg., Approaches to the Study of Social Structure, London 1976, 220–53.

55 *Blumberg, P.M.* Hg., The Impact of Social Class, N.Y. 1971.

56 --, Inequality in an Age of Decline, N.Y. 1980.

57 *Blumin, S.*, The Historical Study of Vertical Mobility, in: Historical Methods Newsletter 1. 1968, 1–13.

58 *Bluntschli, J.C.*, Kasten, Klassen, Stände, in: ders. u. K. Brater Hg., Deutsches Staatswörterbuch V, 1860, 520–26.

59 --, Dritter Stand, in: ders. u. K. Brater Hg., Deutsches Staatswörterbuch II, 1858, 176–82.

60 *Böhmert, V.*, Die Verteilung des Einkommens in Preußen u. Sachsen, Dresden 1898.

61 *Bolte, K.M.*, Einige Anmerkungen zur Problematik der Analyse von "Schichtungen" in sozialen Systemen, in: B. Seidel u. S. Jenkner Hg., Klassenbildung u. Sozialschichtung, Darmstadt 1968, 367–97.

62 --, Sozialer Aufstieg u. Abstieg, Stuttgart 1959.

63 -- u.a., Beruf u. Gesellschaft in Deutschland, Opladen 1970.

64 --, Vertikale Mobilität, in: HES, II, 1969/Tb. 1976[3], 40–103.

65 -- *u. Kreckel,. R.*, Internat. Mobilitätsvergleiche im Bereich der Soziologie, in: ders. u.a. Hg., Soziale Mobilität heute, Bonn 1968, 38–63.

66 -- u.a., Deutsche Gesellschaft im Wandel, 2 Bde, Opladen 1966/70.

67 --, Strukturtypen sozialer Ungleichheit, in: P.A. Berger u. S. Hradil Hg., Lebenslagen, Lebensläufe, Lebensstile, Göttingen 1990, 27–50.

68 --, Typen sozialer Schichtung in der Bundesrepublik Deutschland, in: Hamb. Jb. für Wirtschafts- u. Gesellschaftspolitik 8. 1963, 150–68.

69 -- u.a., Soziale Ungleichheit, Opladen 1984[5].

70 *van der Borght, R.*, Beruf u. gesellschaftl. Gliederung im Deutschen Reich, Leipzig 1910.

71 *Borscheid, P.*, Schranken sozialer Mobilität u. Binnenwanderung im 19. Jh., in: W. Conze u. U. Engelhardt Hg., Arbeiter im Industrialisierungsprozeß, Stuttgart 1979, 31– 50.

72 *Bosch, W.*, Die Sozialstruktur in West- u. Mitteldeutschland, Bonn 1958.

73 *Bottomore, T.B.*, Classes in Modern Society, N.Y. 1966; dt. Die sozialen Klassen in der modernen Gesellschaft, München 1968.

74 --, Soziale Schichtung, in: HES 5, München 1976, 1–39.

75 -- u.a., Soziale Schichtung u. Mobilität, Stuttgart 1976[2].

76 --, Structure and History, in: P.M. Blau Hg., Approaches to the Study of Social Structure, N.Y. 1976, 159–71.

77 *Bourdieu, P.*, What Makes a Social Class? in: Berkeley Journal of Sociology 32. 1987, 1–17.

78 --, Condition de classe et position de classe, in: Europäisches Archiv für Soziologie 7. 1966, 201–23; dt. Klassenstellung u. Klassenlage, in: ders., Zur Soziologie der symbol. Formen, Frankfurt 1991[4], 42–74.

79 --, Homo Academicus, Frankfurt 1992.

80 --, Der Habitus als Vermittlung zwischen Struktur u. Praxis, in: ders., Zur Soziologie der symbol. Formen, Frankfurt 1991, 125–58.

81 -- *u. J.-C. Passeron*, Die Illusion der Chancengleichheit, Stuttart 1971.

82 --, Ökonom. Kapital, kulturelles Kapital, soziales Kapital, in: R. Kreckel Hg., Soziale Ungleichheiten, Göttingen 1983, 183–98.

83 --, Sozialer Raum u. Klassen, Frankfurt 1991[2].

84 --, Zur Soziologie der symbol. Formen, Frankfurt 1991[4].

85 -- u.a., Titel u. Stelle. Über die Reproduktion sozialer Macht, Frankfurt 1981.

86 *Bücher, K.*, Arbeitsgliederung u. soziale Klassenbildung, in: ders., Die Entstehung der Volkswirtschaft, Tübingen 1893/1922[1], 337—64; u. in: B. Seidel u. S. Jenkner Hg., Klassenbildung u. Sozialschichtung, Darmstadt 1968, 70—101.

87 *Büttner, G.*, Die Einkommensverteilung in Preußen aufgrund der Einkommenssteuerstatistiken 1895—1910, Diss. Halle 1913.

88 *Calvert, P.*, The Concept of Class, New York 1982.

89 *Carlsson, G.*, Social Mobility and Class Structure, Lund 1969.

90 -- u.a. Hg., Social Stratification and Mobility, Kopenhagen 1965.

91 *Centers, R.*, The Psychology of Social Classes, Princeton 1949.

92 *Conrad, H. u. G. Gundlach*, Stand, in: Staatslexikon 7. 1962, 651—55.

93 *Cornu, R. u. J. Lagneau* Hg., Hiérarchies et classes sociales, Paris 1969.

94 *Cox, O.C.*, Estates, Social Classes, and Political classes, in: ASR 10. 1945, 464—69.

95 --, M. Weber on Social Stratification, in: ASR 25. 1960, 223—37.

96 *Coxon, A.D.M. u. P.M. Jones*, Class and Hierarchy, London 1979.

97 -- *u. C.L. Jones* Hg., Social Mobility, Harmondsworth 1975.

98 *Crew, D.*, Definitions of Modernity: Social Mobility in a German Town: 1880—1901, in: JSH 7. 1973, 51—74.

99 *Crompton, B. u. M. Mann* Hg., Gender and Stratification, Oxford 1986.

100 *Daheim, H.*, Der Beruf in der modernen Gesellschaft, Köln 1970[2].

101 --, Berufl. Intergenerationen-Mobilität in der komplexen Gesellschaft, in: KZfS 16. 1964, 92—124.

102 --, Soziologie der Berufe, in: HES VIII. 1977[3], 1—100.

103 *Dahrendorf, R.*, Aspekte der Ungleichheit in der Gesellschaft, in: EAS 1. 1960, 213—32.

104 --, Conflict After Class. New Perspectives on the Theory of Social and Political Conflict, Essex 1967.

105 --, The Modern Social Conflict, N.Y. 1988; dt. Der moderne soziale Konflikt, Stuttgart 1992.

106 --, Demokratie u. Sozialstruktur in Deutschland, in: ders., Gesellschaft u. Freiheit, München 1961, 260—99.

107 --, Industrielle Fertigkeiten u. soziale Schichtung, in: KZfS 8. 1954, 540—68.

108 --, Herrschaft, Klassenverhältnis u. Schichtung, in: T.W. Adorno Hg., Spätkapitalismus oder Industriegesellschaft? Stuttgart 1969, 88—99.

109 --, Herrschaft u. Ungleichheit, in: ders., Pfade aus Utopia, München 1968, 314—79.

110 --, Gibt es noch Klassen? (1953), in: B. Seidel u. S. Jenkner Hg., Klassenbildung u. Sozialschichtung, Darmstadt 1968, 279—96.

111 --, Soziale Klassen u. Klassenkonflikt in der industriellen Gesellschaft, Stuttgart 1957; überarb. engl. Social Class and Class Conflict in Industrial Society, Stanford 1967[4].

112 --, Soziale Klassen u. Klassenkonflikt: ein erledigtes Theoriestück? in: B. Giesen u. H. Haferkamp Hg., Soziologie der sozialen Ungleichheit, Opladen 1987, 10—30.

113 --, Macht u. Herrschaft, in: RGG 4. 1960[3], 569—72.

114 --, Social Structure, Class Interests, and Social Conflict, in: Transactions of the Third World Congress of Sociology, London 1956, 291–96.

115 --, Zur Theorie u. Analyse von Konflikten. Auf dem Weg zur Dienstklassengesellschaft, in: ders., Konflikt u. Freiheit, München 1972, 11–184.

116 --, Wandlungen der Klassenstruktur europäischer Gesellschaften, in: ders. Hg., Konflikt u. Freiheit, München 1972, 111–66.

117 *Davies, A.F.*, Concepts of Social Class, in: Australian Journal of Polititics and History 2. 1956, 84–93.

118 *Davies, J.*, Soziale Mobilität u. polit. Wandel, München 1972.

119 *Dieterici, C.F.W.*, Der Volkswohlstand im preuß. Staate, Berlin 1846.

120 *Donay, E.*, Die Beziehungen zwischen Herkunft u. Beruf, Essen 1941.

121 *Dumke, R.*, Income Inequality and Industrialization in Germany 1850–1913, in: Research in Economic History 11. 1984, 1–47.

122 --, Income Inequality and Industrialization in Germany, in: Y. Brenner u.a. Hg., Income Inequality in Historical Perspective, Cambridge 1989, 117–48.

123 *Dumont, L.*, Homo Hierarchicus, London 1970.

124 *Dykstra, R.R.*, Stratification and Community Political Systems, in: ABS 16. 1973, 695–714.

125 *Eder, K.* Hg., Die Entstehung von Klassengesellschaften, Frankfurt 1973.

126 --, Gleichheitsdiskurs u. soziale Ungleichheit. Zur Frage nach den kulturellen Grundlagen sozialer Ungleichheit in der modernen Klassengesellschaft, in: H. Haferkamp Hg., Sozialstruktur u. Kultur, Frankfurt 1990, 177–208.

127 -- Hg., Klassenlage, Lebensstil u. kulturelle Praxis, Frankfurt 1989.

128 --, Klassentheorie oder Gesellschaftstheorie, in: ders. Hg., Klassenlage, Lebensstil u. kulturelle Praxis, Frankfurt 1989, 15–43.

129 *Eisenstadt, S.N.*, Social Differentiation and Stratification, London 1971.

130 --, Prestige, Participation, and Strataformation, in: J.A. Jackson Hg., Social Stratification, Cambridge 1968, 62–103.

131 *Eisermann, G.*, Die deutsche Sozialstruktur unter dem Einfluß des sozialen Wandels, in: ders. Hg., Die Krise der Soziologie, Stuttgart 1975.

132 --, Die Struktur der sozialen Klassen in Deutschland, in: KZfS 17. 1965, 568–83.

133 *Elster, J.*, Drei Kritiken am Klassenbegriff, in: N. Luhmann Hg., Soziale Differenzierung, Opladen 1985, 96–118.

134 *Enzensberger, H.M.* u.a., Klassenbuch. Ein Lesebuch zu den Klassenkämpfen in Deutschland 1757–1971, Darmstadt 1972.

135 *Erbslöh, B. u.a.*, Klassenstruktur u. Klassenbewußtsein in der BRD, in: KZfS 40. 1988, 245–61.

136 *Fahlbeck, P.E.*, Die Klassen u. die Gesellschaft, Jena 1922.

137 *Fallers, L.*, Inequality. Social Stratification Reconsidered, Chicago 1973.

138 *Featherman, D.L.* u.a., Toward Comparable Data on Inequality and Stratification: Perspectives on the Second Generation of National Mobility Studies, in: American Sociologist 9. 1974, 18–25.

139 --, Social Stratification, in: M.S. Archer Hg., Current Research in Sociology, Paris 1974, 383–97.

140 *Fischer, W. u. P. Czada*, Die soziale Verteilung von mobilem Vermögen in Deutschland seit dem Spätmittelalter, in: III. International Conference of Economic History, Paris 1968, 254–304.

141 *Fox, T.G. u. S.M. Miller*, Economic, Political and Social Determinants of Mobility: An International Cross Sectional Analysis, in: Acta Sociologica 9. 1966, 76–93.

142 *Frank, J.*, Die postindustrielle Gesellschaft u. ihre Theoretiker, in: Leviathan 1. 1973, 383–407.

143 *Friedmann, A.*, Die Wohlstandsentwicklung in Preußen 1891–1911, in: JNS 103. 1914, 1–51.

144 *Fröhlich, K.-H.*, Die sozialen Schichten u. Umschichtungen in Deutschland in der Zeit der Hochindustrialisierung, Diss. Köln 1959.

145 *Fürstenberg, F.*, Das Aufstiegsproblem in der modernen Gesellschaft, Stuttgart 1962.

146 --, Die Sozialstruktur der Bundesrepublik, Köln 1975[4].

147 --, "Sozialstruktur" als Schlüsselbegriff der Gesellschaftsanalyse, in: KZfS 18. 1966, 439–53.

148 *Furbank, P.N.*, Unholy Pleasure or the Idea of Social Class, Oxford 1985.

149 *v.d. Gablentz, O. u. C. Mennicke*, Deutsche Berufskunde. Ein Querschnitt durch die Berufe u. Arbeitskreise der Gegenwart, Leipzig 1930.

150 *Geary, D.*, "Class" in Germany 1860–1949, in: Bradford Occasional Papers 9. 1988, 42–61.

151 *Geiger, T.*, Eine dynam. Analyse der sozialen Mobilität, in: ders., Arbeiten zur Soziologie, Hg. P. Trappe, Neuwied 1962, 100–13.

152 --, Statist. Analyse der wirtschaftlich Selbständigen, in: ASS 69. 1933, 407–39.

153 --, Soziale Gliederung der deutschen Arbeitnehmer, in: ASS 69. 1933, 151–88.

154 --, Die Klassengesellschaft im Schmelztiegel, Köln 1949.

155 --, Die soziale Schichtung des deutschen Volkes, Stuttgart 1932/ND 1967.

156 --, Zur Theorie des Klassenbegriffs u. der proletar. Klasse, in: ders., Arbeiten zur Soziologie, Hg. P. Trappe, Neuwied 1962, 206–59.

157 --, Theorie der sozialen Schichtung, in: ders., Arbeiten zur Soziologie, Hg. P. Trappe, Neuwied 1962, 186–205.

158 --, Typologie u. Mechanik der gesellschaftl. Fluktuationen, in: ders., Arbeiten zur Soziologie, Hg. P. Trappe, Neuwied 1962, 114–50.

159 *Geißler, R.*, Schichten in der postindustriellen Gesellschaft, in. P.A. Berger u. S. Hradil Hg., Lebenlagen, Lebensläufe, Lebensstile, Göttingen 1990, 51–79.

160 -- Hg., Soziale Schichtung u. Lebenschancen in der Bundesrepublik Deutschland, Stuttgart 1987.

161 --, Die Schichtungsanalyse von T. Geiger, in: KZfS 37. 1985, 387–410.

162 *Gerth, H. u. C.W. Mills*, Character and Social Structure, London 1969.

163 *Giddens, A. u. G. MacKenzie* Hg., Social Class and the Division of Labour, Cambridge 1982.

164 -- *u. D. Held* Hg., Classes, Power, and Conflict, London 1982.

165 --, The Constitution of Society. Outline of the Theory of Structuration, Cambridge 1984; dt. Die Konstitution der Gesellschaft, Frankfurt 1988.

166 --, Die Klassenstruktur fortgeschrittener Gesellschaften, Frankfurt 1984².
167 *Giesen, B. u. H. Haferkamp* Hg., Soziologie der sozialen Ungleichheit, Opladen 1987.
168 *Glass, D.V. u. R. König* Hg., Soziale Schichtung u. soziale Mobilität, Köln 1961/1974⁵.
169 *Goldhamer, H.*, Social Mobility, in: IESS 14. 1968, 429—38.
170 *Goldthorpe, J.*, Social Stratification in Industrial Society, in: R. Bendix u. S.M. Lipset Hg., Class, Status, and Power, N.Y. 1966², 648—59.
171 *Granovetter, M.* u.a., Bases of Inequality in Society, in: N.J. Smelser Hg., Handbook of Sociology, Newbury Park 1988, 173—323.
172 *Grümer, K.W.*, Soziale Ungleichheit u. Beruf, in: HSF 32. 1984, 4—36.
173 *Gruner, E.*, Der Klassenkampf als formendes Element der neuesten Geschichte, in: Schweizer Beiträge zur Allg. Geschichte 18/19. 1960/61, 475—506.
174 *Gundlach, G.*, Klasse, in: Staatslexikon 3. 1929⁵, 383—92.
175 *Gurvitch, G.*, Le concept de structure sociale, in: Cahiers Internat. de Sociologie 19. 1955, 3—44.
176 --, Etudes sur les classes sociales, Paris 1966.
177 --, Die Grundmerkmale der sozialen Klassen, in: ARS 42. 1956, 153—70; u. in: B. Seidel u. S. Jenkner Hg., Klassenbildung u. Sozialschichtung, Darmstadt 1968, 297— 316.
178 *Haferkamp, H.* Hg., Sozialstruktur u. Kultur, Frankfurt 1990.
179 *Halbwachs, M.*, Les classes sociales, Paris 1942.
180 *Haller, M.*, Klassenstrukturen u. Beschäftigungssystem in Frankreich u. der Bundesrepublik Deutschland, Mannheim 1984.
181 --, Klassenstrukturen u. Mobilität in fortgeschrittenen Gesellschaften, Frankfurt 1989.
182 --, Sozialstruktur u. Schichtungshierarchie im Wohlfahrtsstaat, in: ZfS 15. 1986, 167—87.
183 --, Theorie der Klassenbildung u. sozialen Schichtung, Frankfurt 1983.
184 *Handke, H.*, Klassenstruktur, in: Hb. Wirtschaftsgeschichte II, Berlin 1981, 692—700.
185 --, Einige Probleme der Sozialstruktur im imperialist. Deutschland vor 1914, in: JbG 15. 1977, 261—88.
186 *Handl, J.* u.a., Klassenlagen u. Sozialstruktur, Frankfurt 1977.
187 *Hannemann, M.A.*, Income Inequality and Economic Development in Great Britain, Germany and France 1850—1970, in: Comparative Social Research 3. 1980, 175—84.
188 *Hardach, G.*, Klassen u. Schichten in Deutschland 1848—1970. Probleme einer histor. Sozialstrukturanalyse, in: GG 3. 1977, 503—24.
189 *Hartmann, H.*, Arbeit, Beruf, Profession, in: SW 19. 1968, 193—217.
190 *Heberle, R.*, Recovery of Class Theory, in: PSR 2. 1959, 18—24.
191 *Hegner, F.*, Soziale Klasse, in: HWP 4. 1976, 848—54.
192 *Heinze, R.-G.*, Polit. Regulierung sozialer Ungleichheit, in: R. Kreckel Hg., Soziale Ungleichheiten, Göttingen 1983, 163—80.

193 *Helfen, P. u. G. Laga*, Ein Vergleich zweier Instrumente zur Messung sozialer Schichtung, in: KZfS 27. 1975, 141–54.

194 *Heller, C.S.* Hg., Structured Social Inequality. A Reader in Comparative Social Stratification, London 1969.

195 *Henning, H.*, Besitzstrukturen u. soziale Gruppierungen in der Rheinprovinz 1870– 1913, in: H. Kellenbenz Hg., Wachstumsschwankungen, Stuttgart 1981, 121–44.

196 *Herkommer, S.*, Die Bedeutung des Schichtbegriffs für die Klassenanalyse, in: M.R. Lepsius Hg., Zwischenbilanz der Soziologie, Stuttgart 1976, 202–22.

197 *Herrnstadt, R.*, Die Entstehung der Klassen. Die Geschichte des Begriffs Klasse von den Anfängen bis zum Vorabend der Pariser Julirevolution 1830, Berlin 1965.

198 *Herz, T.*, Klassen, Schichten, Mobilität, Stuttgart 1983.

199 *Herzog, D.*, Klassengesellschaft ohne Klassenkonflikt. Eine Studie über W.L. Warner u. die Entwicklung der neuen amerikan. Stratifikationsforschung, Berlin 1965.

200 *Hesse, H.A.*, Berufe im Wandel, Stuttgart 1968/1972[2].

201 --, Berufl. u. soziale Gliederung im Deutschen Reiche, in: JNS 95. 1910, 721–74.

202 *Hilger, D.*, Die mobilisierte Gesellschaft, in: Die Zweite Republik, Hg. R. Löwenthal u. H.-P. Schwarz, Stuttgart 1974, 95–122.

203 *Hiller, P.*, Continuities and Variations in Everyday Conceptual Components of Class, in: Sociology 9. 1975, 255–87.

204 --, The Nature and Social Location of Everyday Conceptions of Class, in: Sociology 9. 1975, 1–28.

205 --, Social Reality and Social Stratification, in: Sociological Review 21. 1973, 77– 99.

206 *Hindess, B.*, Politics and Class Analysis, Oxford 1987.

207 *Hirschman, A.O. u. M. Rothschild*, The Changing Tolerance for Income Inequality in the Course of Economic Development, in: QJE 87. 1973, 544–66.

208 *Hodge*, Nonvertical Dimensions of Social Stratification, in: E.O. Laumann u.a. Hg., The Logic of Social Hierarchies, Chicago 1970, 512–20.

209 -- *u. P.M. Siegel*, The Measurement of Social Class, in: IESS 15. 1968, 316–25.

210 *Hodges, H.*, Social Stratification, N.Y. 1964.

211 *Hörning, K.H.*, Gesellschaftl. Entwicklung u. soziale Schichtung. Vergleich. Analyse gesellschaftl. Strukturwandels, München 1976.

212 --, Power and Social Stratification, in: SQ 12. 1971, 3–14.

213 --, Soziale Schichtung u. soziale Mobilität, in: M.R. Lepsius Hg., Zwischenbilanz der Soziologie, Stuttgart 1976.

214 -- Hg., Soziale Ungleichheit. Strukturen u. Prozesse sozialer Schichtung, Neuwied 1976.

215 *Hofbauer, H. u. H. Kraft*, Materialien zur Statusmobilität bei männl. Erwerbspersonen in der Bundesrepublik Deutschland, in: Mitteilungen aus d. Arbeitsmarkt- u. Berufsforschung 5. 1972, 199–225.

216 *Homans, G.C.*, What Do We Mean by Social Structure? in: P.M. Blau Hg., Approaches to the Study of Social Structure, London 1976, 53–65.
217 *Hondrich, K.O.*, Der Wert der Gleichheit u. der Bedeutungswandel der Ungleichheit, in: SW 35. 1984, 267–93.
218 *Hope, K.* Hg., The Analysis of Social Mobility, Oxford 1972.
219 *Horch, H.*, Der Wandel der Gesellschafts- u. Herrschaftsstrukturen in der Saarregion 1740–1914, St. Ingbert 1985.
220 *Horstmann, K.*, Die Gliederung der Bevölkerung in der Bundesrepublik nach der sozialen Stellung aufgrund der Berufszählung 1950, in: SW 4. 1952/53, 112–26.
221 *Hradil, S.*, Entwicklungstendenzen der Schichten- u. Klassenstruktur in der Bundesrepublik, in: J. Matthes Hg., Krise der Arbeitsgesellschaft? Frankfurt 1983, 189–205.
222 --, Soziale Schichtung in der Bundesrepublik, München 1977.
223 --, Postmoderne Sozialstruktur? in: P.A. Berger u. ders. Hg., Lebenslagen, Lebensläufe, Lebensstile, Göttingen 1990, 125–50.
224 -- Hg., Sozialstruktur im Umbruch, Opladen 1985.
225 --, Sozialstrukturanalyse einer fortgeschrittenen Gesellschaft. Von Klassen u. Schichten zu Lagen u. Milieus, Opladen 1987.
226 --, Die Ungleichheit der "sozialen Lage". Eine Alternative zu schichtungssoziolog. Modellen sozialer Ungleichheit, in: R. Kreckel Hg., Soziale Ungleichheiten, Göttingen 1983, 101–18.
227 --, Die "neuen sozialen Ungleichheiten" - u. wie man mit ihnen (nicht) zurechtkommt, in: B. Giesen u. H. Haferkamp Hg., Soziologie der sozialen Ungleichheit, Opladen 1987, 115–44.
228 *Illich, I.*, Genus. Zu einer histor. Kritik der Gleichheit, Reinbek 1983.
229 v. *Inama-Sternegg, T.*, Geschichte des deutschen Ständewesens, in: HStW 2. Suppl. 1897, 831–78.
230 *Ingham, G.K.*, Social Stratification: Individual Attributes and Social Relationships, in: Sociology 4. 1970, 105–13.
231 *Institut für Sozialforschung* Hg., Soziale Ungleichheit u. materielle Ansprüche, Frankfurt 1974.
232 Institut für Marxist. Studien u. Forschungen, Klassen u. Sozialstruktur der BRD 1950–70, Bde I–III, Frankfurt 1973.
233 *Israel, J.*, Remarks Concerning Some Problems of Marxist Class Theory, in: Acta Sociologica 13. 1970, 11–29.
234 *Jackmann, R.W.*, Politics and Social Equality, N.Y. 1975.
235 *Jackson, J.A.* Hg., Social Stratification, Cambridge 1968.
236 *Janowitz, M.*, Soziale Schichtung u. Mobilität in Westdeutschland, in: KZfS 10. 1958, 1–38.
237 *Jarausch, K.H.*, The Great Change: Quantitative Approaches to the Transformation of European Society, in: HSF 33. 1985, 4–11.
238 *Jasinska, A. u. L. Novak*, Grundfragen der Marxschen Klassentheorie, in: J. Ritsert Hg., Zur Wissenschaftslogik einer krit. Soziologie, Frankfurt 1976, 175–213.

239 *Jeck, A.*, The Trends of Income Distribution in West Germany, in: J. Marchal u. B. Ducors Hg., The Distribution of National Income, London 1968, 78–114.

240 *Jenks, C.* u.a., Inequality, N.Y. 1972.

241 *Jones, B.*, M. Weber and the Concept of Social Class, in: Sociological Review 23. 1975, 729–57.

242 --, Social Mobility and Industrial Society, in: SQ 1969, 292–306.

243 *Kaelble, H.*, Sozialer Aufstieg in Deutschland 1850–1914, in: VSWG 60. 1973, 41–71.

244 --, Sozialer Aufstieg in USA u. in Deutschland 1900–60. Ein vergleichender Forschungsbericht, in: Sozialgeschichte heute. 2. Fs. H. Rosenberg, Hg. H.-U. Wehler, Göttingen 1974, 525– 542.

245 --, Die Aufstiegschancen der Industriearbeiter in der deutschen u. amerikan. Gesellschaft, in: Sowi 5. 1976, 94–99.

246 --, Chancenungleichheit u. akadem. Ausbildung 1910–1960, in: ders., Soziale Mobilität u. Chancengleichheit im 19. u. 20. Jh., Göttingen 1983, 127–149.

247 --, Divergenz oder Konvergenz? Soziale Mobilität in Frankreich u. Deutschland im 19. u. 20. Jh., in: G.A. Ritter u. R. Vierhaus Hg., Aspekte der histor. Forschung in Frankreich u. Deutschland, Göttingen 1981, 117–35.

248 --, Entwicklungstendenzen der sozialen Mobilität im 19. u. 20. Jh., in: ders., Soziale Mobilität u. Chancengleichheit im 19. u. 20. Jh., Göttingen 1983, 17–41.

249 --, Eras of Social Mobility in 19th and 20th Century Europe, in: JSH 17. 1983/84, 489–504.

250 -- Hg., Geschichte der sozialen Mobilität seit der industriellen Revolution, Königstein 1978.

251 --, Gesellschaftsepochen u. soziale Mobilität, in: J. Bergmann u.a., Arbeit, Mobilität, Partizipation, Protest, Opladen 1986, 66–95.

252 --, Industrialisierung u. soziale Ungleichheit. Europa im 19. Jh., Göttingen 1983.

253 -- *u. R. Federspiel* Hg., Soziale Mobilität in Berlin 1825–1957, St. Katharinen 1990.

254 --, Soziale Mobilität u. Chancengleichheit im 19. u. 20. Jh., Göttingen 1983.

255 --, Soziale Mobilität in Deutschland 1900–1960, in: ders. u.a. Hg., Probleme der Modernisierung in Deutschland, Opladen 1978, 235–327; u. in: ders., Soziale Mobilität u. Chancengleichheit im 19. u. 20. Jh., Göttingen 1983, 59–126.

256 --, Histor. Mobilitätsforschung, Darmstadt 1978.

257 --, Social Mobility in Germany 1900–1960, in: JMH 50. 1978, 439–61.

258 --, Social Mobility in America and Europe: A Comparison of 19th Century Cities, in: Urban History Yearbook 1981, 24–38; dt. in: ders., Soziale Mobilität u. Chancengleichheit im 19. u. 20. Jh., Göttingen 1983, 150–69.

259 --, Social Stratification in Germany in the 19th and 20th Centuries. A Survey of Research since 1945, in: JSH 10. 1976, 144–65.

260 --, Wandel der Berufsstruktur u. sozialer Aufstieg 1850–1914, in: ders., Soziale Mobilität u. Chancengleichheit im 19. u. 20. Jh., Göttingen 1983, 42–59.

261 *Kahl, J.A.*, Comparative Perspectives on Stratification, N.Y. 1968.

262 *Katz, M.B.*, Occupational Classification in History, in: JIH 3. 1972, 63–88.

263 *Kaufhold, K.-H.*, Erwerbstätigkeit u. soziale Schichtung im Deutschen Reich um 1900, in: Fs. K.E. Born, Ostfildern 1987, 175–224.

264 *Kelsall, R.K. u. H.M.*, Social Stratification. An Essay on Class and Inequality, London 1976[2].

265 *Kimberley, J.C.*, Relations Among Status, Power, and Economic Rewards in Simple and Complex Systems, in: J. Berger u.a. Hg., Sociological Theories in Progress, II, Boston 1972, 291–307.

266 *Kirchberger, S.*, Kritik der Schichtungs- u. Mobilitätsforschung, Frankfurt 1975.

267 *Kirchhoff-Hund, B.*, Theorien sozialer Ungleichheit, Berlin 1981.

268 *Kleining, G.*, Die Legitimation der Ungleichheit, in: Fs. R. König, Opladen 1973, 303–26.

269 --, Soziale Mobilität in der Bundesrepublik Deutschland, in: KZfS 27. 1975, 97–121, 273–92.

270 -- *u. H. Moore*, Soziale Selbsteinstufung, in: KZfS 20. 1968, 502–52.

271 --, Struktur- u. Prestigemobilität in der BRD, in: KZfS 23. 1971, 1–33.

272 --, Die Veränderung der Mobilitätschancen in der BRD, in: KZfS 23. 1971, 789–807.

273 *Kluth, H.*, Sozialprestige u. sozialer Status, Stuttgart 1957.

274 *Kocka, J.* Hg., Klasse u. Geschlecht, Göttingen 1992 (= GG 18/H.2).

275 --, Zur Schichtung der preuß. Bevölkerung während der industriellen Revolution, in: Fs. O. Büsch, Berlin 1988, 357–90.

276 --, Soziale Schichtung u. Mobilität in Deutschland im 19. u. 20. Jh. (= GG 1/H. 1), Göttingen 1975.

277 --, Stand - Klasse - Organisation. Strukturen sozialer Ungleichheit in Deutschland vom späten 18. bis zum frühen 20. Jh. im Aufriß, in: H.-U. Wehler Hg., Klassen in der europ. Sozialgeschichte, Göttingen 1979, 137–65.

278 --, The Study of Social Mobility and the Formation of the Working Class in the 19th Century, in: Mouvement Social 111. 1980, 97–117.

279 *König, W.*, Berufl. Mobilität in Frankreich u. in der Bundesrepublik, Mannheim 1983.

280 *Kohn, M.L.*, Class and Conformity, Homewood/Ill. 1969.

281 *Kolinsky, M.*, Continuity and Change in European Society. France, Germany, and Italy Since 1870, London 1974.

282 *Kollmann, P.*, Die soziale Zusammensetzung der Bevölkerung im Deutschen Reiche, in: ASA 1. 1890, 540–614.

283 *Kraus, F.*, The Historical Development of Income Inequality in Western Europe and the United States, in: P. Flora u. A.J. Heidenheimer Hg., The Development of Welfare States in Europe and America, New Brunswick 1981, 187–236.

284 *Kraus, J.*, Some Perspectives on Social Stratification and Social Class, in: Sociological Review 15. 1967, 129–40.

285 *Kreckel, R.*, Class, Status and Power? Begriffl. Grundlagen für eine Polit. Theorie der Sozialen Ungleichheit, in: KZfS 34. 1982, 617–48.

286 --, Dimensions of Social Inequality, in: Sociologische Gids 23. 1976, 338–62.

287 --, Klasse u. Geschlecht, in: Leviathan 17. 1989, 305–21.

288 --, Klassenbegriff u. soziolog. Ungleichheitsforschung, in: P.A. Berger u. S. Hradil Hg., Das Ende der sozialen Schichtung? Göttingen 1989, 51–79.
289 --, Klassenstrukturanalyse zwischen Marx u. Weber, in: Soziolog. Revue 3. 1980, 251–59.
290 -- u.a., Vertikale Mobilität u. Immobilität in der BRD, Bonn 1972.
291 --, Polit. Soziologie der sozialen Ungleichheit, Frankfurt 1992.
292 --, Theorien sozialer Ungleichheit im Übergang, in: ders. Hg., Soziale Ungleichheiten, Göttingen 1983, 3–12.
293 --, Soziale Ungleichheit u. "offene Gesellschaft". Zur theoret. Neuorientierung der Soziologie der vertikalen Mobilität, in: SW 23. 1972, 17–40.
294 -- Hg., Soziale Ungleichheiten, Göttingen 1983.
295 *Krelle, W.*, Verteilungstheorie, Wiesbaden 1962.
296 *Krische, P.*, Die soziale Schichtung der Erwerbstätigen im Zeitalter der Dampfmaschine u. des Kapitalismus, in: Zeitschrift für Völkerpsychologie u. Soziologie 4. 1928, 11–18.
297 *Krysmanski, H.J.*, Entwicklung u. Stand der klassentheoret. Diskussion, in: KZfS 41. 1989, 149–67.
298 *Kühnert, F.*, Einkommensgliederung der preuß. Bevölkerung 1902–14, in: Zeitschrift des Königl. Preuß. Statist. Landesamtes 56. 1916, 269–309.
299 *Küttler, W. u. G. Lozek*, Der Klassenbegriff im Marxismus-Leninismus u. in der idealtypischen Methode M. Webers, in: ZfG 33. 1985, 491–506.
300 *Kuske, B.*, Der Einfluß des Staates auf die geschichtl. Entwicklung der sozialen Gruppen in Deutschland bis zum Anfang des 19. Jh., in: KZfS 2. 1949/50, 192–217.
301 *Landecker, W.S.*, Class Boundaries, in: ASR 25. 1960, 868–77.
302 --, Class Crystallization and Class Consciousness, in: ASR 28. 1963, 219–29.
303 *Lane, D.*, The End of Inequality? Harmondsworth 1971.
304 *Lane, W.C.* Hg., Permanence and Change in Social Class: Readings in Social Stratification, Cambridge/Mass. 1968.
305 *Lange, K.*, Die soziale Gliederung der Bevölkerung im Königreich Sachsen, Diss. Leipzig 1915.
306 *Laroque, P.*, Les classes sociales, Paris 1968^4.
307 *Lasswell, T.E.*, Class and Stratum, Boston 1965.
308 *Laumann, E.O.* u.a. Hg., The Logic of Social Hierarchies, Chicago 1970.
309 -- Hg., Social Stratification: Research and Theory For the 1970s, N.Y. 1970.
310 *Lederer, E. u. J. Marschak*, Die Klassen auf dem Arbeitsmarkt u. ihre Organisationen, in: GdS 9/II, 1927, 106–258.
311 --, Die Klassenschichtung, in: ASS 65. 1931, 539–79.
312 *Lehmann, K.*, Langfristige Tendenzen der Umverteilung des Nationaleinkommens durch den Staatshaushalt in Deutschland u. Großbritannien, in: JbW 1979/II, 117–48.
313 *Leipold, J.*, Soziale Umschichtungen vor u. während der industriellen Revolution in Reichenbach im Vogtland, in: Jb. f. Regionalgeschichte 3. 1968, 230–40.
314 *Lenski, G.*, Macht u. Privileg. Eine Theorie der sozialen Schichtung, Frankfurt 1973.

315 --, Social Structure in Evolutionary Perspective, in: P.M. Blau Hg., Approaches to the Study of Social Structure, London 1976, 135–53.
316 *Lepsius, M.R.*, Aspekte der Ungleichheit, Tübingen 1966.
317 --, Sozialstruktur u. soziale Schichtung in der Bundesrepublik Deutschland, in: Die Zweite Republik, Hg. R. Löwenthal u. H.-P. Schwarz, Stuttgart 1974, 263–88.
318 --, Soziale Ungleichheit u. Klassenstrukturen in der Bundesrepublik, in: H.-U. Wehler Hg., Klassen in der europ. Sozialgeschichte, Göttingen 1979, 166–209.
319 *Liepelt, K.* u.a. Hg., Gleiche Chancen im Sozialstaat? Opladen 1975.
320 *Lipset, S.M.*, Social Class Analysis, in: JESS 15. 1968, 296–316; auch in: ders., Revolution and Counterrevolution, N.Y. 1970[2], 157–201.
321 -- *u. R. Bendix*, Social Mobility and Industrial Society, Berkeley 1962.
322 --, Social Structure and Social Change, in: P.M. Blau Hg., Approaches to the Study of Social Structure, London 1976, 172–209.
323 -- *u. H. Zetterberg*, A Theory of Social Mobility, in: Transactions of the Third World Congress of Sociology, III, London 1956, 155–71; dt. Eine Theorie der sozialen Mobilität, in: B. Seidel u. J. Zenkner Hg., Klassenbildung u. Sozialschichtung, Darmstadt 1968, 330–66; u. in: H. Hartmann Hg., Moderne amerikan. Soziologie, Stuttgart 1967, 361–83.
324 *Lis, C. u. H. Soly*, Poverty and Capitalism in Pre-Industrial Europe, Hassocks 1979.
325 *Littlejohn, J.*, Social Stratification, London 1972.
326 *Lockwood, D.*, Social Mobility, in: A.T. Welford u.a. Hg., Society, London 1962, 515–26.
327 *Lopreato, J. u. L. E. Hazelrigg*, Class, Conflict, and Mobility – Theories and Studies of Class Structure, San Francisco 1972.
328 -- *u. L.S. Lewis* Hg., Social Stratification, N.Y. 1974.
329 *Luhmann, N.*, Zum Begriff der sozialen Klasse, in: ders. Hg., Soziale Differenzierung, Opladen 1985, 119–62.
330 -- Hg., Soziale Differenzierung, Opladen 1985.
331 --, Soziale Systeme. Grundriß einer allg. Theorie, Frankfurt 1984.
332 *Mabey, R.G.*, Class, London 1967.
333 *Mackenroth, G.*, Wandlungen der deutschen Sozialstruktur, in: GWU 8. 1957, 65– 77.
334 *Mackenzie, G.*, Class Theory and the Division of Labour, London 1976.
335 *MacRae, D.G.*, Social Stratification, in: CS 2. 1953/54, 6–31.
336 *Maimann, H.*, Ungleichheitsforschung in Österreich, in: E. Gröbe Hg., Thema: Ungleichheit, Linz 1986, 21–50.
337 *Markmann, H*, Sozialstruktur im Allgemeinen, in: A. Weber Hg., Einleitung in die Soziologie, München 1955, 237–92.
338 *Marshall, T.H.*, Class, Citizenship, and Social Development, Garden City 1964; dt. Bürgerrechte u. soziale Klassen, Frankfurt 1992.
339 -- Hg., Class Conflict and Social Stratification, London 1938.
340 *Martin, N.*, Soziale Schichtung, in: Wissen im Überblick, VI: Die moderne Gesellschaft, Freiburg 1972, 236–46.

341 *Matras, J.*, Social Inequality, Stratification, and Mobility, Englewood Cliffs 1984².
342 *Matthes, J.* Hg., Sozialer Wandel in Westdeutschland, Berlin 1979.
343 *Mau, H.*, Einige Notizen zum Begriff der sozialen Klasse, in: Archiv für Rechts- u. Sozialphilosophie 46. 1960, 115–26.
344 *Mauke, K.*, Die Klassentheorie von Marx u. Engels, Hg. K. Meschkat u.a., Frankfurt 1970.
345 *Mayer, K.B.*, Class and Society, N.Y. 1970³.
346 *Mayer, K.-U.*, Ungleiche Chancen u. Klassenbildung, in: SW 28. 1977, 466–93.
347 --, Soziale Mobilität u. die Wahrnehmung gesellschaftl. Ungleichheit, in: ZfS 1. 1972, 156–76.
348 --, Vertikale Mobilität, in: E. Ballerstedt u.a., Soziolog. Almanach, Frankfurt 1975, 415–27.
349 -- *u. W. Müller*, Progress in Social Mobility Research? in: Quality and Quantity 5. 1971, 141–78.
350 --, Soziale Schichtung, in: E. Ballerstedt u.a., Soziolog. Almanach, Frankfurt 1975, 364–76.
351 -- *u. W. Müller*, Trendanalysen in der Mobilitätsforschung, in: KZfS 23. 1971, 761–88.
352 --, Ungleichheit u. Mobilität im sozialen Bewußtsein, Opladen 1975.
353 *Mayntz, R.*, Die soziolog. Problematik umfassender Mobilitätsstudien, in: KZfS 10. 1958, 222–32.
354 --, Soziale Schichtung, in: W. Bernsdorff Hg., Wb. der Soziologie, III, Frankfurt 1972, 741–43.
355 --, Soziale Schichtung u. sozialer Wandel in einer Industriegemeinde, Stuttgart 1958.
356 --, Sozialstruktur, in: Evangel. Staatslexikon, Stuttgart 1966, 2099–103.
357 *Mendels, F.F.*, Social Mobility and Phases of Industrialization, in: JIH 7. 1976, 193–216.
358 *Meschkat, K. u. O. Negt* Hg., Gesellschaftsstrukturen, Frankfurt 1972.
359 *Michaelis, R.*, Die Gliederung der Gesellschaft nach dem Wohlstande aufgrund der neueren amtl. deutschen Einkommens- u. Wohnungsstatistik, Leipzig 1878.
360 *Michels, R.*, Beitrag zur Lehre von der Klassenbildung, in: ASS 49. 1922, 561–93; u. in: B. Seidel u. S. Jenkner Hg., Klassenbildung u. Sozialschichtung, Darmstadt 1968, 146– 80.
361 --, Umschichtungen der herrschenden Klassen nach dem Kriege, Stuttgart 1934.
362 *Miller, S.M. u. A. Roby*, The Future of Inequality, N.Y. 1970.
363 --, The Future of Social Mobility Studies, in: AJS 77. 1971, 62–65.
364 --, Comparative Social Mobility, in: CS 9. 1960, 1–61.
365 *Mischler, E.*, Beruf u. Berufsstatistik, in: Wb. der Volkswirtschaft 1. 1906², 421– 31.
366 *Mitgau. J.H.*, Ständ. Daseinsformen, Göttingen 1953.
367 --, Deutsches Schrifttum zu einer Soziologie der Klassen u. Stände auf genealog. Grundlage, in: Familiengeschichtl. Blätter 30. 1932, 227–40.

368 *Mitterauer, M.*, Probleme der Stratifikation in mittelalterl. Gesellschaftssystemen, in: J. Kocka Hg., Theorien in der Praxis des Historikers, Göttingen 1977, 13–54.

369 *Mombert, P.*, Class, in: ESS 3. 1930, 531–36.

370 --, Die Tatsachen der Klassenbildung, in: Sch. Jb. 44. 1920, 1041–70; u. in: B. Seidel u. S. Jenkner Hg., Klassenbildung u. Sozialschichtung, Darmstadt 1968, 113– 45.

371 --, Zum Wesen der sozialen Klasse, in: Fs. M. Weber, II, München 1923, 237–75; u. in: B. Seidel u. S. Jenkner Hg., Klassenbildung u. Sozialschichtung, Darmstadt 1968, 181–231.

372 *Moore, B.*, Injustice, N.Y. 1978; dt. Ungerechtigkeit, Frankfurt 1982.

373 *Moore, H. u. G. Kleining*, Das soziale Selbstbild der Gesellschaftsschichten in Deutschland, in: KZfS 12. 1960, 86–119.

374 *Mousnier, R.*, Le Concept de class sociale et l'histoire, in: RHES 48. 1970, 449–59.

375 --, Social Hierarchies, London 1973.

376 --, Les hiérarchies sociales de 1450 à nos jours, Paris 1969.

377 -- Hg., Problèmes de stratification sociale, Paris 1968.

378 *Mühlmann, W.E.*, Schicht, in: W. Bernsdorff, Wb. der Soziologie, Bd. 3, Frankfurt 1972, 677–80.

379 *Müller, H.–P.*, Sozialstruktur u. Lebensstile. Der neuere theoret. Diskurs über soziale Ungleichheit, Frankfurt 1992.

380 *Müller, N.*, Zur möglichen Bedeutung der empir. Sozialforschung für die Marxsche Theorie, in: Gesellschaft 5. 1975, 187–254.

381 *Müller, W. u. K.–U. Mayer*, Chancengleichheit durch Bildung? Untersuchungen über den Zusammenhang von Ausbildungsabschlüssen u. Berufsstatus, Stuttgart 1976.

382 --, Familie, Schule, Beruf. Analysen zur sozialen Mobilität u. Statuszuweisung in der Bundesrepublik, Opladen 1975.

383 --, Klassenlagen u. soziale Lagen in der Bundesrepublik, in: J. Handl u.a., Klassenlagen u. Sozialstruktur, Frankfurt 1977, 21–100.

384 -- *u. K.-U. Mayer* Hg., Social Stratification and Career Mobility, Paris 1973.

385 *Murphy, R.*, Social Closure: The Theory of Monopolization and Exclusion, Oxford 1988.

386 *Nadel, S.F.*, The Theory of Social Structure, London 1962^2.

387 *Neale, R.S.*, Class and Ideology in the 19th Century, London 1972.

388 -- Hg., History and Class, Oxford 1984.

389 *v. Nell-Breuning, O.*, Ständ. Gesellschaftsaufbau, in: HSW 10. 1959, 6–11.

390 --, Stand u. Ständewesen, in: W. Bernsdorf Hg., Wörterbuch der Soziologie, Stuttgart 1955/1969^2, 1122–23.

391 *Neuhaus, G.*, Die berufl. u. soziale Gliederung der Bevölkerung im Zeitalter des Kapitalismus, in: GdS IX/1. 1926, 360–459.

392 *Neumann, F.J.*, Zur Lehre von den Lohngesetzen, VII. 3: Die Steigerung des Gegensatzes von Arm u. Reich in Preußen bis 1848, in: JNS 59. 1892, 366–97.

393 *Neumann, L. u. K. Schaper*, Die Sozialordnung der Bundesrepublik Deutschland, Deutschland 1982.

394 *Neumann, M.*, Methode der Klassenanalyse, Köln 1976.

395 *Nothaas, J.*, Sozialer Aufstieg u. Abstieg im deutschen Volk, München 1930.

396 --, Sozialer Auf- u. Abstieg im deutschen Volke, in: KZfS 9. 1930/31, 61–81.

397 *Obermann, K.*, Zur Klassenstruktur u. zur sozialen Lage der Bevölkerung in Preußen 1846–49, in: JbW 1973/II, 79–120; 1973/III, 143–73.

398 *Oexle, G.* u.a., Stand, Klasse, in: GGr. 6. 1990, 155–228.

399 *Offe, C.*, Political Authority and Class Structure, in: Internat. Journal of Sociology 2. 1972, 73–108.

400 --, Herrschaft u. Klassenstruktur. Zur Analyse spätkapitalist. Gesellschaften, in: D. Senghaas u.a. Hg., Politikwissenschaft, Frankfurt 1969, 155–189.

401 *Ollman, B.*, Marx's Use of Class, in: AJS 73. 1967/68, 573–80.

402 *Ossowski, S.*, Die Klassenstruktur im sozialen Bewußtsein, Neuwied 1962.

403 --, Old Notions and New Problems in Modern Society, in: Transactions of the 3. World Congress of Sociology, III, London 1956, 18–25; dt. Alte Begriffe u. Neue Probleme: Interpretationen der Gesellschaftsstruktur in der modernen Gesellschaft, in: B. Seidel u. S. Jenkner Hg., Klassenbildung u. Sozialschichtung, Darmstadt 1968, 317–29.

404 --, La vision dichotomique de la stratification sociale, in: Cahiers Internat. de Sociologie 20. 1956, 15–29.

405 *Owen, C.*, Social Stratification, London 1968.

406 *Pappi, F.U.*, Soziale Schichten als Interaktionsgruppen. Zur Messung eines "deskriptiven" Schichtbegriffs, in: M.R. Lepsius Hg., Zwischenbilanz der Soziologie, Stuttgart 1976, 233–41.

407 --, Sozialstruktur u. soziale Schichtung einer Kleinstadt mit heterogener Bevölkerung, in: KZfS 25. 1973, 23–74.

408 --, Sozialstrukturanalysen, Kronberg 1979.

409 *Parkin, F.* Hg., The Social Analysis of Class Structure, London 1974.

410 --, Class, Inequality, and Political Order, London 1971.

411 --, Social Inequality and Political Order, N.Y. 1971.

412 --, Marxism and Class Theory, N.Y. 1979.

413 --, Strategies of Social Closure in Class Formation, in: ders. Hg., The Social Analysis of Class Structure, London 1974, 1–18; dt. Strategien sozialer Schichtung u. Klassenbildung, in: R. Kreckel Hg., Soziale Ungleichheiten, Göttingen 1983, 121–35.

414 *Parsons, T.*, An Analytical Approach to the Theory of Social Stratification, in: ders., Essays in Sociological Theory, Glencoe/Ill. 1958, 69–88; dt. Ansätze zu einer analyt. Theorie der sozialen Schichtung, in: ders., Beiträge zur sozialen Theorie, Neuwied 1964, 180–205.

415 --, Equality and Inequality in Modern Society or Stratification Revisited, in: Sociological Inquiry 40. 1970, 13–72.

416 --, Sozialstruktur u. Persönlichkeitsentwicklung, in: ders., Sozialstruktur u. Persönlichkeit, Frankfurt 1968, 99–139.

417 *Pease, J.* u.a., Ideological Currents in American Stratification Literature, in: American Sociologist 5. 1970, 127—37.

418 *Perls, K.*, Die Einkommensentwicklung in Preußen seit 1896, Berlin 1911.

419 *Pettigrew, T.F.*, Social Evaluation Theory, in: Nebraska Symposium on Motivation, Lincoln/Neb. 1967, 241—315.

420 *Pfautz, H.W.*, The Current Literature on Social Stratification, in: AJS 58. 1952, 391—418.

421 *Pin, E.*, Les classes sociales, Paris 1962.

422 *Plotincov, L. u. A. Tuden* Hg., Essays in Comparative Social Stratification, Pittsburgh 1970.

423 *Popitz, H.*, Zum Begriff der Klassengesellschaft, in: Hamb. Jb. für Wirtschafts- u. Gesellschaftspolitik 3. 1958, 93—102.

424 *Poulantzas, N.*, On Social Classes, in: New Left Review 78. 1973, 27—54.

425 --, Polit. Macht u. gesellschaftl. Klassen, Frankfurt 1974.

426 *Preiser, E.*, Distribution, in: HSW 2. 1959, 620—35.

427 Projekt Klassenanalyse, Materialien zur Klassenstruktur der BRD, I u. II: Studien zur Klassenanalyse, Berlin 1973/74.

428 *Pross, H.*, Kapitalismus u. Demokratie. Studien über westdeutsche Sozialstrukturen, Frankfurt 1973.

429 --, Soziale Schichten in der Bundesrepublik, in: Blätter für Deutsche u. Internat. Politik 9. 1964, 390—405.

430 --, Die soziale Schichtung in der Bundesrepublik, in: Deutsche Rundschau 85. 1958, 916—26.

431 *Rammstedt, O.*, Theorie der sozialen Bewegung, Frankfurt 1978.

432 *Rauchberg, H.*, Die Berufs- u. Gewerbezählung im Deutschen Reich 1895, Berlin 1901.

433 *Recker, H.*, Mobilität in der 'offenen' Gesellschaft, Köln 1974.

434 *Rees, J.*, Equality, London 1971; dt. Soziale Gleichheit, Frankfurt 1974.

435 *Reissman, L.*, Inequality in American Society. Social Stratification, Glenview/Ill. 1973.

436 --, Social Stratification, in: N.J. Smelser Hg., Sociology, N.Y. 1967, 127—90.

437 -- *u. M.N. Halstead*, The Subject Is Class, in: Sociology and Social Research 54. 1970, 293—305.

438 *Renner, K.*, Mensch u. Gesellschaft, Wien 1952.

439 *Riemer, S.*, Sozialer Aufstieg u. Klassenschichtung, in: ASS 67. 1932, 531—60.

440 *Ritsert, J.*, Der Kampf um das Surplusprodukt. Einführung in den klassischen Klassenbegriff, Frankfut 1988.

441 --, Braucht die Soziologie noch den Begriff der Klasse? Über M. Webers Klassentheorie u. neuere Versuche, sie loszuwerden, in: Leviathan 15. 1987, 4—38.

442 *Robbins, L.*, The Economic Basis of Class Conflict, London 1939.

443 *Roche, D. u. C.E. Labrousse* Hg., Ordres et classes, Paris 1974.

444 *Rodman, H.*, Class Culture, in: IESS 15. 1968, 332—37.

445 *Roeder, B.*, Über ein Verfahren zur Messung des Sozialstatus, in: Zeitschrift für Experimentelle u. Angewandte Psychologie 20. 1973, 287—316.

446 *Röder, H.*, Abschied vom Klassenbegriff, Opladen 1972.

447 *Roemer, J.E.*, A General Theory of Exploitation and Class, Cambridge/Mass. 1982.

448 *Rothenbacher, F.*, Soziale Ungleichheit im Modernisierungsprozeß des 19. u. 20. Jh., Frankfurt 1989.

449 *Runciman, W.G.*, Class, Status, Power? in: J.A. Jackson Hg., Social Stratification, Cambridge 1968, 25—61; auch in: ders., Sociology in Its Place, Cambridge 1970, 102—40.

450 --, Class, Status, and Political Conflict, in: ders., Social Science and Political Theory, Cambridge 1974, 135—56.

451 --, Relative Deprivation and Social Justice, London 1972².

452 --, Explaining Social Stratification, in: T.J. Nossiter u.a. Hg., Imagination and Precision in the Social Sciences. Essays in Memory of P. Nettl, London 1972, 157—80.

453 --, Towards a Theory of Social Stratification, in: F. Parkin Hg., The Social Analysis of Class Structure, London 1974, 55—101.

454 *Saalfeld, D.*, Die ständ. Gliederung der Gesellschaft Deutschlands im Zeitalter des Absolutismus, in: VSWG 67. 1980, 457—83.

455 *Salaman, G.* Hg., Stratification and Social Class, London 1972.

456 *Schelsky, H.*, Die Bedeutung des Klassenbegriffs für die Analyse der gegenwärt. Gesellschaft, in: JbS 12. 1961, 237—67; auch in: ders., Auf der Suche nach Wirklichkeit, Düsseldorf 1965, 352—88; u. in: B. Seidel u. S. Jenkner Hg., Klassenbildung u. Sozialschichtung, Darmstadt 1968, 398—446.

457 --, Die Bedeutung des Schichtbegriffs für die Analyse der gegenwärt. deutschen Gesellschaft, in: ders., Auf der Suche nach Wirklichkeit, Düsseldorf 1965, 331—36.

458 *Scheuch, E.K. u. D. Rüschemeyer*, Scaling Social Status in Western Germany, in: BJS 11. 1960, 151—68.

459 Schichten, Klassen u. Mobilität = Sowi 5/2 u. 3, Stuttgart 1976.

460 *Schildt, G.*, Wachstum u. Stagnation der sozialen Mobilität im 19. u. 20. Jh., in: KZfS 29. 1977, 702—30.

461 *Schmoller, G.*, Die Einkommmensverteilung in alter u. neuer Zeit, in: Sch. Jb. 19. 1895, 1067—94.

462 --, Über die Entwicklung des Großbetriebes u. die soziale Klassenbildung, in: PJ 69. 1892, 457—80.

463 --, Die gesellschaftl. Klassenbildung - Die Klassenkämpfe, in: ders., Grundriß der allgemeinen Volkswirtschaftslehre, I, München 1923², 428—55; II, 562—647.

464 --, Das Wesen der Arbeitsteilung u. der sozialen Klassenbildung, in: Sch. Jb. 14. 1890, 45—105; u. in: B. Seidel u. S. Jenkner Hg., Klassenbildung u. Sozialschichtung, Darmstadt 1968, 1—69.

465 *Schüren, R.*, Soziale Mobilität. Muster, Veränderungen u. Bedingungen im 19. u. 20. Jh., St. Katharinen 1989.

466 --, Soziale Mobilität im Zeitalter der Industrialisierung u. Urbanisierung. Rhein. u. westfäl. Städte im 19. Jh., in: WF 37. 1987, 1—22.

467 *Schumpeter, J.A.*, Das Soziale Antlitz des Deutschen Reiches (1929), in: ders., Aufsätze zur Soziologie, Tübingen 1953, 214–25.
468 --, Die sozialen Klassen im ethnisch homogenen Milieu, in: ders., Aufsätze zur Soziologie, Tübingen 1953, 147–213.
469 *Segal, D.R.*, Classes, Strata and Parties in West Germany and the United States, in: CSSH 10. 1967/68, 66–84.
470 *Seidel, B. u. S. Jenkner* Hg., Klassenbildung u. Sozialschichtung, Darmstadt 1968.
471 *Sharlin, A.*, From the Study of Social Mobility to the Study of Society, in: AJS 85. 1979, 338–60.
472 *Shils, E.A.*, Deference, in: J.A. Jackson Hg., Social Stratification, Cambridge 1968, 104–32.
473 *Siegenthaler, H.*, Ansätze zur Interpretation des Zusammenhangs von langfristigen Wachstumsschwankungen u. sozio-polit. Strukturwandel, in: W.H. Schröder u. R. Spree Hg., Histor. Konjunkturforschung, Stuttgart 1980, 359–71.
474 *Sievers, B.*, Herrschaft u. Ungleichheit, in: JbS 20. 1969, 318–41.
475 *Smelser, N.J.*, Processes of Social Change, in: ders. Hg., Sociology, N.Y. 1967, 674–728.
476 --, Social Structure, Mobility and Development, in: ders. u. S.M. Lipset, Social Structure and Mobility in Economic Development, Chicago 1966, 1–50; u. in: ders., Essays in Sociological Explanation, Englewood Cliffs 1968, 147–91.
477 *Smith, M.G.*, Pre-Industrial Stratification Systems, in: N.J. Smelser u. S.M. Lipset Hg., Social Structure and Mobility in Economic Development, London 1969, 141– 76.
478 *Soetbeer, A.*, Das Gesamt-Einkommen u. dessen Verteilung im preuß. Staat, in: Der Arbeiterfreund 13. 1875, 273–302.
479 --, Umfang u. Verteilung des Volkseinkommens im preuß. Staate 1872–78, Leipzig 1879.
480 *Sorokin, P.A.*, Social and Cultural Mobility (1927), Glencoe/Ill. 1959².
481 *Spann, O.*, Klasse u. Stand, in: HStW 5. 1923⁴, 692–705.
482 *Speier, H.*, Bemerkungen zur Erfassung der sozialen Struktur, in: ASS 69. 1933, 705–25.
483 --, Honor and Social Stratification (1935), in: ders., Social Order and the Risks of War, Cambridge/Mass. 1969², 36–52.
484 --, Social Order and the Risks of War, Cambridge/Mass. 1969².
485 *Spohn, W.*, Klassentheorie u. Sozialgeschichte. Ein krit. Vergleich der klassengeschichtl. Interpretationen der Arbeiterbewegung durch E.P. Thompson u. J. Kocka, in: ProKla 15. 1985, 126–38.
486 *Spree, R.*, Soziale Ungleichheit vor Krankheit u. Tod 1871–1918, Göttingen 1981.
487 --, Strukturierte soziale Ungleichheit im Reproduktionsbereich in Deutschland 1870–1913, in: J. Bergmann u.a. Hg., Geschichte als polit. Wissenschaft, Stuttgart 1979, 55–115.
488 *Stamm, V.*, Die Ursprünge der Wirtschaftsgesellschaft. Geld, Arbeit u. Zeit als Mittel von Herrschaft, Frankfurt 1982.

489 *Stedman Jones, G.*, Klassen, Politik u. Sprache, Münster 1987.

490 *v. Stein, L.*, Das System der Staatswissenschaft, II: Die Gesellschaftslehre, 1 Abt.: Der Begriff der Gesellschaft u. die Lehre von den Gesellschaftsklassen, Stuttgart 1856/ND Osnabrück 1964.

491 *Stewart, A. u. R.M. Blackburn*, The Stability of Structural Inequality, in: Sociological Review 23. 1975, 481–508.

492 *Stinchcombe, A.L.*, Socical Structure and Politics, in: F.J. Greenstein u. N.W. Polsby Hg., Handbook of Political Science, III, Reading/Mass. 1975, 557–622.

493 --, The Structure of Stratification Systems, in: IESS 15. 1968, 325–32.

494 *Stockmann, R. u. A. Willms-Herget*, Erwerbsstatistik in Deutschland (seit 1875), Frankfurt 1985.

495 *Stolzman, J. u. H. Gamberg*, Marxist Class Analysis versus Stratification Analysis as General Approaches to Social Inequality, in: Berkeley Journal of Sociology 18. 1973/74, 105–26.

496 *Strasser H. u. J.H. Goldthorpe* Hg., Die Analyse sozialer Ungleichheit, Opladen 1985.

497 --, Diesseits von Stand u. Klasse. Prinzipien einer Theorie der sozialen Ungleichheit, in: B. Giesen u. H. Haferkamp Hg., Soziologie der sozialen Ungleichheit, Opladen 1987, 50–92.

498 --, Was Theorien sozialer Ungleichheit wirklich erklären, in: ders. u. J.H. Goldthorpe Hg., Die Analyse sozialer Ungleichheit, Opladen 1985, 155–75.

499 *Stråth, B.* Hg., Language and the Construction of Class Identities, Gothenburg 1990.

500 *Strauss, A.L.*, The Context of Social Mobility: Ideology and Theory, Chicago 1971.

501 *Stuke, H.*, Bedeutung u. Problematik des Klassenbegriffs. Begriffs- u. sozialgeschichtl. Überlegungen im Umkreis einer histor. Klassentheorie, in: Fs. W. Conze, Stuttgart 1976, 46–82.

502 *Svalastoga, K.*, Social Differentiation, N.Y. 1965.

503 --, Social Differentiation, in: R.E.L. Faris Hg., Handbook of Sociology, N.Y. 1964, 530–75.

504 --, Social Mobility: The Western European Model, in: Acta Sociologica 9. 1966, 175–82.

505 -- *u. T. Rishoj*, Western European Mobility, in: AJS 76. 1970, 520–23.

506 --, Prestige, Class and Mobility, Kopenhagen 1959.

507 *Swanson, G.E.*, Social Change, Glenview/Ill. 1971.

508 *Tenfelde,K.*, Soziale Schichtung, Klassenbildung u. Konfliktlagen im 19. u. 20. Jh., in: W. Köllmann u.a. Hg., Das Ruhrgebiet im Industriezeitalter, II, Düsseldorf 1990, 121–217.

509 --, Sozialschichtung, Klassenbildung u. Konfliktlagen: Das Ruhrgebiet 1800–1990, Göttingen 1993.

510 *Teschner, M.*, Klasse, in: Evangel. Staatslexikon, Stuttgart 1987[3], Bd. 1, 1787–92.

511 --, Was ist Klassenanalyse? in: Leviathan 17. 1989, 1–14.

512 *Thernstrom, S.*, Notes on the Historical Studies of Social Mobiity, in: CSSH 10. 1968, 162–72.

513 *Thielbar, G.* u.a. Hg., Issues in Social Inequality, Boston 1972.

514 *Titmus, R.M.*, Income Distribution and Social Change, London 1962.

515 *Tönnies, F.*, Stände u. Klassen, in: Wb. der Soziologie, Hg. A. Vierkandt, Stuttgart 1959², 617–38.

516 *Treiman, D.J.*, Industrialization and Social Stratification, in: E.O. Laumann Hg., Social Stratification, N.Y. 1970, 207–34.

517 --, Occupational Prestige in Comparative Perspective, N.Y. 1977.

518 *Tschoepe, A.*, Soziale Schichtung in der Bundesrepublik Deutschland, in: M.M. Tumin, Schichtung u. Mobilität, München 1970, 159–70.

519 *Tumin, M.M.* Hg., Readings on Social Stratification, Englewood Cliffs 1970.

520 --, Schichtung u. Mobilität, München 1970.

521 *Turner, J.H.*, Societal Stratification, N.Y. 1984.

522 *Wachter, K.W.* u.a., Statistical Studies of Historical Social Structure, N.Y. 1978.

523 *Weber-Kellermann, I.*, Lebenszyklus u. soziale Schichtung, in: Ethnologia Europaea 17. 1987, 107–26.

524 *Wedderburn, D.* Hg., Poverty, Inequality, and Class Structure, Cambridge 1974.

525 *Wehler, H.-U.*, Analyse von sozialen Strukturen, Göttingen 1977 (= GG 3, H.4).

526 --, Bürger, Arbeiter u. das Problem der Klassenbildung 1800–1870. Deutschland im internationalen Vergleich, in: J. Kocka Hg., Arbeiter u. Bürger im 19. Jh., München 1986, 1–28; u. in: ders., Aus der Geschichte lernen? München 1988, 161–90.

527 -- Hg., Klassen in der europ. Sozialgeschichte, Göttingen 1979.

528 --, Vorüberlegungen zur histor. Analyse sozialer Ungleichheit, in: ders., Histor. Sozialwissenschaft u. Geschichtsschreibung, Göttingen 1980, 190–205; u. in: ders. Hg., Klassen in der europ. Sozialgeschichte, Göttingen 1979, 9–32.

529 --, M. Webers Klassentheorie u. die neuere Sozialgeschichte, in: J. Kocka Hg., M. Weber, der Historiker, Göttingen 1986, 193–203; u. in: ders., Aus der Geschichte lernen? München 1988, 152–60.

530 *Wesolowski, W.*, Classes, Strata, and Power, London 1979.

531 *Westoff, C.E.* u.a., The Concept of Social Mobility, in: Behavioral Science 9. 1964, 207–18.

532 *Wiehn, E. u. K.-U. Mayer*, Soziale Schichtung u. Mobilität, München 1975.

533 --, Theorien der sozialen Schichtung, München 1968/1974².

534 *v. Wiese, L.*, Klasse u. Stand, in: HSW 6. 1957, 1–4.

535 --, Klassen, in: WbV 2. 1932⁴, 562–70.

536 --, Gesellschaftl. Stände u. Klassen, Bern 1950

537 *Willener, A.*, Images de la société et classes sociales, Bern 1957.

538 *Wright, E.O.*, Classes, London 1985.

539 *Young, M.*, The Rise of the Meritocracy, London 1958; dt. Es lebe die Ungleichheit. Auf dem Wege zur Meritokratie, Düsseldorf 1961.

540 *Zahn, F.*, Beruf u. Statistik, in: HStW 2. 1924⁴, 524–81.

541 --, Die Entwicklung der räuml., berufl. u. sozialen Gliederung des deutschen Volkes seit dem Aufkommen der industriellen u. kapitalist. Wirtschaftsweise, in: B. Harms Hg., Volk u. Reich der Deutschen, I, Berlin 1929, 220—79.

542 *Zapf, W.* Hg., Soziale Indikatoren, 3 Bde, Frankfurt 1974/75.

543 --, Die Wohlfahrtsentwicklung in Deutschland seit der Mitte des 19. Jh., in: W. Conze u. M.R. Lepsius Hg., Sozialgeschichte der Bundesrepublik Deutschland, Stuttgart 1983, 46—65.

544 *Zimmermann, G.*, Sozialer Wandel u. ökonomische Entwicklung, Stuttgart 1969.

545 *Zing, W. u.G. Zipp*, Basale Soziologie: Soziale Ungleichheit, Opladen 1979.

546 *Zloczower, A.*, Occupation, Mobility and Social Class, in: W. Müller u. K.-U. Mayer Hg., Social Stratification and Career Mobility, Paris 1972, 329—58.

547 *Zorn, W.*, Industrialisierung u. soziale Mobilität in Deutschland 1861—1914, in: W. Conze u. K.O. v. Aretin Hg., Deutschland u. Rußland im Zeitalter des Kapitalismus 1861—1914, Wiesbaden 1977, 123—35.

548 --, Sozialer Wandel in Mitteleuropa 1780—1840, in: P.-C. Ludz Hg., Soziologie u. Sozialgeschichte, Opladen 1973, 343—85.

549 *Zwahr, H.*, Proletariat u. Bourgeoisie in Deutschland. Studien zur Klassendialektik, Köln 1980.

550 *Zweig, F.*, The Theory of Social Classes, in: Kyklos 11. 1958, 390—404.

13. Horizontale Mobilität (Binnen- und Auswanderung)

1 *Adams, W.P.* Hg., Die deutschsprachige Auswanderung in die Vereinigten Staaten, Berlin 1980.

2 *Albrecht, G.*, Soziologie der geograph. Mobilität, Stuttgart 1972.

3 *Bade, K.J. u. K. Manfrass*, Arbeitsmarkt u. Arbeitskräftewanderung in Deutschland u. Frankreich, in: Sowi 5. 1976/4, 117—23.

4 -- Hg., Auswanderer - Wanderarbeiter - Gastarbeiter - in Deutschland seit 1820, 2 Bde, Ostfildern 1984.

5 --, Vom Auswanderungsland zum "Arbeitseinfuhrland": Kontinentale Zuwanderung u. Ausländerbeschäftigung in Deutschland im späten 19. u. frühen 20. Jh., in: ders. Hg., Auswanderer, Wanderarbeiter, Gastarbeiter, Bd. 2, Ostfildern 1984, 433—85.

6 --, Vom Auswanderungsland zum Einwanderungsland. Deutschland 1880—1980, Berlin 1983.

7 --, Bevölkerung, Arbeitsmarkt u. Wanderung im Wandel vom Agrar- zum Industriestaat, in: D. Langewiesche Hg., Ploetz: Das Deutsche Kaiserreich 1867/71—1918, Würzburg 1984, 73—80.

8 --, Deutsche im Ausland - Fremde in Deutschland, München 1992.

9 --, Transatlantic Emigration and Continental Immigration: the German Experience Past and Present, in: ders. Hg., Population, Labour, and Migration in 19th and 20th Century Germany, N.Y. 1987, 135—62.

10 --, German Emigration to the United States and Continental Immigration to Germany in the Late 19th and Early 20th Centuries, in: CEH 13. 1980, 348—77; u. in: D. Hoerder Hg., Labor Migration in the Atlantic Economies, Westport 1985, 117—42.
11 --, Vom Export der Sozialen Frage zur importierten Sozialen Frage: Deutschland im transnationalen Wanderungsgeschehen seit der Mitte des 19. Jh., in: ders. Hg., Auswanderer, Wanderarbeiter, Gastarbeiter, Bd. 1, Ostfildern 1984, 9—72.
12 --, 'Kulturkampf' auf dem Arbeitsmarkt: Bismarcks Polenpolitik 1885—1890, in: O. Pflanze Hg., Innenpolit. Probleme des Bismarck-Reiches, München 1983, 121—42.
13 --, Labour, Migration, and the State: Germany From the Late 19th Century to the Onset of the Great Depression, in: ders., Population, Labour, and Migration in 19th and 20th Century Germany, N.Y. 1987, 59—85.
14 --, Die deutsche überseeische Massenauswanderung im 19. u. 20. Jh., in: ders. Hg., Auswanderer, Wanderarbeiter, Gastarbeiter, I, Ostfildern 1984, 259—99.
15 --, Massenwanderung u. Arbeitsmarkt im deutschen Nordosten 1880—1914, in: AfS 20. 1980, 265—324.
16 --, Transnationale Migration u. Arbeitsmarkt im Kaiserreich. Vom Agrarstaat mit starker Industrie zum Industriestaat mit starker agrar. Basis, in. T. Pierenkemper u. R. Tilly Hg., Histor. Arbeitsmarktforschung, Göttingen 1982, 182—211.
17 --, Sozialhistor. Migrationsforschung u. 'Flüchtlingsintegration', in: R. Schulze u.a. Hg., Flüchtlinge u. Vertriebene in der westdeutschen Nachkriegsgeschichte, Hildesheim 1987, 126—62.
18 --, Politik u. Ökonomie der Ausländerbeschäftigung im preuß. Osten 1885—1914. Die Internationalisierung des Arbeitsmarkts im "Rahmen der preuß. Abwehrpolitik", in: H.—J. Puhle u. H.-U. Wehler Hg., Preußen im Rückblick (= GG, SoH. 6), Göttingen 1980, 273—99.
19 -- Hg., Population, Labour, and Migration in 19th and 20th Century Germany, N.Y. 1987.
20 --, "Preußengänger" u. "Abwehrpolitik": Ausländerbeschäftigung, Ausländerpolitik u. Ausländerkontrolle auf dem Arbeitsmarkt in Preußen vor 1914, in: AfS 24. 1984, 90—162.
21 *Ballod, K.*, Die Bevölkerungsbewegung der letzten Jahrzehnte in Preußen u. in einigen anderen wichtigen Staaten Europas, in: ZKPSL 54. 1914, 239—90.
22 *Barfuss, K.M.*, "Gastarbeiter" in Nordwestdeutschland 1884—1918, Bremen 1985.
23 *Bethlehem, S.*, Heimatvertreibung, DDR-Flucht, Gastarbeiterzuwanderung, Stuttgart 1982.
24 *Bleek, S.*, Mobilität u. Seßhaftigkeit in deutschen Großstädten während der Urbanisierung, in: GG 15. 1989, 5—33.
25 *Brockstedt, J.*, Regionale Mobilität, Wirtschaftsentwicklung u. Sozialstruktur in Schleswig-Holstein 1800—1964, in: W.H. Schröder Hg., Moderne Stadtgeschichte, Stuttgart 1979, 179—97.
26 -- Hg., Regionale Mobilität in Schleswig-Holstein 1600—1900, Neumünster 1979.

27 *Broesicke, M.*, Die Binnenwanderungen im preuß. Staate, in: ZKPSL 47. 1907, 1–62.

28 *Burgdörfer, F.*, Die Wanderungen über die deutschen Reichsgrenzen im letzten Jh., in: Allg. Statist. Archiv 20. 1930, 161–96, 383–419, 537–51; u. in: W. Köllmann u. P. Marschalck Hg., Bevölkerungsgeschichte, Köln 1972, 281–322.

29 *Doerries, R.R.*, German Transatlantic Migration From the Early 19th Century to 1939, in: K.J. Bade Hg., Population, Labour, and Migration in 19th and 20th Century Germany, N.Y. 1987, 115–34.

30 *Easterlin, R.*, Influences on European Overseas Emigration Before World War One, in: EDCC 9. 1961, 331–51.

31 *Franke, E.*, Das Ruhrgebiet u. die Ostpreußen, Essen 1936.

32 *Gould, J.D.*, European Inter–Continental Emigration 1815–1914: Patterns and Causes, in: JEEH 8. 1979, 593–679.

33 *Hansen, C.*, Die deutsche Auswanderung im 19. Jh. - ein Mittel zur Lösung sozialer u. sozialpolit. Probleme? in: G. Moltmann Hg., Die Amerikaauswanderung im 19. Jh., Stuttgart 1976, 8–61.

34 *Hartmann, K.*, Horizontale Mobilität, in: HES II. 1967², 43–64/Tb. Zur Soziologie der Wanderungen, in: V. 1976³, 104–95.

35 *Heberle, R.*, Zur Typologie der Wanderungen (1955), in: W. Köllmann u. P. Marschalck Hg., Bevölkerungsgeschichte, Köln 1972, 69–75.

36 *Herbert, U.*, Geschichte der Ausländerbeschäftigung in Deutschland 1880–1980, Berlin 1986.

37 *v. Hippel, W.*, Auswanderung aus Südwestdeutschland, Stuttgart 1984.

38 *Hochstadt, S.*, Migration in Preindustrial Germany, in: CEH 16. 1983, 195–224.

39 --, Migration and Industrialization in Germany 1815–1977, in: Social Science History 5. 1981, 445–68.

40 --, Städt. Wanderungsbewegungen in Deutschland 1850–1914, in: Fs. K.O. v. Aretin, Stuttgart 1988, 575–98.

41 *Hoffmann-Novotny, H.J.*, Migration. Ein Beitrag zu einer soziolog. Erklärung, Stuttgart 1970.

42 *Ipsen, G.*, Die atlant. u. deutsche Wanderung des 19. Jh., in: Ostdeutsche Wissenschaft 8. 1961, 48–62.

43 *Keller, K.*, Umfang u. Richtung der Wanderungen zwischen preuß. Provinzen 1871– 1925, in: ZPSL 70. 1931, 273-91.

44 *Kiesewetter, H.*, Regionale Lohndisparitäten u. innerdeutsche Wanderungen im Kaiserreich, in: J. Bergmann u.a., Regionen im histor. Vergleich, Opladen 1989, 133–99.

45 *Köllmann, W.*, Binnenwanderung u. Bevölkerungsstrukturen der Ruhrgebietsgroßstädte im Jahre 1907, in: SW 9. 1958, 219–33; u. in: ders., Bevölkerung in der industriellen Revolution, Göttingen 1974, 171–85.

46 -- *u. P. Marschalck*, German Emigration to the USA, in: Perspectives in American History 7. 1974, 499–554.

47 --, Industrialisierung, Binnenwanderung u. "Soziale Frage", in: VSWG 46. 1959, 45–70; u. in: ders., Bevölkerung in der industriellen Revolution, Göttingen 1974, 106–24.

48 --, Rheinland-Westfalen in der deutschen Binnenwanderungsbewegung der Hochindustrialisierungsperiode, in: ders., Bevölkerung in der industriellen Revolution, Göttingen 1974, 250–60.

49 --, Versuch des Entwurfs einer histor.-soziolog. Wanderungstheorie, in: Fs. W. Conze, Stuttgart 1976, 260–69.

50 *Konopatzki, S.*, Die innerdeutsche Westwanderung der ostpreuß. Bevölkerung, Diss. Leipzig 1936.

51 *Langewiesche, D. u. F. Lenger*, Internal Migration: Persistence and Mobility, in: K.J. Bade Hg., Population, Labour, and Migration in 19th and 20th Century-Germany, N.Y. 1987, 87–100.

52 --, Mobilität in deutschen Mittel- u. Großstädten. Aspekte der Binnenwanderung im 19. u. 20. Jh., in: W. Conze u. U. Engelhardt Hg., Arbeiter im Industrialisierungsprozeß, Stuttgart 1979, 70–93.

53 --, Wanderungsbewegungen in der Hochindustrialisierungsperiode. Regionale, interstädt. u. innerstädt. Mobilität in Deutschland 1880–1914, in: VSWG 64. 1977, 1–40.

54 *Losch, H.*, Die Bewegung der Bevölkerung Württembergs im 19. Jh., in: Württemberg. Jahrbücher für Statistik u. Landeskunde 1900, 55–165.

55 *Maass, L.*, Deutsche Binnenwanderung mit bes. Berücksichtigung des deutschen Westens, in: Staat u. Volkstum 2. 1926, 353–62.

56 *Marschalck, P.*, Deutsche Überseewanderung im 19. Jh., Stuttgart 1973.

57 *Meyer, F.*, Problem u. Methoden der Binnenwanderungsforschung, in: Archiv für Bevölkerungswissenschaft 6. 1936, 212–31.

58 *Mönckmeier, W.*, Die deutsche übersee. Auswanderung, Jena 1912.

59 *Moltmann, G.* Hg., Deutsche Amerikaauswanderung im 19. Jh., Stuttgart 1976.

60 --, Auswanderung als Revolutionsersatz? in: M. Salewski Hg., Die Deutschen u. die Revolution, Göttingen 1984, 272–97.

61 --, Nordamerikan. "Frontier" u. deutsche Auswanderung - soziale Sicherheitsventile im 19. Jh.? in: 2. Fs. F. Fischer, Bonn 1978, 279–96.

62 *Morgenroth, W.*, Binnenwanderung, in: HStW 2, 1924^4, 909–23.

63 *Müller, E.*, Bevölkerungsgeschichte u. Wanderungsforschung in der Prov. Ostpreußen, in: Altpreuß. Forschungen 13. 1936, 102–22.

64 *Murphy, R.C.*, Gastarbeiter im Deutschen Reich. Polen in Bottrop 1891–1933, Wuppertal 1982.

65 *Murzynoswka, K.*, Die poln. Erwerbsauswanderer im Ruhrgebiet 1880–1914, Dortmund 1979.

66 *Obermann, K.*, Die deutsche Auswanderung nach den Vereinigten Staaten 1830–70, in: JbW 1975/II, 33–55.

67 --, Du rôle et du caractère des migrations internes vers Berlin 1815–1875, in: Annales de Démographie Historique 1971, 133–59.

68 *Quante, P.*, Die Abwanderung aus der Landwirtschaft, Kiel 1958.

69 --, Die Flucht aus der Landwirtschaft, Berlin 1933.

70 *Raabe, A.*, Die Abwanderungsbewegung in den östl. Provinzen Preußens, Diss. Berlin 1910.

71 *Rehm, H. u. O. Loening*, Freizügigkeit, in: HStW 4. 1927^4, 373–80.

72 *Rogalewski, J.*, Die Abwanderung aus der Prov. Posen 1890–1910, Diss. Freiburg 1914/Oberhausen 1914.

73 *Schechtmann, J.*, Postwar Population Transfers in Europe 1945–55, London 1962.

74 *Schomerus, H.*, Saisonarbeit u. Fluktuation. Überlegungen zur Struktur der mobilen Arbeiterschaft 1850–1914, in: W. Conze u. U. Engelhardt Hg., Arbeiter im Industrialisierungsprozeß, Stuttgart 1979, 113–18.

75 *Schumann, M.*, Die inneren Wanderungen in Deutschland, in: Allg. Statist. Archiv 1890/91, 503–39.

76 *Steyer, K.*, Die Wanderungsbewegung in Ostpreußen, Königsberg 1935.

77 *Struck, W.-H.*, Die Auswanderung aus dem Herzogtum Nassau 1806–1866, Wiesbaden 1966.

78 *Thistlethwaite, F.*, Migration from Europe Overseas in the 19th and 20th Centuries, in: H. Moeller Hg., Population Movements in Modern European History, N.Y. 1964, 73–92.

79 *Tilly, C.*, Migration in Modern European History, in: W.H. McNeil u. R.S. Adams Hg., Human Migration, Bloomington 1978, 48–72.

80 *Walker, M.*, Germany and the Emigration 1816–1885, Cambridge/Mass. 1964.

81 *Wander, H.*, Migration and the German Economy, in: B. Thomas Hg., Economics of International Migration, London 1958, 197–214.

14. Geschlechtergeschichte/Frauengeschichte

1 *Abrams, L.*, Prostitutes in Imperial Germany 1870–1918: Working Girls or Social Outcasts? in: R.J. Evans Hg., The German Underworld, London 1988, 189–210.

2 *Adams, C.E.*, Women Clerks in Wilhelminian Germany. Issues of Class and Gender, Boston 1988.

3 *Albisetti, J.C.*, The Fight for Female Physicians in Imperial Germany, in: CEH 15. 1982, 99–123.

4 --, Frauen u. die akadem. Berufe im Kaiserlichen Deutschland, in: A. Kuhn u. R.-E.B. Joeres Hg., Frauen in der Geschichte, VI, Düsseldorf 1985, 286–303.

5 --, Could Separate Be Equal: H. Lange and Women's Education in Imperial Germany, in: History of Education Quartely 22. 1982, 301–17.

6 *Albrecht, W.* u.a., Frauenfrage und deutsche Sozialdemokratie vom Ende des 19. Jh. bis zum Beginn der 20er Jahre, in: AfS 19. 1979, 459–510.

7 *Alexander, S.*, Women, Class and Sexual Difference, in: History Workshop 17. 1984, 125–49.

8 *Allen, A.T.*, Feminism and Motherhood in Germany 1800–1914, New Brunswick 1991.

9 --, Mothers of the New Generation: A. Schreiber, H. Stöcker, and the Evolution of a German Idea of Motherhood 1900–1914, in: Signs 10. 1985, 418–38.

10 *Ankerloo, B.*, Agriculture and Women's Work: Directions of Change in the West 1700–1900, in: Journal of Family History 4. 1979, 111–20.

11 *Badinter, E.*, Die Mutterliebe. Geschichte eines Gefühls vom 17. Jh. bis heute, München 1989[5].

12 *Bäumer, G.*, Die Frau in Gesellschaft u. Staatsleben der Gegenwart, Stuttgart 1914.

13 -- *u. H. Lange*, Handbuch der Frauenbewegung, 5 Bde, Berlin 1902–1915/ND Weinheim 1980.

14 *Bajohr, S.*, Weibl. Arbeitsdienst im "Dritten Reich", in: VfZ 28. 1980, 331–57.

15 --, Die Hälfte der Fabrik. Geschichte der Frauenarbeit in Deutschland 1914–1945, Marburg 1979.

16 *Bake, R.*, Vorindustrielle Frauenerwerbsarbeit. Arbeits- u. Lebensweise von Manufakturarbeiterinnen im Deutschland des 18. Jh. u. bes. Berück. Hamburgs, Köln 1984.

17 *Bauer, W.*, Geschichte u. Wesen der Prostitution, Stuttgart 1956.

18 *Baumann, U.*, Protestantismus u. Frauenemanzipation in Deutschland 1850–1870, Frankfurt 1992.

19 *Bebel, A.*, Die Frau u. der Sozialismus, Stuttgart 1879/1896[2].

20 *Becher, U.A.J. u. J. Rüsen* Hg., Weiblichkeit in geschichtl. Perspektive, Frankfurt 1988.

21 *Becker-Cantarino, B.* Hg., Die Frau von der Reformation zur Romantik, Bonn 1980.

22 *Beier, R.*, Frauenarbeit u. Frauenalltag im Deutschen Kaiserreich, Frankfurt 1983.

23 *Beilner, H.*, Die Emanzipation der bayer. Lehrerin. Die Arbeit des bayer. Lehrerinnenvereins 1898–1933, Diss. München 1971.

24 *Bejschowetz-Iserhoht, M.*, Dienstboten zur Kaiserzeit. Weibl. Hauspersonal in Kiel 1871–1918, Kiel 1984.

25 *Bergmann, A.A.*, Von der "Unbefleckten Empfängnis" zur "Rationalisierung des Geschlechtslebens". Gedanken zur Debatte um den Geburtenrückgang vor dem Ersten Weltkrieg, in: J. Geyer-Kordesch u. A. Kuhn Hg., Frauenkörper, Medizin, Sexualität, Düsseldorf 1986, 127–58.

26 --, Frauen, Männer, Sexualität u. Geburtenkontrolle. Zur "Gebärstreikdebatte" der SPD 1913, in: K. Hausen Hg., Frauen suchen ihre Geschichte, München 1983, 81–108.

27 *Bernstein, G.*, The Curriculum for German Girls' Schools 1870–1914, in: Paedagogica Historica 18. 1978, 275–95.

28 -- *u. L.*, Attitudes Towards Women's Education in Germany 1870–1914, in: International Journal of Women's Studies 2. 1979, 473–88.

29 *Bessel, R.*, "Eine nicht allzu große Beunruhigung des Arbeitsmarktes." Frauenarbeit u. Demobilmachung in Deutschland nach dem Ersten Weltkrieg, in: GG 9. 1983, 211–29.

30 *Beyer, J. u. E. Holtmann*, "Auch die Frau soll politisch denken" - oder: "Die Bildung des Herzens". Frauen u. Frauenbild in der Kommunalpolitik der frühen Nachkriegszeit 1945–1950, in: AfS 25. 1985, 385–419.

31 *Bischoff, C.*, Frauen in der Krankenpflege. Zur Entwicklung von Frauenrolle u. Frauenberufstätigkeit im 19. u. 20. Jh., Frankfurt 1984.

32 *Blochmann, E.*, Die 'Frauenzimmer' u. die 'Gelehrsamkeit'. Eine Studie über die Anfänge des Mädchenschulwesens in Deutschland, Heidelberg 1966.

33 *Boak, H.L.*, Women in Weimar Germany: The "Frauenfrage" and the Female Vote, in: R. Bessel u. E.J. Feuchtwanger Hg., Social Change and Political Development in Weimar Germany, London 1981, 155–73.

34 *Bock, G. u. B. Duden*, Arbeit aus Liebe - Liebe aus Arbeit. Zur Entstehung der Hausarbeit im Kapitalismus, in: Frauen u. Wissenschaft. Beiträge zur Berliner Sommeruniversität für Frauen, Berlin 1977^2, 118–99.

35 --, Frauen u. ihre Arbeit im Nationalsozialismus, in: A. Kuhn u. G. Schneider Hg., Frauen in der Geschichte, I, Düsseldorf 1979, 113–49.

36 --, Histor. Frauenforschung: Fragestellungen u. Perspektiven, in: K. Hausen Hg., Frauen suchen ihre Geschichte, München 1983, 22–60.

37 --, Geschichte, Frauengeschichte, Geschlechtergeschichte, in: GG 14. 1988, 364–91.

38 -- *u. P. Thane* Hg., Maternity and Gender Politics. Women and the Rise of the European Welfare States 1880s–1950s, London 1991.

39 --, Der Platz der Frauen in der Geschichte, in: H. Nagl-Docekal u. F. Wimmer Hg., Neue Ansätze in der Geschichtswissenschaft, Wien 1984, 108–27.

40 --, Racism and Sexism in Nazi Germany: Motherhood, Compulsory Sterilization, and the State, in: Signs 8. 1983, 400–21.

41 --, Zwangssterilisation im Nationalsozialismus, Opladen 1986.

42 *Boedeker, E. u. M. Meyer-Plath*, 50 Jahre Habilitation von Frauen in Deutschland: Eine Dokumentation 1920–1970, Göttingen 1974.

43 *Böttger, F.* Hg., Frauen im Aufbruch. Frauenbriefe aus dem Vormärz u. der Revolution von 1848, Darmstadt 1979.

44 *Bouvier, B.W.*, Frau u. Familie in der Geschichte. Anmerkungen zu neueren Veröffentlichungen, in: AfS 23. 1983, 637–51.

45 *Boxer, M.I. u. J.H. Quartaert* Hg., Socialist Women. European Socialist Feminism in the 19th and Early 20th Centuries, N.Y. 1978.

46 *Branca, P.*, A New Perspective on Women's Work. A Comparative Typology, in: JSH 9. 1975/76, 129–53.

47 --, Women in Europe Since 1750, London 1978.

48 *Brehmer, I. u. J. Jacobi-Dittrich* Hg., Frauenalltag in Bielefeld 1850-1933, Bielefeld 1986.

49 -- Hg., Lehrerinnen. Zur Geschichte eines Frauenberufs, München 1980.

50 *Bremme, G.*, Die polit. Rolle der Frau in Deutschland. Eine Untersuchung über den Einfluß der Frauen bei Wahlen u. ihre Teilnahme in Partei u. Parlament, Göttingen 1956.

51 *Bridenthal, R.*, Marxist.-feminist. Ansätze zur Frauengeschichte in den USA, in: Feminist. Studien 4. 1985, 130–134.

52 -- u.a. Hg., When Biology Became Destiny. Women in Weimar and Nazi Germany, N.Y. 1984.

53 --, "Professional" Housewives: Stepsisters of the Women's Movement, in: dies. u.a. Hg., When Biology Became Destiny, N.Y. 1984, 153–73.
54 --, Beyond Kinder, Kirche, Küche. Weimar Women at Work, in: CEH 6. 1973, 148–66; u. in: dies. u.a. Hg., When Biology Became Destiny, N.Y. 1984, 33–65.
55 -- *u. C. Koonz* Hg., Becoming Visible. Women in European History, Boston 1977.
56 *Brinker-Gabler, G*, Der alltägliche Faschismus -Frauen im Dritten Reich, Berlin 1981.
57 -- Hg., Frauen gegen den Krieg, Frankfurt 1980.
58 -- Hg., Frauenarbeit u. Beruf, Frankfurt 1979.
59 *Brodmeier, R.*, Die Frau im Handwerk in historischer u. moderner Sicht, München 1963.
60 *Bullough, V.L. u. B.L.*, The History of Prostitution, N.Y. 1964.
61 --, Sin, Sickness and Sanity: A History of Sexual Attitudes, N.Y. 1977.
62 -- *u. M. Voght*, Women, Menstruation and 19th Century Medicine, in: Bulletin of the History of Medicine 47. 1973, 66–82.
63 *Burman, S.* Hg., Fit Work for Woman, N.Y. 1979.
64 *Bussemer, H.U.*, Bürgerl. Frauenbewegung u. männl. Bildungsbürgertum 1860–1880, in: U. Frevert Hg., Bürgerinnen u.Bürger, Göttingen 1988, 190–205.
65 --, Bürgerl. u. proletar. Frauenbewegung 1865–1914, in: A. Kuhn u. G. Schneider Hg., Frauen in der Geschichte, I, Düsseldorf 1979, 34–55.
66 --, Frauenemanzipation u. Bildungsbürgertum. Sozialgeschichte der Frauenbewegung in der Reichsgründungszeit, Weinheim 1985.
67 -- u.a., Zur Sozialgeschichte der Haushaltstechnik im 20. Jh., in: J. Dalhof u.a. Hg., Frauenmacht in der Geschichte, Düsseldorf 1986, 310–16.
68 *Canning, K.*, Gender and the Politics of Class Formation, in: AHR 97. 1992, 736– 68.
69 *Carroll, B.A.* Hg., Liberating Women's History, Urbana 1976.
70 *Conradt, S. u. K. Heckmann-Janz*, "... du heiratest ja doch!" 80 Jahre Schulgeschichte von Frauen, Frankfurt 1985.
71 *Cowan, R.S.*, The "Industrial Revolution" in the Home: Household Technology and Social Change in the 20th Century, in: Technology and Culture 17. 1976, 1-23.
72 *Czarnowski, G.*, Das kontrollierte Paar. Ehe- u. Sexualpolitik im Nationalsozialismus, Weinheim 1991.
73 *Dalhoff, J. u.a.* Hg., Frauenmacht in der Geschichte, Düsseldorf 1986.
74 *Dammer, S.*, Nationalsozialist. Frauenpolitik u. soziale Arbeit, in: H.-U. Otto u. H. Sünker Hg., Soziale Arbeit u. Faschismus, Frankfurt 1990², 157–75.
75 --, Mütterlichkeit u. Frauendienstpflicht. Versuche der Vergesellschaftung "weibl. Fähigkeiten" durch eine Dienstverpflichtung. Deutschland 1880–1918, Weinheim 1988.
76 *Daniel, U.*, Arbeiterfrauen in der Kriegsgesellschaft. Beruf, Familie u. Politik im Ersten Weltkrieg, Göttingen 1989.

77 --, Fiktionen, Friktionen u. Fakten - Frauenlohnarbeit im Ersten Weltkrieg, in: G. Mai Hg., Arbeiterschaft 1914—18 in Deutschland, Düsseldorf 1985, 277—323.

78 *Dasey, R.*, Women's Work and the Family: Women Garment Workers in Berlin and Hamburg Before 1914, in: R.J. Evans u. W.R. Lee Hg., The German Family, London 1981, 221—55.

79 *Davis, N.Z.*, Frauen u. Gesellschaft am Beginn der Neuzeit, Berlin 1986.

80 --, "Women's History" in Transition, The European Case, in: Feminist Studies 3. 1976, 83—103.

81 *Degler, C.N.*, What Ought To Be and What Was: Women's Sexuality in the 19th Century, in: AHR 79. 1974, 1467—90.

82 *Delamont, A. u. L. Duffin* Hg., The 19th Century Women. Her Culture and Physical World, London 1978.

83 *Drewitz, I.* Hg., Die deutsche Frauenbewegung. Die soziale Rolle der Frau im 19. Jh. u. die Emanzipationsbewegung in Deutschland, Bonn 1981.

84 *Dubnoff, S.*, Gender, the Family and the Problems of Work Motivation in the Transition to Industrial Capitalism, in: JFH 4. 1979, 121—36.

85 *Dubois, E.* u.a., Politics and Culture in Women's History, in: Feminist Studies 6. 1980, 26—64.

86 *Duden, B. u. K. Hausen*, Gesellschaftl. Arbeit - geschlechtsspezifische Arbeitsteilung, in: A. Kuhn u. G. Schneider Hg., Frauen in der Geschichte, I, Düsseldorf 1979, 11—33.

87 --, Das schöne Eigentum. Zur Herausbildung des bürgerlichen Frauenbildes an der Wende vom 18. zum 19. Jh., in: Kursbuch 47. 1977, 125—40.

88 --, Geschichte unter der Haut. Ein Eisenacher Arzt u. seine Patientinnen um 1730, Stuttgart 1987.

89 -- *u. E. Meyer-Renschhausen*, Landarbeiterinnen, Näherinnen, Dienstmädchen, Hausfrauen. Frauenarbeit in Preußen, in: Preußen. Zur Sozialgeschichte eines Staates, III, Hamburg 1981, 265—85.

90 *Dux, G.*, Die Spur der Macht im Verhältnis der Geschlechter. Über den Ursprung der Ungleichheit zwischen Mann u. Frau, Frankfurt 1992.

91 *Ehmer, J.*, Frauenarbeit u. Arbeiterfamilie in Wien, in: GG 7. 1981, 438—73.

92 *Eiber, L.*, Frauen in der Kriegsindustrie. Arbeitsbedingungen, Lebensumstände u. Protestverhalten, in: M. Broszat u.a. Hg., Bayern in der NS—Zeit, III, München 1981, 569—644.

93 *Eicke, D.-R.*, "Teenager" zu Kaisers Zeiten. Die "höhere" Tochter in Gesellschaft, Anstands- u. Mädchenbüchern 1860—1900, Marburg 1980.

94 *Eifert, C.*, Frauenarbeit im Krieg. Die Berliner "Heimatfront" 1914—1918, in: IWK 21. 1985, 281—95.

95 --, Frauenpolitik im Wohlfahrtsstaat: Die Arbeiterwohlfahrt 1919—1960, Frankfurt 1990.

96 -- *u. S. Rouette* Hg., Unter allen Umständen. Frauengeschichte(n) in Berlin, Berlin 1986.

97 *Ellerkamp, M. u. B. Jungmann*, Unendliche Arbeit. Frauen in der "Jutespinnerei und —weberei Bremen" 1888—1914, in: K. Hausen Hg., Frauen suchen ihre Geschichte, München 1983, 128—43.

98 *Elling, H.*, Frauen im deutschen Widerstand, Frankfurt 1978.

99 *Engelhardt, U.*, Frauen in der Sozialgeschichte: eine ungeschriebene Geschichte, in: W. Schieder u. V. Sellin Hg., Sozialgeschichte in Deutschland, IV, Göttingen 1987, 156–78.

100 *Evans, R.J.*, Comrades and Sisters. Feminism, Socialism, and Pacifism in Europe 1870–1945, Brighton 1987.

101 --, German Social Democracy and Women's Suffrage, 1891–1918, in: JCH 15. 1980, 533–57.

102 --, Feminism and Female Emancipation in Germany 1870–1945: Sources, Methods, and Problems of Research, in: CEH 9. 1976, 323–51.

103 --, The Feminists. Women's Emancipation Movements in Europe, America and Australasia 1840–1920, London 1977.

104 --, Geschichte, Geschlechterbeziehungen u. Psychologie in der Vergangenheit, in: GG 7. 1981, 590–613.

105 --, Zwischen feminist. u. traditioneller Geschichtswissenschaft: Zur Geschichte der deutschen Frauenbewegung, in: AfS 22. 1982, 593–605.

106 --, The History of European Women, in: JMH 52. 1980, 656–75.

107 --, Liberalism and Society: The Feminist Movement and Social Change, in: ders. Hg., Society and Politics in Wilhelmine Germany, London 1978, 186–214.

108 --, The Feminist Movement in Germany 1894–1933, London 1976.

109 --, Prostitution, State and Society in Imperial Germany, in: PP 70. 1976, 106–29.

110 --, Sozialdemokratie u. Frauenemanzipation im Deutschen Kaiserreich, Bonn 1979.

111 --, Modernization Theory and Women's History, in: AfS 20. 1980, 492–514.

112 --, German Women and the Triumph of Hitler, in: JMH 48. 1976, 123–75.

113 --, Women's History. Limits of Reclamation, in: SH 5. 1980, 273–81.

114 Der alltägl. Faschismus: Frauen im Dritten Reich, Berlin 1981.

115 *Fee, E.*, Women's Nature and Scientific Objectivity, in: M. Lowe u. R. Hubbard Hg., Woman's Nature. Rationalizations of Inequality, N.Y. 1983, 9–27.

116 *Feyl, R.*, "Der lautlose Aufbruch." Frauen in der Wissenschaft, Darmstadt 1983.

117 *Fieseler, B. u. B. Schulze* Hg., Frauengeschichte gesucht - gefunden? Auskünfte zum Stand der Histor. Frauenforschung, Köln 1991.

118 *Fischer-Homberger, E.*, 'Krankheit Frau', in: A.E. Imhof Hg., Leib u. Leben in der Geschichte der Neuzeit, Berlin 1983, 215–29.

119 --, Krankheit Frau. Zur Geschichte der Einbildungen, Darmstadt 1984.

120 *Floßmann, U.*, Die Gleichberechtigung der Geschlechter in der Privatrechtsgeschichte, in: Fs. H. Eichler, Wien 1977, 119–44.

121 *Fout, J.C.*, Current Research on German Women's History in the 19th Century, in: ders. Hg., German Women in the 19th Century, N.Y. 1984, 3–54.

122 -- Hg., German Women in the 19th Century, N.Y. 1984.

123 --, The Woman's Role in the German Working-Class Family in the 1890s from the Perspective of Women's Autobiographies, in: ders. Hg., German Women in the 19th Century, N.Y. 1984, 295–319.

124 *Franzoi, B.*, Domestic Industry. Work Options and Women's Choices, in: J.C. Fout Hg., German Women in the 19th Century, N.Y. 1984, 256–69.

125 --, At the Very She Least Pays the Rent: Women and German Industrialization 1871– 1914, London 1985.

126 Die Frau in der Arbeiterbewegung 1900–1939. Internationale Tagung der Historiker der Arbeiterbewegung 1978–14. Linzer Konferenz, Wien 1980.

127 Frauengruppe Faschismusforschung, Mutterkreuz u. Arbeitsbuch. Zur Geschichte der Frauen in der Weimarer Republik u. im Nationalsozialismus, Frankfurt 1981.

128 *Frederiksen, E.* Hg., Die Frauenfrage in Deutschland 1865–1915, Stuttgart 1981.

129 *Frevert, U.*, "Wo Du hingehst ..."? Aufbrüche im Verhältnis der Geschlechter, in: A. Nitschke u.a. Hg., Jahrhundertwende, II, Reinbek 1990, 89–118.

130 --, "Fürsorgl. Belagerung": Hygienebewegung u. Arbeiterfrauen im 19. u. frühen 20. Jh., in: GG 11. 1985, 420–46.

131 --, Bewegung u. Disziplin in der Frauengeschichte, in: GG 14. 1988, 240–62.

132 --, Frauen u. Ärzte im späten 18. u. frühen 19. Jh. - Zur Sozialgeschichte eines Gewaltverhältnisses, in: A. Kuhn u. J. Rüsen Hg., Frauen in der Geschichte, II, Düsseldorf 1982, 177–210.

133 --, Frauen-Geschichte. Zwischen bürgerl. Verbesserung u. Neuer Weiblichkeit, Frankfurt 1986.

134 --, Frauen auf dem Weg zur Gleichberechtigung - Hindernisse, Umleitungen, Einbahnstraßen, in: M. Broszat Hg., Zäsuren nach 1945, München 1990, 113–30.

135 --, Klasse u. Geschlecht, in: L. Barrow u.a. Hg., Nichts als Unterdrückung? Münster 1991.

136 --, Vom Klavier zur Schreibmaschine - Weibl. Arbeitsmarkt u. Rollenzuweisungen am Beispiel der weibl. Angestellten in der Weimarer Republik, in: A. Kuhn u. G. Schneider Hg., Frauen in der Geschichte, I, Düsseldorf 1979, 82–112.

137 --, Männergeschichte oder die Suche nach dem "ersten" Geschlecht, in: Fs. H.-U. Wehler, München 1991, 31–43.

138 --, Bürgerl. Meisterdenker u. das Geschlechterverhältnis, in: dies. Hg., Bürgerinnen u. Bürger. Geschlechterverhältnisse im 19. Jh., Göttingen 1988, 17–48.

139 -- u.a., Historical Research on Women in the Federal Republic of Germany, in: K. Offen u.a. Hg., Writing Women's History, Bloomington 1991, 291–331.

140 --, Traditionale Weiblichkeit u. moderne Interessenorganiation, in: GG 7. 1981, 507–33.

141 *Friedrich, H.* u.a., Frauenarbeit u. technischer Wandel, Frankfurt 1973.

142 *Fuchs, E.*, Sozialgeschichte der Frau, Frankfurt 1973.

143 *Gay, P.*, Erziehung der Sinne. Sexualität im bürgerl. Zeitalter, München 1986.

144 --, Die zarte Leidenschaft. Liebe im bürgerl. Zeitalter, München 1987.

145 *v. Gayl, E.*, Zur Geschichte der deutschen Frauenbewegung, in: Beruf u. Leben 22. 1977, 51–63.

146 *Geiger, R.-E. u. S. Weigel*, Sind das noch Damen? Vom gelehrten Frauenzimmer- Journal zum feminist. Journalismus, München 1981.

147 *Gerhard, U.*, Über die Anfänge der deutschen Frauenbewegung um 1848. Frauenpresse, Frauenpolitik u. Frauenvereine, in: K. Hausen Hg., Frauen suchen ihre Geschichte, München 1983, 196–220.

148 --, Über gegenwärtige und histor. Erfahrungen der Frauen mit Recht. Vorüberlegungen zu einer Rechtstheorie für Frauen, in: Gesellschaft. Beiträge zur Marxschen Theorie 14, Frankfurt 1981, 139–67.

149 --, Die Rechtsstellung der Frau in der bürgerl. Gesellschaft des 19. Jh. Frankreich u. Deutschland im Vergleich, in: J. Kocka Hg., Bürgertum im 19. Jh., I, München 1988, 439–68.

150 -- u.a. Hg., "Dem Reich der Freiheit werb' ich Bürgerinnen." Die Frauenzeitung von Louise Otto, Frankfurt 1981.

151 --, Unerhört. Die Geschichte der deutschen Frauenbewegung, Reinbek 1990.

152 --, Verhältnisse u. Verhinderungen. Frauenarbeit, Familie u. Recht der Frauen im 19. Jahrhundert, Frankfurt 1978.

153 --, "Bis an die Wurzeln des Übels". Rechtsgeschichte u. Rechtskämpfe der Radikalen, in: Feminist. Studien 3. 1984, 77–97.

154 *v. Gersdorff, U.*, Frauen im Kriegsdienst 1914–1945, Stuttgart 1969.

155 --, Frauenarbeit u. Frauenemanzipation im Ersten Weltkrieg, in: Francia 2. 1975, 502–22.

156 *Gilligan, C.*, In a Different Voice: Psychological Theory and Women's Development, Cambridge/Mass. 1982.

157 *Gnauck-Kühne, E.*, Die deutsche Frau um die Jahrhundertwende, Berlin 1907^2.

158 *Gottschalch, W.*, Vatermutterkind. Deutsches Familienleben zwischen Kulturromantik u. sozialer Revolution, Berlin 1979.

159 *Grenz, D.*, Mädchenliteratur. Von den moralisch-belehrenden Schriften im 18. Jh. bis zur Herausbildung der Backfischliteratur im 19. Jh., Stuttgart 1981.

160 *Greven-Aschoff, B.*, Die bürgerl. Frauenbewegung in Deutschland 1894–1933, Göttingen 1981.

161 --, Sozialer Wandel u. Frauenbewegungen, in: GG 7. 1981, 328–46.

162 *Grossmann, A.*, Abortion and Economic Crisis: The 1931 Campaigne Against ^U 218 in Germany, in: New German Critique 5. 1978, 119–37.

163 --, "Satisfaction Is Domestic Happiness". Mass Working-Class Sex Reform Organizations in the Weimar Republic, in: M.N. Dobkowski u. I. Wallimann Hg., Towards the Holocaust, Westport/Conn. 1983, 265–93.

164 --, The New Women and the Rationalization of Sexuality in Weimar Republic, in: A. Snitow u.a. Hg., Powers of Desire. The Politics of Sexuality, N.Y. 1983, 153–71.

165 *Grubitzsch, H.* u.a. Hg., Grenzgängerinnen. Revolutionäre Frauen im 18. u. 19. Jh. Weibl. Wirklichkeit u. männl. Phantasien, Düsseldorf 1985.

166 *Haarmann, E.*, Schwestern zur Sonne zur Gleichheit. Die Anfänge der proletar. Frauenbewegung, Hamburg 1985.

167 *Haberkorn, E.*, Die Frauenagitation in der deutschen Arbeiterbewegung 1848–1914, Diss. Wien 1977.

168 *Hackett, A.*, Feminism and Liberalism in Wilhelmine Germany 1890–1918, in: B.A. Carroll Hg., Liberating Women's History, Urbana/Ill. 1976, 127–36.

169 --, The Politics of Feminism in Wilhelmine Germany 1890—1918, Diss. Columbia University 1976.

170 --, The German Women's Movement and Suffrage 1890—1914. A Study of National Feminism, in: R.J. Bezucha Hg., Modern European Social History, Lexington/Mass. 1972, 354—86.

171 *Häntzschel, G.* Hg., Bildung u. Kultur bürgerl. Frauen 1850—1918, Tübingen 1985.

172 *Hagemann, K.*, Frauenalltag u. Männerpolitik. Alltagsleben u. gesellschaftl. Handeln von Arbeiterfrauen in der Weimarer Republik, Bonn 1990.

173 --, Möglichkeiten u. Probleme der "Oral History" für Projekte zur Frauengeschichte am Beispiel einer Arbeit zur sozialdemokrat. Frauenbewegung Hamburgs in der Weimarer Republik, in: Frauengeschichte. Beiträge zur feminist. Theorie u. Praxis 5. 1981, 55—61.

174 *Harrigan, R.*, Die emanzipierte Frau im deutschen Roman der Weimarer Republik, in: J. Elliott u.a. Hg., Stereotyp u. Vorurteil in der Literatur, Göttingen 1978, 65—83.

175 --, Die Sexualität der Frau in der deutschen Unterhaltungsliteratur 1919—1933, in: GG 7. 1981, 412—37.

176 *Harris, B.J. u. J.K. MacNamara* Hg., Women and the Structure of Society, Durham 1984.

177 *Hartmann, H.I.*, Capitalism, Patriarchy, and Job Segregation by Sex, in: Signs 1. 1976, 137—69.

178 --, The Family as the Locus of Gender, Class, and Political Struggle: The Example of Housework, in: Signs 6. 1981, 366—412.

179 --, The Unhappy Marriage of Marxism and Feminism: Towards a More Progressive Union, in: Capital and Class 8. 1979, 1—33.

180 *Hartmann, M.S. u. L. Banner* Hg., Clio's Consciousness Raised. New Perspectives on the History of Women, N.Y. 1974.

181 *Haupt, H.-G.*, Männl. u. weibl. Berufskarrieren im deutschen Bürgertum in der zweiten Hälfte des 19. Jh., in: GG 18. 1992, 143—60.

182 *Hausen, K.*, Arbeitsort Fabrik. "Unmittelbare Vereinigung mit den Männern", in: Journal für Geschichte 1985/2, 37—41.

183 --, Techn. Fortschritt u. Frauenarbeit im 19. Jh. Zur Sozialgeschichte der Nähmaschine, in: GG 4. 1978, 148—69.

184 -- Hg., Frauen suchen ihre Geschichte, München 1983.

185 -- *u. H. Wunder* Hg., Frauengeschichte - Geschlechtergeschichte, Frankfurt 1992.

186 --, Mütter, Söhne u. der Markt der Symbole u. Waren: Der deutsche Muttertag 1923—1933, in: H. Medick u. D. Sabean Hg., Emotionen u. materielle Interessen, Göttingen 1984, 473—523.

187 --, Patriarchat - Vom Nutzen u. Nachteil eines Konzepts für Frauengeschichte u. Frauenpolitik, in: Journal für Geschichte 1986/5, 12—21, 58.

188 --, Die Polarisierung der "Geschlechtscharaktere" - Eine Spiegelung der Dissoziation von Erwerbs- u. Familienleben, in: W. Conze Hg., Sozialgeschichte der Familie in der Neuzeit Europas, Stuttgart 1976, 363—93.

189 --, Unemployment Also Hits Women. The New and the Old Women on the Dark Side of the Golden Twenties in Germany, in: P. Stachura Hg., Unemployment and the Great Depression in Weimar Germany, London 1986, 78–120.

190 --, Große Wäsche. Techn. Fortschritt u. sozialer Wandel in Deutschland vom 18. bis ins 20. Jh., in: GG 13. 1987, 273–303.

191 *Henderson, W.O.*, The Labour Force in the Textile Industries, in: AfS 14. 1976, 283–324.

192 *Henkel, M. u. R. Taubert*, Das Weib im Konflikt mit den sozialen Verhältnissen. M.F. Anneke u. die erste deutsche Frauenzeitung, Bochum 1976.

193 *Hertz, D.*, Salonieres and Literary Women in Late 18th Century Berlin, in: New German Critique 14. 1978, 97–108.

194 *Hervé, F.* Hg., Geschichte der deutschen Frauenbewegung, Köln 1983[2].

195 *Higonnet, M.R.* u.a. Hg., Women, War and History, New Haven/Conn. 1986.

196 *Hobsbawm, E.*, Kultur u. Geschlecht im europ. Bürgertum 1870–1914, in: U. Frevert Hg., Bürgerinnen u. Bürger, Göttingen 1988, 175–89.

197 --, Men and Women in Socialist Iconography, in: History Workshop 6. 1978, 121–38.

198 *Hofmann-Göttig, J.*, Emanzipation mit dem Stimmzettel. 70 Jahre Frauenwahlrecht in Deutschland, Bonn 1986.

199 *Holland, C. u. G.R. Garett*, The 'Skirt' of Nessus: Women and the German Opposition to Hitler, in: International Journal of Women's Studies 6. 1983, 363–81.

200 *Honegger, C.* Hg., Die Hexen der Neuzeit, Frankfurt 1978.

201 -- *u. B. Heintz* Hg., Listen der Ohnmacht. Zur Sozialgeschichte weibl. Widerstandsformen, Frankfurt 1981.

202 --, Die Ordnung der Geschlechter. Die Wissenschaften vom Menschen u. das Weib 1750–1850, Frankfurt 1991.

203 --, Überlegungen zur Medikalisierung des weibl. Körpers, in: A.E. Imhof Hg., Leib u. Leben in der Geschichte der Neuzeit, Berlin 1983, 203–13.

204 *Honeycutt, K.*, Socialism and Feminism im Imperial Germany, in: Signs 5. 1979, 30–41.

205 *Huerkamp, C.*, Frauen, Universitäten u. Bildungsbürgertum. Zur Lage studierender Frauen 1900–30, in: H. Siegrist Hg., Bürgerl. Berufe, Göttingen 1988, 200–22.

206 --, Revolution im Geschlechterverhältnis. Oder: Was haben die Revolutionen der letzten 200 Jahre in Deutschland den Frauen gebracht? in: M. Hettling Hg., Revolution in Deutschland? Göttingen 1991, 106–21.

207 *Hull, I.V.*, Feminist and Gender History Through the Literary Looking Glass: German Historiography in Postmodern Times, in: CEH 22. 1989, 279–300.

208 --, "Sexualität" u. bürgerl. Gesellschaft, in: U. Frevert Hg., Bürgerinnen u. Bürger, Göttingen 1988, 49–66.

209 *Hummel-Haasis, G.* Hg., Schwestern zerreißt eure Ketten. Zeugnisse zur Geschichte der Frauen in der Revolution von 1848/49, München 1982.

210 *Humphries, J.*, Class Struggle and the Persistence of the Working-Class Family, in: A. Amsden Hg., The Economies of Women and Work, Harmondsworth 1980, 140—65.

211 *Imhof, A.E.*, Geschichte der Sexualität - Sexualität in der Geschichte, in: C. Wulf Hg., Lust u. Liebe. Wandlungen der Sexualität, München 1985, 181—215.

212 *Inhetveen, H.*, "Schöne Zeiten, schlimme Zeiten": Zeit, Geschichte, Biographien von Bäuerinnen, in: Feminist. Studien 1. 1982, 33—47.

213 *Jacobi, J.* Hg., Frauen zwischen Familie u. Schule: Professionalisierungsstrategien von Lehrerinnen im internationalen Vergleich 1870—1950, Köln 1992.

214 *Jacobi-Dittrich, J.*, Growing Up Female in the 19th Century, in: J.C. Fout Hg., German Women in the 19th Century, London 1984, 197—217.

215 *Jarausch, K.H.*, Students, Sex, and Politics in Imperial Germany, in: JCH 17. 1982, 285—303.

216 *Jensen, G.E.*, H. Schleiermacher. A Woman in a Traditional Role, in: J.C. Fout Hg., German Women in the 19th Century, N.Y. 1984, 88—103.

217 *Joeres, R.-E.B.*, Die Anfänge der deutschen Frauenbewegung: L. Otto-Peters, Frankfurt 1983.

218 --, L. Otto and Her Journals: A Chapter in 19th Century German Feminism, in: IASL 4. 1979, 100—29.

219 -- *u. M.J. Maynes* Hg., German Women in the 18th and 19th Centuries. A Social and Literary History, Bloomington 1986.

220 *Johansson, S.R.*, "Herstory" as History: A New Field or Another Fad? in: B.A. Carroll Hg., Liberating Women's History, Urbana 1976, 400—30.

221 *Juchacz, M.*, Sie lebten für eine bessere Welt. Lebensbilder führender Frauen des 19. u. 20. Jh., Berlin 1955.

222 *Jurczyk, K.*, Frauenarbeit u. Frauenrolle. Zum Zusammenhang von Familienpolitik u. Frauenerwerbstätigkeit in Deutschland 1918—1975, Frankfurt 1978[3].

223 *Kaiser, J.-C.*, Frauen in der Kirche. Evangel. Frauenverbände im Spannungsfeld von Kirche u. Gesellschaft 1890—1945, Düsseldorf 1985.

224 *Kall, P.*, Kathol. Frauenbewegung in Deutschland. Eine Untersuchung zur Gründung kathol. Frauenvereine im 19. Jh., Paderborn 1983.

225 *Kaplan, M.A.*, The Campaigne for Women's Suffrage in the Jewish Community in Germany, N.Y. 1976.

226 --, German-Jewish Feminism in the 20th Century, in: Jewish Social Studies 38. 1976, 39—54.

227 --, Die jüd. Frauenbewegung in Deutschland, Hamburg 1981.

228 --, The Making of the Jewish Middle Class: Women, Family, and Identity in Imperial Germany, N.Y. 1991.

229 --, The Jewish Feminist Movement in Germany: The Campaigns of the Jüdischer Frauenbund 1904—1938, Westport/Conn. 1979.

230 --, Schwesterlichkeit auf dem Prüfstand. Feminismus u. Antisemitismus in Deutschland 1904—1938, in: Feminist. Studien 3. 1984, 128—39.

231 --, Tradition and Transition: The Acculturation, Assimilation and Integration of Jews in Imperial Germany: A Gender Analysis, in: LBIYB 27. 1982, 3—35.

232 *Kater, M.H.*, Frauen in der NS-Bewegung, in: VfZ 31. 1983, 202—41.

233 *Kaufmann, D.*, Die Begründung u. Politik einer evangel. Frauenbewegung in der Weimarer Republik, in: J. Dalhoff u.a. Hg., Frauenmacht in der Geschichte, Düsseldorf 1986, 380–89.

234 --, Die Ehre des Vaterlandes u. die Ehre der Frauen oder Der Kampf an der äußeren u. inneren Front, in: Evangel. Theologie 46. 1986, 277–92.

235 --, Frauen zwischen Aufbruch u. Reaktion. Protestant. Frauenbewegung in der zweiten Hälfte des 19. Jh., München 1988.

236 --, Kathol. Milieu in Münster 1928–1933. Polit. Aktionsformen u. geschlechtsspezifische Verhaltensräume, Düsseldorf 1984.

237 --, Vom Vaterland zum Mutterland. Frauen im kathol. Milieu der Weimarer Republik, in: K. Hausen Hg., Frauen suchen ihre Geschichte, München 1983, 250–75.

238 *Kelly, J.*, Women, History, and Theory, Chicago 1984.

239 *Kelly-Gadol, J.*, The Social Relation of the Sexes: Methodological Implications of Women's History, in: Signs 1. 1975/76, 809–23,

240 *Kempf, R.*, Die deutsche Frau nach der Volks-, Berufs-u. Betriebszählung 1925, Mannheim 1931.

241 --, Das Leben der jungen Fabrikmädchen in München, Leipzig 1911.

242 *Kerchner, B.*, Beruf u. Geschlecht. Frauenberufsverbände in Deutschland 1848–1908, Göttingen 1992.

243 *Kessler, H.*, "Die deutsche Frau". Nationalsozialistische Frauenpropaganda im "Völkischen Beobachter", Köln 1981.

244 *Kickbusch, I. u. B. Riedmüller* Hg., Die armen Frauen. Frauen u. Sozialpolitik, Frankfurt 1984.

245 *Kittler, G.*, Hausarbeit. Zur Geschichte einer "Natur-Ressource", München 1980.

246 *Klaus, M.*, Mädchen im Dritten Reich. Der Bund Deutscher Mädel, Köln 1983.

247 --, Mädchen in der Hitlerjugend. Die Erziehung zur "deutschen Frau", Köln 1980.

248 *Klewitz, M.*, Lehrerinnenausbildung 1890–1925 (Preußen), in: J. Dalhoff u.a. Hg., Frauenmacht in der Geschichte, Düsseldorf 1986, 113–24.

249 *Klinksiek, D.*, Die Frau im NS-Staat, Stuttgart 1982.

250 *Knapp, U.*, Frauenarbeit in Deutschland, 2 Bde, München 1986.

251 *Knodel, J.E.*, Malthus Amiss: Marriage Restrictions in 19th Century Germany, in: Social Sciences 27. 1972, 40–45.

252 *Kocka, J.*, Frauengeschichte zwischen Wissenschaft u. Ideologie, in: Gd. 7. 1982, 99–104.

253 *Koepcke, C.*, Geschichte der deutschen Frauenbewegung von den Anfängen bis 1945, Freiburg 1979.

254 --, L. Otto-Peters, Freiburg 1981.

255 *Kopetzky, H.*, Die andere Front. Europäische Frauen in Krieg u. Widerstand 1939– 1945, Köln 1983.

256 *Kramer, H.* u.a., Grenzen der Frauenlohnarbeit. Frauenstrategien in Lohn- u. Hausarbeit seit der Jahrhundertwende, Frankfurt 1986.

257 *Krell, G.*, Zur geschlechtsspezifischen Verteilung von Produktions- u. Reproduktionsarbeit, in: Mehrwert 15/16. 1978, 87–107.

258 *Kuczynski, J.*, Studien zur Geschichte der Lage der Arbeiterinnen in Deutschland von 1700 bis zur Gegenwart (= Die Geschichte der Lage der Arbeiter unter dem Kapitalismus, Bd. 18), Berlin 1965.

259 *Kübler, G.*, Die soziale Aufsteigerin. Wandlungen einer geschlechtsspezifischen Rollenzuschreibung im deutschen Roman 1870–1900, Bonn 1982.

260 *Kuhn, A. u.a.* Hg., Frauen in der Geschichte, 7 Bde, Düsseldorf 1979–86.

261 *Kunstmann, A.*, Frauenemanzipation u. Erziehung, Starnberg 1973[3].

262 *Labouvie, E.*, Verbotene Lüste. Volksmagie u. "Aberglaube" in den Dorfgemeinden des Saarraumes, 16.–19. Jh., St. Ingbert 1992.

263 *Ladje-Teichmann, D.*, Erziehung zur Weiblichkeit durch Textilarbeiten. Ein Beitrag zur Sozialgeschichte der Frauenarbeit im 19. Jh., Weinheim 1983.

264 *Landschoof, R. u. K. Hüls*, Frauensport im Faschismus, Hamburg 1985.

265 *Lange, H.*, Die Frauenbewegung, Leipzig 1914[2].

266 *Langewiesche, D.*, Die "Freizeit" von Arbeiterinnen. Zeitbudgets Wiener Arbeiterfamilien in den 1920er Jahren, in: Gewerkschaftl. Monatshefte 31. 1980, 705–15.

267 *Laska, V.* Hg., Women in the Resistance and in the Holocaust: The Voices of Eyewitnesses, Westport/Conn. 1983.

268 *Leach, W.*, True Love and Perfect Union: The Feminist Reform of Sex and Society, N.Y. 1980.

269 *Lee, W.R.*, The Impact of Agrarian Change on Women's Work and Child Care in Early 19th Century Prussia, in: J.C. Fout Hg., German Women in the 19th Century, N.Y. 1984, 234–55.

270 *Lehker, M.*, Frauen im Nationalsozialismus, Frankfurt 1984.

271 *Leitner, S.*, Großstadtlust. Prostitution u. Münchener Sittenpolizei um 1900, in: W. Hardtwig u. K. Tenfelde Hg., Soziale Räume in der Urbanisierung, München 1990, 261–75.

272 --, Prostitution in Deutschland im 19. u. frühen 20. Jh., München 1993.

273 *Lerch, E.*, Emanzipation durch Bildung. Gemeinsamkeiten der Arbeiter- u. der Frauenbewegung 1830–1870, in: Zeitschrift für Berufs- u. Wirtschaftspädagogik 76. 1980, 589–603.

274 *Lerner, G.*, The Majority Finds Its Past: Placing Women in History, Oxford 1979.

275 *Leuchtenmüller, B.*, Die innerfamiliale Stellung der Frau im sozialen Wandel, in: BHS 8. 1978, 61–66.

276 *Lewis, J.* Hg., Labour and Love. Women's Experience of Home and Family 1850– 1940, 2 Bde, Oxford 1986.

277 --, Woman Lost and Found: The Impact of Feminism on History, in: D. Spender Hg., Men's Studies Modified: The Impact of Feminism on the Academic Disciplines, Oxford 1981, 55–72.

278 *Lion, H.*, Zur Soziologie der Frauenbewegung, Berlin 1986.

279 *Lipp, C.*, Bräute, Mütter, Gefährtinnen. Frauen u. polit. Öffentlichkeit in der Revolution 1848, in: H. Grubitzsch u.a. Hg., Grenzgängerinnen, Düsseldorf 1985, 71–92.

280 --, Frauen u. Öffentlichkeit. Möglichkeiten u. Grenzen polit. Partizipation im Vormärz u. in der Revolution 1848, in: dies. Hg., Schimpfende Weiber u. patriot. Jungfrauen, Baden-Baden 1986, 270–307.

281 -- Hg., Schimpfende Weiber u. patriot. Jungfrauen. Frauen im Vormärz u. in der Revolution 1848/49, Baden-Baden 1986.

282 *Lorenz, C.*, Die gewerbl. Frauenarbeit während des Krieges, Stuttgart 1928.

283 *Losseff-Tillmanns, G.*, Frauenemanzipation u. Gewerkschaften, Wuppertal 1978.

284 *Lotz, A.*, "Die Erlösung des weibl. Geschlechts". Frauen in deutschkatholischen Gemeinden, in: C. Lipp Hg., Schimpfende Weiber u. patriot. Jungfrauen, Baden-Baden 1986, 232–47.

285 *Lowe,M. u. R. Hubbard* Hg., Women's Nature. Rationalizations of Inequality, N.Y. 1983.

286 *Lück, M.*, Die Frau im Männerstaat. Die gesellschaftl. Stellung der Frau im Nationalsozialismus, Frankfurt 1979.

287 *Maass, H.*, Von Frauenarbeit zu Frauenfabrikarbeit. Untersuchung über Ursachen u. Anfänge der industriellen Frauenarbeit, Diss. Heidelberg 1937.

288 *MacCormack, C.P. u. M. Strathern* Hg., Nature, Culture, and Gender, Cambridge 1980.

289 *MacGlen, N.E. u. K. O'Connor*, Women's Rights: The Struggle for Equality in the 19th and 20th Centuries, N.Y. 1983.

290 *McIntyre, J.*, Women and the Professions in Germany 1930–1941, in: A. Nicholls u. E. Mathias Hg., German Democracy and the Triumph of Hitler, London 1971, 175–213.

291 *Mackh, G.*, Wandlungen in der gesellschaftl. Stellung der Frau, abgelesen am Auflagenvergleich der Brockhaus Enzyklopädie u. anderer Lexika, Diss. Erlangen 1970.

292 *Mason, T.*, Zur Lage der Frauen in Deutschland 1930–1940, in: Gesellschaft 6. 1976, 118–93.

293 --, Women in Germany, 1925–1940, in: HW 1. 1976, 74–113; 2. 1976, 5– 32.

294 *Meister, A.*, Die deutsche Industriearbeiterin, Jena 1939.

295 *Meister-Trescher, H.*, Frauenarbeit u. Frauenfrage, in: HStW 4. 1927[4], 302–54.

296 *Mertens, L*, Die Entwicklung des Frauenstudiums in Deutschland, in: D. Voigt Hg., Qualifikationsprozesse u. Arbeitssituation von Frauen in der Bundesrepublik u. in der DDR, Berlin 1989, 9–40.

297 *Meyer, A.G.*, The Radicalization of L. Braun, in: J.C. Fout Hg., German Women in the 19th Century, N.Y. 1984, 218–33.

298 *Meyer, S.*, Die mühsame Arbeit des demonstrativen Müßiggangs. Über die häusl. Pflichten der Beamtenfrauen im Kaiserreich, in: K. Hausen Hg., Frauen suchen ihre Geschichte, München 1983, 172–94.

299 -- *u. E. Schulze*, Wie wir das alles geschafft haben. Alleinstehende Frauen berichten über ihr Leben, München 1984.

300 --, Das Theater mit der Hausarbeit. Bürgerl. Repräsentation in der Familie der wilhelminischen Zeit, Frankfurt 1982.

301 -- *u. B. Orland*, Technik im Alltag des Haushalts u. Wohnens, in: U. Troitzsch u. W. Weber Hg., Die Technik. Von den Anfängen bis zur Gegenwart, Braunschweig 1982, 564—83.

302 -- *u. E. Schulze*, "Von Liebe sprach damals keiner." Familienalltag in der Nachkriegszeit, München 1985.

303 *Miller, S.*, Frauenfrage u. Sexismus in der deutschen Sozialdemokratie, in. Fs. R. Löwenthal, Berlin 1978, 542—71.

304 *Milton, S.*, Women and the Holocaust: The Case of German and German-Jewish Women, in: R. Bridenthal u.a. Hg., When Biology Became Destiny, N.Y. 1984, 297—333.

305 *Mitterauer, M.*, Geschlechtsspezifische Arbeitsteilung in vorindustrieller Zeit, in: BHS 11. 1981, 77—87.

306 *Möhrmann, R.*, Die andere Frau. Emanzipationsansätze deutscher Schriftstellerinnen im Vorfeld der 48er Revolution, Stuttgart 1977.

307 -- Hg., Frauenemanzipation im deutschen Vormärz, Stuttgart 1978.

308 --, The Reading Habits of Women in the Vormärz, in: J.C. Fout Hg., German Women in the 19th Century, N.Y. 1984, 104—17.

309 *Müller, H.*, Dienstbare Geister. Leben u. Arbeitswelt städt. Dienstboten, Berlin 1981.

310 *Müller, W.* u.a., Strukturwandel der Frauenarbeit 1880—1980, Frankfurt 1983.

311 *Müller-Staats, D.*, Klagen über Dienstboten. Eine Untersuchung über Dienstboten u. ihre Herrschaften, Frankfurt 1987.

312 *Museum für Deutsche Volkskunde* Hg., Dienstboten in Stadt u. Land, Berlin 1982.

313 *Musial, M.*, Jugendbewegung u. Emanzipation der Frau. Ein Beitrag zur Rolle der weibl. Jugend in der Jugendbewegung bis 1933, Diss. Essen 1982.

314 *Naujoks, M.*, Mädchen in der Arbeiterjugendbewegung, Hamburg 1984.

315 *Niggemann, H.*, Emanzipation zwischen Feminismus u. Sozialismus. Die sozialdemokrat. Frauenbewegung im Kaiserreich, Wuppertal 1981.

316 -- Hg., Frauenemanzipation u. Sozialdemokratie, Frankfurt 1981.

317 *Nitsche, R.*, Liebesverhältnisse: Untersuchungen zur literar. Präsentation von Sexualität, Frau, Familie u. Gesellschaft in Deutschland im 19. Jh., Diss. Berlin 1975.

318 *v. Norden, G. u. F. Mybes*, Evangel. Frauen im Dritten Reich, Düsseldorf 1979.

319 *Offen, K.* u.a. Hg., Writing Women's History. International Perspectives, Bloomington 1991.

320 *Okin, S.M.*, Women and Citizens: Women in Western Political Thought, Princeton 1979.

321 *Orland, B.*, Wäsche waschen. Technik- u.Sozialgeschichte der häusl. Wäschepflege, Reinbek 1991.

322 *Ostner, I.*, Beruf u. Hausarbeit. Die Arbeit der Frau in unserer Gesellschaft, Frankfurt 1982^3.

323 *Otruba, G.*, Zur Geschichte der Frauen- u. Kinderarbeit im Gewerbe u. den Manufakturen Niederösterreichs, in: Jb. für Landeskunde von Niederösterreich 34. 1958/60, 143—79.

324 *Ottmüller, U.*, Die Dienstbotenfrage. Zur Sozialgeschichte der doppelten Ausnutzung von Dienstmädchen im deutschen Kaiserreich, Münster 1978.

325 --, "Mutterpflichten" - Die Wandlungen ihrer inhaltl. Ausformung durch die akadem. Medizin, in: Gesellschaft. Beiträge zur Marxschen Theorie 14, Frankfurt 1981, 97–138.

326 *Otto, R.*, Über Fabrikarbeit verheirateter Frauen, Stuttgart 1910.

327 *Paletschek, S.*, Religiöser Dissens um 1848. Das Zusammenspiel von Klasse, Geschlecht u. anderen Differenzierungslinien, in: GG 18. 1992, 161–78.

328 --, Frauen u. Dissens. Frauen im Deutschkatholizismus u. in den Freien Gemeinden 1841–52, Göttingen 1990.

329 *Peters, D.*, Mütterlichkeit im Kaiserreich. Die bürgerl. Frauenbewegung u. der soziale Beruf der Frau, Bielefeld 1984.

330 *Peterson, B.*, The Politics of Working-Class Women in the Weimar Republic, in: CEH 10. 1977, 87–111.

331 *Phayer, J.M.*, Sexual Liberation and Religion in 19th Century Europe, London 1977.

332 --, Protestant and Catholic Women in Nazi Germany, Detroit 1990.

333 *Pierenkemper, T.*, "Dienstbotenfrage" u. Dienstmädchenarbeitsmarkt am Ende des 19. Jh., in: AfS 28. 1988, 173–202.

334 *Pierstorff, J.*, Weibl. Arbeit u. Frauenfrage, in: HStW 8. 1911^3, 679–732.

335 --, Frauenarbeit u. Frauenfrage, in: HStW 3. 1900^2, 1195–244.

336 *Plössl, E.*, Weibl. Arbeit in Familie u. Betrieb. Bayer. Arbeiterfamilien 1870–1914, München 1983.

337 *Pohl, H.* Hg., Die Frau in der deutschen Wirtschaft, Stuttgart 1985.

338 *Pore, R.*, Conflict of Interest. Women in German Social Democracy, Westport/-Conn. 1981.

339 *Prelinger, C.M.*, Religious Dissent, Women's Rights, and the Hamburger Hochschule für das weibliche Geschlecht in Mid-19th Century Germany, in: Church History 45. 1976, 42–55.

340 *Pudenz, C.A.*, Entstehung, Struktur u. Geschichte der ersten deutschen Frauenbewegung, Diss. München 1978.

341 *Puhle, H.-J.*, Warum gibt es so wenig Historikerinnen? in: GG 7. 1981, 364–93.

342 *Putlitz, E.*, Arbeits- u. Lebensverhältnisse der Frauen in der Landwirtschaft in Brandenburg, Jena 1914.

343 *Quataert, J.H.*, Reluctant Feminists in German Social Democracy 1885–1917, Princeton 1979.

344 --, Social Insurance and the Family Work of Oberlausitz Home Weavers in the Late 19th Century, in: J.C. Fout Hg., German Women in the 19th Century, N.Y. 1984, 270–94.

345 --, The Shaping of Women's Work in Manufacturing: Guilds, Households and the State in Central Europe 1648–1870, in: AHR 90. 1985, 1122–48.

346 *Reyer, J.*, Wenn die Mütter arbeiten gingen ... Eine sozialhistor. Studie zur Entstehung der öffentl. Kleinkindererziehung im 19. Jh. in Deutschland, Köln 1983.

347 *Richarz, M.*, Vom Kramladen an die Universität. Jüd. Bürgerfamilien des späten 19. Jh., in: Journal für Geschichte 1985/2, 42–49.

348 *Rosaldo, M.Z.*, The Use and Abuse of Anthropology: Reflexion on Feminism and Cross-Cultural Understanding, in: Signs 5. 1980, 389–417.

349 -- *u. L. Lamphere* Hg., Women, Culture, and Society, Stanford 1974.

350 *Rouette, S.*, Sozialpol. Regulierung der Frauenarbeit: Arbeitsmarkt- u. Fürsorgepolitik zu Beginn der Weimarer Republik. Das Beispiel Berlin, Frankfurt 1990.

351 *Rupp, L.J.*, Klassenzugehörigkeit u. Arbeitseinsatz der Frauen im Dritten Reich, in: SW 31. 1980, 191–205.

352 --, Mobilizing Women for War: German and American Propaganda 1939– 1945, Princeton 1978.

353 --, Mother of the 'Volk': The Image of Women in Nazi Ideology, in: Signs 3. 1977, 362–79.

354 *Sachse, C.*, Hausarbeit im Betrieb. Betriebl. Sozialarbeit unter dem Nationalsozialismus, in: dies. u.a. Hg., Angst, Belohnung, Zucht u. Ordnung. Herrschaftsmechanismen im Nationalsozialismus, Opladen 1982, 209–74.

355 *Sachße, C.*, Mütterlichkeit als Beruf. Sozialarbeit, Sozialreform u. Frauenbewegung 1871–1929, Frankfurt 1986.

356 *Sagarra, E.*, "Echo oder Antwort". Die Darstellung der Frau in der deutschen Erzählprosa 1815–1848, in: GG 7. 1981, 394–411.

357 *Schäfer, H.*, Die Heimarbeiterin u. die Fabrikarbeiterin 1800–1945, in: H. Pohl Hg., Die Frau in der deutschen Wirtschaft, Stuttgart 1985, 65–78.

358 *Schelsky, H.*, Soziologie der Sexualität, Reinbek 1955/1973.

359 *Schißler, H.* Hg., Geschlechterverhältnisse im historisch. Wandel, Frankfurt 1992.

360 *Schlegel, K.*, Mistress and Servant in 19th Century Hamburg: Employer - Employee Relationship in Domestic Service 1880–1914, in: HW 15. 1983, 60–77.

361 *Schmidt, S. u. H. Schnedl* Hg., Totgeschwiegen. Texte zur Situation der Frau von 1880 bis in die Zwischenkriegszeit, Wien 1982.

362 *Schmidt-Harzbach, I.*, Frauen, Bildung u. Universität, in: H.-U. Prahl u. dies. Hg., Die Universität. Eine Kultur- u. Sozialgeschichte, München 1981, 49–78.

363 *Schneider, J.*, Enlightened Reforms and Bavarian Girl's Education, in: J.C. Fout Hg., German Women in the 19th Century, N.Y. 1984, 55–71.

364 *Schröder, H.* Hg., Die Frau ist frei geboren. Texte zur Frauenemanzipation, 2 Bde, München 1979/81.

365 --, Die Rechtlosigkeit der Frau im Rechtsstaat. Dargestellt am Allg. Preuß. Landrecht, am BGB und an J.G. Fichtes Grundlage des Naturrechts, Frankfurt 1979.

366 *Schubert, D.*, Frauen in der deutschen Nachkriegszeit, I: Frauenarbeit 1945–49, Düsseldorf 1984.

367 *Schulte, R.*, Bauernmädchen in Bayern am Ende des 19. Jh., in: K. Hausen Hg., Frauen suchen ihre Geschichte, München 1983, 110–27.

368 --, Dienstmädchen im herrschaftl. Haushalt, in: ZBL 41. 1978, 879–920.

369 --, Kindsmörderinnen auf dem Lande, in: H. Medick u. D. Sabean Hg., Emotionen u. materielle Interessen, Göttingen 1984, 113–42.

370 --, Sperrbezirke. Tugendhaftigkeit u. Prostitution in der bürgerl. Welt, Frankfurt 1979/1984[2].

371 *Schulz, S.*, Die Entwicklung der Hausgehilfinnenorganisation in Deutschland, Diss. Tübingen 1961.

372 *Schuppetta, I.*, Frauen- u. Ausländererwerbstätigkeit in Deutschland 1939–45, Köln 1983.

373 *Schwanecke, I.B.*, Die Gleichberechtigung der Frau unter der Weimarer Reichsverfassung, Diss. Heidelberg 1977.

374 *Schwarz, G.*, "Mannweiber" in Männertheorien, in: K. Hausen Hg., Frauen suchen ihre Geschichte, München 1983, 62–80.

375 *Scott, J.W.*, Gender. A Useful Category of Historical Analysis, in: AHR 91. 1986, 153–75.

376 --, Women's History: The Modern Period, in: PP 101. 1983, 141–57.

377 -- *u. L.A. Tilly*, Women's Work and the Family in 19th Century Europe, in: CSSH 17. 1975, 35–66.

378 *Seidel, A.*, Frauenarbeit im Ersten Weltkrieg als Problem der staatl. Sozialpolitik am Beispiel Bayerns, Frankfurt 1979.

379 *Seidler, F.W.*, Blitzmädchen. Die Geschichte der Helferinnen der deutschen Wehrmacht im Zweiten Weltkrieg, München 1979.

380 *Seufert, H.*, Arbeits- u. Lebensverhältnisse der Frauen in der Landwirtschaft in Württemberg, Baden, Elsaß-Lothringen u. der Rheinpfalz, Jena 1914.

381 *Shorter, E.*, Sexual Change and Illegitimacy: The European Experience, in: R.J. Bezucha Hg., Modern European Social History, Lexington 1972, 231–69.

382 --, Female Emancipation, Birth Control and Fertility in European History, in: AHR 78. 1973, 605–40.

383 --, Illegitimacy, Sexual Revolution and Social Change in Modern Europe, in: JIH 2. 1971, 237–72.

384 --, Der weibl. Körper als Schicksal - Zur Sozialgeschichte der Frau, München 1984.

385 --, "La vie intime". Beiträge zu seiner Geschichte am Beispiel des kulturellen Wandels in den bayer. Unterschichten im 19. Jh., in: Soziologie u. Sozialgeschichte, Hg. P.–C. Ludz, Opladen 1973, 530–549.

386 --, Women's Work: What Difference Did Capitalism Make? in: Theory and Society 3. 1976, 513–527.

387 *Sieder, R.*, Hausarbeit oder: die "andere Seite" der Lohnarbeit, in: BHS 11. 1981, 90–97.

388 *Simmel, G.*, Schriften zur Philosophie u. Soziologie der Geschlechter, Hg. H.-J. Dahme u. K.C. Köhnke, Frankfurt 1985.

389 *Simmel, M.*, Erziehung zum Weibe. Mädchenbildung im 19. Jh., Frankfurt 1980.

390 *Simon, H.*, Der Anteil der Frau an der deutschen Industrie (1907), Jena 1910.

391 *Slaughter, J. u. R. Kern* Hg., European Women on the Left: Socialism, Feminism, and the Problems Faced by Political Women 1800 to the Present, Westport/Conn. 1981.

392 *Smith, H.*, Feminism and the Methodology of Women's History, in: B.A. Carroll Hg., Liberating Women's History, Urbana/Ill. 1976, 368–84.

393 *Snitow, A.* u.a. Hg., Power of Desire: The Politics of Sexuality, N.Y. 1983.

394 *Soden, K. u. G. Zipfel* Hg., 70 Jahre Frauenstudium - Frauen in der Wissenschaft, Köln 1979.

395 *Soder, M.*, Hausarbeit u. Stammtischsozialismus. Arbeiterfamilien u. Alltag im Deutschen Kaiserreich, Gießen 1980.

396 *Spender, D.* Hg., Men's Studies Modified: The Impact of Feminism on the Academic Disciplines, Oxford 1981.

397 *Spieckermans, A.*, Als Flakwaffenhelferin im Einsatz 1944/45, in: Feminist. Studien 3. 1984, 27–38.

398 *Stearns, P.N.*, Old Women: Some Historical Observations, in: Journal of Family History, 5. 1980, 44–57.

399 *Stephenson, J.*, Nationalsozialist. Dienstgedanke, bürgerl. Frauen u. Frauenorganisation im Dritten Reich, in: GG 7. 1981, 555–71.

400 --, Girls' Higher Education in Germany in the 1930s, in: JCH 10. 1975, 41–69.

401 --, The Nazi Organisation of Women, London 1981.

402 --, Propaganda, Autarky, and the German Housewife, in: D. Welch Hg., Nazi Propaganda. The Power and the Legitimation, London 1983, 117–42.

403 --, Women in Nazi Society, N.Y. 1976.

404 --, Women's Labor Service in Nazi Germany, in: CEH 15. 1982, 241–65.

405 *Stockmann, R.*, Gewerbl. Frauenarbeit in Deutschland 1875–1980. Zur Entwicklung der Beschäftigtenstruktur, in: GG 11. 1985, 447–75.

406 *Stoehr, I.*, "Organisierte Mütterlichkeit". Zur Politik der deutschen Frauenbewegung um 1900, in: K. Hausen Hg., Frauen suchen ihre Geschichte, München 1983, 221–49.

407 *Störmer, S.*, "Der akademische Staat ist Männerwerk geblieben": Zur Selbstwahrnehmung von Studentinnen u. Akademikerinnen in der Weimarer Republik, in: Feminist. Studien 4. 1985, 79–86.

408 *Stolle, U.*, Arbeiterpolitik im Betrieb. Frauen u. Männer, Reformisten u. Radikale, Fach- u. Massenarbeiter bei Bayer, BASF, Bosch u. in Solingen 1900–1933, Frankfurt 1980.

409 *Stumpf, A. u. R. Bruckmayer*, Zur Dienstbotenfrage. Die soziale Lage der weiblichen Dienstboten, Essen 1980.

410 *Sveistrup, H. u. A. v.Zahn-Harnack* Hg., Frauenfrage in Deutschland. Strömungen u. Gegenströmungen 1790–1930, Burg 1934/ND Tübingen 1961.

411 *Tax, M.*, The Rising of the Women: Feminist Solidarity and Class Conflict 1880–1917, N.Y. 1980.

412 *Tenfelde, K.*, Dienstmädchengeschichte. Strukturelle Aspekte im 19. u. 20. Jh., in: H. Pohl Hg., Die Frau in der deutschen Wirtschaft, Stuttgart 1985, 105–26.

413 *Thönnessen, W.*, Frauenemanzipation. Politik u. Literatur der Deutschen Sozialdemokratie zur Frauenfrage 1863–1933, Frankfurt 1976^2.

414 *Thurn, S.*, Frauen 1848/49, in: Gd 4. 1979, 36–86.

415 *Tilly, L.A. u. J.W. Scott*, Women, Work, and Family, N.Y. 1978.

416 -- u.a., Women's Work and European Fertility Patterns, in: JIH 6. 1976, 447–76.

417 *Tornieporth, G.*, Studien zur Frauenbildung, Weinheim 1977.
418 *Trescott, M.M.* Hg., Dynamos and Virgins Revisited: Women and Technological Change in History, London 1979.
419 *Twellmann-Schepp, M.*, Die deutsche Frauenbewegung 1834–1889, Frankfurt 1976.
420 *Uhlig, G.*, Zur Geschichte des Einküchenhauses, in: L. Niethammer Hg., Wohnen im Wandel, Wuppertal 1979, 151–70.
421 *Ulrich, A.*, Bordelle, Straßendirnen u. bürgerl. Sittlichkeit, Zürich 1985.
422 *Urban, A.*, Staat u. Prostitution in Hamburg 1807–1922, Diss. Hamburg 1925.
423 *Walser, K.*, Dienstmädchen. Frauenarbeit u. Weiblichkeitsbilder um 1900, Frankfurt 1985.
424 --, Prostitutionsverdacht u. Geschlechterforschung. Das Beispiel der Dienstmädchen um 1900, in: GG 11. 1985, 99–111.
425 *Walter, E.* Hg., "Schrieb oft, von Mägde Arbeit müde." Lebenszusammenhänge deutscher Schriftstellerinnen um 1800, Düsseldorf 1985.
426 *Weber, M.*, Ehefrau u. Mutter in der Rechtsentwicklung, Tübingen 1907.
427 *Weber, T.* Hg., Mägde. Lebenserinnerungen an die Dienstbotenzeit bei Bauern, Wien 1985.
428 *Weber-Kellermann, I.*, Frauenleben im 19. Jh., München 1983.
429 *Wehler, H.-U.* Hg., Frauen in der Geschichte des 19. u. 20. Jh., Göttingen 1981 (= GG 7, H. 3/4).
430 --, Frauenleben, Göttingen 1985 (= GG 11, H. 4).
431 *Weiland, D.*, Geschichte der Frauenemanzipation in Deutschland u. Österreich. Biographien - Programme - Organisationen, Düsseldorf 1983.
432 *Wellner, G.*, Industriearbeiterinnen in der Weimarer Republik, in: GG 7. 1981, 534–54.
433 *Westenrieder, N.*, "Deutsche Frauen u. Mädchen!" Vom Alltagsleben 1933-1945, Düsseldorf 1984.
434 *Weyrather, I.* Hg., "Ich bin noch aus dem vorigen Jahrhundert". Frauenleben zwischen Kaiserreich u. Wirtschaftswunder, Frankfurt 1985.
435 *Wierling, D.*, "Ich habe meine Arbeit gemacht - was wollen sie mehr?" Dienstmädchen im städt. Haushalt der Jahrhundertwende, in: K. Hausen Hg., Frauen suchen ihre Geschichte, München 1983, 144–71.
436 --, Keine Frauengeschichte nach dem Jahr 2000? in: Fs. G.G. Iggers, Hagen 1991, 440–56.
437 --, Mädchen für alles. Arbeitsalltag u. Lebensgeschichte städt. Dienstmädchen um 1900, Berlin 1987.
438 *Wiggershaus, R.*, Frauen unterm Nationalsozialismus, Wuppertal 1984.
439 --, Geschichte der Frauen u. der Frauenbewegung. In der Bundesrepublik Deutschland u. in der DDR nach 1945, Wuppertal 1979.
440 *Willms, A.*, Die Entwicklung der Frauenerwerbstätigkeit im Deutschen Reich, Nürnberg 1980.
441 --, Grundzüge der Entwicklung der Frauenarbeit 1880–1980, in: W. Müller u.a., Strukturwandel der Frauenarbeit 1880–1980, Frankfurt 1983, 25–54.

442 --, Modernisierung durch Frauenarbeit? Zum Zusammenhang von wirtschaftl. Strukturwandel und weibl. Arbeitsmarktlage in Deutschland 1882–1939, in: T. Pierenkemper u. R. Tilly Hg., Histor. Arbeitsmarktforschung, Göttingen 1982, 37–71.

443 *Winkel, H.*, Die Frau in der deutschen Landwirtschaft, in: H. Pohl u. B. Brüninghaus Hg., Die Frau in der deutschen Wirtschaft 1800–1945, Stuttgart 1985, 89–102.

444 *Winkler, D.*, Frauenarbeit im Dritten Reich, Hamburg 1977.

445 --, Frauenarbeit vs. Frauenideologie. Probleme der weibl. Erwerbstätigkeit in Deutschland 1930–45, in: AfS 17. 1977, 99–126.

446 *Wischermann, U.*, Frauenfrage u. Presse. Frauenarbeit u. Frauenbewegung in der illustrierten Presse des 19. Jh., München 1983.

447 *Wittig, G.*, Nicht mehr im stillen Kreis des Hauses. Frauenbewegung in Revolution u. nachrevolutionärer Zeit 1848–1876, Hamburg 1986.

448 *Zahn, S.*, Töchterleben. Studien zur Sozialgeschichte der Mädchenliteratur, Frankfurt 1983.

449 *Zeller, S.*, Volksmütter. Frauen im Wohlfahrtswesen der 20er Jahre, Düsseldorf 1987.

450 *Zinnecker, J.*, Sozialgeschichte der Mädchenbildung, Weinheim 1973.

451 *Zucker, S.*, Female Political Oppositon in Pre-1848 Germany, in: J.C. Fout Hg., German Women in the 19th Century, N.Y. 1984, 133–50.

15. Familie

1 *Anderson, M.*, Approaches to the History of the Western Family 1500–1914, London 1980.

2 -- Hg., Sociology of the Family, London 1971.

3 Annales ESC, 1972/4 u. 5, SoH. Famille et Societé.

4 *Bajohr, S.*, Uneheliche Mütter im Arbeitermilieu: Die Stadt Braunschweig 1900–1930, in: GG 7. 1981, 474–506.

5 *Baumert, G. u. E. Hüllinger*, Deutsche Familien nach dem Kriege, Darmstadt 1954.

6 *Begemann, H.*, Strukturwandel der Familie, Hamburg 1960.

7 *Berg, C.*, Familie, Kindheit, Jugend, in: HdB IV. 1991, 91–145.

8 *Berkner, L.K.*, Rural Family Organization in Europe, in: Peasant Studies Newsletter 1. 1972, 145–56.

9 -- *u. F. Mendels*, Inheritance System, Family Structure, and Demographic Patterns in Western Europe 1700–1900, in: C. Tilly Hg., Historical Studies on Changing Fertility, Princeton 1978, 209–24.

10 --, Recent Research on the History of the Family in Western Europe, in: Journal of Marriage and the Family 35. 1973, 395–405.

11 --, The Stem Family and the Development Cycle of the Peasant Household: An 18th Century Austrian Example, in: AHR 77. 1972, 398—418.
12 --, The Use and Misuse of Census Data for the Historical Analysis of Family Structure, in: JIH 5. 1974, 721—38.
13 *Blasius, D.*, Ehescheidung in Deutschland 1794—1945. Zur Sozialgeschichte der Scheidung u. des Scheidungsrechts, Göttingen 1987/ND Frankfurt 1991.
14 --, Bürgerl. Rechtsgleichheit u. die Ungleichheit der Geschlechter. Das Scheidungsrecht im histor. Vergleich, in: U. Frevert Hg., Bürgerinnen u. Bürger, Göttingen 1988, 67—84.
15 --, Scheidung im 19. Jh. Zu vergessenen Traditionen des heutigen Scheidungsrechts, in: Familiendynamik 9. 1984, 253—66.
16 --, Scheidung u. Scheidungsrecht im 19. Jh. Zur Sozialgeschichte der Familie, in: HZ 241. 1985, 329—60.
17 *Borscheid, P. u. H.-J. Teuteberg* Hg., Ehe, Liebe, Tod, Münster 1983.
18 --, Lebensstandard u. Familie, in: AfS 12. 1982, 227—62.
19 *Bulst, N.* u.a. Hg., Familie zwischen Tradition u. Moderne, Göttingen 1981.
20 *Burguiére, A.* u.a. Hg., Histoire de la famille, 2 Bde, Paris 1986.
21 *Butgereit, M.*, Familie, Heidelberg 1969.
22 *Caesar, B.*, Autorität in der Familie, Reinbek 1972.
23 *Chester, P.* Hg., Divorce in Europe, Amsterdam 1977.
24 *Claessens, D.*, Familie u. Wertsystem, Berlin 1962.
25 -- *u. P. Milhofer* Hg., Familiensoziologie, Frankfurt 1974[2].
26 *Conze, W.*, Die Familie der Gegenwart in geschichtl. Sicht, in: Jb. d. Heidelberger Akademie der Wissenschaften 1978, 87—97.
27 --, Sozialgeschichte der Familie, in: VSWG 65. 1978, 357—69.
28 -- Hg., Sozialgeschichte der Familie in der Neuzeit Europas, Stuttgart 1976.
29 --, Der Strukturwandel der Familie im industriellen Modernisierungsprozeß, in: Jb. d. Heidelberger Akademie d. Wissenschaften 1978, 133—52.
30 *Creighton, C.*, Family, Property, and Relations of Production in Western Europe, in: Economy and Society 9. 1980, 129—67.
31 *Dörner, H.*, Industrialisierung u. Familienrecht. Die Auswirkungen des sozialen Wandels, Berlin 1974.
32 *van Dülmen, R.* Hg., Armut, Liebe, Ehre, Frankfurt 1987.
33 *Egner, E.*, Epochen im Wandel des Familienhaushalts, in: H. Rosenbaum Hg., Familie u. Gesellschaftsstruktur, Frankfurt 1974, 56—87.
34 *Ehmer, J. u. M. Mitterauer* Hg., Familienstruktur u. Arbeitsorganisation in ländl. Gesellschaften, Wien 1986.
35 --, Vaterlandslose Gesellen u. respektable Familienväter. Entwicklungsformen der Arbeiterfamilie im internationalen Vergleich 1850—1930, in: H. Konrad Hg., Die deutsche u. die österreich. Arbeiterbewegung zur Zeit der Zweiten Internationale, Wien 1982, 109—53.
36 --, Heiratsverhalten, Sozialstruktur, ökonom. Wandel. England u. Mitteleuropa in der Formationsperiode des Kapitalismus, Göttingen 1991.
37 *Eickelpasch, R.*, Ist die Kernfamilie universal? in: ZfS 3. 1974, 323— 35.
38 *Evans, R.J. u. W.R. Lee* Hg., The German Family, London 1981.

39 --, Family and Class in the Hamburg Grand Bourgeoisie 1815–1914, in: D. Blackbourn u. ders. Hg., The German Bourgeoisie, London 1991, 115–39.

40 --, Politics and the Family: Social Democracy and the Working-Class Family in Theory and Practice Before 1914, in: ders. u. W.R. Lee Hg., The German Family, London 1981, 256–88.

41 *Festy, P. u. F. Prioux*, Le divorce en Europe depuis 1950, in: Population 30. 1975, 975–1017.

42 *Flandrin, J.L.*, Familien. Soziologie, Ökonomie, Sexualität, Frankfurt 1978.

43 *Flemming, J.* u.a. Hg., Familienleben im Schatten der Krise 1918–33, Düsseldorf 1988.

44 *Freitag, W.*. Haushalt u. Familie in traditionalen Gesellschaften: Konzepte, Probleme u. Perspektiven der Forschung, in: GG 14. 1988, 5–37.

45 *Goode, W.J.*, Soziologie der Familie, München 1970[3].

46 *Goody, J.* u.a. Hg., Family and Inheritance. Rural Society in Western Europe 1200–1800, Cambridge 1976.

47 *Gugumus, J.*, Konjunktur u. Eheschließung im Deutschen Reich seit 1820, Diss. Köln 1940.

48 *Habakkuk, H.J.*, Family Structure and Economic Change in 19th Century Europe, in: JEH 15. 1955, 1–12.

49 *Hajnal, J.*, European Marriage Patterns in Perspective, in: D.V. Glass u. D.E.C. Eversley Hg., Population in History, London 1965, 101–43.

50 *Hammel, E.A. u. P. Laslett*, Comparing Household Structure Over Time and Between Cultures, in: CSSH 16. 1974, 73–109.

51 *Hareven, T.K.*, Die Familie in histor. Perspektive, in: GG 1. 1975, 370–86.

52 --, The Family Life Cycle in Historical Perspective, in: J. Cuisenier u.a. Hg., The Family Life Cycle in European Societies, Den Haag 1977, 339–52.

53 --, The Family as Process, in: JSH 7. 1974, 322–29.

54 --, The History of Family and the Complexity of Social Change, in: AHR 96. 1991, 95–124.

55 --, The History of the Family as an Interdisciplinary Field, in: JIH 2. 1971, 399–414.

56 --, Modernization and the Family History. Perspectives on Social Change, in: Signs 2. 1976/77, 190–206.

57 --, The Historical Study of Family in Urban Society, in: Journal of Urban History 1. 1974, 259–65.

58 --, Transitions: The Family and the Life Course in Historical Perspective, N.Y. 1978.

59 *Hausen, K.*, Familie als Gegenstand Histor. Sozialwissenschaft, in: GG 1. 1975, 171–209.

60 --, Familie u. Familiengeschichte, in: W. Schieder u. V. Sellin Hg., Sozialgeschichte in Deutschland, II, Göttingen 1986, 64–89.

61 --, Histor. Familienforschung, in: R. Rürup Hg., Histor. Sozialwissenschaft, Göttingen 1977, 59–95.

62 --, "... eine Ulme für das schwankende Efeu". Ehepaare im Bildungsbürgertum, in: U. Frevert Hg., Bürgerinnen u. Bürger, Göttingen 1988, 85–117.

63 *Hill, R.*, Sociology of Marriage and Family Behavior 1945—56, in: CS 7. 1959, 1— 33.
64 *Hofmann, E.*, Volkskundl. Betrachtungen zur proletar. Familie in Chemnitz um 1900, in: Wissenschaftl. Zs. d. Humboldt-Univ. zu Berlin, Gesell.- u. sprachwiss. Reihe 20. 1971, 65—81.
65 *Horkheimer, M.*, Autorität u. Familie, in. ders., Tradit. u. krit. Theorie, Frankfurt 1970, 162—230 (= ders. Hg., Studien über Autorität u. Familie, Paris 1936/ND Paris 1965, ND o.O. 1970, 3-76).
66 *Hubbard, W.H.*, Familiengeschichte. Materialien zur deutschen Familie seit dem Ende des 18. Jh., München 1983.
67 *Imhof, A.E.*, Ländl. Familienstrukturen an einem hess. Beispiel. Heuchelheim 1690—1900, in: W. Conze Hg., Sozialgeschichte der Familie in der Neuzeit Europas, Stuttgart 1976, 197—230.
68 *Jackson, J.H.*, Overcrowding and Family Life: Working Class Families and the Housing Crisis in Late 19th Century Duisburg, in: R.J. Evans u. W.R. Lee Hg., The German Family, London 1981, 194—220.
69 *Klippel, D.*, Entstehung u. Strukturwandel der modernen Familie, in: Zeitschrift für das gesamte Familienrecht 25. 1978, 558—66.
70 *Knodel, J.*, Laws, Marriage, and Illegitimacy in 19th Century Germany, in: PoSt 20. 1967, 279—94.
71 -- *u. J. Maynes*, Urban and Rural Marriage Patterns in Imperial Germany, in: JFH 1. 1976, 129—68.
72 *Kocka, J.*, Einige Ergebnisse, in: ders. u.a., Familie u. soziale Plazierung, Opladen 1980, 326—52.
73 -- u.a., Familie u. soziale Plazierung, Opladen 1980.
74 --, Family and Class Formation: Intergenerational Mobility and Marriage Patterns in 19th Century Westphalian Towns, in: JSH 17. 1983/84, 411—33.
75 *König, R.*, Familie u. Familiensoziologie, in: W. Bernsdorf Hg., Wörterbuch der Soziologie, I, Frankfurt 1972, 207—21.
76 --, Materialien zur Soziologie der Familie, Bern 1945/Köln 1974[2].
77 --, Soziologie der Familie, in: HES II. 1969, 172—305.
78 *Kohl, T.*, Familie u. soziale Schichtung. Zur histor. Demographie Triers 1730—1860, Stuttgart 1985.
79 *Koselleck, R.*, Die Auflösung des Hauses als ständ. Einheit, in: N. Bulst u.a. Hg., Familie zwischen Tradition u. Moderne, Göttingen 1981, 109— 24.
80 *Kraus, A.*, "Antizipierter Ehesegen" im 19. Jh. Zur Geschichte der Illegitimität unter sozialgeschichtl. Aspekten, in: VSWG 66. 1979, 174—215.
81 *Laslett, P.*, Familie u. Industrialisierung: eine "starke Theorie"? in: W. Conze Hg., Sozialgeschichte der Familie in der Neuzeit Europas, Stuttgart 1976, 13—31.
82 --, Family Life and Illicit Love in Earlier Generations, Cambridge 1978[2].
83 --, The Comparative History of Household and Family, in: JSH 1970, 75—87.
84 -- *u. R. Wall* Hg., Household and Family in Past Time, Cambridge 1972.
85 *Lee, W.R.*, Family and 'Modernization'. The Peasant Family and Social Change in 19th Century Bavaria, in: R.J. Evans u. ders. Hg., The German Family, London 1981, 84—119.

86 --, The German Family: A Critical Story of the Current State of Historical Research, in: R.J. Evans u. W.R. Lee Hg., The German Family, London 1981, 19–50.

87 --, Legacies and Future Prospects: Recent Research on the History of Family in Germany, in: JFH 6. 1981, 156–76.

88 *Linde, H.*, Familie u. Haushalt als Gegenstand bevölkerungsgeschichtl. Forschung, in: W. Conze Hg., Sozialgeschichte der Familie in der Neuzeit Europas, Stuttgart 1976, 32– 52.

89 *Lüschen, G. u. E. Lupri* Hg., Soziologie der Familie, Opladen 1970.

90 *Marschalck, P.*, Aus der Geborgenheit in die Isolation? Die Beurteilung moderner Familienstrukturen aus sozialhistor. Sicht, in: S. Rupp u. K. Schwarz Hg., Beiträge aus der bevölkerungswissenschaftl. Forschung, Boppard 1983, 445–56.

91 *Matossian, M.K. u. K.D. Schafer*, Family, Fertility and Political Violence 1700–1900, in: JSH 11. 1977/78, 137–78.

92 *Medick, H. u. D. Sabean*, Emotionen u. materielle Interessen in Familie u. Verwandtschaft: Überlegungen zu neuen Wegen u. Bereichen einer histor. u. sozialanthropolog. Familienforschung, in: dies. Hg., Emotionen u. materielle Interessen, Göttingen 1984, 27–54.

93 --, Die protoindustrielle Familienwirtschaft, in. P. Kriedte u.a., Industrialisierung vor der Industrialisierung, Göttingen 1977, 90–154.

94 --, Zur strukturellen Funktion von Haushalt u. Familie im Übergang von der traditionellen Agrargesellschaft zum industriellen Kapitalismus: die protoindustrielle Familienwirtschaft, in: W. Conze Hg., Sozialgeschichte der Familie in der Neuzeit Europas, Stuttgart 1976, 254–82; engl. The Proto-Industrial Family Economy: The Structural Function of Household and Family During the Transition From Peasant Society to Industrial Capitalism, in: SH 1. 1976, 291–315.

95 *Melchers, W.*, Die bürgerl. Familie des 19. Jh., Düren 1929.

96 *Mestwerth, R.*, Das Sozialbild der Ehe im Spiegel von Gesetzgebung u. Rechtsprechung der letzten 150 Jahre, Göttingen 1962.

97 *Milhoffer, P.*, Familie u. Klasse, Frankfurt 1973.

98 *Minge-Kalman, W.*, The Industrial Revolution and the European Family: The Institutionalization of "Childhood" as a Market for Family Labor, in: CSSH 20. 1978, 454– 68.

99 *Mitgau, J.H.*, Familienforschung u. Sozialwissenschaft, Leipzig 1931.

100 --, Familienschicksal u. soziale Rangordnung, Leipzig 1928.

101 --, Gemeinsames Leben 1770–1870 in Braunschweig. Familienpapieren, Wolfenbüttel 1948.

102 *Mitterauer, M.*, Auswirkungen von Urbanisierung u. Frühindustrialisierung auf die Familienverfassung an Beispielen des österreich. Raums, in: W. Conze Hg., Sozialgeschichte der Familie in der Neuzeit Europas, Stuttgart 1976, 53–146.

103 --, Familie, in: R. van Dülmen Hg., Fischer Lexikon Geschichte, Frankfurt 1990^2, 161–76.

104 --, Vorindustrielle Familienformen, in: F. Engel-Janosi u.a. Hg., Fürst, Bürger, Mensch, Wien 1975, 123–85.

105 -- *u. R. Sieder Hg.*, Histor. Familienforschung, Frankfurt 1982.

106 --, Historisch-Anthropolog. Familienforschung, Wien 1990.
107 --, Familiengröße - Familientypen - Familienzyklus. Probleme quantitativer Auswertung an Beispielen aus österr. Quellenmaterial, in: GG 1. 1975, 226–55.
108 --, Grundtypen alteurop. Sozialformen. Haus u. Gemeinde in vorindustriellen Gesellschaften, Stuttgart 1979.
109 --, Ledige Mütter. Zur Geschichte unehelicher Geburten in Europa, München 1983.
110 -- *u. R. Sieder*, Vom Patriarchat zur Partnerschaft. Zum Strukturwandel der Familie, München 1980².
111 *Möller, H.*, Die kleinbürgerl. Familie im 18. Jh., Berlin 1969.
112 *Mogey, J.*, Sociology of Marriage and Family Behavior, in: CS 17. 1969, 45–62.
113 *Mooser, J.*, Familie u. soziale Plazierung in der ländl. Gesellschaft, in: J. Kocka u.a., Familie u. soziale Plazierung, Opladen 1980, 127–212.
114 *Mühlfeld, C. u. F. Schönweiss*, Nationalsozialist. Familienpolitik, Stuttgart 1989.

115 *Nave-Herz, R. u. M. Marhefka* Hg., Handbuch der Familien- u. Jugendforschung, 2 Bde, Neuwied 1989.
116 *Neidhardt, F.*, Die Familie in Deutschland, Opladen 1971².
117 *v. Nell, A.*, Die Entwicklung der generativen Strukturen bürgerl. u. bäuerl. Familien von 1750 bis zur Gegenwart, Diss. Bochum 1973.
118 *Nicholson, L.J.*, Gender and History: The Limits of Social History in the Age of the Family, N.Y. 1986.
119 *Oeter, F.* Hg., Familie u. Gesellschaft, Tübingen 1966.
120 *Pleck, E.-H.*, Two Worlds in One: Work and Family, in: JSH 10. 1976, 178–95.
121 *Rabb, T.K. u. R.I. Rotberg* Hg., The Family in History, N.Y. 1973.
122 --, Marriage and Fertility, Princeton 1980.
123 *Reif, H.* Hg., Die Familie in der Geschichte, Göttingen 1982.
124 *Rosenbaum, H.*, Zur neueren Entwicklung der histor. Familienforschung, in: GG 1. 1975, 210–25.
125 --, Familie als Gegenstruktur zur Gesellschaft, Stuttgart 1973.
126 -- Hg., Familie u. Gesellschaftsstruktur, Frankfurt 1974.
127 --, Proletar. Familien. Arbeiterfamilien u. Arbeiterväter im frühen 20. Jh., Frankfurt 1992.
128 --, Formen der Familie, Frankfurt 1982.
129 *Sabean, D.*, Unehelichkeit: Ein Aspekt sozialer Reproduktion kleinbäuerl. Produzenten um 1800, in: R.M. Berdahl u.a., Klassen u. Kultur, Frankfurt 1982, 54–76.
130 --, Verwandtschaft u. Familie in einem württemberg. Dorf 1500–1870, in: W. Conze Hg., Sozialgeschichte der Familie in der Neuzeit Europas, Stuttgart 1976, 231–46.
131 *Salomon, A. u. M. Baum* Hg., Das Familienleben der Gegenwart, Berlin 1930.
132 *Schaub, W.*, Städt. Familienformen in sozialgenealog. Sicht, in: W. Conze Hg., Sozialgeschichte der Familie in der Neuzeit Europas, Stuttgart 1976, 292–345.
133 *Schelsky, H.*, Wandlungen der deutschen Familie in der Gegenwart, Stuttgart 1953/1967⁵.

134 *Schmidt-Relenberg, N.* u.a., Familiensoziologie, Stuttgart 1976.
135 *Schomerus, H.*, Sozialer Wandel u. generatives Verhaltes, in: W. Conze Hg., Sozialgeschichte der Familie in der Neuzeit Europas, Stuttgart 1976, 173—82.
136 *Schüren, R.*, Familie u. soziale Plazierung in einer durch Landwirtschaft, Heimgewerbe u. Industrialisierung geprägten Gemeinde (Borghorst) im 19 Jh., in: J. Kocka u.a., Familie u. soziale Plazierung, Opladen 1980, 214—88.
137 *Schütze, Y.*, Mutterliebe - Vaterliebe. Elternrollen in der bürgerl. Familie des 19. Jh., in: U. Frevert Hg., Bürgerinnen u. Bürger, Göttingen 1988, 118—33.
138 *Schwab, D.*, Familie, in: GGr. II, 1975, 253—301.
139 --, Grundlagen u. Gestalt der staatl. Ehegesetzgebung in der Neuzeit bis zum Beginn des 19. Jh., Bielefeld 1967.
140 *Schwägler, G.*, Soziologie der Familie, Tübingen 1975[2].
141 *Seyfarth-Stubenrauch, M.*, Erziehung u. Sozialisation in Arbeiterfamilien 1870—1914 in Deutschland, 2 Bde, Frankfurt 1985.
142 *Shorter, E.*, The Making of the Modern Family, N.Y. 1975; dt. Die Geburt der modernen Familie, Reinbek 1977.
143 --, Der Wandel der Mutter-Kind-Beziehungen zu Beginn der Moderne, in: GG 1. 1975, 256—82.
144 *Sieder, R.*, Ehe, Fortpflanzung u. Sexualität, in: M. Mitterauer u. ders., Vom Patriarchat zur Partnerschaft, München 1980[2], 141—61.
145 --, Sozialgeschichte der Familie, Frankfurt 1987.
146 --, Strukturprobleme der ländl. Familie im 19. Jh., in: ZBL 41. 1978, 173—218.
147 *Smelser, N.J.*, Social Change in the Industrial Revolution, London 1959/1972[4].
148 --, Sociological History: The Industrial Revolution and the British Working-Class Family, in: JSH 1. 1967/8, 17—35; u. in: ders., Essays in Sociological Explanation, Englewood Cliffs 1968, 76—91.
149 *Soder, M.*, Hausarbeit und Stammtischsozialismus. Arbeiterfamilie und Alltag im Deutschen Kaiserreich, Gießen 1980.
150 *Steinhausen, G.*, Häusl. u. gesellschaftl. Leben im 19. Jh., Berlin 1898.
151 *Stone, L.*, Family History in the 1980s: Past Achievements and Future Trends, in: T.K. Rabb u. R.J. Rotberg Hg., The New History, Princeton 1982, 51—87.
152 *Tenfelde, K.*, Arbeiterfamilie u. Geschlechterbeziehungen im Deutschen Kaiserreich, in: GG 18. 1992, 179—203.
153 *Thurnwald, H.*, Gegenwartsprobleme Berliner Familien, Berlin 1948.
154 *Tilly, L.A.*, The Family and Change, in: Theory and Society 5. 1978, 387—420.
155 -- Hg., Early Industrialization, Shifts in Fertility and Changes in Family Structure, Princeton 1976.
156 *Tyrell, H.*, Histor. Familienforschung u. Familiensoziologie, in: KZfS 29. 1977, 677—701.
157 --, Probleme einer Theorie der gesellschaftl. Ausdifferenzierung der privatisierten modernen Kernfamilie, in: ZfS 5. 1976, 393—417.
158 *Vierkandt, A.*, Familie, Volk u. Staat in ihren gesellschaftl. Lebensvorgängen, Stuttgart 1936.
159 *Wall, R.* u.a., Family Forms in Historic Europe, Cambridge 1983.

160 *Watkins, S.C.*, Regional Patterns of Nuptiality in Europe 1870–1960, in: PoSt 35. 1981, 199–215.

161 *Weber–Kellermann, I.*, Brauch, Familie, Arbeitsleben, Marburg 1978.

162 --, Die Familie auf dem Lande zwischen Bauernbefreiung u. Industrialisierung, in: ZAA 26. 1978, 66–76.

163 --, Die deutsche Familie. Versuch einer Sozialgeschichte, Frankfurt 1974.

164 *Wehler, H.–U.* Hg., Familie - Haushalt - Wohnen, Göttingen 1988 (= GG 14., H. 1).

165 -- Hg., Histor. Familienforschung u. Demographie, Göttingen 1975 (= GG 1, H. 2/3).

166 *Wells, R.V.*, Family History and Demographic Transition, in: JSH 9. 1975, 1–19.

167 *Wrigley, E.A.*, Population, Family, and Household, in: M. Ballard Hg., New Movements in the Study and Teaching of History, London 1970, 93–104.

16. Kindheit, Jugend, Sozialisation, Generationenproblematik, Jugendbewegung

1 *Adorno, T.W.* u.a., Studien zum autoritären Charakter, Frankfurt 1973.

2 *Ariès, P.*, Geschichte der Kindheit, München 1984[6]..

3 *Aufmuth, U.*, Die deutsche Wandervogelbewegung unter soziolog. Aspekt, Göttingen 1979.

4 *Bader, J.*, Jugend in der Industriekultur, München 1962.

5 *Becker, H.*, German Youth: Bond or Free? London 1946.

6 *Berg, C.*, Familie - Kindheit - Jugend im Wandel von der Agrar- zur Industriegesellschaft, in: Liberal 25. 1983, 418–32.

7 --, Kinderwelten, Frankfurt 1990.

8 *Bias-Engels, S.*, Zwischen Wandervogel u. Wissenschaft 1896–1920, Köln 1988.

9 *Boberach, H.*, Jugend unter Hitler, Düsseldorf 1982.

10 *Bohnenkamp, H.*, Jugendbewegung als Kulturkritik, in: W. Ruëgg Hg., Kulturkritik u. Jugendkult, Frankfurt 1974, 23–38.

11 *Borinski, F. u. W. Milch*, Jugendbewegung. Die Geschichte der deutschen Jugend 1896–1933, Frankfurt 1967.

12 *Brim, O.G.* u.a., Socialization, in: IESS 14. 1968, 534–62.

13 *Bügner, T. u. G. Wagner*, Die Alten u. die Jungen - Literatursoziolog. Anmerkungen zum Verhältnis der Generationen 1871–1918, in: ZfS 20. 1991, 177–90.

14 *Demos, J. u. V.*, Adolescence in Historical Perspective, in: Journal of Marriage and the Family 31. 1969, 632–38.

15 --, Developmental Perspectives on the History of Childhood, in: JIH 2. 1971, 315–27.

16 *Dieckert, J.*, Die Turnerjugendbewegung, Stuttgart 1968.

17 *Dowe, D.* Hg., Jugendprotest u. Generationenkonflikt in Deutschland, England, Frankreich u. Italien im 20. Jh., Bonn 1986.

18 *Ehalt, H.C.*, Über den Wandel des Termins der Geschlechtsreife in Europa u. dessen Ursachen, in: Saeculum 36. 1985, 201–53.

19 *Eicke, D.-R.*, "Teenager" zu Kaisers Zeiten. Die "höhere" Tochter in Gesellschaft, Anstands- u. Mädchenbüchern zwischen 1860 u. 1900, Diss. Marburg 1980.

20 *Eisenstadt, S.N.*, From Generation to Generation, N.Y. 1956; dt. Von Generation zu Generation, München 1966.

21 Enfant et Societiés, Annales de Démographie Historique, Paris 1973.

22 *Erdbrügger, H.W.*, Kinder im Fabriksystem, in: Fs. H. Herzfeld, Berlin 1958, 431– 40.

23 *Feldbauer, P.*, Kinderelend in Wien. Von der Armenpflege zur Jugendfürsorge, 17.-19. Jh., Wien 1980.

24 *Feldenkirchen, W.*, Kinderarbeit im 19. Jh., in: ZfU 26. 1981, 1–41.

25 *Fend, H.*, Sozialgeschichte des Aufwachsens, Frankfurt 1988.

26 --, Sozialisierung u. Erziehung. Eine Einführung in die Sozialisierungsforschung, Weinheim 1973[6].

27 *Feuer, S.*, The Conflict of Generations: The Character and Significance of Student Movements, N.Y. 1969.

28 *Fishman, S.*, Suicide, Sex, and the Discovery of the German Adolescent, in: History of Education Quarterly 10. 1970, 170–88.

29 *Fleßner, H.*, Untertanenzucht oder Menschenerziehung? Zur Entwicklung öffentl. Kleinkindererziehung auf dem Lande 1870–1924, Weinheim 1981.

30 *Fürstenau, P.*, Soziologie der Kindheit, Heidelberg 1971[3].

31 *Gestrich, A.*, Traditionelle Jugendkultur u. Industrialisierung. Sozialgeschichte der Jugend in einer ländl. Arbeitergemeinde Württembergs 1800–1920, Göttingen 1986.

32 *Giehler, W. u. K. Lüscher*, Die Soziologie des Kindes in histor. Sicht, in: Neue Sammlung 15. 1975, 442–63.

33 *Giesecke, H.*, Vom Wandervogel bis zur Hitlerjugend, München 1981.

34 *Gillis, J.R.*, Conformity and Rebellion: Contrasting Styles of English and German Youth 1900–1937, in: History of Education Quarterly 13. 1973, 249–60.

35 --, Youth and History, 1770 to the Present, N.Y. 1974; dt. Geschichte der Jugend, Weinheim 1980.

36 *Glaser, H.*, Jugend im Dritten Reich, Frankfurt 1975.

37 *Götz v. Olenhusen, J.*, Die Krise der jungen Generation u. der Aufstieg des Nationalsozialismus, in: Jb. des Archivs der deutschen Jugendbewegung 12. 1980, 53–83.

38 *Goslin, D.A.* Hg., Handbook of Socialization, Chicago 1973.

39 *Greenstein, F.I.*, Socialization, in: IESS 14. 1968, 551–55.

40 *Habermas, J.*, Stichworte zur Theorie der Sozialisation, in: ders., Kultur u. Kritik, Frankfurt 1973, 118–94.

41 *Hall, A.*, Youth in Rebellion: The Beginning of the Socialist Youth Movement 1904–14, in: R.J. Evans Hg., Society and Politics in Wilhelmine Germany, London 1978, 241–66.

42 *Hardach-Pinke, I.*, Kinderalltag 1700-1900, Frankfurt 1981.

43 -- *u. G. Hardach* Hg., Deutsche Kindheiten 1700—1900, Königstein 1978.

44 *Hasenclever, C.*, Jugendhilfe u. Jugendgesetzgebung seit 1900, Göttingen 1978.

45 *v. Hellfeld, H. u. A. Klönne*, Die betrogene Generation. Jugend im Faschismus, Köln 1985.

46 --, Bünd. Jugend u. Hitlerjugend, Köln 1986.

47 *Helwig, W.*, Die blaue Blume des Wandervogels, Gütersloh 1960.

48 *Herrmann, U.*, Familie, Kindheit, Jugend, in: HB III. 1987, 53—69.

49 --, Der "Jüngling" u. der "Jugendliche". Männl. Jugend im Spiegel polarisierender Wahrnehmungsmuster an der Wende vom 19. zum 20. Jh. in Deutschland, in: GG 11. 1985, 205—16.

50 --, Was heißt "Jugend"? Jugendkonzeptionen in der deutschen Sozialgeschichte, in: H.G. Wehling Hg., Jugendprobleme, Jugendprotest, Stuttgart 1982, 11—27.

51 --, Jugend in der Sozialgeschichte, in: W. Schieder u. V. Sellin Hg., Sozialgeschichte in Deutschland, IV, Göttingen 1987, 133—55.

52 --, Das Konzept der "Generation". Ein Forschungs- u. Erklärungsansatz für die Erziehungs- u. Bildungssoziologie u. die Histor. Sozialisationsforschung, in: Neue Sammlung 27. 1987, 364—77.

53 --, Probleme u. Aspekte histor. Ansätze in der Sozialisationsforschung, in: K. Hurrelmann u. D. Ulich Hg., Handbuch der Sozialisationsforschung, Weinheim 1980, 227— 52.

54 *Hoppe, R.* Hg., Dokumente zur Geschichte der Lage des arbeitenden Kindes in Deutschland von 1700 bis zur Gegenwart, Berlin 1969.

55 *Jaeger, H.*, Generationen in der Geschichte, in: GG 3. 1977, 429—52.

56 *Jahnke, K.-H. u.a.*, Geschichte der deutschen Arbeiterjugendbewegung 1904—45, Dortmund 1973.

57 --, Jugend im Widerstand 1933—45, Frankfurt 1985.

58 *Jaide, W.*, Generationen eines Jh. Sozialgeschichte der Jugend in Deutschland 1871— 1985, Opladen 1988.

59 *Jantzen, W.*, Die soziolog. Herkunft der Führungsschicht der deutschen Jugendbewegung 1900—1933, in: Führungsschicht u. Eliteproblem, Frankfurt 1957, 127—35.

60 *Johansen, E.M.*, Betrogene Kinder, Frankfurt 1978.

61 *Karl, W.*, Jugend, Gesellschaft u. Politik im Ersten Weltkrieg. Zur Geschichte der Jugendproblematik der deutschen Jugendbewegung im ersten Viertel des 20. Jh. unter bes. Berück. ihrer gesellschaftl. u. polit. Relationen u. Entwicklungen in Bayern, München 1973.

62 *Kater, M.H.*, Die Artamanen. Völk. Jugend in der Weimarer Republik, in: HZ 213. 1971, 577—638.

63 --, Hitlerjugend u. Schule im Dritten Reich, in: HZ 228. 1979, 572—623.

64 --, Bürgerl. Jugendbewegung u. Hitlerjugend in Deutschland 1926—1939, in: AfS 17. 1977, 127—74.

65 *Kenniston, K.*, Psychological Development and Historical Change, in: JIH 2. 1971, 329—45.

66 *Kindt, W.* Hg., Grundschriften der deutschen Jugendbewegung. Dokumentation der Jugendbewegung, 3 Bde, Düsseldorf 1963–74.

67 *Kindt, W.* Hg., Die deutsche Jugendbewegung 1920–1933. Die bündische Zeit, Düsseldorf 1974.

68 --, Die Wandervogelzeit 1896–1919, Düsseldorf 1968.

69 *Klönne, A.*, Hitler–Jugend u. Jugendopposition im Dritten Reich, in: APZ 4–5/1983, 17–25.

70 --, Jugend im "Dritten Reich". Die HJ u. ihre Gegner, Düsseldorf 1982.

71 -- Hg., Jugendkriminalität u. Jugendopposition im Dritten Reich, Münster 1981.

72 --, Gegen den Strom. Ein Bericht über die Jugendopposition im Dritten Reich, Düsseldorf 1957.

73 *Kneip, R.*, Jugend in der Weimarer Zeit. Hb. der Jugendverbände 1919–1938, Frankfurt 1974.

74 --, Wandervogel. Bünd. Jugend 1909–1943, Frankfurt 1967.

75 *Knoll, J.H. u. J.H. Schoeps* Hg., Typisch deutsch: Die Jugendbewegung, Opladen 1988.

76 *Koch, H.W.*, The Hitler Youth 1922–1945, London 1975; dt. Geschichte der HJ, Percha 1975.

77 *Koebner, T.* u.a. Hg., "Mit uns zieht die neue Zeit". Der Mythos Jugend, Frankfurt 1985.

78 *Kößler, G.*, Mädchenkindheiten im 19. Jh., Gießen 1979.

79 *Krafeld, F.J.*, Geschichte der Jugendarbeit, Weinheim 1984.

80 *Kreutz, H.*, Soziologie der Jugend, München 1974.

81 *Laqueur, W.Z.*, Young Germany. A History of the German Youth Movement, London 1962; dt. Die deutsche Jugendbewegung, Köln 1978.

82 *Linse, U.*, Lebensformen der bürgerl. u. der proletar. Jugendbewegung, in: Jb. des Archivs der deutschen Jugendbewegung 10. 1978, 25–55.

83 *Lorenzer, A.*, Zur Begründung einer materialist. Sozialisationstheorie, Frankfurt 1972.

84 *Ludwig, K.–H.*, Die Fabrikarbeit von Kindern im 19. Jh., in: VSWG 52. 1965, 63–85.

85 *Lüscher, K.*, Perspektiven einer Soziologie der Sozialisation, in: ZfS 4. 1975, 359– 79.

86 *Mannheim, K.*, Das Problem der Generationen (1928/29), in: L. v. Friedeburg Hg., Jugend in der modernen Gesellschaft, Köln 1965, 23–48.

87 *Martin, J. u. A. Nitschke* Hg., Zur Sozialgeschichte der Kindheit, Freiburg 1987.

88 *Mau, H.*, Die deutsche Jugendbewegung. Rückblick u. Ausblick, in: Zeitschrift für Religions- u. Geistesgeschichte 1. 1948, 135–49.

89 *De Mause, L.* Hg., The History of Childhood, N.Y. 1974.

90 *Mills, C.W. u. H. Gerth*, Character and Social Structure. The Psychology of Social Institution, N.Y. 1953; dt. Person u. Gesellschaft, Frankfurt 1970.

91 *Mitterauer, M.*, Gesindedienst u. Jugendphase im europ. Vergleich, in: GG 11. 1985, 177–204.

92 --, Sozialgeschichte der Jugend, Frankfurt 1986.

93 *Mogge, W.*, Der gespannte Bogen. Jugendbewegung u. Nationalsozialismus, in: Jb. des Archivs der deutschen Jugendbewegung 13. 1981, 11—34.

194 *Mogge, W.*, Wandervogel, Freideutsche Jugend u. Bünde, in: T. Koebner u.a. Hg., "Mit uns zieht die neue Zeit", Frankfurt 1985, 174—97.

95 *Muchow, H.H.*, Jugendgenerationen im Wandel der Zeit, Wien 1964.

96 --, Sexualreife u. Sozialstruktur der Jugend, Reinbek 1960.

97 *Müller, J.*, Die Jugendbewegung als deutsche Hauptrichtung neukonservativer Reform, Zürich 1971.

98 *Muth, H.*, Jugendopposition im Dritten Reich, in: VfZ 30. 1982, 369—417.

99 *Nasarski, R.* Hg., Deutsche Jugendbewegung in Europa, Köln 1967.

100 *Neidhardt, F.*, Die junge Generation, Opladen 1970.

101 *Neuloh, O. u. W. Zilius*, Die Wandervögel, Göttingen 1982.

102 *Nipperdey, T.*, Jugend u. Politik um 1900, in: W. Ruëgg Hg., Kulturkritik u. Jugendkult, Frankfurt 1974, 87—114; auch in: ders., Gesellschaft, Kultur, Theorie, Göttingen 1976, 338—95.

103 *Nyssen, F.*, Das Sozialisationskonzept der Stiehlschen Regulative u. sein histor. Hintergrund, in: Schule u. Staat im 18. u. 19. Jh., Hg. K.L. Hartmann u.a., Frankfurt 1974, 292—322.

104 *Oevermann, U.* u.a., Die sozialstrukturelle Einbettung von Sozialisationsprozessen, in: ZfS 5. 1976, 167—99.

105 *Paetel, K.*, Jugend in der Entscheidung 1913—1933—1945, Bad Godesberg 1963.

106 *Peikert, I.*, Zur Geschichte der Kindheit im 18. u. 19. Jh., in: H. Reif Hg., Die Familie in der Geschichte, Göttingen 1982, 114—36.

107 *Peukert, D.*, Die Edelweißpiraten. Protestbewegung jugendl. Arbeiter im Dritten Reich, Köln 1980.

108 --, Edelweißpiraten, Meuten, Swing. Jugendsubkultur im Dritten Reich, in: G. Huck Hg., Sozialgeschichte der Freizeit, Wuppertal 1980, 307—27.

109 --, Die "Halbstarken". Protestverhalten von Arbeiterjugendlichen zwischen Wilhelmin. Kaiserreich u. der Ära Adenauer, in: Zeitschrift für Pädagogik 30. 1984, 533—48.

110 --, Jugend zwischen Krieg u. Krise. Lebenswelten von Arbeiterjungen in der Weimarer Republik, Köln 1987.

111 --, Protest u. Widerstand von Jugendlichen im Dritten Reich, in: R. Löwenthal u. P.v.z. Mühlen Hg., Widerstand u. Verweigerung in Deutschland 1933—1945, Berlin 1982, 177—201.

112 *Pierenkemper, T.*, Jugendliche im Arbeitsmarkt. Deutschland seit dem Ende des 19. Jh., in: D. Dowe Hg., Jugendprotest u. Generationenkonflikt in Europa im 20. Jh., Bonn 1986, 49—73.

113 *Pörtner, R.* Hg., Kindheit im Kaiserreich. Erinnerungen an vergangene Zeiten, Düsseldorf 1987.

114 *Priepke, M.*, Die Evangel. Jugend im Dritten Reich 1933—36, Hannover 1960.

115 *Prinz, D. u. M. Rexin* Hg., Gewerkschaftsjugend im Weimarer Staat, Köln 1983.

116 *Pross, H.*, Jugend, Eros, Politik. Die Geschichte der deutschen Jugendverbände, Bern 1964.

117 *Quandt, S.* Hg., Kinderarbeit u. Kinderschutz in Deutschland 1793–1976, Paderborn 1978.

118 *Raabe, F.*, Die bünd. Jugend, Stuttgart 1961.

119 *Reyer, J.*, Geschichte des Kindergartens, 2 Bde, Freiburg 1987.

120 *Riedel, M.*, Wandel des Generationsproblems in der modernen Gesellschaft, Düsseldorf 1969.

121 *Rosenmayr, L.*, Hauptgebiete der Jugendsoziologie, in: HES II. 1967², 65–171/TB VI. 1976³.

122 *Roth, L.*, Die Erfindung des Jugendlichen, München 1983.

123 *Saul, K.*, Jugend im Schatten des Krieges. Vormilitär. Ausbildung - Kriegswirtschaftl. Einsatz - Schulalltag in Deutschland 1914–1918, in: MM 1983/II, 91–184.

124 --, Der Kampf um die Jugend zwischen Volksschule u. Kaserne 1890–1914, in: MM 1971/I, 97–142.

125 *Schäfers, B.*, Soziologie des Jugendalters, Opladen 1982.

126 *Schellenberger, B.*, Kathol. Jugend u. Drittes Reich, Mainz 1975.

127 *Schelsky, H.*, Die skeptische Generation, Düsseldorf 1957.

128 *Scherpner, H.*, Geschichte der Jugendfürsorge, Göttingen 1966.

129 *Schlumbohm, J.* Hg., Kinderstuben, München 1983.

130 --, Straße u. Familie. Kollektive u. individualisierende Formen der Sozialisation im kleinen u. gehobenen Bürgertum Deutschlands um 1800, in: Zeitschrift für Pädagogik 25. 1979, 697–726.

131 *Schrapper, C. u. D. Sengling* Hg., Waisenhäuser u. Erziehungsanstalten in Westfalen, I, Münster 1985.

132 *Seidelmann, K.*, Die deutsche Jugendbewegung, Bad Heilbrunn 1966.

133 --, Die Pfadfinder in der deutschen Jugendbewegung, 2 Bde, Hannover 1977/80.

134 *Seyfarth-Stubenrauch, M.*, Erziehung u. Sozialisation in Arbeiterfamilien 1870–1914 in Deutschland, 2 Bde, Frankfurt 1985.

135 *Spitzer, A.B.*, The Historical Problem of Generations, in: AHR 78. 1973, 1353–85.

136 *Stachura, P.D.*, The German Youth Movement 1900–1945, London 1981.

137 *Stambolis, B.*, Der Mythos der jungen Generation, Diss. Bochum 1982.

138 *Stark-v.d. Haar, E. u. H. v. d. Haar*, Kinderarbeit in der Bundesrepublik u. im Deutschen Reich, Frankfurt 1980.

139 *Stieda, W.*, Jugendl. Arbeiter, in: HStW 5. 1910³, 725–40.

140 *Tenbruck, F.H.*, Jugend u. Gesellschaft, Freiburg 1962.

141 *Tenfelde, K.*, Demograph. Aspekte des Generationskonflikts seit dem Ende des 19. Jh. Deutschland, England u. Frankreich, in: D. Dowe Hg., Jugendprotest u. Generationenkonflikt in Europa im 20. Jh., Bonn 1986, 15–27.

142 --, Großstadtjugend in Deutschland vor 1914. Eine histor.-demograph. Annäherung, in: VSWG 69. 1982, 182–218.

143 *Weber-Kellermann, I.*, Die Kindheit, Frankfurt 1979.

144 *Wehler, H.-U.* Hg., Sozialgeschichte der Jugend, Göttingen 1985 (= GG 11, H.2)

145 *Wierling, D.*, Vom Mädchen zum Dienstmädchen. Kindliche Sozialisation u. Beruf im Kaiserreich, in: K. Bergmann u. R. Schörken Hg., Geschichte im Alltag, Alltag in der Geschichte, Düsseldorf 1982, 57–87.
146 *Wurzbacher, G.*, Die Familie als Sozialisationsfaktor, Stuttgart 1968.
147 -- Hg., Sozialisation u. Personalisation, Stuttgart 1974[3].
148 *Ziemer, G. u. H. Wolf*, Wandervogel u. Freideutsche Jugend, Bad Godesberg 1961.
149 *Zwerger, B.*, Bewahranstalt - Kleinkinderschule - Kindergarten, Weinheim 1980.
150 *Zwerschke, M.*, Jugendverbände u. Sozialpolitik. Die Entwicklung des sozialpolit. Willens in den deutschen Jugendverbänden, München 1963.

17. Alter

1 *Ariès, P.*, Western Attitudes Toward Death. From the Middle Ages to the Present, Baltimore 1974.
2 --, Geschichte des Todes, München 1980.
3 *Borscheid, P.*, Altern zwischen Wohlstand u. Armut. Zur materiellen Lage alter Menschen während des 18. u. 19. Jh. im deutschen Südwesten, in: C. Conrad u. H.-J. v. Kondratowitz Hg., Gerontologie u. Sozialgeschichte, Berlin 1983, 217–53.
4 --, Geschichte des Alters, 16.-18. Jh., München 1987.
5 *Conrad, C.*, Altwerden u. Altsein in histor. Perspektive, in: Zeitschrift für Sozialisationsforschung u. Erziehungssoziologie 2. 1982, 73–90.
6 --, Histor. Ansätze in der Gerontologie - Fragen nach Alter in der Sozialgeschichte, in: Zeitschrift für Gerontologie 17. 1984, 2-5.
7 --, Die Entstehung des modernen Ruhestandes. Deutschland im internationalen Vergleich 1850–1960, in: GG 14. 1988, 417–47.
8 -- *u. H.-J. Kondratowitz* Hg., Gerontologie u. Sozialgeschichte, Berlin 1983.
9 --, Geschichte des Alterns: Lebensverhältnisse u. sozialpolit. Regulierung, in: Zeitschrift für Sozialisationsforschung u. Erziehungssoziologie 4. 1984, 143–56.
10 *Ehmer, J.*, Sozialgeschichte des Alters, Frankfurt 1990.
11 *Göckenjan, G. u. H.-J. v. Kondratowitz* Hg., Alter u. Alltag, Frankfurt 1988.
12 *Imhof, A.E.*, Die Lebenszeit, München 1988.
13 *v. Kondratowitz, H.-J.*. Das Alter - eine Last. Die Geschichte der industriellen Versorgung des Alters 1880–1933, in: AfS 30. 1990, 105–44.
14 *Konrad, H.* Hg., Der alte Mensch in der Geschichte, Wien 1982.
15 *Piesowicz, K.*, Lebensrhythmus u. Zeitrechnung in der vorindustriellen u. in der industriellen Gesellschaft, in: GWU 31. 1980, 465–85.
16 *Reif, H.*, Die Politisierung des Altersproblems - Der Streit um die Werkspensionskassen im Ruhrrevier am Vorabend des Ersten Weltkrieges, in: Zeitschrift für Gerontologie 17. 1984, 18–25.
17 *Rosenmayr, L.*, Die späte Freiheit. Das Alter, Berlin 1983.

18 --, Soziologie des Alters, in: HES II. 1967², 306–57/TB VII. 1976³, 218–406.
19 *Stearns, P.N.*, Coming of Age, in: JSH 10. 1976, 246–55.
20 *Tews, H.P.*, Soziologie des Alterns, Heidelberg 1971.
21 *Wehler, H.-U.* Hg., Sozialgeschichte des Alters, Göttingen 1988 (= GG 14, H.4).

18. Lebenshaltung

1 *Abel, W.*, Preis-, Lohn- u. Agrargeschichte, in: Fs. G. Franz, Stuttgart 1967, 67–79.
2 *Abelshauser, W*, Lebensstandard im Industrialisierungsprozeß. Brit. Debatte u. deutsche Verhältnisse, in: SM 16. 1982/2, 72–92.
3 *Achilles, W.*, Die Auswirkungen der Getreidepreissteigerungen gegen Ende des 18. Jh. auf das Realeinkommen von Erzeuger u. Verbraucher, in: Fs. W. Abel, I, Hannover 1974, 112–30.
4 *Artelt, W.* Hg., Städte-, Wohnungs- u. Kleidungshygiene des 19. Jh. in Deutschland, Stuttgart 1969.
5 *Ballin, P.*, Der Haushalt der arbeitenden Klassen, Berlin 1883.
6 *Bauer, S.*, Konsumption nach Sozialklassen, in: HStW 6. 1910³, 123–51.
7 *Becher, U.A.J.*, Geschichte des modernen Lebensstils in Deutschland, München 1990.
8 --, Sozialgeschichte der Lebensformen, in: Fs. G.G. Iggers, Hagen 1991, 381–98.
9 *Bolte, K.M.*, Bevölkerung, Arbeitspotential, Konsum, in: F. Neumark Hg., Strukturwandlungen einer wachsenden Wirtschaft, Berlin 1964, 46–66.
10 *Borscheid, P.*, Lebensstandard u. Familie, in: AfS 12. 1982, 227–62.
11 *Bosch, H.-D.*, Zur Vermögenssituation der privaten Haushalte in der Bundesrepublik Deutschland, Bd. I: Eine vergleichende sozio-ökonom. Datenanalyse der Jahre 1960/61 u. 1969, Berlin 1974.
12 *Brinkmann, D.M.*, Wandlungen des Konsumentenverhaltens im Industrialisierungsprozeß. Deutschland 1850–1960, Diss. Hamburg 1969.
13 *Bry, G.*, Wages in Germany 1871–1945, Princeton 1960/1970².
14 *Bundesminister für Arbeit*, Die Einkommens- u. Vermögensverteilung in der Bundesrepublik, Bonn 1973 u. 1974.
15 *Conrad, E.*, Lebensführung von 22 Arbeiterfamilien Münchens, München 1909.
16 *Coyner, S.J.*, Class Consciousness and Consumption: The New Middle Class During the Weimar Republic, in: JSH 10. 1976/77, 310–31.
17 *Croon, H.*, Die Versorgung der Städte des Ruhrgebiets im 19. u. 20. Jh., in: Third International Conference of Economic History (München 1965), Paris 1969, 131–46.
18 *Desai, A.*, Real Wages in Germany 1871–1913, Oxford 1968.

19 *Ditt, K.*, "Soziale Frage", Sparkassen u. Sparverhalten der Bevölkerung im Raum Bielefeld um die Mitte des 19. Jh., in: W. Conze u. U. Engelhardt Hg., Arbeiterexistenz im 19. Jh., Stuttgart 1981, 516–38.

20 *Dittmar, R.*, Lohn- u. Vermögensverteilung. Über die Lohngestaltung u. ihren Zusammenhang mit der Kapital- u. Vermögensbildung u. der Verteilung der Vermögenszuwächse, Göttingen 1975.

21 *Ebeling, D. u. F. Irsigler*, Zur Entwicklung von Agrar- u. Lebensmittelpreisen in der vorindustriellen u. industriellen Zeit, in: AfS 19. 1979, 299–329.

22 -- *u. F. Irsigler*, Getreideumsatz, Getreide- u. Brotpreise in Köln 1368–1797, II, Köln 1977.

23 *Egner, E.*, Epochen im Wandel des Familienhaushalts, in: H. Rosenbaum Hg., Familie u. Gesellschaftsstruktur, Frankfurt 1974, 56–87.

24 *Ehmer, J.*, Lohnarbeit u. Lebenszyklus im Kaiserreich, in: GG 14. 1988, 448–71.

25 *Elsas, N.J.*, Umriß einer Geschichte der Preise u. Löhne in Deutschland, 3 Bde, Leiden 1936/40/49.

26 *Engelsing, R.*, Lebenshaltungen u. Lebenshaltungskosten im 18. u. 19. Jh. in den Hansestädten Bremen u. Hamburg, in: IRSH 11. 1966, 73–107; als: Hanseatische Lebenshaltungen u. Lebenshaltungskosten im 18. u. 19. Jh., in: ders., Zur Sozialgeschichte deutscher Mittel- u. Unterschichten, Göttingen 1978², 26–50.

27 --, Probleme der Lebenshaltung in Deutschland im 18. u. 19. Jh., in: ZGS 126. 1970, 290–317; u. in: ders., Zur Sozialgeschichte deutscher Mittel- u. Unterschichten, Göttingen 1978², 11–25.

28 *Eulenburg, F.* Hg., Kosten der Lebenshaltung in deutschen Großstädten (= SVS 145/1, 2, 4), Leipzig 1914/15.

29 *Euler, M.*, Die Verteilung des Geld- u. Grundvermögens der privaten Haushalte u. sozialen Gruppen, in: Allg. Statist. Archiv 57. 1973, 255–93.

30 *Finckh, E.*, Einkommens- u. Verbrauchsgestaltung Deutschlands 1899–1913 u. 1924–27, Diss. Kiel 1929/Wiesbaden 1971.

31 *Flemming, J. u. Witt, P.C.*, Einkommen u. Auskommen "minderbemittelter Familien" , vor dem Ersten Weltkrieg, in: D. Dowe Hg., Erhebung von Wirtschaftsrechnungen minderbemittelter Familien im Deutschen Reiche, Berlin 1981, V–XLVII.

32 *Freudenthal, M.*, Gestaltwandel der städt. bürgerl. u. proletar. Hauswirtschaft 1760– 1910, ND Berlin 1986.

33 *Friedmann, A.*, Die Wohlstandsentwicklung in Preußen 1891–1911, in: JNS 103. 1914, 1–51.

34 *Gerhardt, H.-J.* Hg., Löhne im vor- u. frühindustriellen Deutschland 1750–1850, Göttingen 1984.

35 *Göseke, G.*, Verteilung u. Schichtung der Einkommen der privaten Haushalte in der Bundesrepublik 1955–1959, Berlin 1963.

36 *Götz, R.*, Die Entwicklung der Einkommensverteilung in den Wachstumszyklen der Bundesrepublik 1950–1971, in: B. Gahlen Hg., Wachstumszyklen u. Einkommensverteilung, Tübingen 1974, 1–28.

37 *Grumbach, F. u. H. König*, Beschäftigung u. Löhne der deutschen Industriewirtschaft 1888–1954, in: WA 79.1957/II, 125–55.

38 *Günther, A.*, Lebenshaltung des Mittelstandes. Statist. u. theoret. Untersuchungen zur Konsumtionslehre, München 1920.

39 *Hachtmann, R.*, Lebenshaltungskosten u. Reallöhne während des "Dritten Reiches", in: VSWG 75. 1988, 32–73.

40 *Hamilton, R.F.*, Einkommen u. Klassenstruktur. Der Fall der Bundesrepublik, in: KZfS 1968, 251–86.

41 *Hampke, C.*, Das Ausgabebudget der Privatwirtschaften, Jena 1888.

42 *Helberger, C.*, Einkommensentwicklung u. Einkommensverteilung in der Bundesrepublik, in: W. Meissen u.a. Hg., Verteilungskampf u. Stabilitätspolitik, Berlin 1972, 30–53.

43 *Helfferich, K.*, Deutschlands Volkswohlstand 1888–1913, Berlin 1917[7].

44 --, Die Verteilung des Volkseinkommens in Preußen 1896–1912, in: Fs. J. Riesser, Berlin 1913, 18–30.

45 *Hermes, G.*, Ein preuß. Beamtenhaushalt 1859–90, in: ZGS 76. 1921, 43–92, 268–95, 478–86.

46 *Hertner, P. u. T. Fox*, Lebensmittelpreise in Marburg 1764–1830, in: A. Imhof Hg., Histor. Demographie als Sozialgeschichte, II, Darmstadt 1975, 855–917.

47 *Hesse, K.*, Das diskretionäre Einkommen, seine Bestimmung u. Verwendung, dargestellt anhand von Daten der Bundesrepublik Deutschland, Berlin 1974.

48 *Hoffmann, W.G. u. J.H. Müller*, Das deutsche Volkseinkommen 1851–1955, Tübingen 1959.

49 *Houthakker, H.S.*, An International Comparison of Household Expenditure Patterns, in: Econometrica 25. 1957, 532–51.

50 *Huck, G.* Hg., Sozialgeschichte der Freizeit, Wuppertal 1980.

51 *Jarre, J.*, Umweltbelastungen u. ihre Verteilung auf soziale Schichten, Göttingen 1975.

52 *Jeck, A.*, Wachstum u. Verteilung des Volkseinkommens in Deutschland 1870–1913, Tübingen 1970.

53 *Johnson, H.G.*, The Theory of Income Distribution, N.Y. 1973.

54 *Jonas, W.*, Zur Geschichte der Löhne u. der Produktion im Mansfeldschen 1797–1944, in: ZfG 4. 1954, 370–400.

55 *Kaelble, H. u. M. Thomas*, Introduction, in: Y.S. Brenner u.a., Income Distribution in Historical Perspective, Cambridge 1991, 1–56.

56 *Kaufhold, K.H.*, Aufgaben u. Entwicklung der preis– u. lohngeschichtl. Forschung in Deutschland, in: Nachrichten d. Akad. d. Wiss. in Göttingen, Philolog.-Histor. Klasse, 1991, Nr. 5.

57 --, Forschungen zur deutschen Preis- u. Lohngeschichte (seit 1930), in: Fs. W. Zorn, Wiesbaden 1987, 81–101.

58 *Kiesewetter, H.*, Zur Entwicklung sächs. Sparkassen, zum Sparverhalten u. zur Lebenshaltung sächs. Arbeiter im 19. Jh. 1819–1914, in: W. Conze u. U. Engelhardt Hg., Arbeiterexistenz im 19. Jh., Stuttgart 1981, 446–86.

59 *v. Knorring, E.*, Strukturwandlungen des privaten Konsums im Wachstumsprozeß der deutschen Wirtschaft seit der Mitte des 19. Jh., in: W.G. Hoffmann

Hg., Untersuchungen zum Wachstum der deutschen Wirtschaft, Tübingen 1971, 167–291.

60 *Koch, W.*, Die Einkommensschichtung im Wechsel der Wirtschaftslagen, in: Fs. F. Bülow, Berlin 1960, 169–91.

61 *Köhler, E.E.*, Haushaltsrechnungen des Georgshauses in Leipzig, in: JbW 1967/IV, 347–405.

62 *Krabbe, W.*, Gesellschaftsveränderung durch Lebensreform, Göttingen 1974.

63 *Krelle, W. u. J. Siebke*, Vermögensverteilung u. Vermögenspolitik in der Bundesrepublik, in: ZGS 129. 1973, 478–503.

64 *Krupp, H.-J.*, Wandlungen der Einkommensstruktur in der Bundesrepublik, in: K. Hax u. W. Kraus Hg., Industriegesellschaften im Wandel - Japan u. die Bundesrepublik, Gütersloh 1969, 43–60.

65 *Kuczynski, J.*, Löhne u. Ernährungskosten in Deutschland 1820–1937, Libau 1937.

66 *Landau, K.-H.*, Bürgerl. u. proletar. Konsum im 19. u. 20. Jh., Köln 1990.

67 *Landes, D.S.*, The Standard of Living during the Industrial Revolution, in: O. Büsch u.a. Hg., Industrialisierung u. " Europ. Wirtschaft" im 19. Jh., Berlin 1976, 65–82.

68 *Lederer, E.*, Umschichtung der Einkommen u. des Bedarfs, in: B. Harms Hg., Strukturwandlungen der deutschen Volkswirtschaft, I, Berlin 1929², 33–56.

69 *Lexis, W. u. S. Bauer*, Konsumtion, in: HStW 6. 1910³, 117–51.

70 *Meerwarth, R.* u.a., Die Einwirkungen des Krieges auf Bevölkerungsbewegung, Einkommen u. Lebenshaltung, Stuttgart 1932.

71 *Menges, G. u. H. Kolbeck*, Löhne u. Gehälter nach den beiden Weltkriegen, Meisenheim 1958.

72 *Meyer, R.*, Einkommen, in: HStW III.1900², 347–80.

73 *Mierheim, A. u. L. Wicke*, Die personelle Vermögensverteilung in der Bundesrepublik Deutschland, Tübingen 1978.

74 *Morgenroth, W.*, Die Kosten des Münchener Arbeiterhaushaltes in ihrer neueren Entwicklung, München 1914.

75 *Müller, J.-H.*, Die Änderung der persönl. Einkommensstruktur in wichtigen deutschen Ländern 1874–1913, in: G. Bombach Hg., Neue Aspekte der Verteilungstheorie, Tübingen 1974, 153–74.

76 -- *u. S. Geisenberger*, Die Einkommensstruktur in verschiedenen deutschen Ländern 1874–1913, Tübingen 1972.

77 --, Nivellierung u. Differenzierung der Arbeitseinkommen in Deutschland seit 1925, Berlin 1954.

78 *Nahrstedt, W.*, Die Entstehung des Freiheitsbegriffs der Freizeit. Zur Genese einer grundlegenden Kategorie der modernen Industriegesellschaft 1755–1826, in: VSWG 60. 1973, 311–42.

79 --, Die Entstehung der Freizeit, Göttingen 1972.

80 *Nitschke, K.*, Einkommen und Vermögen in Preußen, Jena 1902.

81 *Oldenberg, K.*, Konsumtion, in: GdS II/1, 1923², 1–164.

82 *Oppenheimer-Bluhm, H.*, The Standard of Living of German Labor under Nazi Rule, N.Y. 1943/ND 1965.

83 *Orsagh, T.J.*, The Probable Geographical Distribution of German Income 1882–1962, in: ZGS 124. 1968, 280–311.

84 --, Löhne in Deutschland 1871–1913, in: ZGS 125. 1969, 476–83.

85 *Pen, J.*, Income Distribution, Harmondsworth 1974.

86 *Perls, K.*, Die Einkommensentwicklung in Preußen seit 1896, Berlin 1911.

87 *Phelps Brown, E.H. u. M.S. Browne*, A Century of Pay: The Course of Pay and Production in France, Germany, Sweden, the United Kingdom and the United States 1860– 1960, London 1968.

88 -- *u. S.V. Hopkins*, The Course of Wage-Rates in Five Countries 1860–1939, in: OEP 2. 1950, 226–96.

89 --, Levels and Movements of Industrial Productivity and Real Wages Internationally Compared 1860–1970, in: EJ 83. 1973, 58–71.

90 *Philippi, G.*, Preise, Löhne u. Produktivität in Deutschland von 1500 bis zur Gegenwart, in: Konjunkturpolitik 12. 1966, 305–35.

91 *Pierenkemper, T.*, Haushalt u. Verbrauch in histor. Perspektive, in: ders. Hg., Haushalt u. Verbrauch in histor. Perspektive. Deutschland im 19. u. 20. Jh., St. Katharinen 1987, 1–24.

92 -- Hg., Zur Ökonomie des privaten Haushalts. Haushaltsrechnungen als Quellen histor. Wirtschafts- u. Sozialforschung, Frankfurt 1991.

93 --, Das Rechnungsbuch der Hausfrau - u. was wir daraus lernen können. Zur Verwendbarkeit privater Haushaltsrechnungen in der histor. Wirtschafts- u. Sozialforschung, in: GG 14. 1988, 38–63.

94 --, The Standard of Living and Employment in Germany 1850–1980, in: JEEH 16. 1987, 51–73.

95 Statist. Reichsamt Hg., Das deutsche Volkseinkommen vor u. nach dem Kriege, Berlin 1932.

96 *Rettig, R.*, Strukturverschiebungen der privaten Konsumnachfrage in Deutschland 1850–1913, in: VSWG 71. 1984, 342–56.

97 *Richarz, J.*, Herrschaftl. Haushalte in vorindustrieller Zeit im Weserraum, Berlin 1971.

98 *Riemann, F.*, Preise u. Löhne in der deutschen Landwirtschaft des 17. u. 18. Jh., in: Landwirtschaftl. Jb. für Bayern 30. 1953, 1–28.

99 *Saalfeld, D.*, Die Bedeutung des Getreides für die Haushaltsausgaben städt. Verbraucher in der 2. Hälfte des 18. Jh., in: Fs. W. Abel, Hannover 1964, 26–38.

100 --, Method. Darlegungen zur Einkommensentwicklung u. Sozialstruktur 1760–1860, in: SVS 83. 1975, 227–59.

101 -- u.a., Die Haushaltsstruktur der Göttinger Bevölkerung im 18. u. 19. Jh. als Kriterium der sozialen Differenzierung einer städt. Population, in: Göttinger Jb. 25. 1977, 87–105.

102 --, Die sozialökonom. Lebensbedingungen der Unterschichten Deutschlands im 19. Jh., in: 3. Fs. W. Abel, Göttingen 1984, 189–215.

103 --, Lebensstandard in Deutschland 1750–1860, Einkommensverhältnisse u. Lebenshaltungskosten städt. Populationen in Deutschland in der Übergangsperiode zum Industriezeitalter, in: 2. Fs. W. Abel, II, Hannover 1974, 417–43.

104 --, Lebensverhältnisse der Unterschichten Deutschlands im 19. Jh., in: IRSH 29. 1984, 215—53.

105 *Sandgruber, R.*, Die Anfänge der Konsumgesellschaft. Konsumgüterverbrauch, Lebensstandard u. Alltagskultur in Österreich im 18. u. 19. Jh., München 1982.

106 --, Einkommensentwicklung u. Konsumverhalten der Arbeiter im 19. u. 20. Jh., in: R. Kropf Hg., Arbeit, Mensch, Maschine, Linz 1987, 213—23.

107 *Scherhorn, G.*, Soziologie des Konsums, in: HES II. 1967², 834—62/TB XI. 1977³ 193—265.

108 *Scheuch, E.K.*, Soziologie der Freizeit, in: HES II. 1967², 735—833/TB XI. 1977³, 1—192.

109 *Schmoller, G.*, Die histor. Lohnbewegung 1300—1900 u. ihre Ursachen, in: Sitzungsberichte der Preuß. Akademie der Wissenschaften 1902, Berlin 1902, 130—45.

110 *Schneider, L.*, Der Arbeiterhaushalt im 18. u. 19. Jh., Berlin 1967.

111 *Schollier, P.* Hg., Real Wages in 19th and 20th Century Europe, Oxford 1989.

112 *Schomerus, H.*, Lebenszyklus u. Lebenshaltung in Arbeiterhaushaltungen des 19. Jh., in: W. Conze u. U. Engelhardt Hg., Arbeiter im Industrialisierungsprozeß, Stuttgart 1979, 195—200.

113 *Schröder, W.H.*, Die Entwicklung der Arbeitszeit im sekundären Sektor in Deutschland 1871—1913, in: Technikgeschichte 47. 1980, 252—302.

114 *Schütze, P.*, Studien über die Entwicklung der Lohnverhältnisse ländl. Arbeiter in Norddeutschland seit 1870, Diss. Königsberg 1914.

115 *Schulz, G.*, "Der konnte freilich ganz anders sparen als ich". Untersuchungen zum Sparverhalten industrieller Arbeiter im 19. Jh., in: W. Conze u. U. Engelhardt Hg., Arbeiterexistenz im 19. Jh., Stuttgart 1981, 487—515.

116 *Siegenthaler, J.*, Zum Lebensstandard schweizer. Arbeiter im 19. Jh., in: Schweizer. Zeitschrift für Volkswirtschaft u. Statistik 101. 1965, 423—44.

117 *Skiba, R.*, Das westdeutsche Lohnniveau zwischen den beiden Weltkriegen u. nach der Währungsreform, Köln 1974.

118 *Spree, R.*, Klassen- u. Schichtbildung im Spiegel des Konsumverhaltens individueller Haushalte in Deutschland zu Beginn des 20. Jh., in: T. Pierenkemper Hg., Haushalt u. Verbrauch in histor. Perspektive, St. Katharinen 1987, 56—80.

119 --, Knappheit u. differentieller Konsum in Deutschland 1900—30, in: H. Siegenthaler Hg., Ressourcenknappheit als Gegenstand der Wirtschaftsgeschichte, Berlin 1990, 171—221.

120 --, Modernisierung des Konsumverhaltens deutscher Mittel- u. Unterschichten 1918—39, in: ZfS 14. 1985, 400—10.

121 -- u.a., Ökonom. Zwang oder schichttypischer Lebensstil? Muster der Einkommensaufbringung u. -verwendung vor u. nach dem Ersten Weltkrieg, in: H. Thomas u. G. Elstermann Hg., Bildung u. Beruf, Berlin 1986, 159—88.

122 *Stockmann, R. u. A. Willms-Herget*, Erwerbsstatistik in Deutschland (seit 1875), Frankfurt 1985.

123 *Strauss, R.*, Löhne sowie Brot- u. Kartoffelpreise in Chemnitz 1770—1850, in: JbW 1962/IV, 144—90.

124 *Tenfelde, K.*, Arbeiterhaushalt u. Arbeiterbewegung 1850—1900, in: Sowi 6. 1977, 160—65.

125 *Triebel, A.*, Zwei Klassen u. die Vielfalt des Konsums. Haushaltsbudgetierung bei abhängig Erwerbstätigen in Deutschland im ersten Drittel des 20. Jh., Diss. Berlin 1991.

126 *v. Tyszka, C.*, Die Lebenshaltung der arbeitenden Klassen in den bedeutenderen Industriestaaten: England, Deutschland, Frankreich, Belgien u. die Vereinigten Staaten, Jena 1912.

127 --, Löhne u. Lebenskosten in Westeuropa im 19. Jh., München 1914.

128 *Warstadt, H.G.*, Die Preisgestaltung landwirtschaftl. Produkte u. landwirtschaftl. Produktionsmittel, Diss. Bonn/Insterburg 1933.

129 *Wiegand, E.*, Die Entwicklung der Einnahmen- u. Ausgabenstrukturen privater Haushalte seit 1900, in: ders. u. W. Zapf Hg., Wandel der Lebensbedingungen in Deutschland, Frankfurt 1982, 155—235.

130 --, Zur histor. Entwicklung der Löhne u. Lebenshaltungskosten in Deutschland, in: ders. u. W. Zapf Hg., Wandel der Lebensbedingungen in Deutschland, Frankfurt 1982, 65—153.

131 --, Zur histor. Entwicklung der Löhne u. Lebenshaltungskosten in Deutschland, in: HSF 19. 1981, 18—41.

132 *Zapf, W.*, Lebensbedingungen in der Bundesrepublik, Frankfurt 1977.

133 --, Zur Messung der Lebensqualität, in: ZfS 1. 1972, 353—76.

134 *Zimmermann, W. u. A. Günther*, Die gesunkene Kaufkraft des Lohnes u. ihre Wiederherstellung, Jena 1919.

19. Ernährung

1 *Abel, W.*, Stufen der Ernährung, Göttingen 1981.

2 *Dowe, D.*, Methodolog. Überlegungen zum Problem des Hungers in Deutschland in der ersten Hälfte des 19. Jh., in: W. Conze u. U. Engelhardt Hg., Arbeiterexistenz im 19. Jh., Stuttgart 1981, 202—34.

3 *Erker, P.*, Ernährungskrise u. Nachkriegsgesellschaft. Bauern u. Arbeiterschaft in Bayern 1943—53, Stuttgart 1990.

4 *Esslen, J.B.*, Die Entwicklung von Fleischversorgung u. Fleischverbrauch auf dem Gebiete des heutigen Deutschen Reiches seit 1800, in: JNS 98.1912, 705—69.

5 --, Die Fleischversorgung des Deutschen Reiches, Stuttgart 1912.

6 *Forster, E. u. R.*, European Diet from Pre—Industrial to Modern Times, N.Y. 1976.

7 *Heggen, A.*, Alkohol u. Bürgerl. Gesellschaft im 19. Jh., Berlin 1988.

8 *Heischkel-Artelt, E.* Hg., Ernährung u. Ernährungslehre im 19. Jh., Göttingen 1976.

9 *Jasny, N.*, Wheat Problems and Policies in Germany, in: Wheat Studies of the Food Research Institute Stanford 12. 1936, 65–140.

10 *Krabbe, W.R.*, Die Wohnungsfrage in der Kommunalpolitik deutscher Großstädte vor dem Ersten Weltkrieg: Ursprünge des sozialen Wohnungsbaus, in: GWU 36. 1985, 426–38.

11 *Kurella, H.*, Wohnungsnot u. Wohnungsjammer, Frankfurt 1900.

12 *Langer, W.L.*, American Foods and European Population Growth 1750–1850, in: JSH 8. 1974, 51–66.

13 *Lüdtke, A.*, Hunger in der Großen Depression, in: AfS 27. 1987, 145–76.

14 *Medick, H.*, "Hungerkrisen" in der histor. Forschung (17.–19. Jh.), in: Sowi 14. 1985, 95–103.

15 --, Teuerung, Hunger u. "moral. Ökonomie von oben". Die Hungerkrise in Württemberg 1816/17, in: BHS 15. 1985, 39–44.

16 *Meiners, U.*, Wohnkultur in süddeutschen Kleinstädten vom 17. zum 19. Jh. Soziale Unterschiede u. Wohnstrukturen, in: G. Wiegelmann Hg., Nord-Süd-Unterschiede in der städt. u. ländl. Kultur Mitteleuropas, München 1985, 157–221.

17 *Petsch, J.*, Eigenheim u. gute Stube. Zur Geschichte des bürgerl. Wohnens, Köln 1989.

18 *Rintelen, P.*, Deutschlands Bevölkerungsentwicklung, Nahrungsmittelerzeugung u. Nahrungsmittelverbrauch, Diss. Bonn 1932.

19 *Saalfeld, D.*, Steigerung u. Wandlung des Fleischverbrauchs in Deutschland 1800–1903, in: ZAA 25. 1977, 244–53.

20 *Saldman, R.N.*, The History and Social Influence of the Potatoe, Cambridge 1949.

21 *Schirmer, C.*, Das Wohnungselend der Minderbemittelten in München, Frankfurt 1899.

22 *Schulz, G.* Hg., Wohnungsbau im Sozialstaat. Deutsche und europ. Lösungen 1918– 60, Düsseldorf 1992.

23 *Teuteberg, H.-J.*, Wie ernährten sich Arbeiter im Kaiserreich? in: W. Conze u. U. Engelhardt Hg., Arbeiterexistenz im 19. Jh., Stuttgart 1981, 57–73.

24 --, Some Aspects of Nutrition as Influenced by Socio-Economic Changes in the XIXth Century in Germany, in: Proceedings of the 7th Internat. Congress of Nutrition (Hamburg 1966), Braunschweig 1967, 77–86.

25 --, Zur sozialgeschichtl. Bedeutung der Kartoffel u. ihrer Eingliederung in die deutsche Volkskost, in: Ernährungslehre u. Praxis 1974/Nr. 12, 45–47; 1975/Nr. 1, 1–4.

26 -- Hg., Durchbruch zum modernen Massenkonsum. Lebensmittel-Märkte u. Qualität im Städtewachstum des Industriezeitalters, Münster 1987.

27 --, Die Ernährung als Gegenstand histor. Analysen, in: Fs. W. Zorn, Wiesbaden 1987, 180–202.

28 --, Zur Frage des Wandels der deutschen Volksernährung durch die Industrialisierung, in: R. Braun u.a. Hg., Gesellschaft in der Industriellen Revolution, Köln 1973, 321–39.

29 -- *u. G. Wiegelmann* Hg., Unsere tägliche Kost, München 1986.

30 --, Die Nahrung der sozialen Unterschichten im späten 19. Jh., in: E. Heischkel-Artelt Hg., Ernährung u. Ernährungslehre im 19 Jh., Göttingen 1976, 205–87.

31 --, Periods and Turning-Points in the History of European Diet: A Preliminary Outline of Problems and Methods, in: A. Fenton and E. Kisbán Hg., Food in Change. Eating Habits from the Middle Ages to the Present Day, Edinburgh 1986, 11–23.

32 --, Variations in Meat Consumption in Germany, in: Ethnologia Scandinavia 1971, 131–41.

33 --, Der Verzehr von Nahrungsmitteln in Deutschland pro Kopf u. Jahr 1850–1975, in: AfS 19. 1979, 331–88.

34 -- *u. A. Bernhard*, Wandel in der Kindernahrung in der Zeit der Industrialisierung, in: J. Reulecke u. W. Weber Hg., Fabrik, Familie, Feierabend, Wuppertal 1978, 177–213.

35 -- *u. G. Wiegelmann*, Der Wandel der Nahrungsgewohnheiten unter dem Einfluß der Industrialisierung, Göttingen 1971.

36 *Volkmann, H. u. M. Gailus* Hg., Hunger in der deutschen Geschichte 1750–1950, Opladen 1992.

20. Wohnen

1 *Asmus, G.* Hg., Hinterhof, Keller u. Mansarde. Berliner Wohnungselend 1901–20, Reinbek 1982.

2 *Benker, G.*, Bürgerl. Wohnen. Städt. Wohnkultur in Mitteleuropa von der Gotik bis zum Jugendstil, München 1984.

3 *Berger-Thimme, D.*, Wohnungsfrage u. Sozialstaat 1873–1918, Frankfurt 1976.

4 *Berthold, G.*, Die Wohnverhältnisse in Berlin, in: SVS 31/II, Leipzig 1886, 199–235.

5 *Binding, G.*, Das deutsche Bürgerhaus, bisher 34 Bde, Tübingen 1959–84.

6 *Blumenroth, U.*, Deutsche Wohnungspolitik seit 1871, Münster 1975.

7 *Brander, S.*, Wohnungspolitik als Sozialpolitik, Berlin 1984.

8 *Brockstedt, J.*, Familiengröße u. Wohnsituation von Handwerkern u. Arbeitern in Kiel 1800–67, in: W. Conze u. U. Engelhardt Hg., Arbeiterexistenz im 19. Jh., Stuttgart 1981, 138–62.

9 *Brönner, W.*, Die bürgerl. Villa in Deutschland 1830–90, Düsseldorf 1987.

10 --, Schichtenspezif. Wohnkultur, in: E. Mai u.a. Hg., Kunstpolitik u. Kunstförderung im Kaiserreich, Berlin 1982, 361–78.

11 *Brüggemeier, F. u. L. Niethammer*, Schlafgänger, Schnapskasinos u. schwerindustrielle Kolonie. Aspekte der Arbeiterwohnungsfrage vor dem Ersten Weltkrieg, in: J. Reulecke u. W. Weber Hg., Fabrik - Familie - Feierabend, Wuppertal 1978, 135–75.

12 *Büttner, H. u. G. Meißner*, Bürgerhäuser in Europa, Leipzig 1931/ND Stuttgart 1981.

13 *Bullock, N. u. J. Read*, The Movement for Housing Reform in Germany and France 1840–1914, Cambridge 1985.

14 *Fritzsche, B.*, Das Quartier als Lebensraum, in: W. Conze u. U. Engelhardt Hg., Arbeiterexistenz im 19. Jh., Stuttgart 1981, 92–113.

15 *Fuchs, C.J.*, Wohnungsfrage u. Wohnungswesen, in: HStW 8. 1911³, 873–928.

16 --, Wohnungsfrage u. Wohnungswesen, in: HStW Erg.Bd. 1929², 1098–1160.

17 *Führ, E. u. D. Stemmrich*, "Nach getaner Arbeit verbleibt im Kreise der Eurigen". Bürgerl. Wohnrezepte für Arbeiter im 19. Jh., Wuppertal 1985.

18 *Geist, J.F. u. K. Küvers*, Das Berliner Mietshaus 1740–1862, München 1980.

19 *Gläntzer, V.*, Ländl. Wohnen vor der Industrialisierung, München 1980.

20 *Gransche, E. u. F. Rothenbacher*, Wohnbedingungen in der zweiten Hälfte des 19. Jh. 1861–1910, in: GG 14. 1988, 64–95.

21 -- *u. E. Wiegand*, Zur Wohnsituation von Arbeiterhaushalten zu Beginn des 20. Jh., in: E. Wiegand u. W. Zapf Hg., Wandel der Lebensbedingungen in Deutschland, Frankfurt 1982, 425–69.

22 *Hafner, T.*, Kollektive Wohnreform im Deutschen Kaiserreich 1871–1914, Stuttgart 1988.

23 *Kastorff-Viehmann, R.*, Wohnungsbau für Arbeiter: Das Ruhrgebiet bis 1914, Aachen 1981.

24 *Kraus, A.*, Wohnverhältnisse u. Lebensbedingungen von Hütten- u. Bergarbeiterfamilien in der zweiten Hälfte des 19 Jh., in: W. Conze u. U. Engelhardt Hg., Arbeiter im Industrialisierungsprozeß, Stuttgart 1979, 163–194.

25 *Markmann, H.*, Wandlungen der industriellen Wohnkultur in Westdeutschland 1949– 61, in: F. Neumark Hg., Strukturwandlungen einer wachsenden Wirtschaft, Bd. 1, Berlin 1964, 441–53.

26 *Niethammer, L. u. F. Brüggemeier*, Wie wohnten Arbeiter im Kaiserreich? in: AfS 16. 1976, 61–134.

27 -- Hg., Wohnen im Wandel. Beiträge zur Geschichte des Alltags in der bürgerl. Gesellschaft, Wuppertal 1979.

28 *Nörnberg, H.-J. u. D. Schubert*, Massenwohnungsbau in Hamburg. Materialien zur Entstehung u. Veränderung Hamburger Arbeiterwohnungen u. -siedlungen 1800–1967, Berlin 1975.

29 *Rach, H.–J.*, Zu den Wohnverhältnissen der kontraktgebundenen Landarbeiter im östl. Brandenburg im 19. Jh., in: W. Jacobeit u. K. Rohrmann Hg., Kultur u. Lebensweise des Proletariats, Berlin 1973, 159–84.

30 *Reich, E.*, Der Wohnungsmarkt in Berlin 1840–1910, München 1912.

31 *Schildt, G.*, Die Wohnraumverknappung für die Braunschweiger Unterschichten 1855–71, in: H. Matzerath Hg., Städtewachstum u. innerstädt. Strukturveränderungen, Stuttgart 1984, 148–64.

32 *Schomerus, H.*, Die Wohnung als unmittelbare Umwelt. Unternehmer, Handwerker u. Arbeiterschaft einer württemberg. Industriestadt 1850–1900, in: L. Niethammer Hg., Wohnen im Wandel, Wuppertal 1979, 211–32.

33 *Teuteberg, H.-J.* Hg., Homo Habitans. Zur Sozialgeschichte des Wohnens seit der Neuzeit, Münster 1984.

34 --, Wohnalltag in Deutschland 1850–1914, Münster 1985.

35 *Treue, W.*, Haus u. Wohnung im 19. Jh., in: W. Artelt u.a. Hg., Städte-, Wohnungs- u. Kleidungshygiene des 19. Jh. in Deutschland, Stuttgart 1969, 34—51.

36 *Verein für Sozialpolitik* Hg., Neue Untersuchungen über die Wohnungsfrage in Deutschland u. im Ausland, 4 Bde (SVS 94—97), Leipzig 1901.

37 --, Die Wohnungsnot der ärmeren Klassen in deutschen Großstädten, 2 Bde (SVS 30—31), Leipzig 1886.

38 *Wagner, F.*, Arbeiterwohnungen, in: O. Danner Hg., Handbuch der Arbeiterwohlfahrt I, Stuttgart 1902, 1—92.

39 *Weber, A.*, Die Wohnungsproduktion, in: GdS VI. 1914, 350—68.

40 *Weber, W.*, Arbeiterwohnungsfrage u. Lösungsangebote in Deutschland 1840—75, in: W. Kroker Hg., 2. Internat. Kongreß für die Erhaltung techn. Denkmäler, Bochum 1978, 316—31.

41 *Wernicke, E.*, Die Wohnung in ihrem Einfluß auf Krankheit u. Sterblichkeit, in: M. Mosse u. G. Tugendreich Hg., Krankheit u. soziale Lage, München 1913/ND Göttingen 1977, 45—120.

42 *Wietog, J.*, Der Wohnungsstandard der Unterschichten in Berlin 1848—71, in: W. Conze u. U. Engelhardt Hg., Arbeiterexistenz im 19. Jh., Stuttgart 1981, 114—37.

43 *Wischermann, C.*, Wohnen in Hamburg vor 1914, Münster 1983.

44 --, Wohnung u. Wohnquartier, in: H. Heineberg Hg., Innerstädt. Differenzierung u. Prozesse im 19. u. 20. Jh., Köln 1987, 57—84.

45 --, Wohnungsmarkt, Wohnversorgung u. Wohnmobilität in deutschen Großstädten 1870—1913, in: H.-J. Teuteberg Hg., Stadtwachstum, Industrialisierung, Sozialer Wandel, Berlin 1986, 101—33.

46 --, Wohnungsnot u. Städtewachstum im späten 19. Jh., in: W. Conze u. U. Engelhardt Hg., Arbeiter im Industrialisierungsprozeß, Stuttgart 1979, 201—26.

47 *Zimmermann, C.*, Von der Wohnungsfrage zur Wohnungspolitik. Die Reformbewegung in Deutschland 1845—1914, Göttingen 1991.

21. Krankheit und Gesundheitswesen

1 *Artelt, W. u. W. Ruëgg* Hg., Der Arzt u. der Kranke der Gesellschaft des 19. Jh., Stuttgart 1967.

2 *Berndt, H.*, Hygienebewegung des 19. Jh. als vergessenes Thema von Stadt- u. Architektursoziologie, in: Die alte Stadt 14. 1987, 140—63.

3 *Blasius, D.*, Geschichte u. Krankheit. Sozialgeschichtl. Perspektiven der Medizingeschichte, in: GG 2. 1976, 386—415.

4 --, Umgang mit Unheilbaren, Bonn 1986.

5 --, Der verwaltete Wahnsinn. Eine Sozialgeschichte des Irrenhauses, Frankfurt 1980.

6 *Brumm, F.* Hg., Deutschlands Gesundheitsverhältnisse unter dem Einfluß des Weltkrieges, 2 Bde, Stuttgart 1928.

7 *Dörner, K.*, Bürger u. Irre. Zur Sozialgeschichte u. Wissenschaftssoziologie der Psychiatrie, Frankfurt 1969.

8 *Evans, R.J.*, Epidemics and Revolutions: Cholera in 19th Century Europe, in: PP 120. 1988, 123–46.

9 --, Tod in Hamburg 1830–1910, Reinbek 1990.

10 *Fischer, A.*, Geschichte des deutschen Gesundheitswesens, II: Von den Anfängen der hygien. Ortsbeschreibungen bis zur Gründung des Reichsgesundheitsamts, Berlin 1933/ND Hildesheim 1965.

11 *Frevert, U.*, Arbeiterkrankheit u. Arbeiterkrankenkassen im Industrialisierungsprozeß Preußens, in: W. Conze u. U. Engelhardt Hg., Arbeiterexistenz im 19. Jh., Stuttgart 1981, 293–319.

12 --, Akadem. Medizin u. soziale Unterschichten im 19. Jh., in: Jb. d. Instituts für Geschichte der Medizin der R. Bosch-Stiftung 4. 1987, 41–59.

13 --, Krankheit als polit. Problem 1770–1880, Göttingen 1984.

14 *Gerbert, A.*, Öffentl. Gesundheitspflege u. staatl. Medizinalwesen in den Städten Braunschweig u. Wolfenbüttel im 19. Jh., Braunschweig 1983.

15 *Huerkamp, C.*, The History of Smallpox Vaccination: A First Step in the Medicalization of the General Public, in: JCH 20. 1985, 617–35.

16 *Imhof, A.E.* Hg., Biologie des Menschen in der Geschichte, Stuttgart 1978.

17 --, Reconstructing Biological Frameworks of Populations in the Past, in: J.M. Clubb u. E.K. Scheuch Hg., Historical Social Research. The Use of Historical and Process- Produced Data, Stuttgart 1980, 71–83.

18 -- *u. O. Larsen* Hg., Sozialgeschichte u. Medizin, Stuttgart 1975.

19 *Jütte, R.*, Sozialgeschichte der Medizin, in: Medizin, Gesellschaft u. Geschichte 9. 1990, 149–64.

20 *Mosse, M. u. G. Tugendreich* Hg., Krankheit u. soziale Lage, München 1913/ND Göttingen 1977.

21 *Murken, A.H.*, Das kommunale u. konfessionelle Krankenhaus in Deutschland von der Biedermeierzeit bis zur Weimarer Republik, in: H.H. Blotevogel Hg., Kommunale Leistungsverwaltung u. Stadtentwicklung vom Vormärz bis zur Weimarer Repblik, Köln 1990, 81–116.

22 *Pflanz, M.*, Medizinsoziologie, in: HES II. 1967², 1123–56/TB XIV. 1979³, 237–344.

23 *Prausnitz, W.* Hg., Atlas u. Lehrbuch der Hygiene, München 1909.

24 *Reulecke, J. u. A. zu Castell Rüdenhausen* Hg., Stadt u. Gesundheit. Zum Wandel von "Volksgesundheit" u. kommunaler Gesundheitspolitik im 19. u. frühen 20. Jh., Stuttgart 1991.

25 *Rothenbacher, F.*, Zur Entwicklung der Gesundheitsverhältnisse in Deutschland seit der Industrialisierung, in: E. Wiegand u. W. Zapf Hg., Wandel der Lebensbedingungen in Deutschland, Frankfurt 1982, 335–424.

26 *Schadewaldt, H.* Hg., Studien zur Krankenhausgeschichte im 19. Jh. im Hinblick auf die Entwicklung in Deutschland, Göttingen 1975.

27 *Spree, R.*, Zur Bedeutung des Gesundheitswesens für die Entwicklung der Lebenschancen der deutschen Bevölkerung 1870–1913, in: F. Blaich Hg., Staatl. Umverteilung in histor. Perspektive, Berlin 1980, 165–223.

28 --, Die Entwicklung der differentiellen Säuglingssterblichkeit in Deutschland seit 1850, in: A.E. Imhof Hg., Mensch u. Gesundheit in der Geschichte, Husum 1980, 251–78.

29 --, Zu den Veränderungen der Volksgesundheit zwischen 1870 u. 1913 und ihren Determinanten in Deutschland, in: W. Conze u. U. Engelhardt Hg., Arbeiterexistenz im 19. Jh., Stuttgart 1981, 235–92.

30 --, "Volksgesundheit" u. Lebensbedingungen in Deutschland während des frühen 19. Jh., in: Jb. des Instituts für Geschichte der Medizin der R. Bosch- Stiftung 7. 1990, 75–113.

31 *Teleky, L.*, Die Entwicklung der Gesundheitsfürsorge. Deutschland - England - USA, Berlin 1950.

32 *Tugendreich, G.*, Der Einfluß der sozialen Lage auf Krankheit u. Sterblichkeit des Kindes, in: M. Mosse u. G. Tugendreich Hg., Krankheit u. soziale Lage, München 1913/ND Göttingen 1977, 266–307.

33 *Wagner, B.*, Sozialgeschichte des öffentl. Krankenhauses in Preußen im 19. Jh., Diss. Bielefeld 1992.

34 *Wischhöfer, B.*, Krankheit, Gesundheit u. Gesellschaft in Lippe 1750–1830, Diss. Bielefeld 1990.

22. Ländliche Gesellschaft

1 *Achilles, W.*, Agrargeschichte, in: HWW 1. 1977, 66–87.

2 --, Die Lage der hannoverschen Landbevölkerung im späten 18. Jh., Hildesheim 1982.

3 --, Die Wechselbeziehungen zwischen Industrie u. Landwirtschaft, in: H. Pohl Hg., Sozialgeschichtl. Probleme in der Zeit der Industrialisierung 1870–1914, Paderborn 1979, 51–101.

4 *Aubin, G.*, Zur Geschichte des gutsherrl.-bäuerl. Verhältnisses in Ostpreußen bis 1807, Leipzig 1911.

5 *Ballwanz, I.*, Bauernschaft u. soziale Schichten des Dorfes im Kapitalismus, in: JbW 1980/III, 9–24.

6 --, Sozialstruktur u. Produktionsentwicklung in der deutschen Landwirtschaft 1871–1914, Diss. Rostock 1977.

7 *Barkin, K.*, A Case Study in Comparative History: Populism in Germany and America, in: H.J. Bass Hg., The State of American History, Chicago 1970, 373–404.

8 *Bayer, D.*, O gib mir Brot! Die Hungerjahre 1816 u. 1817 in Württemberg u. Baden, Ulm 1966.

9 *Bentzien, U.*, Landbevölkerung u. agrartechn. Fortschritt in Mecklenburg vom Ende des 18. bis zum Anfang des 20. Jh., Berlin 1983.

10 *Berdahl, R.M.*, Paternalism, Serfdom and Emancipation in Prussia, in: E. Angermann u. M.L. Frings Hg., Oceans Apart? Stuttgart 1981, 29–44.

11 *Bergmann, J. u. K. Megerle*, Protest u. Aufruhr der Landwirtschaft in der Weimarer Republik (1924—33). Formen u. Typen der polit. Agrarbewegung im regionalen Vergleich, in: J. Bergmann u.a., Regionen im histor. Vergleich, Opladen 1989, 200—87.

12 *Bergmann, K.*, Agrarromantik u. Großstadtfeindschaft, Meisenheim 1970.

13 *Berthold, R.*, Die Durchsetzung der kapitalist. Produktionsweise in der deutschen Landwirtschaft u. die Veränderungen in der Sozialstruktur des Dorfes, in: Probleme der Agrargeschichte des Feudalismus u. des Kapitalismus 7. 1977, 7—23; u. in: Historikergesellschaft der DDR. Wissenschaftl. Mitteilungen 1976, H. 2/3, 47—65.

14 --, Zur Herausbildung der kapitalist. Klassenschichtung des Dorfes in Preußen, in: ZfG 25. 1977, 556—74.

15 --, Die Veränderungen im Bodeneigentum u. in der Zahl der Bauernstellen, der Kleinstellen u. der Rittergüter in den preuß. Prov. Sachsen, Brandenburg u. Pommern während der Durchführung der Agrarreformen des 19. Jh., in: JbW SoBd. Studien zu den Agrarreformen des 19. Jh. in Preußen u. Rußland, Berlin 1978, 7—116.

16 *Blaschke, K.*, Vom Dorf zur Landgemeinde, in: Fs. G. Franz, Frankfurt 1967, 230—41.

17 --, Soziale Gliederung u. Entwicklung der sächs. Landbevölkerung im 16. Jh., in: ZAA 4. 1956, 144—55.

18 *Bleiber, H.*, Die Haltung von Gutsherren, Behörden u. Bürgertum zur revolutionären Bewegung der schles. Bauern und Landarbeiter, in: JbG 21. 1980, 103—46.

19 --, Zwischen Reform u. Revolution. Lage u. Kämpfe der schles. Bauern u. Landarbeiter im Vormärz 1840—1847, Berlin 1966.

20 *Blickle, P.*, Deutsche Untertanen, München 1981.

21 *Blum, J.*, The Internal Structure and Polity of the Village Community from the 15th to the 19th Century, in: JMH 43. 1971, 541—76.

22 *Böhme, K.*, Gutsherrl.-bäuerl. Verhältnisse in Ostpreußen während der Reformzeit 1770—1830, Leipzig 1902.

23 *Buchsteiner, I.*, Großgrundbesitz in Pommern 1871—1914, in: ZfG 37. 1989, 327— 36.

24 *Conze, W.* Hg., Die liberalen Agrarreformen Hannovers im 19. Jh., Hannover 1947.

25 --, Die Wirkungen der liberalen Agrarreformen auf die Volksordnung in Mitteleuropa im 19. Jh., in: VSWG 38. 1951, 2—43.

26 *Czybulka, G.*, Die Lage der ländl. Klassen Ostdeutschlands im 18. Jh., Braunschweig 1949.

27 *Dalton, G.*, Peasantries in Anthropology and History, in: ders., Economic Anthropology and Development, New York 1971, 217—66.

28 *Dany, P.*, Grundeigentum u. Freiheit. Liberalisierung der preuß. Agrarverfassung 1794—1850, Diss. Kiel 1970.

29 *Dessmann, G.*, Geschichte der schles. Agrarverfassung, Straßburg 1904.

30 *v. Dietze, C.*, Peasantry, in: ESS VI/2. 1934, 48—53.

31 *Dipper, C.*, Landwirtschaft u. ländl. Gesellschaft um 1800, in: H. Berding u. H.-P. Ullmann Hg., Deutschland zwischen Revolution u. Restauration, Königstein 1981, 281–95.

32 --, Die soziale Verteilung des Grundbesitzes in Deutschland am Ende des Ancien Régime, in: Jb. d. Italien.-deutschen Histor. Instituts in Trient 5. 1979, 507–16.

33 *Dovring, F.*, Land and Labor in Europe 1900–1950, Den Haag 1956.

34 *Engels, W.*, Ablösungen u. Gemeinheitsteilungen in der Rheinprovinz, Bonn 1957.

35 *Evans, R.J. u. W.R. Lee* Hg., The German Peasantry: Conflict and Community in Rural Society from the 18th to the 20th Centuries, London 1986.

36 *Farquharson, J.E.*, The Agrarian Policy of National Socialist Germany, in: R.G. Moeller Hg., Peasants and Lords in Modern Germany, London 1986, 233–59.

37 *Farr, I.*, "Tradition" and the Peasantry: On the Modern Historiography of Rural Germany, in: R.J. Evans u. W.R. Lee Hg., The German Peasantry, London 1986, 1–36.

38 *Foster, G.M.*, What is a Peasant? in: J.M. Potter u.a. Hg., Peasant Society, Boston 1967, 2–14.

39 *Fried, P.*, Die Sozialentwicklung im Bauerntum u. Landvolk, in: HBG IV/2, München 1975, 749–80.

40 *v. Friedeburg, R.*, Dörfl. Gesellschaft u. die Integration sozialen Protests durch Liberale u. Konservative im 19. Jh. Desiderate u. Perspektiven der Forschung im deutsch-engl. Vergleich, in: GG 17. 1991, 311–43.

41 *Gehrmann, R.*, Leezen 1720–1870. Ein histor.-demograph. Beitrag zur Sozialgeschichte des ländl. Schleswig-Holstein, Neumünster 1984.

42 *Golde, G.*, Catholics and Protestants. Agricultural Modernization in Two German Villages, London 1975.

43 *Goldschmidt, H.*, Die Grundbesitzverteilung in der Mark Brandenburg u. in Hinterpommern vom Beginn des 30jährigen Krieges bis zur Gegenwart, Berlin 1910.

44 *Grüll, G.*, Bauer, Herr u. Landesfürst. Sozialrevolutionäre Bestrebungen der oberösterreich. Bauern von 1650–1848, Köln 1963.

45 *Grünberg, K.*, Die Bauernbefreiung u. die Auflösung des gutsherrl.-bäuerl. Verhältnisses in Böhmen, Mähren u. Schlesien, 2 Bde, Leipzig 1894.

46 *Haines, H.*, Agriculture and Development in Prussian Upper Silesia 1846–1913, in: JEH 42. 1982, 355–84.

47 *Hanke, G.*, Zur Sozialstruktur der ländl. Siedlungen Altbayerns im 17. u. 18. Jh., in: Fs. K. Bosl, München 1969, 219–69.

48 *Harnisch, H.*, Kapitalist. Agrarreform u. Industrielle Revolution. Agrarhistor. Untersuchungen über das ostelb. Preußen zwischen Spätfeudalismus u. 1848/49, Weimar 1984.

49 --, Bauerneinkommen, feudale Ausbeutung u. agrar. Fortschritt in Brandenburg gegen Ende des 18. Jh., in: JbW 1970/I, 191–97.

50 --, Die Gutsherrschaft in Brandenburg, in: JbW 1969/IV, 117–47.

51 *Haun, F.J.*, Gutsherr u. Bauern in Kursachsen, Straßburg 1892.

52 *Henning, F.-W.*, Der Beginn der modernen Welt im agrarischen Bereich, in: R. Koselleck Hg., Studien zum Beginn der modernen Welt, Stuttgart 1977, 97–114.
53 --, Landwirtschaft u. ländl. Gesellschaft in Deutschland, II: 1750–1976, Paderborn 1978.
54 *Hinrichs, E. u. G. Wiegelmann* Hg., Sozialer u. kultureller Wandel in der ländl. Welt des 18. Jh., Wolfenbüttel 1982.
55 *v. Hippel, W.*, Die Bauernbefreiung im Königreich Württemberg, 2 Bde, Boppard 1977.
56 --, Die Bauernbefreiung im Königreich Württemberg, in: ZAA 22. 1974, 75–88.
57 --, Napoleon. Herrschaft u. Agrarreformen in den deutschen Mittelstaaten, in: H. Berding u. H.-P. Ullmann Hg., Deutschland zwischen Revolution u. Restauration, Königstein 1981, 296–310.
58 --, Zum Problem der Agrarreformen in Baden u. Württemberg 1800–1820, in: E. Weis Hg., Reformen im rheinbünd. Deutschland, München 1984, 131–50.
59 --, Le régime féodal en Allemagne et sa dissolution, in: L'abolition de la feodalité dans le monde occidental, I, Paris 1971, 289–301.
60 *Husung, H.-G.*, Zur ländl. Sozialschichtung im norddeutschen Vormärz, in: H. Mommsen u. W. Schulze Hg., Vom Elend der Handarbeit, Stuttgart 1981, 259–73.
61 *Ilien, A. u. U. Jeggle*, Leben auf dem Dorf, Opladen 1978.
62 *Ipsen, G.*, Agrarverfassung III: Das Landvolk, in: Handwörterbuch des Grenz- u. Auslandsdeutschtums 1. 1933, 37–52.
63 --, Die preuß. Bauernbefreiung als Landesausbau, in: ZAA 2. 1954, 29–54; u. in: W. Köllmann u. P. Marschalck Hg., Bevölkerungsgeschichte, Köln 1972, 154–89; u. in: E.-W. Böckenförde u. R. Wahl Hg., Moderne Deutsche Verfassungsgeschichte 1815–1918, Köln 1972/1981^2, 356–84.
64 --, Das Landvolk, Hamburg 1933.
65 *Jacobeit, W.*, Dorf u. dörfl. Bevölkerung Deutschlands im bürgerl. 19. Jh., in: J. Kocka Hg., Bürgertum im 19. Jh. II, München 1988, 315–338.
66 -- *u.a.* Hg., Idylle oder Aufbruch? Berlin 1990.
67 *Jeggle, U.*, Kiebingen, Tübingen 1977.
68 *Kaschuba, W.*, Dörfl. Kultur: Ideologie u. Wirklichkeit 1871–1933, in: W. Jacobeit u.a. Hg., Idylle oder Aufbruch? Berlin 1990, 193–204.
69 --, Leben im Dorf, in: H. Heer u. V. Ullrich Hg., Geschichte entdecken, Reinbek 1985, 75–89.
70 -- *u. C. Lipp*, Dörfl. Überleben, Tübingen 1982.
71 *Kellenbenz, H.*, Ländl. Gewerbe u. bäuerl. Unternehmertum in Westeuropa vom Spätmittelalter bis ins 18. Jh., in: 2. International Conference of Economic History, II, Paris 1965, 377–427.
72 *Kitzel, K.*, Die Herrfurthsche Landgemeindeordnung, Stuttgart 1957.
73 *Kötter, H.*, Landbevölkerung im sozialen Wandel, Düsseldorf 1958.
74 *Lehmann, A.*, Kultur des Volkes. Lebensverhältnisse u. Verhaltensmuster in Dorf u. Stadt, in: D. Langewiesche Hg., Ploetz - Das Deutsche Kaiserreich, Würzburg 1984, 189–96.

75 *Linde, H.*, Die soziale Problematik der masur. Agrargesellschaft u. die masur. Einwanderung in das Emscherrevier, in: SW 9. 1958, 233–46; u. in: Moderne Deutsche Sozialgeschichte, H.-U. Wehler Hg., Königstein 1981[6], 456–70.

76 --, Zur sozioökon. Struktur u. soziolog. Situation des deutschen Dorfes, in: ders., Das Dorf, Hannover 1954, 5–24.

77 *v. Livonius, E.*, Die wirtschaftl. Entwicklung des Rittergutes Grumbkow in Pommern 1679–1926, Leipzig 1927.

78 *Lovin, C.R.*, Agricultural Reorganization in the Third Reich: The Reich Food Corporation (Reichsnährstand), in: AH 43. 1969, 447–61.

79 *Lütge, F.*, Über die Auswirkungen der Bauernbefreiung in Deutschland, in: ders., Studien zur Sozial- u. Wirtschaftsgeschichte, Stuttgart 1963, 174–222.

80 *Mager, W.*, Landwirtschaft u. ländl. Gesellschaft auf dem Weg in die Moderne, in: H. Berding u.a. Hg., Deutschland u. Frankreich im Zeitalter der Französ. Revolution, Frankfurt 1989, 59–99.

81 *Mohrmann, R.-E.*, Alltagswelt im Land Braunschweig, 2 Bde, Münster 1990.

82 *Mooser, J.*, Gleichheit u. Ungleichheit in der ländl. Gemeinde. Sozialstruktur u. Kommunalverfassung im östl. Westfalen vom späten 18. bis in die Mitte des 19. Jh., in: AfS 19. 1979, 231–62.

83 --, Ländl. Klassengesellschaft 1770–1848. Bauern u. Unterschichten, Landwirtschaft u. Gewerbe im östl. Westfalen, Göttingen 1984.

84 *Müller, H.H.*, Bauern, Pächter u. Adel im alten Preußen, in: JbW 1966/I, 259-77.

85 --, Domänen u. Domänenpächter in Brandenburg-Preußen im 18. Jh., in: JbW 1965/IV, 152–92.

86 --, Bürgerl.-kapitalist. Formen in der Landwirtschaft u. ihr Einfluß auf die dörfl. Produktion u. Lebensweise (Prov. Sachsen), in: W. Jacobeit u.a. Hg., Idylle oder Aufbruch? Berlin 1990, 37–48.

87 *Platzer, H.*, Geschichte der ländl. Arbeitsverhältnisse in Bayern, München 1904.

88 *Plaul, H.*, Zum Wandel der Dorfgemeinschaft im Prozeß der Verbürgerlichung im 19. Jh., in: W. Jacobeit u.a. Hg., Idylle oder Aufbruch? Berlin 1990, 263–74.

89 *Quante, P.*, Die Abwanderung aus der Landwirtschaft, Kiel 1958.

90 *Rach, H.-J. u. B. Weissel* Hg., Bauer u. Landarbeiter im Kapitalismus in der Magdeburger Börde, Berlin 1982.

91 --, Bauernhaus, Landarbeiterkate u. Schnitterkaserne, Berlin 1974.

92 --, Schnitterkasernen in der Magdeburger Börde, in: Jb. für Volkskunde u. Kulturgeschichte 17. 1974, 171–92.

93 *Reis, K.*, Agrarfrage u. Agrarbewegung in Schlesien im Jahr 1848, Breslau 1910.

94 *Riehl, W.H.*, Die Naturgeschichte des Volkes als Grundlage einer deutschen Sozial- Politik, I: Land u. Leute, Stuttgart 1854/1899[1].

95 *Riesebrodt, M.*, Vom Patriarchalismus zum Kapitalismus. M. Webers Analyse der Transformation der ostelb. Agrarverhältnisse, in: KZfS 37. 1985, 546–67.

96 *Saalfeld, D.*, Bauernwirtschaft u. Gutsbetrieb in vorindustrieller Zeit, Stuttgart 1960.

97 *Sabean, D.W.*, Property, Production, and Family in Neckarhausen 1700–1870, Cambridge 1990.

98 *Scharfe, M.*, "Gemütliches Knechtschaftsverhältnis?" Landarbeitererfahrungen 1750– 1900, in: K. Tenfelde Hg., Arbeit u. Arbeitserfahrung in der Geschichte, Göttingen 1986, 32–50.
99 *Schissler, H.*, Preuß. Agrargesellschaft im Wandel. Wirtschaftl., gesellschaftl. u. polit. Transformationsprozesse 1763–1847, Göttingen 1978.
100 *Schlumbohm, J.*, Familie, Verwandtschaft u. soziale Ungleichheit: Der Wandel einer ländl. Gesellschaft vom 17. zum 19. Jh., in: R. Vierhaus u.a. Hg., Frühe Neuzeit - Frühe Moderne? Göttingen 1992.
101 *Schmidt, H.-L.*, Die soziale Lage der Landbevölkerung im 18. Jh., Diss. Berlin 1965.
102 *Schulte, R.*, Das Dorf im Verhör. Brandstifter, Kindsmörderinnen u. Wilderer vor den Schranken des bürgerl. Gerichts. Oberbayern 1848–1910, Reinbek 1989.
103 *Shanin, T.* Hg., Peasants and Peasant Societies, Harmondsworth 1971/Oxford 1987.
104 *Stein, R.*, Die Umwandlung der Agrarverfassung Ostpreußens durch die Reform des 19. Jh. I, Jena 1918; II u. III, Königsberg 1933/34.
105 *Stinchombe, A.L.*, Agricultural Enterprise and Rural Class Relations, in: R. Bendix u. S.M. Lipset Hg., Class, Status, and Power, N.Y. 1966², 182–90.
106 *Sugenheim, S.*, Geschichte der Aufhebung der Leibeigenschaft u. Hörigkeit in Europa bis 1850, St. Petersburg 1861/ND Aalen 1966.
107 *Treue, W.*, Die preuß. Agrarreform zwischen Romantik u. Rationalismus, in: RVB 20. 1955, 337–57.
108 *Weber, M.*, Kapitalismus u. Agrarverfassung, in: ZGS 108. 1952, 431–52.
109 *Weber-Kellermann, I.*, Landleben im 19. Jh., München 1987.
110 *Wiatrowski, L.*, Zur Entwicklung des schles. Dorfes 1800–1850, in: JbW 1970/II, 253–68.
111 *Wunder, H.*, Die bäuerl. Gemeinde in Deutschland, Göttingen 1986.
112 *Wunderlich, F.*, Farm Labour in Germany 1810–1945, Princeton 1961.
113 *Wurzbacher, G.*, Das Dorf im Spannungsfeld industrieller Entwicklung, Stuttgart 1961².
114 --, Studien über den Wandel der sozialen u. völk. Struktur eines Landkreises im pommerschen-westpreuß. Grenzraum 1773–1937, in: ZfO 2. 1953. 190–207.
115 *Ziekursch, J.*, 100 Jahre schles. Agrargeschichte 1763–1848, Breslau 1927.
116 *Zimmermann, C.*, Dorf u. Land in der Sozialgeschichte, in: W. Schieder u. V. Sellin Hg., Sozialgeschichte in Deutschland, II, Göttingen 1986, 90–113.
117 --, Reformen in der bäuerl. Gesellschaft. Baden 1750–1790, Ostfildern 1983.

23. Adel

1 *Aereboe, F.*, Die Taxation von Landgütern u. Grundstücken, Berlin 1912.
2 *Alber, W.*, Die Junker in der Prov. Sachsen 1900–1917/18, Diss. Halle 1980.
3 *v. Armin, H.*, Märk. Adel, Berlin 1989².

4 *Arneke, C.*, Untersuchungen zur Demographie des niederen Adels in Deutschland im 19. Jh., Diss. Düsseldorf 1984.

5 *Ballwanz, J.*, Zu den Veränderungen in der sozialökonom. Basis der Junker 1895– 1902, in: ZfG 27. 1979, 759–62.

6 *Baranowski, S.*, Continuity and Contingency: Agrarian Elites, Conservative Institutions and East Elbia in Modern German History, in: SH 12. 1987, 285–308.

7 *Barclay, D.E.*, König, Königtum, Hof u. die preuß. Gesellschaft in der Zeit Friedrich Wilhelms IV., in: JbGMO 36. 1987, 1–21.

8 *v. Below, G.*, Adel, in: HStW 1. 1898, 47–54.

9 *Berdahl, R.M.*, Preuß. Adel: Paternalismus als Herrschaftssystem, in: H.-J. Puhle u. H.-U. Wehler Hg., Preußen im Rückblick (= GG, SoH. 6) Göttingen 1980, 123–45.

10 --, Prussian Aristocracy and Conservative Ideology, in: Social Science Information 15. 1976, 583–99.

11 --, Junker and Burgher. Conflicts over the Purchase of Rittergüter in the Early 19th Century, in: Fs. R. Vierhaus, Göttingen 1982, 160–72.

12 --, The Politics of the Prussian Nobility 1770–1848, Princeton 1988.

13 --, Conservative Politics and Aristocratic Landholders in Bismarckian Germany, in: JMH 44. 1972, 1–20.

14 *Birtsch, G.*, Zur sozialen u. polit. Rolle des deutschen, vornehmlich preuß. Adels am Ende des 18. Jh., in: R. Vierhaus Hg., Der Adel vor der Revolution, Göttingen 1971, 77–95.

15 *Blum, J.*, Noble Landowners and Agriculture in Austria 1815–48, Baltimore 1948.

16 *Bonham, G.*, Bureaucratic Modernizers and Traditional Constraints. Higher Officials and the Landed Interests in Wilhelmine Germany 1890–1914, Diss. Berkeley 1985.

17 *Bosl, K.*, Adel, in: Staatslexikon 1. 1957[6], 43–49.

18 -- *u. H. Mommsen*, Adel, in: SDG 1. 1966, 51–74.

19 *Bowman, S.D.*, Antebellum Planters and Vormärz Junkers in Comparative Perspective, in: AHR 85. 1980, 779–808.

20 *Braun, R.*, Konzeptionelle Bemerkungen zum Obenbleiben: Adel im 19. Jh., in: H.- U. Wehler Hg., Europ. Adel 1750–1950, Göttingen 1990, 87–95.

21 *Brentano, L.*, Alte u. neue Feudalität, Leipzig 1924[2].

22 *Brinkmann, C.*, Adel, in: HSW I, 1956, 24–26.

23 --, Die Aristokratie im kapitalist. Zeitalter, in: GdS IX/1. 1926, 22–34.

24 --, Nobility, in: ESS XI. 1933, 385–89.

25 *Brunner, M.*, Die Hofgesellschaft. Die führende Gesellschaftsschicht Bayerns während der Regierungszeit König Maximilians II., München 1987.

26 *Brunner, O.*, Adliges Landleben u. europ. Geist, Salzburg 1949.

27 *Brunner, R.*, Landadl. Alltag u. primäre Sozialisation in Ostelbien am Ende des 19. Jh., in: ZfG 39. 1991, 994–1011.

28 *Buchsteiner, I.*, Soziale Struktur, ökonom. Strukturen u. polit. Rolle des Großgrundbesitzes 1871–1917 (Pommern), Diss. B Rostock 1988.

29 *Buchta, B.*, Die Junker u. die Weimarer Republik. Charakter u. Bedeutung der Osthilfe in den Jahren 1928–1933, Berlin 1959.

30 *Bues, A.*, Adelskritik-Adelsreform 1780–1800, Diss. Göttingen 1948.

31 *Bush, M.L.*, The European Nobility I, N.Y. 1983.

32 *Carsten, F.L.*, Der preuß. Adel u. seine Stellung in Staat u. Gesellschaft bis 1945, in: H.-U. Wehler Hg., Europ. Adel 1750–1950, Göttingen 1990, 112–25.

33 --, Geschichte der preuß. Junker, Frankfurt 1988.

34 *Cecil, L.A.*, The Creation of Nobles in Prussia 1871–1918, in: AHR 75. 1970, 757–95.

35 *Conrad, J.*, Die Fideikommisse in den östl. Prov. Preußens, in: Fs. G. Hanssen, Tübingen 1889, 259–300.

36 --, Die Latifundien im preuß. Osten, in: JNS 50. 1888, 121–70.

37 *Conze, W.*, Adel, in: GGr 1, 1972, 1–48.

38 *Demel, W.*, Der bayr. Adel 1750–1871, in: H.-U. Wehler Hg., Europ. Adel 1750–1950, Göttingen 1990, 126–43.

39 --, Adelsstruktur u. Adelspolitik in der ersten Phase des Königreichs Bayern, in: E. Weis Hg., Reformen im rheinbünd. Deutschland, München 1984, 213–28.

40 --, Die wirtschaftl. Lage des bayer. Adels in den ersten Jahrzehnten des 19. Jh., in: A. v. Reden-Dohna u. R. Melville Hg., Der Adel an der Schwelle des bürgerl. Zeitalters 1780–1860, Stuttgart 1988, 237–69.

41 *Deppermann, K.*, Der preuß. Absolutismus u. der Adel. Eine Auseinandersetzung mit der marxist. Absolutismustheorie, in: GG 8. 1982, 538–53.

42 *v. Dietze, C.*, Fideikommiß, in: HStW 3. 1926^4, 993–1006.

43 *Dipper, C.*, Adelsliberalismus in Deutschland, in: D. Langewiesche Hg., Liberalismus im 19. Jh., Göttingen 1988, 172–92.

44 --, La noblesse allemande à l'époque de la bourgeoisie, in: École Française de Rome Hg., Les noblesses européennes au XIX siècle, Rom 1988, 165–97.

45 --, Die Reichsritterschaft in napoleon. Zeit, in: E. Weis Hg., Reformen im rheinbünd. Deutschland, München 1984, 53–73.

46 *v. Dissow, J.* (d.i. J. v. Rantzau), Adel im Übergang, Stuttgart 1961.

47 *v. Dönhoff, M.*, Entstehung u. Bewirtschaftung eines ostdeutschen Großbetriebes. Die Friedrichsteiner Güter bis 1807, Diss. Basel 1935.

48 --, Kindheit in Ostpreußen, Berlin 1988.

49 *Duncker, M.*, Feudalität u. Aristokratie, Berlin 1858.

50 *v. Dungern, O.*, Der Aufbau des Adels in Deutschland, in: Süddeutsche Monatshefte 23. 1925/26, 370–77.

51 *Dyrenfurth, G.*, Ein schles. Dorf u. Rittergut, Leipzig 1906.

52 *Eckardt, H.-W.*, Herrschaftl. Jagd, bäuerl. Not u. bürgerl. Kritik, Göttingen 1976.

53 École Française de Rome Hg., Les noblesses européennes au XIXe siècle, Rom 1988.

54 *Eichholtz, D.*, Junker u. Bourgeoisie vor 1848 in der preuß. Eisenbahngeschichte, Berlin 1962.

55 *Elias, N.*, Die höf. Gesellschaft, Neuwied 1969/Frankfurt 1983.

56 *Eltz, E.H.*, Die Modernisierung einer Standesherrschaft. Karl Egon III. u. das Haus Fürstenberg nach 1848/49, Sigmaringen 1980.

57 *Faber, K.G.*, Mitteleurop. Adel im Wandel der Neuzeit, in: GG 7. 1981, 276–96.

58 *Fehrenbach, E.*, Der Adel in Frankreich u. Deutschland im Zeitalter der Französ. Revolution, in: H. Berding u.a. Hg., Deutschland u. Frankreich im Zeitalter der Französ. Revolution, Frankfurt 1989, 177–215.

59 --, Das Erbe der Rheinbundzeit: Macht- u. Privilegienschwund des bad. Adels 1815–48, in: AfS 23. 1983, 99–122.

60 --, Das Scheitern der Adelsrestauration in Baden, in: E. Weis Hg., Reformen im rheinbünd. Deutschland, München 1984, 251–68.

61 *Feigl, H.*, Der Adel in Niederösterreich 1780–1861, in: A. v. Reden-Dohna u. R. Melville Hg., Der Adel an der Schwelle des bürgerl. Zeitalters 1780–1860, Stuttgart 1988, 191–223.

62 *Freudenberger, H.*, The Waldstein Woolen Mill: Noble Entrepreneurship in 18th Century Bohemia, Boston 1963.

63 *Fricke, D. u. U. Rössling*, Deutsche Adelsgenossenschaft 1874–1945, in: D. Fricke u.a. Hg., Lexikon zur Parteiengeschichte I, Leipzig 1983², 530–43.

64 *v. Gerlach, H.*, Erinnerungen eines Junkers, Berlin 1924.

65 --, Von rechts nach links, Hg. E. Ludwig, Zürich 1937/ND Hildesheim 1978.

66 *Gerschenkron, A.*, Bread and Democracy in Germany, Berkeley 1943/ND N.Y. 1966.

67 *Girtler, R.*, Adel zwischen Tradition u. Anpassung, in: W. Lipp Hg., Kulturtypen - Kulturcharaktere, Berlin 1987, 187–203.

68 *Görlitz, W.*, Die Junker. Adel u. Bauern im deutschen Osten, Glücksburg 1956/Limburg 1964².

69 *Gollwitzer, H.*, Die Standesherren, Göttingen 1964².

70 *Goodwin, A.* Hg., The European Nobility in the 18th Century, London 1953.

71 --, Prussia, in: ders. Hg., The European Nobility in the 18th Century, N.Y. 1967, 83–101.

72 *Häbich, T.*, Deutsche Latifundien, Stuttgart 1947³.

73 *Harnisch, H.*, Die Herrschaft Boitzenburg (14.–16. Jh.), Weimar 1968.

74 --, Probleme junkerl. Agrarpolitik im 19. Jh., in: Wissenschaftl. Zs. d. Univ. Rostock 21. 1982, Gesell.- u. Sprachwiss. Reihe H. 1/T. 2, 99–117.

75 *Heinrich, G.*, Der Adel in Brandenburg-Preußen, in: H. Roessler Hg., Deutscher Adel 1555–1740, Darmstadt 1965, 259–314.

76 *Heisch, G.*, Privilegien u. Recht von 1775 bis zur Gegenwart. Geschichte der Schleswig-Holstein. Ritterschaft, IV, Neumünster 1966.

77 *Heisig, J.*, Die histor. Entwicklung der landwirtschaftl. Verhältnisse auf den reichsgräfl. freistandesherrl. Schaffgottschen Güterkomplexen in Preuß. Schlesien, Jena 1884.

78 *Henning, H.*, Zeitgeistforschung u. Sozialgeschichte. Adel u. Geistlichkeit in Deutschland 1850–1930, in: H. Schallenberger Hg., Religion u. Zeitgeist im 20. Jh., Stuttgart 1982, 221–38.

79 *Herwig, H.H.*, "Allens nur noch Seelenadel". The Prussian Nobility and the Imperial German Navy 1888–1918, in: Canadian Journal of History 15. 1980, 197–205.

80 *Herz, H.*, Zur ökonom.-sozialen Entwicklung von Adel u. Junkertum in Preußen 1848/49–1871, in: ZfG 31. 1983, 523–37.
81 *Heß, K.*, Junker u. bürgerl. Großgrundbesitzer im Kaiserreich. Landwirtschaftl. Großbetrieb, Großgrundbesitz u. Familienfideikommiß in Preußen 1867/71–1914, Stuttgart 1990.
82 *Hintze, O.*, Die Hohenzollern u. der Adel, in: ders., Ges. Abhandlungen III, Göttingen 1967, 30–55.
83 --, Die Hohenzollern u. ihr Werk, Berlin 1916[8]/ND Moers 1979.
84 *Hobhouse, L.T.*, Aristocracy, in: ESS II. 1930, 183–190.
85 *Hofmann, H.H.*, Adelige Herrschaft u. souveräner Staat (Bayern), München 1962.
86 *Hohendahl, P.U. u. P.M. Lützeler* Hg., Legitimationskrisen des deutschen Adels 1200–1900, Stuttgart 1979.
87 *v. Houwald, A.*, Brandenburg.-preuß. Standeserhöhungen u. Gnadenakte, Görlitz 1939.
88 *Izenberg, G.N.*, Die "Aristokratisierung der bürgerl. Kultur" im 19. Jh., in: P.U. Hohendahl u. P.M. Lützeler Hg., Legitimationskrisen des deutschen Adels 1200–1900, Stuttgart 1979, 233–44.
89 *Kircher, W.S.*, Adel, Kirche u. Politik in Württemberg 1830–1851, Göppingen 1973.
90 *Klatte, K.*, Großgrundbesitz u. Staat in Preußen 1806–48, Diss. Hamburg 1974.
91 *Klotz, E.E.*, Die schles. Gutsherrschaft des ausgeh. 18. Jh., Breslau 1932.
92 *Knapp, G.F.*, Grundherrschaft u. Rittergut, Leipzig 1897.
93 *Krause, H.*, Die Familien-Fideikommisse, Berlin 1909.
94 *v. Kruedener, J.*, Die Rolle des Hofes im Absolutismus, Stuttgart 1973.
95 *Krug v. Nidda u. v. Falkenstein, H.-C.*, Die Organisation des Landwirtschaftsbetriebes auf dem Rittergut Frohberg in den letzten 2 Jh., Diss. Leipzig 1927.
96 *Kuchenbuch, L.*, Adel, in: R. van Dülmen Hg., Fischer Lexikon Geschichte, Frankfurt 1990[2], 105–20.
97 *Lampe, J.*, Aristokratie, Hofadel u. Staatspatriziat in Kurhannover, 2 Bde, Göttingen 1963.
98 *Laubner, J.*, Die Stellung der schles. Junker im deutschen Kaiserreich 1871–1917/18, Diss. Halle 1982.
99 *Lürig, C.*, Studien zum preuß. Herrenhaus 1890–1918, Diss. Göttingen 1956.
100 *Lütge, F.*, Die deutsche Grundherrschaft, in: ZAA 3. 1955, 129–97.
101 --, Grundherrschaft u. Gutsherrschaft, in: HSW 4. 1965, 682–88.
102 --, Die Bayer. Grundherrschaft, Stuttgart 1949.
103 --, Die mitteldeutsche Grundherrschaft u. ihre Auflösung, Stuttgart 1957[2].
104 *Machtan, L. u. D. Milles*, Die Klassensymbiose von Junkertum u. Bourgeoisie 1850–1878/79, Berlin 1980.
105 *Martiny, F.*, Die Adelsfrage in Preußen vor 1806, Stuttgart 1938.
106 *Mayer, A.J.*, The Persistence of the Old Regime. Europe to the Great War, N.Y. 1981; dt. Adelsmacht u. Bürgertum. Die Krise der europ. Gesellschaft 1848–1914, München 1984.

107 *Meyer, R.*, Adelsstand u. Junkerklassen, in: Neue Deutsche Rundschau 10. 1899, 1078–90.

108 *Michels, R.*, Zum Problem der zeitl. Widerständigkeit des Adels, in: ders., Probleme der Sozialphilosophie, Leipzig 1914, 132–58.

109 *Möckl, K.*, Der deutsche Adel u. die fürstl.-monarch. Höfe 1750–1918, in: H.-U. Wehler Hg., Europ. Adel 1750–1950, Göttingen 1990, 96–111.

110 -- Hg., Hof u. Hofgesellschaft in den deutschen Staaten des 19. Jh., Boppard 1991.

111 *Moritz, E.*, Die Familienfideikommiße Preußens, Berlin 1901.

112 *Muncy, L.W.*, The Junker in the Prussian Administration under William II. 1888– 1914, Providence 1944/ND N.Y. 1970.

113 --, The Junkers and the Prussian Administration 1918–39, in: RoP 9. 1947, 482–501.

114 --, The Prussian Landräte in the Last Years of the Monarchy: A Case Study of Pomerania and the Rhineland 1890–1918, in: CEH 6. 1973, 299–338.

115 *Neth, U.*, Standesherren u. liberale Bewegung, Stuttgart 1970.

116 *v. Oertzen, F.W.*, Junker. Preuß. Adel im Jh. des Liberalismus, Oldenburg 1939.

117 *Pedlow, G.W.*, Der Kurhessische Adel im 19. Jh. - eine anpassungsfähige Elite, in: A. v. Reden-Dohna u. R. Melville Hg., Der Adel an der Schwelle des bürgerl. Zeitalters 1780–1860, Stuttgart 1988, 271–84.

118 --, The Survival of the Hessian Nobility 1770–1870, Princeton 1988.

119 *Powis, J.*, Der Adel, Paderborn 1986.

120 *Press, V.*, Adel im 19. Jh. Die Führungsschichten Alteuropas im bürgerl.-bürokrat. Zeitalter, in: A. v. Reden-Dohna u. R. Melville Hg., Der Adel an der Schwelle des bürgerl. Zeitalters 1780–1860, Stuttgart 1988, 1–19.

121 *Puhle, H.-J.*, Lords and Peasants in the Kaiserreich, in: R.G. Moeller Hg., Peasants and Lords in Modern Germany, London 1986, 81–109

122 *v. Reden-Dohna, A. u. R. Melville* Hg., Der Adel an der Schwelle des bürgerl. Zeitalters 1780–1860, Stuttgart 1988.

123 *Redlich, F.*, European Aristocracy and Economic Development, in: EEH 6.1953, 78–91.

124 *Reif, H.*, Der Adel in der modernen Sozialgeschichte, in: W. Schieder u. V. Sellin Hg., Sozialgeschichte in Deutschland, IV, Göttingen 1987, 34–60.

125 --, Westfäl. Adel 1770–1860, Göttingen 1979.

126 --, Adel u. landwirtschaftl. Vereinswesen im kath. Westfalen 1819–1862, in: K. Düwell u. W. Köllmann Hg., Rheinland-Westfalen im Industriezeitalter, Bd. 1: Von der Entstehung der Provinzen bis zur Reichsgründung, Wuppertal 1983, 39–60.

127 --, Adelsfamilie u. soziale Plazierung im Münsterland 1770–1914, in: J. Kocka u.a., Familie u. soziale Plazierung, Opladen 1980, 67–125.

128 --, "Erhaltung adligen Stammes u. Namens". Adelsfamilie u. Statussicherung im Münsterland 1770–1914, in: N. Bulst u.a. Hg., Studien zur Geschichte der Familie in Deutschland u. Frankreich vom 16. bis zum 19. Jh., Göttingen 1981, 275–308.

129 --, Mediator Between Throne and People. The Split in Aristocratic Conservatism in 19th Century Germany, in: B. Strath Hg., Language and the Construction of Class Identities, Gothenburg 1990, 135—55.

130 --, Umbruchserfahrung u. Konflikt: Adel u. Bauern im Münsterland, in: H. Berding u. H.-P. Ullmann Hg., Deutschland zwischen Revolution u. Restauration, Königstein 1981, 228-57.

131 *Röhl, J.C.G.*, Hof u. Hofgesellschaft unter Kaiser Wilhelm II., in: K.F. Werner Hg., Hof, Kultur u. Politik im 19. Jh., Bonn 1985, 237—89.

132 *Rogalla v. Bieberstein, J.*, Adelsherrschaft u. Adelskultur in Deutschland, Frankfurt 1989.

133 *Rosenberg, H.*, Die Ausprägung der Junkerherrschaft in Brandenburg-Preußen 1410—1618, in: ders., Machteliten u. Wirtschaftskonjunkturen, Göttingen 1978, 24—82.

134 --, Zur sozialen Funktion der Agrarpolitik im Zweiten Reich, in: ders., Machteliten u. Wirtschaftskonjunkturen, Göttingen 1978, 102—117; u. in: ders., Probleme der deutschen Sozialgeschichte, Frankfurt 1969, 7—49.

135 --, Die Pseudodemokratisierung der Rittergutsbesitzerklasse, in: ders., Machteliten u. Wirtschaftskonjunkturen, Göttingen 1978, 83—101; zuerst in: Fs. H. Herzfeld, Berlin 1958, 459—86; auch in: H.-U. Wehler Hg., Moderne deutsche Sozialgeschichte, Köln 1966/Königstein 1981[6], 287—308; u. in: ders., Probleme der deutschen Sozialgeschichte, Frankfurt 1969, 7—49.

136 --, Die Überwindung der monarch. Autokratie, in: K.O. v. Aretin Hg., Der Aufgeklärte Absolutismus, Köln 1974, 182—204.

137 *Sack, J.*, Die Herrschaft Stavenow, Köln 1959.

138 *Scheyhing, R.*, Adel, in: HdR I, Berlin 1971, 41—51.

139 *Schier, R.*, Standesherren. Zur Auflösung der Adelsvorherrschaft in Deutschland 1815—1918, Karlsruhe 1977.

140 *Schissler, H.*, Die Junker. Zur Sozialgeschichte u. histor. Bedeutung der agrar. Elite in Preußen, in: H.-J. Puhle u. H.-U. Wehler Hg., Preußen im Rückblick (GG SoH. 6), Göttingen 1980, 89—122.

141 *Schlingensiepen, G.H.*, Der Strukturwandel des balt. Adels in der Zeit vor dem Ersten Weltkrieg, Marburg 1959.

142 *Schmidt, S.*, Junkertum u. Genesis des deutschen Konservativismus im 19. Jh., in: ZfG 27. 1979, 1058—72.

143 *Schröder, W.*, Junkertum u. preuß.-deutsches Reich. Zur polit. Konzeption des Junkertums u. zu ihrer Widerspiegelung in der Kreuz-Zeitung 1871—1873, in: H. Bartel u. E. Engelberg Hg., Die großpreuß.-militarist. Reichsgründung 1871 II, Berlin 1971, 170— 234.

144 *v. Schulte, F.*, Adel im deutschen Offiziers- u. Beamtenstand, in: Deutsche Revue 21. 1896, 181—92.

145 *Schulz, G.*, Deutschland u. der preuß. Osten, in: Sozialgeschichte Heute. 2. Fs. H. Rosenberg, Göttingen 1974, 86—103.

146 *Schwentker, W.*, Die alte u. die neue Aristokratie. Zum Problem von Adel u. bürgerl. Elite in den deutschen Sozialwissenschaften 1900—30, in: École

Francaise de Rome Hg., Les noblesses européennes au XIXe siècle, Rom 1988, 659–84.

147 *Seiffert, H.*, Die Entwicklung der Familie v. Alvensleben zu Junkerindustriellen, in: JbW 1963/IV, 209–43.

148 *Simmel, G.*, Exkurs über den Adel, in: ders., Soziologie, Leipzig 1908, 732–46.

149 *Spies, K.*, Gutsherr u. Untertan in der Mittelmark Brandenburg zu Beginn der Bauernbefreiung, Berlin 1972.

150 *Spring, D.* Hg., European Landed Elites in the 19th Century, Baltimore 1977.

151 *Steglich, W.*, Beitrag zur Problematik des Bündnisses zwischen Junkern u. Bourgeoisie in Deutschland 1870–1880, in: Wiss. Zs. d. Humboldt-Univ., Berlin, Gesellschafts- u. sprachwiss. Reihe 9. 1959/60, 323–40.

152 *Stein, H.K.*, Der preuß. Geldadel des 19. Jh., Diss. Hamburg 1976/1982.

153 *Stekl, H.*, Österreichs Aristokratie im Vormärz, Wien 1973.

154 *Stern, F.*, Prussia, in: D. Spring Hg., European Landed Elites in the 19th Century, Baltimore 1977, 45–67.

155 *v. Stolberg-Wernigerode, O.*, Die unentschiedene Generation, Deutschlands konservative Führungsschichten am Vorabend des Ersten Weltkriegs, München 1968.

156 *v. Stradonitz, S.K.*, Armut u. Reichtum im deutschen Adel, in: Deutsche Revue 1911, 35–42.

157 *v. Thadden-Vahnerow, R.*, Der Adel in Norddeutschland, in: Süddeutsche Monatshefte 23. 1925/26, 391–396.

158 *Tönnies, F.*, Deutscher Adel im 19. Jh., in: Neue Rundschau 23. 1912/II, 1041–63.

159 *v. Treskow, R.*, Adel in Preußen: Anpassung u. Kontinuität einer Familie 1800–1918, in: GG 17. 1991, 344–89.

160 *Veit, A.L.*, Der stiftsmäßige deutsche Adel im Bilde seiner Ahnenprobleme, Freiburg 1935.

161 *Vetter, K.*, Der brandenburg. Adel u. der Beginn der bürgerl. Umwälzung in Deutschland, in: A. v. Reden-Dohna u. R. Melville Hg., Der Adel an der Schwelle des bürgerl. Zeitalters 1789–1860, Stuttgart 1988, 285–303.

162 --, Kurmärk. Adel u. preuß. Reformen, Weimar 1979.

163 *Vierhaus, R.*, Vom aufgeklärten Absolutismus zum monarch. Konstitutionalismus. Der deutsche Adel im Spannungsfeld von Revolution, Reform u. Restauration 1789–1848, in: P.U. Hohendahl u. P.M. Lützeler Hg., Legitimationskrisen des deutschen Adels 1200–1900 , Stuttgart 1979, 119–35.

164 --, Eigentumsrecht u. Mediatisierung: Reichsritterschaft 1803–1815, in: ders. Hg., Eigentum u. Verfassung, Göttingen 1972, 229–57.

165 --, Höfe u. höf. Gesellschaft in Deutschland im 17. u. 18. Jh., in: K. Bohnen u.a. Hg., Kultur u. Gesellschaft in Deutschland von der Reformation bis zur Gegenwart, München 1981, 36–56.

166 *v. Wangenheim, H.*, Der Landhaushalt eines Götting. Ritterguts 1748–1860, in: Journal f. Landwirtschaft 13. 1865, 49–88.

167 *Weber, H.*, Die Fürsten von Hohenlohe im Vormärz. Polit. u. soziale Verhaltensweisen württemberg. Standesherren bis 1850, Schwäbisch Hall 1977.

168 *Wehking, S.*, Zum polit. u. sozialen Selbstverständnis preuß. Junker 1871–1914, in: BDL 121. 1985, 395–448.

169 *Wehler, H.-U.* Hg., Europäischer Adel 1750–1950 (= GG SoH. 13), Göttingen 1990.

170 *Weitz, R.K.*, Der niederrhein. u. westfäl. Adel in der Auseinandersetzung mit Verfassung u. Status, in: K. Düwell u. W. Köllmann Hg., Rheinland-Westfalen im Industriezeitalter I, Wuppertal 1983, 27–38.

171 --, Die preuß. Rheinprovinz als Adelslandschaft, in: RVB 38. 1974, 333–54.

172 *Wendorff, H.*, Zwei Jh. landwirtschaftl. Entwicklung auf drei Stolberg- Wernigeroder Domänen, Bochum 1890.

173 *Werner, K.F.* Hg., Hof, Kultur u. Politik im 19. Jh., Bonn 1985.

174 *Wiese U.*, Zur Opposition des ostelb. Grundadels gegen die agraren Reformmaßnahmen 1807–11, Diss. Heidelberg 1935.

175 *Wunder, B.*, Der württemberg. Personaladel 1806–1913, in: ZWLG 40. 1981, 494–518.

176 *Zang, G.*, Sozialstruktur u. Sozialisierung des Adels im 18. Jh. (Kurbayern), Diss. Konstanz 1972.

177 *Zunkel, F.*, Ehre, Reputation, in: GGr II. 1976, 1–63.

24. Bauern

1 *Albrecht, G.*, Das deutsche Bauerntum im Zeitalter des Kapitalismus, in: GdS IX/1. 1926, 35–69.

2 *Angress, W.T.*, The Political Role of the Peasantry in the Weimar Republic, in: RoP 21. 1959, 530–49.

3 *Bergmann, J. u. K. Megerle*, Peasants and Democracy in the Weimar Republic, in: B. Stråth Hg., Language and the Construction of Class Identities, Gothenburg 1990, 391–417.

4 *Berthold, R.*, Der sozialökonom. Differenzierungsprozeß der Bauernwirtschaft in der Provinz Brandenburg während der industriellen Revolution (1816–1878/82), in: JbW 1974/II, 13–50.

5 --, Die Lage der Bauern im 18. Jh. u. die bäuerl. Einkommen, in: JbW 1970/I, 185–90.

6 *Beyer, H.*, Zur Entwicklung des Bauernstandes in Schleswig-Holstein 1768–1848, in: ZAA 5. 1957, 50–69.

7 --, Die Landvolkbewegung Schleswig-Holsteins u. Niedersachsens 1928–32, in: Jb. der Heimatgemeinschaft des Kreises Eckernförde 15. 1957, 173–202.

8 *Blackbourn, D.*, Peasants and Politics in Germany 1871–1914, in: EHR 14. 1984, 47–75.

9 *Blaschke, K.*, Das Bauernleben in Sachsen, in: VSWG 42. 1955, 97–116.

10 *Bleiber, H. u. W. Schmidt*, Die deutschen Bauernbewegungen 1789–1871, in: ZfG 28. 1980, 1079–95.

11 --, Zwischen Reform u. Revolution. Lage u. Kämpfe der schles. Bauern u. Landarbeiter 1840–1847, Berlin 1966.

12 *Blickle P.*, Bauer, in: R. van Dülmen Hg., Fischer Lexikon Geschichte, Frankfurt 1990², 140–50.

13 *Blum, J.*, The Conditions of the European Peasantry on the Eve of Emancipation, in: JMH 46. 1974, 397–424.

14 --, The End of the Old Order in Rural Europe, Princeton 1978.

15 -- Hg., Die bäuerl. Welt, München 1982.

16 *Boelcke, W.*, Bauer u. Gutsherr in der Oberlausitz, Bautzen 1957.

17 *Bornstedt, W.*, Geschichte des braunschweig. Bauernstandes, Braunschweig 1970.

18 *Brunner, O.*, Europ. Bauerntum, in: ders., Neue Wege zur Sozialgeschichte, Göttingen 1980³, 199–212.

19 *Conze, W.*, Bauer, in: GGr I, 1972, 407–39.

20 *Czerwinski, H.*, Die Befreiung der Bauern auf den ost– u. westpreuß. Domänen, Diss. Königsberg/Lötzen 1910.

21 *Dillwitz, S.*, Quellen zur sozialökonom. Struktur der Bauernschaft im Deutschen Reich nach 1871, in: JbW 1977/II, 237–69.

22 --, Die Struktur der Bauernschaft 1871–1914, in: JbG 9. 1973, 47–127.

23 *Dipper, C.*, Bauern als Gegenstand der Sozialgeschichte, in: W. Schieder u. V. Sellin Hg., Sozialgeschichte in Deutschland, IV, Göttingen 1987, 9–33.

24 --, Die Bauernbefreiung in Deutschland 1790–1850, Stuttgart 1980.

25 *Eggert, O.*, Die Maßnahmen der preuß. Regierung für die Bauernbefreiung in Pommern, Köln 1965.

26 *Farr, I.*, Populism in the Countryside: The Peasant Leagues in Bavaria in the 1890's, in: R.J. Evans Hg., Society and Politics in Wilhelmine Germany, London 1978, 136–59.

27 *Flickenschild, H.*, Lebensform u. Weltbild des altpreuß. Bauerntums zur Zeit des Vormärz, in: Archiv f. angewandte Soziologie 5. 1933, 101–15.

28 *Franz, G.*, Die Bauern in den deutschen Landtagen des 19. Jh., in: Fs. K. Bosl, Stuttgart 1974, 28–49.

29 -- Hg., Bauernschaft u. Bauernstand 1500–1970, Limburg 1975.

30 --, Geschichte des deutschen Bauernstandes, Stuttgart 1976².

31 -- *u. H. Haushofer* Hg., Große Landwirte, Frankfurt 1970.

32 -- Hg., Quellen zur Geschichte des deutschen Bauernstandes, II, München 1963.

33 *Fried, P.*, Die Bauernbefreiung in Bayern, in: E. Weis Hg., Reformen im rheinbünd. Deutschland, München 1984, 123–30.

34 --, Histor.-statist. Beiträge zur Geschichte des Kleinbauerntums (Söldnertums) im westl. Oberbayern, in: Mitteilungen d. Geogr. Gesellschaft München 51. 1976, 5–39.

35 --, Die Sozialentwicklung im Bauerntum u. Landvolk, in: HBG IV/2, 1975, 749– 80.

36 *Fuchs, C.J.*, Bauer, in: WbV 1. 1931⁴, 262–74.

37 --, Bauernbefreiung, WbV 1. 1898, 297–311.

38 --, Der Untergang des Bauernstandes, Straßburg 1886.

39 *Gagliardo, J.G.*, From Pariah to Patriot. The Changing Image of the German Peasants 1770–1840, Lexington 1969.

40 *Gerdes, H.*, Geschichte des deutschen Bauernstandes, Leipzig 1928[3].

41 *Grüll, G.*, Bauer, Herr u. Landesfürst. Sozialrevolutionäre Bestrebungen der österreich. Bauern 1650–1848, Köln 1963.

42 *Grünberg, K.*, Die Bauernbefreiung u. die Auflösung des gutsherrl.-bäuerl. Verhältnisses in Böhmen, Mähren u. Schlesien, 2 Bde, Leipzig 1894.

43 *Gutmann, F.*, Bauernbefreiung, in: HStW II. 1924[4], 378–415.

44 *Harnisch, H.*, Kapitalist. Agrarreform u. Industrielle Revolution, Weimar 1984.

45 --, Zwischen Junkertum u. Bürgertum. Der Bauer im ostelb. Dorf, in: W. Jacobeit u.a. Hg., Idylle oder Aufbruch? Berlin 1990, 25–36.

46 --, Bäuerl. Ökonomie u. Mentalität unter den Bedingungen der ostelb. Gutsherrschaft in den letzten Jahrzehnten vor Beginn der Agrarreformen, in: JbW 1989/III, 87–108.

47 --, Rechtsqualität des Bauernlandes u. Gutsherrschaft, in: Jb. f. Geschichte des Feudalismus 3. 1980, 311–63.

48 *Haushofer, H.*, Der bayer. Bauernbund 1893–1933, in: H. Gollwitzer Hg., Europ. Bauernparteien, Stuttgart 1977, 562–86.

49 --, Bäuerl. Führungsschichten in Bayern im 19. u. 20. Jh., in: G. Franz Hg., Bauernschaft u. Bauernstand 1500–1970, Limburg 1975, 225–330.

50 *Heitz, G.*, Bauernwirtschaft u. Junkerwirtschaft, in: JbW 1964/II, 80–89, III, 89–90.

51 *Henning, F.-W.*, Bauernbefreiung, in: SDG 1. 1966, 600–11.

52 --, Bauernwirtschaft u. Bauerneinkommen im Fürstentum Paderborn im 18. Jh., Berlin 1970.

53 --, Bauernwirtschaft u. Bauerneinkommen in Ostpreußen im 18. Jh., Würzburg 1969.

54 --, Die Bestimmungsfaktoren der bäuerl. Einkommen im 18. Jh., in: JbW 1970/I, 165–83.

55 --, Dienst u. Abgaben der Bauern im 18. Jh., Stuttgart 1969.

56 --, Herrschaft u. Bauernuntertänigkeit, Stuttgart 1964.

57 --, Kapitalbildungsmöglichkeiten der bäuerl. Bevölkerung am Anfang des 19. Jh., in: W. Fischer Hg., Beiträge zu Wirtschaftswachstum u. Wirtschaftsstruktur im 16. u. 19. Jh., Berlin 1971, 57–81.

58 --, Die Regulierung der bäuerl. Rechtsverhältnisse bis zum Anfang des 19. Jh. in Ostdeutschland, in: G. Kleinheyer u. B. Stasiewski Hg., Rechts- u. Sozialstrukturen im europ. Osten, Köln 1975, 59–74.

59 *Herdt, G.*, Der württemberg. Hof im 19. Jh., Diss. Göttingen 1970.

60 *Hobsbawm, E.J.*, Peasants and Politics, in: JPS 1. 1973, 3–22.

61 *Hoetzsch, O.*, Der Bauernschutz in den deutschen Territorien vom 16. bis ins 19. Jh., in: Sch. Jb. 26. 1902, 1137–69.

62 *Jacobeit, W.*, Bauern u. dörfl. Bevölkerung 1750–1830, in: Ethnologie et Histoire, Paris 1975, 397–443.

63 *v. Jordan-Rozwadowski, J.*, Die Bauern des 18. Jh. u. ihre Herren, in: JNS 75. 1900, 478–524.

64 *Kerblay, B.*, Bauern, in: SDG 1. 1966, 583–600.

65 *Knapp, G.F.*, Die Bauernbefreiung u. der Ursprung der Landarbeiter in den älteren Teilen Preußens, 2 Bde, Leipzig 1887/München 1927².

66 --, Die Bauernbefreiung in Preußen, in: HStW 2. 1909², 541–50.

67 --, Zur Geschichte der Bauernbefreiung in den älteren Provinzen Preußens, in: FBPG 1. 1888, 249–61.

68 *Knapp, T.*, Abriß der Geschichte der Bauernentlastung in Württemberg, Stuttgart 1908.

69 --, Ges. Beiträge zur Rechts- u. Wirtschaftsgeschichte des deutschen Bauernstandes, Tübingen 1902/ND Aalen 1964.

70 --, Neue Beiträge zur Rechts- u. Wirtschaftsgeschichte des württemberg. Bauernstandes, 2 Bde, Tübingen 1919/ND Aalen 1964.

71 *Kötzschke, R.*, Bauer, in: HStW 2. 1924⁴, 362–78.

72 *Kohler, A.*, Die Bauernbefreiung u. Grundentlastung in Baden, Diss. Freiburg 1958.

73 *Kossok, M. u. W. Loch* Hg., Bauern u. bürgerl. Revolution, Vaduz 1985.

74 *Kraaz, A.*, Bauerngut u. Frondienste in Anhalt vom 16.–19. Jh., Jena 1898.

75 *Lamprecht, K.*, Bauer, in: HStW 2. 1909³, 536–41.

76 *Langelüddecke, E.*, Zum Grundsatz der Entschädigung u. des Loskaufs bei den Eigentumsregulierungen u. Dienstablösungen der ostelb. Bauern Preußens im 19. Jh., in: ZfG 8. 1960, 890–908.

77 *Lehmann, M.*, Agrariertum u. Steuern in Brandenburg-Preußen, in: ders., Histor. Aufsätze, Leipzig 1911, 100–08.

78 *Lehmann, R.*, Die Verhältnisse der niederlausitz. Herrschafts- u. Gutsbauern 1648– 1807, Köln 1956.

79 *Lenk, L.*, Die Bauern im Bayer. Landtag 1819–1970, in: G. Franz Hg., Bauernschaft u. Bauernstand, 1500–1970, Limburg 1975, 245–64.

80 *LeRoy Ladurie, E.*, Peasants, in: NCMH 13. 1980², 115–63.

81 *Link, E.M.*, The Emancipation of the Austrian Peasant 1740–98, N.Y. 1949.

82 *Ludwig, T.*, Der bad. Bauer im 18. Jh., Straßburg 1986.

83 *Mager, F.*, Geschichte des Bauerntums u. der Bodenkultur im Lande Mecklenburg, Berlin 1955.

84 *Michalkiewicz, S.*, Bemerkungen zur Lage u. zum antifeudalen Kampf der Bauern u. Landarbeiter in Schlesien in den 40er Jahren des 19. Jh., in: JbW 1970/II, 269–72.

85 *Moeller, R.G.*, Economic Dimensions of Peasant Protest in the Transition from Kaiserreich to Weimar, in: ders. Hg., Peasants and Lords in Modern Germany, London 1986, 140–67.

86 --, Locating Peasants and Lords in Modern German Historiography, in: ders. Hg., Peasants and Lords in Modern Germany, London 1986, 1–23.

87 -- Hg., Peasants and Lords in Modern Germany, London 1986.

88 --, German Peasants and Agrarian Politics 1914–1924: The Rhineland and Westphalia, Chapel Hill 1986.

89 --, Peasants and Tariffs in the Kaiserreich: How Backward Were the 'Bauern'? in: AH 55. 1981, 370–84.

90 *Mohrdiek, H.*, Die Bauernunruhen in Württemberg 1848/49, Diss. Tübingen 1949.

91 *Moll, G.*, Die kapitalist. Bauernbefreiung im Klosteramt Dobbertin, Rostock 1968.

92 *Müller, H.-H.*, Bauernwirtschaft u. feudale Ausbeutung am Ende des 18. Jh., in: Probleme der Agrargeschichte des Feudalismus u. Kapitalismus 8. 1977, 71–80.

93 --, Domänen u. Domänenpächter in Brandenburg-Preußen im 18. Jh., in: JbW 1965/IV, 152–92.

94 --, Domänenpächter im 19. Jh., in: JbW 1989/I, 123–37.

95 *Muth, H.*, 'Bauer' u. 'Bauernstand' im Lexikon des 19. u. 20. Jh., in: ZAA 16. 1968, 72–98.

96 --, Die Führungsschichten der Bauernverbände, in: G. Franz Hg., Bauernschaft u. Bauernstand 1500–1970, Limburg 1975, 291–321.

97 *Osmond, J.*, A Second Agrarian Mobilization? Peasant Associations in South and West Germany 1918–24, in: R.G. Moeller Hg., Peasants and Lords in Modern Germany, London 1986, 168–97.

98 *Parker, W.N. u. E.L. Jones* Hg., European Peasants and their Markets, Princeton 1975.

99 *Planck, K.*, Bäuerl. Führungsschichten heute, in: G. Franz Hg., Bauernschaft u. Bauernstand 1500–1970, Limburg 1975, 331–45.

100 *Puhle, H.-J.*, Die Entwicklung der Agrarfrage u. die Bauernbewegung in Deutschland 1861–1914, in: K.O. v. Aretin u. W. Conze Hg., Deutschland u. Rußland im Zeitalter des Kapitalismus 1861–1914, Wiesbaden 1977, 37–59.

101 *Sakai, E.*, Der kurhess. Bauer im 19. Jh. u. die Grundlastenablösung, Melsungen 1967.

102 *Schlau, W.*, Die bäuerl. Führungsschicht in Hessen im 19. u. 20. Jh., in: G. Franz Hg., Bauernschaft u. Bauernstand 1500–1970, Limburg 1975, 265–90.

103 *Schmidt, S.*, Zur Organisation sozialer u. politischer Interessen der deutschen Bauernschaft nach der Revolution 1848/49, in: M. Kossok u. W. Loch Hg., Bauern u. Bürgerliche Revolution, Vaduz 1985, 221–25.

104 *Schremmer, E.*, Die Bauernbefreiung in Hohenlohe, Stuttgart 1963.

105 *Solta, J.*, Die Bauern der Lausitz, Bautzen 1968.

106 --, Die kapitalist. Klassendifferenzierung der Bauernschaft 1850–1939 (Lausitz), in: Letopis, Reihe B 1968, 15/2, 235–45.

107 *Steinbach, F.*, Bürger u. Bauer im Zeitalter der Industrie, in: RVB 28. 1963, 1–36.

108 *Steinmann, P.*, Bauer u. Ritter in Mecklenburg, Schwerin 1960.

109 *Stolz, O.*, Die Bauernbefreiung in Süddeutschland, in: VSWG 33. 1940, 1–68.

110 *Thorner, D.*, Peasantry, in: IESS 11. 1968, 503–11.

111 *Tilton, T.A.*, Nazism, Neo-Nazism and the Peasantry, Bloomington 1976.

112 *Verein für Sozialpolitik* Hg., Bäuerl. Zustände in Deutschland, 3 Bde, Leipzig 1883.

113 *Vogdt, G.*, Die Bauernbefreiung in Mecklenburg, Diss. Berlin 1937.

114 *Wald, A.*, Die Bauernbefreiung u. die Ablösung des Obereigentums - eine Befreiung der Herrn? in: Histor. Vierteljahrsschrift 28. 1934, 795–811.

115 *Weber, M.*, Die ländl. Arbeitsverfassung, in: ders., Ges. Aufsätze zur Sozial- u. Wirtschaftsgeschichte, Tübingen 1924/ND 1988, 444–69.

116 *Wolf, E.*, Peasants, Englewood Cliffs 1966.

117 *Wollenweber, H.*, Bauer, in: HSW 1. 1956, 650–58.

118 *Ziche, J.*, Kritik der deutschen Bauerntumsideologie, in: Sociologia Ruralis 8. 1968, 105–41.

25. Landarbeiter (Landproletariat, Ländliche Unterschichten)

1 *Aereboe, F.*, Landwirtschaftl. Arbeiter, in: HStW 6. 1925[4], 172–78.

2 *Asmis, W.*, Zur Entwicklung der Landarbeiterlöhne in Preußen, in: Landwirtschaftl. Jahrbücher 52. 1919, 457–614.

3 *Bleiber, H.*, Zum Anteil der Landarbeiter an den Bewegungen der Dorfbevölkerung in der deutschen Revolution 1848/49, in: JbW 1975/IV, 65–81.

4 *Breinlinger, K.*, Die Landarbeiter in Pommern u. Mecklenburg, Diss. Heidelberg 1903.

5 *Buchsteiner, I.*, Die Entwicklung der Arbeitskräftestruktur in der deutschen Landwirtschaft 1882–1907, in: JbW 1982/II, 27–51.

6 *Deich, W.*, Die braunschweig. Bevölkerungspolitik u. die Lage des Landproletariats 1848, in: M. Kossok u. W. Loch Hg., Bauern u. bürgerl. Revolution, Vaduz 1985, 235–57.

7 *Ehrenberg, R. u. W. Gehrke*, Landarbeit u. Kleinbesitz I, Rostock 1907.

8 *Ernst, G.*, Die ländl. Arbeitsverhältnisse im rechtsrhein. Bayern, Diss. München 1908.

9 *Eßer, A.*, Die Lohn-Preis-Entwicklung für landwirtschaftl. Arbeiter in Deutschland, England u. Nordamerika im 18. Jh., in: K. Tenfelde Hg., Arbeiter u. Arbeiterbewegung im Vergleich, München 1986, 101–36.

10 *Flemming, J.*, Die vergessene Klasse: Literatur zur Geschichte der Landarbeiter in Deutschland, in: K. Tenfelde Hg., Arbeiter u. Arbeiterbewegung im Vergleich, München 1986, 389–418.

11 --, Die Landarbeit im Zeitalter der Industrialisierung: Der "preußische Weg", in: A. Eggebrecht u.a., Geschichte der Arbeit, Köln 1980, 243–302, 433–36.

12 --, Landarbeiter zwischen Gewerkschaften u. Volksgemeinschaft. Zum Verhältnis von Agrarunternehmern u. Landarbeiterbewegung im Übergang vom Kaiserreich zur Weimarer Republik, in: AfS 14. 1974, 351–418.

13 --, Obrigkeitsstaat, Koalitionsrecht u. Landarbeiterschaft. Zur Entwicklung des ländl. Arbeitsrechts in Preußen zwischen Vormärz u. Reichsgründung, in: H.-J. Puhle u. H.-U. Wehler Hg., Preußen im Rückblick (= GG SoH. 6), Göttingen 1980, 247–72.

14 *Gerhard, S.*, Die geltenden preuß. Gesindeordnungen, 2 Bde, Berlin 1914[2].

15 *Gerlach, O.*, Landwirtschaftl. Arbeiter, in: HStW 6. 1910[3], 354–64.

16 *Goldschmidt, S.*, Die Landarbeiter in der Prov. Sachsen sowie Braunschweig u. Anhalt, Tübingen 1899.

17 *v.d. Goltz, T.*, Die ländl. Arbeiterfrage u. ihre Lösung, Danzig 1874².

18 --, Die ländl. Arbeiterklasse u. der preuß. Staat, Jena 1893.

19 --, Die Lage der Ländl. Arbeiter im Deutschen Reich, Berlin 1875.

20 *Grumach, W.*, Die Lage der Landarbeiter in Westpreußen, in: Die Neue Zeit 27. 1909, 887—96.

21 *Grunenberg, A.*, Die Landarbeiter in der Prov. Schleswig-Holstein, Hannover, Lübeck, Hamburg, Bremen, Tübingen 1899.

22 *Guttmann, G.*, Über die Lage der Landarbeiter in Pommern, Diss. Greifswald 1908.

23 *Henning, F.-W.*, Die sachl. Umwelt der unterbäuerl. Bevölkerung des 18. Jh., in: Ethnologie et Histoire, Paris 1975, 485—500.

24 *Herzfeld, I.*, Landarbeiter in Mecklenburg, Rostock 1905.

25 *Hoffmeister, A.*, Die wirtschaftl. Lage der Landarbeiter in Ostpreußen, Diss. Königsberg/ Halle 1909.

26 *Hucho, W.*, Die Naturalentlohnung in der deutschen Landwirtschaft, in: Berichte über Landwirtschaft 2. 1925, 571—650.

27 *Hübner, H.*, Die Bewegung der ostelb. Landarbeiter in der Revolution von 1848/49, Diss. Halle 1958.

28 -- *u. H. Kathe* Hg., Lage u. Kampf der Landarbeiter im ostelb. Preußen 1800—1918, Berlin 1977.

29 --, Die mecklenburg. Landarbeiter in der Revolution von 1848/49, in: BGA 10. 1968, 858—75.

30 --, Die ostpreuß. Landarbeiter im Kampf gegen junkerl. Ausbeutung u. Willkür 1848—1914, in: ZfG 11. 1963, 552—70.

31 *v. Kahlden, E.*, Die ländl. Arbeiter, in: A. Meitzen, Der Boden u. die landwirtschaftl. Verhältnisse des preuß. Staates, Bd. 8. Berlin 1908, 383—436.

32 *Knapp, G.F.*, Die Landarbeiter in Knechtschaft u. Freiheit, Leipzig 1891/1909².

33 *Könnecke, O.*, Rechtsgeschichte des Gesindes in West- u. Süddeutschland, Marburg 1912.

34 *v. Lengerke, A.*, Die ländl. Arbeiterfrage, Berlin 1849.

35 *Lennhoff, E.*, Das ländl. Gesindewesen in der Kurmark Brandenburg vom 16. bis 19. Jh., Breslau 1906.

36 *Lindenberg, C.*, Das preuß. Gesinderecht im Geltungsbereich der Gesindeordnung vom 8.11.1810, Berlin 1912⁸.

37 *Mooser, J.*, Rebellion u. Loyalität 1789—1848. Sozialstruktur, sozialer Protest u. polit. Verhalten ländl. Unterschichten im östl. Westfalen, in: P. Steinbach Hg., Probleme polit. Partizipation im Modernisierungprozeß, Stuttgart 1982, 57—87.

38 *Musiat, S.*, Zur Lebensweise des landwirtschaftl. Gesindes in der Oberlausitz, Bautzen 1964.

39 *Neumann, A.*, Die Bewegung der Löhne der ländl. "freien" Arbeiter (bis 1850), Berlin 1911.

40 --, Lohngestaltung auf dem Lande im Zusammenhang mit agrar. Entwicklungen, in: Sch. Jb. 38. 1914, 361—77.

41 *Nichtweiss, J.*, Die ausländ. Saisonarbeiter in der Landwirtschaft der östl. u. mittleren Gebiete des Deutschen Reiches 1890–1940, Berlin 1959.

42 *Niehaus, H.*, Das Heuerleutesystem u. die Heuerleutebewegung, Quakenbrück 1924.

43 *Parisius, B.*, "Daß die liebe alte Vorzeit wo möglich wieder hergestellt werde". Polit. u. soziokulturelle Reaktionen von oldenburg. Landarbeitern auf ihren sozialen Abstieg 1800–1848, in: H. Volkmann u. J. Bergmann Hg., Sozialer Protest, Opladen 1984, 198–211.

44 *Perkins, J.*, The German Agricultural Worker 1815–1914, in: JPS 11. 1984, 3–27.

45 *Pfahl, R.*, Landarbeiterlöhne u. ihre Bewegung 1800–1914, in: JbW 1973/IV, 79– 124.

46 *Plaul, H.*, Landarbeiterleben im 19. Jh., Berlin 1979.

47 *Pohl, E.*, Die Lohn- u. Wirtschaftsverhältnisse der Landarbeiter in Masuren in den letzten Jahrzehnten, Diss. Königsberg/Magdeburg 1908.

48 *Preuß, E.*, Die ostpreuß. Landarbeiterschaft, Diss. Königsberg 1926.

49 *Rehbein, F.*, Das Leben eines Landarbeiters, Hg. P. Göhre, Jena 1911/ND Gesinde u. Gesindel. Aus dem Leben eines Landarbeiters im wilhelmin. Deutschland, Berlin 1955/Neuwied 1973.

50 *Sauermann, D.* Hg., Knechte u. Mägde in Westfalen um 1900, München 1972.

51 *Saul, K.*, Der Kampf um das Landproletariat. Sozialist. Landagitation, Großgrundbesitz u. preuß. Staatsverwaltung 1890–1903, in: AfS 15. 1975, 163–208.

52 --, Um die konservative Struktur Ostelbiens. Agrarinteressen, Staatsverwaltung und ländl. Arbeiternot. Zur konservativen Landarbeiterpolitik in Preußen-Deutschland 1889– 1914, in: 3. Fs. F. Fischer, Bonn 1983, 129–98.

53 *Schaer, F.W.*, Die ländl. Unterschichten zwischen Weser u. Ems vor der Industrialisierung, in: Niedersächs. Jb. f. Landesgeschichte 50. 1978, 45–69.

54 *Scharfe, M.*, Bäuerl. Gesinde im Württemberg des 19. Jh., in: H. Haumann Hg., Arbeiteralltag in Stadt u. Land, Berlin 1982, 40–61.

55 --, "Gemüthliches Knechtschaftsverhältnis?" Landarbeitserfahrungen 1750–1900, in: K. Tenfelde Hg., Arbeit u. Arbeitserfahrung in der Geschichte, Göttingen 1986, 32–50.

56 *Schnorbus, A.*, Die ländl. Unterschichten in der bayer. Gesellschaft am Ausgang des 19. Jh., in: ZBL 30. 1967, 824–52.

57 *Seraphim, H.J.*, Das Heuerlingswesen in Nordwestdeutschland, Münster 1948.

58 *Silbermann, J.*, Der Gesindezwangsdienst in der Mark Brandenburg, Diss. Greifswald 1897.

59 *Skalweit, A.*, Gutsherrschaft u. Landarbeiter in Ostdeutschland, in: Sch. Jb. 35. 1911, 303–30.

60 --, Landarbeiterfrage, in: Handwörterbuch der Arbeitswissenschaft, II, Halle 1930, 3020–33.

61 *Tenfelde, K.*, Ländl. Gesinde in Preußen. Gesinderecht u. Gesindestatistik 1810–61, in: AfS 19. 1979, 189–230.

62 *Verein für Sozialpolitik* Hg., Die Verhältnisse der Landarbeiter, 3 Bde, (= SVS 53–55), Leipzig 1892.

63 *Weber, M.*, Entwicklungstendenzen in der Lage der ostelb. Landarbeiter, in: ders., Ges. Aufsätze zur Sozial- u. Wirtschaftsgeschichte, Tübingen 1924/ND 1988, 470–507.

64 --, Die Verhältnisse der Landarbeiter im ostelb. Deutschland, Leipzig 1892/ND Tübingen 1989.

65 *Wittenberg, H.*, Die Lage der ländl. Arbeiter in Neuvorpommern u. auf Rügen, Leipzig 1894^2.

66 *Wuttke, R.*, Gesindeordnungen u. Gesindezwangsdienst in Sachsen bis 1835, Leipzig 1893.

67 *Wygodzinski, W.*, Die Landarbeiterfrage in Deutschland, Tübingen 1917.

26. Bürgertum

1 *Anderson, E.N. u. P.R.*, Thomas Mann's "Dr. Faustus" and Social Biography, in: Sozialgeschichte Heute. 2. Fs. H. Rosenberg, H.-U. Wehler Hg., Göttingen 1974, 611–34.

2 anon. (H. Wagener), Bürger, Bürgerstand, Bürgertum, in: Staats- u. Gesellschaftslexikon 4. 1860, 672–75.

3 *Asmus, H.*, Studien zur polit. Konsolidierung der deutschen Bourgeoisie 1840–1847/48, Habil.-Schrift, Akademie der Wissenschaften, Berlin 1975.

4 *Ayçoberry, P.*, Der Strukturwandel im Kölner Mittelstand 1820–1850, in: GG 1. 1975, 78– 98.

5 *Bacskai, V.* Hg., Bürgertum u. bürgerl. Entwicklung in Mittel- u. Osteuropa, 2 Bde, Budapest 1986.

6 *Batscha, Z. u. J. Garber* Hg., Von der ständ. zur bürgerl. Gesellschaft, Frankfurt 1981.

7 *Bauer, F.J.*, Bürgerwege u. Bürgerwelten. Familienbiograph. Untersuchungen zum deutschen Bürgertum im 19. Jh., Göttingen 1991.

8 *Bausinger, H.*, Bürgerlichkeit u. Kultur, in: J. Kocka Hg., Bürger u. Bürgerlichkeit im 19. Jh., Göttingen 1987, 121–42.

9 --, Verbürgerlichung, in: G. Wiegelmann Hg., Kultureller Wandel im 19. Jh., Göttingen 1973, 24–49.

10 *Beutin, L.*, Das Bürgertum als Gesellschaftsstand im 19. Jh., in: BDL 90. 1953, 135–62; u. in: ders., Ges. Schriften zur Wirtschafts- u. Sozialgeschichte, Köln 1963, 284– 319.

11 *Birke, A.M.* u.a. Hg., Bürgertum, Adel u. Monarchie. Wandel der Lebensformen im Zeitalter des bürgerl. Nationalismus, Göttingen 1989.

12 *Blackbourn, D.*, The German Bourgeoisie, in: ders. u. R.J. Evans Hg., dass., London 1991, 1–45.

13 -- *u. R.J. Evans* Hg., The German Bourgeoisie, London 1991.

14 --, The Discret Charm of the German Bourgeoisie, in: ders., Populists and Patricians, London 1987, 67–83.

15 -- *u. G. Eley*, The Pecularities of German History. Bourgeois Society and Politics in the 19th Century, Oxford 1984.

16 *Bleiber, H.* Hg., Bourgeoisie u. bürgerl. Umwälzung in Deutschland 1789—1871, Berlin 1977.

17 --, Bourgeoisie u. bürgerl. Umwälzung in Deutschland 1789—1871, in: ZfG 25. 1977, 305—32.

18 *Borst, O.*, Esslinger Bürgertum in der Spätzeit der Reichsstadt, in: Esslinger Studien 4. 1958, 61—89.

19 *Bramstedt, E.K.*, Aristocracy and the Middle Classes in Germany, Chicago 1964².

20 *v. Brandt, A.*, Das Lübecker Bürgertum, in: Der Wagen - Ein lübeckisches Jb. 1966, 18—33.

21 *Brinkmann, C.*, Bourgeoisie, in: ESS I/2.1930, 654—56.

22 *Brönner, W.*, Die bürgerl. Villa in Deutschland 1830—1890, Düsseldorf 1987.

23 *Bruckmüller, E.*, Ein "deutsches" Bürgertum? Zu Fragen nationaler Differenzierung der bürgerlichen Schichten in der Habsburgermonarchie vom Vormärz bis um 1860, in: GG 16. 1990, 343—54.

24 -- *u. H. Stekl*, Zur Geschichte des Bürgertums in Österreich, in: J. Kocka Hg., Bürgertum im 19. Jh., I, München 1988, 160—92.

25 *Brunner, O.*, "Bürgertum" u. "Feudalwelt" in der europ. Sozialgeschichte, in: GWU 7. 1956, 599—614.

26 *Conze, W.*, Bürgertum, II: Neuzeit, in: Theolog. Realenzyklopädie 7. 1981, 346—54.

27 *Croon, H.*, Bürgertum u. Verwaltung in den Städten des Ruhrgebiets im 19. Jh., in: Tradition 9. 1964, 23—41.

28 --, Krefelder Bürgertum im Wandel des 19. Jh., in: Die Heimat. Zeitschrift für niederrhein. Heimatpflege 14. 1958, 15—39.

29 --, Rhein. Städte u. ihre Bürger im 19. Jh., Remscheid 1958.

30 *van Dijk, H.*, Bürger u. Stadt. Bemerkungen zum langfristigen Wandel an westeurop. u. deutschen Beispielen, in: J. Kocka Hg., Bürgertum im 19. Jh., III, München 1988, 447—65.

31 *Elias, N.*, Die satisfaktionsfähige Gesellschaft, in: ders., Studien über die Deutschen, Frankfurt 1989, 61—158.

32 *v. Eynern, G.*, Bürgertum, in: E. Fraenkel u. K.D. Bracher Hg., Staat u. Politik, Frankfurt 1972², 65—72.

33 *François, E.* Hg., Sociabilité et societé. Bourgeoisie en France, en Allemagne et en Suisse 1750—1850, Paris 1986.

34 *Fraenkel, E.*, Bürgertum, in: ders. u. K.D. Bracher Hg., Staat u. Politik, Frankfurt 1972², 65—72.

35 *Frevert, U.*, Bürgerlichkeit u. Ehre. Zur Geschichte des Duells in England u. Deutschland, in: J. Kocka Hg., Bürgertum im 19. Jh., III, München 1988, 101—40.

36 --, Die Ehre der Bürger im Spiegel ihrer Duelle, in: HZ 249. 1989, 545—82.

37 --, Ehrenmänner. Das Duell in der bürgerl. Gesellschaft, München 1991.

38 --, "Tatenarm u. gedankenvoll". Bürgertum in Deutschland 1780–1820, in: H. Berding u. H.P. Ullmann Hg., Deutschland u. Frankreich im Zeitalter der Französ. Revolution, Frankfurt 1989, 263–92.

39 *Freyer, H.*, Bürgertum, in: HSW 2. 1959, 452–56.

40 *Fürbringer, C.*, Metamorphosen der Ehre. Duell u. Ehrenrettung im Jh. des Bürgers, in: R. van Dülmen Hg., Armut, Liebe, Ehre, Frankfurt 1988, 186–224.

41 *Gall, L.* Hg., Vom alten zum neuen Bürgertum. Die mitteleurop. Stadt im Umbruch 1780–1820, München 1991.

42 --, Vom alten zum neuen Bürgertum. Die mitteleurop. Stadt im Umbruch 1780–1820, in: ders., dass., München 1991, 1–18.

43 --, Bürgertum in Deutschland, Berlin 1989.

44 --, "... Ich wünschte ein Bürger zu sein". Zum Selbstverständnis des deutschen Bürgertums im 19. Jh., in: HZ 245. 1987, 601–23.

45 -- Hg., Stadt u. Bürgertum im 19. Jh., München 1990.

46 --, Stadt u. Bürgertum im 19. Jh., in: ders. Hg., dass., München 1990, 1–18.

47 *Gerteis, K.*, Bürger, Bürgertum, in: R. van Dülmen Hg., Fischer Lexikon Geschichte, Frankfurt 1990², 150–61.

48 *Glaser, H.*, Die Kultur der wilhelmin. Zeit, Frankfurt 1984.

49 *Guttmann, B.*, Schattenriß einer Generation 1878–1919, Stuttgart 1950.

50 *Hahn, H.-W.*, Aufbruchsversuche u. Krise. Die Stadt Wetzlar zwischen reichsstädt. Reformdebatten u. wirtschaftl. Niedergang 1789–1815, in: L. Gall Hg., Vom alten zum neuen Bürgertum. Die mitteleurop. Stadt im Umbruch 1789–1820, München 1991, 277–316.

51 --, Altständ. Bürgertum zwischen Beharrung u. Wandel. Die Reichsstadt Wetzlar 1689–1870, München 1991.

52 --, Von der "Kultur der Bürger" zur "bürgerl. Kultur". Das Wetzlarer Bürgertum 1700–1900, in: R. van Dülmen Hg., Armut, Liebe, Ehre, Frankfurt 1988, 144–85.

53 *Haltern, U.*, Entwicklungsprobleme der bürgerl. Gesellschaft, in: GG 5. 1979, 274– 92.

54 --, Bürgerl. Gesellschaft. Sozialtheoret. u. sozialhistor. Aspekte, Darmstadt 1985.

55 --, Bürgerl. Gesellschaft. Probleme der Forschung, in: AfS 18. 1978, 524–35.

56 *Hardtwig, W.*, Bürgerlichkeit, Staatssymbolik u. Staatsbewußtsein im deutschen Kaiserreich 1871–1914, in: GG 16. 1990, 269–95.

57 --, Großstadt u. Bürgerlichkeit in der polit. Ordnung des Kaiserreichs, in: L. Gall Hg., Stadt u. Bürgertum im 19. Jh., München 1990, 19–64.

58 *Haupt, H.-G.*, Kleine u. große Bürger in Deutschland u. Frankreich am Ende des 19. Jh., in: J. Kocka Hg., Bürgertum im 19. Jh., II, München 1988, 252–75.

59 *Hein, D.*, Bad. Bürgertum. Soziale Struktur u. kommunalpolit. Ziele im 19. Jh., in: L. Gall Hg., Stadt u. Bürgertum im 19. Jh., München 1990, 65–96.

60 *Hein, D.*, Umbruch u. Aufbruch. Bürgertum in Karlsruhe u. Mannheim 1780–1820, in: L. Gall Hg., Vom alten zum neuen Bürgertum. Die mitteleurop. Stadt im Umbruch 1780–1820, München 1991, 447–516.

61 *Henning, H.*, Besitzstrukturen u. soziale Gruppierungen in der Rheinprov. 1870–1913, in: H. Kellenbenz Hg., Wachstumsschwankungen, Stuttgart 1981, 121–44.

62 --, Das westdeutsche Bürgertum in der Epoche der Hochindustrialisierung 1860–1914, I, Wiesbaden 1971.

63 *Hettling, M.*, Reform ohne Revolution. Bürgertum, Bürokratie u. kommunale Selbstverwaltung in Württemberg 1806–1850, Göttingen 1990.

64 *Hirschmann, G.*, Das Nürnberger Patriziat im Königreich Bayern 1806–1918, Nürnberg 1973.

65 *Huard, G.*, L'évolution de la bourgeoisie allemande, Paris 1919.

66 *Hunt, J.C.*, The Bourgeois Middle in German Politics 1871–1933, in: JCH 11. 1978, 83–106.

67 *Jackson, P.*, Bürgerl. Armut u. Romanwirklichkeit, Frankfurt 1981.

68 *Jeske, R.*, "Ein behagliches, vergnügtes Leben, wenig berührt von den Stürmen der Zeit". Die Universitätsstadt Göttingen 1790–1825, in: L. Gall Hg., Vom alten zum neuen Bürgertum. Die mitteleurop. Stadt im Umbruch 1780–1820, München 1991, 65–104.

69 *Kaelble, H.*, Französ. u. deutsches Bürgertum 1870–1914, in: J. Kocka Hg., Bürgertum im 19. Jh., I, München 1988, 107–140.

70 --, Französ. Bourgeoisie u. deutsches Großbürgertum, in: ders., Nachbarn am Rhein. Entfremdung u. Annäherung der französ. u. deutschen Gesellschaft seit 1880, München 1991, 59–86.

71 *Kaschuba, W.*, Deutsche Bürgerlichkeit nach 1800. Kultur als symbol. Praxis, in: J. Kocka Hg., Bürgertum im 19. Jh., III, München 1988, 9–44.

72 *Kill, S.*, Vom alten Münster zur preuß. Provinzialhauptstadt 1780–1816, in: L. Gall Hg., Vom alten zum neuen Bürgertum. Die mitteleurop. Stadt im Umbruch 1780–1820, München 1991, 105–42.

73 *Koch, D.*, Das Göttinger Honoratiorentum vom 17. bis zur Mitte des 19. Jh., Göttingen 1958.

74 *Koch, R.*, Grundlagen bürgerl. Herrschaft. Verfassungs- u. sozialgeschichtl. Studien zur bürgerl. Gesellschaft in Frankfurt a.M. 1612–1866, Wiesbaden 1983.

75 *Kocka, J. u. U. Frevert*, La borghesia tedesca nel XIX. secolo. Lo stato della ricerca, in: Quaderni Storici 19. 1984, 549–72.

76 --, La bourgeoisie dans l'histoire allemande en 18ème siècle, in: Mouvement Social 136. 1986, 5–28.

77 -- Hg., Arbeiter u. Bürger im 19. Jh., München 1986.

78 -- Hg., Bürger u. Bürgerlichkeit im 19. Jh., Göttingen 1987.

79 --, Bürgertum u. Bürgerlichkeit als Problem der deutschen Geschichte vom späten 18. zum frühen 20. Jh., in: ders. Hg., Bürger u. Bürgerlichkeit im 19. Jh., Göttingen 1987, 21–63.

80 -- Hg., Bürgertum im 19. Jh., 3 Bde, München 1988.

81 --, Bürgertum u. bürgerl. Gesellschaft im 19. Jh. Europ. Entwicklungen u. deutsche Eigenarten, in: J. Kocka Hg., Bürgertum im 19. Jh., I, München 1988, 11–76.

82 --, Einleitung, in: ders. Hg., Bürger u. Bürgerlichkeit im 19. Jh., Göttingen 1987, 7–20.

83 *Kröber, W. u. R. Nitsche*, Grundbuch zur bürgerl. Gesellschaft, 3 Bde, Darmstadt 1984[4].

84 *Kroeschell, K.*, Bürger, in: HdR 1. 1971, 543–53.

85 *Labrousse, E.*, Voies nouvelles vers une histoire de la bourgeoisie occidentale aux 18. et 19. siècle, in: 10. International Congress of Historical Sciences, Bd. 4, Florenz 1955, 365–96.

86 *Lees, A.*, The Civic Pride of the German Middle Classes 1890–1918, in: J.R. Dukes u. J. Remak Hg., Another Germany. A Reconsideration of the Imperial Era, Boulder 1988, 41–59.

87 *Lenger, F.*, Bürgertum u. Stadtverwaltung in rhein. Großstädten des 19. Jh., in: L. Gall Hg., Stadt u. Bürgertum im 19. Jh., München 1990, 97–169.

88 *Lepsius, M.R.*, Bürgertum als Gegenstand der Sozialgeschichte, in: W. Schieder u. V. Sellin Hg., Sozialgeschichte in Deutschland, IV, Göttingen 1987, 61–80.

89 --, Zur Soziologie des Bürgertums u. der Bürgerlichkeit, in: J. Kocka Hg., Bürger u. Bürgerlichkeit im 19. Jh., Göttingen 1987, 79–100.

90 *Lidtke, V.L.*, Burghers, Workers, and the Problems of Class Relationship 1870–1914, in: J. Kocka Hg., Arbeiter u. Bürger im 19. Jh., München 1986, 29–46.

91 *Liebel, H.P.*, The Bourgeoisie in Southwestern Germany 1500–1789: A Rising Class? in: IRSH 10. 1965, 282–307.

92 *Maurer, E.H.*, Der Spätbürger, Bern 1963.

93 *Mettele, G.*, Kölner Bürgertum in der Umbruchszeit 1776–1815, in: L. Gall Hg., Vom alten zum neuen Bürgertum. Die mitteleurop. Stadt im Umbruch 1780–1820, München 1991, 229–76.

94 *Meurer, B.*, Bürgerl. Kultur u. Sozialdemokratie bis 1975, Berlin 1988.

95 *Meusel, A.*, Bürgertum, in: Handwörterbuch der Soziologie, Hg. A. Vierkandt, Stuttgart 1931/ND 1959, 90–99.

96 --, Middle Class, in: ESS V/2. 1933, 407–15.

97 *Meyer, S.*, Das Theater mit der Hausarbeit. Bürgerl. Repräsentation in der Familie in der Wilhelmin. Zeit, Frankfurt 1982.

98 *Mitgau, H.*, Alt-Quedlinburger Honoratiorentum, Leipzig 1934.

99 --, Geschlossene Heiratskreise sozialer Inzucht, in: H. Rössler Hg., Deutsches Patriziat 1430–1740, Limburg 1968, 1–25.

100 *Möller, F.*, Bürgertum als Schutzgemeinschaft. Augsburg 1794–1818, in: L. Gall Hg., Vom alten zum neuen Bürgertum. Die mitteleurop. Stadt im Umbruch 1780–1820, München 1991, 559–604.

101 *Mommsen, H.*, Die Auflösung des Bürgertums seit dem späten 19. Jh., in: J. Kocka Hg., Bürger u. Bürgerlichkeit im 19. Jh., Göttingen 1987, 288–315.

102 *Morazé, C.*, The Triumph of the Middle Classes, N.Y. 1968.

103 *Mosse, W.*, Adel u. Bürgertum im Europa des 19. Jh. Eine vergleich. Betrachtung, in: J. Kocka Hg., Bürgertum im 19. Jh., II, München 1988, 276–314.

104 *Motzkin, G.*, Säkularisierung, Bürgertum u. Intellektuelle in Frankreich u. Deutschland während des 19. Jh., in: J. Kocka Hg., Bürgertum im 19. Jh., III, München 1988, 141–71.

105 *Münch, P.* Hg., Ordnung, Fleiß u. Sparsamkeit. Zur Entstehung der bürgerl. Tugenden, München 1984.

106 *Nicolini, J.*, Die polit. Führungsschichten in der Stadt Köln gegen Ende der Reichsstädt. Zeit, Köln 1980.

107 *Niehuss, M.*, Strategien zur Machterhaltung bürgerl. Eliten am Beispiel kommunaler Wahlrechtsänderungen im ausgeh. Kaiserreich, in: H. Best Hg., Politik u. Milieu, St. Katharinen 1989, 60–91.

108 *Niethammer, L. u.a.*, Bürgerl. Gesellschaft in Deutschland, Frankfurt 1990.

109 *Nipperdey, T.*, Wie das Bürgertum die Moderne fand, Berlin 1988.

110 *Obermann, K.*, Zur Genesis der bürgerl. Klasse in Deutschland 1830–1840, in: JbG 16. 1977, 33–69.

111 *O'Boyle, L.*, The Middle Class in Western Europe 1815–1848, in: AHR 71. 1966, 826–45.

112 *Pietzker, F.*, Deutsches Bürgertum im 19. Jh., Frankfurt 1973.

113 *Pikulik, L.*, Leistungsethik contra Gefühlskult. Über das Verhältnis von Bürgerlichkeit u. Empfindsamkeit in Deutschland, Göttingen 1984.

114 *Popelka, F.*, Die Bürgerschaft der Stadt Graz 1720–1819, Baden 1941.

115 *Preißler, P.R.*, Die sozialen u. gesellschaftl. Strukturen im 19. Jh., am Beispiel einer zentralen bayer. Mittelstadt: Landshut, in: Fs. W. v. Stromer, Trier 1987, 909–49.

116 *Puhle, H.-J.* Hg., Bürger in der Gesellschaft der Neuzeit, Göttingen 1991.

117 *Ranulf, S.*, Moral Indignation and Middle Class Psychology (1938), N.Y. 1970².

118 *Reulecke, J.*, Städt. Bürgertum in der deutschen Frühindustrialisierung, in: M. Glettler u.a. Hg., Zentrale Städte u. ihr Umland, St. Katharinen 1985, 296–311.

119 --, Stadtbürgertum u. bürgerl. Sozialreform im 19. Jh. in Preußen, in: L. Gall Hg., Stadt u. Bürgertum im 19. Jh., München 1990, 171–97.

120 *Reuter, D.*, Von der heiml. Symbiose zur offenen Assoziation. Stadtbürgerl. Führungsgruppen in Heilbronn 1770–1825, in: L. Gall Hg., Vom alten zum neuen Bürgertum. Die mitteleurop. Stadt im Umbruch 1780–1820, München 1992, 517–58.

121 *Richter, W. u. J. Zänker*, Der Bürgertraum vom Adelsschloß, Reinbek 1988.

122 *Riedel, M.*, Der Begriff der "Bürgerlichen Gesellschaft", u. das Problem seines geschichtl. Ursprungs, in: ders., Studien zu Hegels Rechtsphilosophie, Frankfurt 1969, 135– 66.

123 --, Bürger, in: Histor. Wb. der Philosophie, I, 1970, 962–64.

124 --, Bürger, in: GGr, I, 1972, 672–725.

125 --, Bürgerl. Gesellschaft, in: GGr, II, 1975, 719–800.

126 --, Bürgerl. Gesellschaft, in: Histor. Wb. der Philosophie, III, Darmstadt 1974, 466–73.

127 --, Bürgerl. Gesellschaft u. Staat, Neuwied 1970.

128 *Riehl, W.H.*, Die Naturgeschichte des Volkes als Grundlage einer deutschen Sozial- Politik, II: Die bürgerl. Gesellschaft, Stuttgart 1851/1907[1]/ND Berlin 1976.

129 *Roloff, E.A.*, Bürgertum u. Nationalsozialismus 1930–1933. Braunschweigs Weg ins "Dritte Reich", Hannover 1961.

130 *Roth, R.*, "... der blühende Handel macht uns alle glücklich ...". Frankfurt am Main in der Umbruchszeit 1780–1825, in: L. Gall Hg., Vom alten zum neuen Bürgertum. Die mitteleurop. Stadt im Umbruch 1780–1820, München 1991, 357–408.

131 *Ruppert, W.*, Bürgerl. Wandel. Studien zur Herausbildung einer nationalen deutschen Kultur im 18. Jh., Frankfurt 1984[2].

132 *Rüschemeyer, D.*, Bourgeoisie, Staat u. Bildungsbürgertum, in: J. Kocka Hg., Bürger u. Bürgerlichkeit im 19. Jh., Göttingen 1987, 101–20.

133 *Sarasin, P.*, Stadt der Bürger. Struktureller Wandel u. bürgerl. Lebenswelt, Basel 1870–1900, Basel 1990.

134 *Schambach, K.*, "Fabriken gedeihen bekanntlich nicht in einer Ackerstadt". Dortmund im Umbruch? in: L. Gall Hg., Vom alten zum neuen Bürgertum. Die mitteleurop. Stadt im Umbruch 1780–1820, München 1991, 143–82.

135 *Schlumbohm, J.*, Freiheit. Die Anfänge der bürgerl. Emanzipationsbewegung in Deutschland im Spiegel ihres Leitworts 1760–1800, Düsseldorf 1975.

136 --, 'Traditionale' Kollektivität u. 'moderne' Individualität: einige Fragen u. Thesen für eine histor. Sozialisationsforschung. Kleines Bürgertum u. gehobenes Bürgertum in Deutschland um 1800 als Beispiel, in: R. Vierhaus Hg., Bürger u. Bürgerlichkeit im Zeitalter der Aufklärung, Heidelberg 1981, 265–320.

137 --, Straße u. Familie. Kollektive u. individualisierende Formen der Sozialisation im kleinen u. im gehobenen Bürgertum Deutschlands um 1800, in: Zeitschrift für Pädagogik 25. 1979, 697–726.

138 *Schneider, H.-P.*, Der Bürger zwischen Stadt u. Staat im 19. Jh., in: G. Dilcher Hg., Res publica. Bürgerschaft in Stadt u. Staat, Berlin 1988, 143–60.

139 *Schramm, P.E.*, Neun Generationen, 2 Bde, Göttingen 1963/65.

140 *Schultze, J.*, Die Auseinandersetzung zwischen Adel u. Bürgertum in den deutschen Zeitschriften 1773–1806, Berlin 1925/ND Vaduz 1966.

141 *Schulz, A.*, "... Tage des Wohllebens, wie sie noch nie gewesen ...". Das Bremer Bürgertum in der Umbruchszeit 1789–1818, in: L. Gall Hg., Vom alten zum neuen Bürgertum. Die mitteleurop. Stadt im Umbruch 1780–1820, München 1991, 19–64.

142 *Schumann, H.–G.*, Spießbürger - Philister - Spätbürger, in: AfK 49. 1967, 111–30.

143 *Schwieger, K.*, Das Bürgertum in Preußen vor der Französ. Revolution, Diss. Kiel 1971.

144 *Seeber, G.*, Die Bourgeoisie u. das Reich. Zur polit. Konzeption der Bourgeoisie in den 70er Jahren, in: H. Bartel u. E. Engelberg Hg., Die großpreuß.-militaristische Reichsgründung, II, Berlin 1971, 127–69.

145 *Sobania, M.*, Das Aachener Bürgertum am Vorabend der Industrialisierung, in: L. Gall Hg., Vom alten zum neuen Bürgertum. Die mittelereurop. Stadt im Umbruch 1780—1820, München 1991, 183—228

146 *Steinbach, F. u. O. Köhler*, Bürgertum, in: Staatslexikon 1. 1958^{6}, 306—16.

147 *Steinmetz, W.*, Die schwierige Selbstbehauptung des deutschen Bürgertums, in: R. Wimmer Hg., Das 19. Jh., Berlin 1992, 12—40.

148 *Stolleis, M.*, Untertan - Bürger - Staatsbürger, in: R. Vierhaus Hg., Bürger u. Bürgerlichkeit im Zeitalter der Aufklärung, Heidelberg 1981, 65—99.

149 *Stoob, H.* Hg., Altständ. Bürgertum, 2 Bde, Darmstadt 1978.

150 *Tenbruck, F.H.*, Bürgerl. Kultur, in: F. Neidhardt u.a. Hg., Kultur u. Gesellschaft, Opladen 1986, 263—85.

151 *Vierhaus, R.*, Der Aufstieg des Bürgertums vom späten 18. Jh. bis 1848/49, in: J. Kocka Hg., Bürger u. Bürgerlichkeit im 19. Jh., Göttingen 1987, 64—78.

152 -- Hg., Bürger u. Bürgerlichkeit im Zeitalter der Aufklärung, Heidelberg 1981.

153 *Wallraf, K.*, Die "bürgerl. Gesellschaft" im Spiegel deutscher Familienzeitschriften, Diss. Köln 1939.

154 *Weber, M.-L.*, Heidelberg in der Umbruchszeit zwischen 1789 u. 1819, in: L. Gall Hg., Vom alten zum neuen Bürgertum. Die mitteleurop. Stadt im Umbruch 1780—1820, München 1991, 409—46.

155 *Wehler, H.-U.*, Bürger, Arbeiter u. das Problem der Klassenbildung 1800—1870. Deutschland im internationalen Vergleich, in: J. Kocka Hg., Arbeiter u. Bürger im 19. Jh., München 1986, 1—27; u. in: ders., Aus der Geschichte lernen? München 1988, 161—90.

156 --, Geschichte u. Zielutopie der deutschen "bürgerl. Gesellschaft", in: ders., Aus der Geschichte lernen? München 1988, 241—55.

157 --, Wie "bürgerlich" war das Deutsche Kaiserreich? in: J. Kocka Hg., Bürger u. Bürgerlichkeit im 19. Jh., Göttingen 1987, 243—80; u. in: ders., Aus der Geschichte lernen? München 1988, 191—217.

158 *Weichel, T.*, Die Kur- u. Verwaltungsstadt Wiesbaden 1790—1822, in: L. Gall Hg., Vom alten zum neuen Bürgertum. Die mitteleurop. Stadt im Umbruch 1780—1820, München 1991, 317—56.

159 *Wiedeman, K.*, Arbeit u. Bürgertum. Die Entwicklung des Arbeitsbegriffs in der Literatur Deutschlands an der Wende zur Neuzeit, Heidelberg 1979.

160 *Wienfort, M.*, Monarchie in der bürgerl. Gesellschaft. Deutschland u. Großbritannien im Vergleich 1640—1848, Göttingen 1993.

161 *Winkler, H.A.*, Bürgertum, in: SDG 1. 1966, 934—55.

162 *Zerback, R.*, Zwischen Residenz u. Rathaus. Bürgertum in München 1780—1820, in: L. Gall Hg., Vom alten zum neuen Bürgertum. Die mitteleurop. Stadt im Umbruch 1780—1820, München 1991, 605—54.

27. Wirtschaftsbürgertum/Unternehmer

1 *Achterberg, E.*, Berliner Hochfinanz, Frankfurt 1965.
2 *Achterberg, E. u. M. Müller-Jabusch*, Lebensbilder deutscher Bankiers aus 5 Jh., Frankfurt 1963.
3 *Adelmann, G.*, Die Beziehungen zwischen Arbeitgeber u. Arbeitnehmer in der Ruhrindustrie vor 1914, in: JNS 175. 1963, 414–27.
4 --, Die wirtschaftl. Führungsschichten der rhein.-westfäl. Baumwoll- u. Leinenindustrie 1850–1914, in: H. Helbig Hg., Führungskräfte der Wirtschaft in Deutschland im 19. Jh., Bd. 2: 1790–1914, Limburg 1977, 177–99.
5 --, Führende Unternehmer im Rheinland u. in Westfalen 1850–1914, in: RVB 35. 1971, 335–52.
6 *Ascher, A.*, Baron v. Stumm, Advocate of Feudal Capitalism, in: JCEA 22. 1962/63, 271–85.
7 *Augustine, D.L.*, Arriving in the Upper Class: The Wealthy Business Elite of Wilhelmine Germany, in: D. Blackbourn u. R.J. Evans Hg., The German Bourgeoisie, London 1991, 46–86.
8 --, Very Wealthy Businessmen in Imperial Germany, in: JSH 22. 1988, 299–321.
9 *Baasch, E.*, Der Kaufmann in der deutschen Romanliteratur des 18. Jh., in: Fs. G. v. Below, Stuttgart 1928, 279–98.
10 *Bachfeld, H.L.*, H. Jencke 1834–1910, in: RWB 11. 1983, 163–94.
11 *Bacmeister, W.*, L. Baare, Essen 1937.
12 --, E. Kirdorf, Essen 1936.
13 *Barkhausen, M.*, Der Aufstieg der rhein. Industrie im 18. Jh. u. die Entstehung eines industriellen Großbürgertums, in: RVB 19. 1954, 135–77.
14 *Bauert-Keetmann, J.*, Deutsche Industriepioniere, Tübingen 1966.
15 *Beau, H.*, Das Leistungswissen des frühindustriellen Unternehmertums in Rheinland-Westfalen, Köln 1959.
16 *Becker-Jaklí, B. u. A. Müller*, Die Religionszugehörigkeit Kölner Unternehmer 1810–70, in: Rhein.–Westfäl. Wirtschaftsarchiv Hg., Kölner Unternehmer u. die Frühindustrialisierung in Rheinland u. Westfalen, Köln 1984, 217–31.
17 *v. Beckerath, H.*, Großindustrie u. Gesellschaftsordnung. Industrielle u. polit. Dynamik, Tübingen 1954.
18 *Beer, B.*, L. Schwartzkopff, Leipzig 1943.
19 *Bein, A.*, F. Hammacher 1824–1904, Berlin 1932.
20 *Berdrow, W.*, A. Krupp, 2 Bde, Berlin 1927.
21 *Bergengrün, A.*, D. Hansemann, Berlin 1901.
22 --, A. v. d. Heydt, Leipzig 1908.
23 *Berghahn, V.*, Unternehmer u. Politik in der Bundesrepublik, Frankfurt 1985.
24 *Berghoff, H. u. R. Möller*, Wirtschaftsbürger in Bremen u. Bristol 1870-1914, in: H.-J. Puhle Hg., Bürger in der Gesellschaft der Neuzeit, Göttingen 1991, 156–77.

25 *Beutin, L.*, Die märk. Unternehmerschaft in der frühindustriellen Zeit, in: WF 10. 1957, 64–74.

26 *Biermann, B.*, Die Protestantismusdebatte. Entwicklung, Stand u. Bedeutung für eine Soziologie der Unternehmerschaft, in: Internat. Jb. für Religionssoziologie 4. 1968, 223–50.

27 --, Die soziale Struktur der Unternehmerschaft, Stuttgart 1971.

28 *Bloemers, K.*, W.T. Mulvany, Essen 1922.

29 *Boch, R.*, Von der "begrenzten" zur forcierten Industrialisierung. Zum Wandel ökonom. Zielvorstellungen im rhein. Wirtschaftsbürgertum 1815–45, in: H.-J. Puhle Hg., Bürger in der Gesellschaft der Neuzeit, Göttingen 1991, 133–55.

30 --, Tarifvereinbarungen u. "Ehrenräte". Unternehmer u. Arbeiter im Regierungsbezirk Düsseldorf während der Revolution 1848/49, in: B. Dietz Hg., Industrialisierung, histor. Erbe u. Öffentlichkeit, Wuppertal 1990, 178–226.

31 --, Von der "begrentzen" zur forcierten Industrialisierung. Zum Wandel ökonom. Zielvorstellungen im rhein. Wirtschaftsbürgertum 1815–45, in: H.-J. Puhle Hg., Bürger in der Gesellschaft der Neuzeit, Göttingen 1991, 133–55.

32 --, Tarifvereinbarungen u. "Ehrenräte". Unternehmer u. Arbeiter im Regiereungsbezirk Düsseldorf während der Revolution 1848/49, in: B. Dietz Hg., Industrialisierung, histor. Erbe u. Öffentlichkeit, Wuppertal 1990, 178–226.

33 --, Grenzenloses Wachstum? Das rhein. Wirtschaftsbürgertum u. seine Industrialisierungsdebatte 1814–57, Göttingen 1991.

34 *Böhme, H.*, E. Kirdorf, in: Tradition 13. 1968, 282–300; 14. 1969, 21–48.

35 *Boelcke, W.A.* Hg., Krupp u. die Hohenzollern 1850–1918, Frankfurt 1970[2].

36 *Borchart, J.*, Der europ. Eisenbahnkönig B.H. Stroußberg, München 1991.

37 *Borst, O.*, Die wirtschaftl. Führungsschichten in Württemberg 1790–1850, in: H. Helbig Hg., Führungskräfte der Wirtschaft, I, 1350–1850, Limburg 1973, 229–79.

38 --, Staat u. Unternehmer in der Frühzeit der württemberg. Industrie, in: Tradition 11. 1966, 105–26, 153–74.

39 *Braun, R.*, Zur Einwirkung sozio-kultureller Umweltbedingungen auf das Unternehmerpotential u. das Unternehmerverhalten, in: W. Fischer Hg., Wirtschafts- u. sozialgeschichtl. Probleme der frühen Industrialisierung, Berlin 1968, 247–84.

40 --, The Rise of a Rural Class of Industrial Entrepreneurs, in: Journal of World History 10. 1967, 551–66; dt. Zur Entstehung eines ländl. "Fabrikherren"-Standes, in: ders. u.a. Hg., Industrielle Revolution, Köln 1972, 94–107.

41 *Brockstedt, J.*, Family Enterprise and the Rise of Large Scale Enterprise in Germany 1871–1914, in: A. Okochi u. S. Yasuoka Hg., Family Business in the Era of Industrial Growth, Tokio 1984, 237–67.

42 *Burnham, J.*, The Managerial Revolution, N.Y. 1941; dt. Das Regime der Manager, Stuttgart 1948.

43 *Carlin, E.A.*, Schumpeter's Constructed Type - The Entrepreneur, in: Kyklos 9. 1956, 27–40.

44 *Caspary, A.*, L. Camphausen, Stuttgart 1902.

45 *Cassis, Y.*, Financial Elites in Three European Centres: London, Paris, Berlin 1880s–19930s, in: BH 33. 1991, 53–71.

47 --, Wirtschaftselite u. Bürgertum in England, Frankreich u. Deutschland um 1900, in: J. Kocka Hg., Bürgertum im 19. Jh., II, München 1988, 9–34.

48 *Cecil, L.*, A. Ballin: Business and Politics in Imperial Germany 1888–1918, Princeton 1967; dt. A. Ballin, Hamburg 1969.

49 *Cole, A.H.*, An Approach to the Study of Entrepreneurship, in: JEH, Suppl. 6. 1946, 1–25; u. in: H.G.J. Aitken Hg., Explorations in Enterprise, Cambridge/Mass. 1965, 45–64.

50 *Conte Corti, E.C.*, Der Aufstieg des Hauses Rothschild, I: 1770–1830; II: 1830–1871, Leipzig 1927/28/gek. ND 1953², Frankfurt 1971³.

51 -- *u. W. Gong*, Die Rothschilds, Frankfurt 1962.

52 *Croon, H.*, Die wirtschaftl. Führungsschichten im Rheinland u. in Westfalen 1790– 1850, in: H. Helbig Hg., Führungskräfte der Wirtschaft, Bd. 1: 1350–1850, Limburg 1973, 311–36.

53 --, Die wirtschaftl. Führungsschichten des Ruhrgebiets 1890–1933, in: BDL 108. 1972, 143–59.

54 *Däbritz, W.*, D. Hansemann, A. v. Hansemann, Krefeld 1954.

55 --, Führende Persönlichkeiten des rhein.-westfäl. Wirtschafts- u. Soziallebens, in: O. Most u.a. Hg., Wirtschaftskunde für Rheinland u. Westfalen, Berlin 1931, 108–33.

56 --, Der Unternehmer in seiner landschaftl. Bedingtheit, in: DZW 1. 1936, 255–67.

57 --, Unternehmergestalten aus dem rhein.-westfäl. Industriebezirk: F. Krupp, F. Dinnendahl, F. Harkort, F. Grillo, Jena 1929.

58 *Daems, H. u. H. van der Wee* Hg., The Rise of Managerial Capitalism, Den Haag 1974.

59 *Diefendorf, J.M.*, Businessmen and Politics in the Rhineland 1789–1834, Princeton 1979.

60 *Dietrich, R.*, Zur industriellen Produktion, techn. Entwicklung u. zum Unternehmertum in ... Sachsen im Zeitalter der Industrialisierung, in: JbGMO 28. 1979, 221–72.

61 *Dittrich, E.*, Zur sozialen Herkunft des sächs. Unternehmertums, in: Neues Archiv f. Sächs. Geschichte 63. 1942, 130–52.

62 -- Hg., Lebensbilder sächs. Wirtschaftsführer, Leipzig 1941.

63 --, Sächs.-mitteldeutsches Unternehmertum, in: DZW 3. 1938, 28–40.

64 --, Sudetendeutsches Unternehmertum, in: DZW 4. 1939, 225–47.

65 *Dobb, M.*, Entrepreneur, in: ESS 5. 1931, 558–60.

66 *Duisberg, C.*, Die Einstellungen der deutschen Unternehmer zur Wirtschaftspolitik des "Dritten Reiches", in: Tradition 13. 1968, 243–49.

67 *Eibert, G.*, Unternehmerpolitik Nürnberger Maschinenbauer 1835–1914, Stuttgart 1978.

68 *Engelsing, R.*, Bremisches Unternehmertum, in: Schriften der Wittheit zu Bremen 2. 1958, 7–113.

69 *Epkenhans, M.*, Zwischen Patriotismus u. Geschäftsinteresse. F.A. Krupp u. die Anfänge des deutschen Schlachtflottenbaus 1897–1902, in: GG 15. 1989, 196–226.

70 *Eulenburg, F.*, Die Herkunft der deutschen Wirtschaftsführer, in: Sch. Jb. 74. 1954, 77–89.

71 *Euler, F.W.*, Bankherren u. Großbankleiter nach Herkunft u. Heiratskreis, in: H.H. Hofmann Hg., Bankherren u. Bankiers, Limburg 1978, 85–144.

72 *Eyberg, A.*, Umwelt u. Verhalten der Unternehmer des oberberg. Kreises im 19. Jh., Diss. Köln 1955.

73 *Faulenbach, B.*, Die Preuß. Bergassessoren im Ruhrbergbau. Unternehmermentalität zwischen Obrigkeitsstaat u. Privatindustrie, in: Fs. R. Vierhaus, Göttingen 1982, 225–42.

74 *Feldman, G.D.*, The Social and Economic Politics of German Big Business, 1918– 1929, in: AHR 75. 1969, 47–55; dt. Die Sozial- u. Wirtschaftspolitik der deutschen Unternehmer 1918–29, in: ders., Vom Weltkrieg zur Weltwirtschaftskrise, Göttingen 1984, 182–91.

75 *Fischer, W.*, Herkunft u. Anfänge eines Unternehmers: H. Lanz 1859–70, in: ZfU 24. 1979/3, 27–44.

76 --, Konjunkturen u. Krisen im Ruhrgebiet seit 1840 u. die wirtschaftspolit. Willensbildung der Unternehmer, in: ders., Wirtschaft u. Gesellschaft im Zeitalter der Industrialisierung, Göttingen 1972, 179–93.

77 --, Unternehmerschaft, Selbstverwaltung u. Staat. Die Handelskammern in der deutschen Wirtschafts- u. Staatsverfassung des 19. Jh., Berlin 1964.

78 *Flonneau, J.-M.*, Etat et grande bourgeoisie industrielle en Prusse 1840–60, in: Mouvement Social 136. 1986, 53–82.

79 *Flügel, A.*, Wirtschaftsbürger oder Bourgeois? Kaufleute, Verleger u. Unternehmer in der Gesellschaft des Ancien Régime, in: H.-J. Puhle Hg., Bürger in der Gesellschaft der Neuzeit, Göttingen 1991, 107–32.

80 *Flügel, A.*, Wirtschaftsbürger oder Bourgeois? Kaufleute, Verleger u. Unternehmer in der Gesellschaft des Ancien Régime, in: H.-J. Puhle Hg., Bürger in der Gesellschaft der Neuzzeit, Göttingen 1991, 107–32.

81 *Fridenson, P.*, Herrschaft im Wirtschaftsunternehmen. Deutschland u. Frankreich 1800–1914, in: J. Kocka Hg., Bürgertum im 19. Jh., II, München 1988, 65–91.

82 *Fuchs, K.*, Wirtschaftl. Führungskräfte in Schlesien 1815–1914, in: ZfO 21. 1972, 264–87.

83 --, Zur Rolle des deutsch-jüd. Unternehmertums beim Industrialisierungsprozeß im 19. u. 20. Jh., in: SM 14. 1980, 71–90.

84 --, Siegerländer Unternehmer des 19. Jh. u. ihr Werk, Wiesbaden 1979.

85 *Fürstenberg, C.*, Die Lebensgeschichte eines deutschen Bankiers, Hg. H. Fürstenberg, Berlin 1931/ND Wiesbaden 1961.

86 *Geary, D.*, The Industrial Bourgeoisie and Labour Relations in Germany 1871–1933, in: D. Blackbourn u. R.J. Evans Hg., The German Bourgeoisie, London 1991, 140–61.

87 *v. Geldern, W.*, W. v. Oechelhäuser, München 1971.
88 *Gerschenkron, A.*, Social Attitudes, Entrepreneurship, and Economic Development, in: EEH 6. 1953/54, 1—19; 245—72; 7. 1954/55, 111—20; u. in: Economic Progress, Hg. L.H. Dupriez, Löwen 1955, 307—29; u. in: ders., Economic Backwardness in Historical Perspective, N.Y. 1965^2, 52—71.
89 --, The Modernization of Entrepreneurship, in: M. Weiner Hg., Modernization, N.Y. 1968, 246—57.
90 *v. Glinski, G.*, Die Königsberger Kaufmannschaft des 17. u. 18. Jh., Marburg 1964.
91 *Groba, K.*, Der Unternehmer im Beginn der Industrialisierung Schlesiens, Breslau 1936.
92 *Grunwald, K.*, Europe's Railways and Jewish Enterprise, German Jews as Pioneers of Railways Promotion, in: LBIYB 12. 1967, 163—209.
93 *Hammacher, H.*, Tradition u. Persönlichkeit in der ersten Unternehmergeneration der Eisen- u. Kohlenindustrie des Ruhrgebiets, Diss. Köln 1954.
94 *Hansen, J.*, G. v. Mevissen, 2 Bde, Berlin 1906.
95 *Hardegen, F. u. K. Smidt*, H.H. Meier, der Gründer des Norddeutschen Lloyd, 1809—98, Berlin 1920.
96 *Harris, J. u. P. Thane*, British and European Bankers 1880—1914: An Aristocratic Bourgeoisie? in: P. Thane u.a. Hg., The Power of the Past, Cambridge 1984, 215—34.
97 *Hartmann, H.*, Die Akademiker in der heutigen Unternehmerschaft, in: Tradition 4. 1959, 132—48.
98 -- u.a., Die Unternehmerin, Opladen 1968.
99 *Hartsough, M.L.*, Business Leaders in Cologne in the 19th Century, in: Journal of Economic and Business History 3. 1929/30, 232—52.
100 *Hashagen, J.*, Geschichte der Familie Hoesch, 2 Bde, Köln 1911/16.
101 *Hassmann, A.*, Die Gestalt des Privatbankiers, Bielefeld 1953.
102 *Helbach, H.-P.*, Berliner Unternehmer in Vormärz u. Revolution 1847—1848, in: O. Büsch Hg., Untersuchungen zur Geschichte der frühen Industrialisierung, Berlin 1971, 416—54.
103 *Helbig, H.* Hg., Führungskräfte der Wirtschaft, I: 1350—1850, Limburg 1973; II: 1790—1914, Limburg 1977.
104 *Helfferich, K.*, G. v. Siemens, 3 Bde, Berlin 1921—23/ND gek. in 1 Bd. Krefeld 1956.
105 *Hellige, H.D.* Hg., W. Rathenau - M. Harden, Briefwechsel 1897—1920, München 1983.
106 --, Rathenau u. Harden in der Gesellschaft des deutschen Kaiserreichs. Eine sozialgeschichtl.-biograph. Studie zur Entstehung neokonservativer Positionen bei Unternehmern u. Intellektuellen, in: ders. Hg., W. Rathenau - M. Harden, Briefwechsel 1897—1920, München 1983, 17—229.
107 *Hellwig, F.*, Freiherr v. Stumm-Halberg, Heidelberg 1936.
108 --, Unternehmer u. Unternehmungsform im saarländ. Industriegebiet, in: JNS 158. 1943, 402—30.
109 *Henderson, W.O.*, W.T. Mulvany 1806—1885, Köln 1970.

110 --, W. Rathenau: A Pioneer of the Planned Economy, in: EHR 4. 1951, 98–108.
111 *Henning, H.*, Soziale Verflechtung der Unternehmer in Westfalen 1860–1914, in: ZfU 23. 1978, 1–30.
112 *Herrmann, H.-W.*, Die wirtschaftl. Führungskräfte im Saarland in der Zeit der Frühindustrialisierung 1790–1850, in: H. Helbig Hg., Führungskräfte der Wirtschaft, I: 1350–1850, Limburg 1973, 281–309.
113 *Hesselmann, H.*, Das Wirtschaftsbürgertum in Bayern 1890–1914, Wiesbaden 1985.
114 *Heuss, T.*, R. Bosch, Stuttgart 1946.
115 *Hofmann, H.H.* Hg., Bankherren u. Bankiers, Limburg 1978.
116 *Huschke, W.*, Forschungen über die Herkunft der thüring. Unternehmerschicht des 19. Jh., München 1962.
117 *Jaeger. H.*, Wirtschaftl. Führungsschichten in Bayern 1790–1850, in: H. Helbig Hg., Führungskräfte der Wirtschaft, I: 1350–1850, Limburg 1973, 203–27.
118 --, Gegenwart u. Zukunft der histor. Unternehmerforschung, in: Tradition 17. 1972, 107–24.
119 --, Unternehmer u. Politik im wilhelmin. Deutschland, in: Tradition 13. 1968, 1–21.
120 --, Unternehmer in der deutschen Politik 1890–1918, Bonn 1967.
121 --, Neue Wege der histor. Unternehmensforschung, in: GG 8. 1982, 554–63.
122 *Jersch-Wenzel, S.*, Der Einfluß zugewanderter Minoritäten als Wirtschaftsgruppen auf die Berliner Wirtschaft in vor- u. frühindustrieller Zeit, in: O. Büsch Hg., Untersuchungen zur Geschichte der frühen Industrialisierung, Berlin 1971, 193–223.
123 *Kaelbe, H.*, From the Family Enterprise to the Professional Manager: The German Case, in: 8. Internat. Economic History Congress Budapest 1982, B-Themes, B 9, Budapest 1982, 50–59.
124 --, Kommunalverwaltung u. Unternehmer in Berlin während der frühen Industrialisierung, in: O. Büsch Hg., Untersuchungen zur Geschichte der frühen Industrialisierung, Berlin 1971, 371–415.
125 -- *u. H. Spade*, Sozialstruktur u. Lebensweisen deutscher Unternehmer 1907–27, in: SM 24. 1990, 132–78.
126 --, Wie feudal waren die Unternehmer im Kaiserreich? in: R. Tilly Hg., Beiträge zur vergleichenden quantitativen Unternehmensgeschichte, Stuttgart 1985, 148–71.
127 --, Berliner Unternehmer während der Frühen Industrialisierung. Herkunft, sozialer Status u. polit. Einfluß, Berlin 1972.
128 --, Der Wandel der Unternehmerrekrutierung seit der Industriellen Revolution, in: ders., Soziale Mobilität u. Chancengleichheit im 19. u. 20. Jh., Göttingen 1983, 228–45.
129 *Kaudelka-Hanisch, K.*, The Titled Businessman: Prussian Commercial Councillors in the Rhineland and Westphalia During the 19th Century, in: D. Blackbourn u. R.J. Evans Hg., The German Bourgeoisie, London 1991, 87–114.
130 --, Preuß. Kommerzienräte in der Provinz Westfalen u. im Regierungsbezirk Düsseldorf 1810–1918, Dortmund 1992.

131 *Kellen, T.*, F. Grillo, Essen 1913.
132 *Kellenbenz, H.*, Die unternehmerische Betätigung der verschiedenen Stände während der Neuzeit, in: VSWG 44. 1957, 1–25.
133 --, Das Unternehmertum u. das Problem des bürgerl. Selbstverständnisses bis ins 19. Jh., in: Archiv für öffentl. u. freigemeinnützige Unternehmen 7. 1964/65, 330–46.
134 --, Unternehmertum in Südwestdeutschland, in: Tradition 10. 1965, 163–88.
135 *Kelleter, H.*, Die Geschichte der Familie Poensgen, 2 Bde, Düsseldorf 1908.
136 *v. Klass, G.*, H. Stinnes, Tübingen 1958.
137 --, A. Vögler 1877–1945, Tübingen 1957.
138 *Knight, M.*, The German Executive 1890–1933, Stanford 1952.
139 *Knochenhauer, B.*, Das Unternehmertum in der oberschles. Industrie, in: DZW 3. 1938, 121–34.
140 *Kocka, J.*, Les entrepreneurs salariés dans l'industrie allemande à la fin du XIXe et au début du XXe siècle, in: M. Levy-Leboyer Hg., La patronat de la seconde industrialisation, Paris 1979, 85–100.
141 --, Entrepreneurs and Managers in the German Industrial Revolution, in: CEHE VII. 1976, 492–589.
142 --, Familie, Unternehmer u. Kapitalismus, in: H. Reif Hg., Die Familie in der Geschichte, Göttingen 1982, 163–86.
143 --, Familie, Unternehmer u. Kapitalismus an Beispielen aus der frühen deutschen Industrialisierung, in: ZfU 24. 1979, 99–135.
144 --, Family and Bureaucracy in German Industrial Management 1850–1914, in: BHR 45. 1971, 133–56.
145 --, Großunternehmen u. der Aufstieg des Manager-Kapitalismus im späten 19. u. frühen 20. Jh. Deutschland im internat. Vergleich, in: HZ 232. 1981, 39–60.
146 --, Legitimationsprobleme u. -strategien der Unternehmer u. Manager im 19. u. frühen 20. Jh., in: Legitimation des Managements im Wandel, Wiesbaden 1983, 7–21.
147 --, Unternehmer in der deutschen Industrialisierung, Göttingen 1975.
148 *Kocks, W.*, Verhaltensweise u. geistige Einstellung niederberg. Unternehmer der frühindustriellen Zeit, Diss. Köln 1956.
149 *Köllmann, W.*, F. Harkort, Bd. 1: 1793–1838, Düsseldorf 1964.
150 --, Frühe Unternehmer, in: W. Först Hg., Ruhrgebiet u. neues Land, II, Köln 1968, 11–46.
151 *Krafft, E.*, Die Haltung des wirtschaftl. Bürgertums im 19. Jh.: Handwerker, Kaufmann u. Unternehmer, Diss. Marburg 1941.
152 *Kruk, M.*, Die großen Unternehmer, Frankfurt 1972.
153 *Kurucz, J.*, Der Herrschaftsanspruch des Unternehmertums in theoret. Sicht, in: JbS 20. 1969, 37–50.
154 *Landes, D.S.*, Social Attitudes, Entrepreneurship and Economic Development, in: EEH 6. 1953/54, 245–59.
155 --, What Do Bosses Really Do? in: JEH 46. 1986, 585–623.
156 *Liesebach, I.*, Der Wandel der polit. Führungsschicht der deutschen Industrie 1918– 1945, Hannover 1957.

157 *Locke, R.*, The End of Practical Man: Entrepreneurship and Higher Education in Germany, France, and Great Britain 1880—1940, London 1984.

158 *Luntowski, G.*. Lüneburgs Unternehmer im 19. Jh., in: Tradition 11. 1966, 201—17.

159 *Manchester, W.*, Krupp, München 1978.

160 *Martin, R.*, Jb. des Vermögens u. Einkommens der Millionäre, 18 Bde, Berlin 1912—14.

161 *Maschke, E.*, Es entsteht ein Konzern - P. Reusch u. die Gutehoffnungshütte, Tübingen 1969.

162 *Mehmke, R.L.*, Entstehung der Industrie u. Unternehmertum in Württemberg, in: DZW 4. 1939, 56—68, 113—31.

163 *Menne, B.*, Krupp, Zürich 1937.

164 *Milkereit, G.*, Das Unternehmerbild im zeitkritischen Roman des Vormärz, Köln 1970.

165 *Mittenzwei, I.*, Zur Klassenentwicklung des Handels- u. Manufakturbürgertums in den deutschen Territorialstaaten, in: ZfG 23. 1975, 179—90.

166 *Mohrmann, E.*, Studie zu den ersten organisator. Bestrebungen der Bourgeoisie in einigen Städten des Rheinlandes, in: Beiträge zur deutschen Wirtschafts- u. Sozialgeschichte des 19. Jh., Berlin 1962, 189—249.

167 *Mosse, W.E.*, The German-Jewish Economic Elite 1820—1935. A Socio-Cultural Profile, Oxford 1989.

168 --, Jews in the German Economy. The German-Jewish Economic Elite 1820—1935, Oxford 1987.

169 -- *u. H. Pohl* Hg., Jüd. Unternehmer in Deutschland im 19. u. 20. Jh., Stuttgart 1991.

170 *Mühlen, N.*, Die Krupps, Frankfurt 1960.

171 *Müller, J.*, Der thüring. Unternehmer, in: DZW 2. 1937, 247—59.

172 *Müller, R.A.* Hg., Unternehmer - Arbeitnehmer. Lebensbilder aus der Frühzeit der Industrialisierung in Bayern, München 1985.

173 *Münch, H.*, A. v. Hansemann, München 1932.

174 *Neubaur, P.*, M. Stinnes u. sein Haus 1808—1908, Mülheim/Ruhr (1908).

175 *Neuss, E.*, Werksgeschichte u. Unternehmerbiographie in Mitteldeutschland, in: Tradition 5. 1960, 217—30.

176 *Niemann, H.-W.*, Das Bild des Industriellen in deutschen Romanen 1890—1945, Berlin 1982.

177 *Nussbaum, H.*, Unternehmer gegen Monopole. Über Struktur u. Aktionen antimonopolist. bürgerl. Gruppen zu Beginn des 20. Jh., Berlin 1966.

178 *Nutzinger, R.* u.a., K. Röchling 1827—1910, Saarbrücken 1931.

179 *Obermann, K.*, Gustav Mevissen. Aufstieg, machtpolit. Verzicht u. wirtschaftl. Erfolg eines rheinpreuß. Bourgeois, in: H. Bleiber u.a. Hg., Männer der Revolution von 1848, Bd. 2, Berlin 1987, 391—423.

180 *Ohlsen, M.*, Der Eisenbahnkönig B.H. Strousberg. Eine preuß. Gründerkarriere, Berlin 1987.

181 *Perlick, A.*, Oberschles. Berg- u. Hüttenleute, Kitzingen 1953.

182 *Philipps, W.*, Der Unternehmer in der Solinger Stahlwarenindustrie im 19. Jh., Diss. Köln 1956.

183 *Pierenkemper, T.*, Die westfäl. Schwerindustriellen 1852–1913, Göttingen 1979.

184 *Pinner, F.*, Deutsche Wirtschaftsführer, Charlottenburg 1925[1].

185 *Pönicke, H.*, Die wirtschaftl. Führungsschichten in Sachsen 1790–1850, in: H. Helbig, Hg., Führungskräfte der Wirtschaft, Bd. 1: 1350–1850, Limburg 1973, 167–201.

186 *Poll, B.* Hg., D. Hansemann 1790–1864–1964, Aachen 1964.

187 *Pollard, S.*, Reflections on Entrepreneurship and Culture in European Societies, in: Transactions of the Royal Historical Society, 5. S., 40. 1990, 153–73.

188 *Puppke, L.*, Sozialpolitik u. soziale Anschauungen frühindustrieller Unternehmer in Rheinland-Westfalen, Köln 1966.

189 *Rachel, H.* u.a., Berliner Großkaufleute u. Kapitalisten, 3 Bde, Berlin 1934/38/ND 1967.

190 *Rarisch, I.*, Das Unternehmerbild in der deutschen Erzählliteratur der ersten Hälfte des 19. Jh. Ein Beitrag zur Rezeption der frühen Industrialisierung in der belletrist. Literatur, Berlin 1976.

191 *v. Raumer. H.*, Unternehmer u. Gewerkschaften in der Weimarer Zeit, in: Deutsche Rundschau 80. 1954, 425–35.

192 *Redlich, F.*, The Leaders of the German Steam-Engine Industry During the First 100 Years, in: JEH 4. 1944, 121–48.

193 --, Business Leadership, in: EDCC 6. 1957, 177–91.

194 --, Unternehmer, in: HSW 10. 1959, 486–98.

195 --, Der Unternehmer, Göttingen 1964.

196 --, Frühindustrielle Unternehmer u. ihre Probleme im Lichte ihrer Selbstzeugnisse, in: W. Fischer Hg., Wirtschaftl.- u. sozialgeschichtl. Probleme der frühen Industrialisierung, Berlin 1968, 339–412.

197 *Rehmann, E.*, D. Hansemann als Repräsentant der preuß. Bourgeoisie, Diss. FU Berlin 1981.

198 *Reitböck, G.*, Der Eisenbahnkönig Strousberg u. seine Bedeutung für das europ. Wirtschaftsleben, in: BGTI 14. 1924, 65–84.

199 *Rösler, K.*, Unternehmer in der Weimarer Republik, in: Tradition 13. 1968, 217–40.

200 *Rosenbaum, E. u. A.J. Sherman*, Das Bankhaus M.M. Warburg & Co., 1798–1938, Hamburg 1976.

201 --, M.M. Warburg & Co. Merchant Bankers of Hamburg, in: LBIYB 7. 1962, 121–49.

202 *Sachtler, H.*, Wandlungen des industriellen Unternehmertums in Deutschland seit 1800, Diss. Halle 1937.

203 *Sartorius, H.*, Der Unternehmer im Wandel der Zeiten, Diss. Erlangen 1948.

204 *Scherer, E.*, Das Unternehmertum des deutschen Verlagshandels, Diss. Göttingen 1926.

205 *Scherner, K.O. u. D. Willoweit* Hg., Vom Gewerbe zum Unternehmen, Darmstadt 1982.

206 *Schmieder, E.*, Zum sozialen Wandel wirtschaftl. führender Kreise Berlins im 19. Jh. u. beginnenden 20. Jh., in: Sociologica Internationalis 8. 1970, 191–218.

207 *Schnee, H.*, Rothschild, Göttingen 1961.

208 *Schröder, E.*, Krupp, Göttingen 1968².

209 --, Krupp, in: RWB 5. 1953, 46–78.

210 *Schulin, E.*, W. Rathenau, Göttingen 1979.

211 *Schumacher, M.*, Auslandsreisen deutscher Unternehmer 1750–1851, Köln 1968.

212 *Schumann, D.*, Herkunft u. gesellschaftl. Stellung bayer. Unternehmer im 19. Jh., in: R.A. Müller Hg., Unternehmer - Arbeitnehmer. Lebensbilder aus der Frühzeit der Industrialisierung in Bayern, München 1985, 295–304.

213 *Schumpeter, J.A.*, Unternehmer, in: HStW 8. 1928⁴, 476–87.

214 *Schwank, K.*, P.H. Merkens: Unternehmer u. Politiker, Köln 1973.

215 *Schwann, M.*, L. Camphausen, 3 Bde, Essen 1915.

216 *Schwiedland, E.*, Zur Soziologie des Unternehmertums, Leipzig 1933.

217 *Serlo, W.*, Die preuß. Bergassessoren, Essen 1938⁵.

218 --, Westdeutsche Berg- u. Hüttenleute, Essen 1938.

219 *Siemens, G.*, Geschichte des Hauses Siemens, 3 Bde, Freiburg 1947-51.

220 *v. Siemens, W.*, Lebenserinnerungen, München 1966¹.

221 *Sombart, W.*, Der kapitalist. Unternehmer, in: ASS 29. 1909, 689–758.

222 *Spencer, E.G.*, Businessmen, Bureaucrats, and Social Control in the Ruhr 1896–1914, in: Sozialgeschichte Heute. 2. Fs. H. Rosenberg, H.-U. Wehler Hg., Göttingen 1974, 452–66.

223 --, Employers Response to Unionism. Ruhr Coal Industrialists Before 1914, in: JMH 48. 1976, 397–412.

224 --, Management and Labor in Imperial Germany. Ruhr Industrialists as Employers 1896–1914, New Brunswick 1984.

225 *Spethmann, H.*, F. Haniel, Duisburg 1956.

226 *Stahl, W.*, Der Elitekreislauf in der Unternehmerschaft, Frankfurt 1973.

227 *Stark, G.D.*, Entrepreneurs and Ideology. Neoconservative Publishers in Germany 1890–1933, Chapel Hill 1981.

228 *Stearns, P.N.*, Die Herausbildung einer sozialen Gesinnung im Frühindustrialismus. Ein Vergleich der Auffassungen französ., brit. u. deutscher Unternehmer, in: P.-C. Ludz Hg., Soziologie u. Sozialgeschichte, Opladen 1973, 320–42.

229 *Stegmann, D.*, Linksliberale Bankiers, Kaufleute und Industrielle 1890–1900, in: Tradition 21. 1976, 4–64.

230 *Steinhausen, G.*, Der Kaufmann, Jena 1912.

231 *Steller, P.*, Führende Männer des rhein.-westfäl. Wirtschaftslebens, Berlin 1930.

232 *Tenfelde, K.*, Unternehmer in Deutschland u. Österreich während des 19. Jh., in: H. Rumpler Hg., Innere Staatsbildung u. gesellschaftl. Modernisierung in Österreich u. Deutschland 1867/71–1914, München 1991, 125–38.

233 *Teuteberg, H.-J.*, Westfäl. Textilunternehmer in der Industrialisierung, Dortmund 1980.

234 *Tilly, R.H.*, Kapital u. Kapitalisten des Schaaffhausen'schen Bankvereins 1895–1899, in: J. Schneider Hg., Beiträge zur Wirtschaftsgeschichte, III, Nürnberg 1978, 501–20.

235 --, Unternehmermoral u. -verhalten im 19. Jh. Indizien deutscher Bürgerlichkeit, in: J. Kocka Hg., Bürgertum im 19. Jh., II, München 1988, 35—64.

236 *Treiber, H.*, Der Fabrikherr des 19. Jh. als Moral-Unternehmer: Über die Fabrikation von "Berufsmenschen" in einer entzauberten Welt, in: H. König u.a. Hg., Sozialphilosophie der industriellen Arbeit, Wiesbaden o.J., 150—77.

237 *Treue, W.*, A. Oppenheim 1804—78, in: RWB 8. 1962, 1—31.

238 --, D. Splitgerber, ein Unternehmer im preuß. Merkantilismus, 1683—1764, in: VSWG 41. 1954, 253—67.

239 --, Der Unternehmer u. die Differenzierung der deutschen Gesellschaft im 19. Jh., in: ZfU 22. 1977, 9—25.

240 --, Unternehmer, Technik u. Politik im 19. Jh., in: ders. u. K. Mauel Hg., Naturwissenschaft, Technik u. Wirtschaft im 19. Jh., I, Göttingen 1976, 221—35.

241 --, Der deutsche Unternehmer in der Weltwirtschaftskrise 1928/33, in: W. Conze u. H. Raupach Hg., Die Staats- u. Wirtschaftskrise des Deutschen Reiches 1928/33, Stuttgart 1967, 82—125.

242 --, Unternehmer- u. Unternehmensgeschichte aus fünf Jahrzehnten, Hg. H. Pohl, Wiesbaden 1989.

243 --, Das Verhältnis von Fürst, Staat u. Unternehmer in der Zeit des Merkantilismus, in: VSWG 44. 1957, 26—56.

244 --, Deutsche Wirtschaftsführer im 19. Jh., in: HZ 167. 1942, 548—65.

245 *Visser, D.*, The German Captain of Enterprise, in: EEH 6. 1969, 309—28.

246 *Vorsteher, D.*, Borsig, Berlin 1983.

247 *Watanabe, H.*, Die Wuppertaler Unternehmer in den 30er Jahren des 19. Jh., in: Hokudai Economic Papers 3. 1972/73, 125—60.

248 *Weber-Kellermann, I.*, Vom Handwerkersohn zum Millionär, München 1990.

249 *Wenzel, G.*, Deutsche Wirtschaftsführer, Hamburg 1929.

250 *Wessel, H.A.*, Unternehmer in histor.-biograph. Handbüchern, in: ZfU 23. 1978, 178—82.

251 *Weyh, G.*, Der Typ des deutschen Unternehmers des 19. Jh., Diss. Breslau 1930.

252 *Wiedemann, W.H.*, Die Barmer Unternehmer, Diss. Köln 1952.

253 *Wiedenfeld, K.*, Die Herkunft der Unternehmer u. Kapitalisten im Aufbau der kapitalist. Wirtschaft, in: WA 72. 1954, 254—77.

254 -- Hg., Die deutsche Wirtschaft u. ihre Führer, 9 Bde, Gotha 1925—27.

255 *Williamson, J.G.*, K. Helfferich 1872—1924, Princeton 1971.

256 *Winkler, H.A.*, Unternehmer u. Wirtschaftsdemokratie in der Weimarer Republik, in: ders., Liberalismus u. Antiliberalismus, Göttingen 1979, 195—204.

257 *Rhein.-westfäl. Wirtschaftsarchiv Köln* Hg., Kölner Unternehmer u. die Frühindustrialisierung im Rheinland und in Westfalen 1835—1871, Köln 1984.

258 Rhein.-Westfäl. Wirtschaftsbiographien 1. 1932—14. 1991.

259 *Witt, H.*, Die Triebkräfte des industriellen Unternehmertums vor 100 Jahren u. Heute, Diss. Hamburg 1929.

260 *Wutzmer, H.*, Die Herkunft der industriellen Bourgeoisie Preußens in den 40er Jahren des 19. Jh., in: H. Mottek Hg., Studien zur Geschichte der Industriellen Revolution in Deutschland, Berlin 1960, 145—63.

261 *Zahn, J.C.D.*, Der Privatbankier, Frankfurt 1972[3].

262 *Zeise, R.*, Gemeinsamkeiten u. Unterschiede in der polit. Konzeption der deutschen Handels-, Industrie- u. Bankbourgeoisie in der polit. Krise 1859—66, in: JbG 10. 1974, 175—221.

263 --, Studien zur Rolle der deutschen Handels-, Industrie- u. Bankbourgeoisie beim Abschluß der bürgerl. Umwälzung in den 50er u. 60er Jahren des 19. Jh., Diss. Berlin 1973.

264 *Zorn, W.*, Typen u. Entwicklungskräfte deutschen Unternehmertums im 19. Jh., in: VSWG 44. 1957, 57—77.

265 --, Unternehmer u. Aristokratie in Deutschland, in: Tradition 8. 1963, 241—54.

266 --, Unternehmer in der Politik, in: VSWG 45. 1958, 89—95.

267 *Zunkel, F.*, Beamtenschaft u. Unternehmertum beim Aufbau der Ruhrindustrie 1849—1880, in: Tradition 9. 1964, 261—76.

268 --, Kölner Unternehmer im Zeitalter der Frühindustrialisierung - zur Unternehmertypologie, in: Rhein.-Westfäl. Wirtschaftsarchiv Hg., Kölner Unternehmer u. die Frühindustrialisierung in Rheinland u. Westfalen, Köln 1984, 208—16.

269 --, Der Rhein.-Westfäl. Unternehmer 1834—1879, Köln 1962.

270 --, Das Verhältnis des Unternehmertums zum Bildungsbürgertum zwischen Vormärz u. Erstem Weltkrieg, in: M.R. Lepsius Hg., Bildungsbürgertum im 19. Jh., III, Stuttgart 1992, 82—101.

271 *Zwahr, H.*, Zum Gestaltwandel von gewerbl. Unternehmern u. kapitalabhängigen Produzenten. Entwicklungstypen gewerbl. Warenproduktion in Deutschland, in: JbG 32. 1985, 9—64.

272 --, Zur Klassenkonstituierung der deutschen Bourgeoisie, in: JbG 18. 1978, 21—83.

273 --, Konstitution der Bourgeoisie im Verhältnis zur Arbeiterklasse. Ein deutsch-poln. Vergleich, in: J. Kocka Hg., Bürgertum im 19. Jh., II, München 1988, 149—186.

274 --, Unternehmer u. Lohnarbeiter als Gegenstand dialekt. Sozialgeschichte, in: Fs. G.G. Iggers, Hagen 1991, 482—93.

28. Bildungsbürgertum/Professionen

1 *Baas, J.H.*, Die geschichtl. Entwicklung des ärztl. Standes, Berlin 1896/ND Wiesbaden 1967.

2 *Bausinger, H.*, Volkskundl. Anmerkungen zum Thema "Bildungsbürgertum", in: J. Kocka Hg., Bildungsbürgertum im 19. Jh., IV, Stuttgart 1989, 206—14.

3 *v. Below, A.A.*, Der soziale Status der Akademiker in der preuß. Gesellschaft des 19. Jh., Diss. Bonn 1977.

4 *Ben-David, J.*, The Scientist's Role in Society, Englewood Cliffs 1971.

5 *Benedikt, E.*, Die Advokatur, Wien 1912[4].

6 *Bering, D.*, Die Intellektuellen, Stuttgart 1978.

7 *Besier, G.* Hg., Die Mittwochs-Gesellschaft im Kaiserreich 1885–1920, Berlin 1990.

8 *Bödeker, H.E.*, Die "gebildeten Stände" im späten 18. u. frühen 19. Jh., in: J. Kocka Hg., Bildungsbürgertum im 19. Jh., IV, Stuttgart 1989, 21–52.

9 *Boese, F.*, Geschichte des Vereins für Sozialpolitik, Berlin 1939 (= SVS 188).

10 *vom Brocke, B.*, "Die Gelehrten". Auf dem Wege zu einer vgl. Sozialgeschichte europ. Bildungssysteme u. Bildungseliten im Industriezeitalter, in: Jb. des Italien.-Deutschen Histor. Instituts Trient 10. 1984, 389–401.

11 *vom Bruch, R.*, Gesellschaftl. Funktionen u. polit. Rollen des Bildungsbürgertums im Wilhelminischen Reich, in: J. Kocka Hg., Bildungsbürgertum im 19. Jh., IV, Stuttgart 1989, 146–79.

12 --, Historiker u. Nationalökonomen im Wilhelmin. Deutschland, in: K. Schwabe Hg., Deutsche Hochschullehrer als Elite in Deutschland 1815–1945, Boppard 1988, 105–50.

13 --, Kaiser u. Bürger. Wilhelminismus als Ausdruck kulturellen Umbruchs um 1900, in: A.M. Birke u. L. Kettenacker Hg., Bürgertum, Adel u. Monarchie, München 1989, 119–46.

14 *Burrage, M.*, Unternehmer, Beamte u. freie Berufe. Schlüsselgruppen der bürgerl. Mittelschichten in England, Frankreich u. den Vereinigten Staaten, in: H. Siegrist Hg., Bürgerl. Berufe, Göttingen 1988, 51–83.

15 *Caesar-Wolf, B.*, Der deutsche Richter am Kreuzweg zwischen Professionalisierung u. Deprofessionalisierung, in. S. Breuer u. H. Treiber Hg., Zur Rechtssoziologie M. Webers, Opladen 1984, 199–222.

16 *Cocks, G. u. K.H. Jarausch* Hg., The German Professions 1800–1950, N.Y. 1990.

17 *Conze, W. u. J. Kocka* Hg., Bildungsbürgertum im 19. Jh., I, Stuttgart 1985.

18 *Drees, A.*, Die Ärzte auf dem Weg zu Prestige u. Wohlstand. Sozialgeschichte der württ. Ärzte im 19. Jh., Stuttgart 1988.

19 *Elkar, R.S.*, Junges Deutschland in polemischem Zeitalter. Das schleswig-holstein. Bildungsbürgertum 1800–50, Düsseldorf 1979.

20 *Engelhardt, U.*, Bildungsbürgertum, Stuttgart 1986.

21 --, Das deutsche Bildungsbürgertum im Jh. der Nationalsprachenbildung, in: D. Cherubim u. K.J. Mattheier Hg., Voraussetzungen u. Grundlagen der Gegenwartssprache, Berlin 1989, 57–72.

22 *Engels, H.-W.*, Materialien zur sozialen Lage der Intelligenz in Deutschland, in: G. Mattenklott u. K.R. Scherpe Hg., Literatur der bürgerl. Emanzipation im 18. Jh., Kronberg 1973, 243–75.

23 *Geiger, T.*, Intelligenz, in: HSW 5. 1956, 302–04.

24 --, Aufgaben u. Stellung der Intelligenz in der Gesellschaft, Stuttgart 1949.

25 *Gerth, H.*, Bürgerl. Intelligenz um 1800, Hg. U. Herrmann, Göttingen 1976.

26 *Hamilton, A.*, The Appeal of Fascism. A Study of Intellectuals and Fascism 1919– 45, London 1971.

27 *Hardtwig, W.*, Sozialverhalten u. Mentalitätswandel der jugendlichen Bildungsschicht im Übergang zur bürgerlichen Gesellschaft 17.–19. Jh., in: VSWG 73. 1986, 305–35.

28 --, Auf dem Weg zum Bildungsbürgertum. Die Lebensführungsart der jugendlichen Bildungsschicht 1750–1819, in: M.R. Lepsius Hg., Bildungsbürgertum im 19. Jh., III, Stuttgart 1992, 19–41.

29 *Henning, H.-J.*, Das westdeutsche Bürgertum in der Epoche der Hochindustrialisierung 1860–1914, I: Das Bildungsbürgertum in den preuß. Westprovinzen, Wiesbaden 1972.

30 *Herrmann, U.* Hg., "Die Bildung des Bürgers". Die Formierung der bürgerl. Gesellschaft u. die Gebildeten im 18. Jh., Weinheim 1982.

31 *Hinschius, P.*, Advokatur u. Anwaltschaft, in: F. v. Holtzendorff Hg., Enzyklopädie der Rechtswissenschaft, 2. T.: Rechtslexikon 1, Leipzig 1875², 33–9.

32 *Holborn, H.*, Der deutsche Idealismus in sozialgeschichtl. Beleuchtung, in: HZ 174. 1952, 359–84; auch in: Moderne Deutsche Sozialgeschichte, Hg. H.-U. Wehler, Königstein 1981⁶, 85–108.

33 *Hroch, M.*, Zur sozialen Charakteristik der Intelligenz 1800–50, in: Wiss. Zeitschrift d. F.-Schiller-Univ. Jena 14. 1965, 231–43.

34 *Hübinger, G.*, Polit. Werte u. Gesellschaftsbilder des Bildungsbürgertums, in: NPL 32. 1987, 189–210.

35 *Huerkamp, C.*, Ärzte u. Professionalisierung in Deutschland im 19. Jh., in: GG 6. 1980, 349–82.

36 --, Die preuß.-deutsche Ärzteschaft als Teil des Bildungsbürgertums, in: W. Conze u. J. Kocka Hg., Bildungsbürgertum im 19. Jh., I, Stuttgart 1985, 358–87.

37 -- *u. R. Spree*, Arbeitsmarktstrategien der deutschen Ärzteschaft im späten 19. u. frühen 20. Jh., in: T. Pierenkemper u. R.H. Tilly Hg., Histor. Arbeitsmarktforschung, Göttingen 1982, 77–116.

38 --, Der Aufstieg der Ärzte im 19. Jh., Göttingen 1985.

39 --, Frauen im Arztberuf im 19. u. 20. Jh. Deutschland u. die USA im Vergleich, in: M. Hettling u.a. Hg., Was ist Gesellschaftsgeschichte? Fs. H.-U. Wehler, München 1991, 135–45.

40 *Jarausch, K.H.*, The Crisis of the Bildungsbürgertum 1900–33, in: H. Schulte Hg., The Tragedy of German Inwardness? Antirationalism in German Culture 1870–1933, Hamilton/Ontario 1992.

41 --, The Crisis of German Professions 1918–33, in: JCH 20. 1985, 379–98.

42 --, The Decline of Liberal Professionalism 1867–1933, in: ders. u. L.E. Jones Hg., In Search of Liberal Germany, N.Y. 1990, 261–86.

43 --, Die Krise des deutschen Bildungsbürgertums im ersten Drittel des 20. Jh., in: J. Kocka Hg., Bildungsbürgertum im 19. Jh., IV, Stuttgart 1989, 180–205.

44 --, Die unfreien Professionen. Überlegungen zu den Wandlungsprozessen im deutschen Bildungsbürgertum 1900–1955, in: J. Kocka Hg., Bürgertum im 19. Jh., II, München 1988, 124–46.

45 --, The Unfree Professions. German Lawyers, Teachers, and Engineers 1900–50, N.Y. 1990.

46 *John, M.*, Between Estate and Profession: Lawyers and the Development of the Legal Profession in 19th Century Germany, in: D. Blackbourn u. R.J. Evans Hg., The German Bourgeoisie, London 1991, 162–97.

47 *Johnson, J.*, Academic, Proletarian, Professional? Professionalization of German Industrial Chemists, in: G. Cocks u. K.H. Jarausch Hg., German Professions 1800—1950, N.Y. 1990, 123—42.

48 *Kater, M.H.*, Ärzte u. Politik in Deutschland 1848—1945, in: Jb. d. Instituts für Geschichte der Medizin der Robert-Bosch-Stiftung 5. 1986, 34—48.

49 --, Die Krise der Ärzte u. der Medizin im Dritten Reich, in: C. Pross u. G. Aly Hg., Der Wert des Menschen. Medizin in Deutschland 1918—45, Berlin 1989, 357— 71.

50 --, Professionalization and Socialization of Physicians in Wilhelmine and Weimar Germany, in: JCH 20. 1985, 677—701.

51 *Kaupen, W.*, Die Hüter von Recht u. Ordnung. Die soziale Herkunft, Erziehung u. Ausbildung der deutschen Juristen, Neuwied 1971[2].

52 *Kiesselbach, W.*, Die modernen Berufsklassen u. die nationalstaatl. Einigung Deutschlands, in: ders., Sozialpolit. Studien, Stuttgart 1862, 250—53.

53 *Klöcker, M.*, Katholizismus u. Bildungsbürgertum, in. R. Koselleck Hg., Bildungsbürgertum im 19. Jh., II, Stuttgart 1990, 117—38.

54 *Kneer, A.*, Der Rechtsanwalt, Mönchengladbach 1928.

55 *Kocka, J.* Hg., Bildungsbürgertum im 19. Jh., IV: Polit. Einfluß u. gesellschaftl. Formation, Stuttgart 1989.

56 --, Bildungsbürgertum. Gesellschaftl. Formation oder Historikerkonstrukt? in: ders. Hg., Bildungsbürgertum im 19. Jh., IV, Stuttgart 1989, 9—20.

57 --, "Bürgertum" and Professions in the 19th Century: Two Alternative Approaches, in: M. Burrage u. R. Torstendahl Hg., Professions in Theory and History, London 1990, 62—74.

58 *Kolbeck, T.*, Juristenschwemmen (im 19. u. 20. Jh.), Frankfurt 1978.

59 *Koselleck, R.* Hg., Bildungsbürgertum im 19. Jh., II: Bildungsgüter u. Bildungswissen, Stuttgart 1990.

60 --, Zur anthropolog. u. semant. Struktur der Bildung, in: ders. Hg., Bildungsbürgertum im 19. Jh., II, Stuttgart 1990, 11—46.

61 *Krauss, G.*, Rechtsanwalt, in: HSW 8. 1964, 746—48.

62 *Kratzsch, G.*, Kunstwart u. Dürerbund. Ein Beitrag zur Sozialgeschichte der deutschen Gebildeten in der Epoche des Imperialismus, Göttingen 1969.

63 *Kurucz, J.*, Struktur u. Funktion der Intelligenz während der Weimarer Republik, Köln 1967.

64 *Langewiesche, D.*, Bildungsbürgertum u. Liberalismus im 19. Jh., in: J. Kocka Hg., Bildungsbürgertum im 19. Jh., IV, Stuttgart 1989, 95—121.

65 *Lepsius, M.R.* Hg., Bildungsbürgertum im 19. Jh., III, Stuttgart 1992.

66 --, Das Bildungsbürgertum als ständische Vergesellschaftung, in: ders. Hg., Bildungsbürgertum im 19. Jh., III, Stuttgart 1992, 9—18.

67 *Liedmann, S.-E.*, Institutions and Ideas: Mandarines and Non-Mandarines in the German Academic Intelligentsia, in: CSSH 28. 1986, 119—44.

68 *Lundgreen, P.*, Akademiker u. "Professionen" in Deutschland, in: HZ 254. 1992, 657—70.

69 --, Wissen u. Bürgertum. Skizze eines histor. Vergleichs zwischen Preußen/ Deutschland, Frankreich, England u. den USA seit dem 18. Jh., in: H. Siegrist Hg., Bürgerliche Berufe, Göttingen 1988, 106–24.

70 --, Zur Konstituierung des "Bildungsbürgertums": Berufs- u. Bildungsauslese der Akademiker in Preußen, in: W. Conze u. J. Kocka Hg., Bildungsbürgertum im 19. Jh., I, Stuttgart 1985, 79–108.

71 *Ludz, P.-C.*, Ideologie, Intelligenz u. Organisation, in: JbS 15. 1964, 82–114.

72 *McClelland, C.E.*, The German Experience of Professionalization. From the Early 19th Century to the Hitler Era, Cambridge 1991.

73 --, The Wise Man's Burden: The Role of Academicans in Imperial German Culture, in: G.D. Stark u. B.K. Lackner Hg., Essays on Culture and Society in Modern Germany, Arlington 1982, 45–69.

74 --, Zur Professionalisierung der akadem. Berufe in Deutschland, in: W. Conze u. J. Kocka Hg., Bildungsbürgertum im 19. Jh., I, Stuttgart 1985, 233–47.

75 --, Professionalization and Higher Education in Germany, in: K.H. Jarausch Hg., The Transformation of Higher Learning 1860–1930, Stuttgart 1983, 306–20.

76 *Marx, C.*, Die Entwicklung des ärztl. Standes seit den ersten Dezennien des 19. Jh., Berlin 1907.

77 *Michels, R.*, Intellectuals, in: ESS 8. 1932, 118–26.

78 *Mosse, G.L.*, Das deutsch-jüd. Bildungsbürgertum, in: R. Koselleck Hg., Bildungsbürgertum im 19. Jh., II, Stuttgart 1990, 168–80.

79 *O'Boyle, L.*, Klass. Bildung u. soziale Struktur in Deutschland 1800–48, in: HZ 207. 1968, 584–608.

80 --, The Problem of Excess of Educated Men in Western Europe 1800–50, in: JMH 42. 1970, 471–95.

81 *Oexle, O.G.*, Alteurop. Voraussetzungen des "Bildungsbürgertums" - Universitäten, Gelehrte, Studierte, in: W. Conze u. J. Kocka Hg., Bildungsbürgertum im 19. Jh., I, Stuttgart 1985, 29–78.

82 *Ostler, F.*, Die deutschen Rechtsanwälte 1871–1971, Essen 1971.

83 *Parsons, T.*, Professions, in: IESS 12. 1968, 536–47.

84 *Plathner, G.*, Der Kampf um die richterl. Unabhängigkeit bis 1848, Breslau 1935.

85 *Preuss, U.K.*, Bildung u. Bürokratie. Sozialhistor. Bedingungen in der ersten Hälfte des 19. Jh., in: Der Staat 14. 1975, 371–98.

86 *Reulecke, J.*, Bildungsbürgertum u. Kommunalpolitik im 19. Jh., in: J. Kocka Hg., Bildungsbürgertum im 19. Jh., IV, Stuttgart 1989, 122–55.

87 *Rieff, P.* Hg., On Intellectuals, N.Y. 1970.

88 *Rottleuthner, H.*, Die gebrochene Bürgerlichkeit einer Scheinprofession. Zur Situation der deutschen Richterschaft zu Beginn des 20. Jh., in: H. Siegrist Hg., Bürgerl. Berufe, Göttingen 1988, 145–73.

89 *Rüschemeyer, D.*, Lawyers and Their Society, Cambridge/Mass. 1973; dt.: Juristen in Deutschland u. in den USA, Stuttgart 1976.

90 --, Modernisierung u. die Gebildeten im kaiserl. Deutschland, in: P.-C. Ludz Hg., Soziologie u. Sozialgeschichte, Opladen 1973, 515–29.

91 --, Professionalisierung. Theoret. Probleme für die vergleichende Geschichtsforschung, in: GG 6. 1980, 311–25.

92 --, Professions. Histor. u. kulturell vergleichende Überlegungen, in: Fs. R. König, Opladen 1973, 250–60.

93 *Rumpf, M.*, Anwalt u. Anwaltsstand, Leipzig 1926.

94 *Schmid, P.*, Zeit des Lesens - Zeit des Fühlens. Anfänge des deutschen Bildungsbürgertums, Berlin 1985.

95 *Schubert, F.W.*, Zur Geschichte u. Statistik der akadem. Studien u. gelehrten Berufe in Preußen seit 1840, in: Archiv für Landeskunde der preuß. Monarchie 2. 1856/II, 188–204.

96 *v. Schwerin, C.*, Die Anwaltschaft im Deutschen Recht, in: I. Magnus Hg., Die Rechtsanwaltschaft, Leipzig 1929, 458–69.

97 *Seidler, E.*, Der polit. Standort des Arztes im Zweiten Kaiserreich, in: G. Mann u. R. Winau Hg., Medizin, Naturwissenschaft, Technik u. das Zweite Kaiserreich, Göttingen 1977, 87–101.

98 *Shils, E.A.*, Intellectuals, in: IESS 7. 1968, 399–415.

99 *Siegrist, H.* Hg., Bürgerl. Berufe. Beiträge zur Sozialgeschichte der Professionen, freien Berufe u. Akademiker im internat. Vergleich, Göttingen 1988.

100 --, Bürgerl. Berufe: Die Professionen u. das Bürgertum, in: ders. Hg., Bürgerl. Berufe, Göttingen 1988, 11–48.

101 --, Professionalization as a Process: Patterns, Progression and Discontinuity, in: M. Burrage u. R. Torstendahl Hg., Professions in Theory and History, London 1990, 177– 201.

102 --, Public Office or Free Profession? German Attorneys in the 19th and Early 20th Centuries, in: G. Cocks u. K.H. Jarausch Hg., German Professions 1800–1950, N.Y. 1990, 46–65.

103 --, Die Rechtsanwälte u. das Bürgertum. Deutschland, die Schweiz u. Italien im 19. Jh., in: J. Kocka Hg., Bürgertum im 19. Jh., II, München 1988, 92–123.

104 *Southern, D.B.*, The German Judiciary 1918–33, Diss. Oxford 1975.

105 *Stark, M.* Hg., Deutsche Intellektuelle 1910–33, Heidelberg 1984.

106 *Stephenson, J.*, Women and Professions in Germany, in: G. Cocks u. K.H. Jarausch Hg., German Professions 1800–1950, Oxford 1990, 270–88.

107 *Stieglitz, H.*, Der soziale Auftrag der freien Berufe, Köln 1960.

108 *Turner, R.S.*, The Bildungsbürgertum and the Learned Professions in Prussia 1770– 1830: The Origins of a Class, in: Histoire social - Social History 13. 1980, 105–35.

109 *Vierhaus, R.*, Umrisse einer Sozialgeschichte der Gebildeten in Deutschland, in: Quellen u. Forschungen aus italien. Archiven u. Bibliotheken 60. 1980, 395–419.

110 *Vondung, K.* Hg., Das wilhelmin. Bildungsbürgertum, Göttingen 1976.

111 *Weber, C.*, Der deutsche Katholizismus u. die Herausforderung des protestant. Bildungsanspruchs, in: R. Koselleck Hg., Bildungsbürgertum im 19. Jh., II, Stuttgart 1990, 139–67.

112 *Wehler, H.-U.*, Deutsches Bildungsbürgertum in vergleichender Perspektive - Elemente eines "Sonderwegs"? in: J. Kocka Hg., Bildungsbürgertum im 19. Jh.,

IV, Stuttgart 1989, 215–237; u. in: ders., Aus der Geschichte lernen? München 1988, 218–40.

113 -- Hg., Professionalisierung in historischer Perspektive (= GG 6. H. 3), Göttingen 1980.

114 *Weindling, P.*, Bourgeois, Values, Doctors, and the State: The Professionalization of Medicine in Germany 1848–1933, in: D. Blackbourn u. R.J. Evans Hg., The German Bourgeoisie, London 1991, 198–223.

115 *Weissler, A.*, Geschichte der Rechtsanwaltschaft (1905), Frankfurt 1967².

116 *Zahn, F.*, Beruf u. Berufsstatistik, in: HStW 2. 1924⁴, 524–81.

29. Kleinbürgertum

1 *Ayçoberry, P.*, Der Strukturwandel im Kölner Mittelstand 1820–50, in: GG 1. 1975, 78–98.

2 *Bechhofer, F. u. B. Elliott* Hg., The Petite Bourgeoisie. Comparative Studies of the Uneasy Stratum, N.Y. 1981.

3 *Blackbourn, D.*, The Mittelstand in German Society and Politics 1871–1914, in: SH 4. 1977, 409–33.

4 --, Economic Crises and the Petite Bourgeoisie in Europe during the 19th and 20th Centuries, in: SH 10. 1985, 95–104.

5 --, Mittelstandspolitik im deutschen Kaiserreich, in: Fs. K.O. v. Aretin, Wiesbaden 1988, 555–73.

6 --, Between Resignation and Volatility: The German Petite Bourgeoisie in the 19th Century, in: G. Crossick u. H.-G. Haupt Hg., Shopkeepers and Master Artisans in 19th Century Europe, London 1984, 35–61.

7 *Braatz, T.*, Das Kleinbürgertum in München u. seine Öffentlichkeit 1830–70, München 1977.

8 *Brauer, T.*, Mittelstandspolitik, in: GdS IX/2. 1927, 369–410.

9 *Childers, T.*, The Middle Class and National Socialism, in: D. Blackbourn u. R.J. Evans Hg., The German Bourgeoisie, London 1991, 318–37.

10 --, National Socialism and the Middle Classes, in: R. Mann Hg., Die Nationalsozialisten, Stuttgart 1980, 19–33.

11 *Conze, W.*, Mittelstand, in: GGr. 4. 1978, 49–92.

12 *Crossick, G.*, The Petite Bourgeoisie in Nineteenth-Century Europe, in: K. Tenfelde Hg., Arbeiter u. Arbeiterbewegung im Vergleich, München 1986, 227–77.

13 -- *u. H.-G. Haupt* Hg., Shopkeepers and Master Artisans in 19th-Century Europe, London 1984.

14 -- *u. H.-G. Haupt*, Shopkeepers, Master Artisans and the Historian: The Petite Bourgeoisie in Comparative Focus, in: dies. Hg., Shopkeepers and Master Artisans in 19th Century Europe, London 1984, 3–31.

15 *Daheim, H.J.*, Die Vorstellungen vom Mittelstand, in: KZfS 12. 1960, 237–77.

16 *Eder, K.*, Jenseits der nivellierten Mittelstandsgesellschaft. Das Kleinbürgertum als Schlüssel einer Klassenanalyse in fortgeschrittenen Industriegesellschaften, in: ders. Hg., Klassenlage, Lebensstil u. kulturelle Praxis, Frankfurt 1989, 341–85.

17 *Franke, B.*, Die Kleinbürger, Frankfurt 1988.

18 *v.d. Gablentz, O.H.*, Mittelstand, in: HSW 7. 1961, 392–95.

19 *Gellately, R.*, Zur Entstehung der Massenkonsumgesellschaft Deutschlands. Der Kleinhandelsmarkt 1871–1914, in: J. Hüller u.a. Hg., Tradition u. Neubeginn, Köln 1975, 467–80.

20 --, The Politics of Economic Despair. Shopkeepers and German Politics 1890–1914, London 1974.

21 *Glaser, H.*, Spießer-Ideologie, Freiburg 1964[2].

22 *Grünberg, E.*, Der Mittelstand in der kapitalist. Gesellschaft, Leipzig 1932.

23 *Haupt, H.-G.*, Zur gesellschaftl. Bedeutung des Kleinbürgertums in westeurop. Gesellschaften des 19. Jh., in: GG 16. 1990, 296–317.

24 -- Hg., Bourgeois u. Volk zugleich? Zur Geschichte des Kleinbürgertums im 19. u. 20. Jh., Frankfurt 1978.

25 --, La petite bourgeoisie, une classe inconnu, in: Le Mouvement Social 108. 1979, 11–20.

26 --, Kleinhändler u. Arbeiter in Bremen 1890–1914, in: AfS 22. 1982, 95–132.

27 -- Hg., Die radikale Mitte. Lebensweise u. Politik von Handwerkern u. Kleinhändlern in Deutschland seit 1848, München 1985.

28 --, Mittelstand u. Kleinbürgertum in der Weimarer Republik, in: AfS 26. 1986, 217–38.

29 *Kaufhold, K.H.*, Der Beitrag des Mittelstandes bei der Lösung von Beschäftigungsproblemen von der Industrialisierung bis zur Mitte des 19. Jh., in: H. Pohl Hg., Mittelstand u. Arbeitsmarkt, Stuttgart 1987, 17–49.

30 *Koshar, R.* Hg., Splintered Classes. The European Lower Middle Classes in the Age of Facism, N.Y. 1990.

31 *Kren, G.M.*, G. Freytag and the Assimilation of the German Middle Class, in: American Journal of Economics and Sociology 22. 1963, 483–94.

32 --, The Image of the Middle Class in the German Novel 1774–1855, Diss. Univ. of Wisconsin, Madison 1960.

33 *Krohn, C.-D. u. D. Stegmann*, Kleingewerbe u. Nationalsozialismus in einer agrar.-mittelständ. Region. Das Beispiel Lüneberg 1930–39, in: AfS 17. 1977, 41–98.

34 *Kunz, A.*, Civil Servants and the Politics of Inflation in Germany 1914–24, Berlin 1986.

35 *Lenger, F.*, Mittelstand u. Nationalsozialismus? in: AfS 29. 1989, 173–98.

36 *Leppert-Fögen, A.*, Die deklassierte Klasse, Frankfurt 1974.

37 *Maschke, E. u. J. Sydow* Hg., Städt. Mittelschichten, Stuttgart 1972.

38 *Mayer, A.*, The Lower Middle Class as Historical Problem, in: JMH 47. 1975, 409–36.

39 *Pesl, L.D.*, Mittelstandsfragen. Der gewerbl. u. kaufmänn. Mittelstand, in: GdS IX/1. 1926, 70–119.

40 *Pohl, H.* Hg., Mittelstand u. Arbeitsmarkt, Wiesbaden 1988.

41 *Puderbach, K.*, Die Entwicklung des selbständigen Mittelstandes zu Beginn der Industrialisierung in Deutschland, Diss. Bonn 1967.

42 *Rapp, W.L.*, The Social Composition and Political Attitudes of the Mittelstand in Hannover 1840–71, Diss. Vanderbilt Univ. 1980.

43 *Riege, M.*, Die Mittelklassen in der entwickelten Industriegesellschaft, Diss. FU Berlin 1976.

44 *Saage, R.*, Antisozialismus, Mittelstand u. NSDAP in der Weimarer Republik, in: IWK 11. 1975, 146–77.

45 *v. Saldern, A.*, Mittelstand im "Dritten Reich". Handwerk - Einzelhändler - Bauern, Frankfurt 1979.

46 *Saposs, D.J.*, The Role of the Middle Class in Social Development. Fascism, Populism, Communism, Socialism, in: Fs. W. Mitchell, N.Y. 1935, 395–424.

47 *Schmoller, G.*, Was verstehen wir unter dem Mittelstand? Hat er im 19. Jh. zu- oder abgenommen? in: Verhandlungen des 8. Ev.-Sozialen Kongresses, Göttingen 1897, 132–61.

48 *Schötz, S.*, Zur Konstituierung "kleiner" Selbständiger während der bürgerl. Umwälzung in Leipzig, in: JbG 38. 1989, 39–94.

49 --, Städt. Mittelschichten in Leipzig 1830–70, Diss. Leipzig 1985.

50 *Schumacher, M.*, Hausbesitz, Mittelstand u. Wirtschaftspartei in der Weimarer Republik, in: H. Mommsen u.a. Hg., Industrielles System u. polit. Entwicklung in der Weimarer Republik, Düsseldorf 1974, 923–35.

51 *Schweitzer, A.*, Die Nazifizierung des Mittelstandes, Stuttgart 1970.

52 *Spree, R.*, The German Petite Bourgeoisie and the Decline of Fertility (Late 19th and Early 20th Centuries), in: HSF 22. 1982, 15–49.

53 *Stearns, P.*, The Middle Class: Toward a Precise Definition, in: CSSH 21. 1979, 377–96.

54 *Wehler, H.-U.*, Die Geburtsstunde des deutschen Kleinbürgertums, in: H.-J. Puhle Hg., Bürger in der Gesellschaft der Neuzeit, Göttingen 1991, 199–209.

55 *Wernicke, J.*, Kapitalismus u. Mittelstandspolitik, Jena 1922^2.

56 *Wiener, J.M.*, Marxism and the Lower Middle Class, in: JMH 48. 1976, 666–71.

57 *Winkler, H.A.*, Extremismus der Mitte? Sozialgeschichtl. Aspekte der nationalsozialistischen Machtergreifung, in: ders., Liberalismus u. Antiliberalismus, Göttingen 1979, 205–217; u. in: VfZ, 20. 1972, 175–91.

58 --, Zwischen Marx u. Monopolen. Der deutsche Mittelstand vom Kaiserreich zur Bundesrepublik Deutschland, Frankfurt 1990.

59 --, Mittelstand, Demokratie u. Nationalsozialismus, Köln 1972.

60 --, Der rückversicherte Mittelstand: Die Interessenverbände von Handwerk u. Kleinhandel im deutschen Kaiserreich, in: W. Rüegg u. O. Neuloh Hg., Zur soziolog. Theorie u. Analyse des 19. Jh., Göttingen 1971, 163–79; u. in: ders., Liberalismus u. Antiliberalismus, Göttingen 1979, 83–98.

61 --, Ein neuer Mythos vom alten Mittelstand. Antwort auf eine Antikritik, in: GG 12. 1986, 548–57.

62 --, Vom Protest zur Panik: Der gewerbl. Mittelstand in der Weimarer Republik, in: H. Mommsen u.a. Hg., Industrielles System u. polit. Entwicklung in der

Weimarer Republik, Düsseldorf 1974, 778—91; u. in: ders., Liberalismus u. Antiliberalismus, Göttingen 1979, 99—109.
63 --, From Social Protectionism to National Socialism: The German Small-Business Movement in Comparative Perspective, in: JMH 48. 1976, 1—18.
64 --, Der entbehrl. Stand: Zur Mittelstandspolitik im "Dritten Reich", in: AfS 17. 1977, 1—40; u. in: ders., Liberalismus u. Antiliberalismus, Göttingen 1979, 110—44.
65 --, Stabilisierung durch Schrumpfung: Der gewerbl. Mittelstand in der Bundesrepublik, in: ders., Liberalismus u. Antiliberalismus, Göttingen 1979, 145—59.

30. Handwerker

1 *Abel, W.*, Handwerksgeschichte in neuer Sicht, Göttingen 1970/1978².
2 --, Zur Ortsbestimmung des Handwerks vor dem Hintergrund seiner Geschichte, in: Das Handwerk in der modernen Gesellschaft, Bad Wörishofen 1966, 48—81.
3 *Abraham, K.*, Der Strukturwandel im Handwerk in der 1. Hälfte des 19. Jh., Köln 1955.
4 *Ahn, Byung-Jik*, Handwerkstradition u. Klassenbildung. Eine sozialgeschichtl. Studie zum Verhältnis von Handwerksmeistern u. Gesellen in Frankfurt 1815—66, Diss. Bielefeld 1991.
5 *Albrecht, G.*, Handwerk, in: Wb. der Volkswirtschaft 2. 1932⁴, 327—42.
6 *Anegg, E.*, Zur Gewerbestruktur u. Gewerbepolitik Bayerns während der Regierung Montgelas, Diss. München 1965.
7 *Angel-Volkov, S.*, Popular Anti-Modernism. Ideology and Sentiment Among Master-Artisans During the 1890s, in: JbIDG, Tel Aviv 3. 1974, 202—25.
8 --, The "Decline of the German Handicrafts" - Another Reappraisal, in: VSWG 61. 1971, 165—84.
9 --, The Social and Political Function of Late 19th Century Anti-Semitism: The Case of the Small Handicraft Masters, in: Sozialgeschichte Heute. 2. Fs. Rosenberg, H.-U. Wehler Hg., Göttingen 1974, 416—31.
10 *Assmann, K. u. G. Stavenhagen*, Handwerkereinkommen am Vorabend der Industriellen Revolution, Göttingen 1969.
11 --, Zustand u. Entwicklung des städt. Handwerks in der ersten Hälfte des 19. Jh., Göttingen 1971.
12 *Bade, K.J.*, Altes Handwerk, Wanderzwang u. Gute Polizey. Gesellenwanderung zwischen Zunftökonomie u. Gewerbereform, in: VSWG 69. 1982, 1-37.
13 *Bergmann, J.*, Das Handwerk in der Revolution von 1848, in: U. Engelhardt Hg., Handwerker in der Industrialisierung, Stuttgart 1984, 320—46.
14 --, Das "Alte Handwerk" im Übergang, in: O. Büsch Hg., Untersuchungen zur Geschichte der frühen Industrialisierung, Berlin 1971, 224—69.
15 --, Das Berliner Handwerk in den Frühphasen der Industrialisierung, Berlin 1973.

16 *Bettger, R.*, Das Handwerk in Augsburg, Augsburg 1979.

17 *Birnbaum, M.*, Das Münchener Handwerk im 19. Jh., München 1984.

18 *Blackbourn, D.*, Handwerker im Kaiserreich: Gewinner oder Verlierer? in: U. Wengenroth Hg., Prekäre Selbständigkeit, Stuttgart 1989, 7–21.

19 *Boch, R.*, Handwerker-Sozialisten gegen Fabrikgesellschaft. Lokale Fachvereine, Massengewerkschaft u. industrielle Rationalisierung in Solingen 1870 bis 1914, Göttingen 1985.

20 *Bopp, H.*, Die Entwicklung des deutschen Handwerksgesellentums im 19. Jh., Paderborn 1932.

21 *Breuilly, J.*, Artisan Economy, Artisan Politics, Artisan Ideology: The Artisan Contribution to the 19th-Century European Labour Movement, in: C. Emsley u. J. Walvin Hg., Artisans, Peasants and Proletarians 1760–1860, London 1985, 187–225.

22 *Bringmann, A.*, Geschichte der deutschen Zimmererbewegung, 2 Bde, Berlin 1905/09/ ND ebd. 1981.

23 *Bruns, A.*, Die Arbeitsverhältnisse der Lehrlinge u. Gesellen im städt. Handwerk in Westdeutschland bis 1800, Diss. Köln 1938.

24 *Cattaruzza, M.*, Handwerker u. Fabriksystem: die Hamburger u. Bremer Schiffszimmerer in den Anfängen der großbetriebl. Werftindustrie, in: U. Engelhardt Hg., Handwerker in der Industrialisierung, Stuttgart 1984, 603–26.

25 *Chesi, V.*, Struktur u. Funktionen der Handwerksorganisation in Deutschland seit 1933, Berlin 1966.

26 *Ehmer, J.*, Ökonom. u. sozialer Strukturwandel im Wiener Handwerk von der Industriellen Revolution zur Hochindustrialisierung, in: U. Engelhardt Hg., Handwerker in der Industrialisierung, Stuttgart 1984, 78–104.

27 *Engelhardt, U.* Hg., Handwerker in der Industrialisierung, Stuttgart 1984.

28 *Fischer, W.*, Das deutsche Handwerk in der Frühphase der Industrialisierung, in: ders., Wirtschaft u. Gesellschaft im Zeitalter der Industrialisierung, Göttingen 1972, 315–37.

29 --, Das deutsche Handwerk im Strukturwandel des 20. Jh., in: ders., Wirtschaft u. Gesellschaft im Zeitalter der Industrialisierung, Göttingen 1972, 349–57.

30 --, Die rechtl. u. wirtschaftl. Lage des deutschen Handwerkers um 1800, in: ders. u. R. Stadelmann, Die Bildungswelt des deutschen Handwerkers um 1800, Berlin 1955, 94–116; auch in: ders., Wirtschaft u. Gesellschaft im Zeitalter der Industrialisierung, Göttingen 1972, 296–314.

31 --, Handwerksrecht u. Handwerkswirtschaft um 1800, Berlin 1955.

32 --, Die Rolle des Kleingewerbes im wirtschaftl. Wachstumsprozeß in Deutschland 1850–1914, in: ders., Wirtschaft u. Gesellschaft im Zeitalter der Industrialisierung, Göttingen 1972, 338–48.

33 *Franck, H.-P.*, Zunftwesen u. Gewerbefreiheit. Zeitschriftenstimmen zur Frage der Gewerbefreiheit in Deutschland in der ersten Hälfte des 19. Jh., Hamburg 1971.

34 *Fröhlich, S.*, Die soziale Sicherung bei Zünften u. Gesellenverbänden, Berlin 1976.

35 *Gerhard, H.-J.*, Quantitative u. qualitative Aspekte von Handwerkereinkommen in nordwestdeutschen Städten von der Mitte des 18. bis zur Mitte des 19. Jh., in: U. Engelhardt Hg., Handwerker in der Industrialisierung, Stuttgart 1984, 51—77.

36 *Grandke, H.*, Die vom "Verein für Socialpolitik" veranstalteten Untersuchungen über die Lage des Handwerks in Deutschland, mit besonderer Rücksicht auf seine Konkurrenzfähigkeit gegenüber der Großindustrie, in: Sch. Jb. 21. 1897, 265—322.

37 *Haupt, H.-G.*, Das Handwerk in Deutschland u. Frankreich 1850—1900, in: U. Wengenroth Hg., Prekäre Selbständigkeit, Stuttgart 1989, 23—35.

38 -- *u. F. Lenger*, Liberalismus u. Handwerk in Frankreich u. Deutschland um die Mitte des 19. Jh., in: D. Langewiesche Hg., Liberalismus im 19. Jh., Göttingen 1988, 305—31.

39 *Henning, F.-W.*, Die Einführung der Gewerbefreiheit u. ihre Auswirkungen auf das Handwerk in Deutschland, in: W. Abel u.a., Handwerksgeschichte in neuer Sicht, Göttingen 1970/1978[2], 142—72.

40 *Henning, H.*, Handwerk u. Industriegesellschaft 1870—1914, in: K. Düwell u. W. Köllmann Hg., Rheinland u. Westfalen im Zeitalter der Industrialisierung, Wuppertal 1984, 177—88.

41 *Herzig, A.*, Kontinuität u. Wandel der polit. u. sozialen Vorstellungen Hamburger Handwerker 1790—1870, in: U. Engelhardt Hg., Handwerker in der Industrialisierung, Stuttgart 1984, 294—319.

42 *v. Hippel, W.*, Der Mannheimer Gesellenverein 1844—47, in: Fs. E. Hassinger, Berlin 1977, 19—44.

43 *Hoffmann, H.*, Handwerk u. Manufaktur in Preußen 1769. Das Taschenbuch Knyphausen, Berlin 1969.

44 *Jahn, G.*, Zur Gewerbepolitik der deutschen Landesfürsten vom 16.—18. Jh., Leipzig 1909.

45 *Jeschke, J.*, Gewerberecht u. Handwerkswirtschaft des Königreichs Hannover 1815— 66, Göttingen 1977.

46 *Kaiser, H.*, Handwerk u. Kleinstadt. Das Beispiel Rheine, Münster 1978.

47 *Kaizl, J.*, Der Kampf um Gewerbereform u. Gewerbefreiheit in Bayern 1799—1868, Leipzig 1879.

48 *Kaufhold, K.H.*, Die Auswirkungen der Einschränkung der Gewerbefreiheit in Preußen durch die Verordnung vom 9.2.1849 auf das Handwerk, in: H. Winkel Hg., Vom Kleingewerbe zur Großindustrie, Berlin 1975, 165—88.

49 --, Handwerksgeschichtl. Forschung in der Bundesrepublik Deutschland, in: U. Engelhardt Hg., Handwerker in der Industrialisierung, Stuttgart 1984, 20—33.

50 --, The Economic and Social Development of the "Kleingewerbe" (Small Business) in Germany 1800—1970, in: Commission internationale d'Histoire des Mouvements sociaux et des structures sociales Hg., Petite Entreprise et croissance industrielle dans le Monde aux XIX et XX siecles, o.O., o.J., 274—97.

51 --, Das deutsche Gewerbe am Ende des 18. Jh.: Handwerk, Verlag u. Manufaktur, in: H. Berding u. H.P. Ullmann Hg., Deutschland zwischen Revolution u. Restauration, Königstein 1981, 311—27.

52 --, Gewerbe u. ländl. Nebentätigkeiten im Gebiet des heutigen Niedersachsen um 1800, in: AfS 23. 1983, 163-218.

53 --, Das Gewerbe in Preußen um 1800, Göttingen 1977.

54 --, Gewerbefreiheit u. gewerbl. Entwicklung in Deutschland im 19. Jh., in: BDL 118. 1982, 73—114.

55 --, Grundzüge des handwerkl. Lebensstandards in Deutschland im 19. Jh., in: W. Conze u. U. Engelhardt Hg., Arbeiter im Industrialisierungsprozeß, Stuttgart 1979, 136—62.

56 --, Das Handwerk der Stadt Hildesheim im 18. Jh., Göttingen 1968.

57 --, Das preuß. Handwerk in der Zeit der Frühindustrialisierung, in: W. Fischer Hg., Beiträge zum Wirtschaftswachstum, Berlin 1971, 169—93.

58 --, Handwerk u. Industrie 1800—50, in: HWS II. 1976, 321—68.

59 --, Das Handwerk zwischen Anpassung u. Verdrängung, in: H. Pohl Hg., Sozialgeschichtl. Probleme in der Zeit der Hochindustrialisierung 1870—1914, Paderborn 1979, 103—41.

60 --, Inhalt u. Probleme einer preuß. Gewerbestatistik vor 1860, in: Fs. W. Abel, III, Hannover 1974, 707—19.

61 --, Das Metallgewerbe der Grafschaft Mark im 18. u. 19. Jh., Dortmund 1976.

62 --, Industrielle Revolution u. Handwerk, in: JbW Sobd. 1989, 165—74.

63 --, Schwerpunkte des preuß. Exportgewerbes um 1800, in: Fs. G. Zwanowetz, Innsbruck 1984, 243—60.

64 --, Handwerkl. Tradition u. industrielle Revolution, in: 3. Fs. W. Abel, Göttingen 1984, 169—88.

65 --, Umfang u. Gliederung des deutschen Handwerks um 1800, in: W. Abel u.a., Handwerksgeschichte in neuer Sicht, Göttingen 1970/1978[2], 26—64.

66 *Kocka, J.*, Handwerker - Arbeiter: Übergangs- u. Anpassungsprobleme, in: U. Engelhardt Hg., Handwerker in der Industrialisierung, Stuttgart 1984, 461—68.

67 *Köttgen, A.*, Gewerbegesetzgebung, in: HStW 4. 1927, 1000—30.

68 *Kraft, H.*, Die Entwicklung des Zunftwesens u. die geistesgeschichtl. Grundlagen der Gewerbefreiheit, in: ZGS 106. 1950, 54—66.

69 *Lenger, F.*, Die handwerkl. Phase der Arbeiterbewegung in England, Frankreich, Deutschland u. den USA - Plädoyer für einen Vergleich, in: GG 13. 1987, 232—43.

70 --, Polarisierung u. Verlag. Schumacher, Schneider u. Schreiner in Düsseldorf 1816—61, in: U. Engelhardt Hg., Handwerker in der Industrialisierung, Stuttgart 1984, 127—45.

71 --, Sozialgeschichte der deutschen Handwerker 1800—1985, Frankfurt 1988.

72 --, Zwischen Kleinbürgertum u. Proletariat. Handwerker in Düsseldorf 1816—79, Göttingen 1986.

73 *Lipp, C.*, Württemberg. Handwerker u. Handwerkervereine im Vormärz u. in der Revolution 1848/49, in: U. Engelhardt Hg., Handwerker in der Industrialisierung, Stuttgart 1984, 347—80.

74 *Ludwig, U.*, Die soziale Lage u. soziale Organisation des Kleingewerbes 1800—50, Diss. Göttingen 1981.

75 *MacLachlan, A.J.*, Der Übergang vom Handwerker zum Unternehmer in Mainz 1830—60, in: U. Engelhardt Hg., Handwerker in der Industrialisierung, Stuttgart 1984, 146—64.

76 *Meusch, H.* Hg., Die Handwerksbewegung von 1848/49, Alfeld 1949.

77 *Mitterauer, M.*, Zur familienbetriebl. Struktur im zünft. Handwerk, in: Fs. A. Hoffmann, Wien 1979, 190—219.

78 *Nelken, F.* Hg., Die deutschen Handwerker- u. Arbeiterschutzgesetze nebst den reichsrechtl. Ausfuhrbestimmungen, Berlin 1901.

79 *Neufeld, M.S.*, German Artisans and Political Repression (Nuremberg) 1806—68, in: JSH 19. 1985/86, 491—502.

80 *Noll, A.*, Wirtschaftl. u. soziale Entwicklung des Handwerks in der zweiten Phase der Industrialisierung, in: W. Rüegg u. O. Neuloh Hg., Zur soziolog. Theorie u. Analyse des 19. Jh., Göttingen 1971, 193—212.

81 --, Sozioökonom. Strukturwandel des Handwerks in der zweiten Phase der Industrialisierung, Göttingen 1976.

82 *Offermann, T.*, Mittelständisch-kleingewerbl. Leitbilder in der liberalen Handwerker- u. handwerklichen Arbeiterbewegung der 50er u. 60er Jahre des 19. Jh., in: U. Engelhardt Hg., Handwerker in der Industrialisierung, Stuttgart 1984, 528—51.

83 *Proesler, H.*, Das gesamtdeutsche Handwerk im Spiegel der Reichsgesetzgebung 1530—1806, Berlin 1954.

84 *Puschner, U.*, Handwerk zwischen Tradition u. Wandel. Das Münchener Handwerk um 1800, Göttingen 1988.

85 *Reininghaus, W.*, Die Gesellenvereinigungen am Ende des Alten Reichs, in: U. Engelhardt Hg., Handwerker in der Industrialisierung, Stuttgart 1984, 219—241.

86 *Reith, R.*, Arbeits- u. Lebensweise im städt. Handwerk. Zur Sozialgeschichte Augsburger Handwerksgesellen 1700—1806, Göttingen 1988.

87 *Renzsch, W.*, Bauhandwerker in der Industrialisierung, in: U. Engelhardt Hg., Handwerker in der Industrialisierung, Stuttgart 1984, 589—602.

88 *Roehl, H.*, Beiträge zur preuß. Handwerkerpolitik 1794—1845, Leipzig 1900.

89 *v. Rohrscheidt, K.*, Vom Zunftzwange zur Gewerbefreiheit, Berlin 1898.

90 *Saalfeld, D.*, Handwerkseinkommen in Deutschland vom ausgehenden 18. bis zur Mitte des 19. Jh., in: W. Abel u.a., Handwerksgeschichte in neuer Sicht, Göttingen 1970/1978², 65—115.

91 *Sander, S.*, Handwerkschirurgen, Göttingen 1989.

92 *Schmidt, H.-H.*, Gewerbeentwicklung u. Gewerbepolitik, Göttingen 1974.

93 *Schmidt, K.H.*, Die Rolle des Kleingewerbes in regionalen Wachstumsprozessen in der zweiten Hälfte des 19. Jh., in: Fs. W. Abel, III, Hannover 1974, 20—52.

94 *Schmoller, G.*, Zur Geschichte der deutschen Kleingewerbe im 19. Jh., Halle 1870/ND Hildesheim 1975

95 --, Die brandenburg.-preuß. Innungen 1640—1800, in: ders., Umrisse u. Untersuchungen, Leipzig 1898, 314—456.

96 *Schnell, P.*, Das Frankfurter Handwerk 1816—48, Diss. Frankfurt 1936.

97 *Schultz, H.*, Die Ausweitung des Landhandwerks vor der industriellen Revolution. Begünstigende Faktoren u. Bedeutung für die "Protoindustrialisierung", in: JbW 1982/III, 79–90.

98 --, Landhandwerk u. ländl. Sozialstruktur um 1800, in: JbW 1981/II, 11–49.

99 --, Landhandwerk im Übergang vom Feudalismus zum Kapitalismus: Mecklenburg-Schwerin, Berlin 1984.

100 *Schwarz, G.*, "Nahrungsstand" u. "erzwungener Gesellenstand". Mentalité u. Strukturwandel des bayer. Handwerks im Industrialisierungsprozeß um 1860, Berlin 1974.

101 *Schwarz, K.*, Die Lage der Handwerksgesellen in Bremen während des 18. Jh., Bremen 1975.

102 *Simon, M.*, Handwerk in Krise u. Umbruch. Wirtschaftl. Forderungen u. sozialpolit. Vorstellungen der Handwerksmeister im Revolutionsjahr 1848/49, Köln 1983.

103 *Skalweit, A.*, Das Dorfhandwerk vor Aufhebung des Städtezwangs, Frankfurt 1942.

104 --, Vom Werdegang des Dorfhandwerks, in: ZAA 2. 1954, 1–17.

105 *Sombart, W.*, Gewerbewesen, 2 Bde, Leipzig 1904.

106 *Stadelmann, R. u. Fischer, W.*, Die Bildungswelt des deutschen Handwerkers um 1880, Berlin 1955.

107 *Stavenhagen, G. u. K.-H. Schmidt*, Die Industrialisierung u. ihre handwerksfördernden Kräfte in der zweiten Hälfte des 19. Jh., in: Neues Archiv f. Niedersachsen 19. 1970, 38–61.

108 *Stein, H.*, Der Kölner Handwerkerverein 1848/49, Diss. Köln 1921.

109 *Steinkamp, A.*, Die wirtschaftl. Lage des Handwerks in Bückeburg und Stadthagen zu Beginn des 19. Jh., in: W. Abel u.a., Handwerksgeschichte in neuer Sicht, Göttingen 1970/1978[2], 116–41.

110 --, Stadt u. Landhandwerk in Schaumburg-Lippe im 18. u. beginnenden 19. Jh., Rinteln 1970.

111 *Stieda, W.*, Handwerk, in: HStW 5. 1910[3], 377–93.

112 --, Innungen, in: HStW 5. 1910[3], 651–64.

113 *Storm, C.-R.*, Verfolgte u. geächtete Handwerker zwischen Liberalismus u. Kommunismus 1832–40, Hamburg 1980.

114 *Straube, H.J.*, Die Gewerbeförderung Preußens in der ersten Hälfte des 19. Jh., Diss. TU Berlin 1931.

115 *Stürmer, M.*, Handwerk u. höf. Kultur. Europ. Möbelkunst im 18. Jh., München 1981.

116 -- Hg., Herbst des Alten Handwerks. Quellen zur Sozialgeschichte des 18. Jh., München 1979/1986[2].

117 *Thamer, H.-U.*, Arbeit u. Solidarität. Formen u. Entwicklung der Handwerkermentalität im 18. u. 19. Jh. in Frankreich u. Deutschland, in: U. Engelhardt Hg., Handwerker in der Industrialisierung, Stuttgart 1984, 469–96.

118 --, Emanzipation u. Tradition. Zur Ideen- u. Sozialgeschichte von Liberalismus u. Handwerk 1800–50, in: W. Schieder Hg., Liberalismus in der Gesellschaft des deutschen Vormärz (= GG SoH. 9), Göttingen 1983, 55–73.

119 *Thissen, O.*, Beiträge zur Geschichte des Handwerks in Preußen, Tübingen 1901.
120 *Thomaschewski, A.*, Die Gewerbezählung im Deutschen Reich am 1.12.1875, Berlin 1879.
121 *Verein für Sozialpolitik* Hg., Untersuchungen über die Lage des Handwerks in Deutschland mit besonderer Berücksichtigung auf seine Konkurrenzfähigkeit gegenüber der Großindustrie, 9 Bde (SVS Bde 62–70), Leipzig 1895–97.
122 *Vogel, B.*, Allg. Gewerbefreiheit. Die Reformpolitik des preuß. Staatskanzlers Hardenberg 1810–20, Göttingen 1983.
123 --, Staatl. Gewerbereform u. Handwerk in Preußen 1810–20, in: U. Engelhardt Hg., Handwerker in der Industrialisierung, Stuttgart 1984, 184–208.
124 *Voigt, F.*, Handwerk, in: HSW 5. 1956, 24–35.
125 *Volkov, S.*, The Rise of Popular Anti-Modernism in Germany 1873–96, Princeton 1978.
126 *Weingärtner, G.*, Zur Geschichte der Kölner Zunftunruhen am Ende des 18. Jh., Diss. Köln, Münster 1913.
127 *Wengenroth, U.*, Motoren für den Kleinbetrieb. Soziale Utopien, techn. Entwicklungen u. Absatzstrategien bei der Motorisierung des Kleingewerbes im Kaiserreich, in: ders. Hg., Prekräe Selbständigkeit, Stuttgart 1989, 177–205.
128 -- Hg., Prekäre Selbständigkeit. Zur Standortbestimmung von Handwerk, Hausindustrie u. Kleingewerbe im Industrialisierungsprozeß, Stuttgart 1989.
129 *Wernet, W.*, Handwerkspolitik, Göttingen 1952.
130 --, Handwerks- u. Industriegeschichte, Stuttgart 1963.
131 *Wiest, E.*, Die Entwicklung des Nürnberger Gewerbes 1648–1866, Stuttgart 1968.
132 *Wissell, R.*, Des alten Handwerks Recht u. Gewohnheit, 5 Bde, Berlin 1929/ND 1971–86.
133 *Wulf, P.*, Die polit. Haltung des schleswig-holstein. Handwerks 1928–32, Köln 1969.
134 *Zorn, W.*, Zünfte, in: HSW 12. 1965, 484–89.

31. Angestellte

1 *Banks, J.A.*, Marx auf dem Prüfstand, München 1972.
2 *Beckenbach, N.* u.a., Klassenlage u. Bewußtseinsformen der techn. wissenschaftl. Lohnarbeiter, Frankfurt 1973.
3 *Bolte, K.M.*, Angestelltenfrage, in: H. Bayer Hg., Der Angestellte zwischen Arbeiterschaft u. Management, Berlin 1961, 63–121.
4 *Bongartz, W.*, Großindustrie. Berufsqualifikation des mittleren techn. Personals, in: ZfU 24. 1979, 29–63.
5 *Braun, S.*, Zur Soziologie der Angestellten, Frankfurt 1964.
6 *Claessens, D.* u.a., Angestellte u. Arbeiter in der Betriebspyramide, Berlin 1960.

7 *Coyner, C.S.*, Class Consciousness and Consumption: The New Middle Class During the Weimar Republic, in: JHS 10. 1977, 310–31.

8 --, Class Patterns of Family Income and Expenditure during the Weimar Republic. German White Collar Employees as Harbingers of Modern Society, Diss. Rutgers Univ. 1975, MS.

9 *Croner, F.*, Soziologie der Angestellten, Köln 1962.

10 *Deich, W.*, Der Angestellte im Roman. Zur Sozialgeschichte des Handlungsgehilfen von 1900, Köln 1974.

11 *Dittrich, M.*, Die Entstehung der Angestelltenschaft in Deutschland, Stuttgart 1939.

12 *Engelsing, R.*, Die wirtschaftl. u. soziale Differenzierung der deutschen kaufmänn. Angestellten 1690–1900, in: ZGS 123. 1967, 347–380, 482–514; auch in: ders., Zur Sozialgeschichte deutscher Mittel- u. Unterschichten, Göttingen 1978[2], 51–111.

13 *Fuhrmann, J. u. S. Braun*, Angestelltenmentalität, Neuwied 1970.

14 *Günther, A.*, Die deutschen Techniker, 2 Bde, Leipzig 1912.

15 *Hartfiel, G.*, Angestellte u. Angestelltengewerkschaften in Deutschland, Berlin 1961.

16 *Hartmann, H.* u.a., Leitende Angestellte - Selbstverständnis u. kollektive Forderungen, Neuwied 1973.

17 *Hennig, C.*, Zur Geschichte der Angestelltenverbände 1774–1914, in: SW 10. 1959, 124–31.

18 *Jaeckel, R.*, Statistik über die Lage der techn. Privatbeamten in Großbetrieben, Jena 1908.

19 *Kadritzke, U.*, Angestellte, Frankfurt 1975.

20 *Kocka, J.*, Angestellte zwischen Faschismus u. Demokratie. Zur polit. Sozialgeschichte der Angestellten: USA 1890–1940 im internat. Vergleich, Göttingen 1977.

21 -- Hg., Angestellte im europ. Vergleich, Göttingen 1981.

22 --, Die Angestellten in der deutschen Geschichte 1850–1980, Göttingen 1981.

23 --, Industrielle Angestelltenschaft in frühindustrieller Zeit 1847–67, in: O. Büsch Hg., Untersuchungen zur Geschichte der frühen Industrialisierung, Berlin 1971, 315– 67.

24 --, Angestellter, in: O. Brunner u.a. Hg., GGr. I, Stuttgart 1972, 110–28.

25 --, Bildung, soziale Schichtung u. soziale Mobilität im Deutschen Kaiserreich. Am Beispiel der gewerbl. techn. Ausbildung, in: 2. Fs. F. Fischer, Bonn 1978, 297–314.

26 --, Class Formation, Interest Articulation, and Public Policy. The Origins of the German White-Collar Class in the Late 19th and Early 20th Centuries, in: S. Berger Hg., Organized Interest in Western Europe: Pluralism, Corporatism, and the Transformation of Politics, Cambridge/Mass. 1981, 63–81.

27 --, Management u. Angestellte im Unternehmen der Industriellen Revolution, in: R. Braun u.a. Hg., Gesellschaft in der industriellen Revolution, Köln 1973, 162–201.

28 -- *J. u. M. Prinz*, Vom "neuen Mittelstand" zum angestellten Arbeiternehmer. Kontinuität u. Wandel der deutschen Angestellten seit der Weimarer Republik, in: W. Conze u. M.R. Lepsius Hg., Sozialgeschichte der Bundesrepublik Deutschland, Stuttgart 1983, 210—55.

29 --, Zur Problematik der deutschen Angestellten 1914—33, in: H. Mommsen u.a. Hg., Industrielles System u. polit. Entwicklung in der Weimarer Republik, Düsseldorf 1974, 792—811.

30 --, Unternehmensverwaltung u. Angestelltenschaft am Beispiel Siemens 1847—1914, Stuttgart 1969.

31 *König, M.*, Angestellte am Rande des Bürgertums. Kaufleute u. Techniker in Deutschland u. in der Schweiz 1860—1930, in: J. Kocka Hg., Bürgertum im 19. Jh., II, München 1988, 220—51.

32 *Kracauer, S.*, Die Angestellten (1929), Frankfurt 1971.

33 *Krueger, H.E.*, Die wirtschaftl. u. soziale Lage der Privatangestellten, 2 Bde, Jena 1910/12.

34 Die wirtschaftl. Lage der deutschen Handlungsgehilfen im Jahre 1908, Hamburg 1910.

35 Die wirtschaftl. u. soziale Lage der Angestellten, Hg. Gewerkschaftsbund der Angestellten, Berlin 1931.

36 *Lederer, E.*, Die Angestellten im wilhelmin. Reich, in: ders., Kapitalismus, Klassenstruktur u. Probleme der Demokratie in Deutschland 1910—40, Hg. J. Kocka, Göttingen 1979, 51—82.

37 --, Die Gesellschaft der Unselbständigen. Zum sozialpsych. Habitus der Gegenwart, in: ASS 46. 1918/19, 114—39; u. in: ders., Kapitalismus, Klassenstruktur u. Probleme der Demokratie in Deutschland 1910-40, Hg. Kocka, Göttingen 1979, 14—32.

38 -- *u. J. Marschak*, Der neue Mittelstand, in: GdS IX/1, 1926, 120—41.

39 --, Die Privatangestellten in der modernen Wirtschaftsordnung, Tübingen 1912.

40 *Lundgreen, P.*, Technicians and Labour Market in Prussia 1810—50, in: Annales Cisalpines d'Histoire Sociale 1, Pavia 1972, 9—24; dt. Techniker u. Arbeitsmarkt in Preußen 1810—50, in: K.H. Jarausch Hg., Quantifizierung in der Geschichtswissenschaft, Düsseldorf 1976, 346—63.

41 --, Techniker in Preußen während der frühen Industrialisierung. Ausbildung u. Berufsfeld einer entstehenden sozialen Gruppe, Berlin 1975.

42 *Mills, C.W.*, Menschen im Büro, Köln 1955.

43 *Müffelmann, L.*, Die moderne Mittelstandsbewegung, Leipzig 1913.

44 *Neundorfer, L.*, Die Angestellten, Stuttgart 1961.

45 *Nienhaus, U.*, Berufsstand weiblich. Die ersten weibl. Angestellten, Berlin 1982.

46 *Pierenkemper, T.*, Arbeitsmarkt u. Angestellte im Deutschen Kaiserreich 1880—1914, Wiesbaden 1987.

47 --, Zum Begriff der Angestellten, in: SM 20. 1986, 77—91.

48 --, Pre-1900 Industrial White Collar Employees at the Krupp Steel Casting Works: A New Occupational Category in Germany, in: BHR 58. 1984, 384—408.

49 --, Angestellte in deutschen Großunternehmen 1880–1913, in: R. Tilly Hg., Vergleich. quantitative Unternehmensgeschichte, Stuttgart 1985, 175–200.

50 --, Die Einkommensentwicklung der Angestellten in Deutschland 1880–1913, in: HSF 27. 1983, 69–92.

51 *Pierstorff, J.*, Der moderne Mittelstand, Leipzig 1911.

52 *Potthoff, H.*, Privatangestellte, in: HStW 6. 1925^4, 1208–18.

53 *Priamus, H.-J.*, Angestellte u. Demokratie. Die nationalliberale Angestelltenbewegung in der Weimarer Republik, Stuttgart 1979.

54 *Prinz, M.*, "Ein Bilderbuchverhalten an Mäßigung?" Kritische Fragen zu den Angestellten in Weimar, in: TAJb 17. 1988, 83–106.

55 --, Vom "Neuen Mittelstand" zum "Volksgenossen". Die Entwicklung des sozialen Status der Angestellten von der Weimarer Republik bis zum Ende der NS-Zeit, München 1986.

56 --, Der unerwünschte Stand. Lage u. Status der Angestellten im "Dritten Reich", in: HZ 242. 1986, 327–59.

57 --, Wandel durch Beharrung. Sozialdemokratie u. "neue Mittelschichten" in histor. Perspektive, in: AfS 29. 1989, 35–73.

58 *Rassbach, E.C.*, Betrachtungen zur wirtschaftl. Lage der Privatangestellten in Deutschland, Karlsruhe 1916.

59 *Schulz, G.L.*, Die industriellen Angestellten, in: H. Pohl Hg., Sozialgeschichtl. Probleme in der Zeit der Hochindustrialisierung 1860–1914, Paderborn 1979, 217–66.

60 *Speier, H.*, Die Angestellten vor dem Nationalsozialismus, Göttingen 1977.

61 *Spencer, E.G.*, Between Capital and Labor: Supervisory Personnel in Ruhr Heavy Industry Before 1914, in: JSH 9. 1975, 178–92.

62 *Spree, R.*, Angestellte als Modernisierungsagenten im späten 19. u. frühen 20. Jh., in: J. Kocka Hg., Angestellte im europ. Vergleich, Göttingen 1981, 279–308.

63 *Steiner, H.*, Soziale Strukturveränderungen im modernen Kapitalismus, Berlin 1967.

64 *Trischler, H.*, Steiger im deutschen Bergbau. Zur Sozialgeschichte techn. Angestellter 1851–1945, München 1988.

65 *Weigert, M.*, Die Handlungsgehilfenfrage, Berlin 1911.

66 *Witte, E. u. R. Bronner*, Die leitenden Angestellten, München 1974.

67 *Woldt, R.*, Das großindustrielle Beamtentum, Leipzig 1911.

32. Unterschichten

1 *Abel, W.*, Massenarmut u. Hungerkrisen im vorindustriellen Deutschland, Göttingen 1972.

2 --, Massenarmut u. Hungerkrisen im vorindustriellen Europa, Hamburg 1974.

3 --, Der Pauperismus in Deutschland, in: Fs. F. Lütge, Stuttgart 1966, 284–98.

4 --, Der Pauperismus in Deutschland am Vorabend der Industriellen Revolution, Dortmund 1966/Hannover 1970.

5 *Balkenhol, B.*, Armut u. Arbeitslosigkeit in der Industrialisierung - Düsseldorf 1850—1900, Düsseldorf 1976.

6 *Baumann, A.*, "Armuth ist hier wohnhaft zu Haus ...". Vorindustrieller Pauperismus u. Einrichtungen der Armenpflege in Bayern um 1800, München 1984.

7 *Bayer, D.*, O gib mir Brot! Die Hungerjahre 1816 u. 1817 in Württemberg u. Baden, Ulm 1966.

8 *Bergmann, K.* Hg., Schwarze Reportagen. Aus dem Leben der untersten Schichten vor 1914, Reinbek 1984.

9 *Bitter, C.H.*, Bericht über den Notstand in der Senne zwischen Bielefeld u. Paderborn, in: Jahresbericht d. Histor. Vereins für die Grafschaft Ravensberg 64. 1966, 1— 108.

10 *Blessing, W.K.*, Zur Analyse polit. Mentalität u. Ideologie der Unterschichten im 19. Jh., in: ZBL 34. 1971, 768—816.

11 *Bohmbach, J.*, Die Hungerjahre 1846/47 in Oberhessen, in: Hess.Jb. für Landesgeschichte 23. 1973, 333—65.

12 *Bruch, E.*, Armenwesen u. Armengesetzgebung im Kgr. Preußen von 1866, in: A. Emminghaus Hg., Das Armenwesen u. die Armengesetzgebung in europ. Staaten, Berlin 1870, 25—67.

13 *Castell, A.*, Unterschichten im "Demographischen Übergang", in: H. Mommsen und W. Schulze Hg., Vom Elend der Handarbeit, Stuttgart 1981, 373—94.

14 *Dilcher, L.*, Der deutsche Pauperismus u. seine Literatur, Diss. Frankfurt 1957.

15 *Ditt, K.*, Familie u. soziale Plazierung in den Bielefelder Unterschichten im 19. Jh., in: J. Kocka u.a., Familie u. soziale Plazierung, Opladen 1980, 289—325.

16 *Dowe, D.*, Methodolog. Überlegungen zum Problem des Hungers in Deutschland 1800—50, in: W. Conze u. U. Engelhardt Hg., Arbeiterexistenz im 19. Jh., Stuttgart 1981, 202—34.

17 *Endres, R.*, Das Armenproblem im Zeitalter des Absolutismus, in: F. Kopitzsch Hg., Aufklärung, Absolutismus u. Bürgertum in Deutschland, München 1976, 220—41.

18 *Engelsing, R.*, Der Arbeitsmarkt der Dienstboten im 17., 18. u. 19. Jh., in: H. Kellenbenz Hg., Wirtschaftspolitik u. Arbeitsmarkt, Wien 1974, 159—237.

19 --, Zur polit. Bildung der deutschen Unterschichten 1789—1863, in: ders., Zur Sozialgeschichte deutscher Mittel- u. Unterschichten, Göttingen 1978², 155—79.

20 --, Einkommen der Dienstboten in Deutschland zwischen dem 16. u. 20. Jh., in: JbIDG, Tel Aviv 2. 1973, 11—65.

21 --, Das häusl. Personal in der Epoche der Industrialisierung, in: ders., Zur Sozialgeschichte deutscher Mittel- u. Unterschichten, Göttingen 1978², 225—61.

22 --, Das Vermögen der Dienstboten in Deutschland zwischen dem 16. u. 20. Jh., in: JbIDG, Tel Aviv 3. 1974, 227—56.

23 *Finzsch, N.*, Obrigkeit u. Unterschichten. Zur Geschichte der rhein. Unterschichten gegen Ende des 18. u. zu Beginn des 19. Jh., Stuttgart 1990.

24 *Fischer, W.*, Armut in der Geschichte. Erscheinungsformen u. Lösungsversuche der "sozialen Frage" in Europa seit dem Mittelalter, Göttingen 1982.

25 --, Soziale Unterschichten im Zeitalter der Frühindustrialisierung, in: ders., Wirtschaft u. Gesellschaft im Zeitalter der Industrialisierung, Göttingen 1972, 242–57.

26 *Flemming, J. u. P.C. Witt*, Einkommen u. Auskommen "minderbemittelter Familien" vor dem Ersten Weltkrieg, in: D. Dowe Hg., Erhebung von Wirtschaftsrechnungen minderbemittelter Familien im Deutschen Reiche, Berlin 1981, V–XLVII.

27 *François, E.*, Unterschichten u. Armut in rhein. Residenzstädten des 18. Jh., in: VSWG 62. 1975, 433–64.

28 *Frauenstädt, P.*, Bettel- u. Vagabundenwesen in Schlesien, 16.–18. Jh., in: Zeitschrift für die gesamte Strafrechtswissenschaft 17. 1897, 712–36.

29 *Furet, F.*, Pour une définition des classes inferieurs à l'époque moderne, in: Annales 18. 1963, 459–74.

30 *Geremek, B.*, Geschichte der Armut, München 1988.

31 *Hasler, K.* u.a., Unterschichten, 2 Bde, Düsseldorf 1973/1975.

32 *Herzig, A.*, Die Reaktion der Unterschichten auf den technolog. Wandel der Proto- u. Frühindustrialisierungsphase in Deutschland, in: AfS 28. 1988, 1–26.

33 *Hunecke, V.*, Überlegungen zur Geschichte der Armut im vorindustriellen Europa, in: GG 9. 1983, 480–512.

34 *Jantke, C.*, Zur Deutung des Pauperismus, in: ders., D. Hilger Hg., Die Eigentumslosen, Freiburg 1965, 7–47.

35 -- *u. D. Hilger* Hg., Die Eigentumslosen. Der deutsche Pauperismus u. die Emanzipationskrise in Darstellungen u. Deutungen der zeitgenöss. Literatur, Freiburg 1965.

36 *Kaehler, W.*, Gesindewesen u. Gesinderecht in Deutschland, Jena 1896.

37 *Kaschuba, W.*, Lebenswelt u. Kultur der unterbürgerl. Schichten im 19. u. 20. Jh., München 1990.

38 *Kauffeldt, L.*, Elend u. Auswege im 19. Jh., Diss. Frankfurt 1981.

39 *Klebel, H.*, Das Pauperproblem in der Zeit des Spätantiliberalismus u. beginnenden Liberalismus in Bayern, Diss. München 1935.

40 *Klocke, J.A.*, Wirtschaftl. Entwicklung u. soziale Lage der Unterschichten in Ostwestfalen 1830–50, Diss. Bochum 1972/Markdorf 1974.

41 *Klumker, J.* u.a., Armenwesen, in: HStW 1. 1924[4], 926–1044.

42 *Koch, R.*, Zum Gesindewesen in Frankfurt a.M. 17.–19. Jh., in: Archiv f. Frankfurts Geschichte u. Kunst 59. 1985, 231–50.

43 *Kocka, J.*, Weder Stand noch Klasse. Unterschichten in Deutschland vor 1800, Berlin 1990.

44 *Köllmann, W.*, Aus dem Alltag der Unterschichten in der Vor- u. Frühindustrialisierungsphase, in: J. Reulecke u. W. Weber Hg., Fabrik - Familie - Feierabend, Wuppertal 1978, 11–37.

45 --, Bevölkerung u. Arbeitskräftepotential in Deutschland 1815–65. Ein Beitrag zur Analyse der Problematik des Pauperismus, in: ders., Bevölkerung in der industriellen Revolution, Göttingen 1974, 61–98.

46 -- *u. J. Reulecke* Hg., Mitteilungen des Zentralvereins für das Wohl der arbeitenden Klassen, 5 Bde, Berlin 1848–58/ND Hagen 1980.

47 --, Pauperismus in Rheinland-Westfalen im Vormärz, in: ders. u. K. Düwell Hg., Rheinland-Westfalen im Industriezeitalter, I, Wuppertal 1984, 148–57.

48 --, Industrielle Unterschichten im Berg. Land u. im Ruhrgebiet in der Früh- u. Hochindustrialisierung, in: H. Mommsen u. W. Schulze Hg., Vom Elend der Handarbeit, Stuttgart 1981, 319–33.

49 *Könnecke, O.*, Rechtsgeschichte des Gesindes in West- u. Süddeutschland, Marburg 1912.

50 *Kollmann, P.*, Geschichte u. Statistik des Gesindes in Deutschland, in: JNS 10. 1868, 237–301.

51 *Kraus, A.*, Die rechtl. Lage der Unterschicht im Übergang von der Agrar- zur Industriegesellschaft, in: H. Mommsen u. W. Schulze Hg., Vom Elend der Handarbeit, Stuttgart 1981, 243–58.

52 --, Die Unterschichten Hamburgs in der ersten Hälfte des 19. Jh., Stuttgart 1965.

53 *Kuczynski, J. u. R. Hoppe*, Bürgerl. u. halbfeudale Literatur aus den Jahren 1840– 1847 zur Lage der Arbeiter, Berlin 1960.

54 *Kühn, P.*, Materialien zu einer Geschichte der Mannheimer Unterschichten 1835–62/71, Frankfurt 1974.

55 *Küther, C.*, Menschen auf der Straße. Vagierende Unterschichten in Bayern, Franken u. Schwaben 1750–1800, Göttingen 1983.

56 *Laufenberg, H.*, Hamburg u. sein Proletariat im 18. Jh., Hamburg 1910.

57 *Liang, H.H.*, Lower-Class Immigrants in Wilhelmine Berlin, in: CEH 3. 1970, 94– 111.

58 *Liebchen, G.*, Zu den Lebensbedingungen der unteren Schichten im Berlin des Vormärz, in: O. Büsch Hg., Untersuchungen zur Geschichte der frühen Industrialisierung, Berlin 1971, 270–314.

59 *Lis, C. u. H. Soly*, Poverty and Capitalism in Pre-Industrial Europe 1000–1850, Hassocks 1979.

60 *Loening, E.*, Armenwesen, in: Hb. d. Polit. Ökonomie, Hg. G. Schönberg, III, Tübingen 1891[3], 963–1030; III/2 ebd. 1898[4], 395–470.

61 *Lönne, K.-E.*, Zur Bedeutung der Unterschichten für die Revolution von 1848 in Deutschland, in: Zeitgeschichte 5. 1978, 311–21.

62 *Marquardt, F.D.*, Pauperism in Germany During the Vormärz, in: CEH 2. 1969, 77–88.

63 *Maschke, E. u. J. Sydow* Hg., Gesellschaftl. Unterschichten in den südwestdeutschen Städten, Stuttgart 1967.

64 *Matz, K.J.*, Pauperismus u. Bevölkerung, Stuttgart 1980.

65 *Metz, K.H.*, Staatsraison u. Menschenfreundlichkeit. Formen u. Wandlungen der Armenpflege im Ancien Régime Frankreichs, Deutschlands u. Großbritanniens, in: VSWG 1985, 1–26.

66 *Mertens, G.*, Die Geschichte des Pauperismus in der Stadt Krefeld, Diss. Köln 1921.

67 *Militzer-Schwenger, L.*, Armenerziehung durch Arbeit (Württ. Schwarzwaldkreis 1806–1914), Tübingen 1979.

68 *Mombert, P.*, Aus der Literatur über die soziale Frage u. über die Arbeiterbewegung in Deutschland in der ersten Hälfte des 19. Jh., in: AGSA 9. 1921, 12–236.

69 *Mommsen, H. u. W. Schulze* Hg., Vom Elend der Handarbeit, Stuttgart 1981.

70 *Mooser, J.*, Unterschichten in Deutschland 1770–1820, in: H. Berding u.a. Hg., Deutschland u. Frankreich im Zeitalter der Französ. Revolution, Frankfurt 1989, 317–38.

71 *Müller, C.*, Der gescheiterte Kleinbürger. Pauperismus u. Proletariat in der sozialkrit. Publizistik, Prosa u. Lyrik 1844–48, Köln 1981.

72 *Neidhardt, F.*, Zwischen Apathie u. Anpassung. Unterschichtenverhalten in der Bundesrepublik, in: Hamb. Jb. 15. 1970, 209–25.

73 *Neumann, F.J.*, Pauperismus u. Kindersterblichkeit, in: JNS 3. F. 5. 1893, 617–69.

74 *Peters, J.*, Ostelb. Landarmut. Sozialökonomisches über landlose u. landarme Agrarproduzenten im Spätfeudalismus, in: JbW 1967/IV, 255–302.

75 --, Ostelb. Landarmut. Statistisches über landlose u. landarme Agrarproduzenten im Spätfeudalismus, in: JbW 1970/I, 97–126.

76 *Phayer, J.M.*, Lower Class Morality. The Case of Bavaria, in: JSH 7. 1974, 79–95.

77 *Plum, W.* Hg., Diskussionen über Massenarmut in der Frühindustrialisierung, Bonn 1977.

78 *v. Reden, F.W.*, Erwerbsmangel, Massenverarmung, Massenverderbnis, deren Ursachen u. Heilmittel, in: ZVS 1. 1847, 118–35.

79 *Reulecke, J.*, Pauperismus, "Social Learning" und die Anfänge der Sozialstatistik in Deutschland, in: H. Mommsen u. W. Schulze Hg., Vom Elend der Handarbeit, Stuttgart 1981, 358–72.

80 *Rörig, A.*, Die Anschauungen über den Pauperismus in der ersten Hälfte des 19. Jh., Diss. Köln 1920.

81 *Rubner, H.*, Deutsche Unterschichten im 18. Jh., in: Zeitschrift für Stadtgeschichte 1. 1974, 49–59.

82 *Sachse, W.*, Lebensverhältnisse u. Lebensgestaltung der Unterschichten in Göttingen bis 1860, in: W. Conze u. U. Engelhardt Hg., Arbeiterexistenz im 19. Jh., Stuttgart 1981, 19–45.

83 *Sachße, C. u. F. Tennstedt* Hg., Bettler, Gauner u. Proleten. Armut u. Armenfürsorge in der deutschen Geschichte, Reinbek 1983.

84 --, Geschichte der Armenfürsorge in Deutschland, I: Vom Spätmittelalter bis 1914; II: 1871–1929, Stuttgart 1980/1988.

85 *v. Saldern, A.*, Vom Einwohner zum Bürger. Zur Emanzipation der städt. Unterschicht Göttingens 1890–1920, Berlin 1973.

86 *Scharfe, M.*, "Die Erwartung daß nun alles frey sei ..." Polit. u. rechtl. Vorstellungen u. Erwartungen von Angehörigen der unteren Volksklassen Württembergs, in: Fs. K.-S. Kramer, Berlin 1976, 179–94.

87 *Schildt, G.*, Fortschrittsglaube oder Zukunftsangst. Die soziale Frage in der öffentl. Meinung des Herzogtums Braunschweig 1830–65, in: Braunschweig. Jg. 67. 1986, 113–39.

88 *Schinkel, H.*, Armenpflege u. Freizügigkeit in der preuß. Gesetzgebung vom Jahre 1842, in: VSWG 50. 1963, 459—79.

89 *Schmoller, G.*, Entstehung, Wesen u. Bedeutung der neueren Armenpflege, in: Sitzungsberichte der Preuß. Akademie der Wissenschaften 1902/XXXIX, 916—25.

90 *Schnapper-Arndt, G.*, Fünf Dorfgemeinden auf dem Hohen Taunus. Eine sozialstatist. Untersuchung über Kleinbauerntum, Hausindustrie u. Volksleben, Leipzig 1883.

91 *Schnorbus, A.*, Die ländl. Unterschichten in der bayer. Gesellschaft am Ausgang des 19. Jh., in: ZBL 30. 1967, 824—52.

92 *Schöne, B.*, Kultur u. Lebensweise Lausitzer Handweber (1750—1850), Berlin 1977.

93 *Schorer, H.*, Das Bettlertum in Kurbayern 1750—1800, in: Forschungen zur Geschichte Bayerns 12. 1904, 176—207.

94 *Schwarz, J.*, Das Armenwesen der Stadt Köln vom Ende des 18. Jh. bis 1918, Köln 1922.

95 *Seidel, F.*, Das Armutsproblem im deutschen Vormärz, Köln 1971.

96 *Sothmann, M.*, Das Armen-, Arbeits-, Zucht- u. Werkhaus in Nürnberg bis 1806, Nürnberg 1970.

97 *Sproll, H.*, Die sozioökonom. u. soziokulturelle Struktur von häusl. Dienstboten u. Hausangestellten in Baden im 19. u. 20. Jh., Frankfurt 1977.

98 *Stein, H.*, Pauperismus u. Assoziation, Leiden 1936.

99 *Stekl, H.*, Hausrechtl. Abhängigkeit in der industriellen Gesellschaft. Das häusl. Personal vom 18. bis ins 20. Jh., in: Wiener Geschichtsblätter 30. 1975, 301—13.

100 --, 'Labore et fame'. Sozialdisziplinierung in Zucht- u. Arbeitshäusern des 17. u. 18. Jh., in: C. Sachße u. F. Tennstedt Hg., Soziale Sicherheit u. soziale Disziplinierung, Frankfurt 1986, 119—47.

101 *Summa, R.*, Kasseler Unterschichten im Zeitalter der Industrialisierung, Darmstadt 1978.

102 *Vormbaum, T.*, Politik u. Gesinderecht im 19. Jh. Preußen 1810—1918, Berlin 1981.

103 *Weber, R.*, Deutsches Armen- u. Bettelwesen im 18. Jh., Diss. Köln 1986.

104 *Weisbrod, B.*, Wohltätigkeit u. "symbolische Gewalt" in der Frühindustrialisierung. Städt. Armut u. Armenpolitik in Wuppertal, in: H. Mommsen u. W. Schulte Hg., Vom Elend der Handarbeit, Stuttgart 1981, 334—57.

105 *Wischermann, C.*, Hungerkrisen im vormärzl. Westfalen, in: K. Düwell u. W. Köllmann Hg., Rheinland-Westfalen im Industriezeitalter, I, Wuppertal 1983, 126—47.

106 *Woolf, S.*, The Poor in Western Europe in the 18th and 19th Centuries, London 1986.

33. Arbeiterschaft/Industrieproletariat

1 *Abelshauser, W.*, Verelendung der Handarbeit? Zur sozialen Lage der deutschen Arbeiter in der großen Inflation der frühen 20er Jahre, in: H. Mommsen u. W. Schulze Hg., Vom Elend der Handarbeit, Stuttgart 1981, 445–77.

2 *Adolphs, L.*, Industrielle Kinderarbeit im 19. Jh., Duisburg 1972.

3 *Ahlberg, R.*, Das Proletariat. Die Perspektiven der Arbeiterklasse in der Industriegesellschaft, Stuttgart 1974.

4 *Albrecht, G.*, Arbeiter u. Arbeiterfrage, in: Wb. der Volkswirtschaft 1. 1932, 140– 43.

5 *Arndt, P.* Hg., Heimarbeit u. Verlag in der Neuzeit, 19 Bde, Jena 1922–31.

6 *Baar, L.*, Der Kampf der Berliner Arbeiter während der Industriellen Revolution, in: JbR 2. 1967, 27–49.

7 *Bairoch, P.*, La population active et sa structure. Statistiques Internationales Rétrospectives, I, Brüssel 1968.

8 -- *u. J.M. Limbor*, Changes in the Industrial Distribution of the World Labor Force by Region 1880–1960, in: W. Galenson Hg., Essays on Employment, Genf 1971, 15–41.

9 -- u.a. Hg., The Working Population and Its Structure, Brüssel 1968.

10 *Bajohr, F.*, Zwischen Krupp u. Kommune. Sozialdemokratie, Arbeiterschaft u. Stadtverwaltung in Essen vor 1914, Essen 1988.

11 *Bajohr, S.*, Vom bitteren Los der kleinen Leute. Protokolle über den Alltag Braunschweiger Arbeiterinnen u. Arbeiter 1900–33, Köln 1984.

12 --, "Vater war immer ein linker Kumpel". Braunschweiger Familien u. Arbeiteralltag im ersten Drittel des 20. Jh., in: H. Haumann Hg., Arbeiteralltag in Stadt u. Land, Berlin 1982, 120–46.

13 *Bartov, O.*, The Missing Years: German Workers, German Soldiers, in: German History 8. 1990, 46–65.

14 *Becker, W.*, Die Bedeutung der nichtagrar. Wanderungen für die Herausbildung des industriellen Proletariats in Deutschland (Preußen 1850–70), in: H. Mottek Hg., Studien zur Geschichte der Industriellen Revolution in Deutschland, Berlin 1960, 209–40.

15 *Beier, G.*, Das Problem der Arbeiteraristokratie im 19. u. 20. Jh., in: ders., Geschichte u. Gewerkschaft, Köln 1981, 118–80.

16 *Beier, R.*, Berliner Heimnäherinnen u. ihre Familien vor 1914. Zur Sozialgeschichte der Frauenarbeit, in: JbG 2. 1980, 27–30.

17 *Bendix, R.*, The Lower Classes and the "Democratic Revolution", in: Industrial Relations 1. 1961, 91–116.

18 *Bergmann, D.*, Die Berliner Arbeiterschaft im Vormärz u. Revolution 1830–48, in: O. Büsch Hg., Untersuchungen zur Geschichte der frühen Industrialisierung, Berlin 1971, 455–511.

19 *Bernays, M.*, Auslese u. Anpassung der Arbeiterschaft der geschlossenen Großindustrie, Leipzig 1910.

20 --, Das Berufsschicksal des modernen Industriearbeiters, in: ASS 35. 1912, 123–76; 36. 1921, 884–900.

21 *Bernert, G.*, Arbeitsverhältnisse im 19. Jh., Marburg 1972.

22 *Beutler, A.*, Die Entwicklung der sozialen u. wirtschaftl. Lage der Weber im sächs. Vogtland, Greifswald 1921.

23 *Biber, L.*, Arbeiter unter der NS-Herrschaft, München 1979.

24 *Biecker, J. u. W. Buschmann* Hg., Arbeitersiedlungen im 19. Jh., Bochum 1985.

25 *Blumer, H.*, Early Industrialization and the Laboring Class, in: SQ 1. 1960, 5–14.

26 *Blyton, P.*, Changes in Working Time, London 1985.

27 *Bollenbeck, G.*, Zur Theorie u. Geschichte der frühen Arbeiter-Lebenserinnerungen, Kronberg 1976.

28 *Borgmann, M.*, Betriebsführung, Arbeitsbedingungen u. die soziale Frage. Arbeiter- u. Unternehmensgeschichte in der Berliner Maschinenindustrie 1870–1914, Frankfurt 1981.

29 *Borscheid, P. u. H. Schomerus*, Mobilität u. Lage der württemberg. Fabrikarbeiterschaft im 19. Jh., in: P.J. Müller Hg., Die Analyse progress-orientierter Daten, Stuttgart 1977, 199–224.

30 --, Textilarbeiterschaft in der Industrialisierung. Soziale Lage u. Mobilität in Württemberg, Stuttgart 1978.

31 *Breuilly, J.*, Arbeiteraristokratie in Großbritannien u. Deutschland, in: U. Engelhardt Hg., Handwerker in der Industrialisierung, Stuttgart 1984, 497–527.

32 --, The Making of the European Working Class, in: H. Konrad Hg., Probleme der Herausbildung u. polit. Formierung der Arbeiterklasse, Wien 1989, 1–19.

33 --, Civil Society and the Labour Movement. Class Relations and the Law, in: J. Kocka Hg., Arbeiter u. Bürger im 19. Jh., Stuttgart 1986, 287–318.

34 --, The Labour Aristocracy in Britain and Germany 1850–1914, in: K. Tenfelde Hg., Arbeiter u. Arbeiterbewegung im Vergleich, München 1986, 179–226.

35 *Briefs, G.*, Das gewerbl. Proletariat, in: GdS 9/I, 1926, 142–240.

36 --, Proletariat, in: A. Vierkandt Hg., Handwörterbuch der Soziologie, Stuttgart 1932/ND 1959, 441–58.

37 *Brockhaus, E.*, Zusammensetzung u. Neustrukturierung der Arbeiterklasse vor dem Ersten Weltkrieg, München 1975.

38 *Broda, R. u. J. Deutsch*, Das Moderne Proletariat, Berlin 1910.

39 *Bromme, M.*, Lebensgeschichte eines modernen Fabrikarbeiters (1905), ND Frankfurt 1971.

40 *Brüggemeier, F.-J.*, Leben in Bewegung unständiger Arbeiter im Kaiserreich, in: R. van Dülmen Hg., Armut, Liebe, Ehre, Frankfurt 1988, 225–57.

41 --, Leben vor Ort. Ruhrbergleute u. Ruhrbergbau 1889–1919, München 1983.

42 -- *u. L. Niethammer*, Schlafgänger, Schnapskasinos u. schwerindustrielle Kolonie. Aspekte der Arbeiterwohnungsfrage vor dem Ersten Weltkrieg, in: J. Reulecke u. W. Weber Hg., Fabrik, Familie, Feierabend, Wuppertal 1978, 135–75.

43 *Büschel, H.W.*, Rechts- u. Sozialgeschichte des oberschles. Berg- u. Hüttenwesens 1740–1906, Breslau 1941.

44 *Bührer, W.* u.a., Zur Konstitution des Proletariats, in: L. Lambrecht Hg., Entstehung der Arbeiterbewegung, Berlin 1981, 9—43.

45 *Campbell, J.*, Joy in Work, German Work. The National Debate 1800—1945, Princeton 1989.

46 *Conze, W.*, Arbeit, in: GGr. I, 1972, 154—215.

47 --, Arbeiter, in: GGr. I, 1972, 216—42.

48 -- *u. U. Engelhardt* Hg., Arbeiter im Industrialisierungsprozeß. Herkunft, Lage, Verhalten, Stuttgart 1979.

49 -- *u. D. Groh*, Die Arbeiterbewegung in der nationalen Bewegung, Stuttgart 1966.

50 -- *u. U. Engelhardt* Hg., Arbeiterexistenz im 19. Jh., Stuttgart 1981.

51 --, Die Bildung der Klassen der industriellen Arbeiterschaft in Deutschland, in: Trosième Conférence Internat. d'Histoire Economique, Paris 1968, 149—55.

52 --, Vom "Pöbel" zum "Proletariat", in: VSWG 41. 1954, 333—64; auch in: Moderne Deutsche Sozialgeschichte, Hg. H.-U. Wehler, Köln 1966/Königstein 1983^6, 111— 36.

53 --, Proletariat, Pöbel, Pauperismus, in: GGr. 5. 1984, 27—68.

54 *Costas, I.*, Der Arbeitslose in der Periode der Hochindustrialisierung, in: M. Baethgen u. E. Eßbach Hg., Fs. H.P. Bahrdt, Frankfurt 1983, 432—51.

55 --, Auswirkungen der Konzentration des Kapitals auf die Arbeiterklasse in Deutschland 1880—1914, Frankfurt 1981.

56 *Crew, D.F.*, Class and Communtiy. Local Research on Working-Class History in Four Countries, in: K. Tenfelde Hg., Arbeiter u. Arbeiterbewegung im Vergleich, München 1986, 279—336.

57 --, Regionale Mobilität u. Arbeiterklasse. Das Beispiel Bochum 1880—1901, in: GG 1. 1975, 99—120.

58 *Cronin, J.E.*, Labor Insurgency and Class Formation. Comparative Perspectives on the Crises of 1917—20 in Europe, in: SSH 4. 1980, 125—52.

59 *Dammer, O.* Hg., Hb. der Arbeiterwohlfahrt, Stuttgart 1902.

60 *Degen, K.*, Die Herkunft der Arbeiter in den Industrien Rheinland-Westfalens bis zur Gründerzeit, Diss. Bonn/Essen 1916.

61 *Dehne, H.*, Aller Tage Leben. Zu neuen Forschungsansätzen im Beziehungsfeld von Alltag, Lebensweise u. Kultur der Arbeiterklasse, in: Jb f. Volkskunde u. Kulturgeschichte 28. 1985, 9—48.

62 *Deutschmann, C.*, Der Weg zum Normalarbeitstag. Die Entwicklung der Arbeitszeiten in der deutschen Industrie bis 1918, Frankfurt 1985.

63 *Dewar, M.*, Arbeiterklasse, in: SDG 1. 1966, 314—24.

64 *Dimanstein, J.*, Die Arbeitszeit der gewerbl. Arbeiter in Deutschland, Diss. Göttingen 1914.

65 *Ditt, K.*, Industrialisierung, Arbeiterschaft u. Arbeiterbewegung in Bielefeld 1850—1914, Dortmund 1982.

66 --, Technolog. Wandel u. Strukturveränderung der Fabrikarbeiterschaft in Bielefeld 1860—1914, in: W. Conze u. U. Engelhardt Hg., Arbeiter im Industrialisierungsprozeß, Stuttgart 1979, 237—61.

67 *Döhler, W.*, Die ökonom. Lage der Zwickauer Bergarbeiter im vorigen Jh., Leipzig 1963.
68 *Dohse, K.*, Ausländ. Arbeiter u. bürgerl. Staat, Königstein 1981.
69 *Drobisch, K. u. D. Eichholtz*, Die Zwangsarbeit ausländ. Arbeitskräfte in Deutschland 1939—45, in: ZfG 18. 1970, 626—39.
70 *Dubin, R.*, Workers, in: IESS 16. 1968, 564—72.
71 *Eckart, C.* u.a., Arbeiterbewußtsein, Klassenzusammensetzung u. ökonom. Entwicklung, in: Gesellschaft 4. 1975, 7—64.
72 *Eckert, G.* Hg., Aus den Lebensberichten deutscher Fabrikarbeiter, Braunschweig 1954.
73 *Eggebrecht, H.* u.a., Sozialgeschichte der Arbeit, Köln 1980.
74 *Ehmer, J.*, Die Entstehung der Arbeiterfamilie in Österreich, in: Arbeit - Mensch — Maschine. Der Weg in die Industriegesellschaft, Linz 1987, 179—88.
75 --, Familie u. Klasse. Zur Entstehung der Arbeiterfamilie in Wien, in: M. Mitterauer u. R. Sieder Hg., Histor. Familienforschung, Frankfurt 1982, 300—25.
76 --, Frauenerwerbsarbeit in der industriellen Gesellschaft, in: BHS 11. 1981, 97—106.
77 --, Lohnarbeit u. Lebenszyklus im Kaiserreich, in: GG 14. 1988, 448—71.
78 --, Soziale Traditionen in Zeiten des Wandels. Arbeiter u. Handwerker im 19. Jh., Frankfurt 1992.
79 *Ehrenberg, R. u. H. Racine*, Kruppsche Arbeiterfamilien, in: Thünen-Archiv Erg. H. 6. 1912, 442—60.
80 --, Durchschnittsverdienste u. Verdienstklassen der Arbeiterschaft von F. Krupp in Essen 1845—1906, in: Thünen-Archiv 2. 1909, 209—20.
81 --, Die Frühzeit der Kruppschen Arbeiterschaft, in: Thünen-Archiv 3. 1911, 1—164.
82 *Eichholtz, D.*, Bewegungen unter den preuß. Eisenbahnbauarbeitern im Vormärz, in: Beiträge zur deutschen Wirtschafts- u. Sozialgeschichte des 19. u. 20. Jh., Berlin 1962, 251—87.
83 --, Zur Lage der deutschen Werktätigen im ersten Kriegsjahr 1939/40, in: JbW 1967/I, 147—71.
84 *Ellerkamp, M.*, Industriearbeit, Krankheit u. Geschlecht. Zu den sozialen Kosten der Industrialisierung: Bremer Textilarbeiterinnen 1870—1914, Göttingen 1991.
85 *Emmerich, W.* Hg., Proletar. Lebensläufe, 2 Bde, Reinbek 1974/75.
86 *Erdbrügger, H.W.*, Kinder im Fabriksystem, in: Fs. H. Herzfeld, Berlin 1958, 431—40.
87 *Evans, R.J.*, The "Dangerous Classes" in Germany from the Middle Ages to the 20th Century, in: ders. Hg., The German Underworld, London 1988, 1—29.
88 --, The Sociological Interpretation of German Labour History, in: ders., Rethinking German History, London 1987, 191—200.
89 -- *u. D. Geary* Hg., The German Unemployed 1918—36, London 1986.
90 *Del Fabbro, R.*, Italien. Industriearbeiter im wilhelmin. Deutschland 1890—1914, in: VSWG 76. 1981, 202—28.
91 *Fassbinder, H.* u.a., Berliner Arbeiterviertel 1800—1918, Berlin 1974.

92 *Feig, J.*, Alter u. Familienstand der organisierten Arbeiter, in: Fs. L. Brentano, München 1916, 149–94.

93 *Feldman, G.D. u. K. Tenfelde* Hg., Arbeiter, Unternehmer u. Staat im Bergbau, München 1989.

94 -- u.a., Die Massenbewegungen der Arbeiterschaft in Deutschland am Ende des Ersten Weltkrieges 1917–20, in: PVS 13. 1972, 84–105.

95 *Feige, U.*, Bergarbeiterschaft zwischen Tradition u. Emanzipation. Das Verhältnis von Bergleuten u. Gewerkschaften zu Unternehmern und Staat im westl. Ruhrgebiet um 1900, Düsseldorf 1986.

96 *Feuersenger, M.* u.a. Hg., Gibt es noch ein Proletariat? Frankfurt 1972.

97 *Fischer, K.*, Denkwürdigkeiten u. Erinnerungen eines Arbeiters, Hg. P. Göhre, Leipzig 1903.

98 *Fischer, W.*, Arbeitermemoiren als Quelle für Geschichte u. Volkskunde der industriellen Gesellschaft, in: ders., Wirtschaft u. Gesellschaft im Zeitalter der Industrialisierung, Göttingen 1972, 214–23.

99 -- *u. G. Bajohr* Hg., Die soziale Frage. Neuere Studien zur Lage der Fabrikarbeiter in den Frühphasen der Industrialisierung, Stuttgart 1967.

100 --, Innerbetriebl. u. sozialer Status der frühen Fabrikarbeiterschaft, in: ders., Wirtschaft u. Gesellschaft im Zeitalter der Industrialisierung, Göttingen 1972, 258–84.

101 *Flecken, M.*, Arbeiterkinder im 19. Jh., Weinheim 1981.

102 *Flohr, B.*, Arbeiter nach Maß. Die Disziplinierung der Fabrikarbeiterschaft während der Industrialisierung Deutschlands im Spiegel von Arbeitsordnungen, Frankfurt 1981.

103 *Fränkel, H.*, Die tägl. Arbeitszeit in Industrie u. Landwirtschaft, Diss. Leipzig 1882.

104 *Franzke, K.*, Die oberschles. Industriearbeiter 1740–1886, Breslau 1936.

105 *Freeman, C.* u.a., Unemployment and Technical Innovation. A Study of Long Waves and Economic Development, London 1982.

106 *Fremdling, R.*, Der Puddler. Zur Sozialgeschichte eines Industriehandwerks, in: U. Engelhardt Hg., Handwerker in der Industrialisierung, Stuttgart 1984, 637–65.

107 --, Die Rolle ausländ. Facharbeiter bei der Einführung neuer Techniken im Deutschland des 19. Jh., in: AfS 24. 1984, 1–45.

108 *Freudenberger, H.*, Das Arbeitsjahr, in: Fs. W. Abel, II, Frankfurt 1974, 302–20.

109 *Fromm, E.*, Arbeiter u. Angestellte am Vorabend des "Dritten Reiches", Stuttgart 1980.

110 *Gafert, K.*, Die Soziale Frage in Literatur u. Kunst des 19. Jh., 2 Bde, Kronberg 1973.

111 *Geary, D.*, Arbeiter u. Unternehmer im deutschen Kaiserreich, in: W. Abelshauser Hg., Konflikt u. Kooperation. Strategien europ. Gewerkschaften im 20. Jh., Bochum 1988, 170–83.

112 *Geck, L.H.A.*, Die sozialen Arbeitsverhältnisse im Wandel der Zeit, Berlin 1931.

113 *Göhre, P.* Hg., Lebensgeschichte eines modernen Fabrikarbeiters, Jena 1905.
114 --, Drei Monate Fabrikarbeiter u. Handwerksbursche, Leipzig 1891.
115 *Gröger, H.*, Die Arbeits- u. Sozialverhältnisse der Staatl. Porzellanmanufaktur Meissen im 18. Jh., in: Fs. H. Kretzschmar, Berlin 1953, 166—89.
116 *Grüttner, M.*, Arbeiterkultur versus Arbeiterbewegungskultur. Überlegungen am Beispiel der Hamburger Hafenarbeiter 1888—1933, in: A. Lehmann Hg., Studien zur Arbeiterkultur, Münster 1984, 244—80.
117 --, Arbeitswelt an der Waterkante. Sozialgeschichte der Hamburger Hafenarbeiter 1886—1914, Göttingen 1984.
118 *Grzywatz, B.*, Arbeit u. Bevölkerung im Berlin der Weimarer Zeit, Berlin 1988.
119 *Hachtmann, R.*, Arbeitsmarkt u. Arbeitszeit in der deutschen Industrie 1929—39, in: AfS 27. 1987, 177—227.
120 --, Industriearbeit im "Dritten Reich", Göttingen 1989.
121 *Haeberle, E.*, Herrschaft u. Industriearbeit, in: Arbeitsqualität in Organisationen, II, Wuppertal 1976, 79—94.
122 *Hamilton, R.F.*, Affluence and the Worker: The West German Case, in: AJS 71. 1965, 144—52.
123 *Handke, H.*, Entwicklung u. Struktur der Arbeiterklasse im Kapitalismus, in: JbW 1972/III, 153-78.
124 *Haumann, H.* Hg., Arbeiteralltag in Stadt u. Land, Berlin 1982.
125 *Heilman, L.A.*, Industrial Unemployment in Germany 1873—1913, in: AfS 27. 1987, 25—49.
126 *Heiss, C.*, Auslese u. Anpassung der Arbeiter in der Feinmechanik (= SVS 135/4), Leipzig 1912.
127 *Henning, F.-W.*, Humanisierung u. Technisierung der Arbeitswelt. Über den Einfluß der Industrialisierung auf die Arbeitsbedingungen im 19. Jh., in: Archiv u. Wirtschaft 9. 1976, 29—59.
128 *Herbert, U.*, Arbeiterschaft im "Dritten Reich". Zwischenbilanz und offene Fragen, in: GG 15. 1989, 320—60.
129 --, Europa u. der "Reichseinsatz". Ausländ. Zivilarbeiter, Kriegsgefangene u. KZ-Häftlinge in Deutschland 1938—45, Essen 1991.
130 --, Geschichte der Ausländerbeschäftigung in Deutschland 1880—1980, Berlin 1986.
131 *Herkner, H.*, Die Arbeiterfrage, 2 Bde, Berlin 1922[8].
132 --, Arbeitszeit, in: HStW 1. 1923[4], 889—916.
133 --, Die wirtschaftlich-sozialen Bewegungen 1750—1850, in: Propyläen-Weltgeschichte 7. 1929, 331—406.
134 *Herzig, A.* u.a. Hg., Arbeiter in Hamburg seit dem 18. Jh., Hamburg 1983.
135 --, Kinderarbeit in Deutschland. Manufaktur u. Protofabrik 1750—1850, in: AfS 23. 1983, 311—75.
136 *Hickey, S.H.F.*, Workers in Imperial Germany. The Miners of the Ruhr, Oxford 1985.
137 *Hinze, K.*, Die Arbeiterfrage zu Beginn des modernen Kapitalismus in Brandenburg-Preußen 1685—1806, Berlin 1963[2].
138 *Hirschberg, E.*, Die soziale Lage der arbeitenden Klassen in Berlin, Berlin 1897.

139 *Hobsbawm, E.J.*, Labor History and Ideology, in: JSH 7. 1974, 377–81.

140 --, The Formation of the Industrial Working Classes, in: Third International Conference of Economic History 1965, I, Paris 1968, 175–80.

141 --, Labouring Man, London 1964.

142 --, Workers: Worlds of Labor, London 1984.

143 *Hörning, K.* Hg., Der "neue" Arbeiter. Zum Wandel sozialer Schichtstrukturen, Frankfurt 1973³.

144 *Hofbauer, H.*, Zur sozialen Gliederung der Arbeitnehmerschaft, Köln 1965.

145 *Hoffmeister, D.*, Arbeiterfamilienschicksale im 19. Jh., Marburg 1984.

146 *Holek, W.*, Lebensgang eines deutsch-tschech. Handarbeiters, Hg. P. Göhre, Leipzig 1929.

147 *Homburg, H.*, Rationalisierung u. Industriearbeit. Arbeitsmarkt - Management - Arbeiterschaft im Siemens-Konzern Berlin 1900–39, Berlin 1991.

148 *Huë, O.*, Die Bergarbeiter, 2. Bd., Stuttgart 1913.

149 *Husung, H.-G.*, Arbeiterschaft u. Arbeiterbewegung im Ersten Weltkrieg: Neuere Forschungen über Deutschland u. England, in: K. Tenfelde Hg., Arbeiter u. Arbeiterbewegung im Vergleich, München 1986, 611–64.

150 *Imbusch, A.*, Arbeitsverhältnisse u. Arbeiterorganisationen im deutschen Bergbau, Essen 1908.

151 *Jacobeit, W. u. N. Mohrmann* Hg., Kultur u. Lebensweise des Proletariats, Berlin 1974².

152 *Jacobmeyer, W.*, Vom Zwangsarbeiter zum heimatlosen Ausländer, Göttingen 1985.

153 *Jahoda, M.* u.a., Die Arbeitslosen von Marienthal, Leipzig 1933/ND Frankfurt 1975.

154 *Jansen, H.E.*, Das Proletariat im Vormärz, Diss. Kiel/Essen 1928.

155 *Jantke, C.*, Der Vierte Stand, Freiburg 1955.

156 *Jonas, W.*, Das Leben der Mansfelder Arbeiter 1924–45, Berlin 1957.

157 *Kabus, R.*, Zur Konstituierung des Görlitzer Proletariats im Verlauf der Industriellen Revolution, Görlitz 1975.

158 *Kaelble, H.*, Arbeiter u. soziale Ungleichheit in Westeuropa 1850–1930, in: K. Tenfelde Hg., Arbeiter u. Arbeiterbewegung im Vergleich, München 1986, 137–78.

159 *Katznelson, J. u. A.R. Zolberg* Hg., Working-Class Formation. 19th Century Patterns in Western Europe and the US, Princeton 1986.

160 *Kaufhold, K.H.*, Entstehung, Entwicklung u. Gliederung der gewerbl. Arbeiterschaft in Nordwestdeutschland 1800–75, in: H. Kellenbenz Hg., Wirtschaftspolitik u. Arbeitsmarkt, Wien 1974, 69–85.

161 *Kern, H. u. M. Schumann*, Industriearbeit u. Arbeiterbewußtsein, 2 Bde, Frankfurt 1973².

162 *Kernig, C.D.*, Proletariat, in: SDG 5. 1972, 339–70.

163 *Kleßmann, C.*, Poln. Bergarbeiter im Ruhrgebiet 1870–1945, Göttingen 1978.

164 --, Poln. Bergarbeiter im Ruhrgebiet: Soziale Lage u. gewerkschaftl. Organisation, in: H. Mommsen u. U. Borsdorf Hg., Glück auf, Kameraden! Die Bergarbeiter u. ihre Organisationen in Deutschland, Köln 1979, 109–30.

165 *Kluck, M. u. R. Zimmermann*, Arbeiterkultur. Forschungs- u. Literaturdokumentation 1979—82, Bonn 1984.

166 *Kluth, H.* u.a., Arbeiterjugend gestern u. heute, Heidelberg 1955.

167 *Kocka, J.* Hg., Arbeiter u. Bürger im 19. Jh. Varianten ihres Verhältnisses im europ. Vergleich, München 1986.

168 --, Arbeiterkultur als Forschungsthema, in: ders. Hg., Arbeiterkultur im 19. Jh., Göttingen 1979, 5—11.

169 -- Hg., Arbeiterkultur im 19. Jh. (= GG 5/H. 1), Göttingen 1979.

170 --, Arbeitsverhältnisse u. Arbeiterexistenzen. Grundlagen der Klassenbildung 1800—75, Berlin 1990.

171 --, Klassen oder Kultur? Durchbrüche u. Sackgassen in der Arbeitergeschichte, in: Merkur 36. 1982, 955—65.

172 --, Lohnarbeit u. Klassenbildung. Arbeiter u. Arbeiterbewegung in Deutschland 1800—75, Bonn 1983.

173 *Korff, G.*, Volkskultur u. Arbeiterkultur. Überlegungen am Beispiel der sozialist. Maifesttradition, in: GG 5. 1979, 83—102.

174 *Köllmann, W.*, Ausländ. Arbeitnehmer in Deutschland vor der Gastarbeitereinwanderung, in: H. Pohl Hg., Integration ausländ. Mitarbeiter, Wiesbaden 1984, 5—54.

175 --, Polit. u. soziale Entwicklung der deutschen Arbeiterschaft 1850—1914, in: VSWG 50. 1963, 480—504; u. in: E.-W. Böckenförde u. R. Wahl Hg., Moderne deutsche Verfassungsgeschichte, Köln 1972, 430—50; u. in: G.A. Ritter Hg., Die deutschen Parteien vor 1918, Köln 1973, 316—30.

176 --, Die Geschichte der Bergarbeiterschaft, in: W. Först Hg., Ruhrgebiet u. neues Land, II, Köln 1968, 47—112.

177 *Kramer, D.*, Sozialkulturelle Lage u. Ideologie der Arbeiterschaft im 19. Jh., in: G. Wiegelmann Hg., Kultureller Wandel im 19. Jh., Göttingen 1973, 112—34.

178 --, Theorien zur histor. Arbeiterkultur, Marburg 1987.

179 *Kranig, A.*, Lockung u. Zwang. Zur Arbeitsverfassung im Dritten Reich, Stuttgart 1983.

180 *Kratzenberg, V.*, Arbeiter auf dem Weg zu Hitler? Die Nationalsozialist. Betriebszellen-Organisation, Frankfurt 1987.

181 *Krüger, H.*, Zur Geschichte der Manufakturen u. der Manufakturarbeiter in Preußen, Berlin 1958.

182 *Kuczynski, J.*, Charakter, Struktur u. Anzahl der Industriearbeiter im 20. Jh., in: JbW 1972/I, 11—19.

183 --, Das Entstehen der Arbeiterklasse, München 1967.

184 -- *u. R. Hoppe*, Geschichte der Kinderarbeit in Deutschland 1750—1939, 2 Bde, Berlin 1958.

185 --, Die Geschichte der Lage der Arbeiter unter dem Kapitalismus, 38 Bde, Berlin 1961—1972.

186 *Kuczynski, R.*, Arbeitslohn u. Arbeitszeit in Europa u. Amerika 1870—1909, Berlin 1913.

187 --, Die Entwicklung der gewerbl. Löhne 1871—1908, Berlin 1909.

188 *Kürbisch, F.G.* Hg., Der Arbeitsmann, er stirbt, verdirbt, wann steht er auf? Sozialreportagen 1880—1918, Berlin 1982.

189 *Kutz-Bauer, H.*, Arbeiterschaft, Arbeiterbewegung u. bürgerl. Staat in der Zeit der Großen Depression. Hamburg 1873—90, Bonn 1988.

190 *Lademacher, H.*, Wirtschaft, Arbeiterschaft u. Arbeiterorganisationen in der Rheinprovinz am Vorabend des Sozialistengesetzes 1878, in: AfS 15. 1975, 111—44.

191 *Landau, J.*, Die Arbeiterfrage in Deutschland im 17. u. 18. Jh., Diss. Zürich 1915.

192 *Landé, D.*, Arbeits- u. Lohnverhältnisse in der Berliner Maschinenindustrie zu Beginn des 20. Jh., in: Auslese u. Anpassung der Arbeiterschaft (= SVS, 134), Leipzig 1910, 306—498.

193 *Langewiesche, D. u. K. Schönhoven* Hg., Arbeiter in Deutschland, Paderborn 1981.

194 --, Arbeiterbildung in Deutschland u. Österreich, in: W. Conze u. U. Engelhardt, Arbeiter im Industrialisierungsprozeß, Stuttgart 1979, 439—64.

195 --, Arbeiterkultur, in: Ergebnisse 26: Arbeiterkultur in Deutschland, Hamburg 1984, 9—29.

196 --, Zur Freizeit des Arbeiters, Stuttgart 1979.

197 --, Politik, Gesellschaft, Kultur. Zur Problematik von Arbeiterkultur u. kulturellen Arbeiterorganisationen in Deutschland nach dem Ersten Weltkrieg, in: AfS 22. 1982, 359—402.

198 --, Working-Class Culture and Working-Class Politics in the Weimar Republic, in: R. Fletcher Hg., Bernstein to Brandt, London 1987, 104-15.

199 *Laufenberg, H.*, Hamburg u. sein Proletariat im 18. Jh., Hamburg 1910.

200 *Lederer, E.*, Labor, in: ESS IV/2. 1932, 615—20.

201 --, Die Umschichtung des Proletariats, in: Angestellte u. Arbeiter, Berlin 1928, 39—60.

202 *Lee, J.J.*, Labour in German Industrialization, in: CEHE VII/1. 1978, 442—91.

203 *Lehmann, A.* Hg., Studien zur Arbeiterkultur, München 1984.

204 *Lepenies, W.*, Arbeiterkultur, in: GG 5. 1979, 125—36.

205 *Lerch, E.*, Kulturelle Sozialisation von Arbeitern im Kaiserreich, Frankfurt 1985.

206 *Levenstein, A.*, Die Arbeiterfrage, München 1912.

207 --, Aus der Tiefe. Arbeiterbriefe, Berlin 1909[4].

208 *Liang, H.-H.*, The Working People of Wilhelmine Berlin 1890—1914, Diss. Yale Univ. 1959.

209 *Lidtke, V.L.*, Burghers, Workers, and Problems of Class Relationships 1870—1914, in: J. Kocka Hg., Arbeiter u. Bürger im 19. Jh., München 1986, 29—46.

210 --, Social Class and Secularization in Imperial Germany: The Working Classes, in: LBIYB 25. 1980, 21—40.

211 --, The Formation of the Working Class in Germany, in: CEH 13. 1980, 393—400.

212 --, Recent Literature on Workers' Culture in Germany and England, in: K. Tenfelde Hg., Arbeiter u. Arbeiterbewegung im Vergleich, München 1986, 337—62.

213 *Linse, U.*, Arbeiterschaft u. Geburtenentwicklung im Deutschen Kaiserreich von 1871, in: AfS 12. 1972, 205—72.

214 *Ludwig, K.-H.*, Die Fabrikarbeit von Kindern im 19. Jh., in: VSWG 52. 1965, 63—85.

215 *Lüdtke, A.*, Eigen-Sinn. Fabrikalltag, Arbeitererfahrungen u. Politik vom Kaiserreich bis in den Faschismus, Hamburg 1992.

216 --, Die Ordnung der Fabrik: "Sozialdisziplinierung" u. Eigen-Sinn bei Fabrikarbeitern im späten 19. Jh., in: R. Vierhaus u.a. Hg., Frühe Neuzeit - Frühe Moderne? Göttingen 1992.

217 *Männlein, S.*, Statistik der Arbeitszeit, Diss. München 1926.

218 *Mai, G.*, "Warum steht der deutsche Arbeiter zu Hitler"? Zur Rolle der Deutschen Arbeitsfront im Herrschaftssystem des Dritten Reiches, in: GG 12. 1986, 212—34.

219 -- Hg., Arbeiterschaft in Deutschland 1914—18, Düsseldorf 1985.

220 --, Die Nationalsozialist. Betriebszellenorganisation. Zum Verhältnis von Arbeiterschaft u. Nationalsozialismus, in: VfZ 31. 1983, 573—613.

221 *Mallmann, K.-M. u. H. Steffen*, Lohn der Mühen. Geschichte der Bergarbeiter an der Saar, München 1989.

222 *Marquardt, F.D.*, Sozialer Aufstieg, sozialer Abstieg u. die Entstehung der Berliner Arbeiterklasse 1806—48, in: GG 1. 1975, 43—77.

223 --, A Working Class in Berlin in the 1840's? in: Sozialgeschichte Heute. 2. Fs. Rosenberg, Hg. H.-U. Wehler, Göttingen 1974, 191—210.

224 *Mason, T.W.*, Labour in the Third Reich, in: PP 33. 1966, 112—41.

225 --, Arbeiterklasse u. Volksgemeinschaft 1936—39, Opladen 1975.

226 --, National Socialism and the Working Class 1925—33, in: New German Critique 11. 1977, 49— 92.

227 --, The Worker's Opposition in Nazi Germany, in: History Workshop 11. 1981, 120—37.

228 *Matis, H.*, Über die sozialen u. wirtschaftl. Verhältnisse österreich. Fabrik- u. Manufakturarbeiter um die Wende vom 18. zum 19. Jh., in: VSWG 53. 1966, 433—76.

229 *Mattheier, K.*, Nationale Arbeiter zwischen Wirtschaftsfrieden u. Streik, Düsseldorf 1973.

230 *Maus, H.*, Arbeiter, in: HSW 1. 1956, 234—40.

231 *Meinert, R.*, Die Entwicklung der Arbeitszeit in der deutschen Industrie 1820—1956, Diss. Münster 1958.

232 *Meurer, B.*, Bürgerl. Kultur u. Sozialdemokratie bis 1875, Berlin 1988.

233 *Michels, R.*, Zum Problem der Behandlung des Proletariats in der Wissenschaft, in: ders., Probleme der Sozialphilosophie, Leipzig 1914, 98—132.

234 --, Psychologie der antikapitalist. Massenbewegungen, in: GdS 9/I. 1926, 241—359.

235 *Mommsen, H.*, Aktionsformen u. Bedingungen des Widerstands in der Arbeiterschaft, in: Widerstandsbewegungen in Deutschland u. in Polen während des Zweiten Weltkriegs, Braunschweig 1983[2], 41–51.

236 --, Arbeiterkultur u. Lebensbedingungen der Industriearbeiterschaft in Deutschland am Vorabend des Ersten Weltkrieges, in: Industrialisierung, sozialer Wandel u. Arbeiterbewegung in Deutschland u. Polen bis 1914, Hg. Deutsch-poln. Schulbuchkommission, Braunschweig 1983, 123–39.

237 *Mooser, J.*, Abschied von der "Proletarität". Sozialstruktur u. Lage der Arbeiterschaft in der Bundesrepublik in histor. Perspektive, in: W. Conze u. M.R. Lepsius, Sozialgeschichte der Bundesrepublik Deutschland, Stuttgart 1983, 143–86.

238 --, Arbeiter, Bürger u. Priester in den konfessionellen Arbeitervereinen im deutschen Kaiserreich 1880–1914, in: J. Kocka Hg., Arbeiter u. Bürger im 19. Jh., München 1986, 79–105.

239 --, Arbeiterleben in Deutschland 1900–1970. Klassenlagen, Kultur u. Politik, Frankfurt 1984.

240 -- Auflösung der proletar. Milieus. Klassenbildung u. Individualisierung in der Arbeiterschaft vom Kaiserreich bis in die Bundesrepublik Deutschland, in: SW 34. 1983, 270–306.

241 --, Entproletarisierung des Arbeiterlebens, in: BHS 1986/2, 58–62.

242 *Mühlberg, D.* u.a., Arbeiterleben um 1900, Berlin 1983.

243 -- Hg., Proletariat in Kultur u. Lebensweise im 19. Jh., Leipzig 1986.

244 *Münchow, U.* Hg., Arbeiter über ihr Leben (bis 1933), Berlin 1976.

245 --, Frühe deutsche Arbeiterautobiographien, Berlin 1973.

246 *Münz, H.*, Die Lage der Bergarbeiter im Ruhrrevier, Essen 1909.

247 *Müssiggang, A.*, Die soziale Frage in der Histor. Schule der deutschen Nationalökonomie, Tübingen 1968.

248 *Mulert, O.*, 24 ostpreuß. Arbeiter u. Arbeiterfamilien. Ein Vergleich ihrer ländl. u. städt. Lebensverhältnisse, Jena 1908.

249 *Neufeld, M.J.*, The Skilled Metalworkers of Nuremberg: Craft and Class in the Industrial Revolution, New Brunswick 1989.

250 *Neuman, R.P.*, Working Class Birth Control in Wilhelmine Germany, in: CSSH 20. 1978, 408–28.

251 --, Industrialization and Sexual Behavior: Some Aspects of Working-Class Life in Imperial Germany, in: R.J. Bezucha Hg., Modern European Social History, Lexington 1972, 270–300.

252 --, The Sexual Question and Social Democracy in Imperial Germany, in. JSH 7. 1974, 271–86.

253 *Neuss, E.*, Entstehung u. Entwicklung der Klasse der besitzlosen Lohnarbeiter in Halle, Berlin 1958.

254 *Niehuss, M.*, Arbeiterschaft in Krieg u. Inflation. Soziale Schichtung u. Lage der Arbeiter in Augsburg u. Linz 1910–25, Berlin 1985.

255 *Niess, F.*, Geschichte der Arbeitslosigkeit, Köln 1979.

256 *Niethammer, L.*, Der zugeteilte Raum. Studien zur Transformation der Arbeiterwohnungsfrage, Frankfurt 1987.

257 *Obermann, K.*, Die Arbeitermigrationen in Deutschland im Prozeß der Industrialisierung u. die Entstehung der Arbeiterklasse 1815—67, in: JbW 1972/I, 135—81.
258 --, Zur Rolle der Eisenbahnarbeiter im Prozeß der Formierung der Arbeiterklasse in Deutschland, in: JbW 1970/II, 129—40.
259 *Oppenheimer-Bluhm, H.*, The Standard of Living of German Labor under Nazi Rule, New York 1943/ND 1965.
260 *Osterland, M.* u.a., Materialien zur Lebens- u. Arbeitssituation der Industriearbeiter in der Bundesrepublik, Frankfurt 1973.
261 *Patch, W.L.*, German Social History and Labor History, in: JMH 56. 1984, 483—98.
262 *Perlick, A.*, Oberschles. Berg- u. Hüttenleute, Kitzingen 1953.
263 *Petzina, D.*, Soziale Lage der deutschen Arbeiter u. Probleme des Arbeitseinsatzes während des Zweiten Weltkrieges, in: W. Dlugoborski Hg., Zweiter Weltkrieg u. sozialer Wandel, Göttingen 1981, 65—86.
264 *Peukert, D.*, Der deutsche Arbeiterwiderstand 1933—45, in: APZ B. 28—29/1979, 22—36.
265 --, Die Erwerbslosigkeit junger Arbeiter in der Weltwirtschaftskrise 1929—33, in: VSWG 72. 1985, 305—28.
266 --, Industrialisierung des Bewußtseins? Arbeitserfahrungen von Ruhrbergleuten im 20. Jh., in: K. Tenfelde Hg., Arbeit u. Arbeitserfahrung in der Geschichte, Göttingen 1986, 92—191.
267 --, Die Lage der Arbeiter u. der gewerkschaftl. Widerstand im Dritten Reich, in: K. Tenfelde u.a., Geschichte der deutschen Gewerkschaften, Köln 1987, 447—98.
268 *Peukert, W.-E.*, Volkskunde des Proletariats, Frankfurt 1931.
269 *Phelps Brown, E.H. u. M.H. Brown*, Labor Hours: Hours of Work, in: IESS 8. 1968, 487—91.
270 *Pieper, L.*, Die Lage der Bergarbeiter im Ruhrrevier, Stuttgart 1903.
271 *Pierenkemper, T.*, Die Vermarktung von Arbeitskraft in Deutschland, in: K.J. Bade Hg., Auswanderer - Wanderarbeiter - Gastarbeiter, I, Ostfildern 1984, 139—78.
272 --, Labour Market, Labour, Labour Force, and the Standard of Living, in: K.J. Bade Hg., Population, Labour and Migration in 19th and 20th Century Germany, Leamington Spa 1986, 34—57.
273 *Plötz, M.*, Zur Geschichte der Lage u. des Kampfes der Bergarbeiter im niederschles. Steinkohlenrevier 1868—1902, Diss. Freiberg 1971.
274 *Pohl, H.* Hg., Forschungen zur Lage der Arbeiterschaft im Industrialisierungsprozeß, Stuttgart 1978.
275 *Popitz, H.* u.a., Das Gesellschaftsbild des Arbeiters, Tübingen 1957.
276 --, Technik u. Industriearbeit, Tübingen 1964^2.
277 *Reck, S.*, Arbeiter nach der Arbeit, Gießen 1977.
278 *Reif, H.*, Arbeiter u. Unternehmer in Städten des westfäl. Ruhrgebiets 1850—1930, in: J. Kocka Hg., Arbeiter u. Bürger im 19. Jh., München 1986, 151—81.

279 --, "Ein seltener Kreis von Freunden". Arbeitsprozesse u. Arbeitserfahrungen bei Krupp 1840—1914, in: K. Tenfelde Hg., Arbeit u. Arbeitserfahrung in der Geschichte, Göttingen 1986, 51—91.

280 --, Soziale Lage u. Erfahrungen des alternden Fabrikarbeiters in der Schwerindustrie des westl. Ruhrgebiets während der Hochindustrialisierung, in: AfS 22. 1982, 1—92.

281 *Reulecke, J. u. W. Weber* Hg., Fabrik - Familie - Feierabend, Wuppertal 1978.

282 --, Vom blauen Montag zum Arbeiterurlaub. Vorgeschichte u. Entstehung des Erholungsurlaubs für Arbeiter vor 1914, in: AfS 16. 1976, 205—48.

283 --, Veränderungen des Arbeitskräftepotentials im Deutschen Reich 1900—33, in: H. Mommsen u.a. Hg., Industrielles System u. polit. Entwicklung in der Weimarer Republik, Düsseldorf 1974, 84—94.

284 *Rimlinger, G.V.*, Labor and the State on the Continent 1800—1939, in: CEHE 8. 1989, 549—606.

285 --, The Legitimation of Protest: A Comparative Study in Labor History, in: CSSH 2. 1960, 329—43; dt. in: W. Fischer u. G. Bajohr Hg., Die Soziale Frage, Stuttgart 1967, 284—304.

286 *Ritter, G.A. u. K. Tenfelde*, Arbeiter im Deutschen Kaiserreich, Bonn 1992.

287 -- Hg., Arbeiterkultur, Königstein 1979.

288 --, Geschichte der deutschen Arbeiterbewegung im Kaiserreich, München 1989.

289 --, Staat u. Arbeiterschaft in Deutschland 1848/49—1933, in: HZ 231. 1980, 325—68.

290 --, Workers' Culture in Imperial Germany: Problems and Points of Departure for Research, in: JCH 13. 1978, 165—89.

291 --, Gewerbl. Zusammensetzung u. innere Schichtung der industriellen Arbeiterschaft im Kaiserreich, in: Industrialisierung, sozialer Wandel u. Arbeiterbewegung in Deutschland u. Polen bis 1914, Braunschweig 1983, 91—115.

292 *Roberts, J.S.*, Der Alkoholkonsum deutscher Arbeiter im 19. Jh., in: GG 6. 1980, 220—42.

293 --, Drink, Temperance, and the Working Class in 19th Century Germany, London 1984.

294 --, Drink and Working Class Living Standards in Late 19th Century Germany, in: W. Conze u. U. Engelhardt Hg., Arbeiterexistenz im 19. Jh., Stuttgart 1981, 74—91.

295 *Rosenstock, E.*, Lebensarbeit in der Industrie, Berlin 1926.

296 *Ruck, M.*, Bollwerk gegen Hitler? Arbeiterschaft, Arbeiterbewegung u. die Anfänge des Nationalsozialismus, Köln 1988.

297 *Ruckhäberle, H.-J.* Bildung u. Organisation. Zur Kultur der Handwerker u. Arbeiter 1830—1914, in: Internat. Archiv f. Sozialgeschichte der deutschen Literatur 3. 1978, 191—207.

298 *Rühle, O.*, Illustrierte Kultur- u. Sittengeschichte des Proletariats, I, Berlin 1930/ND Frankfurt 1971; II, Gießen 1977.

299 *Rupieper, H.-J.*, Arbeiter u. Angestellte im Zeitalter der Industrialisierung (MAN), Frankfurt 1982.

300 --, Die Herausbildung der Industriearbeiterschaft im 19. Jh.: Das Beispiel MAN 1837—1914, in: J. Bergmann u.a., Arbeit, Mobilität, Partizipation, Protest, Opladen 1986, 199—219.

301 --, Regionale Herkunft, Fluktuation u. innerbetriebl. Mobilität der Arbeiterschaft der Maschinenfabrik Augsburg-Nürnberg (MAN) 1844—1914, in: W. Conze u. U. Engelhardt Hg., Arbeiter im Industrialisierungsprozeß, Stuttgart 1979, 94—112.

302 *Ruppert, W.* Hg., Die Arbeiter, München 1986.

303 --, Die Fabrik. Geschichte von Arbeit u. Industrialisierung in Deutschland, München 1983.

304 *v. Saldern, A.*, Wilhelmin. Gesellschaft u. Arbeiterklasse, in: IWK 13. 1977, 469— 505.

305 *Saul, K.* u.a. Hg., Arbeiterfamilien im Kaiserreich, Königstein 1982.

306 *Schäfer, H.*, Arbeiterverdienst im Lebenszyklus, in: AfS 21. 1981, 237—67.

307 --, Arbeitslosigkeit im 19. Jh., in: W. Conze u. U. Engelhardt Hg., Arbeiterexistenz im 19. Jh., Stuttgart 1981, 320—44.

308 --, Italien. "Gastarbeiter" im Deutschen Kaiserreich 1890—1914, in: ZfU 27. 1982, 192—214.

309 --, Die Industriearbeiter, in: H. Pohl Hg., Sozialgeschichtl. Probleme in der Zeit der Hochindustrialisierung 1870—1914, Paderborn 1979, 143—216.

310 --, Probleme der Arbeiterfluktuation während der Industrialisierung, in: W. Conze u. U. Engelhardt, Arbeiter im Industrialisierungsprozeß, Stuttgart 1979, 262—82.

311 *Schildt, G.*, Tagelöhner, Gesellen, Arbeiter. Sozialgeschichte der vorindustriellen u. industriellen Arbeiter in Braunschweig 1830—80, Stuttgart 1986.

312 *Schmiede, R. u. E. Schudlich*, Die Entwicklung der Leistungsentlohnung in Deutschland, Frankfurt 1977[2].

313 *Schmoller, G.*, Die soziale Frage, München 1918.

314 *Schofer, L.*, The Formation of a Modern Labor Force. Upper Silesia 1865—1914, Berkeley 1975; dt. Die Formierung einer modernen Arbeiterschaft. Oberschlesien 1865—1914, Dortmund 1983.

315 --, Modernization, Bureaucratization, and the Study of Labor History: Lessons from Upper Silesia, in: Sozialgeschichte Heute. 2. Fs. H. Rosenberg, Hg. H.-U. Wehler, Göttingen 1974, 467—78.

316 *Scholtz, T.*, Produktivkraftentwicklung, Arbeitskräftestruktur u. betriebl. Lohnarbeitsverhältnisse in der Porzellanmanufaktur in Meissen im 18. u. 19. Jh., in: JbW 1981/II, 51—103.

317 *Scholz, O.*, Arbeiterselbstbild u. Arbeiterfremdbild zur Zeit der Industriellen Revolution, Berlin 1980.

318 *Schomerus, H.*, Die Arbeiter der Maschinenfabrik Esslingen, Stuttgart 1977.

319 --, Ausbildung u. Aufstiegsmöglichkeiten württemberg. Metallarbeiter 1850—1914 am Beispiel der Maschinenfabrik Esslingen, in: Fs. W. Conze, Stuttgart 1976, 372—93.

320 --, Soziale Differenzierungen u. Nivellierung der Fabrikarbeiterschaft Esslingens 1846—1914, in: H. Pohl Hg., Forschungen zur Lage der Arbeiter im Industrialisierungsprozeß, Stuttgart 1978, 20—64.

321 *Schultz, H.*, Zur Herausbildung der Arbeiterklasse am Beispiel der mittleren ostelb. Handelsstadt Rostock, 1789—1870, in: JbG 13. 1975, 153—202.

322 --, Zur Herausbildung der Arbeiterklasse in Rostock 1800—50, in: Wiss. Zeitschrift der Univ. Rostock, Gesell.- u. sprachwiss. Reihe 21. 1972/2, 237—47.

323 --, Zur Vorgeschichte des Proletariats in der Epoche des Übergangs zum Kapitalismus, in: Zur Entstehung des Proletariats, Magdeburg 1980, 18—24.

324 *Schulz, G.*, Die Arbeiter u. Angestellten bei Felten & Guilleaume im 19. u. 20. Jh., Wiesbaden 1979.

325 --, Die betriebl. Lage der Arbeiter im Rheinland vom 19. bis zum beginnenden 20. Jh., in: RVB 50. 1986, 150—89.

326 *Schulze, W.*, Kinderarbeit u. Erziehungsfragen in Preußen zu Beginn des 19. Jh., in: SW 9. 1958, 299—309.

327 *Seidel, F.*, Die soziale Frage in der deutschen Geschichte, Wiesbaden 1964.

328 *Serlo, W.*, Westdeutsche Berg- u. Hüttenleute, Essen 1938.

329 *Sheehan, J.J.* Hg., Industrialization and Industrial Labor in 19th Century Europe, N.Y. 1973.

330 *Sombart, W.*, Arbeiter, in: A. Vierkandt Hg., Handwörterbuch der Soziologie, Stuttgart 1932/ND 1969, 1—14.

331 --, Die Arbeiterverhältnisse im Zeitalter des Frühkapitalismus, in: ASS 44. 1918, 19—51.

332 --, Die Idee des Klassenkampfes, in: SVS 170. 1925, 9—26.

333 --, Das Proletariat, Frankfurt 1906.

334 *Spohn, W.*, Piety, Secularism, Socialism. On Religion and Working Class Formation in Imperial Germany 1871—1914, in: B. Strath Hg., Language and the Construction of Class Identities, Gothenburg 1990, 495—515.

335 *Stearns, P.N.*, Adaptation to Industrialization: German Workers as a Test Case, in: CEH 3. 1970, 303—31.

336 --, Arbeiterleben 1890—1914, Frankfurt 1980.

337 --, The Effort at Continuity in Working-Class Culture, in: JMH 52. 1980, 626—55.

338 --, Lives of Labour. Work in a Maturing Industrial Society, London 1975.

339 --, Sozialgeschichte der Bergarbeiter im internat. Vergleich, in: GG 4. 1978, 551—59.

340 -- *u. D.J. Walkowitz* Hg., Workers in the Industrial Revolution. Recent Studies of Labor in the US and Europe, New Brunswick 1974.

341 --, The Unskilled and Industrialization. A Transformation of Consciousness, in: AfS 16. 1976, 249—82.

342 *Stefanski, V.M.*, Zum Prozeß der Emanzipation u. Integration von Außenseitern: Poln. Arbeitsemigranten im Ruhrgebiet, Dortmund 1984.

343 *Steinisch, I.*, Arbeitszeitverkürzung u. sozialer Wandel. Der Kampf um die Achtstundenschicht in der deutschen u. amerikan. Eisen- u. Stahlindustrie, Berlin 1986.

344 --, Vorkriegsreform u. Nachkriegsentwicklung. Die Arbeiter- u. Arbeitszeitpolitik der deutschen und amerikan. eisen- u. stahlerzeugenden Industrie im u. nach dem Ersten Weltkrieg, in: GG 15. 1989, 457—88.

345 *Steinler, H. u. E. Wiegand*, Zur Entwicklung der Arbeitszeitgesetzgebung u. der Arbeitszeit in Deutschland seit der Industrialisierung, in: E. Wiegand u. W. Zapf Hg., Wandel der Lebensbedingungen in Deutschland, Frankfurt 1982, 17—63.

346 *Stemmrich, D.*, Die Siedlung als Programm. Untersuchungen zum Arbeiterwohnungsbau anhand Kruppscher Siedlungen 1861—1907, Hildesheim 1981.

347 *Stiebel, N.*, Der Zentralverein für das Wohl der arbeitenden Klassen in Preußen, Diss. Heidelberg 1922.

348 *Stolle, U.*, Arbeiterpolitik im Betrieb 1900—33, Frankfurt 1980.

349 *Strauss, R.*, Die Lage u. die Bewegung der Chemnitzer Arbeiter in der ersten Hälfte des 19. Jh., Berlin 1960.

350 *Tenfelde, K.*, Alltag u. Überlieferung. Zur Bergarbeiterdichtung im Ruhrgebiet bis 1914, in: Westfäl. Zeitschrift 130. 1980, 91—114.

351 --, Anmerkungen zur Arbeiterkultur, in: W. Ruppert Hg., Erinnerungsarbeit, Opladen 1982, 107—34.

352 -- Hg., Arbeit u. Arbeitserfahrung in der Geschichte, Göttingen 1986.

353 -- Hg., Arbeiter im 20. Jh., Stuttgart 1991.

354 -- *u. G.D. Feldman* Hg., Arbeiter, Unternehmer u. Staat im Bergbau. Industrielle Beziehungen im Vergleich, München 1989.

355 --, Arbeiterkultur, in: W. Langenbucher u.a. Hg., Kulturpolitik. Wörterbuch, Stuttgart 1983, 45—50.

356 --, Arbeiterkultur im industriellen Ballungsraum, in: Friedrich-Ebert-Stiftung Hg., Arbeiterkultur u. industrieller Strukturwandel, Bonn 1988, 1—15.

357 --, Arbeiterkultur - eine andere Kultur?, in: Historiographie. Protoindustrialisierung. Arbeiterbewegung. Faschismus. Bericht über das 1. deutsch-norweg. Historikertreffen in Bergen, Mai 1986, o.O., o.J., 103—112.

358 --, Arbeiterschaft, Arbeitsmarkt u. Kommunikationsstrukturen im Ruhrgebiet in den 1850er Jahren, in: AfS 16. 1976, 1—60.

359 --, Der bergmänn. Arbeitsplatz während der Hochindustrialisierung 1890—1914, in: W. Conze, u. U. Engelhardt Hg., Arbeiter im Industrialisierungsprozeß, Stuttgart 1979, 283—335.

360 --, Bergarbeiterkultur in Deutschland, in: GG 5. 1979, 12—53.

361 --, Bildung u. sozialer Aufstieg im Ruhrbergbau vor 1914, in: W. Conze u. U. Engelhardt Hg., Arbeiter im Industrialisierungsprozeß, Stuttgart 1979, 465—93.

362 --, Das Fest der Bergleute. Studien zur Geselligkeit der Arbeiterschaft im 20. Jh., in: G.A. Ritter Hg., Arbeiterkultur, Königstein 1979, 209—45.

363 --, Neue Forschungen zur Geschichte der Arbeiterschaft, in: AfS 20. 1980, 593—615.

364 --, Geschichte der deutschen Arbeiter u. der Arbeiterbewegung - ein Sonderweg, in: Der Aquädukt 1763—1988, München 1988, 469—83.

365 --, Die Geschichte der Arbeiter zwischen Strukturgeschichte u. Alltagsgeschichte, in: W. Schieder u. V. Sellin Hg., Sozialgeschichte in Deutschland, IV, Göttingen 1987, 81—104.

366 --, Mining Festivals in the 19th Century, in: JCH 13. 1978, 377–412.

367 --, Comparative Research in the History of Mining Workers, in: G. Schmidt Hg., Bergbau in Großbritannien u. im Ruhrgebiet. Studien zur vergleich. Geschichte des Bergbaus 1840–1930, Bochum 1985, 18–35.

368 --, Sozialgeschichte der Bergarbeiterschaft an der Ruhr im 19. Jh., Bonn 1977/1980^{2}.

369 --, Sozialgeschichte des Bergbaus im 19. u. 20. Jh., München 1992.

370 --, Sozialgeschichte u. vergleich. Geschichte der Arbeiter, in: ders., Arbeiter u. Arbeiterbewegung im Vergleich, München 1986, 13–62.

371 *Thompson, E.P.*, Time, Work-Discipline, and Industrial Capitalism, in: PP 38. 1967, 56–97; dt. Zeit, Arbeitsdisziplin u. Industriekapitalismus, in: R. Braun u.a., Gesellschaft in der Industriellen Revolution, Köln 1973, 81–112.

372 *Thun, A.*, Die Industrie am Niederrhein u. ihre Arbeiter, 2 Bde, Leipzig 1879.

373 *Tilly, C.*, Demographic Origins of the European Proletariat, in: D. Levine Hg., Proletarization and Family Life, Orlando 1984, 1–85.

374 --, Proletarianization, in: ders., As Sociology Meets History, N.Y. 1981, 179–90.

375 --, States, Taxes, and Proletarians, in: ders., As Sociology Meets History, N.Y. 1981, 191–210.

376 *Toennies, F.*, Die Entwicklung der sozialen Frage bis 1914, Berlin 1914.

377 *Treiber, H. u. H. Steinert*, Die Fabrikation des zuverlässigen Menschen. Über die Wahlverwandtschaft von Kloster- und Fabrikdisziplin, München 1980.

378 *Trischler, H.*, Arbeitsunfälle u. Berufskrankheiten im Bergbau 1851–1945, in: AfS 28. 1988, 111–52.

379 *Uhen, L.*, Gruppenbewußtsein u. informelle Gruppenbildung bei deutschen Arbeitern im Jh. der Industrialisierung, Berlin 1964.

380 *van der Ven, F.*, Sozialgeschichte der Arbeit, III: 19. u. 20. Jh., München 1972.

381 *Vierhaus, R.*, Bürgerl. Hegemonie oder proletar. Emanzipation: der Beitrag der Bildung, in: J. Kocka Hg., Arbeiter u. Bürger im 19. Jh., München 1986, 53–64.

382 *Voigt, A.*, Mechanisierung der Arbeit, in: HStW 6. 1925^{4}, 535–41.

383 *Volkmann, H.*, Die Arbeiterfrage im Preuß. Abgeordnetenhaus 1848–69, Berlin 1968.

384 *Wächtler, E.*, Bergarbeiter zur Kaiserzeit. Die Geschichte der Lage der Bergarbeiter im sächs. Steinkohlerevier Lugau-Oelsnitz 1889–1914, Berlin 1962.

385 --, Die Geschichte der Lage u. des Kampfes der Arbeiter im Staatsbergbau an der Saar 1789–1849, in: JbW 1961/II, 231–49.

386 *Waismann, C.H.*, Modernization and the Working Class: The Politics of Legiti macy, Austin/Texas 1982.

387 *Weber, A.*, Das Berufsbild der Industriearbeiter, in: ASS 34. 1912, 377–405.

388 *Weber, M.*, Methodolog. Einleitung für die Erhebungen des Vereins für Socialpolitik über Auslese u. Anpassung (Berufswahl u. Berufsschicksal) der Arbeiterschaft der geschlossenen Großindustrie, in: ders., Ges. Aufsätze zur Soziologie u. Sozialpolitik, Tübingen 1924/ND 1988, 1–60.

389 *Wehler, H.-U.*, Die Polen im Ruhrgebiet bis 1918, in: VSWG 48. 1961, 203–35; u. in: ders. Hg., Moderne deutsche Sozialgeschichte, Königstein 1981^{6}, 437–55; u. in: ders., Krisenherde des Kaiserreichs 1871–1918, Göttingen 1970^{2}, 220–37.

390 *Weinhold, R.* Hg., Volksleben zwischen Zunft u. Fabrik, Berlin 1982.

391 *Wellenreuther, H.*, Forschungen zur Geschichte der Arbeiter in Deutschland, England u. Nordamerika im 18. Jh.: Der Arbeitsmarkt, in: K. Tenfelde, Arbeiter u. Arbeiterbewegung im Vergleich, München 1986, 63—99.

392 *Weltz, F. u. G. Schmidt*, Arbeiter u. berufl. Aufstieg, München 1971.

393 *Werner, W.F.*, "Bleib übrig!" Die Arbeiter in der NS-Kriegswirtschaft, Düsseldorf 1983.

394 *Wettstein-Adelt, M.*, Dreieinhalb Monate Fabrikarbeiterin, Berlin 1893.

395 *Wischermann, C.*, "Streit um Sonntagsarbeit". Histor. Perspektiven einer aktuellen Kontroverse, in: VSWG 78. 1991, 6—38.

396 *Wolfgramm, E.* u.a., Die sozialökonom. Kämpfe der Eisenbahnbauarbeiter in Sachsen 1844—48, in: Aus der Frühzeit der deutschen Arbeiterbewegung, Berlin 1964, 65— 101.

397 *Wortmann, W.*, Eisenbahnbauarbeiter im Vormärz 1844—47, Köln 1972.

398 *Woytinski, W.*, Hours of Labor, in: ESS 7. 1933, 478—93.

399 *Zimmermann, W.*, Arbeiter u. Arbeiterfragen, in: HStW 1. 1923^4, 387—401.

400 --, Die Veränderungen der Einkommens- u. Lebensverhältnisse der deutschen Arbeiter durch den Krieg, in: R. Meerwarth u.a., Die Einwirkungen des Krieges auf Bevölkerungsbewegung, Einkommen u. Lebenshaltung in Deutschland, Stuttgart 1932, 281— 474.

401 *Zollitsch, W.*, Arbeiter zwischen Weltwirtschaftskrise u. Nationalsozialismus, Göttingen 1990.

402 *Zumdick, U.*, Hüttenarbeiter im Ruhrgebiet. Die Belegschaft der Phönix-Hütte in Duisburg-Laar 1853—1914, Stuttgart 1990.

403 *Zunkel, F.*, Die ausländ. Arbeiter in der deutschen Kriegswirtschaftspolitik des Ersten Weltkriegs, in: 1. Fs. H. Rosenberg, Hg. G.A. Ritter, Berlin 1970, 280—311.

404 *Zwahr, H.*, Ausbeutung u. gesellschaftl. Stellung des Fabrik- u. Manufakturproletariats am Ende der Industriellen Revolution im Spiegel Leipziger Fabrikordnungen, in: Kultur u. Lebensweise des Proletariats, Hg. W. Jacobeit u. E. Mohrmann, Berlin 1973, 85—136.

405 --, Die Entwicklung proletar. Gemeinschaftsbeziehungen im Prozeß der sozialen Konstituierung der deutschen Arbeiterklasse, in: JbG 13. 1975, 203—42.

406 --, Zur Genesis der deutschen Arbeiterklasse, in: Zur Entstehung des Proletariats, Magdeburg 1980, 25—50.

407 --, Zur Geschichte der deutschen Arbeiterklasse. Stadiale u. regionale Entwicklungsformen des deutschen Proletariats im Vergleich, in: Zur Entstehung des Proletariat, Magdeburg 1980, 25—49.

408 --, Zur Herausbildung der deutschen Arbeiterklasse, Berlin 1977.

409 -- Hg., Die Konstituierung der deutschen Arbeiterklasse von den 30er zu den 70er Jahren des 19. Jh., Berlin 1981.

410 --, Zur Konstituierung des Proletariats als Klasse. Strukturuntersuchung über das Leipziger Proletariat während der Industriellen Revolution, Berlin 1978/München 1981.

411 --, Zur Konstituierung des Proletariats als Klasse. Strukturuntersuchung über das Leipziger Proletariat während der Industriellen Revolution, in: H. Bartel u. E. Engelberg Hg., Die großpreuß.-militarist. Reichsgründung, I, Berlin 1971, 501–51.

412 --, Die Struktur des sich als Klasse konstituierenden deutschen Proletariats als Gegenstand histor. Forschung, in: E. Engelberg Hg., Probleme der marxist. Geschichtswissenschaft, Köln 1972, 235–69.

413 --, Zur Strukturanalyse der sich konstituierenden deutschen Arbeiterklasse, in: Beiträge zur Geschichte der Arbeiterbewegung 18. 1976, 605–28.

34. Sozialgeschichte der Industrialisierung

1 *Adelmann, G.*, Die soziale Betriebsverfassung des Ruhrbergbaus vom Anfang des 19. Jh. bis 1914, Bonn 1962.

2 --, Vom Gewerbe zur Industrie im kontinentalen Westeuropa, Wiesbaden 1985.

3 *Aden, O.*, Entwicklung u. Wechsellagen ausgewählter Gewerbe in Ostfriesland 1750–1900, Aurich 1964.

4 *Albion, R.G.*, The "Communications Revolution", in: AHR 37. 1932, 718–20.

5 Arbeit-Mensch-Maschine, Der Weg in die Industriegesellschaft, Hg. R. Kropf, 2 Bde, Wien 1987.

6 *Baar, L.*, Die Berliner Industrie in der industriellen Revolution, Berlin 1966.

7 --, Probleme der Industriellen Revolution in großstädt. Industriezentren. Das Berliner Beispiel, in: W. Fischer Hg., Wirtschafts- u. sozialgeschichtl. Probleme der Frühen Industrialisierung, Berlin 1968, 529–42.

8 *Banfield, T.C.*, Industry of the Rhine, 2 Bde, London 1846/48/ND. N.Y. 1969.

9 *Benda, E.*, Industrielle Herrschaft u. sozialer Staat, Göttingen 1966.

10 *Bendix, R.*, Industrialization, Ideologies and Social Structure, in: ASR 24. 1959, 613–23, u. in: ders., Embattled Reason, N.Y. 1970, 187–202.

11 --, Work and Authority, N.Y. 1956; dt. Herrschaft u. Industriearbeit, Frankfurt 1960.

12 *Berg, W.*, Wirtschaft u. Gesellschaft in Deutschland u. Großbritannien im Übergang zum "Organis. Kapitalismus". Unternehmer, Angestellte, Arbeiter u. Staat im Steinkohlenbergbau des Ruhrgebiets u. Südwales 1850–1914, Berlin 1984.

13 *Blumberg, H.*, Die deutsche Textilindustrie in der Industriellen Revolution, Berlin 1965.

14 *Braun, R.* u.a. Hg., Gesellschaft in der Industriellen Revolution, Köln 1973.

15 --, Industrialisierung u. Volksleben, Göttingen 1979[2].

16 --, Sozialer u. kultureller Wandel in einem ländl. Industriegebiet (Zürcher Oberland) im 19. u. 20. Jh., Erlenbach 1965.

17 *Breilmann, A.*, Die sozialen Wirkungen der Industrialisierung auf die ländl. Bevölkerung im Emschergebiet, in: Vestisches Jb 51. 1949, 5–44.

18 *Brepohl, W.*, Industrievolk im Wandel von der agraren zur industriellen Daseinsform, Tübingen 1957.

19 *Briefs, G.*, Betriebsführung u. Betriebsleben in der Industrie, Stuttgart 1934.

20 *Büchsel, H.W.*, Rechts- u. Sozialgeschichte des oberschles. Berg- u. Hüttenwesens 1740–1806, Breslau 1941.

21 *Croon, H.*, Die Einwirkungen der Industrialisierung auf die gesellschaftl. Schichtung der Bevölkerung im rhein.-westfäl. Industriegebiet, in: RVB 20.1955, 301–16.

22 --, Die Einwirkung der Industrialisierung auf die gesellschaftl. Zusammensetzung des westfäl. Provinziallandtags, Köln 1960.

23 *Croon, H. u. K. Utermann*, Zeche u. Gemeinde, Tübingen 1958.

24 *Dahrendorf, R.*, Industrie- u. Betriebssoziologie, Berlin 1965.

25 *Decker, F.*, Die betriebl. Sozialordnung der Dürener Industrie im 19. Jh., Köln 1965.

26 *van Dülmen, R.* Hg., Industriekultur an der Saar 1840–1914, München 1989.

27 *Erker, P.*, Keine Sehnsucht nach der Ruhr. Grundzüge der Industrialisierung in Bayern 1900–70, in: GG 17. 1991, 480–511.

28 *Fischer, I.*, Industrialisierung, sozialer Konflikt u. polit. Willensbildung in der Stadtgemeinde Augsburg 1840–1914, Augsburg 1977.

29 *Fischer, W.*, Ökonom. u. soziale Aspekte der frühen Industrialisierung, in: ders. Hg., Wirtschafts- u. sozialgeschichtl. Probleme der frühen Industrialisierung, Berlin 1968, 1–20; u. in: ders., Wirtschaft u. Gesellschaft im Zeitalter der Industrialisierung, Göttingen 1972, 15–27.

30 --, Industrialisierung u. soziale Frage in Preußen, in: K.D. Erdmann u.a., Preußen, Stuttgart 1985, 223–60.

31 --, Rural Industrialization and Population Change, in: CSSH 15. 1973, 158–70.

32 -- Hg., Wirtschafts- u. sozialgeschichtl. Probleme der frühen Industrialisierung, Berlin 1968.

33 --, Social Tensions at Early Stages of Industrialization, in: CSSH 9. 1966, 64–83; dt. in: ders., Wirtschaft u. Gesellschaft im Zeitalter der Industrialisierung, Göttingen 1972, 224–41.

34 --, Wirtschaft u. Gesellschaft im Zeitalter der Industrialisierung, Göttingen 1972.

35 *Floud, R.C.*, Measuring the Transformation of the European Economics: Income, Health and Welfare, in: HSF 33. 1985, 25–41.

36 *Forberger, R.*, Die Manufakturen in Sachsen vom Ende des 16. bis zum Anfang des 19. Jh., Berlin 1958.

37 --, Die Industrielle Revolution in Sachsen 1800–1861, Bd. I, 2 Teile: Die Revolution der Produktivkräfte 1800–30, Berlin 1982.

38 *Fuchs, K.*, Beiträge zur Wirtschafts- u. Sozialgeschichte Schlesiens, Dortmund 1985.

39 *Fürstenberg, F.* Hg., Industriesoziologie, 3 Bde, Neuwied 1975.

40 *Gladen, A.*, Der Kreis Tecklenburg an der Schwelle des Zeitalters der Industrialisierung, Münster 1970.

41 *Gross, N.T.*, Die Industrielle Revolution im Habsburgerreich 1750–1914, in: C. Cipolla u. K. Borchardt Hg., Europäische Wirtschaftsgeschichte 4. 1977, 203–35.

42 *Hagen, E.*, How Economic Growth Begins. A Theory of Social Change, in: Journal of Social Issues 19. 1963, 20–34.

43 *Hardach, G.*, Aspekte der Industriellen Revolution, in: GG 17. 1991, 102–13.

44 *v. Hippel, W.*, Industrieller Wandel im ländl. Raum. Untersuchungen im Gebiet des mittl. Neckar 1850–1914, in: AfS 19. 1979, 43–123.

45 *Hohls, R. u. H. Kaelble* Hg., Die regionale Erwerbsstruktur im Deutschen Reich u. in der Bundesrepublik 1895–1970, St. Katharinen 1989.

46 *Jantke, C.*, Industrialisierung im Deutschland des 19. Jh. als Problem der Sozialgeschichte, in: Studium Generale 16. 1963, 585–96.

47 *Kaelble, H.*, Der Mythos von der rapiden Industrialisierung in Deutschland, in: GG 9. 1983, 106–18.

48 --, Was Prometheus Most Unbound in Europe? The Labour Force in Europe During the Late 19th and 20th Century, in: JEEH. 18. 1989, 65–104.

49 *Kiesewetter, H.*, Industrielle Revolution in Deutschland 1815–1914, Frankfurt 1989.

50 *Kocka, J.*, Vorindustrielle Faktoren in der deutschen Industrialisierung, in: Das kaiserl. Deutschland, M. Stürmer Hg., Düsseldorf 1970/1978^{3}, 265–86.

51 -- *u. N. Horn* Hg., Recht u. Entwicklung der Großunternehmen im 19. u. 20. Jh. Wirtschafts-, sozial- u. rechtshistor. Untersuchungen zur Industrialisierung in Deutschland, Frankreich, England u. den USA, Göttingen 1979.

52 -- *u. B. Mütter*, Wirtschaft u. Gesellschaft im Zeitalter der Industrialisierung, München 1980.

53 *Köllmann, W.* u.a. Hg., Das Ruhrgebiet im Industriezeitalter, 2 Bde, Düsseldorf 1990.

54 *Kriedte, P.* u.a., Industrialisierung vor der Industrialisierung. Gewerbl. Warenproduktion auf dem Lande in der Formationsperiode des Kapitalismus, Göttingen 1977.

55 *Lärmer, K.* u.a., Zur Haltung von Klassen u. Schichten zum produktionstechn. Fortschritt während der Industriellen Revolution in Deutschland, in: JbW 1986/I, 109–30.

56 *Lampard, E.E.*, The Social Impact of the Industrial Revolution, in: M. Kranzberg u. C.W. Pursell Hg., Technology in Western Civilization, I, N.Y. 1967, 302–21.

57 *Landes, D.S.*, Patterns of Leadership and Authority in the European Industrial Revolution, in: G. Wijevewardene Hg., Leadership and Authority, Singapur 1968, 107–46.

58 --, Der entfesselte Prometheus. Technologischer Wandel u. industrielle Entwicklung in Westeuropa von 1750 bis zur Gegenwart, Köln 1973/München 1983.

59 *Machtan, L.*, Zum Innenleben deutscher Fabriken im 19. Jh. Die formelle u. informelle Verfassung von Industriebetrieben der Textil– u. Maschinenproduktion 1869–91, in: AfS 21. 1981, 179–236.

60 *Michel, E.*, Sozialgeschichte der industriellen Arbeitswelt, Frankfurt 1960^{4}.

61 *Mottek, H.*, Wirtschafts- u. Sozialgeschichte - polit. Ökonomie - Sozialökonomie, in: JbW 1979/I, 145–48.

62 *Neuloh, O.*, Die deutsche Betriebsverfassung u. ihre Sozialformen bis zur Mitbestimmung, Tübingen 1956.

63 -- *u. J. Kurucz*, Vom Kirchdorf zur Industriegemeinde. Untersuchungen über den Einfluß der Industrialisierung auf die Wertordnung der Arbeitnehmer, Köln 1967.

64 *Nitschke, A.* Hg., Verhaltenswandel in der Industriellen Revolution. Beiträge zur Sozialgeschichte, Stuttgart 1975.

65 *Polanyi, K.*, The Great Transformation, Boston 1944/1968⁹; dt. dass., Frankfurt 1978.

66 *Pollard, S.*, Peaceful Conquest. The Industrialization of Europe 1760–1930, Oxford 1981.

67 --, Factory Discipline in the Industrial Revolution, in: EHR 16. 1963, 205–18; dt. Die Fabrikdisziplin in der industriellen Revolution, in: W. Fischer u. G. Bajor Hg., Die Soziale Frage, Stuttgart 1967, 159–85.

68 *Schumacher, M.*, Wirtschafts- u. Sozialverhältnisse der rhein. Textilindustrie im frühen 19. Jh., in: RVB 35. 1971, 301–34.

69 *Schumm-Garling, N.*, Herrschaft in der industriellen Arbeitsorganisation, Frankfurt 1972.

70 *Staudinger, H.*, Die Änderungen in der Führerstellung u. der Struktur des organisierten Kapitalismus, in: Fs. G. v. Eynern, Berlin 1967, 341–73.

71 *Steinbach, P.* Industrialisierung u. Sozialsystem im Fürstentum Lippe. Zum Verhältnis von Gesellschaftsstruktur u. Sozialverhalten einer verspätet industrialisierten Region im 19. Jh., Berlin 1976.

72 *Steinisch, J. u. K. Tenfelde*, Techn. Wandel u. soziale Anpassung in der deutschen Schwerindustrie während des 19. u. 20. Jh., in: AfS 28. 1988, 27–74.

73 *Tenfelde, K.*, Industrialisierung, in: R. van Dülmen Hg., Fischer Lexikon Geschichte, Frankfurt 1990, 207–20.

74 --, Patriarchalismus u. Interessenpolitik im deutschen Großbetrieb bis 1914, in: 17e Congrès International des Sciences Historiques, II, Madrid 1990, 488–495.

75 -- *u. Steinisch, I.*, Techn. Wandel u. soziale Anpassung in der deutschen Schwerindustrie während des 19. u. 20. Jh., in: AfS 28. 1988, 1–48.

76 *Teuteberg, H.-J.*, Geschichte der industriellen Mitbestimmung in Deutschland, Tübingen 1961.

77 *Veblen, T.*, Imperial Germany and the Industrial Revolution (1915), ND Ann Arbor 1966.

78 *Zorn, W.*, Bayerns Gewerbe, Handel u. Verkehr. Die Sozialentwicklung der nichtagrar. Welt 1806–1970, in: HBG IV 1 u. 2: 1800–1970, München 1975², 846–82.

79 --, Neue Forschungsansätze zur Wirtschafts- u. Sozialgeschichte der Rheinlande im 18./19. Jh., in: BDL 102. 1966, 47–61.

80 --, Probleme der Industrialisierung Oberfrankens im 19. Jh., in: Jb. für fränk. Landesforschung 29. 1969, 295–310.

81 --, Sozial- u. Wirtschaftsgeschichte in histor.-biograph. Handbüchern, in: VSWG 63. 1976, 468–75.

82 --, Sozialer Wandel in Mitteleuropa 1780–1840. Eine vergleich. landesgeschichtl. Untersuchung, in: P.-C. Ludz Hg., Soziologie u. Sozialgeschichte, Opladen 1973, 343–85.

35. Sozialpolitik

1 *Achinger, H.*, Sozialpolitik als Gesellschaftspolitik, Hamburg 1958.

2 *Albers, J.*, Vom Armenhaus zum Wohlfahrtsstaat. Analysen zur Entwicklung der Sozialversicherung in Westeuropa, Frankfurt 1982.

3 --, Die Entwicklung sozialer Sicherungssysteme im Lichte empir. Analysen, in: H.F. Zacher Hg., Bedingungen für die Entstehung u. Entwicklung von Sozialversicherung, Berlin 1979, 123–210.

4 *Albrecht, P.*, Die volkswirtschaftl. u. sozialen Fragen in der Frankfurter Nationalversammlung, Diss. Halle-Wittenberg/Halle 1914.

5 *Baldwin, P.*, The Politics of Social Solidarity. Class Bases of the European Welfare State 1875–1975, Cambridge 1990.

6 *Baron, R.*, Weder Zuckerbrot noch Peitsche. Histor. Konstitutionsbedingungen des Sozialstaats in Deutschland, in: Gesellschaft. Beiträge zur Marxschen Theorie 12, Frankfurt 1979, 13–55.

7 *Bauer, S.*, Arbeiterschutzgesetzgebung, in: HStW 1. 1923[4], 401–701.

8 *Berlepsch, H.*, Sozialpolit. Erfahrungen, Mönchengladbach 1925.

9 *Berlepsch, H.-J.*, "Neuer Kurs" im Kaiserreich? Die Arbeiterpolitik des Frh. v. Berlepsch 1890–96, Bonn 1987.

10 *Biedenkopf, K.*, Sozialpolitik u. Arbeitsrecht, in: H. Mommsen u.a. Hg., Industrielles System u. polit. Entwicklung in der Weimarer Republik, Düsseldorf 1974, 290–302.

11 *Blasius, D.*, Konservative Sozialpolitik u. Sozialreform im 19. Jh., in: G.K. Kaltenbrunner Hg., Rekonstruktion des Konservativismus, Freiburg 1973[2], 469–88.

12 *Bocks, W.*, Die bad. Fabrikinspektionen 1879–1914, Freiburg 1978.

13 *v.d. Borght, R.*, Die soziale Bedeutung der deutschen Arbeiterversicherung, in: Fs. J. Conrad, Jena 1898, 183–268.

14 *Born, K.E. u. P. Rassow* Hg., Akten zur staatl. Sozialpolitik in Deutschland 1890– 1914, Wiesbaden 1959.

15 --, Die Motive der Bismarckschen Sozialgesetzgebung, in: Die Arbeiterversorgung 62. 1960, 33–99.

16 --, Sozialpolit. Probleme u. Bestrebungen in Deutschland von 1848 bis zur Bismarckschen Sozialgesetzgebung, in: VSWG 46. 1959, 29–44.

17 --, Staat u. Sozialpolitik seit Bismarcks Sturz 1890–1914, Wiesbaden 1957.

18 --, Staat u. Sozialpolitik im Deutschen Kaiserreich, in: Fs. K. Kluxen, Paderborn 1972, 179–97.

19 *Bornschen, K.*, Die freiwilligen Sozialleistungen privater Klein-, Mittel- u. Großbetriebe in den Regierungsbezirken Koblenz u. Trier, Köln 1957.

20 *Breger, M.*, Die Haltung der industriellen Unternehmer zur staatl. Sozialpolitik 1878–91, Frankfurt 1982.

21 *Briggs, A.*, The Welfare State in Historical Perspective, in: Europä. Archiv für Soziologie 2. 1961, 221–58.

22 *vom Bruch, R.* Hg., Weder Kommunismus noch Kapitalismus. Bürgerl. Sozialreform in Deutschland vom Vormärz bis zu Adenauer, München 1985.

23 --, Bürgerl. Sozialreform im Deutschen Kaiserreich, in: ders. Hg., Weder Kommunismus noch Kapitalismus, München 1985, 61–179.

24 *Büren, H.*, Arbeitgeber u. Sozialpolitik, Köln 1934.

25 *Conrad, C.*, Die Entstehung des modernen Ruhestands. Deutschland im internationalen Vergleich 1850–1960, in: GG 14. 1988, 417–47.

26 --, Gewinner u. Verlierer im Wohlfahrtsstaat. Deutsche u. internationale Tendenzen im 20. Jh., in: AfS 30. 1990, 297–326.

27 *Dreher, W.*, Die Entstehung der Arbeiterwitwenversicherung in Deutschland, Berlin 1978.

28 *Emminghaus, A.*, Das Armenwesen u. die Armengesetzgebung in europ. Staaten, Berlin 1870.

29 *Erdmann, G.*, Die Entwicklung der deutschen Sozialgesetzgebung, Göttingen 1957².

30 *Faust, A.*, Arbeitsmarktpolitik im Deutschen Kaiserreich 1890–1918, Stuttgart 1986.

31 --, Konjunktur, Arbeitsmarkt u. Arbeitslosenpolitik im Deutschen Kaiserreich, in: D. Petzina u. G. van Roon Hg., Konjunktur, Krise, Gesellschaft, Stuttgart 1981, 235–55.

32 --, Konjunktur, Arbeitsmarktstruktur u. sozialpolit. Reaktionen: Arbeitsnachweis, Arbeitsbeschaffung u. Arbeitslosenversicherung im Deutschen Kaiserreich, in: H. Kellenbenz Hg., Wachstumsschwankungen, Stuttgart 1981, 145–64.

33 --, Der Staat u. die Arbeitslosigkeit in Deutschland 1890–1918. Arbeitsvermittlung, Arbeitsbeschaffung u. Arbeitslosenversicherung, in: W.J. Mommsen Hg., Die Entstehung des Wohlfahrtsstaates in Großbritannien u. Deutschland 1850–1950, Stuttgart 1982, 159–72.

34 *v. Ferber, C.* Hg., Soziologie u. Sozialpolitik, Opladen 1977.

35 *Flora, P. u. A.J. Heidenheimer* Hg., The Development of the Welfare States in Europe and America, New Brunswick 1981.

36 -- u.a., Zur Entwicklung des westeurop. Wohlfahrtsstaats, in: PVS 18. 1977, 707–72.

37 --, Krisenbewältigung oder Krisenerzeugung? Der Wohlfahrtsstaat aus europ. Perspektive, in: J. Matthes Hg., Sozialer Wandel in Westeuropa, Frankfurt 1979, 82–136.

38 --, Krisenbewältigung oder Krisenerzeugung? Der Wohlfahrtsstaat in histor. Perspektive, in: W.J. Mommsen Hg., Die Entstehung des Wohlfahrtsstaates in Großbritannien u. Deutschland 1850—1950, Stuttgart 1982, 353—98.

39 *Forberger, M.*, Ausländerbeschäftigung, Arbeitslosigkeit u. gewerkschaftl. Sozialpolitik, 1890—1918, in: AfS 27. 1987, 51—81.

40 *Frankenstein, K.*, Der Arbeiterschutz, Leipzig 1896.

41 *Gates, R.A.*, Von der Sozialpolitik zur Wirtschaftspolitik? Das Dilemma der deutschen Sozialdemokratie in der Krise 1929—33, in: H. Mommsen u.a. Hg., Industrielles System u. polit. Entwicklung in der Weimarer Republik, Düsseldorf 1974, 206—25.

42 *Geyer, M.*, Ein Vorbote des Wohlfahrtsstaates. Die Kriegsopferversorgung in Frankreich, Deutschland u. Großbritannien nach dem Ersten Weltkrieg, in: GG 9. 1983, 230—77.

43 *Geyer, M.-H.*, Die Reichsknappschaft. Versicherungsreformen u. Sozialpolitik im Bergbau 1900—45, München 1987.

44 --, Soziale Sicherheit und wirtschaftl. Fortschritt: Überlegungen zum Verhältnis von Arbeitsideologie und Sozialpolitik im "Dritten Reich", in: GG 15. 1989, 382—406.

45 *Girvetz, H.K.*, Welfare State, in: IESS 16. 1968, 512—21.

46 *Gladen, A.*, Geschichte der Sozialpolitik in Deutschland, Wiesbaden 1974.

47 --, Probleme staatl. Sozialpolitik in der Weimarer Republik, in: H. Mommsen u.a. Hg., Industrielles System u. polit. Entwicklung in der Weimarer Republik, Düsseldorf 1974, 248—58.

48 *Grebing, H.* u.a. Hg., Geschichte der sozialen Ideen in Deutschland, München 1969.

49 *Groth, A.*, Arbeiterversicherung u. Volksgesundheit, in: Allg. Statist. Archiv 8. 1914, 72—86.

50 *Gruner, E.*, Soziale Bedingungen u. sozialpolit. Konzeptionen der Sozialversicherung aus der Sicht der Sozialgeschichte, in: H.F. Zacher Hg., Bedingungen für die Entstehung u. Entwicklung von Sozialversicherung, Berlin 1979, 103—22.

51 *Günther, A. u. R. Prévot*, Die Wohlfahrtseinrichtungen der Arbeitgeber in Deutschland u. Frankreich, Leipzig 1905.

52 *Henning, H.*, Bismarcks Sozialpolitik im internat. Vergleich, in: H. Pohl Hg., Staatl., städt., betriebl. u. kirchl. Sozialpolitik bis zur Gegenwart, Stuttgart 1991, 195—223.

53 --, Sozialpolitik: Geschichte, in: HWW 7. 1977, 85—110.

54 --, Preuß. Sozialpolitik im Vormärz, in: VSWG 52. 1965, 485—539.

55 *Hennock, P.*, Arbeiterunfallentschädigung u. Arbeiterunfallversicherung. Die brit. Sozialreform u. das Beispiel Bismarcks, in: GG 11. 1985, 19—36.

56 --, Public Provisions for Old Age. Britain and Germany 1880—1914, in: AfS 30. 1990, 81—104.

57 --, British Social Reform and German Precedents. The Case of Social Insurance 1880—1914, Oxford 1987.

58 *Hentschel, V.*, Geschichte der Sozialpolitik 1880—1980, Frankfurt 1983.

59 --, Das System der sozialen Sicherung in histor. Sicht 1800—1975, in: AfS 18. 1978, 307—52.

60 --, Deutsche Wirtschafts- u. Sozialpolitik 1815—1945, Königstein 1980.

61 *Hesse, H.*, Die sog. Sozialgesetzgebung Bayerns Ende der 60er Jahre des 19. Jh., München 1971.

62 *Heyde, L.*, Abriß der Sozialpolitik, Heidelberg 1953[1].

63 *Hockerts, H.-G.*, Sozialpolit. Entscheidungen im Nachkriegsdeutschland 1945—57, Stuttgart 1981.

64 --, 100 Jahre Sozialversicherung in Deutschland, in: HZ 237. 1983, 361—84.

65 *Junius, W. u. O. Neuloh*, Soziale Innovation als Folge sozialer Konflikte; die Bismarcksche Sozialgesetzgebung (Unfallversicherung), in: O. Neuloh Hg., Soziale Innovation u. sozialer Konflikt, Göttingen 1977, 146—66.

66 *Kaufmann, F.X.*, Sicherheit als soziolog. u. sozialgeschichtl. Problem, Stuttgart 1970[2].

67 --, Sozialpolitik. Stand u. Entwicklung der Forschung in der Bundesrepublik Deutschland, in: PVS SoH. 13. 1982, 344—65.

68 *Kirchhoff, H.G.*, Die staatl. Sozialpolitik im Ruhrgebiet 1871—1914, Köln 1958.

69 *Kleeis, F.*, Die Geschichte der sozialen Versicherung in Deutschland, Berlin 1928/ND 1981.

70 *Kleinhenz, G.*, Probleme wissenschaftl. Beschäftigung mit der Sozialpolitik, Berlin 1970.

71 *Köhler, P.A. u. H.F. Zacher* Hg., Beiträge zur Geschichte u. zur aktuellen Situation der Sozialversicherung, Berlin 1983.

72 --, Entstehung von Sozialversicherung, in: H.F. Zacher Hg., Bedingungen für die Entstehung u. Entwicklung von Sozialversicherung, Berlin 1979, 21—88.

73 -- *u. H.F. Zacher* Hg., Ein Jh. Sozialversicherung in der Bundesrepublik Deutschland, Frankreich, Großbritannien, Österreich u. der Schweiz, Berlin 1981.

74 *Köllmann, W.*, Die Anfänge der staatl. Sozialpolitik in Preußen bis 1869, in: VSWG 53. 1966, 28—52; auch in: Moderne deutsche Verfassungsgeschichte, E.-W. Böckenförde u. R. Wahl Hg., Köln 1972/Königstein 1981[6], 410—29.

75 *v. Kondratowitz, H.-J.*, Das Alter - eine Last. Die Geschichte der institutionellen Versorgung des Alters 1880—1933, in: AfS 30. 1990, 105—44.

76 *Krabbe, W.R.*, Die Anfänge des "sozialen Wohnungsbaus" vor 1914, in: VSWG 71. 1984, 30—58.

77 *Kraus, A.*, Armenwesen, Wohlfahrtspflege, Sozialarbeit, in: HB III. 1987, 317—31.

78 *Krieger, L.*, The Idea of the Welfare State in Europe and the United States, in: JHI 24. 1963, 553—68.

79 *v. Kruedener, J.*, Die Überforderung der Weimarer Republik als Sozialstaat, in: GG 11. 1985, 358—76.

80 *Kumpmann, K.*, Arbeitslosigkeit u. Arbeitslosenversicherung, in: HStW 1. 1923[4], 791—824.

81 *Lampert, H.*, Sozialpolitik, Berlin 1980.

82 --, Staatl. Sozialpolitik im Dritten Reich, in: K.D. Bracher u.a. Hg., Nationalsozialist. Diktatur 1933–45, Düsseldorf 1983, 177–205.

83 *Leibfried, S. u. F. Tennstedt* Hg., Politik der Armut. Die Spaltung des Sozialstaats, Frankfurt 1985.

84 *Lütge, F.*, Die Grundprinzipien der Bismarckschen Sozialpolitik, in: JNS 134. 1931, 580–96.

85 *McCreary, E.*, Sozial Welfare and Business: The Krupp Welfare Program 1860–1914, in: BHR 42. 1968, 24–50.

86 *Machtan, L.*, Der Arbeitsschutz als sozialpolit. Problem im Zeitalter der Industrialisierung, in: H. Pohl Hg., Staatl., städt., betriebl. u. kirchl. Sozialpolitik vom Mittelalter bis zur Gegenwart, Stuttgart 1991, 111–36.

87 --, Die Entwicklungs- u. Wirkungsgeschichte sozialstaatl. Intervention (im späten 19. u. frühen 20. Jh.), in: AfS 24. 1984, 611–30.

88 --, Risikoversicherung statt Gesundheitsschutz für Arbeiter - Zur Entstehung der Unfallversicherungsgesetzgebung im Bismarckreich, in: Leviathan 13. 1985, 420–41.

89 -- *u. H.-J. v. Berlepsch*, Vorsorge oder Ausgleich - oder beides? Prinzipienfrage staatl. Sozialpolitik im Deutschen Kaiserreich, in: Zeitschrift für Sozialreform 32. 1986, 257–75, 343–58.

90 *Mai, G.*, Burgfrieden u. Sozialpolitik in Deutschland 1914/15, in: MM 20. 1976/II, 21–50.

91 *Manes, A.*, Arbeitsversicherung in Deutschland, in: HStW 1. 1909^3, 795–809.

92 --, Versicherung, in: HStW 8. 1928^4, 621–32.

93 *Marshall, T.H.*, The Welfare State: A Sociological Interpretation, in: Europ. Archiv für Soziologie 2. 1961, 284–300.

94 *Marzahn, C. u. H.G. Ritz* Hg., Zähmen u. Bewahren. Die Anfänge bürgerl. Sozialpolitik, Bielefeld 1984.

95 *Mason, T.W.*, Sozialpolitik im Dritten Reich, Opladen 1977.

96 *Mommsen, H.*, Sozialpolitik im Ruhrbergbau, in: ders. u.a. Hg., Industrielles System polit. Entwicklung in der Weimarer Republik, Düsseldorf 1974, 303–21.

97 *Mommsen, W.J.* Hg., The Emergence of the Welfare State in Britain and Germany 1850–1950, London 1981; dt. Die Entstehung des Wohlfahrtsstaates in Großbritannien u. Deutschland 1850–1950, Stuttgart 1982.

98 *Myrdal, G.*, Beyond the Welfare State, New Haven 1960.

99 *Oelsner, L.*, Die wirtschafts- u. sozialpolit. Verhandlungen des Frankfurter Parlaments, in: PJ 87. 1897, 81–100.

100 *Pankoke, E.*, Die Arbeitsfrage. Arbeitsmoral, Beschäftigungskrisen u. Wohlfahrtspolitik im Industriezeitalter, Frankfurt 1990.

101 *Peukert, D.*, Grenzen der Sozialdisziplinierung. Aufstieg u. Krise der deutschen Jugendfürsorge 1878–1932, Köln 1986.

102 *Plessen, M.–L.*, Die Wirksamkeit des "Vereins für Sozialpolitik", Berlin 1975.

103 *Pohl, H.* Hg., Betriebl. Sozialpolitik deutscher Unternehmer seit dem 19. Jh., Wiesbaden 1978.

104 *Preller, L.*, Sozialpolitik in der Weimarer Republik, Stuttgart 1949/ND 1978.

105 *Quandt, O.*, Die Anfänge der Bismarckschen Sozialgesetzgebung u. die Haltung der Parteien, Berlin 1938/ND 1965.

106 *Real, W.*, Die Sozialpolitik des Neuen Kurses, in: Fs. H. Herzfeld, Berlin 1958, 441–57.

107 *Recker, M.-L.*, Nationalsozialist. Sozialpolitik im Zweiten Weltkrieg, München 1985.

108 *Reulecke, J.*, Die Anfänge der organisierten Sozialreform in Deutschland, in: R. vom Bruch Hg., Weder Kommunismus noch Kapitalismus, München 1985, 21–59.

109 --, Formen bürgerlich-sozialen Engagements in Deutschland u. England im 19. Jh., in: J. Kocka Hg., Arbeiter u. Bürger im 19. Jh., Stuttgart 1986, 261–86.

110 --, Frieden zwischen Kapital u. Arbeit. Entwicklungsstufen der bürgerl. Sozialreform im 19. Jh., in: G. Stourzh u. M. Grandner Hg., Histor. Wurzeln der Sozialpartnerschaft, München 1986, 38–52.

111 --, Sozialer Frieden durch soziale Reform. Der "Centralverein für das Wohl der arbeitenden Klassen" in der Frühindustrialisierung, Wuppertal 1983.

112 --, Sozialer Konflikt u. bürgerl. Sozialreform in der Frühindustrialisierung, in: K. Tenfelde u. H. Volkmann Hg., Streik, München 1981, 237–52.

113 *Rimlinger, G.*, Sozialpolitik u. wirtschaftl. Entwicklung, in: R. Braun u.a., Gesellschaft in der Industriellen Revolution, Köln 1973, 113–26.

114 --, Welfare Policy and Industrialization in Europe, America, and Russia, N.Y. 1971.

115 *Ritter, G.A.*, Entstehung u. Entwicklung des Sozialstaates in vergl. Perspektive, in: HZ 234. 1986, 1–90.

116 --, Zur Geschichte der sozialen Ideen im 19. u. frühen 20. Jh., in: B. v. Maydell u. W. Kannengießer Hg., Handbuch Sozialpolitik, Pfullingen 1988, 12–63.

117 --, Soziale Sicherheit in Deutschland u. Großbritannien 1850–1914, in: GG 13. 1987, 137–56.

118 --, Der Sozialstaat. Entstehung u. Entwicklung im internat. Vergleich, München 1991^2.

119 --, Sozialversicherung in Deutschland u. England, Müncen 1983.

120 --, Der Übergang zum Interventions- u. Wohlfahrtsstaat u. dessen Auswirkungen auf Parteien u. Parlamente im Deutschen Kaiserreich, in: Fs. O. Büsch, Berlin 1988, 437–59.

121 *Sachse, C.*, Siemens, der Nationalsozialismus u. die moderne Familie, Hamburg 1990.

122 *Sachße, C. u. F. Tennstedt*, Armenfürsorge, soziale Fürsorge, Sozialarbeit, in: HB IV. 1991, 411–40.

123 *Saul, K.*, Industrialisierung, Systemstabilisierung u. Sozialversicherung. Zur Entstehung, polit. Funktion u. sozialen Realität der Sozialversicherung des kaiserl. Deutschland, in: Zeitschrift für die gesamte Versicherungswissenschaft 69. 1980, 177–98.

124 *Scheur, W.*, Einrichtungen u. Maßnahmen der sozialen Sicherheit in der Zeit des Nationalsozialismus, Diss. Köln 1967.

125 *Schilling, K.*, Geschichte der sozialen Ideen, Stuttgart 1957.

126 *Schmidt, D.*, Wenn der Staat die Arbeitszeit regelt ... Die Geschichte der Arbeiterschutzgesetzgebung für Frauen im Kaiserreich u. ihre Verwirklichung in Bremen, in: Leviathan 12. 1984, 50–84.

127 *Schmoller, G.*, Zur Sozial- u. Gewerbepolitik der Gegenwart, Leipzig 1890.

128 *Stemler, H. u. E. Wiegand*, Zur Entwicklung der Arbeitszeitgesetzgebung u. der Arbeitszeit in Deutschland seit der Industrialisierung, in: E. Wiegand u. W. Zapf Hg., Wandel der Lebensbedingungen in Deutschland, Frankfurt 1982, 17–63.

129 *Stolleis, M.*, 100 Jahre Sozialversicherung in Deutschland, in: Zeitschrift für die gesamte Versicherungswissenschaft 69. 1980, 155–75.

130 --, Die Sozialversicherung Bismarcks, in: H.F. Zacher Hg., Bedingungen für die Entstehung u. Entwicklung von Sozialversicherung, Berlin 1979, 387–410.

131 *Stürmer, M.*, Bismarck. Sozialpolitik als Räson des Machtstaates, in: Zeitschrift für Sozialreform 29. 1983, 370–89.

132 *Syrup, F. u. O. Neuloh*, 100 Jahre staatl. Sozialpolitik 1839–1939, Stuttgart 1957.

133 *Tálos, E.*, Sozialpolitik - Sozialstaat - Wohlfahrtsstaat, in: Zeitgeschichte 4. 1977, 222–36.

134 *Tampke, J.*, Bismarcks Sozialgesetzgebung: En wirklicher Durchbruch? in: W.J. Mommsen Hg., Die Entstehung des Wohlfahrtsstaates in Großbritannien u. Deutschland 1850–1950, Stuttgart 1982, 79–91.

135 *Tennstedt, F.*, Der Ausbau der Sozialversicherung in Deutschland 1890–1945, in: H. Pohl Hg., Staatl., städt., betriebl. u. kirchl. Sozialpolitik, Stuttgart 1991, 225–43.

136 --, Fortschritte u. Defizite in der Sozialversicherungsgeschichtsschreibung - komparative u. sonstige Kurzsichtigkeiten nach 100 Jahren "Kaiserlicher Botschaft", in: AfS 22. 1982, 650–60.

137 --, 100 Jahre Sozialversicherung in Deutschland, in: AfS 21. 1981, 554–64.

138 --, Die gesetzl. Krankenversicherung, in: M. Blohmke u.a. Hg., Hb. der Sozialmedizin, I, Stuttgart 1975, 2–164.

139 --, Portraits und Skizzen zur Geschichte der Sozialpolitik in Deutschland, Kassel 1983.

140 --, Vom Proleten zum Industriearbeiter. Arbeiterbewegung u. Sozialpolitik in Deutschland 1800–1914, Köln 1983.

141 --, Sozialgeschichte der Sozialpolitik in Deutschland, vom 18. Jh. bis zum Ersten Weltkrieg, Göttingen 1981.

142 --, Sozialgeschichte der Sozialpolitik - Theorie der Sozialpolitik - Sozialrecht. Ges. Aufsätze, Kassel 1984.

143 --, Sozialgeschichte der Sozialversicherung, in: M. Blohmke u.a. Hg., Hb. d. Sozialmedizin 3. 1976, 385–491.

144 *Teppe, K.*, Zur Sozialpolitik des Dritten Reiches am Beispiel der Sozialversicherung, in: AfS 17. 1977, 195–250.

145 *Thieme, K.*, Bismarcks Sozialpolitik, in: APG 9. 1927, 382–407.

146 *Treue, W. u. H. Pohl* Hg., Betriebl. Sozialpolitik deutscher Unternehmer seit dem 19. Jh., Wiesbaden 1978.

147 *Ullmann, H.-P.*, Industrielle Interessen u. die Entstehung der deutschen Sozialversicherung 1880–89, in: HZ 229. 1979, 574–610.

148 --, Deutsche Unternehmer u. Bismarcks Sozialversicherungssystem, in: W.J. Mommsen Hg., Die Entstehung des Wohlfahrtsstaates in Großbritannien u. Deutschland 1850–1950, Stuttgart 1982, 142–58.

149 *Umlauf, J.*, Die deutsche Arbeiterschutzgesetzgebung 1880–90, Berlin 1980.

150 *Vogel, W.*, Bismarcks Arbeiterversicherung, Braunschweig 1951.

151 *Vossler, O.*, Bismarcks Sozialpolitik, in: HZ 167. 1943, 336–57.

152 *Wickenhagen, E.*, Geschichte der gewerbl. Unfallversicherung, 2 Bde, München 1980.

153 *Widmaier, H.P.*, Sozialpolitik im Wohlfahrtsstaat, Reinbek 1976.

154 *De Witt, T.E.*, The Economics and Politics of Welfare in the Third Reich, in: CEH 11. 1978, 256–78.

155 *Wolf, W.*, Zur Geschichte des Armen- u. Arbeitshauses in Potsdam 1774–1800, Potsdam 1963.

156 *Wunder, B.*, Die Institutionalisierung der Invaliden-, Alters- u. Hinterbliebenenversorgung der Staatsbediensteten in Österreich 1748–1790, in: MIÖG 92. 1984, 341–406.

157 --, Pfarrwitwenkassen u. Beamtenwitwen-Anstalten vom 16.–19. Jh. Die Entstehung der staatl. Hinterbliebenenversorgung in Deutschland, in: ZHF 12. 1985, 429–98.

158 *Zacher, H.F.* Hg., Bedingungen für die Entstehung u. Entwicklung von Sozialversicherung, Berlin 1979.

159 --, Sozialstaatsprinzip, in: HWW 7. 1977, 152–60.

160 *Zapf, W.*, Die Wohlfahrtsentwicklung in Deutschland seit der Mitte des 19. Jh., in: W. Conze u. M.R. Lepsius Hg., Sozialgeschichte der Bundesrepublik Deutschland, Stuttgart 1983, 46–65.

36. Urbanisierung/Stadtgeschichte

1 *Abrams, P. u. E.A. Wrigley* Hg., Towns in Society, Cambridge 1979².

2 *Adams, R.M.* u.a., Urban Revolution, in: IESS 16. 1968, 201–21.

3 *Alberg, H.R.*, Wirtschafts- u. Sozialgeschichte der Stadt Trier 1850–1914, Diss. Bonn 1972.

4 *Albrecht, D.*, Regensburg im Wandel. Geschichte der Stadt im 19. u. 20. Jh., Regensburg 1984.

5 *Artelt, W.* Hg., Städte-, Wohnungs- u. Kleidungshygiene des 19. Jh. in Deutschland, Stuttgart 1969.

6 *Asmus, H.* Hg., Geschichte der Stadt Magdeburg, Berlin 1975.

7 *Averdunck, H. u.W. Ring*, Geschichte der Stadt Duisburg, Essen 1949².

8 *Ayçoberry, P.*, Cologne 1815–71, Paris 1981.

9 --, Les luttes pour le pouvoir dans les grandes villes de l'Allemagne impériale, in: Le Mouvement Social 136. 1986, 83—102.

10 --, Probleme der Sozialschichtung in Köln im Zeitalter der Frühindustrialisierung, in: W. Fischer Hg., Wirtschafts- u. sozialgeschichtl. Probleme der frühen Industrialisierung, Berlin 1968, 512—28.

11 *Baar, L.*, Industrialisierung - Urbanisierung - Umwelt u. das Beispiel einer deutschen Großstadt im 19. Jh., in: Fs. H. Mottek, Berlin 1976, 46—54.

12 --, Berlin in der Industriellen Revolution, in;: JbW Sobd. 1986, 67—84.

13 *Bairoch, P.*, De Jéricho à Mexico. Villes et économies dans l'histoire, Paris 1985.

14 --, Populations urbaine et tailles des villes en Europe 1600—1970, in: RHES 54. 1976, 304—35.

15 --, Urbanisation and Economic Development in the Western World, in: H. Schmal Hg., Patterns of European Urbanisation, London 1981, 61—75.

16 *Bauschinger, G.*, Das Verhältnis von städt. Selbstverwaltung u. königl. Polizei in München im 19. Jh., Diss. München 1968.

17 *Beckstein, H.*, Städt. Interessenpolitik. Organisation u. Politik der Städtetage in Bayern, Preußen u. dem Deutschen Reich 1896—1923, Düsseldorf 1991.

18 *Bendix, R.*, Province and Metropolis, in: J. Ben-David u. T.M. Clark Hg., Culture and Its Creators, Fs. E. Shils, Chicago 1977, 119—49.

19 *Benevolo, L.*, Geschichte der Stadt, Frankfurt 1990^4.

20 *Bergmann, K.*, Agrarromantik u. Großstadtfeindschaft, Meisenheim 1970.

21 *Bertaux, P.*, La civilisation urbaine en Allemagne, Paris 1971.

22 *Blaschke, K.*, Entwicklungstendenzen im sächs. Städtewesen 1815—1914, in: H. Matzerath Hg., Städtewachstum u. innerstädt. Strukturveränderungen, Stuttgart 1984, 44—64.

23 *Bleek, S.*, Quartierbildung in der Urbanisierung: Das Münchener Westend 1890—1933, München 1991.

24 --, Das Stadtviertel als Sozialraum. Innerstädt. Mobilität in München 1890—1933, in: W. Hardtwig u. K. Tenfelde Hg., Soziale Räume in der Urbanisierung, München 1990, 217—34.

25 *Blotevogel, H.H.* Hg., Kommunale Leistungsverwaltung u. Stadtentwicklung vom Vormärz bis zur Weimarer Republik, Köln 1990.

26 --, Untersuchungen zur Entwicklung des deutschen Städtesystems im Industriezeitalter, Köln 1985.

27 --, Faktorenanalyt. Untersuchungen zur Wirtschaftsstruktur der deutschen Großstädte nach der Berufszählung 1907, in: W.-H. Schröder Hg., Moderne Stadtgeschichte, Stuttgart 1979, 71—111.

28 *Böhm, H.*, Stadtplanung u. städt. Bodenpolitik, in: H.H. Blotevogel Hg., Kommunale Leistungsverwaltung u. Stadtentwicklung vom Vormärz bis zur Weimarer Republik, Köln 1990, 139—57.

29 *Böhme, H.*, Frankfurt u. Hamburg, Frankfurt 1968.

30 *Bohmbach, J.*, Probleme der Stader Leistungsverwaltung 1850—1914, in: H.H. Blotevogel Hg., Kommunale Leistungsverwaltung u. Stadtentwicklung vom Vormärz bis zur Weimarer Republik, Köln 1990, 215—40.

31 *Bolenz, J.*, Wachstum u. Strukturwandlungen der kommunalen Ausgaben in Deutschland 1848–1913, Freiburg 1975.
32 *Bork, K.K.*, Die sozialen Wandlungen in der Stadt Duisburg 1850–1880, in: Duisburger Forschungen 8. 1965, 54–129.
33 *Borst, O.*, Geschichte der Stadt Esslingen, Esslingen 1977[2].
34 *vom Brocke, B.*, Marburg im Kaiserreich 1866–1918, Marburg 1980.
35 *Brockstedt, J.*, Stadtentwicklung u. innerstädt. Strukturwandel in Kiel 1773–1867, in: H. Matzerath Hg., Städtewachstum u. innerstädt. Strukturveränderungen, Stuttgart 1984, 99–123.
36 *Brückner, N.*, Die Entwicklung der großstädt. Bevölkerung im Gebiete des Deutschen Reiches, in: Allg. Statist. Archiv 1. 1890, 135–84, 615–72.
37 *Brunckhorst, H.-D.*, Kommunalisierung im 19. Jh. am Beispiel der Gaswirtschaft in Deutschland, München 1978.
38 *Buschmann, W.*, Linden: Geschichte einer Industriestadt im 19. Jh., Hildesheim 1981.
39 *Crew, D.*, Bochum. Sozialgeschichte einer Industriestadt 1860–1914, Berlin 1980.
40 *Croon, H.*, Forschungsprobleme der neueren Städtegeschichte, in: BfDL 105. 1969, 14–26.
41 -- u.a., Kommunale Selbstverwaltung im Zeitalter der Industrialisierung, Stuttgart 1971.
42 --, Die Stadtvertretungen in Krefeld u. Bochum im 19. Jh., in: Fs. F. Hartung, Berlin 1958, 289–306.
43 --, Städteverwandlung u. Städtebildung im Ruhrgebiet im 19. Jh., in: Fs. F. Steinbach, Bonn 1960, 484–501.
44 --, Das Vordringen der polit. Parteien im Bereich der kommunalen Selbstverwaltung, in: ders. u.a. Kommunale Selbstverwaltung im Zeitalter der Industrialisierung, Stuttgart 1971, 15–54.
45 *Czok, K.*, Die Stadt, Leipzig 1969.
46 *Dankert, A.E.*, Untersuchungen über die Bevölkerung Dortmunds im 18. Jh., in: Beiträge zur Geschichte Dortmunds 39. 1931, 1–74.
47 *Denzel, E.*, Wirtschafts- u. Sozialgeschichte der Stadt Wetter, Dortmund 1952.
48 *Dreyfus, F.G.*, Sociétés et mentalités à Mayence 1750–1800, Paris 1968.
49 *Dyos, H.J.* Hg., The Study of Urban History, London 1968.
50 --, Urban History Yearbook 1. 1974ff.
51 *Ebeling, D.*, Bürgertum u. Pöbel. Wirtschaft u. Gesellschaft Kölns im 18. Jh., Köln 1987.
52 *Ehbrecht, W.* Hg., Lingen 975–1975. Zur Genese eines Stadtprofils, Lingen 1975.
53 --, Thesen zur Stadtgeschichtsschreibung heute, in: Westfäl. Forschungen 34. 1984, 29–48.
54 -- Hg., Voraussetzungen u. Methoden geschichtl. Städteforschung, Köln 1979.
55 *Engeli, C. u. H. Matzerath* Hg., Modern Urban History in Europe, USA, and Japan, Oxford 1989; dt. Moderne Stadtgeschichtsforschung in Europa, USA, Japan, Stuttgart 1989.

56 -- u.a. Hg., Probleme der Stadtgeschichtsschreibung, Berlin 1981.

57 *Ennen, E.*, Wirtschaftsleben u. Sozialstruktur Bonns 1789–1814, in: Annalen d. Histor. Vereins f. d. Niederrhein 166. 1964, 129–51.

58 *Erbe, M.*, Berlin im Kaiserreich 1871–1918, in: W. Ribbe Hg., Geschichte Berlins, II, München 1987, 691–792.

59 *Fehl, G. u. J. Rodriguez-Lores* Hg., Stadterweiterungen 1800–75, Hamburg 1983.

60 *Feldenkirchen, W.*, Aspekte der Bevölkerungs- u. Sozialstruktur der Stadt Köln 1794–1814, in: RVB 44. 1980, 182–227.

61 *Fisch, S.*, Grundbesitz u. Urbanisierung. Entwicklung u. Krise der deutschen Terraingesellschaften 1870–1914, in: GG 15. 1989, 34–61.

62 --, Administratives Fachwissen u. private Bauinteressen in der deutschen u. französ. Stadtplanung bis 1918, in: E.V. Heyer Hg., Formation u. Transformation des Verwaltungswissens in Frankreich u. Deutschland, Baden-Baden 1989, 221–62.

63 --, Stadtplanung im 19. Jh. Das Beispiel München, München 1988.

64 *Fischer, E.*, Magdeburg zwischen Spätabsolutismus u. bürgerl. Revolution. Untersuchungen zur Wirtschafts-, Bevölkerungs- u. Sozialstruktur einer preuß. Provinzhauptstadt in der zweiten Hälfte des 18. u. zu Beginn des 19. Jh., Diss. Halle/Wittenberg 1966.

65 *Fischer, W.*, Berlin: Die preuß. Residenz auf dem Wege zur Industriestadt, in: IHK Berlin Hg., Berlin u. seine Wirtschaft, Berlin 1987, 59–78.

66 --, Berlin als Wirtschaftszentrum aus der Sicht der Unternehmer, in: Fs. O. Büsch, Berlin 1988, 483–505.

67 *Forsthoff, E.*, Die Daseinsvorsorge u. die Kommunen, in: ders., Rechtsstaat im Wandel, Stuttgart 1964, 111–28.

68 *Foster, J.*, 19th Century Towns - A Class Dimension, in: H.J. Dyos Hg., The Study of Urban History, London 1968, 281–300.

69 *François, E.* Hg., Immigration et Societé urbaine en Europe occidentale 16.-20. siècles, Paris 1985.

70 --, Koblenz im 18. Jh., Göttingen 1982.

71 --, Städt. Sozialgeschichte oder Sozialgeschichte der Stadt? in: Fs. G.G. Iggers, Hagen 1991, 471–81.

72 *Fraser, D. u. A. Sutcliffe* Hg., The Pursuit of Urban History, London 1983.

73 *Gall, L.*, Die Stadt der bürgerl. Gesellschaft, in: Forschungen zur Stadtgeschichte, Hg. Rhein.-Westfäl. Akademie der Wissenschaften, Opladen 1986, 55–71.

74 *Glettler, M.* u.a. Hg., Zentrale Städte u. ihr Umland. Wechselwirkungen während der Industrialisierungsperiode in Mitteleuropa, Ostfildern 1985.

75 *Goch, W.*, Die Entwicklung Gelsenkirchens zur Industriegroßstadt 1850–1922, Diss. Münster 1925.

76 *Gothein, E.*, Verfassungs- u. Wirtschaftsgeschichte der Stadt Köln vom Untergang der Reichsfreiheit bis zur Errichtung des deutschen Reiches, in: Die Stadt Köln 1815–1915, I, Köln 1916.

77 *Grewe, H.*, Die soziale Entwicklung der Stadt Essen im 19. Jh., Diss. Köln 1949.

78 *Grote, L.*, Die deutsche Stadt im 19. Jh., München 1974.
79 *Gründer, H.*, Kommunale Armenfürsorge im 19. Jh. am Beispiel der Stadt Münster, in: H.H. Blotevogel Hg., Kommunale Leistungsverwaltung u. Stadtentwicklung vom Vormärz bis zur Weimarer Republik, Köln 1990, 50–70.
80 *Gutsche, W.*, Die Veränderungen in der Wirtschaftsstruktur u. der Differenzierungsprozeß innerhalb des Bürgertums der Stadt Erfurt (Ende des 19. Jh. bis 1914), in: JbG 10. 1974, 343–71.
81 *Habermann, K.* u.a., Histor., polit. u. ökonom. Bedingungen der Stadtentwicklung (bis 1945), Hannover 1978.
82 *Hall, P.*, Growth Centers in the European Urban Systems, London 1980.
83 --, The World Cities, London 1966; dt. Weltstädte, München 1976.
84 *Hammerström, I.* Hg., Growth and Transformation of the Modern City, Stockholm 1979.
85 *Hardtwig, W.*, Bürgertum, Selbstverwaltung u. Stadtbürokratie im 19. Jh., in: Bürgertum u. Bürokratie im 19. Jh. Technologie, Innovation, Technologietransfer, Hg. Stifterverband für die deutsche Wissenschaft, o.O. 1988, 51–68.
86 -- *u. K. Tenfelde* Hg., Soziale Räume in der Urbanisierung. München im Vergleich 1850–1933, München 1990.
87 --, Soziale Räume u. polit. Herrschaft. Leistungsverwaltung, Stadterweiterung u. Architektur in München 1870–1914, in: ders. u. K. Tenfelde Hg., Soziale Räume in der Urbanisierung, München 1990, 59–153.
88 *Heberle, R. u. F. Meyer*, Die Großstädte im Strom der Binnenwanderung, Leipzig 1937.
89 *Heineberg, H.* Hg., Innerstädt. Differenzierung u. Prozesse im 19. u. 20. Jh., Köln 1987.
90 *Hellgrewe, H.*, Dortmund als Industrie- u. Arbeitsstadt, Dortmung 1951.
91 *Henning, W.*, Geschichte der Stadtverordnetenversammlung in Essen 1890–1914, Essen 1960.
92 *Herbig, W.*, Wirtschaft u. Bevölkerung der Stadt Lüdenscheid im 19. Jh., Dortmund 1976.
93 *Herzfeld, H. u. C. Engeli*, Neue Forschungsansätze in der modernen Stadtgeschichte, in: Archiv f. Kommunalwissenschaften 14. 1975, 1–21.
94 *Herzfeld, H.*, Die Stadt in den aufsteigenden Nationalstaaten, in: O.W. Haseloff Hg., Die Stadt als Lebensform, Berlin 1970, 73–83.
95 *Hildenbrand, W.*, Die strukturelle Entwicklung von Wirtschaft u. Bevölkerung im Stadtkreis Hagen 1945–1967, Hagen 1971.
96 *Hinz, U.*, Die Bevölkerung der Stadt Lüneburg im 18. Jh., in: Lüneburger Blätter 15./16. 1965, 71–138.
97 *Höroldt, D.*, Die Sozialstruktur der Stadt Bonn 1800–50, in: Fs. J. Dietz, Bonn 1973, 282–331.
98 *v. Hoff, H.-V.*, Die Entwicklung der Wirtschafts- u. Bevölkerungsstruktur in Herne 1950–1970, Frankfurt 1974.
99 *Hofmann, W.*, Oberbürgermeister u. Stadterweiterungen, in: H. Croon u.a., Kommunale Selbstverwaltung im Zeitalter der Industrialisierung, Stuttgart 1971, 59–85.

100 --, Kommunale Daseinsvorsorge, Mittelstand u. Städtebau 1871–1918, in: E. Mai u.a. Hg., Kunstpolitik u. Kunstförderung im Kaiserreich, Berlin 1982, 167–96.

101 --, Preuß. Stadtverordnetenversammlungen als Repräsentativ-Organe, in. J. Reulecke Hg., Die deutsche Stadt im Industriezeitalter, Wuppertal 1980², 31–55.

102 *Hohenberg, P.M. u. L.H. Lees*, The Making of Urban Europa 1000–1950, Cambridge/Mass. 1985.

103 *Hubbard, W.H.*, Auf dem Weg zur Großstadt. Eine Sozialgeschichte der Stadt Graz 1850–1914, München 1984.

104 *Hüttenberger, P.*, Die Entwicklung zur Großstadt bis zur Jahrhundertwende, 1856– 1900, in: H. Weidenhaupt Hg., Geschichte Düsseldorfs von den Ursprüngen bis ins 20. Jh., II, Düsseldorf 1990, 483–712.

105 *Huschner, F.*, Veränderungen der Sozialstruktur, innerstädt. Volksbewegungen u. Verfassungskämpfe in der Stadt Wismar vom Ende des 18. bis zur Mitte des 19. Jh., Diss. Rostock 1972.

106 Kommunalwissenschaftl. Institut Hg., Informationen zur modernen Stadtgeschichte, Berlin 1975ff.

107 *Ipsen, G.*, Stadt (IV: Neuzeit), in: HSW 9. 1956, 786–800.

108 --, Verstädterung, in: Medizin u. Städtebau 1. 1957, 302–17.

109 *Jackson, J.H.*, Migration and Urbanization in the Ruhr Valley 1850–1900 (Duisburg), San Diego/Cal. 1980.

110 --, Wanderungen in Duisburg während der Industrialisierung 1850–1910, in: W.H. Schröder Hg., Moderne Stadtgeschichte, Stuttgart 1979, 217–37.

111 *Jäger, H.* Hg., Probleme des Städtewesens im Industriezeitalter, Köln 1978.

112 *Jasper, K.*, Der Urbanisierungsprozeß in Köln, Köln 1977.

113 *Jochmann, W.* Hg., Der Wandel des Gesellschaftssystems, in: ders.: Hamburg. Geschichte der Stadt u. ihrer Bewohner, II: Vom Kaiserreich bis zur Gegenwart, Hamburg 1986, 36–76.

114 *Kamphoefner, W.D.*, Soziale u. demograph. Strukturen der Zuwanderung in deutsche Großstädte des späten 19. Jh., in: H.–J. Teuteberg Hg., Urbanisierung im 19. u. 20. Jh., Köln 1983, 95–126.

115 *Kantzow, W.T.*, Sozialgeschichte der deutschen Städte u. ihres Boden- u. Baurechts bis 1918, Frankfurt 1980.

116 *Kaufhold, K.H.*, Die Wirtschafts- u. Sozialstruktur der Stadt Hildesheim zu Beginn des 19. Jh., in: Alt-Hildesheim 39. 1968, 28–34.

117 *Keyser, E.*, Die Bevölkerung der deutschen Städte, in: Fs. F. Rörig, Lübeck 1953, 25–36.

118 *Klein, H.*, Daseinsvorsorge/Leistungsverwaltung, in: Evangel. Staatslexikon, Stuttgart 1966, 269–75.

119 *Knodel, J.*, Stadt u. Land im Deutschland des 19. Jh. Eine Überprüfung der Stadt-Land-Unterschiede im demograph. Verhalten, in: W.H. Schröder Hg., Moderne Stadtgeschichte, Stuttgart 1979, 238–65.

120 *Koch, R.*, Grundlagen bürgerl. Herrschaft. Verfassungs- u. sozialgeschichtl. Studien zur bürgerl. Gesellschaft in Frankfurt a.M. 1612–1866, Wiesbaden 1983.

121 --, Staat oder Gemeinde? Zu einem polit. Zielkonflikt in der bürgerl. Bewegung des 19. Jh., in: HZ 236. 1983, 73–96.

122 *Kocka, J.*, Die Großstadt als Brennpunkt der Sozialgeschichte des Industrialisierungszeitalters, in: Die Großstädte u. die Zukunft unserer Gesellschaft, Hamm 1976, 43–68.

123 --, Stadtgeschichte, Mobilität u. Schichtung, in: AfS 18. 1978, 546–58.

124 *Köllmann, W.*, Von der Bürgerstadt zur Regional-"Stadt", in: J. Reulecke Hg., Die deutsche Stadt im Industriezeitalter, Wuppertal 1980[2], 15–30.

125 --, The Process of Urbanization in Germany at the Height of the Industrialization Period, in: JCH 4. 1969, 59–76; dt. Der Prozeß der Verstädterung in Deutschland in der Hochindustrialisierungsperiode, in: ders., Bevölkerung in der industriellen Revolution, Göttingen 1974, 125–39.

126 --, Sozialgeschichte der Stadt Barmen im 19. Jh., Tübingen 1960.

127 --, Soziolog. Strukturen großstädt. Bevölkerung, in: SW 7. 1956, 265–76; u. in: ders., Bevölkerung in der industriellen Revolution, Göttingen 1974, 157–70.

128 *König, R.*, Großstadt, in: HES II. 1967[2], 622–74/TB X. 1977[3], 42–145.

129 *Koshar, R.*, Social Life, Local Politics, and Nazism. Marburg 1918–35, Chapel Hill 1986.

130 *Krabbe, W.R.*, Die Entfaltung der Leistungsverwaltung in den deutschen Städten des späten 19. Jh., in: H.-J. Teuteberg Hg., Urbanisierung im 19. u. 20. Jh., Köln 1983, 373–91.

131 --, Die Lenkungsverwaltung: Eine Sonderform der Leistungsverwaltung, in: H.H. Blotevogel Hg., Kommunale Leistungsverwaltung u. Stadtentwicklung vom Vormärz bis zur Weimarer Republik, Köln 1990, 159–67.

132 --, Munizipalsozialismus u. Interventionsstaat. Die Ausbreitung der städt. Leistungsverwaltung im Kaiserreich, in: GWU 30. 1979, 265–83.

133 --, Qualifikation u. Ausbildung der Gemeindebeamten vor dem Ersten Weltkrieg, in: Archiv für Kommunalwissenschaften 20. 1981, 245–56.

134 --, Die deutsche Stadt im 19. u. 20. Jh., Göttingen 1989.

135 --, Städt. Wirtschaftsbetriebe im Zeichen des "Munizipalsozialismus": Die Anfänge der Gas- u. Elektrizitätswerke im 19. u. 20. Jh., in: H.H. Blotevogel Hg., Kommunale Leistungsverwaltung u. Stadtentwicklung vom Vormärz bis zur Weimarer Republik, Köln 1990, 117–35.

136 *Kriedte, P.*, Lebensverhältnisse, Klassenstrukturen u. Protoindustrie in Krefeld während der französ. Zeit, in: Fs. R. Vierhaus, Göttingen 1982, 295–314.

137 --, Die Stadt im Prozeß der europ. Proto-Industrialisierung, in: Die Alte Stadt 9. 1982, 19–51.

138 --, Eine Stadt am seidenen Faden. Haushalt, Hausindustrie u. soziale Bewegung in Krefeld in der Mitte des 19. Jh.: 1815–1880, Göttingen 1991.

139 *Krümmer, H.*, Die Wirtschafts- u. Sozialstruktur von Konstanz 1806–1850, Sigmaringen 1973.

140 *Kühn, H.*, Polit., wirtschaftl. u. sozialer Wandel in Worms 1798–1866, Worms 1975.

141 *Ladd, B.*, Urban Planning and Civic Order in Germany 1860–1914, Cambridge/Mass. 1990.

142 *Lahrkamp, M.*, Münster in napoleon. Zeit 1800–1815. Administration, Wirtschaft u. Gesellschaft im Zeichen der Säkularisation u. franz. Herrschaft, Münster 1976.

143 *Lampard, E.E.*, Historical Contours of Contemporary Urban Society, in: JCH 4. 1969/4, 3–26.

144 *Langewiesche, D.*, Staat u. Kommune. Zum Wandel der Staatsaufgaben in Deutschland im 19. Jh., in: HZ 248. 1989, 621–35.

145 *Laux, H.–D.*, Demograph. Folgen des Verstädterungsprozesses 1871–1914, in: H.–J. Teuteberg Hg., Urbanisierung im 19. u. 20. Jh., Köln 1983, 65–93.

146 *Lee, J.J.*, Aspects of Urbanization and Economic Development in Germany 1815–1914, in: P. Abrams u. E.A. Wrigley Hg., Towns in Society, Cambridge 1978, 279– 93.

147 *Lees, A.*, Cities Perceived: Urban Society in European and American Thought 1820–1940, New York 1985.

148 --, Critics of Urban Society in Germany 1854–1914, in: JHI 60. 1979, 61–83.

149 -- *u. L.* Hg., The Urbanization of European Society in the 19th Century, Lexington 1976.

150 *Lees, L.H.*, From the History of the City to the History of Society, in: Urban and Social Change Review 1972, 28–32.

151 --, The Study of Cities and the Study of Social Processes: Two Directions in Recent Urban History, in: JSH 1974, 330–37.

152 *Leinert, M.*, Die Sozialgeschichte der Großstadt, Hamburg 1925.

153 *Lommatzsch, H.*, Die bergstädt. Gesellschaftsstruktur in Clausthal 1750–1800, in: Harz-Zeitschrift 24/25. 1972/73, 121–62.

154 *McCreary, E.*, Essen 1860–1914. A Case Study of the Impact of Industrialization on German Community Life, Diss. Yale Univ. 1964.

155 *McHale, V.E. u. E.A. Johnson*, Urbanization, Industrialization and Crime in Imperial Germany, in: Social Science History 1. 1976, 45–78 u. 210–47.

156 *Marschalck, P.*, Die Rolle der Stadt für den Industrialisierungsprozeß in Deutschland 1850–1900, in: J. Reulecke Hg., Die deutsche Stadt im Industriezeitalter, Wuppertal 1980², 57–66.

157 *Maschke, E. u. J. Sydow* Hg., Zur Geschichte der Industrialisierung in den südwestdeutschen Städten, Sigmaringen 1977.

158 --, Städte u. Menschen, Wiesbaden 1980.

159 -- *u. J. Sydow* Hg., Verwaltung u. Gesellschaft in der südwestdeutschen Stadt des 17. u. 19. Jh., Stuttgart 1969.

160 *Matzerath, H.*, Grundstrukturen städt. Bevölkerungsentwicklung in Mitteleuropa im 19. Jh., in: W. Rausch Hg., Die Städte Mitteleuropas im 19. Jh., Linz 1983, 25–46.

161 --, Industrialisierung, Mobilität u. sozialer Wandel am Beispiel der Städte Rheydt u. Rheindahlen, in: H. Kaelble u.a., Probleme der Modernisierung in Deutschland, Opladen 1978, 13–79.

162 --, The Influence of Industrialization of Urban Growth in Prussia 1815–1914, in: H. Schmal Hg., Patterns of European Urbanization Since 1500, London 1981, 145–79.

163 --, "Kommunale Leistungsverwaltung". Zu Bedeutung u. polit. Funktion des Begriffs im 19. u. 20. Jh., in: H.H. Blotevogel Hg., Kommunale Leistungsverwaltung u. Stadtentwicklung vom Vormärz bis zur Weimarer Republik, Köln 1990, 3—24.
164 -, Lokalgeschichte, Stadtgeschichte, Histor. Urbanisierungsforschung, in: GG 15. 1989, 62—88.
165 --, Von der Stadt zur Gemeinde. Zur Entwicklung des rechtl. Stadtbegriffs im 19. u. 20. Jh., in: Archiv f. Kommunalwissenschaften 13. 1974, 17—44.
166 -- Hg., Städtewachstum u. innerstädt. Strukturveränderungen, Stuttgart 1985.
167 --, Regionale Unterschiede im Verstädterungsprozeß: Der Osten u. Westen Deutschlands im 19. Jh., in: ders. Hg., Städtewachstum u. innerstädt. Strukturveränderungen, Stuttgart 1984, 65—96.
168 --, Urbanisierung in Preußen 1815—1914, 2 Bde, Stuttgart 1985.
169 -- *u. K. Ogura*, Moderne Verstädterung in Deutschland u. Japan, in: Zeitschrift für Stadtgeschichte 2. 1975, 228—53.
170 *Mauersberg, H.*, Wandlungen in der Wirtschafts- u. Sozialverfassung Dortmunds 1800—1900, in: Beiträge zur Geschichte Dortmunds 59. 1962, 217—39.
171 --, Wirtschaft u. Gesellschaft Fürths in neuerer u. neuester Zeit, Göttingen 1974.
172 --, Die Wirtschaft u. Gesellschaft Fuldas in neuerer Zeit, Göttingen 1969.
173 --, Wirtschafts- u. Sozialgeschichte zentraleurop. Städte in neuerer Zeit (Basel, Frankfurt, Hamburg, Hannover, München), Göttingen 1960.
174 *Meckseper, C. u. H. Siebenmorgen* Hg., Die alte Stadt. Denkmal oder Lebensraum? Göttingen 1985.
175 *Meibeyer, W.*, Bevölkerungs- u. sozialgeograph. Differenzierung der Stadt Braunschweig um die Mitte des 18. Jh., in: Braunschweig. Jb. 47. 1966, 125—67.
176 *Mogs, F.*, Die sozialgeschichtl. Entwicklung der Stadt Oberhausen 1850—1933, Diss. Köln 1956.
177 *Momsen, I.E.*, Die Bevölkerung der Stadt Husum 1769—1860, Kiel 1969.
178 *Mumford, L.* u.a., City, in: IESS 2. 1968, 447—73.
179 --, The City in History, N.Y. 1961; dt. Die Stadt, Köln 1963/2 Bde, München 1979.
180 *Munro, W.B.*, City, in: ESS 3. 1930, 474—82.
181 *Niethammer, L.*, Umständl. Erläuterung der seel. Störung eines Communalbaumeisters in Preußens größtem Industriedorf. Die Unfähigkeit zur Stadtentwicklung, Frankfurt 1979.
182 --, Stadtgeschichte in einer urbanisierten Gesellschaft, in: W. Schieder u. V. Sellin Hg., Sozialgeschichte in Deutschland, II, Göttingen 1986, 113—37.
183 *Niethammer, L.*, Stadtgeschichte in einer urbanisierten Gesellschaft, in: W. Schieder u. V. Sellin Hg., Sozialgeschichte in Deutschland, II, Göttingen 1986, 113—37.
184 *Pfeiffer, G.* Hg., Nürnberg - Geschichte einer europ. Stadt, München 1982.
185 *Pfeil, E.*, Großstadtforschung, Hannover 1972^2.
186 *Pohl, M.*, Studien zur soziolog. Struktur Bielefelds im 18. Jh., in: 59. Jahresbericht des Histor. Vereins für die Grafschaft Ravensberg 1956/57, 1—48.

187 *Poor, H.*, City Versus Country: Urban Change and Development in the Weimar Republic - a Preliminary Report, in: H. Mommsen u.a. Hg., Industrielles System u. polit. Entwicklung in der Weimarer Republik, Düsseldorf 1974, 111–26.

188 *Preißler, P.R.*, Die sozialen u. gesellschaftl. Strukturen im 19. Jh. am Beispiel Landshut, in: Fs. W. v. Stromer, Trier 1987, 909–49.

189 *Preuss, H.*, Die Entwicklung des deutschen Städtewesens, Leipzig 1906/ND Aalen 1965.

190 *Pust, D.*, Polit. Sozialgeschichte der Stadt Flensburg, Flensburg 1975.

191 *Quandt, S.*, Sozialgeschichte der Stadt Langenberg 1850–1914, Neustadt 1971.

192 *Rausch, W.* Hg., Die Städte Mitteleuropas im 19. Jh bzw. im 20. Jh., 2 Bde, Linz 1983/84.

193 *Rebentisch, D.*, Industrialisierung, Bevölkerungswachstum u. Eingemeindungen. Das Beispiel Frankfurt a.M. 1870–1914, in: J. Reulecke Hg., Die deutsche Stadt im Industriezeitalter, Wuppertal 1980^2, 90–113.

194 *Reif, H.*, Industrialisierung, Städtebildung u. Arbeiterschaft in Oberhausen 1850–1914, Habil. Schrift Bielefeld 1983.

195 --, Stadtentwicklung u. Viertelbildung im Ruhrgebiet: Oberhausen 1850–1929, in. W. Hardtwig u. K. Tenfelde Hg., Soziale Räume in der Urbanisierung, München 1990, 155–74.

196 --, Städtebildung im Ruhrgebiet - die Emscherstadt Oberhausen 1850–1914, in: VSWG 69. 1982, 457–87.

197 *Reulecke, J.*, Die Armenfürsorge als Teil der kommunalen Leistungsverwaltung u. Daseinsfürsorge im 19. Jh., in: H.H. Blotevogel Hg., Kommunale Leistungsverwaltung u. Stadtentwicklung vom Vormärz bis zur Weimarer Republik, Köln 1990, 71–80.

198 --, Sozio-ökonom. Bedingungen u. Folgen der Verstädterung in Deutschland, in: Zeitschrift für Stadtgeschichte 4. 1977, 269–87.

199 --, Geschichte der Urbanisierung in Deutschland 1850–1980, Frankfurt 1985.

200 --, Population Growth and Urbanization in Germany in the 19th Century, in: PP 77. 1977, 21–32.

201 --, Metropolis Ruhr. Regionalgeschichtl. Aspekte der Ruhrgebietsentwicklung im 20. Jh., in: Die Alte Stadt 8. 1981, 13–30.

202 -- Hg., Die deutsche Stadt im Industriezeitalter, Wuppertal 1978.

203 --, Moderne Stadtgeschichtsforschung in der Bundesrepublik Deutschland, in: C. Engele u. H. Matzerath Hg., Moderne Stadtgeschichtsforschung in Europa, USA u. Japan, Stuttgart 1989, 21–36.

204 --, Stadtgeschichtsschreibung zwischen Ideologie u. Kommerz, in: Geschichtsdidaktik 7. 1982, 1–18.

205 -- *u. G. Huck*, Urban History Research in Germany, in: Urban History Yearbook 1981, 39–54.

206 --, Verstädterung u. Binnenwanderung als Faktoren soziokommunikativen Wandels im 19. Jh., in: D. Cherubin u. K.J. Mattheier Hg., Voraussetzungen u. Grundlagen der Gegenwartssprache, Berlin 1989, 43–56.

207 *Reuter, H.-G.*, Stadtgeschichtsschreibung im Wandel, in: Archiv f. Kommunalwisenschaften 17. 1978, 68-83.

208 *Ribhegge, W.*, Die Anfänge der kommunalen Demokratie in Düsseldorf. Die Stadtverordnetenversammlung im Nachkriegsjahr 1919, in: Düsseldorfer Jb. 60. 1986, 133– 64.
209 *Riha, K.*, Die Beschreibung der 'Großen Stadt', Bad Homburg 1970.
210 *Rödel, W.G.*, Mainz u. seine Bevölkerung im 17. u. 18. Jh., Wiesbaden 1985.
211 *Saalfeld, D.*, Göttinger Miet- u. Sozialverhältnisse im 2. Drittel des 19. Jh., in: H. Matzerath Hg., Städtewachstum u. innerstädt. Strukturveränderungen, Stuttgart 1984, 124–47.
212 *Sachse, W.*, Göttingen im 18. u. 19. Jh., Göttingen 1987.
213 *Sagave, P.-P.*, 1871 - Berlin-Paris, Berlin 1971.
214 *Sauer, P.*, Das Werden einer Großstadt - Stuttgart 1871–1914, Stuttgart 1988.
215 *Schmieder, E.*, Wirtschaft u. Bevölkerung, in: H. Herzfeld Hg., Berlin u. die Provinz Brandenburg im 19. u. 20. Jh., Berlin 1968, 309–421.
216 *Schmoller, G.*, Deutsches Städtewesen in älterer Zeit, Bonn 1922/ND Aalen 1964.
217 *Schnelbögl. F.*, Die fränk. Reichsstädte, in: ZBL 31. 1968, 421–74.
218 *Schnore, L.F.* Hg., The New Urban History, Princeton 1974.
219 *Schott, S.*, Die großstädt. Agglomerationen des Deutschen Reiches 1871–1910, Breslau 1912.
220 *Schraut, S.*, Sozialer Wandel im Industrialisierungsprozeß: Esslingen 1800–1870, Esslingen 1989.
221 *Schröder, W.H.* Hg., Moderne Stadtgeschichte, Stuttgart 1979.
222 *Schüren, R.*, Staat u. ländl. Industrialisierung, Dortmund 1985.
223 *Schultz, H.*, Soziale u. polit. Auseinandersetzungen in Rostock im 18. Jh., Weimar 1974.
224 --, Berlin 1650–1800. Sozialgeschichte einer Residenz, Berlin 1987.
225 *Schwabe, K.* Hg., Oberbürgermeister, Boppard 1981.
226 *Schwippe, H.J. u. C. Zeidler*, Die Dimensionen der sozialräuml. Differenzierung in Berlin u. Hamburg im Industrialisierungsprozeß des 19. Jh. (1871–1910), in: H. Matzerath Hg., Städtewachstum u. innerstädt. Strukturveränderungen, Stuttgart 1984. 197–260.
227 --, Prozesse sozialer Segregation u. funktionaler Spezialisierung in Berlin u. Hamburg, in: H. Heineberg Hg., Innerstädtische Differenzierung u. Prozesse im 19. u. 20. Jh., Köln 1987, 195–224.
228 *Sharlin, A.*, Social Structure and Politics: A Social History of Frankfurt 1815–64, Diss. Univ. of Wisconsin Madison 1976.
229 *Silbergleit, H.*, Preußens Städte, Berlin 1908.
230 *Sombart, W.*, Der Begriff der Stadt u. das Wesen der Städtebildung, in: ASS 25. 1907, 1–9.
231 --, Stadt, in: A. Vierkandt Hg., Handwörterbuch der Soziologie, Stuttgart 1932/ND 1959, 527–33.
232 *Spencer, E.G.*, State Power and Local Interests in Prussian Cities. Police in the Düsseldorf District 1848–1914, in: CEH 19. 1986, 293–313.
233 *Steinbach, F. u. E. Becker*, Geschichtl. Grundlagen der kommunalen Selbstverwaltung in Deutschland, Bonn 1932.

234 *Steinbach, P.*, Beiträge zur Geschichte der Stadt unter dem Nationalsozialismus, in: Archiv für Kommunalwissenschaften 22. 1983, 1—27.

235 *Stoob, H.* Hg., Die Stadt. Gestalt u. Wandel bis zum industriellen Zeitalter, Köln 1985^2.

236 *Sutcliffe, A.* Hg., Metropolis 1890—1940, London 1984.

237 --, Towards the Planned City. Germany, Britain, the United States and France 1780—1914, Oxford 1981.

238 *Tenfelde, K.*, Probleme der Urbanisierung, Göttingen 1989 (= GG 15./H. 1).

239 *Teuteberg, H.-J.*, Histor. Aspekte der Urbanisierung, in: ders. Hg., Urbanisierung im 19. u. 20. Jh., Köln 1983, 2—34.

240 -- Hg., Urbanisierung im 19. u. 20. Jh., Köln 1983.

241 -- *u. C. Wischermann*, Wohnungsnot u. soziale Frage im 19. Jh. Beiträge zur Sozialgeschichte der Urbanisierung 1850—1914, Münster 1986.

242 *Thernstrom, S.*, The New Urban History, in: C.F. Delzell Hg., The Future of History, Nashville 1977, 43—51.

243 --, Reflections on the New Urban History, in: Daedalus 100. 1971, 359—75.

244 *Thienel, I.*, Industrialisierung u. Städtewachstum, in: O. Büsch Hg., Untersuchungen zur Geschichte der frühen Industrialisierung, Berlin 1971, 106—49.

245 --, Städt. Raumplanung 1850—1920: Der Bebauungsplan von den Umgebungen Berlins, in: H.H. Blotevogel Hg., Kommunale Leistungsverwaltung u. Stadtentwicklung vom Vormärz bis zur Weimarer Republik, Köln 1990, 183—201.

246 --, Städtewachstum im Industrialisierungsprozeß des 19. Jh. Das Berliner Beispiel, Berlin 1973.

247 --, Verstädterung, städt. Infrastruktur u. Stadtplanung: Berlin 1850—1914, in. Zeitschrift für Stadtgeschichte 4. 1977, 55—84.

248 *Thron, K.*, Die Stadt Recklinghausen 1870—1912, Diss. Frankfurt 1934/Bückeburg 1935.

249 *Thümmler, H.*, Berlins Stadtgebiet u. Einwohner im 19. u. Anfang des 20. Jh., in: JbW 1987/I, 9—30.

250 *Tiessen, H.*, Industrielle Entwicklung, gesellschaftl. Wandel und polit. Bewegung in einer württemberg. Fabrikstadt des 19. Jh.: Esslingen 1884—1914, Esslingen 1982.

251 *Tilly, C.* Hg., An Urban World, Boston 1974.

252 *Tilly, R.H. u. T. Wellenreuther*, Bevölkerungswanderung u. Wohnbausystem in deutschen Großstädten im 19. Jh., in: H.J. Teuteberg Hg., Homo Habitans, Münster 1985, 273—300.

253 *v. Unruh, G.-L.*, Bürgermeister u. Landräte als Gestalter kommunaler Leistungsverwaltung, in: H.H. Blotevogel Hg., Kommunale Leistungsverwaltung u. Stadtentwicklung vom Vormärz bis zur Weimarer Republik, Köln 1990, 43—55.

254 --, Die Städte im Kaiserreich, in: E. Mai u.a. Hg., Das Rathaus im Kaiserreich, Berlin 1982.

255 *Vetter, K.*, Die soziale Struktur brandenburg. Kleinstädte im 18. Jh., untersucht am Beispiel der landesherrl. Mediatstädte des ehemaligen kurmärk. Kreises Lebus, in: JbW 1969/II, 225—63.

256 --, Die sozialen Verhältnisse in brandenburg. Mediatstädten, in: ZfG 18. 1970, 1061–67.

257 *Vogelsang, R.*, Geschichte der Stadt Bielefeld, 2 Bde, Bielefeld 1980/1988.

258 *Vonde. D.* Revier der großen Dörfer. Industrialisierung u. Stadtentwicklung im Ruhrgebiet, Essen 1989.

259 *de Vries, J.*, European Urbanization 1500–1800, London 1984.

260 *Walker, M.*, German Home Towns. Community, State and General Estate 1648–1871, Ithaca 1971.

261 *Weber, A.F.*, The Growth of Cities in the 19th Century, N.Y. 1899/ND Ithaca 1968.

262 *Weidenhaupt, H.* Hg., Düsseldorf. Geschichte II: 1614–1900, III: 20. Jh., Düsseldorf 1988/1990.

263 *Wiest, E.*, Stationen einer Residenzgesellschaft. Darmstadts soziale Entwicklung 1815–1939, Darmstadt 1978.

264 *v. Winterfeld, L.*, Geschichte Dortmunds, Dortmund 1960[3].

265 *Wischermann, C.*, Urbanisierung u. innerstädt. Strukturwandel am Beispiel Hamburgs (ca. 1900), in: H. Matzerath Hg., Städtewachstum u. innerstädt. Strukturveränderungen, Stuttgart 1984, 165–96.

266 *Wittkämper, G.W.*, Zur Entstehung u. Entwicklung kommunaler Aufgabenfelder im 19. Jh., in: H.H. Blotevogel Hg., Kommunale Leistungsverwaltung u. Stadtentwicklung vom Vormärz bis zur Weimarer Republik, Köln 1990, 25–41.

267 *Wöppel, G.*, Prichsenstadt. Entwicklung u. Struktur einer Kleinstadt in Franken, Diss. Würzburg 1968.

268 *Ziekursch, J.*, Das Ergebnis der friderizian. Städteverwaltung u. die Städteordnung Steins, Jena 1908.

269 --, Zur Geschichte der schles. Mediatstädte im 18. Jh., in: Zeitschrift d. Vereins f. Geschichte Schlesiens, 45. 1910, 170–76.

270 *Zwahr, H.*, Leipzig im Übergang zur bürgerl. Gesellschaft, in: Neues Leipzigisches Geschichts-Buch, Leipzig 1990, 132-79.

271 --, Das deutsche Stadtadreßbuch als orts- u. sozialgeschichtl. Quelle, in: JbR 3. 1968, 204–29.

272 --, Vom feudalen Stadtregiment zur bürgerl. Kommunalpolitik. Eine histor.-soziolog. Studie zum Beginn der bürgerl. Umwälzung in Sachsen 1830/31, in: JbR 7. 1979, 7–34.

37. Sozialer Protest - Soziale Kontrolle - Soziale Bewegungen

1 *Banks, J.A.*, The Sociology of Social Movements, London 1972.

2 *Berding, H.* Hg., Soziale Unruhen in Deutschland während der Französ. Revolution, Göttingen 1988.

3 *Bienen, H.*, Violence and Social Change, Chicago 1968.

4 *Blasius, D.*, Confinement as Reform: The Asylum in Germany before 1860, in: P. Spierenburg Hg., The Emergence of Carceral Institutions, Rotterdam 1984, 148–64.

5 *Bleiber, H.*, Die Moabiter Unruhen, in: ZfG 3. 1955, 173–211.

6 *Blessing, W.K.*, Konsumprotest u. Arbeitskampf. Vom Bierkrawall zum Bierboykott, in: K. Tenfelde u. H. Volkmann Hg., Streik, München 1981, 109–123.

7 --, "Theuerungsexcesse" im vorrevolutionären Kontext - Getreidetumult u. Bierkrawalle im späten Vormärz, in: W. Conze u. U. Engelhardt Hg., Arbeiterexistenz im 19. Jh., Stuttgart 1981, 356–84.

8 *Blickle, P.*, Unruhen in der ständ. Gesellschaft 1300–1800, München 1988.

9 *Blumer, H.*, Social Movements, in: A.M. Lee Hg., Principles of Sociology, N.Y. 1969^3, 199–220.

10 *Bock, H.*, Deutsche Klassenkämpfe zur Zeit der französ. Julirevolution 1830–34, in: Jb. f. Volkskunde u. Kulturgeschichte 17. 1974, 40–106.

11 --, Bürgerl. Liberalismus u. revolutionäre Demokratie. Zur Dialektik der sozialen u. nationalen Frage in den deutschen Klassenkämpfen 1831–34, in: JbG 13. 1975, 109–52.

12 *Boll, F.*, Massenbewegungen in Niedersachsen 1906–1920, Bonn 1981.

13 *Bottomore, T.B.*, Sociological Theory and the Study of Social Conflict, in: J.C. McKinney u. E.A. Tiryakian Hg., Theoretical Sociology, N.Y. 1970, 138–53.

14 *Breuer, S.*, Sozialdisziplinierung. Probleme u. Problemverlagerung eines Konzepts bei M. Weber, G. Oestreich u. M. Foucault, in: C. Sachße u. F. Tennstedt Hg., Soziale Sicherung u. soziale Disziplinierung, Frankfurt 1986, 45–69.

15 *Briggs, A.*, Volksbewegungen, in: SDG 6. 1972, 742–54.

16 *Buchholz, E.W.*, Ideologie u. latenter sozialer Konflikt, Stuttgart 1968.

17 *Bühl, W.* Hg., Konflikt u. Konflitstrategie, München 1973^2.

18 *Büttner, W.*, Der Weberaufstand in Schlesien 1844, in: H. Reinalter Hg., Demokrat. u. soziale Protestbewegungen in Mitteleuropa 1815–1848/49, Frankfurt 1986, 202–29.

19 *Cameron, W.B.*, Modern Social Movements, N.Y. 1966.

20 *Carlson, A.R.*, Anarchism in Germany, I, Metuchen/N.J. 1972.

21 *Coser, L.A.*, Theorie sozialer Konflikte, Neuwied $1965/1977^3$.

22 *Croessmann, C.*, Die Unruhen in Oberhessen 1830, Darmstadt 1929.

23 *Dlugoborski, W.*, Die Klassenkämpfe in Schlesien 1793–99, in: E. Maleczynska Hg., Beiträge zur Geschichte Schlesiens, Berlin 1958, 401–42.

24 *Düwell, K.*, Die Unruhen der Aachener Textilarbeiter 1830, in: K. Düwell u. W. Köllmann Hg., Rheinland-Westfalen im Zeitalter der Industrialisierung, I, Wuppertal 1984, 114–25.

25 *Engel, W.*, Wirtschaftl. u. soziale Kämpfe in Thüringen vor 1848, Jena 1927.

26 *Feierabend, J.K.* u.a., Social Change and Political Violence: Cross-National Patterns, in: H.D. Graham u. T.R. Gurr Hg., Violence in America, N.Y. 1970, 632–87.

27 *Fenske, H.*, Polit. u. sozialer Protest in Süddeutschland nach 1830, in: H. Reinalter Hg., Demokrat. u. soziale Protestbewegungen in Mitteleuropa 1815–1848/49, Frankfurt 1986, 143–201.

28 *Fricke, D.*, Bismarcks Prätorianer. Die Berliner polit. Polizei im Kampf gegen die deutsche Arbeiterbewegung, Berlin 1962.

29 *Funk, A.*, Polizei u. Rechtsstaat. Die Entwicklung des staatl. Gewaltmonopols in Preußen 1848–1914, Frankfurt 1986.

30 *Gailus, M.*, Soziale Protestbewegungen in Deutschland 1847–1849, in: H. Volkmann u. J. Bergmann Hg., Sozialer Protest, Opladen 1984, 76–106.

31 --, Straße u. Brot. Sozialer Protest in den deutschen Staaten 1847–49, Göttingen 1990.

32 *Geary, D.*, Protest and Strike: Recent Research on "Collective Action" in England, Germany, and France, in: K. Tenfelde Hg., Arbeiter u. Arbeiterbewegung im Vergleich, München 1986, 363–87.

33 *Gentzen, F.H.*, Der Posener Schulstreik 1906/07, in: Jb f. Geschichte d. deutsch-slaw. Beziehungen u. Geschichte Ost- u. Mitteleuropas, 2. 1958, 156–225.

34 *Gerteis, K.*, Repräsentation u. Zunftverfassung. Handwerkerunruhen vor 1789, in: ZGO 122. 1974, 275–87.

35 *Giesselmann, W.*, Protest als Gegenstand sozialgeschichtl. Forschung, in: W. Schieder u. V. Sellin Hg., Sozialgeschichte in Deutschland, III, Göttingen 1987, 50–77.

36 *Haertel, V.*, Die Augsburger Weberunruhen 1784 u. 1794, in: Zeitschrift des Histor. Vereins für Schwaben 64/65. 1971, 121–268.

37 *Hammer, M.*, Die "Septembererhebungen" 1830 in Sachsen, in: JbR 11. 1984, 85– 108.

38 --, Die Volksbewegung in Sachsen 1930, in: M. Kossok u. W. Loch Hg., Die französ. Julirevolution u. Europa, Berlin 1985, 203–14.

39 *Hartstock, E.*, Die revolutionären Ereignisse von 1830 in der sächs. Oberlausitz, in: Beiträge zur Archivwiss. u. Geschichtsforschung, Hg. R. Gross u. M. Kobuch, Weimar 1977, 407–24.

40 *Haupt, H.-G.*, Zur histor. Analyse von Gewalt, in: GG 3. 1977, 236–56.

41 *Hausen, K.*, Schwierigkeiten mit dem "sozialen Protest", in: GG 3. 1977, 257–63.

42 *Heberle, R.*, Social Movements, in: IESS 14. 1968, 438–44.

43 --, Social Movements. A Introduction to Political Sociology, N.Y. 1951; dt. Hauptprobleme der Polit. Soziologie, Stuttgart 1967.

44 *Herkner, H.*, Die wirtschaftl.-sozialen Bewegungen von der Mitte des 18. Jh. bis in die 2. Hälfte des 19. Jh., in: Propyläen-Weltgeschichte 7. 1929, 331–406.

45 *Herzig, A.*, Vom sozialen Protest zur Arbeiterbewegung. Das Beispiel des märk.-westfäl. Industriegebietes 1780–1865, in: H. Volkmann u. J. Bergmann Hg., Sozialer Protest, Opladen 1984, 253–80.

46 --, Unterschichtenprotest in Deutschland 1790–1870, Göttingen 1988.

47 *Hobsbawm, E.J.*, Primitive Rebels, London 1959; dt. Sozialrebellen, Neuwied 1962.

48 *Hofmann, W. u. W. Abendroth*, Ideengeschichte der sozialen Bewegung des 19. u. 20. Jh., Berlin 1971[4].

49 *Hohorst, G. u. R.H. Tilly*, Sozialer Protest, Gewalt, Rebellion u. die Kritik, in: GG 3. 1977, 418–21.

50 *Holton, R.I.*, The Crowd in History, in: SH 3. 1978, 219—33.

51 *Husung, H.G.*, Eisenbahnarbeiter im Vormärz: Arbeitsformen u. Konfliktmuster, in: D. Langewiesche u. K. Schönhoven Hg., Arbeiter in Deutschland, Paderborn 1981, 209—20.

52 --, Kollektiver Gewaltprotest im norddeutschen Vormärz, in: W.J. Mommsen u. G. Hirschfeld Hg., Sozialprotest, Gewalt, Terror, Stuttgart 1982, 47—63.

53 --, Zu einigen Problemen der histor. Protestforschung am Beispiel gemeinschaftl. Protestes in Norddeutschland 1815—1847, in: H. Volkmann u. J. Bergmann Hg., Sozialer Protest, Opladen 1984, 21—35.

54 --, Protest u. Repression im Vormärz. Norddeutschland zwischen Restauration u. Revolution 1815—48, Göttingen 1983.

55 *Kaschuba, W.*, Vom Gesellenkampf zum sozialen Protest in den Vormärz- u. Revolutionsjahren, in: U. Engelhardt Hg., Handwerker in der Industrialisierung, Stuttgart 1984, 381—406.

56 *Klein, E.*, Der Bauernaufstand in Schlesien im Februar 1811, in: ZfG 3. 1955, 29— 45.

57 *Knemeyer, F.-L.*, Polizei, in: GGr 4. 1978, 875—97.

58 *Kocka, J. u. R. Jessen*, Die abnehmende Gewaltsamkeit sozialer Proteste vom 18. zum 20. Jh., in: P.-A. Albrecht u. O. Backes Hg., Verdeckte Gewalt, Frankfurt 1990, 33—56.

59 *Köllmann, W.*, Soziale Frage u. soziale Bewegungen, in: Das Rheinland in preuß. Zeit, Köln 1965, 145—164.

60 *Korth, R.*, Die preuß. Schulpolitik u. die poln. Schulstreiks, Würzburg 1963.

61 *Kroneberg, L. u. R. Schloesser*, Weber-Revolte 1844, Köln 1979.

62 *Krysmanski, H.J.*, Soziologie des Konflikts, Reinbek 1971.

63 *Kulczycki, J.J.*, School Strikes in Prussian Poland 1901—1907, N.Y. 1981.

64 *Landsberger, H.A.* Hg., Rural Protest: Peasant Movements and Social Change, London 1974.

65 *Langer, W.L.*, Political and Social Upheaval 1832—1952, N.Y. 1969.

66 *Lüdtke, A.*, "Gemeinwohl", Polizei u. "Festungspraxis". Innere Verwaltung u. staatl. Gewaltsamkeit in Preußen 1815—50, Göttingen 1982.

67 --, Praxis u. Funktion staatl. Repression: Preußen 1815—50, in: GG 3. 1977, 190—211.

68 --, Protest - oder: die Faszination des Spektakulären, in: H. Volkmann u. J. Bergmann Hg., Sozialer Protest, Opladen 1984, 325—41.

69 -- Hg., "Sicherheit" u. "Wohlfahrt". Polizei, Gesellschaft u. Herrschaft im 19. u. 20. Jh., Frankfurt 1992.

70 --, Von der "Tätigen Verfassung" zur Abwehr von "Störern", zur Theoriegeschichte von "Polizei" u. staatl. Zwangsgewalt im 19. u. frühen 20. Jh., in: Der Staat 20. 1981, 201—29.

71 *Mayer, G.*, Radikalismus, Sozialismus u. bürgerl. Demokratie, Hg. H.-U. Wehler, Frankfurt 1969^{2}.

72 *Meinhardt, G.*, Der schles. Weberaufstand 1844, in: Jb. der schles. Friedr. Wilh. Univ. Breslau 17. 1972, 91—112.

73 *Mohrdieck, H.*, Die Bauernunruhen in Württemberg 1848/9, Diss. Tübingen 1949, MS.

74 *Mommsen, W.J. u. G. Hirschfeld* Hg., Sozialprotest, Gewalt, Terror, Stuttgart 1982.

75 *Mooser, J.*, Holzdiebstahl u. sozialer Konflikt, in: BHS 11. 1931, 20—27.

76 --, Religion u. Sozialer Protest. Erweckungsbewegung u. ländl. Unterschichten im Vormärz am Beispiel von Minden-Ravensberg, in: H. Volkmann u. J. Bergmann Hg., Sozialer Protest, Opladen 1984, 304—24.

77 --, Rebellion u. Loyalität 1789—1800. Sozialstruktur, sozialer Protest u. polit. Verhalten ländl. Unterschichten im östlichen Westfalen, in: P. Steinbach Hg., Probleme polit. Partizipation im Modernisierungsprozeß, Stuttgart 1982, 57—87.

78 *Obenaus, W.*, Die Entwicklung der preuß. Sicherheitspolizei bis zum Ende der Reaktionszeit, Berlin 1940.

79 *Obermann, K.*, Die Volksbewegung in Deutschland 1844—1846, in: ZfG 5. 1957, 503—25.

80 *Oberschall, A.*, Social Conflict and Social Movements, Englewood Cliffs 1973.

81 *Peukert, W.-E. u. E. Fuchs*, Die schles. Weber, 2 Bde, Darmstadt 1971.

82 *Reinalter, H.* Hg., Demokrat. u. soziale Protestbewegungen in Mitteleuropa 1815 - 1848/49, Frankfurt 1986.

83 *Reinhardt, P.*, Die sächs. Unruhen 1830—31, Halle 1916.

84 *Rösen, H.*, Der Aufstand der Krefelder Seidenarbeiter 1828, in: Die Heimat. Zeitschrift f. Niederrhein. Heimatpflege 36. 1965, 32—61.

85 *Schiff, O.*, Die deutschen Bauernaufstände 1575—1789, in: HZ 130. 1924, 189—209.

86 *Schildhauer, J.*, Gesellen- u. Tagelöhnererhebungen in den mecklenburg. Städten 1790—1800, in: ZfG 7. 1959, 1256—58.

87 *Schulze, W.* Hg., Aufstände, Revolten, Prozesse, Stuttgart 1983.

88 *Siegenthaler, H.*, Soziale Bewegungen u. gesellschaftl. Lernen im Industriezeitalter, in: M. Dahinden Hg., Neue soziale Bewegungen u. ihre gesellschaftl. Wirkungen, Zürich 1987, 251—64.

89 *Siemann, W.*, "Deutschlands Ruhe, Sicherheit u. Ordnung". Die Anfänge der polit. Polizei 1806—66, Tübingen 1985.

90 --, Polizei in Deutschland im 19. Jh., in: J. Schönert Hg., Literatur u. Kriminalität. Die gesellschaftl. Erfahrung von Verbrechen u. Strafverfolgung als Gegenstand des Erzählens. Deutschland, England u. Frankreich 1850—80, Tübingen 1983, 68—95.

91 -- Hg., Der "Polizeiverein" deutscher Staaten. Eine Dokumentation zur Überwachung der Öffentlichkeit nach der Revolution 1848/49, Tübingen 1983.

92 *Spencer, E.G.*, Business, Bureaucrats, and Social Control in the Ruhr 1896—1914, in: Sozialgeschichte heute. 2. Fs. Hans Rosenberg, Göttingen 1974, 452—66.

93 *Spierenburg, P.*, The Emergence of Carceral Institutions: Prisons, Galleys and Lunatic Asylums 1550—1900, Rotterdam 1984.

94 *Stulz, P.*, Der sächs. Bauernaufstand 1790, in: ZfG 1. 1953, 20—49, 386—408.

95 -- *u. A. Opitz*, Volksbewegungen in Kursachsen zur Zeit der Französ. Revolution, Berlin 1956.

96 *Tenfelde, K.*, Polizei u. Klassenverhältnisse. Deutsch-franz. Unterschiede, in: J. Kocka Hg., Arbeiter u. Bürger im 19. Jh., Varianten ihres Verhältnisses im europ. Vergleich, München 1986, 255—260.

97 *Tilly, C.*, Hauptformen kollektiver Aktion in Westeuropa 1500—1975, in: GG 3. 1977, 153—63.

98 --, Methods for the Study of Collective Violence, in: R.W. Conan u. M.A. Levin Hg., Problems in Research on Community Violence, N.Y. 1969, S. 15—43.

99 --, The Changing Place of Collective Violence, in: M. Richter Hg., Essays in Theory and History, Cambridge/Mass. 1970, 139—64.

100 -- u.a., The Rebellious Century 1830—1930, Cambridge/Mass. 1975.

101 --, Collective Violence in European Perspective, in: H.D. Graham u. T.R. Gurr Hg., The History of Violence in America, N.Y. 1970, 4—45.

102 *Tilly, R.*, Popular Disorders in 19th Century Germany. A Preliminary Survey, in. JSH 5. 1971/72, 1—40; dt. in: ders., Kapital, Staat u. sozialer Protest in der deutschen Industrialisierung, Göttingen 1980, 143—74.

103 --, Kapital, Staat u. sozialer Protest in der deutschen Industrialisierung, Göttingen 1980.

104 -- *u. G. Hohorst*, Sozialer Protest in Deutschland im 19. Jh., in: K. Jarausch Hg., Quantifizierung in der Geschichtswissenschaft, Düsseldorf 1976, 232—78 u. unter dem Titel: Sozialer Protest als Gegenstand histor. Forschung, in: ders., Kapital, Staat u. sozialer Protest in der Industrialisierung, Göttingen 1980, 175—96.

105 *Trossbach, W.*, Soziale Bewegung u. polit. Erfahrung. Bäuerl. Protest in hess. Territorien 1648—1806, Weingarten 1987.

106 *Volkmann, H.*, Soziale Innovation u. Systemstabilität am Beispiel der Krise von 1830—32 in Deutschland, in: O. Neuloh Hg., Soziale Innovation u. sozialer Konflikt, Göttingen 1977, 41—68.

107 --, Kategorien des sozialen Protests im Vormärz, in: GG 3. 1977, 164—89.

108 --, Die Krise von 1830. Form, Ursache u. Funktion des sozialen Protestes im deutschen Vormärz, Habil.-Schrift FU Berlin 1975.

109 -- *u. J. Bergmann* Hg., Sozialer Protest, Opladen 1984.

110 --, Protestträger u. Protestformen in den Unruhen von 1830—1832, in: ders. u. J. Bergmann Hg., Sozialer Protest, Opladen 1984, 56—75.

111 --, Wirtschaftl. Strukturwandel u. sozialer Konflikt in der Frühindustrialisierung. Eine Fallstudie zum Aachener Aufruhr von 1830, in: P.C. Ludz Hg., Soziologie u. Sozialgeschichte, Opladen 1973, 550—65.

112 *Waldmann, H.*, Der Aufstand der schles. Weber 1844, in: W. Schmidt Hg., Der Auftakt der deutschen Arbeiterbewegung 1836—1852, Berlin 1987, 81—112.

113 *Wehner, W.*, Weberaufstände u. Weberelend in der Lyrik des 19. Jh., München 1981.

114 *Wirtz, R.*, Bemerkungen zum "Sozialen Protest" in Baden 1815—1848, in: H. Volkmann u. J. Bergmann Hg., Sozialer Protest, Opladen 1984, 36—55.

115 --, Sozialer Protest u. 'Collective Violence' in Deutschland im 19. Jh., in: Sowi 4. 1975, 6—12.

116 --, Widersetzlichkeiten, Excesse, Crawalle, Tumulte u. Skandale. Soziale Bewegung u. gewalthafter sozialer Protest in Baden 1815—48, Berlin 1981.

38. Streiks

1 *Boldt, W.*, Der Januarstreik 1918 in Bayern, in: Jb f. Fränk. Landesforschung 25. 1965, 5—42.

2 *Boll, F.*, Spontaneität der Basis u. polit. Funktion des Streiks 1914—18. Das Beispiel Braunschweig, in: AfS 17. 1977, 337—66.

3 --, Streikwellen im europ. Vergleich, in: W.J. Mommsen u. H.-G. Husung Hg., Auf dem Weg zur Massengewerkschaft, Stuttgart 1984, 109—34.

4 *vom Bruch, R.*, Streiks u. Konfliktregelung im Urteil bürgerl. Sozialreformer 1872— 1914, in: K. Tenfelde u. H. Volkmann Hg., Streik, München 1981, 253—270.

5 *Cattaruzza, M.*, "Organisierter Konflikt" u. "Direkte Aktion". Werftarbeiterstreiks in Hamburg u. Triest, in: AfS 20. 1980, 327—55.

6 *Costas, I.*, Arbeitskämpfe in der Berliner Elektroindustrie 1905 u. 1906, in: K. Tenfelde u. H. Volkmann Hg., Streik, München 1981, 91—107.

7 *Ditt, K. u. D. Kift* Hg., 1889. Bergarbeiterstreik u. wilhelmin. Gesellschaft, Hagen 1989.

8 *Dowe, D.*, Legale Interessenvertretung u. Streik. Der Arbeitskampf in den Tuchfabriken des Kreises Lennep (Bergisches Land) 1850, in: K. Tenfelde u. H. Volkmann Hg., Streik, München 1981, 31—51.

9 *Engelhardt, U.*, Arbeitskämpfe als Instrument der Lageverbesserung? in: W. Conze u. ders. Hg., Arbeiterexistenz im 19. Jh., Stuttgart 1981,. 385—409.

10 --, Zur Entwicklung der Streikbewegungen in der ersten Industrialisierungsphase u. zur Funktion von Streiks bei der Konstituierung der Gewerkschaftsbewegung in Deutschland, in: IWK 15. 1979, 547—69.

11 --, Von der "Unruhe" zum "Streik". Hauptzielsetzungen u. -erscheinungsformen des sozialen Protests beim Übergang zur organisierten Gewerkschaftsbewegung 1848/49—69/70, in: H. Volkmann u. J. Bergmann Hg., Sozialer Protest, Opladen 1984, 228— 52.

12 --, Zur Verhaltensweise eines sozialen Konflikts, dargestellt am Waldenburger Streik von 1869, in: O. Neuloh Hg., Soziale Innovation u. sozialer Konflikt, Göttingen 1977, 69—94.

13 *Feldman, G.D.*, Arbeitskonflikte im Ruhrbergbau 1919—22. Zur Politik von Zechenverband u. Gewerkschaften in der Überschichtenfrage, in: VfZ 2. 1980, 168—223.

14 *-- u. I. Steinisch*, Notwendigkeit u. Grenzen sozialstaatl. Intervention. Eine vergleichende Fallstudie des Ruhreisenstreiks in Deutschland u. des Generalstreiks in England, in: AfS 20. 1980, 57—118.

15 --, Streiks in Deutschland 1914–1933: Probleme u. Forschungsaufgaben, in: K. Tenfelde u. H. Volksmann Hg., Streik, München 1981, 271–86.

16 *Fischer, I.*, Maurer- u. Textilarbeiterstreiks in Augsburg 1899–1914, in: K. Tenfelde u. H. Volkmann Hg., Streik, München 1981, 74–90.

17 *Frey, G.*, Die Streikbewegung in Deutschland 1900–10, Diss. Erlangen/Bamberg 1927.

18 *Fricke, D.*, Der Ruhrbergarbeiterstreik von 1905, Berlin 1955.

19 *Geary, D.*, Protest and Strike: Recent Research on "Collective Action" in England, Germany and France, in: K. Tenfelde Hg., Arbeiter u. Arbeiterbewegung im Vergleich, München 1986, 363–87.

20 *Gladen, A.*, Der Ruhrbergarbeiterstreik von 1889, in: O. Neuloh Hg., Soziale Innovation u. sozialer Konflikt, Göttingen 1977, 95–127.

21 *Grießinger, A.*, Handwerkerstreiks in Deutschland während des 18. Jh., in: U. Engelhardt Hg., Handwerker in der Industrialisierung, Stuttgart 1984, 407–34.

22 --, Das symbol. Kapital der Ehre. Streikbewegungen u. kollektives Bewußtsein deutscher Handwerksgesellen im 18. Jh., Berlin 1981.

23 *Grünfeld, F.V.*, Streiks in der schles. Leinen- u. Baumwollindustrie, Diss. Berlin 1919.

24 *Grüttner, M.*, Mobilität u. Konfliktverhalten. Der Hamburger Hafenarbeiterstreik 1896/97, in: K. Tenfelde u. H. Volkmann Hg., Streik, München 1981, 143–61.

25 *Gruner, E.*, Der Klassenkampf als formendes Element der neuesten Geschichte, in: Schweizer Beitr. zur Allgemeinen Geschichte 18/19. 1960/61, 475–506.

26 *Heiss, C.*, Die deutsche Streikstatistik, in: Archiv f. soziale Gesetzgebung 17. 1902, 150–68.

27 *Henning, H.*, Staatsmacht u. Arbeitskampf. Die Haltung der preuß. Innenverwaltung zum Militäreinsatz während der Bergarbeiterausstände 1889–1912, in: Fs. K.E. Born, Ostfildern 1987, 139–74.

28 *Kaelble, H. u. H. Volkmann*, Konjunktur u. Streik während des Übergangs zum Organisierten Kapitalismus in Deutschland, in: ZWS 92. 1972, 513–44.

29 --, Streiks u. Einkommensverteilung im Kaiserreich, in: J. Bergmann u.a., Arbeit, Mobilität, Partizipation, Protest, Opladen 1986, 159–98.

30 *Kleßmann, C. u. J. Friedemann*, Streiks u. Hungermärsche im Ruhrgebiet 1946–48, Frankfurt 1977.

31 *Knowles, G.J.C.*, Strikes, in: IESS 8. 1968, 500–06.

32 *Köllmann, W.* Hg., Der Bergarbeiterstreik von 1889 u. die Gründung des "Alten" Verbandes, Bochum 1969.

33 --, Wuppertaler Färbergesellen-Innung u. Färbergesellenstreiks 1848–57, Wiesbaden 1962.

34 *Kral, H.*, Streik auf den Helgen. Die gewerkschaftl. Kämpfe der deutschen Werftarbeiter vor dem Ersten Weltkrieg, Berlin 1964.

35 *Machtan, L.*, "Gibt es kein Preservativ, um diese wirtschaftl. Cholera uns vom Halse zu halten?" Unternehmer, bürgerl. Öffentlichkeit u. preuß. Regierung gegenüber der ersten großen Streikwelle in Deutschland 1869–74, in: Jb. Arbeiterbewegung, Frankfurt 1981, 54–100.

36 --, Zur Streikbewegung der deutschen Arbeiter in den Gründerjahren 1871–73, in: IWK 14. 1978, 419–42.

37 --, "Im Vertrauen auf unsere gerechte Sache ..." Streikbewegungen der Industriearbeiter in den 70er Jahren des 19. Jh., in: K. Tenfelde u. H. Volkmann Hg., Streik, München 1981, 52–73.

38 --, Streiks u. Aussperrungen im Deutschen Kaiserreich 1871–75, Berlin 1984.

39 --, Streiks im frühen Deutschen Kaiserreich, Frankfurt 1983.

40 *Meyer, M.*, Zur Reform der Streikstatistik, in: JNS 37. 1909, 204–18.

41 *Milles, D.*, "aber es kam kein Mensch nach den Gruben, um anzufahren". Arbeitskämpfe der Ruhrbergarbeiter 1867–78, Frankfurt 1983.

42 *Neuhaus, R.*, Arbeitskämpfe, Ärztestreiks, Sozialreformer 1900–14, Berlin 1986.

43 *Oldenberg, K.*, Arbeitseinstellungen, in: HStW I. 1909³, 927–64.

44 *Plötz, M.*, Zur Geschichte der Lage u. des Kampfes der Bergarbeiter im niederschles. Steinkohlenrevier 1868–1902, Diss. Freiburg 1971.

45 *Rimlinger, G.V.*, The Legitimation of Protest: A Comparative Study in Labor History, in: CSSH 2. 1960, 329–43; dt. in: W. Fischer u. G. Bajohr Hg., Die Soziale Frage, Stuttgart, 1967, 284–304.

46 *Saul, K.*, Zwischen Repression u. Integration. Staat, Gewerkschaften u. Arbeitskampf im kaiserl. Deutschland 1884–1914, in: K. Tenfelde u. H. Volkmann Hg., Streik, München 1981, 209–36.

47 --, Staatsintervention u. Arbeitskampf im Wilhelmin. Reich 1904–14, in: Sozialgeschichte Heute. 2. Fs. H. Rosenberg, H.-U. Wehler Hg., Göttingen 1974, 479–94.

48 *Schönhoven, K.*, Arbeitskonflikte in Konjunktur u. Rezession, in: K. Tenfelde u. H. Volkmann Hg., Streik, München 1981, 177–193.

49 *Schofer, L.*, Patterns of Worker Protest: Upper Silesia 1865–1914, in: JSH 5. 1972, 447–63.

50 *Schwittau, G.*, Die Formen des wirtschaftl. Kampfes. Streik, Boykott, Aussperrung, Berlin 1912.

51 *Seidel, H.*, Die Streikkämpfe der mittel- u. ostdeutschen Braunkohlenbergleute 1890–1914, Leipzig 1964.

52 *Stearns, P.N.*, Measuring the Evolution of Strike Movements, in: IRSH 19. 1974, 1–27.

53 *Steffens, H.*, Arbeiterwohnverhältnisse u. Arbeitskampf, in: K. Tenfelde u. H. Volkmann Hg., Streik, München 1981, 124–142.

54 --, Autorität u. Revolte. Alltagsleben u. Streikverhalten der Bergarbeiter an der Saar im 19. Jh., Weingarten 1987.

55 *Steglich, W.*, Eine Streiktabelle für Deutschland 1864–80, in: JbW 1960/II, 235–83.

56 *Strenz, W. u. H. Thümmler*, Zur Problematik der Erarbeitung von Streikkarten, in: JbW 1974/II, 179–99.

57 *Tenfelde, K.*, Gewalt u. Konfliktregelung in den Arbeitskämpfen der Ruhrbergleute vor 1918, in: Wiener Beiträge zur Geschichte d. Neuzeit 4. 1977, 185–236.

58 -- *u. H. Volkmann*, Zur Geschichte des Streiks in Deutschland, in: dies. Hg., Streik, München 1981, 9–30.

59 --, Die "Herner Krawalle" 1899, in: IWK 15. 1979, 71–104.

60 --, Konflik u. Organisation in einigen deutschen Bergbaugebieten 1867–72, in: GG 3. 1977, 212–35.

61 -- *u. H. Volkmann* Hg., Streik, München 1981.

62 --, Streik als Fest, in: R. van Dülmen u. N. Schindler Hg., Volkskultur, Frankfurt 1984, 177–202.

63 *Tilly, L.A. u. C. Tilly* Hg., Class Conflict and Collective Action, Beverly Hills 1981.

64 *Ullmann, H.–P.*, Unternehmerschaft, Arbeitgeberverbände u. Streikbewegung 1890–1914, in: K. Tenfelde u. H. Volkmann Hg., Streik, München 1981, 194–208.

65 *Volkmann, H.*, Modernisierung des Arbeitskampfes? Zum Formwandel von Streiks u. Aussperrung in Deutschland 1864 - 1975, in: H. Kaelble u.a., Probleme der Modernisierung in Deutschland, Opladen 1978, 110–70.

66 --, Möglichkeiten u. Aufgaben quantitativer Arbeitskampfforschung in Deutschland, in: IWK 17. 1981, 141–54.

67 --, Organisation u. Konflikt. Gewerkschaften, Arbeitgeberverbände u. die Entwicklung des Arbeitskonflikts im späten Kaiserreich, in: W. Conze u. U. Engelhardt Hg., Arbeiter im Industrialisierungsprozeß, Stuttgart 1979, 422–38.

68 --, Die Streikwellen 1912–13 u. 1919–20. Kontinuität oder Diskontinuität der Arbeitskampfentwicklung, in: J. Bergmann u.a., Arbeit, Mobilität, Partizipation, Protest, Opladen 1986, 220–50.

69 *Weber, A.*, Arbeitskämpfe, in: HStW 1. 1923^4, 765–88.

70 --, Der Kampf zwischen Kapital u. Arbeit. Gewerkschaften u. Arbeitgeberverbände in Deutschland, Tübingen 1910/1954^6.

71 *Wendt, B.-J.*, "Deutsche Revolution" - "Labour Unrest". Systembedingungen der Streikbewegungen in Deutschland u. England 1918–21, in: AfS 20. 1980, 1–56.

39. Kultur und Volkskultur

1 *Bausinger, H. u. W. Brückner* Hg., Kontinuität? Geschichtlichkeit u. Dauer als volkskundl. Problem, Berlin 1969.

2 -- *u. W. Kaschuba*, Volkskultur u. Sozialgeschichte, in: W. Schieder u. V. Sellin Hg., Sozialgeschichte in Deutschland, III, Göttingen 1987, 32–49.

3 --, Volkskultur in der techn. Welt, Frankfurt 1986^2.

4 --, Traditionale Welten - Kontinuität u. Wandel in der Volkskultur, in: HZ 241. 1985, 265–86.

5 *Blessing, W.K.*, Fest u. Vergnügen der "kleinen Leute". Wandlungen vom 18. bis zum 20. Jh., in: R. van Dülmen u. N. Schindler Hg., Volkskultur, Frankfurt 1984, 352–79.

6 *Braun, R.*, Probleme des sozio-kulturellen Wandels im 19. Jh., in: G. Wiegelmann Hg., Kultureller Wandel im 19. Jh., Göttingen 1973, 11–23.
7 *vom Bruch, R. u.a.* Hg., Kultur u. Kulturwissenschaft um 1900, Wiesbaden 1989.
8 *Brückner, W.*, Popular Culture. Konstrukt, Interpretament, Realität, in: Ethnologia Europaea 14. 1984, 14–24.
9 *Düding, D.* u.a. Hg., Öffentl. Festkultur, Reinbek 1988.
10 *van Dülmen, R.* Hg., Kultur der einfachen Leute, München 1983.
11 -- *u. N. Schindler* Hg., Volkskultur, Frankfurt 1984.
12 *Fullerton, R.A.*, Toward a Commercial Popular Culture in Germany. The Development of Pamphlet Fiction 1871–1914, in: JSH 12. 1978/79, 489–511.
13 *Glaser, H.*, Die Kultur der wilhelmin. Zeit, Frankfurt 1984.
14 *Greenberg, J.H.*, Culture History, in: IESS 6. 1968, 448–55.
15 *Hamann, R. u. J. Hermand*, Epochen deutscher Kultur 1870–Gegenwart, 5 Bde, München 1971–76.
16 *Hepp, C.*, Avantgarde. Moderne Kunst, Kulturkritik u. Reformbewegungen nach 1900, München 1987.
17 *Jeggle, U.* u.a. Hg., Volkskultur in der Moderne. Probleme u. Perspektiven empir. Kulturforschung, Reinbek 1986.
18 *Johnson, R.*, Culture and the Historians, in: J. Clarke u.a. Hg., Working Class Culture, London 1979, 41–71.
19 *Kaschuba, W.*, "Wir sind ein Volk". Neue Sichtweisen der Volkskultur, in: Fs. G. Iggers, Hagen 1991, 399–417.
20 --, Volkskultur, in: AfS 26. 1986, 361–98.
21 --, Volkskultur zwischen feudaler u. bürgerl. Gesellschaft, Frankfurt 1988.
22 --, Volkskultur in der Moderne, Reinbek 1986.
23 *King, D.B.*, Culture and Society in Modern Germany, in: G.D. Stark u. B.K. Lackner Hg., Essays on Culture and Society in Modern Germany, Arlington/Texas 1982, 15–44.
24 *Kittsteiner, H.D.*, Die Entstehung des modernen Gewissens, Frankfurt 1991.
25 *Köstlin, K.*, Die Wiederkehr der Volkskultur, in: Ethnologia Europaea 14. 1984, 25–31.
26 *Korff, G.*, Kultur, in: H. Bausinger u.a. Hg., Grundzüge der Volkskunde, Darmstadt 1978, 17–80.
27 *Krumrey, H.-V.*, Entwicklungsstrukturen von Verhaltensstandards. Eine soziolog. Prozeßanalyse auf der Grundlage deutscher Anstands- u. Manierenbücher 1870–1970, Frankfurt 1984/1988².
28 *Lenman, R.*, Mass Culture and the State in Germany 1900–26, in: Fs. J. Joll, London 1984, 51–59.
29 *Lutz, H.*, Kultur, Kulturgeschichte u. "Gesamtgeschichte", in: G. Klingenstein u. H. Lutz Hg., Spezialforschung u. "Gesamtgeschichte", Wien 1981, 279–99.
30 *Mauer, M.*, Feste u. Feiern als histor. Forschungsgegenstand, in: HZ 253. 1991, 101–30.
31 *Münch, R.*, Die Kultur der Moderne, I: England u. Amerika, II: Frankreich u. Deutschland, Frankfurt 1986.

32 *Scharfe, M.*, Towards a Cultural History: Notes on Contemporary Volkskunde in German Speaking Countries, in: SH 4. 1979, 333–49.
33 *Schindler, N.*, Spuren in die Geschichte der 'anderen' Zivilisation, in: R. van Dülmen u. ders. Hg., Volkskultur, Frankfurt 1984, 13–77.
34 *Schlereth, T.J.*, Material Culture Studies and Social History Research, in: JSH 16. 1982/3, 111–43.
35 *Schöne, B.*, Kultur u. Lebensweise Lausitzer Bandweber 1750–1850, Berlin 1977.
36 *Stark, G.D. u. B.K. Lackner* Hg., Essays on Culture and Society in Modern Germany, Arlington/Texas 1982.
37 *Vierhaus, R.*, Kulturgeschichte, in: K. Bergmann u.a. Hg., Handbuch der Geschichtsdidaktik, I, Düsseldorf 1985[3], 87–90.
38 *Wernhart, K.R.* Hg., Ethnohistorie u. Kulturgeschichte, Köln 1986.
39 *Wiegelmann, G.* Hg., Geschichte der Alltagskultur, Münster 1980.
40 -- u.a. Hg., Volkskunde, Berlin 1977.
41 --, Kultureller Wandel im 19. Jh., Göttingen 1973.
42 *Williams, R.*, Culture and Society 1780–1950, N.Y. 1960.

40. Sozialgeschichte der Religion

1 *Aubert, R.*, Geschichte der Kirche, in: L.J. Rogier u.a. Hg., dass. V/1: Vom Kirchenstaat zur Weltkirche 1848–1965, Zürich 1975.
2 *Bade, K.J.*, Imperialismus u. Kolonialmission. Kaiserliches Deutschland u. koloniales Imperium, Wiesbaden 1982.
3 *Baumgartner, J.* Hg., Wiederentdeckung der Volksreligiosität, Regensburg 1979.
4 *Becker, J.*, Liberaler Staat u. Kirche in der Ära von Reichsgründung u. Kulturkampf. Baden 1860–76, Mainz 1973.
5 *Berger, P.L.*, Zur Dialektik von Religion u. Gesellschaft. Elemente einer soziolog. Theorie, Frankfurt 1973.
6 *Blessing, W.K.*, Reform, Restauration, Resignation. Kirchenreligion u. Volksreligiosität zwischen Aufklärung u. Industrialisierung, in: W. Schieder Hg., Volksreligiosität in der modernen Sozialgeschichte (= GG SoH. 11), Göttingen 1986, 97–122.
7 *Brückner, W.* u.a., Volksfrömmigkeitsforschung, Würzburg 1986.
8 *Burger, A.*, Religionszugehörigkeit u. soziales Verhalten, Göttingen 1964.
9 *Dipper, C.*, Volksreligiosität u. Obrigkeit im 18. Jh., in: W. Schieder Hg., Volksreligiosität in der modernen Sozialgeschichte (= GG SoH. 11), Göttingen 1986, 73–96.
10 *van Dülmen, R.*, Religion u. Gesellschaft. Beiträge zu einer Religionsgeschichte der Neuzeit, Frankfurt 1989.
11 --, Religionsgeschichte in der Histor. Sozialforschung, in: GG 6. 1980, 36–59.

12 *Ebertz, M.N.*, Die Organisierung von Massenreligiosität im 19. Jh., in: Jb. für Volkskunde, 2. 1979, 38—72.

13 -- *u. F. Schultheiss* Hg., Volksfrömmigkeit in Europa, München 1986.

14 *Ehalt, H.C.* Hg., Volksfrömmigkeit, Köln 1988.

15 *Evans, R.J.*, Religion and Society in Germany, in: ESR 12. 1982, 249—88.

16 *Fürstenberg, F.*, Religionssoziologie, in: HES II. 1967², 1102—22/XIV. 1979³, 1— 84.

17 *Grane, L.*, Die Kirche im 19. Jh., Göttingen 1987.

18 *Greschat, M.*, Das Zeitalter der Industriellen Revolution. Das Christentum vor der Moderne, Stuttgart 1980.

19 *Heitmann, L.*, Großstadt u. Religion, 3 Bde, Hamburg 1913—27.

20 *Henning, H.*, Zeitgeistforschung u. Sozialgeschichte. Adel u. Geistlichkeit in Deutschland 1850—1930, in: H. Schallenberger Hg., Religion u. Zeitgeist im 20. Jh., Stuttgart 1982, 221—38.

21 *Hölscher, L.*, Großstadt u. Religion, 3 Bde, Hamburg 1913—27.

22 --, Die Religion des Bürgers. Bürgerl. Frömmigkeit u. protestant. Kirche im 19. Jh., in: HZ 250. 1990, 595—630.

23 *Hörger, H.*, Dorfreligion u. bäuerl. Gesellschaft, 2 Bde, München 1978/1983.

24 *Holden, C.M.*, A. Decade of Dissent in Germany. A Historical Study of the Society of Protestants Friends and the German-Catholic Church 1840—48, Diss. Yale Univ., New Haven 1954.

25 *Korff, G.*, Bemerkungen zum Polit. Heiligenkult im 19. u. 20. Jh., in: G. Stephenson Hg., Der Religionswandel in unserer Zeit im Spiegel der Religionswissenschaften, Darmstadt 1976, 216—30.

26 --, Formierung der Frömmigkeit. Zur sozialpolit. Intention der Trierer Rockwallfahrten 1891, in: GG 3. 1977, 352—83.

27 --, Polit. Heiligenkult im 19. u. 20. Jh., in: Zs. f. Volkskunde 71. 1975, 202—20.

28 --, Heiligenverehrung u. soziale Frage. Zur Ideologisierung der populären Frömmigkeit im späten 19. Jh., in: G. Wiegelmann Hg., Kultureller Wandel im 19. Jh., Göttingen 1978, 102—11.

29 --, Kulturkampf u. Volksfrömmigkeit, in: W. Schieder Hg., Volksreligiosität in der modernen Sozialgeschichte (= GG SoH. 11), Göttingen 1986, 137—51.

30 --, Zwischen Sinnlichkeit u. Kirchlichkeit. Notizen zum Wandel populärer Frömmigkeit im 18. u. 19. Jh., in: J. Held Hg., Kultur zwischen Bürgertum u. Volk, Berlin 1983, 136—48.

31 *Kriedte, P.*, Taufgesinnte, Dompelaars, Erweckte. Die mennonitische Gemeinde u. der Aufstieg des protoindustriellen Kapitalismus in Krefeld im 17. u. 18. Jh., in: R. Vierhaus u.a. Hg., Frühe Neuzeit - Frühe Moderne? Göttingen 1992.

32 *Küenzlen, G.*, Die Religionssoziologie M. Webers, Berlin 1980.

33 *Kupisch, K.*, Bürgerl. Frömmigkeit im wilhelmin. Zeitalter, in: H.J. Schoeps Hg., Zeitgeist im Wandel: Das wilhelmin. Zeitalter, Stuttgart 1967, 40—59.

34 *McLeod, H.*, Religion and the People of Western Europe 1789—1970, Oxford 1981.

35 *Mallmann, K.-M.*, Bergarbeiter, Religion u. sozialer Protest im Saarrevier des 19. Jh., in: W. Schieder Hg., Volksreligiosität in der modernen Sozialgeschichte (= GG SoH. 11), Göttingen 1986, 152—84.

36 --, Volksfrömmigkeit, Proletarisierung u. preuß. Obrigkeitsstaat. Sozialgeschichtl. Aspekte des Kulturkampfes im Saarrevier, in: Soziale Frage u. Kirche im Saarrevier, Saarbrücken 1984, 183—232.

37 *Marbach, R.*, Säkularisierung u. sozialer Wandel im 19. Jh., Göttingen 1978.

38 *Matthes, J.*, Religionszugehörigkeit u. Gesellschaftspolitik, in: Internationales Jb. für Religionssoziologie 1. 1965, 43—66.

39 *Münch, P.*, Welcher Zusammenhang besteht zwischen Konfession u. ökonom. Verhalten? M. Webers These im Lichte der histor. Forschung, in: Konfession - eine Nebensache? Stuttgart 1984, 58—74.

40 *Neher, A.*, Die kathol. u. evangel. Geistlichkeit Württembergs 1813—1901, Regensburg 1904.

41 *Nipperdey, T.*, Religion u. Gesellschaft: Deutschland um 1900, in: HZ 246. 1988, 591—615.

42 --, Religion im Umbruch. Deutschland 1870—1918, München 1988.

43 *Nowak, K.*, Religion, Kirche, in: Fischer Lexikon Geschichte, Hg. R. van Dülmen, Frankfurt 1990^2, 230—50.

44 *Offenbacher, M.*, Konfession u. soziale Schichtung. Eine Studie über die wirtschaftl. Lage der Katholiken u. Protestanten in Baden, Tübingen 1900.

45 *Phayer, F.M.*, Religion u. das gewöhnliche Volk in Bayern in der Zeit von 1750—1850, München 1970.

46 *Repgen, K.*, Klerus u. Politik 1848, in: Fs. F. Steinbach, Bonn 1960, 133—65.

47 *Rosenberg, H.*, Theolog. Rationalismus u. vormärzl. Vulgärliberalismus, in: HZ 141. 1930, 497—541, u. in: ders., Polit. Denkströmungen im deutschen Vormärz, Göttingen 1972, 18—50.

48 *Scharfe, M.*, Die Religion des Volkes. Kleine Kultur- u. Sozialgeschichte des Pietismus, Gütersloh 1980.

49 *Schieder, W.*, Kirche u. Revolution. Zur Sozialgeschichte der Trierer Wallfahrt von 1844, in: AfS 14. 1974, 419—54.

50 -- Hg., Religion u. Gesellschaft im 19. Jh., GG 3. 1977/ H. 3.

51 --, Religion in der Sozialgeschichte, in: ders. u. V. Sellin Hg., Sozialgeschichte in Deutschland, III, Göttingen 1986, 9—31.

52 --, Religion in the Social History of the Modern World: A German Perspective, in: ESR 12. 1982, 289—99.

53 -- Hg., Volksreligiosität in der modernen Sozialgeschichte, Göttingen 1986 (= GG SoH. 11).

54 *Schluchter, W.*, Altisrael. religiöse Ethik u. okzidentaler Rationalismus, in: ders. Hg., M. Webers Studie über das antike Judentum, Frankfurt 1981, 11—77.

55 --, Religion u. Lebensführung, I: Studien zu M. Webers Kultur- u. Werttheorie; II: Studien zu M. Webers Religions- u. Herrschaftssoziologie, Frankfurt 1988.

56 --, M. Webers Analyse des antiken Christentums, in: ders. Hg., M. Webers Sicht des antiken Christentums, Frankfurt 1985, 11—71.

57 --, M. Webers Konfuzianismusstudie - Versuch einer Einordnung, in: ders. Hg., M. Webers Studie über Konfuzianismus u. Taoismus, Frankfurt 1983, 11–54.
58 -- Hg., M. Webers Sicht des okzidentalen Christentums, Frankfurt 1988.
59 --, Zwischen Welteroberung u. Weltanpassung. Überlegungen zu M. Webers Sicht des frühen Islams, in: ders. Hg., M. Webers Sicht des Islams, Frankfurt 1987, 11–124.
60 --, Weltflücht. Erlösungsstreben u. organ. Sozialethik. Überlegungen zu M. Webers Analysen der indischen Kulturreligionen, in: ders. Hg., M. Webers Studie über Hinduismus u. Buddhismus, Frankfurt 1984, 11–71.
61 *Schmidtchen, G.*, Protestanten u. Katholiken, München 1973.
62 *Scholder, K.*, Die Kirchen u. das Dritte Reich, 2 Bde, Frankfurt 1977/Berlin 1985.
63 *Schorn-Schütte, L.*, Die Geistlichen vor der Revolution, in: H. Berding u.a. Hg., Deutschland u. Frankreich im Zeitalter der Französ. Revolution, Frankfurt 1989, 216–44.
64 *Sperber, J.*, Der Kampf um die Feiertage in Rheinland-Westfalen 1770–1870, in: W. Schieder Hg., Volksreligiosität in der modernen Sozialgeschichte (= GG SoH. 11), Göttingen 1986, 123–36.
65 *Stephenson, G.* Hg., Der Religionswandel unserer Zeit im Spiegel der Religionswissenschaft, Darmstadt 1976.
66 *v. Thadden, R. u. M. Michelle* Hg., Die Hugenotten, München 1985.
67 --, Weltl. Kirchengeschichte, Göttingen 1989.
68 --, Kirchengeschichte als Gesellschaftsgeschichte, in: GG 9. 1983, 598–614.
69 *Trautwein, J.*, Religiosität u. Sozialstruktur. Untersucht anhand der Entwicklung des württemberg. Pietismus, Stuttgart 1972.
70 *Troeltsch, E.*, Die Soziallehren der christlichen Kirchen u. Gruppen, Tübingen 1912/AD Aalen 1961.
71 *Vierhaus, R.*, Religion u. deutsche Bildungsschichten im 19. u. 20. Jh., in: Fs. Y. Arieli, Jerusalem 1986, 95–106.
72 *Wahl, A.* Confession et comportement dans les campagnes d'Alsace et de Bade: 1871–1939, 2 Bde, Metz 1980.

41. Protestantismus

1 *Anderson, G.H.*, Challenge and Change Within German Protestant Theological Education during the 19th Century, in: Church History 39. 1970, 38–48.
2 *Aschoff, H.-G.*, Protestantismus u. Staat im 19. u. 20. Jh., in: G. Rüther Hg., Geschichte der christl.-demokrat. u. christl.-sozialen Bewegungen in Deutschland, I, Bonn 1987[2], 57–84.
3 *Bammel, E.*, Die Reichsgründung u. der deutsche Protestantismus, Erlangen 1973.

4 *Baumann, U.*, Protestantismus u. Frauenemanzipation in Deutschland, 1850–1920, Frankfurt 1992.

5 *Baur, W.*, Das deutsche evangel. Pfarrhaus, Bremen 1878².

6 *Beyer, H.*, Arbeit steht auf uns'rer Fahne u. das Evangelium. Sozialer Protestantismus u. bürgerl. Antisozialismus in Wuppertal 1880–1914, Reinbek 1985.

7 --, Die Geschichte der Gustav-Adolf-Vereine, Göttingen 1932.

8 *Bigler, R.M.*, The Politics of German Protestantism: The Rise of the Protestant Church Elite in Prussia 1815–48, Berkeley 1972.

9 --, The Social Status and Political Role of the Protestant Clergy in Pre-March Prussia, in: 2. Fs. H. Rosenberg, H.-U. Wehler Hg., Göttingen 1974, 175–90.

10 *Bormann, G.*, Studien zu Berufsbild u. Berufswirklichkeit evangel. Pfarrer in Württemberg, in: Social Compass 13. 1966, 95–137.

11 *Bormann-Heischkeil, S.*, Die soziale Herkunft der Pfarrer u. ihrer Ehefrauen, in: M. Greiffenhagen Hg., Das evangel. Pfarrhaus, Stuttgart 1984, 149–47.

12 *Brakelmann, G.*, Kirche, soziale Frage u. Sozialismus 1871–1914, Gütersloh 1977.

13 --, Ev. Kirche in sozialen Konflikten der Weimarer Zeit. Das Beispiel des Ruhreisenstreits, Bochum 1986.

14 --, Kirche u. Sozialismus im 19. Jh. - J.H. Wichern u. R. Todt, Witten 1966.

15 --, Der Krieg 1870/71 u. die Reichsgründung im Urteil des Protestantismus, in: W. Huber u. J. Schwerdtfeger Hg., Kirche zwischen Krieg u. Frieden, Stuttgart 1976, 293– 320.

16 -- u.a., Protestantismus u. Politik. Werk u. Wirkung A. Stoeckers, Hamburg 1982.

17 --, Ruhrgebiets-Protestantismus, Bielefeld 1987.

18 *Buske, T.*, Thron u. Altar. Die Rolle der Berliner Hofprediger im Zeitalter des Wilhelminismus, Neustadt a.d. Aisch 1970.

19 *Dahm, K.W.*, Beruf Pfarrer. Empir. Aspekte, München 1971.

20 --, Pfarrer, in: RGG 5. 1961³, 283–89.

21 --, Pfarrer u. Politik. Soziale Position u. polit. Mentalität des deutchen evangel. Pfarrerstandes 1918–33, Köln 1965.

22 *Drews, P.*, Der evangel. Geistliche, Jena 1905.

23 --, Evangel. Kirchenkunde. Das kirchl. Leben der deutschen Landeskirche, 7 Bde, Tübingen 1902–19.

24 *Engelmann, H.*, Kirche am Abgrund. A. Stoecker u. seine antijüd. Bewegung, Berlin 1984.

25 *Ericksen, R.P.*, Theologen unter Hitler, München 1986.

26 *Fleischmann-Bisten, W.*, Der Evangel. Bund in der Weimarer Republik u. im sog. Dritten Reich, Frankfurt 1989.

27 *Franz, G.*, Das evangel. Pfarrhaus, in: Jb. d. Ranke-Gesellschaft, 3. 1957, 35–39.

28 *Goehre, P.*, Die evangel.-soziale Bewegung, Leipzig 1896.

29 *Goldschmidt, D.*, Die Herkunft der Theologiestudenten, in: Monatsschrift für Pastoraltheologie 46. 1957, 468-73.

30 *Greiffenhagen, M.* Hg., Das evangel. Pfarrhaus. Eine Kultur- u. Sozialgeschichte, Stuttgart 1984.

31 *Hasselhorn, M.*, Der altwürttemberg. Pfarrerstand im 18. Jh., Stuttgart 1958.

32 *Hölscher, L. u. U. Männich-Polenz*, Die Sozialstruktur der Kirchengemeinden Hannovers im 19. Jh., in: Jb. d. Ges. f. Niedersächs. Kirchengeschichte 88. 1990, 159–211.

33 --, Weltgericht oder Revolution. Protestant. u. sozialist. Zukunftsvorstellungen im deutschen Kaiserreich, Stuttgart 1989.

34 *Hofmann, K.-M.*, Die evangel. Arbeitervereinsbewegung 1882–1914, Bielefeld 1988.

35 *Holtz, G.*, Pfarrer, in: RGG 5. 1961^3, 273–80.

36 *Homrichhausen, C.R.*, Evangel. Christen in der Paulskirche 1848/49, Frankfurt 1985.

37 --, Evangel. Pfarrer in Deutschland, in: W. Conze u. J. Kocka Hg., Bildungsbürgertum im 19. Jh., I, Stuttgart 1985, 248–78.

38 *Janz, O.*, Zwischen Amt u. Profession. Die evangel. Pfarrerschaft im 19. Jh., in: H. Siegrist Hg., Bürgerl. Berufe, Göttingen 1988, 174–99.

39 --, Protestant. Pfarrer in Preußen im 19. u. 20. Jh., Berlin 1993.

40 --, Von der Pfründe zum Pfarrgehalt. Zur Entwicklung der Pfarrerbesoldung im späten 19. u. 20. Jh., in: W. Lienemann Hg., Die Finanzen der Kirche, München 1989, 682–711.

41 *Köhler, M.*, Über die soziale Bedeutung des protestant. Pfarrhauses in Deutschland, Diss. Heidelberg 1952.

42 *Koeller, B.*, Der Pfarrer als Bürger, Göttingen 1972.

43 *Kouri, E.J.*, Der deutsche Protestantismus u. die soziale Frage 1870–1919, Berlin 1984.

44 *Kretschmar, G.*, Der Evangel.-Soziale Kongress. Der deutsche Protestantismus u. die soziale Frage, Stuttgart 1972.

45 *McLeod, H.*, Protestantism and the Working Class in Imperial Germany, in: ESR 12. 1982, 323–44.

46 *Mooser, J.* u.a. Hg., Frommes Volk u. Patrioten. Erweckungsbewegung u. soziale Frage im östl. Westfalen 1800–1900, Bielefeld 1989.

47 *Müller, H.M.*, Kulturprotestantismus. Beiträge zu einer Gestalt des modernen Christentums, Gütersloh 1992.

48 *Müller-Späth, J.*, Die Anfänge des CVJM in Rheinland u. Westfalen. Ein Beitrag zur Sozial- u. Kirchengeschichte im 19. Jh., Köln 1988.

49 *Pollmann, K.E.*, Landesherrliches Kirchenregiment u. Soziale Frage, Berlin 1973.

50 *Przybykski, H.*, Von der Studentenbewegung ins Gemeindepfarramt. Eine histor.-empir. Längsschnittstudie zur Sozialisation evangel. Theologen im Beruf, Diss. Bochum 1983.

51 *Rudolph, H.*, Das evangel. Militärkirchenwesen in Preußen, Göttingen 1973.

52 *Schick, M.*, Kulturprotestantismus u. soziale Frage, Tübingen 1970.

53 *Schneider, J.*, Die evangel. Pfarrer der Markgrafschaft Baden-Durlach 1750–1800, Lahr 1936.

54 *Shanahan, W.O.*, Der deutsche Protestantismus vor der sozialen Frage 1815—71, München 1962.

55 *v. Thadden, R.*, Die brandenburg.-preuß. Hofprediger im 17. u. 18. Jh., Berlin 1959.

56 --, Kirche im Schatten des Staates? Zur Problematik der evangel. Kirche in der preuß. Geschichte, in: H.-J. Puhle u. H.-U. Wehler Hg., Preußen im Rückblick (= GG SoH. 6), Göttingen 1980, 146—75.

57 --, Protestantismus u. Liberalismus zur Zeit des Hambacher Festes 1832, in: W. Schieder Hg., Liberalismus in der Gesellschaft des deutschen Vormärz (= GG SoH. 9), Göttingen 1983, 95—114.

58 *Vollmer, A.*, Die Neuwerkbewegung 1919—1935. Ein Beitrag zur Geschichte der Jugendbewegung, des religiösen Sozialismus u. der Arbeiterbildung, Stuttgart 1973.

59 *Vorländer, K.*, Sozialdemokrat. Pfarrer, in: ASS 30. 1910, 455—513.

60 *Ward, W.R.*, Theology, Sociology, and Politics. The German Protestant Social Conscience, Bern 1979.

61 *Werdermann, H.*, Der evangel. Pfarrer, Leipzig 1925.

62 --, Die deutsche evangel. Pfarrfrau, Witten 1935.

63 *Wright, J.R.C.*, Über den Parteien. Die polit. Haltung der evangel. Kirchenführer 1918—33, Göttingen 1977.

42. Katholizismus/Politischer Katholizismus

1 *Anderson, H.L.*, Piety and Politics: Recent Work on German Catholicism, in: JMH 63. 1991, 681—716.

2 *Aubert, R.* u.a., Die kathol. Reaktion gegen den Liberalismus in: H. Jedin, Hb. der Kirchengeschichte IV/1, Freiburg 1971/ND 1985, 507—796.

3 *Alexander, E.*, Church and Society in Germany: Social and Political Movements and Ideas in German and Austrian Catholicism 1789—1950, in: J.N. Moody Hg., Church and Society 1789—1950, N.Y. 1953, 325—583.

4 *Bachem, K.*, Vorgeschichte, Geschichte u. Politik der deutschen Zentrumspartei, 1815—1914, 8 Bde., Köln 1927—32/ND Aalen 1965.

5 *Bauer, C.*, Der deutsche Katholizismus u. die bürgerl. Gesellschaft, in: ders., Deutscher Katholizismus, Frankfurt 1964, 28—53.

6 *Baumeister, M.*, Parität u. kathol. Inferiorität. Untersuchungen zur Stellung des Katholizismus im Deutschen Kaiserreich, Paderborn 1987.

7 *Bergsträsser, L.* Hg., Der polit. Katholizismus, I: 1850—70, München 1921.

8 *Birke, A.M.*, German Catholics and the Quest for National Unity, in: H. Schulze Hg., Nation-Building in Central Europe, Leamington Spa 1987, 51—63.

9 *Blackbourn, D.*, The Political Alignment of the Centre Party in Wilhelmine Germany: A Study of the Party's Emergence in 19th Century Württemberg, in: HJ 18. 1975, 821—50.

10 -- Catholics and Politics in Imperial Germany: The Centre Party and its Constituency, in: ders., Populists and Patricians, London 1987, 188–214.

11 --, Roman Catholics, the Centre Party and Antisemitism in Imperial Germany in: P. Kennedy and A. Nicholls Hg., Nationalist and Racialist Movements in Britain and Germany Before 1914, Oxford 1981, 106–29.

12 --, Class and Politics in Wilhelmine Germany: The Centre Party and the Social Democrats in Württemberg, in: CEH 9. 1976, 220–49.

13 --, Class, Religion and Local Politics in Wilhelmine Germany. The Centre Party in Württemberg before 1914, Wiesbaden 1980.

14 --, The Problem of Democratisation: German Catholics and the Role of the Centre Party, in: R.J. Evans Hg., Society and Politics in Wilhelmine Germany, London 1978, 160–85.

15 --, Die Zentrumspartei u. die deutschen Katholiken während des Kulturkampfs u. danach, in: O. Pflanze Hg., Innenpolit. Probleme des Bismarck–Reiches, München 1983, 73–94.

16 *Brandl, M.,* Deutsche kathol. Stimmen zu Sozialismus u. Kommunismus, zur sozialen Lage u. Industrialisierung bis 1850, in: A. Langner Hg., Katholizismus, konservative Kapitalismuskritik u. Frühsozialismus bis 1850, Paderborn 1975, 165–93.

17 *Brüls, K.,* Geschichte des Volksvereins für das kathol. Deutschland, I: 1890–1914, Münster 1960.

18 *Buchheim, K.,* Ultramontanismus u. Demokratie. Der Weg der deutschen Katholiken im 19. Jh., München 1969.

19 *Epstein, K.,* M. Erzberger, Berlin 1962.

20 *Evans, E.L.,* The German Centre Party 1870–1933, Carbondale/Ill. 1981.

21 *Farr, I.,* From Anti–Catholicism to Anticlericalism: Catholic Politics and the Peasantry in Bavaria 1860–1900, in: ESR 13. 1983, 249–69.

22 *Filthaut, P.E.,* Deutsche Katholikentage 1848–1958 u. soziale Frage, Essen 1960.

23 *Fricke, D.* u. H. Gottwald, Kathol. Arbeitervereine 1881–1945, in: D. Fricke u.a. Hg., Lexikon zur Parteiengeschichte, III, Leipzig 1985[2], 194–223.

24 *Gabriel, K.* u. F.–X. Kaufmann Hg., Zur Soziologie des Katholizismus, Mainz 1980.

25 *Gall, L.,* Die partei- u. sozialgeschichtl. Problematik des badischen Kulturkampfes, in: ZGO 113. 1965, 151–96.

26 *Gatz, E.,* Kirche u. Krankenpflege im 19. Jh. Kathol. Bewegung u. karitativer Aufbruch in den preuß. Provinzen Rheinland u. Westfalen, München 1971.

27 *Gottwald, H.,* Polit. Katholizismus u. Soziale Frage, Diss. B Jena 1982.

28 -- u. G. Wirth, Zentrum 1870–1933, in: D. Fricke u.a. Hg., Lexikon zur Parteiengeschichte, IV, Leipzig 1986[2], 552–635.

29 --, Zentrum u. Imperialismus, Diss. Jena 1966.

30 *Graf, F.W.,* Die Politisierung des religiösen Bewußtseins. Die bürgerl. Religionsparteien im deutschen Vormärz: Das Beispiel des Deutschkatholizismus, Stuttgart 1978.

31 *Hanssler, B.,* Die Kirche in der Gesellschaft. Der deutsche Katholizismus u. seine Organisationen im 19. u. 20. Jh., Paderborn 1961.

32 *Hartmannsgruber, F.,* Die christl. Volksparteien 1848–1933, in: G. Rüther Hg., Geschichte der Christl.–Demokrat. u. Christl.–Sozialen Bewegungen in Deutschland, I, Bonn 1987², 219–324.

33 *Heitzer, H.,* Der Volksverein für das kathol. Deutschland im Kaiserreich 1890–1918, Mainz 1979.

34 *Hendon, D.W.,* The Centre Party and the Agrarian Interest in Germany 1890–1914, Diss. Emory Univ., Atlanta 1976.

35 *Hürten, H.,* Kathol. Verbände, in: A. Rauscher Hg., Der soziale u. polit. Katholizismus 1803–1963, II, München 1982, 215–77.

36 *Kolbe, G.,* Demokrat. Opposition in religiösem Gewande. Zur Geschichte der deutsch-kathol. Bewegung in Sachsen am Vorabend der Revolution von 1848/49, in: ZfG 20. 1972, 1102–12.

37 *Lönne, K.–E.,* Politischer Katholizismus im 19. u. 20. Jh., Frankfurt 1986.

38 *Loth, W.,* Soziale Bewegungen im Katholizismus des Kaiserreichs, in: GG 17. 1991, 279–310.

39 --, Katholiken im Kaiserreich. Der polit. Katholizismus in der Krise des wilhelmin. Deutschlands, Düsseldorf 1984.

40 -- Hg., Deutscher Katholizismus im Umbruch zur Moderne, Stuttgart 1991.

41 *Lutz, H.,* Demokratie im Zwielicht. Der Weg der deutschen Katholiken 1914–1925, München 1963.

42 *Maier, H.,* Katholizismus, nationale Bewegung u. Demokratie in Deutschland, in: Hochland 57. 1965, 318–33.

43 *Maier, H.,* Zur Soziologie des deutschen Katholizismus 1803–1950, in: Fs. K. Repgen, Berlin 1983, 159–72.

44 *Mittmann, U.,* Fraktion u. Partei. Ein Vergleich von Zentrum u. Sozialdemokratie im Kaiserreich, Düsseldorf 1976.

45 *Mooser, J.,* Katholik u. Bürger? Rolle u. Bedeutung des Bürgertums auf den deutschen Katholikentagen 1871–1913, Habil.–Schrift Bielefeld 1986.

46 *Morsey, R.,* Die deutsche Zentrumspartei, in: E. Matthias u. ders. Hg., Das Ende der Parteien 1933, Düsseldorf 1960, 281–453.

47 --, Die Deutsche Zentrumspartei 1917–23, Düsseldorf 1966.

48 *Müller, F.H.,* Kirche u. Industrialisierung. Sozialer Katholizismus bis Pius XII., Osnabrück 1971.

49 *Müller. K.,* Zentrumspartei u. agrar. Bewegung im Rheinland 1882–1903, in: Fs. M. Braubach, Münster 1964, 828–57.

50 *Nellesen–Schumacher, T.,* Sozialprofil der deutschen Katholiken, Mainz 1978.

51 *Pies, E.,* Sozialpolitik u. Zentrum 1924–28. Zu den Bedinungen sozialpolit. Theorie u. Praxis der Deutschen Zentrumspartei in der Weimarer Republik, in: H. Mommsen u.a. Hg., Industrielles System u. polit. Entwicklung in der Weimarer Republik, Düsseldorf 1974, 259–70.

52 *Plum, G.,* Gesellschaftsstruktur u. polit. Bewußtsein in einer kathol. Region 1928– 33: Aachen, Stuttgart 1972.

53 *Pridham, G.,* Christian Democracy in Western Germany, London 1977.

54 *Rauscher, A.* Hg., Der soziale u. polit. Katholizismus 1803–1963, 2 Bde, München 1981/82.
55 *Ritter, E.*, Die kathol.–soziale Bewegung Deutschlands im 19. Jh. u. der Volksverein, Köln 1954.
56 *Ross, R.J.*, Beleaguered Tower: The Dilemma of Political Catholicism in Wilhelmine Germany, Notre Dame 1976.
57 *Rost, J.*, Die wirtschaftl. u. kulturelle Lage der deutschen Katholiken, Köln 1911.
58 *Rüther, G.* Hg., Geschichte der christl.–demokrat. u. christl.–sozialen Bewegungen in Deutschland, 2 Bde, Bonn 1987[2].
59 *Schauff, J.*, Das Wahlverhalten der deutschen Katholiken im Kaiserreich u. in der Weimarer Republik 1871–1928, ND Mainz 1975.
60 *Schnabel, F.*, Der Zusammenschluß des polit. Katholizismus in Deutschland im Jahre 1848, Heidelberg 1910.
61 *Schneider, M.*, Kirche u. soziale Frage: 19. u. 20 Jh. unter besonderer Berücksichtigung des Katholizismus, in: AfS 21. 1981, 533–53.
62 *Schönhoven, K.*, Die Bayer. Volkspartei 1924–32, Düsseldorf 1972.
63 *Sperber, J.*, Popular Catholicism in the 19th Century Germany, London 1984.
64 --, Roman Catholic Religion and Identity in Rheinland–Westphalia 1800–70, in: SH 7. 1982, 305–18.
65 --, The Transformation of Catholic Associations in the Northern Rhineland and Westphalia 1830–70, in: JSH 15. 1981, 253–63.
66 *Stegmann, F.J.*, Geschichte der sozialen Ideen im deutschen Katholizismus, in: H. Grebing Hg., Geschichte der sozialen Ideen in Deutschland, München 1969, 327–560.
67 --, Der soziale Katholizismus u. die Mitbestimmung. Vom Beginn der Industrialisierung bis zum Jahre 1933, Paderborn 1974.
68 *Stollenwerk, A.*, Der Deutschkatholizismus in den preuß. Rheinlanden, Mainz 1971.
69 *Stump, W.*, Geschichte u. Organisation der Zentrumspartei in Düsseldorf 1917–33, Düsseldorf 1972.
70 *Wattler, T.*, Sozialpolitik u. Zentrumsfraktion zwischen 1877 u. 1889 unter besonderer Berücksichtigung interner Auseinandersetzungen u. Entwicklungsprozesse, Köln 1978.
71 *Weiss, O.*, Der Ultramontanismus, in: ZBLG 41. 1978, 821–77.
72 *Wendorf, H.*, Die Fraktion des Zentrums. Kathol. Fraktion im preuß. Abgeordnetenhaus 1859–67, Diss. Leipzig/Erfurt 1915.
73 *Zeender, J.K.*, The German Centre Party 1880–1906, Philadelphia 1976.

43. Sozialgeschichte der Aufklärung

1 *Balet, E.*, Die Verbürgerlichung der deutschen Kunst, Literatur u. Musik im 18. Jh., Leipzig 1936/ND Berlin 1973

2 *Bödecker H.E.* u. U. Herrmann Hg., Über den Prozeß der Aufklärung in Deutschland im 18. Jh., Göttingen 1987.

3 *Dann, O.*, Gruppenbildung u. gesellschaftl. Organisierung in der Epoche der deutschen Romantik, in: R. Brinkmann Hg., Romantik in Deutschland, Stuttgart 1978, 115– 31.

4 *van Dülmen, R.*, Die Aufklärungsgesellschaft in Deutschland, in: Francia 5. 1977, 251–75.

5 --, Der Geheimbund der Illuminaten, Stuttgart 1975.

6 --, Die Gesellschaft der Aufklärer. Zur bürgerl. Emanzipation u. aufklärer. Kultur in Deutschland, Frankfurt 1986.

7 *Eder, K.*, Geschichte als Lernprozeß? Zur Pathogenese polit. Modernität in Deutschland, Frankfurt 1985.

8 *Hammermayer, L.*, Zur Geschichte der europ. Freimaurerei u. der Geheimgesellschaften im 18. Jh., in: E. Balász u.a. Hg., Beförderer der Aufklärung in Mittel- u. Osteuropa, Berlin 1979, 9–68.

9 Allg. Handbuch der Freimaurerei, 2 Bde, Leipzig 1900/1901[2].

10 *Im Hof, U.*, Das gesellige Jahrhundert. Gesellschaft u. Gesellschaften im Zeitalter der Aufklärung, München 1982.

11 *Kopitzsch, F.*, Hg., Aufklärung, Absolutismus u. Bürgertum in Deutschland, München 1976.

12 --, Die deutsche Aufklärung. Leistungen, Grenzen, Wirkungen, in: AfS 23. 1983, 1–21.

13 --, Grundzüge einer Sozialgeschichte der Aufklärung in Hamburg u. Altona, 2 Bde, Hamburg 1982.

14 --, Sozialgeschichte der Aufklärung in Deutschland, in: H. Berding u.a. Hg., Deutschland u. Frankreich im Zeitalter der Französ. Revolution, Frankfurt 1988, 373–90.

15 *Lennhoff, E.*, Die Freimaurerei, Wien 1932/ND München 1981.

16 -- u. O. Posner, Internat. Freimaurerlexikon, München 1932/ND Graz 1965.

17 -- u. W. Gebuhr, Polit. Geheimbünde, Wien 1931/ND München 1966.

18 *Ludz, P.-C.* Hg., Geheime Gesellschaften, Heidelberg 1979.

19 --, Überlegungen zu einer soziolog. Analyse geheimer Gesellschaften des späten 18. u. frühen 19. Jh., in ders. Hg., Geheime Gesellschaften, Heildelberg 1979, 89–119.

20 *Martens, W.*, Die Geburt des Journalismus in der Aufklärung, in: Wolfenbütteler Studien zur Aufklärung 1. 1974, 84–98.

21 *Möller, H.*, Aufklärung in Preußen. Der Verleger, Publizist u. Geschichtsschreiber F. Nicolai, Berlin 1974.

22 --, Vernunft u. Kritik. Deutsche Aufklärung im 17. u. 18. Jh., Frankfurt 1986.

23 *Reinalter, H.*, Aufklärung, Bürgertum u. Revolution, in: Innsbrucker Histor. Studien 1. 1978, 291–320.
24 -- Hg., Freimaurer u. Geheimbünde seit dem 18. Jh., Frankfurt 1983.
25 *Rogalla v. Bieberstein, J.*, Geheime Gesellschaften als Vorläufer polit. Parteien, in: P.–C. Ludz Hg., Geheime Gesellschaften, Heidelberg 1979, 429–60.
26 *Runkel, F.*, Geschichte der Freimaurerei in Deutschland, 3 Bde, Berlin 1931.
27 *Schindler, N.*, Freimaurerkult im 18. Jh., in: R.M. Berdahl u.a., Klassen u. Kultur, Frankfurt 1982, 205–62.
28 *Stuke, H.*, Aufklärung, in: GGr 1. 1972, 243–342; u. in: ders., Sozialgeschichte – Begriffsgeschichte – Ideengeschichte, Stuttgart 1979, 21–120.
29 *Vierhaus, R.*, Aufklärung u. Freimaurertum in Deutschland, in: Fs. R. Wittram, Göttingen 1973, 21–41.
30 --, Aufklärung u. Reformzeit, in: E. Weis Hg., Reformen im rheinbünd. Deutschland, München 1984, 287–301.
31 --, Deutschland im 18. Jh., Göttingen 1987.
32 --, Deutschland im 18. Jh.: Soziales Gefüge, polit, Verfassung, geistige Bewegung, in: Lessing u. die Zeit der Aufklärung, Göttingen 1968, 12-29.
33 -- Hg., Deutsche patriot. u. gemeinnützige Gesellschaften, München 1980.

44. Vereinswesen

1 *v. Altrock, W.*, Bauernvereine, in: HStW 2. 1924[4], 415–17.
2 --, Landwirtschaftl. Vereinswesen, in: HStW 6. 1925[4], 212–18.
3 *Baron, J.*, Das deutsche Vereinswesen u. der Staat im 19. Jh., Diss. Göttingen 1962.
4 *Boldt, W.*, Die württemberg. Volksvereine 1848–52, Stuttgart 1970.
5 *Brandt, H.*, Ansätze einer Selbstorganisation der Gesellschaft in Deutschland im 19. Jh., in: Der Staat, Beih. 2. 1978, 51–63.
6 *Dann, O.*, Die Anfänge der polit. Vereinsbildung in Deutschland, in: Fs. W. Conze, Stuttgart 1976, 197–232.
7 --, Gruppenbildung u. gesellschaftl. Organisierung in der Epoche der deutschen Romantik, in: R. Brinkmann Hg., Romantik in Deutschland, Stuttgart 1978, 115–31.
8 --, Die Lesegesellschaften des 18. Jh. u. der gesellschaftl. Aufbruch des deutschen Bürgertums, in: H.G. Göpfert Hg., Buch u. Lesen , Hamburg 1977, 160–93.
9 --, Lesegesellschaften u. bürgerl. Emanzipation. Ein europ. Vergleich, München 1981.
10 --, Geheime Organisierung u. polit. Engagement im deutschen Bürgertum des frühen 19. Jh., in: P.-C. Ludz Hg., Geheime Gesellschaften, Heidelberg 1979, 399–428.
11 -- Hg., Vereinswesen u. bürgerl. Gesellschaft in Deutschland, München 1984.

12 *Dotzauer, W.*, Freimaurergesellschaften am Rhein 1789—1815, Wiesbaden 1977.

13 *Ebersbach, O.*, Die Entwicklung u. Organisation des landwirtschaftl. Vereinswesens in Deutschland, Leipzig 1926.

14 *Eisenberg, C.*, Arbeiter, Bürger u. der "bürgerl. Verein" 1820—70. Deutschland u. England im Vergleich, in: J. Kocka Hg., Bürgertum im 19. Jh., II, München 1988, 187— 219.

15 *Elliot, C.J.*, The Kriegsvereine and the Weimar Republic, in: JCH 10. 1975, 109— 29.

16 *Foerster, C.*, Der Press- u. Vaterlandsverein von 1832/33, Trier 1982.

17 *Freudenthal, H.*, Vereine in Hamburg, Hamburg 1968.

18 *Gerteis, K.*, Bildung u. Revolution. Die deutschen Lesegesellschaften am Ende des 18. Jh., in: AfK 53. 1971, 127—39.

19 *Göpfert, H.G.*, Lesegesellschaften im 18. Jh., in: F. Kopitzsch Hg., Aufklärung, Absolutismus u. Bürgertum in Deutschland, München 1976, 403—10.

20 *Hardtwig, W.*, Polit. Gesellschaft u. Verein zwischen aufgeklärtem Absolutismus u. der Grundrechtserklärung der Frankfurter Paulskirche, in: G. Birtsch Hg., Grund- u. Freiheitsrechte im Wandel von Gesellschaft und Geschichte, Göttingen 1981, 336—58.

21 --, Strukturmerkmale u. Entwicklungstendenzen des Vereinswesens in Deutschland 1789—1848, in: O. Dann Hg., Vereinswesen u. bürgerl. Gesellschaft in Deutschland, München 1984, 11—50.

22 --, Verein, Geheimgesellschaft, Assoziation, Genossenschaft, Gewerkschaft, in: GGr 6. 1990, 789—829.

23 *Hubrig, H.*, Die patriot. Gesellschaften des 18. Jh., Weinheim 1957.

24 *Illner, E.*, Bürgerl. Organisierung in Elberfeld 1775—1850, Neustadt/Aisch 1982.

25 *Janson, H.*, 45 Lesegesellschaften um 1800, Bonn 1963.

26 *Krey, K.*, Vereine zwischen Bürgertum u. Unterschichten in Westfalen 1840—54, in: Jb. zur Liberalismus-Forschung 1. 1989, 9—24.

27 --, Vereinswesen zwischen Bürgertum u. Unterschichten in Westfalen 1840— 55, Diss. Bielefeld 1990.

28 *Kulemann, W.*, Genossenschaftsbewegung, 2 Bde, München 1922/25.

29 *Langewiesche, D.*, Die polit. Vereinsbewegung in Würzburg u. in Unterfranken in den Revolutionsjahren 1848/49, in: Jb. für fränk. Landesforschung 37. 1977, 195— 233.

30 *Lipp, C.*, Verein als polit. Handlungsmuster. Das Beispiel des württembergischen Vereinswesens von 1800 bis zur Revolution 1848/49, in: E. François Hg., Sociabilité et Société. Bourgeoisie en France, en Allemagne et en Suisse, Paris 1986, 275—96.

31 *Meyer, W.*, Das Vereinswesen der Stadt Nürnberg im 19. Jh., Nürnberg 1970.

32 *Milstein, B.M.*, Eight 18th Century Reading Societies. A Sociological Contribution to the History of German Literature, Bern 1972.

33 *Müller, F.*, Korporation u. Assoziation. Eine Problemgeschichte der Vereinigungsfreiheit im dt. Vormärz, Berlin 1965.

34 *Nipperdey, T.*, Der Verein als soziale Struktur im späten 18. u. frühen 19. Jh., in: ders., Gesellschaft, Kultur, Theorie, Göttingen 1976, 174—205.

35 *Obermann, K.*, Die polit. Rolle der Turnvereine in der demokrat. Bewegung am Vorabend der Revolution von 1848, in: Theorie u. Praxis der Körperkultur 12. 1963, 795– 805.

36 *Paschen, J.*, Demokrat. Vereine u. preußischer Staat, 1848/49, München 1977.

37 *Prüsener, M.*, Lesegesellschaften im 18. Jh. Ein Beitrag zur Lesergeschichte, Frankfurt 1972.

38 *Rupieper, H.*, Die Sozialstruktur der demokrat. Vereine im Königreich Sachsen 1848–55, in: JbDJG 7. 1978, 457–68.

39 *Schmitt, H.*, Das Vereinsleben der Stadt Weinheim an der Bergstraße, Weinheim 1963.

40 *Schneider, H.R.*, Bürgerl. Vereinsbestrebungen für das "Wohl der arbeitenden Klassen" in der preuß. Rheinprovinz im 19. Jh., Bonn 1967.

41 *Stadelmann, R.*, Das landwirtschaftl. Vereinswesen in Preußen, Halle 1874.

42 *Tenfelde, K.*, Die Entfaltung des Vereinswesens während der Industriellen Revolution in Deutschland 1850–73, in: O. Dann Hg., Vereinswesen u. bürgerl. Gesellschaft in Deutschland, München 1984, 55–114.

43 --, Lesegesellschaften u. Arbeiterbildungsvereine: ein Ausblick, in: O. Dann Hg., Lesegesellschaften u. bürgerl. Emanzipation, München 1981, 253–79.

44 --, Bergmänn. Vereinswesen im Ruhrgebiet während der Industrialisierung, in: J. Reulecke u. W. Weber Hg., Fabrik, Familie, Feierabend, Wuppertal 1978, 315–44.

45 *Tornow, I.*, Das Münchener Vereinswesen in der ersten Hälfte des 19. Jh., München 1977.

46 *Wurzbacher, G.*, Die öffentl. freie Vereinigung als Faktor soziokulturellen, insbesondere emanzipator. Wandels im 19. Jh., in: W. Ruegg u. O. Neuloh Hg., Zur soziolog. Theorie u. Analyse des 19. Jh., Göttingen 1971, 103–22.

45. Sozialgeschichte des Lesens, der Literatur, der Kunst, der Presse, der Öffentlichen Meinung

1 *Barth, D.*, Das Familienblatt – Ein Problem der Unterhaltungspresse des 19. Jh., in: Archiv für die Geschichte des Buchwesens 15. 1975, 121–316.

2 --, Zeitschriften. Büchermarkt u. Verlagswesen, in: H.A. Glaser Hg., Deutsche Literatur. Eine Sozialgeschichte, VII: 1848–80, Reinbek 1982, 70–88.

3 --, Zeitschrift für alle (Blätter für's Volk). Das Familienblatt im 19. Jh., Münster 1974.

4 *Basse, D.*, Wolffs Telegraph. Bureau 1849–1933, München 1990.

5 *Bauer, W.*, Die öffentl. Meinung, Tübingen 1914/Potsdam 1930².

6 *Baumert, D.P.*, Die Entstehung des deutschen Journalismus, München 1928.

7 *Becher, U.A.J.*, Polit. Gesellschaft. Studien zur Genese bürgerl. Öffentlichkeit in Deutschland, Göttingen 1978.

8 *Behnen, M.*, Das preuß. Wochenblatt 1851–61, Göttingen 1971.

9 *Berg, J.* u.a., Sozialgeschichte der deutschen Literatur 1918 bis zur Gegenwart, Frankfurt 1981.

10 *Berman, R.A.*, Literar. Öffentlichkeit, in: H.A. Glaser Hg., Deutsche Literatur. Eine Sozialgeschichte VIII: 1880–1918, Reinbek 1982, 69–85.

11 *Bödeker, H.E.*, Lesen als kulturelle Praxis. Lesestoffe, Leseverhalten u. Lesebedürfnisse in Münster um 1800, in: R. Vierhaus u.a. Hg., Frühe Moderne? Göttingen 1992.

12 *Borchert, H.H.*, Das Schriftstellertum 1750–1871, in: L. Sinzheimer Hg., Die Geistigen Arbeiter, I: Freies Schriftstellertum, München 1922, 1–55.

13 *Breuer, D.*, Geschichte der literar. Zensur in Deutschland, Heidelberg 1982.

14 *Brüggemann, F.*, Der Kampf um die bürgerl. Welt- u. Lebensanschauung in der deutschen Literatur des 18. Jh., in: Deutsche Vierteljahrsschrift für Literaturwissenschaft u. Geistesgeschichte 3. 1925, 94–127.

15 *Bruford, W.H.*, The German Tradition of Self–Cultivation, Cambridge 1975.

16 *Brunöhler, K.*, Die Redakteure der mittleren u. größeren Zeitungen im heutigen Reichsgebiet 1800–1948, Diss. Leipzig 1933.

17 *Bullivant, K.* u. H. Ridley, Industrie u. deutsche Literatur 1830–1914, München 1976.

18 *Cipolla, C.M.*, Literacy and Development in the West, Harmondsworth 1969.

19 *Drewitz, I.*, Berliner Salons. Gesellschaft u. Literatur zwischen Aufklärung u. Industriezeitalter, Berlin 1965.

20 *Eisenstein, E.*, The Printing Press as an Agent of Change, 2 Bde, Cambridge/Mass. 1979.

21 *Engelsing, R.*, Analphabetentum u. Lektüre. Zur Sozialgeschichte des Lesens in Deutschland zwischen feudaler u. industrieller Gesellschaft, Stuttgart 1973.

22 --, Der literar. Arbeiter, I: Arbeit, Zeit u. Werk im literar. Beruf, Göttingen 1975.

23 --, Der Bürger als Leser. Lesergeschichte in Deutschland 1500–1800, Stuttgart 1974.

24 --, Dienstbotenlektüre im 18. u. 19. Jh. in Deutschland, in: ders., Zur Sozialgeschichte deutscher Mittel- u. Unterschichten, Göttingen 1978^2, 180–224.

25 --, Massenpublikum u. Journalistentum im 19. Jh. in Nordwestdeutschland, Berlin 1966.

26 --, Die Perioden der Lesergeschichte in der Neuzeit, in: ders., Zur Sozialgeschichte deutscher Mittel- u. Unterschichten, Göttingen 1978^2, 112–54.

27 --, Zeitung u. Zeitschrift in Nordwestdeutschland 1800–50: Leser u. Journalisten, in: Archiv für die Geschichte des Buchwesens 5. 1964, 849–955.

28 *Erning, U.*, Das Lesen u. die Lesewut. Beiträge zu Fragen der Lesergeschichte, Bad Heilbrunn 1974.

29 *Fischer, H.D.* Hg., Deutsche Presseverleger des 18. bis 20 Jh., Pullach 1975.

30 *Francke, E.* u. W. Lotz Hg., Die geistigen Arbeiter, II: Journalisten u. bildende Künstler (=SVS 152/2), München 1922.

31 *François, E.*, Alphabetisierung in Frankreich u. Deutschland während des 19. Jh., in: Zeitschrift für Pädagogik 29. 1983, 755–68.

32 --, Alphabetisierung u. Lesefähigkeit in Frankreich u. Deutschland um 1800, in: H. Berding u.a. Hg., Deutschland u. Frankreich im Zeitalter der Französ. Revolution, Frankfurt 1989, 407—25.

33 *Frölich, J.*, Die Berliner "Volks-Zeitung" 1853—67, Frankfurt 1990.

34 *Frühwald, W.*, Die Ehre der Geringen. Ein Versuch zur Sozialgeschichte literar. Texte im 19. Jh., in: GG 9. 1983, 69—86.

35 *Fügen, H.N.*, Die Hauptrichtungen der Literatursoziologie u. ihre Methoden, Bonn 1964.

36 *Fullerton, R.A.*, The Development of the German Book Market 1815—88, Diss. Univ. of Wisconsin, Madison 1975.

37 Geschichte der Frankfurter Zeitung 1856—1906, Frankfurt 1906.

38 *Gessinger, J.*, Sprache u. Bürgertum. Sozialgeschichte sprachl. Verhaltensformen im Deutschland des 18. Jh., Stuttgart 1980.

39 *Glaser, H.A. Hg.*, Deutsche Literatur. Eine Sozialgeschichte, Bde 4—9, Reinbek 1980—83.

40 *Göpfert, H.G.*, Bemerkungen über Buchhändler u. Buchhandel zur Zeit der Aufklärung in Deutschland, in: WSA 1. 1974, 69—83.

41 --, Die Entwicklung des deutschen Buchhandels, in: A.C. Baumgärtner Hg., Lesen — ein Handbuch, Hamburg 1973, 574—86.

42 *Goldfriedrich, J.* u. F. Kapp, Geschichte des deutschen Buchhandels 1648—1889, 5 Bde, Leipzig 1886—1923.

43 *Goody, J.* u. I. Watt, The Consequences of Literacy, in: CSSH 5. 1963, 304—45.

44 -- u.a., Entstehung u. Folgen der Schriftkultur, Frankfurt 1986.

45 *Graff, H.J.*, The Legacies of Literacy: Continuities and Contradictions in Western Society and Culture, Bloomington 1985.

46 -- Hg., Literacy and Social Development in the West, Cambridge 1981.

47 *Habermas, J.*, Strukturwandel der Öffentlichkeit, Neuwied 1961/Frankfurt 1990[1].

48 *Häntzschel, N.* u.a. Hg., Sozialgeschichte der deutschen Literatur von der Aufklärung bis zur Jahrhundertwende, Tübingen 1985.

49 *Haferkorn, H.J.*, Der freie Schriftsteller. Eine literatursoziolog. Studie über seine Entstehung u. Lage 1750—1800, in: B. Lutz Hg., Literaturwissenschaft u. Sozialwissenschaft, III, Stuttgart 1974, 113—275.

50 *Haltern, U.*, Polit. Bildung u. bürgerl. Liberalismus. Zur Rolle des Konversationslexikons in Deutschland, in: HZ 212. 1976, 61—97.

51 *Hauser, A.*, Sozialgeschichte der Kunst u. Literatur. München 1967.

52 *Hertz, F.*, The Development of the German Public Mind, II: The Age of Enlightenment, London 1962.

53 --, The German Public Mind in the 19th Century, Hg. F. Eyck, London 1975.

54 *Hiller, H.*, Zur Sozialgeschichte von Buch u. Buchhandel, Bonn 1966.

55 *Hinrichs, E.*, Zum Alphabetisierungsstand in Norddeutschland um 1800, in: ders. u. G. Wiegelmann Hg., Sozialer u. kultureller Wandel in der ländl. Welt des 18. Jh., Wolfenbüttel 1982, 21—42.

56 *Hocks, P.* u. P. Schmidt, Literar. u. polit. Zeitschriften 1789—1805, Stuttgart 1975.

57 *Hoggart, R.*, The Uses of Literacy. Aspects of Working–Class Life, N.Y. 1957/1970^{2}.

58 *Hohendahl, P.N.*, Literar. Kultur im Zeitalter des Liberalismus 1830–70, München 1985.

59 --, Bürgerl. Literaturgeschichte u. nationale Identität, in: J. Kocka Hg., Bürgertum im 19. Jh., III, Göttingen 1988, 200–31.

60 *Houston, R.*, Literacy and Society in the West 1500–1850, in: SH 8. 1983, 269–93.

61 *Hübinger, G.*, Literaturgeschichte als gesellschaftswissenschaftl. Disziplin. Ihre Begründung durch G.G. Gervinus, in: GG 9. 1983, 5–25.

62 *Jäger, G.* u. J. Schönert Hg., Die Leihbibliothek als Institution des literar. Lebens im 18. u. 19. Jh., Hamburg 1980.

63 --, Medien, in: HdB IV. 1991, 473–99.

64 *Jentsch, I.*, Zur Geschichte des Zeitungswesens in Deutschland am Ende des 18. Jh., Diss. Leipzig 1937.

65 *Kahn, L*, Social Ideas in German Literature 1770–1830, N.Y. 1969^{2}.

66 *Kiesel, H.* u. P. Münch, Gesellschaft u. Literatur im 18. Jh. Voraussetzungen u. Entstehung des literar. Markts Deutschlands, München 1977.

67 *Koszyk, K.*, Geschichte der deutschen Presse, II: Deutsche Presse im 19. Jh., Berlin 1966.

68 --, Zum Verhältnis von Industrie u. Presse, in: H. Mommsen u.a. Hg., Industrielles System u. polit. Entwicklung in der Weimarer Republik, Düsseldorf 1974, 704–15.

69 *Kreuzer, H.*, Die Bohéme, Stuttgart 1968.

70 *Krieg, W.*, Materialien zu einer Entwicklungsgeschichte der Bücherpreise u. des Autorenhonorars 15.–20. Jh., Wien 1953.

71 *Kron, F.*, Schriftsteller u. Schriftstellerverbände 1842–1973, Stuttgart 1976.

72 *Lämmert, E.*, Bürgerlichkeit als literarhistor. Kategorie, in: J. Kocka Hg., Bürger u. Bürgerlichkeit im 19. Jh., Göttingen 1987, 196–219.

73 *Langewiesche, D.* u. K. Schönhoven, Arbeiterbibliotheken u. Arbeiterlektüre im Wilhelmin. Deutschland, in: AfS 16. 1976, 135–204.

74 *Lindemann, M.*, Deutsche Presse bis 1815, Berlin 1969.

75 *Magill, C.P.*, The Development of the Reading Public 1840–48, London 1938.

76 *Manheim, E.*, Aufklärung u. öffentl. Meinung (1933), ND Stuttgart 1979.

77 *Martens, W.*, Die Geburt des Journalisten in der Aufklärung, in: WSA 1. 1974, 84– 89.

78 *Martino, A.*, Die deutsche Leihbibliothek, Wiesbaden 1990.

79 -- *u. M. Stützel–Prüsener*, Publikumsschichten, Literar. u. Lesegesellschaften, Leihbibliotheken, in: H.A. Glaser Hg., Deutsche Literatur. Eine Sozialgeschichte, IV, 1740– 86, Reinbek 1980, 42–54.

80 -- u. M. Stützel–Prüsener, Publikumsschichten, Lesegesellschaften u. Leihbibliotheken, in: H.A. Glaser Hg., Deutsche Literatur. Eine Sozialgeschichte, V, 1786– 1815, Reinbek 1980, 45–57.

81 --, Publikumsschichten u. Leihbibliotheken, in: H.A. Glaser Hg., Deutsche Literatur. Eine Sozialgeschichte, VI, 1815–1848, Reinbek 1980, 32–43.

82 --, Publikumsschichten u. Leihbibliotheken, in: H.A. Glaser Hg., Deutsche Literatur. Eine Sozialgeschichte, VII, 1848–1880, Reinbek 1982, 59–69.

83 *Medick, H.*, Buchkultur u. luther. Pietismus. Buchbesitz, erbaul. Lektüre u. religiöse Mentalität in einer ländl. Gemeinde Württembergs. Laichingen 1748–1820, in: R. Vierhaus u.a. Hg., Frühe Neuzeit - Frühe Moderne? Göttingen 1992, 59–93.

84 *Menhennet, A.*, Order and Freedom. Literature and Society in Germany 1720–1805, London 1973.

85 *Niemann, L.*, Soziologie des naturalist. Romans, Berlin 1934.

86 *Obenaus, S.*, Buchmarkt, Verlagswesen u. Zeitschriften, in: H.A.Glaser Hg., Deutsche Literatur. Eine Sozialgeschichte, VI, 1815–48, Reinbek 1980, 44–62.

87 --, Die deutschen allg. krit. Zeitschriften in der ersten Hälfte des 19. Jh., in: Archiv für die Geschichte des deutschen Buchhandels 14. 1974, 1–122.

88 --, Literar. u. polit. Zeitschriften, I: 1830–48, II: 1848–80, Stuttgart 1986/87.

89 *O'Boyle, L.*, The Image of the Journalist in France, Germany, and England 1815– 48, in: CSSH 10. 1968, 290–317.

90 *Pascal, R.*, From Naturalism to Expressionism – German Literature and Society 1880–1918, London 1973.

91 *Peschken, B.* u. C.D. Krohn Hg., Literaturwissenschaft u. Sozialwissenschaft, VII: Der liberale Roman u. der preuß. Verfassungskonflikt, Stuttgart 1976.

92 *Raabe, P.*, Bücherlust u. Lesefreuden. Beiträge zur Geschichte des Buchwesens im 18. u. 19. Jh., Stuttgart 1984.

93 --, Die Zeitschrift als Medium der Aufklärung, in: WSA 1. 1977, 99–136.

94 *Rarisch, I.*, Industrialisierung u. Literatur. Buchproduktion, Verlagswesen u. Buchhandel in Deutschland im 19. Jh., Berlin 1976.

95 *Requate, J.*, Sozialgeschichte der deutschen Journalisten bis 1900, Diss. Bielefeld 1992.

96 *Sagarra, E.*, Tradition u. Revolution: Deutsche Literatur u. Gesellschaft 1830–90, München 1972.

97 *Salomon, L.*, Geschichte des deutschen Zeitungswesens, 3 Bde, Oldenburg 1900/06/ND Aalen 1973.

98 *Sauder, G.*, Sozialgeschichtl. Aspekte der Literatur im 18. Jh., in: IASL 4. 1979, 197–241.

99 *Schenda, R.*, Alphabetisierung u. Literarisierungsprozesse in Westeuropa im 18. u. 19. Jh., in: E. Hinrichs u. G. Wiegelmann Hg., Sozialer und kultureller Wandel in der ländl. Welt des 18. Jh., Wolfenbüttel 1982, 1–20.

100 --, Die Lesestoffe der Kleinen Leute (19. u. 20 Jh.), München 1976.

101 --, Mären von deutschen Sagen. Bemerkungen zur Produktion von "Volkserzählungen" zwischen 1850–70, in: GG 9. 1983, 26–48.

102 --, Volk ohne Buch. Studien zur Sozialgeschichte der populären Lesestoffe 1770– 1910, Frankfurt 1970.

103 *Schieder, W. Hg.*, Literatur u. Sozialgeschichte, Göttingen 1983 (= GG 9. H.1.).

104 --, Romantik im Spannungsfeld von sozialem Wandel u. Stagnation, in: R. Brinkmann Hg., Romantik in Deutschland, Stuttgart 1978, 39–46.

105 *Schmidt, P.*, Buchmarkt, Verlagswesen u. Zeitschriften, in: H.A. Glaser Hg., Deutsche Literatur. Eine Sozialgeschichte, IV: 1740–86, Reinbek 1980, 55–71.

106 --, Buchmarkt, Verlagswesen u. Zeitschriften, in: H.A. Glaser Hg., Deutsche Literatur. Eine Sozialgeschichte, V: 1786–1815, Reinbek 1980, 74–92.

107 *Schneider, F.*, Presse, Pressefreiheit, Zensur, in: GGr 4. 1978, 899–927.

108 --, Pressefreiheit u. polit. Öffentlichkeit. Studien zur polit. Geschichte Deutschlands bis 1848, Neuwied 1966.

109 *Schönert, J.*, Kriminalgeschichten in der deutschen Literatur 1770–1890. Zur Entwicklung des Genres in sozialgeschichtl. Perspektive, in: GG 9. 1983, 49–68.

110 *Schottenloher, K.* u. J. Binkowski, Flugblatt u. Zeitung, I: Von den Anfängen bis 1848, München 1985^{2}.

111 *Schücking, L.*, Die Soziologie der literar. Geschmacksbildung, Berlin 1931/ND Bern 1961^{3}.

112 *Schulze, F.*, Der deutsche Buchhandel u. die geistigen Strömungen der letzten 100 Jahre, Leipzig 1925.

113 *Sengle, F.*, Biedermeierzeit. Deutsche Literatur im Spannungsfeld zwischen Restauration u. Revolution 1815–48, 3 Bde, Stuttgart 1971–80.

114 *Silbermann, A.* u. R. König Hg., Künstler u. Gesellschaft, Opladen 1975.

115 *Speier, H.*, The Historical Development of Public Opinion, in: ders., Social Order and the Risks of War, Cambridge/Mass. 1969^{3}, 323–38.

116 *Struckmann, J.C.*, Staatsdiener als Zeitungsmacher. Die Geschichte der Allg. Preuß. Staatszeitung, Berlin 1981.

117 *Tawney, R.H.*,, Social History and Literature, in: ders., The Radical Tradition, London 1964, 183–209.

118 *Tönnies, F.*, Kritik der öffentl. Meinung, Berlin 1922.

119 *Tschirch, O.*, Geschichte der öffentl. Meinung in Preußen 1795–1805, 2 Bde, Weimar 1933/34.

120 *v. Ungern–Sternberg, W.*, Medien, in: HB III. 1987, 379–416.

121 *Vierhaus, R.*, Die aufgeklärten Schriftsteller. Zur sozialen Charakteristik einer selbsternannten Elite, in: H.E. Boedeker u. U. Herrmann Hg., Über den Prozeß der Aufklärung in Deutschland im 18. Jh., Göttingen 1987, 53–65.

122 *Ward, A.*, Book Production, Fiction, and the German Reading Public 1740–1800, Oxford 1974.

123 *Weigel, S.*, Flugschriftenliteratur 1848 in Berlin, Stuttgart 1979.

124 *Welke, M.*, Zeitung u. Öffentlichkeit im 18. Jh., in: E. Blühm Hg., Presse u. Geschichte, München 1977, 71–99.

125 *Winckler, L.*, Entstehung u. Funktion des literar. Marktes, in: ders., Kulturwarenproduktion, Frankfurt 1973, 12–75.

126 *Wittich, W.*, Der soziale Gehalt von Goethes Roman "Wilhelm Meisters Lehrjahre", in: Fs. M. Weber, II, München 1923, 279–306.

127 *Wittmann, R.*, Geschichte des deutschen Buchhandels, München 1991.

128 --, Die bibliograph. Situation für die Erforschung des literar. Lebens 1830–80, in: ders., Buchmarkt u. Lektüre im 18. u. 19. Jh., Tübingen 1982, 232–52.

129 *Wuttke, H.*, Die deutschen Zeitschriften u. die Entstehung der öffentl. Meinung, Leipzig 1875.

46. Bildungswesen

1 *Baethge, M.*, Ausbildung u. Herrschaft. Unternehmerinteressen in der Bildungspolitik, Frankfurt 1975[6].

2 *Balser, F.*, Die Anfänge der Erwachsenenbildung in Deutschland in der ersten Hälfte des 19. Jh., Stuttgart 1959.

3 *Barth, P.*, Die Geschichte der Erziehung, Leipzig 1925[6]/ND Darmstadt 1967.

4 *Baumgart, P.* Hg., Bildungspolitik in Preußen zur Zeit des Kaiserreichs, Stuttgart 1980.

5 *Bendle, U.*, Sozialdemokrat. Schulpolitik u. Pädagogik im wilhelmin. Deutschland 1890—1914, Frankfurt 1979.

6 *Berg, C. u.a.* Hg., Handbuch der deutschen Bildungsgeschichte, 6 Bde, München 1987ff., III: 1800—70, 1987; IV: 1870—1918, 1991; V: 1918—45, 1989.

7 *vom Berg, V.*, Bildungsstruktur u. industrieller Fortschritt. Essen (Ruhr) im 19. Jh., Stuttgart 1979.

8 *Blankertz, H.*, Bildung im Zeitalter der großen Industrie, Hannover 1969.

9 --, Die Geschichte der Pädagogik von der Aufklärung bis zur Gegenwart, Wetzlar 1982.

10 *Blättner, F.*, Geschichte der Pädagogik, Heidelberg 1961.

11 *Blessing, W. K.*, Lebensformen u. Umgangserziehung, in: HB III. 1987, 23—52.

12 *Borchardt, K.*, Zum Problem der Erziehungs- u. Ausbildungsinvestitionen im 19. Jh., in: Fs. H. Ammann, Wiesbaden 1965, 380—92, u. in: ders., Wachstum, Krisen u. Handlungsspielräume der Wirtschaftspolitik, Göttingen 1982, 60—70.

13 *Bormann—Heischkeil, S.* u. K.E. Jeismann, Abitur, Staatsdienst u. Sozialstruktur. Rekrutierung u. Differenzierung der Schicht der Gebildeteten am Beispiel der sozialen Herkunft u. berufl. Zukunft von Abiturienten an preuß. Gymnasien im Vormärz, in: K.E. Jeismann Hg., Bildung, Staat, Gesellschaft im 19. Jh., Stuttgart 1988, 155—86.

14 *Brandau, H.—W.*, Die mittlere Bildung in Deutschland, Weinheim 1959.

15 *Clark, B.R.*, The Higher Education System. Academic Organisation in Cross-National Perspective, Berkeley 1983.

16 *Fiedler, R.*, Die klass. deutsche Bildungsidee, Weinheim 1973[2].

17 *Flora, P.*, Die Bildungsentwicklung im Prozeß der Staaten- u. Nationenbildung, in: P.-C. Ludz, Hg., Soziologie u. Sozialgeschichte, Opladen 1973, 294—319.

18 *Günther, K.-H.* u.a., Geschichte der Erziehung, Berlin 1971 [1].

19 *Graff, H.*,The New Math Quantification, the "New History", and the History of Education, in: Urban Education 11. 1977, 403—40.

20 *Heinemann, M.* Hg., Sozialisation u. Bildungswesen in der Weimarer Republik, Stuttgart 1976.

21 -- Hg., Erziehung u. Schulung im "Dritten Reich", 2 Bde, Stuttgart 1980.

22 -- Hg., Umerziehung u. Wiederaufbau. Die Bildungspolitik der Besatzungsmächte in Deutschland u. Österreich, Stuttgart 1981.

23 *Herrlitz, H.G.* u.a. Hg., Datenhandbuch zur deutschen Bildungsgeschichte, Göttingen 1987.

24 *Herrmann, U.*, Histor. Bildungsforschung u. Sozialgeschichte der Bildung, Weinheim 1991.

25 --, Das Konzept der "Generation". Ein Forschungs- u. Erklärungsansatz für die Erziehungs- u. Bildungssoziologie u. die Histor. Sozialisationsforschung, in: Neue Sammlung 27. 1987, 364—77.

26 --, Sozialgeschichte des Bildungswesens als Regionalanalyse. Die höheren Schulen Westfalens im 19. Jh., Köln 1991.

27 *Heubaum, A.*, Geschichte des deutschen Bildungswesens seit der Mitte des 17. Jh., Berlin 1905/ND Aalen 1973.

28 *Heydorn, H.-J.* Hg., Studien zur Sozialgeschichte u. Philosophie der Bildung, München 1973.

29 *Hoffmann, E.*, Zur Geschichte der Berufsausbildung in Deutschland, Bielefeld 1962.

30 *Jarausch, K. H.* Hg., The Transformation of Higher Learning 1860—1930, Stuttgart 1982.

31 *Jeismann, K.-E.*, Zur Bedeutung der "Bildung" im 19. Jh., in: HB III, 1987, 1—21.

32 --, Hg., Bildung, Staat, Gesellschaft im 19. Jh., Stuttgart 1989.

33 --, Bildungsreformen in Deutschland als staatl. Maßnahmen u. sozialer Prozeß im 18. Jh., in: R. Riemenschneider Hg., Polen u. Deutschland im Zeitalter der Aufklärung, Braunschweig 1981, 79—96.

34 --, Das Erziehungswesen in seiner Bedeutung für die Entwicklung des modernen Staates u. der bürgerl. Gesellschaft, in: WF 24. 1972, 64—76.

35 *Jost, W.*, Gewerbl. Schulen u. polit. Macht in Preußen 1850—80, Weinheim 1982.

36 *Kaelble, H.*, Bildungschancen in Europa, 1900—70: Die Entstehung eines europäischen Musters? in: ders., Soziale Mobilität u. Chancengleichheit im 19. u. 20 Jh., Göttingen 1983, 195—228.

37 --, Bildungschancen u. Bildungspolitik in Europa während der Industrialisierung, in: ders., Soziale Mobilität u. Chancengleichheit im 19. u. 20. Jh., Göttingen 1983, 170-95.

38 --, Chancengleichheit u. akadem. Ausbildung in Deutschland 1900—1960, in: GG 1. 1975, 121—49.

39 *Klingenstein , G.* u.a. Hg., Bildung, Politik u. Gesellschaft (16.—20. Jh.), Wien 1979

40 *Klöcker, M.*, Das kathol. Bildungsdefizit in Deutschland, in: GWU 32. 1981, 79—98.

41 --, Ursachen des kathol. Bildungsdefizits in Deutschland seit Luthers Auftreten, in: K. Goebel Hg., Luther in der Schule, Bochum 1985, 173—211.

42 *König, H.*, Imperialist. u. militarist. Erziehung in den Hörsälen u. Schulstuben Deutschlands 1860—1960, Berlin 1962.

43 *Korth, R.*, Die preuß. Schulpolitik u. die poln. Schulstreiks, Würzburg 1963.

44 *Kraul, M.*, Bildung u. Bürgerlichkeit, in: J. Kocka Hg., Bürgertum im 19. Jh., III, München 1988, 45—73.

45 *Liechtenstein, E.* Bildung, in: HWP I. 1971, 921-37.

46 *Lingelbach, K.-C.*, Erziehung u. Erziehungstheorien im nationalsozialist. Deutschland, Weinheim 1970/Berlin 1987[2].

47 *Locke, R.R.*, Industrialisierung u. Erziehungssystem in Frankreich u. Deutschland vor dem Ersten Weltkrieg, in: HZ 225. 1977, 265—96.

48 *Lundgreen, P.*, Bildung u. Besitz — Einheit oder Inkongruenz in der europ. Sozialgeschichte? in: GG 7. 1981, 262—75.

49 --, Bildung u. Wirtschaftswachstum im Industrialisierungsprozeß des 19. Jh., Berlin 1973.

50 --, Steigen die Bildungsanforderungen bei techn. Fortschritt? in GG: 3. 1977, 273—90.

51 -- u.a., Bildungschancen u. soziale Mobilität in der städt. Gesellschaft des 19. Jh., Göttingen 1988.

52 --, Die Bildungschancen beim Übergang von der "Gesamtschule" zum Schulsystem der Klassengesellschaft im 19. Jh., in: Zeitschrift für Pädagogik 24. 1978, 101—15.

53 --, Histor. Bildungsforschung, in: R. Rürup Hg., Histor. Sozialwissenschaft, Göttingen 1977, 96—125.

54 --, Deutsche Bildungsgeschichte des 19. Jh. im internationalen Vergleich, in: E. Hinrichs u. W. Jacobmeyer Hg., Bildungsgeschichte u. histor. Lernen, Braunschweig 1991, 65—75.

55 --, Bildungsnachfrage u. differentielles Bildungsverhalten in Deutschland 1875—1975, in: H. Kellenbenz Hg., Wachstumsschwankungen, Stuttgart 1981, 61—119.

56 --, Education for the Science—Based Industrial State? The Case of 19th Century Germany, in: History of Education 13. 1984, 59—67.

57 --, Die Eingliederung der Unterschichten in die bürgerl. Gesellschaft durch das Bildungswesen im 19. Jh., in: IASL 3. 1978, 87—107.

58 --, Educational Expansion and Economic Growth in 19th Century Germany: A Quantitative Study, in: L. Stone Hg., Schooling and Society, Baltimore 1976, 20—66.

59 --, Industrialization and the Educational Formation of Manpower in Germany, in: JSH 9. 1975/76, 64—80.

60 --, Quantifizierung in der Sozialgeschichte der Bildung, in: VSWG 63. 1976, 433—53.

61 --, Schulsystem, Bildungschancen u. städt. Gesellschaft, in: HB IV. 1991, 304—13.

62 *Michalsky, H.*, Bildungspolitik u. Bildungsreform in Preußen, Weinheim 1978.

63 *Messerschmidt, M.*, Schulpolitik des Militärs, in: P. Baumgart Hg., Bildungspolitik in Preußen zur Zeit des Kaiserreiches, Stuttgart 1980, 242—55.

64 *Müller, D.* u.a. Hg., The Rise of the Modern Educational System, Cambridge 1989.

65 *Neukum, F.*, Wirtschaft u. Schule in Württemberg 1700—1876, Heidelberg 1956.

66 *Nipperdey, T.*, Mass Education and Modernization: The Case of Germany 1780—1850, in: Royal Historical Society, Transactious 27. 1977, 155—72.

67 *O'Boyle, L.*, Education and Social Structure: The Humanist Tradition Reexamined, in: IASL 1. 1976, 246–57.

68 --, A Possible Model for the Study of 19th Century Secondary Education in Europe, in: JSH 12. 1978, 236–47.

69 *Paulsen, F.*, Das deutsche Bildungswesen in seiner geschichtl. Entwicklung, Leipzig 1912[4]/ND Darmstadt 1966.

70 *Preuss, U.*, Bildung u. Bürokratie, 1800–50, in: Der Staat 14. 1975, 371–96.

71 *Ringer, F.K.*, Bildung, Wirtschaft u. Gesellschaft in Deutschland 1800–1960, in: GG 6. 1980, 5–35.

72 --, The Education of Elites in Modern Europe, in: History Education Quaterly 1978, 159–72.

73 --, Education and Society in Modern Europe 1815–1960, Bloomington 1979.

74 --, Higher Education in Germany in the 19th Century, in: JCH 2. 1967, 123–38.

75 *Roeder, P.M.*, Erziehung u. Gesellschaft: L. v. Stein, Weinheim 1968.

76 *Röhrig, P.*, Erwachsenenbildung, in: HB IV. 1991, 441–71.

77 *Roessler, W.*, Die Entstehung des modernen Erziehungswesens in Deutschland, Stuttgart 1961.

78 *Rüegg, W.*, Bildung u. Gesellschaft im 19. Jh., in: H. Steffen Hg., Bildung u. Gesellschaft, Göttingen 1972, 28–40.

79 *Samuel, R.H.* u. R.H. Thomas, Education and Society in Modern Germany, London 1949.

80 *v. Scharfenorth, L.*, Militär-, Erziehungs- u. Bildungswesen, in: W. Rein Hg., Enzyklopäd. Handbuch der Pädagogik, V, Langensalza 1906[2], 849–60.

81 *Schmid, K.A.* u. G., Geschichte der Erziehung vom Anfang bis auf unsere Zeit, 5 Bde in 10 Abt., Stuttgart 1884–1902/ND 1970.

82 *Schmiel, M.*, Landwirtschaftl. Berufsbildung, in: HB IV. 1991, 398–404.

83 *Schneider, R.*, Die Bildungsentwicklung in den europ. Staaten 1870–1975, in: ZfS 11. 1982, 207–26.

84 *Scholtz, H.*, Erziehung u. Unterricht unterm Hakenkreuz, Göttingen 1985.

85 *Schweim, L.* Hg., Schulreform in Preußen 1809–19, Weinheim 1966.

86 *Speitkamp, W.*, Staat u. Bildung in Deutschland unter dem Einfluß der Französ. Revolution, in: HZ 250. 1990, 549–77.

87 *Stone, L.*, Schooling and Society, Baltimore 1976.

88 *Süvern, J.W.*, Die Reform des Bildungswesens, Hg. H.–G Grosse Jäger u. K.–E. Jeismann, Paderborn 1981.

89 *Tenorth, H.-E.*, Zur deutschen Bildungsgeschichte 1918–1945, Köln 1985.

90 *Titze, H.*, Der Akademikerzyklus. Untersuchungen über die Wiederkehr von Überfüllung u. Mangel in akadem. Karrieren, Göttingen 1991.

91 --, Die Politisierung der Erziehung. Untersuchungen über die soziale u. polit. Funktion der Erziehung von der Aufklärung bis zum Hochkapitalismus, Frankfurt 1973.

92 *Vierhaus, R.*, Bildung, in: GGr I. 1972, 508–51.

93 *Weber, N.*, Privilegien durch Bildung. Über die Ungleichheit der Bildungschancen in der Bundesrepublik Deutschland, Frankfurt 1973.

94 *Weil, H.*, Die Entstehung des deutschen Bildungsprinzips, Bonn 1930/ND Darmstadt 1967.
95 *Weymann, A.* Hg., Bildung u. Beschäftigung (= SW SoBd. 5), Göttingen 1987.

47. Schulen (Elementarschulen, Gymnasien, andere Höhere Schulen)

1 *Albisetti, J.C.* u. P. Lundgreen, Höhere Knabenschulen, in: HB IV. 1991, 228–78.
2 --, Secondary School Reform in Imperial Germany, Princeton 1983.
3 --, Schooling German Girls and Women. Secondary and Higher Education in the 19th Century, Princeton 1988.
4 *Anderson, E.N.*, The Prussian Volksschule in the 19th Century, in: 1. Fs. H. Rosenberg, Hg. G.A. Ritter, Berlin 1970, 261–79.
5 *Apel, H.–J.*, Das preuß. Gymnasium in den Rheinlanden u. Westfalen 1814–48, Köln 1984.
6 -- u. M. Klöcker, Schulwirklichkeit in Rheinpreußen (1800–50), Köln 1986.
7 *Barkin, K.D.*, Social Control and the Volksschule in Vormärz Prussia, in: CEH 16. 1983, 31–52.
8 *Baumgart, F.*, Zwischen Reform u. Reaktion. Preuß. Schulpolitik 1806–59, Darmstadt 1990.
9 *Berg, C.*, Die Okkupation der Schule 1872–1900, Heidelberg 1973.
10 --, Volksschule im Abseits von "Industrialisierung" u. "Fortschritt", in: Pädagog. Rundschau 28. 1974, 385–406.
11 *Blättner, F.*, Das Gymnasium, Heidelberg 1960.
12 *Blessing, W.*, Sozialgeschichte der deutschen Volksschule, Frankfurt 1993.
13 *Böhm, W.*, Sozialgeschichtl. Aspekte zum Problem von Schule u. Gesellschaft, in: Vierteljahresschrift f. wissenschaftl. Pädagogik 51. 1975, 360–71.
14 *Borcherding, K.*, Wege u. Ziele polit. Bildung in Deutschland. Eine Materialsammlung zur Entwicklung der polit. Bildung in den Schulen 1871–1965, München 1965.
15 *Brunkhorst, H.E.*, Die Einbeziehung der preuß. Schule in die Politik des Staates 1808–1918, Diss. Köln/Düsseldorf 1956.
16 *Bußhoff, H.*, Die preuß. Volksschule als soziales Gebilde u. polit. Bildungsfaktor in der 1. Hälfte des 19. Jh., in: GWU 22. 1971, 385–96.
17 *Ehalt, C.*, Schule u. Gesellschaft, in: BHS 8. 1971, 74–81.
18 *Eilers, R.*, Die nationalsozialist. Schulpolitik, Köln 1963.
19 *Engel, E.*, Beiträge zur Statistik des Unterrichtswesens im Preuß. Staate 1818–67, Berlin 1869.
20 *Erlingshagen, K.*, Die Säkularisierung der deutschen Schule, Hannover 1972.
21 *Fend, H.*, Gesellschaftl. Bedingungen schul. Sozialisation, Weinheim 1974.
22 *Friederich, G.*, Das niedere Schulwesen, in HB III. 1987, 123–52.
23 --, Die Volksschule in Württemberg im 19. Jh., Weinheim 1978.

24 *Giese, G.*, Quellen zur deutschen Schulgeschichte, Göttingen 1961.

25 *Hannig, J.*, Schule, Bildung, in: R. van Dülmen Hg., Fischer Lexikon Geschichte, Frankfurt 1990², 270–90.

26 *Hartmann, K.L.*, Schule u. "Fabrikgeschäft". Zum histor. Zusammenhang von Kinderarbeit, Kinderschutzgesetz u. allg. Elementarbildung, in: ders. u.a. Hg., Schule u. Staat im 18. u. 19. Jh., Frankfurt 1974, 171–253.

27 -- u.a. Hg., Schule u. Staat im 18. u. 19. Jh. Zur Sozialgeschichte der Schule in Deutschland, Frankfurt 1974.

28 *Heinemann, M.*, Die Schule im Vorfeld der Verwaltung. Die Entwicklung der preuß. Unterrichtsverwaltung 1771–1800, Göttingen 1974.

29 -- Hg., Erziehung u. Schulung im Dritten Reich, 2 Bde, Stuttgart 1980.

30 *Heintz, P.* Hg., Soziologie der Schule, Köln 1959/1969⁶

31 *Herrlitz, H.G.* u.a., Deutsche Schulgeschichte 1800–1980, Königstein 1980.

32 --, Neuere sozialgeschichtl. Untersuchungen zur Entstehung des deutschen Schulsystems im 18. u. 19. Jh., in: IASL 3. 1978, 180–90.

33 *Herrmann, U.* Über "Bildung" im Gymnasium des wilhelmin. Kaiserreichs, in: R. Koselleck Hg., Bildungsbürgertum im 19. Jh., II, Stuttgart 1990, 346–68.

34 -- Hg., Schule u. Gesellschaft im 19. Jh., Weinheim 1977.

35 *Jäger, G.*, Schule u. liter. Kultur, I: Sozialgeschichte des Unterrichts an höheren Schulen von der Spätaufklärung bis zum Vormärz, Stuttgart 1981.

36 *Jeismann, K.-E.*, Gymnasium, Staat u. Gesellschaft in Preußen in: GWU 21. 1971, 453–70.

37 --, Das Preuß. Gymnasium in Staat u. Gesellschaft. Die Entstehung des Gymnasiums als Schule des Staates u. der Gebildeten 1787–1817, Stuttgart 1974.

38 --, Das höhere Knabenschulwesen, in: HB III. 1987, 152–80.

39 --, Schulpolitik, Schulverwaltung, Schulgesetzgebung, in: HB III. 1987, 105–22.

40 *Keck, R.W.*, Geschichte der Mittleren Schule in Württemberg, Stuttgart 1968.

41 *Kennedy, K.D.*, Lessons and Learners: Elementary Education in Southern Germany 1871–1914, Diss. Stanford 1982.

42 --, Regionalism and Nationalism in South German History Lessons 1871–1914, in: German Studies Review 12. 1989, 11–33.

43 *Kraul, M.*, Das deutsche Gymnasium 1780–1980,Frankfurt 1984.

44 --, Gymnasium u. Gesellschaft im Vormärz, Göttingen 1980.

45 --, Höhere Mädchenschulen, in: HB IV. 1991, 279–303.

46 --, Untersuchungen zur sozialen Struktur der Schülerschaft des preuß. Gymnasiums im Vormärz, in: Bildung u. Erziehung 29. 1976, 509–19.

47 *Küpper, E.*, Die höheren Mädchenschulen, in: HB III. 1987, 180–91.

48 *Kuhlemann, F.–M.*, Modernisierung u. Disziplinierung. Sozialgeschichte des preuß. Volksschulwesens 1794–1872, Göttingen 1992.

49 --, Niedere Schulen, in: HB IV. 1991, 179–227.

50 *Lamberti, M.* State, Society, and the Elementary School in Imperial Germany, N.Y. 1989.

51 *Langsam, W.C.*, Nationalism and History in the Prussian Elementary Schools under Wiliam II, in: Fs. C.J.H. Hayes, N.Y. 1950, 241–60.

52 *Lemmermann, H.*, Kriegserziehung im Kaiserreich. Studien zur polit. Funktion von Schule u. Schulmusik 1890–1918, 2 Bde, Bremen 1984.

53 *Lenzen, D.* Hg., Enzyklopädie Erziehungswissenschaft, 11 Bde, Stuttgart 1982–86.

54 *Leschinsky, A.* u. P.M. Roeder, Schule im histor. Prozeß, Stuttgart 1976.

55 *Lexis, W.* Hg., Das Unterrichtswesen im Deutschen Reich, 4 Bde, Berlin 1904.

56 *Lundgreen, P.*, Analyse preuß. Schulbücher als Zugang zum Thema Schulbildung u. Industrialisierung, in: IRSH 15. 1970, 85–121.

57 --, Das Bildungsverhalten höherer Schüler während der akadem. Überfüllungskrise der 1880er u. 90er Jahre in Preußen, in: Zeitschrift f. Pädagogik 27. 1981, 225–44.

58 --, Differentiation in German Higher Education, in: K.H. Jarausch Hg., The Transformation of Higher Learning 1860–1930. Stuttgart 1982, 149–79.

59 --, Fachschulen, in: HB III. 1987, 293–305.

60 --, Institutionalisierung des höheren Schulwesens, in: M. Baethge u. K. Nevermann Hg., Organisation, Recht u. Ökonomie des Bildungswesens, Stuttgart 1984, 98– 113.

61 --, Schulbildung u. Industrialisierung in Berlin/Preußen, in: O. Büsch Hg., Untersuchungen zur Geschichte der frühen Industrialisierung, Berlin 1971, 562–671.

62 --, Sozialgeschichte der deutschen Schule, I: 1770–1918; II: 1918–1980, Göttingen 1980/81.

63 *Maynes, M.J.*, Schooling for the People. France and Germany, 1750–1850, N.Y. 1985.

64 *Menzel, R.*, Die Anfänge der Volksschule in Deutschland, Berlin 1958.

65 *Messerschmidt, M.*, Schulpolitik des Militärs, in: P. Baumgart Hg., Bildungspolitik in Preußen zur Zeit des Kaiserreichs, Stuttgart 1980, 242–55.

66 *Meyer, F.*, Schule der Untertanen. Lehrer u. Politik in Preussen 1848–1900, Hamburg 1976.

67 *Meyer, R.*, Das Berechtigungswesen in seiner Bedeutung für Schule u. Gesellschaft im 19. Jh., in: ZGS 124. 1968, 763–76.

68 *Müller, D.K.* u. B. Zymek Hg., Sozialgeschichte u. Statistik des Schulsystems in den Staaten des Deutschen Reiches 1800–1945, Göttingen 1987 (Datenhandbuch zur deutschen Bildungsgeschichte, II: Höhere u. mittlere Schulen, 1.T.)

69 --, Sozialstruktur u. Schulsystem, in: W. Ruëgg u. O. Neuloh, Zur soziolog. Theorie u. Analyse des 19. Jh., Göttingen 1971, 213–37.

70 --, Sozialstruktur u. Schulsystem. Aspekte zum Strukturwandel des Schulwesens im 19. Jh., Göttingen 1977.

71 *Neugebauer, W.*, Absolutist. Staat u. Schulwirklichkeit in Brandenburg–Preußen 1650–1806, Berlin 1985.

72 *Neukum, J.*, Schule u. Politik. Polit. Geschichte der bayer. Volksschule 1818–48, München 1969.

73 *Nipperdey, T.*, Volksschule u. Revolution im Vormärz, in: ders., Gesellschaft, Kultur, Theorie, Göttingen 1976, 206–27.

74 *Nyssen, E.*, Schule im Nationalsozialismus, Heidelberg 1979.

75 *Offen, C.-H.*, Schule in einer hanseat. Bürgergesellschaft. Zur Sozialgeschichte des niederen Schulwesens in Lübeck 1800—66, Lübeck 1990.

76 *Orlow, D.*, Die Adolf—Hitler—Schulen, in: VfZ 13. 1965, 272—84.

77 *Petersilie, A.*, Das öffentl. Unterrichtswesen im Deutschen Reich u. in den übrigen europ. Kulturländern, 2 Bde, Leipzig 1897.

78 *Petrat, G.*, Schulunterricht. Seine Sozialgeschichte in Deutschland 1750—1850, München 1979.

79 *Plickat, H.*, Die Schule als Instrument des sozialen Aufstiegs, Weinheim 1959.

80 *Reble, A.* Hg., Zur Geschichte der höheren Schule, 2 Bde, Bad Heilbrunn 1974.

81 *Reulecke, J.*, Von der Dorfschule zum Schulsystem, in: ders. u. W. Weber Hg., Fabrik, Familie, Feierabend, Wuppertal 1978, 247—71.

82 *Romberg, H.*, Staat u. höhere Schule 1800—1914 (Preußen), Frankfurt 1979.

83 *Schelsky, H.*, Schule u. Erziehung in der industriellen Gesellschaft, Würzburg 1957.

84 *Schiersmann, C.*, Zur Sozialgeschichte der preuß. Provinzialgewerbeschulen im 19. Jh., Weinheim 1979.

85 *Schleunes, K.A.*, Enlightenment, Reform, Reaction: The Schooling Revolution in Prussia, in: CEH 12. 1979, 315—42.

86 --,Schooling and Society. The Politics of Education in Prussia and Bavaria 1750— 1900, Oxford 1989.

87 *Scholtz, H.*, Nationalsozialist. Ausleseschulen, Göttingen 1972.

88 --, Erziehung u. Unterricht unterm Hakenkreuz, Göttingen 1985.

89 *Spranger, E.*, Zur Geschichte der deutschen Volksschule, Heidelberg 1949/1971.

90 *Tews, J.*, Ein Jahrhundert preuß. Schulgeschichte, Leipzig 1914.

91 *Thien, H.—G.*, Schule, Staat u. Lehrerschaft. Deutschland u. England 1790—1918, Frankfurt 1984.

92 *Überhorst, H.*, Elite für die Diktatur. Die nationalpolit. Erziehungsanstalten 1933—45, Düsseldorf 1969.

93 *Waldeyer, H.*, Zur Entstehung der Realschulen in Preußen im 18. Jh. bis zu den 30er Jahren des 19. Jh., in: K.L. Hartmann u.a. Hg., Schule u. Staat im 18. u. 19. Jh., Frankfurt 1974, 146—70.

94 *Wenzel, F.*, Sicherung von Massenloyalität u. Qualifikation der Arbeitskraft als Aufgabe der Volksschule, in: K.L. Hartmann u.a. Hg., Schule u. Staat im 18. u. 19. Jh., Frankfurt 1974, 323—86.

95 *Wiese, L.*, Das höhere Schulwesen in Preußen. Histor.-statist.Darstellung, 4 Bde, Berlin 1864—1902.

96 *Ziertmann, P.*, Das Berechtigungswesen, in: A. Kühne Hg., Handbuch für das Berufsschul- u. Fachschulwesen, Leipzig 1929, 571—604.

97 *Zorn, W.*, Hochschule u. höhere Schule in der deutschen Sozialgeschichte der Neuzeit, in: Fs. M. Braubach, Münster 1964, 321—39.

48. Lehrer, Schüler

1 *Apel, H.–J.*, Preuß. Gymnasiallehrer 1820–50, in: VSWG 72. 1985, 353–68.
2 --, Wirkungskreis u. Lebenslage. Eine Studie zur Berufs- u. Lebenssituation rhein.–westfäl. Gymnasiallehrer im Vormärz, in: AfK 76. 1985, 161–205.
3 *Baumgart, F.*, Lehrer u. Lehrervereine während der Revolution 1848/49, in: Fs. R. Vierhaus, Göttingen 1982, 173–88.
4 *Blessing, W.K.*, Allg. Volksbildung u. polit. Indoktrination im bayr. Vormärz. Das Leitbild des Volksschullehrers als mentales Herrschaftsinstrument, in: ZBL 37. 1974, 479–568.
5 *Bölling, R.*, Elementarschullehrer zwischen Disziplinierung u. Emanzipation. Aspekte eines internat. Vergleichs 1870–1940, in: K.-E. Jeismann Hg., Bildung, Staat, Gesellschaft im 19. Jh., Stuttgart 1989, 326–42.
6 --, Lehrerarbeitslosigkeit in Deutschland im 19. u. 20. Jh., in: AfS 27. 1987, 229–58.
7 --, Sozialgeschichte der deutschen Lehrer, Göttingen 1983.
8 --, Volksschullehrer u. Politik, Göttingen 1978.
9 *Brand, E.*, Die Entwicklung des Gymnasiallehrerstandes in Bayern 1773–1904, München 1904.
10 *Bungardt, K.*, Die Odyssee der Lehrerschaft. Sozialgeschichte eines Standes, Frankfurt 1959/Hannover 1965[2].
11 *Cloer, E.*, Sozialgeschichtl. Aspekte der Solidarisierung der preuß. Volksschullehrerschaft im Kaiserreich u. in der Weimarer Republik, in: M. Heinemann Hg., Der Lehrer u. seine Organisation, Stuttgart 1977, 59–79.
12 *Fischer, K.*, Geschichte des deutschen Volksschullehrerstandes, 2 Bde, Hannover 1892/ND Leipzig 1969.
13 *Fischer, W.*, Der Volksschullehrer. Zur Sozialgeschichte eines Berufsstandes, in: SW 12. 1961, 37–47.
14 *Führ, C.*, Gelehrter Schulmann – Oberlehrer – Studienrat, in: W. Conze u. J. Kocka Hg., Bildungsbürgertum in 19. Jh., I, Stuttgart 1985, 417–57.
15 *Gahlings, I.*, Die Volksschullehrer u. ihre Berufsverbände, Neuwied 1967.
16 -- u. E. Moering, Die Volksschullehrerin, Heidelberg 1961.
17 *Grosse, R.*, 1810–1910. Beiträge zur Geschichte des Oberlehrerstandes, Leipzig 1910.
18 *Heinemann, M.* Hg., Der Lehrer u. seine Organisation, Stuttgart 1977.
19 *Keiner, E.* u. H.–E. Tenorth, Schulmänner – Volkslehrer – Unterrichtsbeamte. Ergebnisse u. Probleme neuer Studien zur Sozialgeschichte des Lehrers in Deutschland, in: IASL 6. 1981, 198–222.
20 *Koppenhöfer, P.*, Bildung u. Auslese. Untersuchungen zur sozialen Herkunft der höheren Schüler Badens 1834/36–90, Weinheim 1980.
21 *Kreppel, F.*, Der Lehrer in der Zeitgeschichte, in: H.–J. Schoeps Hg., Zeitgeist im Wandel, I: Das Wilhelmin. Zeitalter, Stuttgart 1967, 199–218.
22 *Küppers, H.*, Der Kathol. Lehrerverband 1919–33, Mainz 1975.

23 *Lamberti, M.*, Elementary School Teachers and the Struggle Against Social Democracy in Wilhelmine Germany, in: History of Education Quaterly 32. 1992, 73–97.

24 *LaVopa, A.J.*, Prussian Schoolteachers: 1763–1848, Chapel Hill 1980.

25 --, Status and Ideology, Rural Schoolteachers in Pre-March and Revolutionary Prussia, in: JSH 12. 1979, 430–56.

26 *Learned, W.S.*, The Oberlehrer. A Study of the Social and Professional Evolution of the German Schoolmasters, Cambridge/Mass. 1914/ND 1969.

27 *Mandel, H.H.*, Geschichte der Gymnasiallehrerbildung in Preußen–Deutschland 1787–1987, Berlin 1989.

28 *Müller, C.*, Grundriß der Geschichte des preuss. Volksschulwesens, Osterwieck 1913.

29 *Nath, A.*, Die Studienratskarriere im Dritten Reich, Frankfurt 1988.

30 *Neuerer, K.*, Das höhere Lehramt in Bayern im 19. Jh., Berlin 1978.

31 *Paulsen, F.*, Der höhere Lehrerstand, Braunschweig 1902.

32 *Reicke, E.*, Lehrer u. Unterrichtswesen in der deutschen Vergangenheit, Jena 1929^2.

33 *Rosenbaum, M.*, Untersuchungen zur Veränderung der Lage u. des Selbstverständnisses des Lehrers während der Aufklärung in Deutschland, Diss. Köln 1970.

34 *Ruppel, W.*, Über die Berufswahl der Abiturienten Preußens 1875–99, Göttingen 1904.

35 *Sauer, M.*, Volksschullehrerbildung in Preußen, Köln 1987.

36 *Skopp, D.R.*, Auf der untersten Sprosse: Der Volksschullehrer als "Semi–Professional" im Deutschland des 19. Jh., in: GG 6. 1980, 383–403.

37 *Strebel, V.*, Hofmeister, in: K.A. Schmid Hg., Enzyklopädie des gesamten Erziehungs- u. Unterrichtswesens, III, Gotha 1880^2, 534–42.

38 *Tenorth, H.–E.*, Lehrerberuf u. Lehrerbildung, in: HB III. 1987, 250–70.

39 *Thiele, G.*, Geschichte der preuß. Lehrerseminare, Berlin 1938.

40 *Titze, H.*, Die soziale u. geistige Umbildung des preuß. Oberlehrerstandes 1870–1914, in: Zeitschrift für Pädagogik Beih. 14. 1977, 107–28.

41 --, Lehrerbildung u. Professionalisierung, in: HB IV. 1991, 345–70.

42 *Walz, U.*, Sozialgeschichte des Lehrers, Heidelberg 1981.

43 *Zieger, A.*, Schulmeister, Schullehrer, Volkslehrer. Das Werden des Lehrerstandes in Sachsen, Berlin 1933.

49. Universitäten, Wissenschaften

1 *Andernach, N.*, Der Einfluß der Parteien auf das Hochschulwesen in Preußen 1848– 1918, Göttingen 1972.

2 *Anger, H.*, Probleme der deutschen Universität, Tübingen 1960.

3 *Ben–David, J. u. A. Zloczower*, Universities and Academic Systems in Modern Societies, in: European Journal of Sociology 3. 1962, 45–84.
4 *Bernal, J.D.*, Science and Industry in the 19th Century, London 1953.
5 --, Wissenschaft: Science in History, 4 Bde., Reinbek 1970.
6 *Boehm, L.*, Das akadem. Bildungswesen 1800–1920, in: HBG IV/2. 1978², 991–1033.
7 *vom Brocke, B.*, Hochschul- und Wissenschaftspolitik in Preußen u. im Deutschen Kaiserreich: Das "System Althoff" 1882–1907, in: P. Baumgart Hg., Bildungspolitik in Preußen zur Zeit des Kaiserreiches, Stuttgart 1980, 9–118.
8 *vom Bruch, R.*, Krieg u. Frieden. Zur Frage der Militarisierung deutscher Hochschullehrer u. Universitäten im späten Kaiserreich, in: J. Dülffer u.a. Hg., Bereit zum Krieg. Kriegsmentalität im wilhelmin. Deutschland 1890–1914, Göttingen 1986, 73–98.
9 --, Universitätsreform als soziale Bewegung. Zur Nicht-Ordinarienfrage im späten deutschen Kaiserreich, in: GG 10. 1984, 72–91.
10 *Burchardt, L.*, Wissenschaft u. Wirtschaftswachstum. Industrielle Einflußnahme auf die Wissenschaftspolitik im wilhelmin. Deutschland, in: Fs. W. Conze, Stuttgart 1976, 770– 97.
11 --, Wissenschaftspolitik im wilhelmin. Deutschland, Göttingen 1975.
12 --, Die deutsche Wissenschaftspolitik an der Wende zum 20. Jh., in: GWU 26. 1975. 271–89.
13 *Cobb, J.D.*, The Forgotten Reforms: Non–Prussian Universities 1797–1817, Diss. Univ. of Wisconsin, Madison 1980.
14 *Conrad, J.*, Einige Ergebnisse der deutschen Universitätsstatitistik, in: JNS 32. 1906, 433–92.
15 --, Das Universitätsstudium in Deutschland während der letzten 50 Jahre, Jena 1884.
16 *Dieterici, C.F.W.*, Geschichtl. u. statist. Nachrichten über die Universitäten im preuß. Staate, Berlin 1836/ND Aalen 1982.
17 *Eulenburg, F.*, Die Frequenz der deutschen Universitäten von ihrer Gründung bis zur Gegenwart, Leipzig 1904.
18 *Flaschendräger, W.*, 1870–1970. Geschichte der deutschen Hochschulen, Berlin 1971.
19 -- u.a., Magister u. Scholaren, Professoren u. Studenten. Geschichte deutscher Universitäten u. Hochschulen im Überblick, Leipzig 1981.
20 *Flexner, A.*, Universities, N.Y. 1930/ND 1968; dt. Die Universitäten in Amerika, England u. Deutschland, Berlin 1932.
21 *Geuter, U.*, Die Professionalisierung der deutschen Psychologie im Nationalsozialismus, Frankfurt 1984.
22 *Gorges, I.*, Sozialforschung in Deutschland 1872–1914, Königstein 1980.
23 *van de Graff, J.H.*, The Politics of German University Reform 1810–1970, Diss. Columbia University, N.Y. 1973.
24 *Habermas, J.*, Protestbewegung u. Hochschulreform, Frankfurt 1970³.
25 *Hahn, E.J.C.*, The Junior Faculty in Revolt: Reform Plans for Berlin University in 1848, in: AHR 82. 1977, 875–95.

26 *Hall, R.R.,* The Scientific Movement and Its Influence on Thought and Material Development 1830–70, in: NCMH 10. 1960, 49–75.

27 *Hardtwig, W.,* Krise der Universität, student. Reformbewegung u. die Sozialisation der jugendl. Bildungsschicht 1750–1819, in: GG 11. 1985, 155–76.

28 *Hartshorne, E.Y.,* The German Universities and National Socialism, Cambidge/-Mass. 1937.

29 *Heiber, H.,* Universität unterm Hakenkreuz, I, München 1991.

30 *Herrlitz, H.G.,* Studium als Standesprivileg. Die Entstehung des Maturitätsproblems im 18. Jh., Frankfurt 1973.

31 *Jansen, C.,* Professoren u. Politik. Polit. Denken u. Handeln der Heidelberger Hochschullehrer 1914–35, Göttingen 1992.

32 *Jarausch, K.H.,* Higher Education and Social Change: Some Comparative Perspectives, in: ders. Hg., The Transformation of Higher Learning 1860–1930, Stuttgart 1983, 9–36.

33 --, Frequenz u. Struktur, in: P. Baumgart Hg., Bildungspolitik in Preußen, Stuttgart 1980, 11–49.

34 --, The Social Transformation of the University: The Case of Prussia 1865–1914, in: JSH 12. 1980, 609–36.

35 --, Die neuhumanist. Universität u. die bürgerl. Gesellschaft 1800–1870, in: Darstellungen u. Quellen zur Geschichte der deutschen Einheitsbewegung im 19. u. 20 Jh., Heidelberg 1981, 11–58.

36 --, Universität u. Hochschule, in: HB IV. 1991, 313–45.

37 *Kaufhold, K.H.* u. W. Sachse, Die Göttinger "Universitätsstatistik" u. ihre Bedeutung für die Wirtschafts- u. Sozialgeschichte, in: H.–G. Herrlitz u. H. Klein Hg., Anfänge Göttinger Sozialwissenschaft, Göttingen 1987, 72–95.

38 *König, R.,* Vom Wesen der deutschen Universität, Berlin 1935/ND 1969.

39 *König, W.,* Universitätsreform in Bayern in den Revolutionsjahren 1848/49, München 1977.

40 *Lenoir, T.,* Politik im Tempel der Wissenschaft. Forschung u. Machtausübung im Deutschen Kaiserreich, Frankfurt 1992.

41 *Lenz, M.,* Geschichte der Universität zu Berlin, 4 Bde, Halle 1910–18.

42 *Lexis, W.* Hg., Die Universitäten im Deutschen Reich, Berlin 1904.

43 *Lindenlaub, D.,* Richtungskämpfe im Verein für Sozialpolitik, 2 Bde, Wiesbaden 1967.

44 *Lundgreen, P.* u.a., Staatl. Forschung in Deutschland 1870–1980, Frankfurt 1986.

45 -- Hg., Wissenschaft im Dritten Reich, Frankfurt 1985.

46 --, Wissenschaft u. Wirtschaft, in: Technikgeschichte 44. 1977, 302–13.

47 *McClelland, C.E.,* The Aristocracy and University Reform in 18th Century Germany, in: L. Stone Hg., Schooling and Society, Baltimore 1976, 146–73.

48 --, Structural Change and Social Reproduction in German Universities 1870–1920, in: History of Education 15. 1986, 177–93.

49 --, Republics Within the Empire: The Universities, in: J.R. Dukes u. J. Remak Hg., Another Germany. A Reconsideration of the Imperial Era, Boulder 1988, 169–80.

50 --, State, Society, and University in Germany 1700–1914, Cambridge 1980.
51 *Muller, J.Z.*, Enttäuschung u. Zweideutigkeit. Zur Geschichte rechter Sozialwissenschaftler im "Dritten Reich", in: GG 12. 1986, 289–316.
52 *Oberschall, A.*, Empirical Social Research in Germany 1848–1914, Den Haag 1965.
53 *O'Boyle, L.*, Learning for Its Own Sake: The German Universities as 19th Century Model, in: CSSH 25. 1983, 3–25.
54 *Paulsen, F.*, Geschichte des gelehrten Unterrichts auf den deutschen Schulen u. Universitäten, 2 Bde, Berlin 1965[4].
55 --, Überblick über die geschichtl. Entwicklung der deutschen Universitäten, in: W. Lexis Hg., Das Unterrichtswesen im Deutschen Reich, I, Berlin 1904, 3–38.
56 *Pfetsch, F.R.*, Datenhandbuch zur Wissenschaftsentwicklung. Die staatl. Finanzierung der Wissenschaft in Deutschland 1850–1975, Stuttgart 1985[2].
57 --, Zur Entwicklung der Wissenschaftspolitik in Deutschland, Berlin 1974.
58 -- *u. A. Zloczower*, Innovation u. Widerstände in der Wissenschaft, Düsseldorf 1973.
59 *Plessner, H.*, Zur Soziologie der modernen Forschung u. ihrer Organisation in der deutschen Universität, in: ders., Diesseits der Utopie, Düsseldorf 1966, 121–42.
60 *Prahl, H.–W.*, Sozialgeschichte des Hochschulwesens, München 1978.
61 -- u. I. Schmidt–Harzbach, Die Universität, München 1981.
62 *Ravetz, J.R.*, Scientific Knowledge and Its Social Problems, Oxford 1972.
63 *Richarz, M.*, Juden, Wissenschaft u. Universitäten. Preußen 1800–50, in: JbIDG, Beiheft 4. 1982, 55–72.
64 *Riese, R.*, Die Hochschule auf dem Wege zum wissenschaftl. Großbetrieb. Heidelberg u. das bad. Hochschulwesen 1860–1914, Stuttgart 1977.
65 *Ritter, G.A.*, Großforschung u. Staat in Deutschland, München 1992.
66 *Roessler, H.* u. G. Franz Hg., Universität u. Gelehrtenstand 1400–1800, Limburg 1970.
67 *Rosenstock–Huessy, E.*, Das Geheimnis der Universität, in: ders., dass., Stuttgart 1958, 17–34.
68 *Rüegg, W.* Hg., Geschichte der Universität vom Mittelalter bis zur Gegenwart III: 1800–1945, München 1995.
69 *Rüschemeyer, D.*, Die Entwicklung der Wissenschaft im Modernisierungsprozeß, in: GG 2. 1976. 501–13.
70 *Sanderson, M.* Hg., The Universities in the 19th Century, London 1975.
71 *Schelsky, H.*, Einsamkeit u. Freiheit. Idee u. Gestalt der deutschen Universität u. ihrer Reformen, Düsseldorf 1971[2].
72 *Schiera, P.*, Laboratorium der bürgerl. Welt. Deutsche Wissenschaft im 19. Jh., Frankfurt 1992.
73 *Simon, C.*, Staat u. Geschichtswiss. in Deutschland u. Frankreich 1871–1914. Situation u. Werk von Geschichtsprofessoren an den Universitäten Berlin, München, Paris. 2 Bde, Bern 1988.
74 *Steinmetz, M.* u.a., Geschichte der deutschen Universitäten u. Hochschulen, Berlin 1971.

75 *Stone, L.* Hg., The University in Society, 2 Bde, Princeton 1974.

76 *Thielbeer, H.,* Universität u. Politik in der Deutschen Revolution von 1848, Bonn 1983.

77 *Titze, H.* Hg., Das Hochschulstudium in Preußen u. Deutschland 1820–1944, Göttingen 1987 (Datenhandbuch zur deutschen Bildungsgeschichte, Bd. 1: Hochschulen, T.1)

78 *Tröger, J.* Hg., Hochschule u. Wissenschaft im Dritten Reich, Frankfurt 1984.

79 *Turner, R.S.,* J.v.Liebig vs. Prussian Chemistry: Reflections on the Rise of the Institute System in Germany, in: Historical Studies in the Physical Sciences 13. 1982, 129–62.

80 --, Universitäten, in: HB III. 1987, 221–49.

81 --, The Prussian Universities and the Concept of Research, in: IASL 5. 1980, 33–67.

82 *Weber, W.,* Priester der Klio. Histor.-sozialwiss. Studien zur Herkunft u. Karriere deutscher Historiker u. zur Geschichte der Geschichtswiss. 1800–1970, Frankfurt 1987[2].

83 *Wendel, G.,* Die Kaiser–Wilhelm–Gesellschaft 1911–14. Zur Anatomie einer imperialist. Forschungsgesellschaft, Berlin 1975.

84 *Windolf, P.,* Die Expansion der Universitäten 1870–1985, Stuttgart 1990.

85 *Wußling, H.,* Zur gesellschaftl. Stellung der Mathematik u. der Naturwissenschaften in der Industriellen Revolution, in: K. Lärmer Hg., Studien zur Geschichte der Produktivkräfte, Berlin 1970, 55–68.

86 *Zloczower, A.,* Career Opportunities and the Growth of Scientific Discovery in 19th Century Germany, Jerusalem 1966.

50. Professoren, Studenten

1 *Ahlberg, R.,* Ursachen der Revolte. Analysen des student. Protestes, Stuttgart 1972.

2 *Allerbeck, L.M.,* Soziologie radikaler Studentenbewegungen, München 1973.

3 *Altbach, E.H.,* Vanguard of Revolt: Students and Politics in Central Europe 1815–1848, in: S.M. Lipset Hg., Students in Revolt, N.Y. 1970, 471–76.

4 *Bartol, G.,* Ideologie u. student. Protest. Zur Entstehung deutscher Studentenbewegungen im 19. u. 20. Jh., München 1977.

5 *Benker, G. u. S. Störmer,* Grenzüberschreitungen. Studentinnen in der Weimarer Republik, Pfaffenweiler 1990.

6 *Beyerchen, A.D.,* Wissenschaftler unter Hitler. Physiker im Dritten Reich, Frankfurt 1982.

7 *Blanke, H.W.,* Historiker als Beruf. Die Herausbildung des Karrieremusters "Geschichtswissenschaftler" an den deutschen Universitäten von der Aufklärung bis zum klass. Historismus, in: K.E. Jeismann Hg., Bildung, Staat, Gesellschaft im 19. Jh., Stuttgart 1989, 343–60.

8 *Bleuel, H.P.*, Deutschlands Bekenner. Professoren zwischen Kaiserreich u. Diktatur, Bern 1968.

9 -- u. E. Klimmert, Deutsche Studenten auf dem Weg ins Dritte Reich, Gütersloh 1967.

10 *Bock, K.–D.*, Strukturgeschichte der Assistentur. Personalgefüge, Wert- und Zielvorstellungen in der deutschen Universität des 19. u. 20 Jh., Düsseldorf 1972.

11 *Bourdieu, P.*, Homo academicus, Frankfurt 1992.

12 *vom Brocke, B.*, Professoren als Parlamentarier, in: K. Schwabe Hg., Deutsche Hochschullehrer als Elite, Boppard 1988, 55–92.

13 *vom Bruch, R.*, Wissenschaft, Politik u. öffentl. Meinung. Gelehrtenpolitik im wilhelmin. Deutschland 1890–1914, Husum 1980.

14 *Burchardt, L.*, Student. Jugend im Kaiserreich, in: H. Rabe Hg., Jugend, Konstanz 1984, 25–52.

15 --, Naturwissenschaftl. Universitätslehrer im Kaiserreich, in: K. Schwabe Hg., Deutsche Hochschullehrer als Elite 1815–1945, Boppard 1988, 151–214.

16 *Busch, A.*, Die Geschichte des Privatdozenten, Stuttgart 1959.

17 *Costas, I.*, Die Sozialstruktur der Studenten der Universität Göttingen im 19. Jh., in: H.–G. Herrlitz u. H. Kern Hg., Anfänge Göttinger Sozialwissenschaft, Göttingen 1987, 127–49.

18 *Diehl, C.C.*, Americans and German Scholarship 1770–1870, New Haven 1978.

19 *Döring, H.*, Deutsche Professoren zwischen Kaiserreich u. Drittem Reich, in: NPL 19. 1974, 340–52.

20 --, Der Weimarer Kreis. Studien zum polit. Bewußtsein verfassungstreuer Hochschullehrer in der Weimarer Republik, Meisenheim 1975.

21 *Eley, G.*, Educating the Bourgeoisie: Students and the Culture of "Illiberalism" in Imperial Germany, in: History of Education Quaterly 26. 1986, 287–300.

22 *Eulenburg, F.*, Der akadem. Nachwuchs, Leipzig 1908.

23 *Euler, F.W.*, Entstehung u. Entwicklung deutscher Gelehrtengeschlechter, in: H. Rössler u. G. Franz Hg., Universität u. Gelehrtenstand 1400–1800, Limburg 1970, 183–237.

24 *Eyck, F.E.*, The Political Theories and Activities of the German Acadmic Youth 1815–19, in: JMH 27. 1955, 27–38.

25 *Faber, K.-G.*, Student u. Politik in der ersten Burschenschaft, in: GWU 21. 1970, 68– 80.

26 *Faust, A.*, Der NS–Studentenbund, 2 Bde, Düsseldorf 1973.

27 --, Professoren für die NSDAP. Zum politischen Verhalten der Hochschullehrer 1932/33, in: M. Heinemann Hg., Erziehung u. Schulung im Dritten Reich, II: Hochschule, Erwachsenenbildung, Stuttgart 1980, 31–49.

28 *Fabricius, W.*, Die deutschen Corps, Frankfurt 1926.

29 *v. Ferber, C.*, Die Entwicklung des Lehrkörpers der deutschen Universitäten u. Hochschulen 1864–1954, Göttingen 1956.

30 *Franze, W.*, Die Erlanger Studentenschaft 1918–45, Würzburg 1972.

31 *Gallin, A.*, Midwives to Nazism. University Professors in Weimar Germany 1925– 33, Macon/Ga. 1986.

32 *Giles, G.J.*, Students and National Socialism in Germany 1919–45, Princeton 1985.

33 *Giovannini, M.*, Zwischen Republik u. Faschismus. Heidelberger Studentinnen u. Studenten 1918–45, Weinheim 1990.

34 *Grieswelle, D.*, Antisemitismus in deutschen Studentenverbindungen des 19. Jh., in: C. Helfer u. M. Rassem Hg., Student u. Hochschule im 19. Jh., Göttingen 1975, 366– 79.

35 --, Zur Soziologie des Kösener Corps 1870–1914, in: C. Helfer u. M. Rassem Hg., Student u. Hochschule im 19. Jh., Göttingen 1975, 346–65.

36 *Griewank, K.*, Deutsche Studenten u. Universitäten in der Revolution von 1848, Weimar 1949.

37 *Gross, W.*, The Zionist Student's Movement, in: LBIYB 4. 1959, 143–64.

38 *Grüttner, M.*, "Ein stetes Sorgenkind für Partei u. Staat". Die Studentenschaft 1930– 45, in: E. Krause u.a. Hg., Hochschulalltag im "Dritten Reich". Die Hamburger Universität 1933–45, Berlin 1991, 201–36.

39 *Habermas, J.* u.a., Student u. Politik, Neuwied 1969[3].

40 *Hardtwig, W.*, Die Burschenschaften zwischen aufklärer. Sozietätsbewegung u. Nationalismus, in: H. Reinalter Hg., Aufklärung, Vormärz, Revolution IV. 1984, 46–55.

41 --, Student. Mentalität – Polit. Jugendbewegung – Nationalismus. Die Anfänge der deutschen Burschenschaft, in: HZ 242. 1986, 581–628.

42 --, Protestformen u. Organisationsstrukturen der deutschen Burschenschaft 1815–33, in: H. Reinalter Hg., Demokrat. u. soziale Protestbewegungen in Mitteleuropa 1815– 48/49, Frankfurt 1986, 37–76.

43 --, Studentenschaft u. Aufklärung: Landsmannschaften u. Studentenorden in Deutschland im 19. Jahrhundert, in: E. François Hg., Sociabilité et société bourgoise en France, en Allemagne et en Suisse, 1750–1850, Paris 1986, 239–59.

44 *Heer, G. u. P. Wentzke*, Geschichte der Deutschen Burschenschaft 1859–1919, 4 Bde, Heidelberg 1919–31.

45 *Helfer, C. u. M. Rassem* Hg., Student u. Hochschule im 19. Jh., Göttingen 1975.

46 *Jarausch, K.H.*, Liberal Education as Illiberal Socialization: The Case of Students in Imperial Germany, in: JMH 50. 1978, 609–30.

47 --, The Sources of German Student Unrest 1815–48, in: L. Stone Hg., The University in Society, II, Princeton 1974, 353–69

48 --, Studenten, Gesellschaft u. Politik im Kaiserreich, in: Informationen zur Erziehungs- u. Bildungshistor. Forschung 3. 1975, 61–90.

49 --, Deutsche Studenten, 1800–1970, Frankfurt 1984.

50 --, German Students in the First World War, in: CEH 17. 1984, 310–29.

51 --, Students, Society, and Politics in Imperial Germany. The Rise of Academic Illiberalism, Princeton 1982.

52 *Kater, M.H.*, Krisis des Frauenstudiums in der Weimarer Republik, in: VSWG 59. 1972, 207–55.

53 --, Die nationalsozialist. Machtergreifung an den deutschen Hochschulen. Zum polit. Verhalten akad. Lehrer bis 1939, in: H.J.Vogel u.a. Hg., Fs. M. Hirsch, Baden—Baden 1981, 49—75.
54 --, Professoren u. Studenten im Dritten Reich, in: AfK 67. 1985, 465—87.
55 --, Der NS—Studentenbund 1926—28, in: VfZ 22. 1974, 148—90.
56 --, The Reich Vocational Contest and Students of Higher Learning in Nazi Germany, in: CEH 7. 1974, 225—62.
57 --, Die Studenten auf dem Weg in den Nationalsozialismus, in: J. Tröger Hg., Hochschule u. Wissenschaft im Dritten Reich, Frankfurt 1984, 26—37.
58 --, Studentenschaft u. Rechtsradikalismus in Deutschland 1918—33, Hamburg 1975.
59 --, The Work Student. A Socio—Economic Phenomenon of Early Weimar Republic, in: JCH 10. 1975, 71—94.
60 *Kreutzberger, W.*, Studenten u. Politik, Freiburg 1918—33, Göttingen 1972.
61 *Linse, U.*, Hochschulrevolution. Zur Ideologie u. Praxis sozialist. Studentengruppen 1918/19, in: AfS 14. 1974, 1—114.
62 *Lutz, R.R.*, The German Revolutionary Student Movement, in: CEH 4. 1971, 215— 41.
63 *Mayer, G.*, Die Anfänge des polit. Radikalismus im vormärzl. Preußen (1913), in: ders., Radikalismus, Sozialismus u. bürgerl. Demokratie, Hg. H.—U. Wehler, Frankfurt 1969^2, 7—107.
64 --, Die Junghegelianer u. der preuß. Staat (1920), in: ders., Arbeiterbewegung u. Obrigkeitsstaat, Hg. H.—U. Wehler, Bonn 1972, 17—32.
65 *McClelland, C.E.*, Die deutschen Hochschullehrer als Elite 1815—50, in: K. Schwabe Hg., Deutsche Hochschullehrer als Elite 1815—1945, Boppard 1988, 27—54.
66 *McLellan, D.*, The Young Hegelians and K. Marx, N.Y. 1969.
67 *Mertens, L.*, Vernachlässigte Töchter der Alma Mater. Zur strukturellen Entwicklung des Frauenstudiums in Deutschland seit 1900, Berlin 1992.
68 *Mitgau, H.*, Soziale Herkunft der deutschen Studenten bis 1800, in H. Rössler u. G. Franz Hg.,Universität u. Gelehrtenstand 1400—1800, Limburg 1970, 233—68.
69 *Müth, R.*, Student. Emanzipation u. staatl. Repression (Tübingen 1825—37), Tübingen 1977.
70 *Nipperdey, T.*, Die deutsche Studentenschaft in den ersten Jahren der Weimarer Republik, in: ders., Gesellschaft, Kultur, Theorie, Göttingen 1976, 390—416.
71 *Nolte, E.*, Zur Typologie des Verhaltens der Hochschullehrer im Dritten Reich, in: ders., Marxismus, Faschismus, Kalter Krieg, Stuttgart 1977, 136—52.
72 *Pauwels, J.R.*, Women, Nazis and Universities, N.Y. 1984.
73 *v. Petersdorff, H.*, Die Vereine Deutscher Studenten, Leipzig 1891/1895^2/1900^3.
74 *Plessner, H.* Hg., Untersuchungen zur Lage der deutschen Hochschullehrer, 3 Bde, Göttingen 1956.
75 *Quetsch, C.*, Die zahlenmäßige Entwicklung des Hochschulbesuchs in den letzten 50 Jahren, Berlin 1960.
76 *Richarz, M.*, Der Eintritt der Juden in die akadem. Berufe. Jüd. Studenten u. Akademiker in Deutschland 1678—1848, Tübingen 1974.

77 *Rienhardt, A.*, Das Universitätsstudium der Württemberger seit 1871, Tübingen 1918.
78 *Ringer, F.K.*, The German Academic Community 1870–1920, in: IASL 3. 1978, 108–29.
79 --, The Decline of the German Mandarins. The Academic Community 1890–1933, Cambridge/Mass. 1969; dt. Die Gelehrten, Stuttgart 1983.
80 --, Differences and Cross–National Similarities Among Mandarins, in: CSSH 28. 1986, 145–64.
81 --, Das gesellschaftl. Profil der deutschen Hochschullehrerschaft 1810–1913, in: K. Schwabe Hg., Deutsche Hochschullehrer als Elite 1815–1945, Boppard 1988, 93–104.
82 *Robertson, P.*, Students on the Barricades. Germany and Austria 1848, in: PSQ 84. 1969, 367–79.
83 *Roos–Schumacher, H.*, Der Kyffhäuserverband der Vereine Deutscher Studenten 1880–1914/18, Gifhorn 1986.
84 *Schmidt, G.* u. J. Rüsen Hg., Gelehrtenpolitik u. polit. Kultur in Deutschland 1830–1930, Bochum 1986.
85 *Schönwälder, K.*, Historiker u. Politik. Geschichtswissenschaft im Nationalsozialismus, Frankfurt 1992.
86 *Schulze, F.* u. P. Ssymank, Das deutsche Studententum, München 1932[4].
87 *Schwabe, K.* Hg., Deutsche Hochschullehrer als Elite 1815–1945, Boppard 1988.
88 *Schwarz, J.*, Studenten in der Weimarer Republik 1918–23, Berlin 1971.
89 --, Deutsche Studenten u. Politik im 19. Jh., in: GWU 20. 1969, 72–94.
90 *Seier, H.*, Die Hochschullehrerschaft im Dritten Reich, in: K. Schwabe Hg., Deutsche Hochschullehrer als Elite 1815–1945, Boppard 1988, 247–95.
91 *Simon, C.*, Staat u. Geschichtswissenschaft in Deutschland u. Frankreich 1871–1914. Geschichtsprofessoren an den Universitäten Berlin, München, Paris, 2 Bde, Frankfurt 1988.
92 *Sontheimer, K.*, Die deutschen Hochschullehrer in der Zeit der Weimarer Republik, in: K. Schwabe Hg., Deutsche Hochschullehrer als Elite 1815–1945, Boppard 1988, 215–24.
93 *Stark, G.*, The Ideology of the German Burschenschaft, in: ESR 8. 1978, 323–48.
94 *Steffen-Koflür, B.*, Studentinnen im "Dritten Reich", Diss. Bielefeld 1991.
95 *Steiger, G.*, Aufbruch, Urburschenschaft u. Wartburgfest, Leipzig 1967.
96 *Steinberg, M.S.*, Sabers and Brownshirts: The German Students' Path to National Socialism 1918–35, Chicago 1977.
97 *Studier, M.*, Der Corpsstudent als Idealbild der wilhelmin. Ära 1888–1914, Diss. Erlangen 1965/Schernfeld 1990.
98 *Stumpfe, O.*, Professoren, Reaktion u. Männerbünde 1870–1933, in: Polit. Studien 13. 1962, 551–62.
99 *Titze, H.*, Die zykl. Überproduktion von Akademikern im 19. u. 20. Jh., in: GG 10. 1984, 92–121.

100 --, Überfüllungskrisen in akadem. Karrieren: eine Zyklustheorie, in: Zs.f.Pädagogik 27. 1981, 187—224.

101 *Tompert, H.,* Lebensformen u. Denkweisen der akadem. Welt Heidelbergs im wilhelmin. Zeitalter, Lübeck 1969.

102 *Turner, R.S.,* The Growth of Professional Research in Prussia 1818—48, in: Historical Studies in the Physical Sciences 3. 1971, 137—82.

103 --, Historicism, Kritik and the Prussian Professoriate 1790—1840, in: M. Bollack u.a. Hg., Philologie u. Hermeneutik im 19. Jh., II, Göttingen 1983, 450—78.

104 --, The Prussian Professoriate and the Research Imperative 1790—1840, in: H.N. u. M. Otte Hg., Epistemological and Social Problems of the Sciences in the Early 19th Century, Dordrecht 1981, 109—22.

105 --, University Reformers and Professorial Scholarship in Germany 1760—1806, in: L. Stone Hg., The University in Society, II, Princeton 1974, 495—531.

106 *Wawrykowa, M.,* Die student. Bewegung in Deutschland 1815—25, in: Fs. K. Obermann, Berlin 1977, 49—63.

107 --, "Für eure u. unsere Freiheit". Studentenschaft u. junge Intelligenz in Ost-u. Mitteleuropa 1800—50, Wiesbaden 1984.

108 *Weber, W.,* Priester der Klio. Histor.—sozialwiss. Studien zur Herkunft u. Karriere deutscher Historiker u. zur Geschichte der Geschichtswissenschaft, 1800—1970, Frankfurt 1984/85².

109 *Wentzke, P.* u. G. Heer, Geschichte der deutschen Burschenschaft, 4 Bde, Heidelberg 1919—39.

110 -- u.a. Hg., Quellen u. Darstellungen zur Geschichte der Burschenschaft u. der deutschen Einheitsbewegung, 17 Bde, Heidelberg 1910—1940/N.F. 1957ff.

111 *v. Westphalen, R.,* Akadem. Privileg u. demokrat. Staat, Stuttgart 1979.

112 *Ziegler, T.,* Der deutsche Student am Ende des 19. Jh., Stuttgart 1895/Berlin 1912¹.

51. Ingenieure, Technische Hochschulen

1 *Ahlström, G.,* Engineers and Industrial Growth, Lonon 1982.

2 --, Higher Technical Education and the Engeneering Profession in France and Germany During the 19th Century, in: Economy and History 21. 1978, 51—88.

3 *Arnold, V.* Hg., "Als das Licht kam". Erinnerungen an die Elektrifizierung, Köln 1986.

4 *Beckenbach, N.* u.a., Ingenieure u. Techniker in der Industrie. Eine empir. Untersuchung über Bewußtsein u. Interessenorientierung, Köln 1975.

5 *Böhme, H.,* Techn. Innovation, die Entwicklung der Techn. Hochschulen u. die soziale Frage im Deutschland des 19. Jh., in: Fs. O. Büsch, Berlin 1988, 391—435.

6 *Borscheid, P.,* Fortschritt u. Widerstand in den Naturwissenschaften. Die Chemie in Baden u. Württemberg 1850—1865, in: Fs. W. Conze, Stuttgart 1976, 755—69.

7 --, Naturwissenschaft, Staat u. Industrie in Baden 1848–1914, Stuttgart 1976.
8 *Burchardt, L.,* Professionalisierung oder Berufskonstruktion? Das Beispiel des Chemikers im wilhelminischen Deutschland, in: GG 6. 1980, 326–48.
9 *Clark, V.A.,* Entstehung u. Professionalisierung der Architekturberufe in England u. Deutschland im 19. u. 20. Jh., in: W. Conze u. J. Kocka Hg., Bildungsbürgertum im 19. Jh. I, Stuttgart 1985, 529–42.
10 *Düwell, K.,* Gründung u. Entwicklung der Rhein.–Westfäl. TH Aachen, in: Rhein.–Westfäl. TH Aachen 1870–1970, Stuttgart 1970, 19–111.
11 *Forman, P.,* Industrial Supports and Politcal Alignments of the German Physicists in the Weimar Republic, in: H. Mommsen u.a. Hg., Industrielles System u. polit. Entwicklung in der Weimarer Republik, Düsseldorf 1974, 716–31.
12 *Freyer, H.,* Technik im techn. Zeitalter, Düsseldorf 1965.
13 *Gispen, C.W.R.,* New Profession, Old Order. Engineers and German Society 1815– 1914, Cambridge 1990.
14 --, Selbstverständnis u. Professionalisierung der deutschen Techniker, in: Technikgeschichte 50. 1983, 34–61.
15 *Grüner, G.,* Die Entwicklung der höheren techn. Fachschulen im deutschen Sprachgebiet, Braunschweig 1967.
16 *Güntheroth, G.* Hg., Die techn.– wissenschaftl. Intelligenz, Reinbek 1972.
17 *Hortleder, G.,* Das Gesellschaftsbild des Ingenieurs, Frankfurt 1970.
18 --, Ingenieure in der Industriegesellschaft, Frankfurt 1973.
19 *Johnson, J.A.,* The Kaiser's Chemists. Science and Modernization in Imperial Germany, Chapel Hill 1990.
20 *König, W.,* Stand u. Aufgaben der Forschung zur Geschichte der deutschen Polytechn. Schulen u. Techn. Hochschulen im 19. Jh., in: Technikgeschichte 48. 1981, 47– 67.
21 *Ludwig, K.–H.,* Technik u. Ingenieure im Dritten Reich, Düsseldorf 1974.
22 *Lundgreen, P.,* Natur- u. Technikwissenschaften an deutschen Hochschulen 1870–1970, in: R. Rürup Hg., Wissenschaft u. Gesellschaft. Beiträge zur Geschichte der TU Berlin 1879–1979, I, Berlin 1979, 209–30.
23 --, Technicians and Labour Market in Prussia, 1810–50, in: Annales Cisalpines d'Histoire Sociale 1. 1972, 9–29; dt. Techniker u. Arbeitsmarkt in Preußen 1810–50, in: K.H. Jarausch Hg., Quantifizierung in der Geschichtswissenschaft, Düsseldorf 1976, 346–63.
24 --, Techniker in Preußen während der frühen Industrialisierung. Ausbildung u. Berufsfeld einer entstehenden sozialen Gruppe, Berlin 1975.
25 *McKie, D.,* Science and Technology 1763–93, in: NCMH 8. 1965, 115–42.
26 *Manegold, K.–H.,* Universität, Techn. Hochschule u. Industrie, Berlin 1969.
27 --, Das Verhältnis von Naturwissenschaften u. Technik im 19. Jh. im Spiegel der Wissenschaftsorganisation, in: Geschichte der Naturwissenschaften u. der Technik im 19. Jh., Düsseldorf 1969, 141–87.
28 *Mann, G.* u. R. Wienau Hg., Medizin, Naturwissenschaft, Technik u. das zweite Kaiserreich 1870–1914, Göttingen 1977.
29 *Mauel, K.* u. W. Treue Hg., Technik u. Naturwissenschaft im 19. Jh., 2 Bde., 1976.

30 *Mehrtens, H.* u. S. Richter Hg., Naturwissenschaft, Technik u. NS–Ideologie, Frankfurt 1980.
31 *Meyer-Thurow, G.*, Zum unprofessionellen Umgang mit Professionalisierungsprozessen, in: GG 6. 1980, 586–97.
32 *Rürup, R. Hg.*, Wissenschaft u. Gesellschaft. Beiträge zur Geschichte der Techn. Universität Berlin 1899–1979, 2 Bde., Berlin 1979.
33 *Schlink, W.*, Entwicklung u. Gestaltung der TH, in: ders. Hg., Die TH 1836–1936, Darmstadt 1936, 9–34.
34 *Scholl, L.K.*, Ingenieure in der Frühindustrialisierung. Staatl. u. private Techniker im Königreich Hannover u. an der Ruhr 1815–73, Göttingen 1978.
35 *Schnabel, F.*, Die Anfänge des Techn. Hochschulwesens, in: Fs. zum 100jährigen Bestehen der TH Karlsruhe, Karlsruhe 1925, 1–44.
36 *Späth, M.*, Der Ingenieur als Bürger. Frankreich, Deutschland u. Rußland im Vergleich, in: H. Siegrist Hg., Bürgerl. Berufe, Göttingen 1988, 84–105.
37 *Treue, W.*, Die Geschichte des techn. Unterrichts, in: Fs. zur 125–Jahr–Feier der TH Hannover, Hannover 1956, 9–60.
38 --, Erfinder u. Unternehmer, in: Tradition 8. 1963, 255–71.
39 --, Ingenieur u. Erfinder, in: VSWG 54. 1967, 456–76.
40 *Viefhaus, E.*, Ingenieure in der Weimarer Republik: Bildungs-, Berufs- u. Gesellschaftspolitik 1918–33, in: K.–H. Ludwig Hg., Technik, Ingenieure u. Gesellschaft. Geschichte des Vereins Deutscher Ingenieure 1856–1981, o.O. 1981, 289–346.

52. Sozialgeschichte des Rechts

1 *Angermund, R.*, Deutsche Richterschaft 1919–1945, Frankfurt 1990.
2 *Blanke, T.* u.a. Hg., Kollektives Arbeitsrecht. Quellentexte zur Geschichte des Arbeitsrechtes in Deutschland, I: 1840–1932, Hamburg 1975.
3 *Blasius, D.*, Der Kampf um die Geschworenengerichte im Vormärz, in: Sozialgeschichte heute. 2. Fs. H. Rosenberg, Hg. H.–U. Wehler, Göttingen 1974, 148–61.
4 *Breuer, S. u. H. Treiber* Hg., Zur Rechtssoziologie M. Webers, Opladen 1984.
5 --, Sozialgeschichte des Naturrechts, Opladen 1983.
6 *Dilcher, G.*, Das Gesellschaftsbild der Rechtswissenschaft u. die soziale Frage, in: K. Vondung Hg., Das wilhelminische Bildungsbürgertum, Göttingen 1976, 53–66.
7 *Dipper, C.*, Sozialgeschichte u. Verfassungsgeschichte, in: R. Schulze Hg., Europ. Rechts- u. Verfassungsgeschichte, Berlin 1991, 173–98.
8 *Ebel, W. Hg.*, Quellen zur Geschichte des deutschen Arbeitsrechts, Göttingen 1964.
9 *Fehrenbach, E.*, Traditionale Gesellschaft u. revolutionäres Recht. Die Einführung des Code Napoléon in den Rheinbundstaaten, Göttingen 1974.

10 *Fraenkel, E.,* Zur Soziologie der Klassenjustiz, Berlin 1927/ND Darmstadt 1968.

11 *Gellbach, H.H.,* Das Arbeitsvertragsrecht der Fabrikarbeiter im 18. Jh., München 1939.

12 *Grimm, D.,* Bürgerlichkeit im Recht, in: J. Kocka Hg., Bürger u. Bürgerlichkeit im 19. Jh., Göttingen 1987, 149—88.

13 --, Die Grundrechte im Entstehungszusammenhang der bürgerl. Gesellschaft, in: J. Kocka Hg., Bürgertum im 19. Jh., I, Göttingen 1988, 340—71.

14 --, Die sozialgeschichtl. u. verfassungsrechtl. Entwicklung zum Sozialstaat, in: P. Koslowski u.a. Hg., Chancen u. Grenzen des Sozialstaats, Tübingen 1983, 41—65.

15 --, Recht u. Staat der bürgerl. Gesellschaft, Frankfurt 1987.

16 --, Rechtswissenschaft u. Geschichte, in: ders. Hg., Rechtswissenschaft u. Nachbarwissenschaften II, München 1976, 9—34, u. in: ders., Recht u. Staat der bürgerl. Gesellschaft, Frankfurt 1987, 399—427.

17 --, Deutsche Verfassungsgeschichte 1776—1866. Vom Beginn des modernen Verfassungsstaats bis zur Auflösung des Deutschen Bundes, Frankfurt 1988.

18 *Grossmann, F.,* Über die gutsherrl.—bäuerl. Rechtsverhältnisse in der Mark Brandenburg von 16.—18. Jh., Leipzig 1890.

19 *Hughes, M.E.,* Private Equity, Social Inequality: German Judges React to Inflation 1914—24, in: CEH 16. 1983, 76—94.

20 *John, M.,* Politics and Law in Late 19th Century Germany. The Origins of the Civil Code, Oxford 1989.

21 *Kaupen, W.* u. T. Rasehorn, Die Justiz zwischen Obrigkeitsstaat u. Demokratie. Ein empir. Beitrag zur Soziologie der deutschen Justizjuristen, Neuwied 1971.

22 *Leist, A.,* Privatrecht u. Kapitalismus im 19. Jh., Tübingen 1911.

23 -- *u. H. Nipperdey,* Die moderne Privatrechtsordnung u. der Kapitalismus, in: GdS 4/1. 1925, 27—48.

24 *v. Oertzen, P.,* Die soziale Funktion des staatsrechtl. Positivismus, Frankfurt 1974.

25 *Oexle, O.G.,* Rechtsgeschichte u. Geschichtswissenschaft, in: D. Simon Hg., Akten des 26. Deutschen Rechtshistorikertages, Frankfurt 1987, 77—107.

26 *Petermann, W.,* Die Mitglieder des Preuß. Oberverwaltungsgerichts 1875—1942, in: F. Benninghoven u. L. Loewenthal—Hensel Hg., Neue Forschungen zur Brandenburg.— Preuß. Geschichte 1. 1979, 173—237.

27 *Pohl, H.* Hg., Entwicklung des Arbeitskampfrechts in Deutschland u. den westl. Nachbarstaaten, Wiesbaden 1980.

28 *Pulzer, P.,* Religion and Judicial Appointments in Germany 1869—1918, in: LBIYB 28. 1983, 185—204.

29 *Ranieri, F.,* Vom Stand zum Beruf. Die Professionalisierung des Juristenstandes als Forschungsaufgabe der europ. Rechtsgeschichte der Neuzeit, in: Ius Commune 13. 1985, 83—105.

30 *Schorn, H.,* Die Richter im Dritten Reich, Frankfurt 1959.

31 *Schröder, R.,* Die Entwicklung des Kartellrechts u. des kollektiven Arbeitsrechts durch die Rechtsprechung des Reichsgerichts vor 1914, Ebelsbach 1988.

32 --, Die Richterschaft am Ende des zweiten Kaiserreichs unter dem Druck polarer sozialer u. polit. Anforderungen, in: Fs. R. Gmür, Bielefeld 1983, 201–53.
33 *Senkowska–Gluck, M.*, Effects of Napoleonic Legislation on the Development of 19th Century Europe, in: Acta Poloniae Historica 38. 1979, 185–98.
34 *Stolleis, M.*, Geschichte des öffentl. Rechts in Deutschland II: 1800–1914, München 1992.
35 *Suhr, D.*, Rechtsstaatlichkeit u. Sozialstaatlichkeit, in: Der Staat 9. 1970, 67–93.
36 *Tillmann, M.*, Der Einfluß des Revolutionsjahres 1848 auf die preuß. Gewerbe- u. Sozialgesetzgebung, Diss. Berlin 1935.
37 *Unger, R.M.*, Law and Modern Society, N.Y. 1976.
38 *Vogel, U.*, Patriarchale Herrschaft, bürgerl. Recht u. bürgerl. Utopie. Eigentumsrechte der Frauen in Deutschland und England, in: J. Kocka Hg., Bürgertum im 19. Jh., I, München 1988, 406–38.
39 *Wehler, H.–U.*, Gesellschaftsgeschichte u. Rechtsgeschichte, in: Rechtshistor. Journal 8. 1989, 181–94.
40 *Wieacker, F.*, Industriegesellschaft u. Privatrechtsordnung, Frankfurt 1974.
41 --, Privatrechtsgeschichte der Neuzeit, Göttingen 1967^2.
42 *Wollschläger, G.*, Zivilprozeßstatistik u. Wirtschaftswachstum im Rheinland 1822–1915, in: K. Luig u. D. Liebs Hg., Das Profil des Juristen in der europ. Tradition, Ebelsbach 1980, 371–97.

53. Kriminalität, abweichendes Verhalten

1 *Arnold, H.*,Ländl. Grundschicht u. Gaunertum, in: ZAA 25. 1977, 67–77.
2 *Avé–Lallemente, F.C.B.*, Das deutsche Gaunertum in seiner sozialpolit., literar. u. linguist. Ausbildung, 3 Bde., Leipzig 1858/62; Hg. M. Brauer, 2 Bde, München 1914.
3 *Ay, K.L.*,Unehrlichkeit, Vagantentum u. Bettelwesen in der vorindustriellen Zeit, in: JbIDG Tel Aviv 8. 1979, 13–37.
4 *Blasius, D.*, Eigentum u. Strafe. Probleme der preuß. Kriminalitäts- u. Strafrechtsentwicklung im Vormärz, in: HZ 220. 1975, 79–129.
5 --, Geschichte der polit. Kriminalität in Deutschland 1800–1980, Frankfurt 1983.
6 --, Bürgerl. Gesellschaft u. Kriminalität. Zur Sozialgeschichte Preußens im Vormärz, Göttingen 1976.
7 --, Gesellschaftsgeschichte u. Kriminalität, in: BHS 11. 1981, 13–19.
8 --, Kriminalität u. Alltag, Göttingen 1978.
9 --, Sozialprotest u. Sozialkriminalität in Deutschland. Eine Problemstudie zum Vormärz, in: H. Volkmann u. J. Bergmann Hg., Sozialer Protest, Opladen 1984, 212–27.
10 *Brauns, K.*, Das Zucht- u. Arbeitshaus in Ravensburg 1725–1808, in: Zeitschrift für Württ. Landesgeschichte 10. 1951, 158–65.
11 *Danckert, W.*, Unehrliche Leute, München 1963.

12 *Eichler, H.,* Zucht- u. Arbeitshäuser in den mittleren u. östl. Provinzen Brandenburg–Preußens, in:JBW 1970/I, 126–47.

13 *Evans, R.J.,* The "Dangerous Classes" in Germany from the Middle Ages to the 20th Century, in: ders. Hg., The German Underworld, London 1988, 1–29.

14 -- Hg., The German Underworld, London 1988.

15 *Gatrell, V.A.C.* Hg., Crime and Law. Social History of Crime in Western Europe Since 1500, London 1980.

16 *Hartinger, W.,* Raubkriminalität u. soziale Schichtung. Zur Wirkung bürgerl. Lebensnormen im 18. Jh., in: Zeitschrift für Volkskunde 70. 1974, 1–19.

17 *Ingraham, B.L.,* Political Crime in Europe. A Comparative Study of France, Germany, and England, Berkeley 1979.

18 *Johnson, E.A.* u. V.E. McHale, Socioeconomic Aspects of the Delinquency Rate in Imperial Germany 1882–1914, in: JSH 13. 1980, 384–402.

19 --, The Crime Rate: Longitudinal and Periodic Trends in 19th and 20th Century German Criminality. From Vormärz to Late Weimar, in: R.J. Evans Hg., The German Underworld, London 1988, 159–89.

20 *Küther, C.,* Banditen u. Banden in Deutschland. Das organis. Räuber- u. Gaunertum im 18. u. frühen 19. Jh., Göttingen 1976.

21 *Liepmann, M.,* Krieg u. Kriminalität in Deutschland, Stuttgart 1930.

22 *Lindner, R.,* Bandenwesen u. Klubwesen im wilhelmin. Reich u. in der Weimarer Republik. Ein Beitrag zur histor. Kulturanalyse, in: GG 10. 1984, 352–75.

23 *Radbruch, G.* u. H. Gwinner, Geschichte des Verbrechens, Stuttgart 1951.

24 *Reif, H.* Hg., Räuber, Volk u. Obrigkeit, Frankfurt 1984.

25 --, Vagierende Unterschichten, Vagabunden u. Bandenkriminalität im Ancien Régime, in: BHS 11. 1981, 27–37.

26 *Sack, F.,* Probleme der Kriminalsoziologie, in: HES 2. 1967[2], 961–1049/TB 12. 1978[3], 192–492.

27 *Schulte, R.,* Das Dorf im Verhör. Brandstifter, Kindsmörderinnen u. Wilderer vor den Schranken des bürgerl. Gerichts, Reinbek 1989.

28 *Schwarz, H.,* Kriminalität u. Konjunktur. Eine kausalstatist. Untersuchung über die deutsche Vermögenskriminalität 1882–1936, in: IRSH 3. 1938, 335–95.

29 *Spierenburg, P.,* The Emergence of Carceral Institutions: Prisons, Galleys and Lunatic Asylums 1550–1900, Rotterdam 1984.

30 *Stekl, H.,* Österreichs Zucht- u. Arbeitshäuser 1671–1920, Wien 1978.

31 *Sticht, E.,* Das Gauner-, Räuber- u. Zigeunerunwesen des 18. Jh u. seine Bekämpfung, in: Colloqium Historicum Wirsbergense 3. 1965/66, 128–36.

32 *Weber, D.,* Zucht u. Arbeitshäuser am Niederrhein im 18. Jh., in: Düsseldorfer Jb. 60. 1986, 78–96.

33 *v. Weber, H.,* Die Entwicklung des Zuchthauswesens in Deutschland im 17. u. 18. Jh., in: Fs. A. Zycha, Weimar 1941, 427–68.

34 *Zehr, H.,* The Modernization of Crime in Germany and France, in: JSH 8. 1975, 117–41.

54. Eliten

1 *Bachrach, P.* u. M.S. Baratz, Two Faces of Power, in: APSR 56. 1952, 947—52.
2 --, Die Theorie demokrat. Elitenherrschaft, Frankfurt 1967.
3 *Baum, R.C.,* Holocaust and the German Elite: Genocide and National Suicide in Germany, Totowa/N.Y. 1981.
4 *v. Beyme, K.,* Elite, in: SDG 2. 1968, 103—28.
5 --, Die polit. Elite der Bundesrepublik Deutschland, München 1974^2.
6 *Bottomore, T.B.,* Elite u. Gesellschaft, München 1966.
7 *Broszat, M.* u. K. Schwabe Hg., Die deutschen Eliten u. der Weg in den Zweiten Weltkrieg, München 1989.
8 *Cecil, L.,* The German Diplomatic Service 1871—1914, Princeton 1976.
9 *Conze, W.,* Konstitutionelle Monarchie — Industrialisierung. Deutsche Führungsschichten um 1900, in: G. Franz u. H.H. Hofmann Hg., Deutsche Führungsschichten in der Neuzeit, Boppard 1980, 173—201.
10 *Dreitzel, H.P.,* Elitebegriff u. Sozialstruktur, Stuttgart 1962.
11 *Edinger, J.L. u. D.D. Searing,* Social Background in Elite Analysis, in: APRS 61. 1967, 428—45.
12 --, Continuity and Change in the Background of German Decision Makers, in: Western Political Quarterly 14. 1961, 17—36.
13 -- Hg., Political Leadership in Industrialized Societies, N.Y. 1967.
14 --, Post-Totalitarian Leadership: Elites in the German Federal Republic, in: ASR 54. 1960, 58—82.
15 *Ehrlich, S.,* Die Macht der Minderheit, Wien o.J.
16 *Enke, E.,* Oberschicht u. polit. System in der Bundesrepublik, Frankfurt 1974.
17 *Fischer, F.,* Bündnis der Eliten. Zur Kontinuität der Machtstrukturen in Deutschland 1871—1945, Düsseldorf 1979.
18 *François, E.,* Städt. Eliten in Deutschland zwischen 1650—1800, in: H. Schilling u. H. Diedericks Hg., Bürgerl. Eliten in den Niederlanden u. in Nordwestdeutschland, Köln 1985, 65—83.
19 *Guttsman, W.L.,* Elite Recruitment and Political Leadership in Britain and Germany since 1950: A Comparative Study of MPs and Cabinets, in: I. Crewe Hg., British Political Sociology Yearbook, I, London 1974, 89—125.
20 *Herzog, D.,* Polit. Karrieren. Eine Untersuchung über Selektion u. Professionalisierung polit. Führungsgruppen, Wiesbaden 1975.
21 *Hofmann, H.H.,* Eliten u. Elitentransformation in Deutschland 1789—1848, in: ZBL 41. 1978, 607—31.
22 -- *u. G. Franz* Hg., Deutsche Führungsschichten in der Neuzeit, Boppard 1980.
23 *Hofmann, W.,* Oberbürgermeister als polit. Elite im Wilhelmin. Reich u. in der Weimarer Republik, in: K. Schwabe Hg., Oberbürgemeister, Boppard 1981, 17—38.
24 *Hradil, S.,* Die Erforschung der Macht, Stuttgart 1980.
25 *Hübner, P.,* Herrschende Klassen u. Elite. Eine Strukturanalyse der Gesellschaftstheorien Moscas u. Paretos, Berlin 1967.

26 *Jaeggi, U.*, Die gesellschaftl. Elite, Bern 1967².
27 --, Macht u. Herrschaft in der Bundesrepublik, Frankfurt 1969/1973².
28 *Kaltefleiter, W.* u. R. Wildemann Hg., Westdeutsche Führungsschicht - Eine sozialwissenschaftl. Untersuchung von 1825 Inhabern von Führungspositionen, Kiel 1973.
29 *Keller, S.*, Beyond the Ruling Class, N.Y. 1963.
30 *Klingemann, H.-D.* u.a., Polit. Klasse u. politl. Institutionen, in: ders., u.a. Hg., Polit. Klasse u. polit. Institutionen, Opladen 1991, 9—36.
31 *Klotzbach, K.*, Das Eliteproblem im polit. Liberalismus, Köln 1966.
32 *Knoll, J.H.*, Führungsauslese in Liberalismus u. Demokratie, Stuttgart 1957.
33 *Krysmanski, H.J.* u. T. Neumann, Gruppenbild. Die Eliten im 20. Jh., Reinbek 1989.
34 *Laswell, H.D.*, The Comparative Study of Elites, Stanford 1952.
35 *Liesebach, I.*, Der Wandel der polit. Führungsschicht der deutschen Industrie 1918— 1945, Hannover 1957.
36 *Ludz, P.L.*, Parteielite im Wandel. Funktionsaufbau, Sozialstruktur u. Ideologie der SED—Führung, Opladen 1967.
37 *Maas, F.*, Über die Herkunftsbedinungen der geistigen Führer, in: ASS 41. 1916, 144—86.
38 *Martin, R.*, Deutsche Machthaber, Berlin 1910.
39 *Marvick, D.* Hg., Political Decision—Makers, Glencoe/Ill. 1961.
40 *Meisel, J.*, The Myth of the Ruling Class: G. Mosca and the Elite, Ann Arbor 1958.
41 *Mommsen, H.*, Die deutschen Eliten u. der Mythos des nationalen Aufbruchs von 1933, in: Merkur 38. 1984, 97—102.
42 *Mosca, G.*, Die herrschende Klasse, München 1950.
43 *v. Preradovich, N.*, Die Führungsschichten in Österreich u. Preußen 1804—1918, Wiesbaden 1966².
44 *Ringer, F.K.*, The Education of Elites in Modern Europe, in: History of Education Quarterly, Summer 1978, 159—72.
45 *Rosenberg, H.*, Machteliten u. Wirtschaftskonjunkturen, Göttingen 1978.
46 *Rustow, D.*, The Study of Elites, WP 18. 1966, 690—717.
47 *Schwabe, K.* Hg., Die Regierungen der deutschen Mittel- u. Kleinstaaten 1815—1933, Boppard 1983.
48 *Sheehan, J.J.*, Conflict and Cohesion Among German Elites in the 19th Century, in: R.J. Bezucha, Modern European Social History, Lexington/Mass. 1972, 3—27.
49 *Smelser, R. u. R. Zitelmann* Hg., Die braune Elite, Opladen 1989.
50 *Struve, W.*, Elites Against Democracy, Leadership Ideals in Bourgeois Political Thought in Germany 1890—1933, Princeton 1973.
51 *Wildemann, R.*, Eliten in der Bundesrepublik, Mannheim 1968.
52 *Zapf, W.*, Beiträge zur Analyse der deutschen Oberschicht, München 1965.
53 --, Eliten, in: E. Ballerstedt u.a., Soziolog. Almanach, Frankfurt 1975, 341—62.
54 --, Wandlungen der deutschen Elite 1919—1961, München 1966².

55. Bürokratie

1 *Albrow, M.*, Bürokratie, München 1972.

2 *Angermann, E.*, Germany's "Peculiar Institution": The Beamtentum, in: ders. u. M.–L. Frings Hg., Oceans Apart? Comparing Germany and the United States, Stuttgart 1981, 77–101.

3 *Armstrong, J.A.*, Old–Regime Administrative Elites: Prelude to Modernization in France, Prussia, and Russia, in: Internat. Review of Administrative Science 38. 1972, 21–40.

4 --, The European Administrative Elite, Princeton 1973.

5 *Aylmer, G.E.*, Bureaucracy, in: NCMH 13. 1980², 164–200.

6 *Bahrdt, H.P.*, Industriebürokratie, Stuttgart 1958.

7 *Barker, E.*, The Development of Public Services in Western Europe 1660–1930, London 1944/ND Hamden/Conn. 1966³.

8 *Behrend, J.–K.*, Zur Personalpolitik des preuß. Ministeriums des Innern. Die Landratsstellen in den östl. Provinzen, in: JbGMO 6. 1957, 173–214.

9 *Behrens, B.*, Goverment and Society, in: CEHE 5. 1977, 549–620.

10 *Bendix, R.*, Bureaucracy, in: IESS 3. 1968, 206–19.

11 *v. Beyme, K. u. S.N. Eisenstadt*, Bürokratie, in: SDG 1. 1966, 953–72.

12 *Blau, P.M. u. M.W. Meyer*, Bureaucracy in Modern Society, N.Y. 1971.

13 *Bleek, W.*, Von der Kameralausbildung zum Juristenprivileg. Studium, Prüfung u. Ausbildung der höheren Beamten des allg. Verwaltungsdienstes in Deutschland im 18. u. 19. Jh., Berlin 1972.

14 --, Die preuß. Reform. Verwaltungsqualifikation u. Juristenbildung, in: Die Verwaltung 7. 1974, 179–97.

15 *Bonham, G.*, Bureaucratic Modernizers and Traditional Constraints. Higher Officials and Landed Interests in Wilhelmine Germany 1890–1914, Diss. Berkerley 1985.

16 --, Ideology and Interest in the German State, N.Y. 1992.

17 --, State Autonomy or Class Domination: Approaches to Adminstrative Politics in Wilhelmine Germany, in: WP 35. 1983, 631–51.

18 *v. Bonin, H.*, Adel u. Bürgertum in der höheren Beamtenschaft der preuß. Monarchie 1794–1806, in: JbGMO 15. 1966, 139–74.

19 *v. Borch, H.*, Obrigkeit u. Widerstand. Zur polit. Soziologie des deutschen Beamtentums, Tübingen 1954.

20 *Branig, H.*, Die Oberpräsidenten der Provinz Pommern, in: Balt. Studien NF. 46. 1959, 92–107.

21 --, Wesen u. Geist der höheren Verwaltungsbeamten in Preußen im Vormärz, in: Neue Forschungen zur Brandenburg.–Preuß. Geschichte 1. 1979, 161–71.

22 *Brecht, A.*, How Bureaucracies Develop and Function, in: Annals of the American Academy 242. 1954, 1–100.

23 *Bühler, H.*, Das beamtete Bürgertum Göppingens 1815–47, Göppingen 1976.

24 *Burin, F.S.*, Bureaucracy and National Socialism, in: R.K. Merton u.a. Hg., Reader in Bureaucracy, Glencoe/Ill. 1960², 33–47.

25 *Caplan, J.*, Bureaucracy, Politics and National Socialist State, in: P. Stachura Hg., The Shaping of the Nazi State, London 1978, 234—56.

26 --, Goverment Without Administration. State and Civil Service in Weimar and Nazi Germany, Oxford 1988.

27 --, The Imaginary Universality of Particular Interests. The Traditon of "Civil Service" in German History, in: SH 4. 1979, 299—317.

28 *Christmann, A.* u. R. Skiba, Die Entwicklung der Gehälter der Beamten des Reiches u. des Bundes 1928—63, Köln 1964.

29 *Crozier, M.* u. E. Friedberg, Macht u. Organisation, Königstein 1979.

30 --, Le phénomène bureaucratique, Paris 1963; engl. The Bureaucratic Phenomenon, Chicago 1967[2].

31 *Cullity, J.P.*, The Growth of Governmental Employment in Germany 1882—1950, in: ZGS 123. 1967, 201—17.

32 *Dalby, M.T.* u. M.S. Werthman Hg., Bureaucracy in Historical Perspective, London 1971.

33 *Diamant, A.*, The Bureaucratic Model, in: F. Heady u. S.L. Stoke Hg., Papers in Comparative Public Administration, Ann Arbor 1962, 59—96.

34 *Dorn, W.L.*, The Prussian Bureaucracy in the 18th Century, in: PSQ 46. 1931, 403—23; 47. 1932, 75—94, 259—73.

35 *Eisenstadt, S.N.*, Bureaucracy and Bureaucratization, in: CS 7. 1958, 99—163.

36 *Fann, W.*, The Consolidation of Bureaucratic Absolutism in Prussia 1817—27, Diss. Berkeley 1965, MS.

37 -- The Rise of the Prussian Ministry, 1808—1827, in: Sozialgeschichte Heute. 2. Fs. H. Rosenberg, Hg. H.—U. Wehler, Göttingen 1974, 119—29.

38 *Fehrenbach, E.*, Das napoleon. Modell des Beamtentums u. sein Einfluß auf die deutsche Geschichte, in: L'educazione giuridicia IV, Il publico funzionario, II, Perugia 1981, 221—37.

39 *Fenske, H.*, Preuß. Beamtenpolitik vor 1918, in: Der Staat 12. 1973, 339—56.

40 --, Beamtenpolitik in der Weimarer Republik, in: Verwaltungsarchiv 64. 1973, 117—35.

41 --, Monarch. Beamtentum u. demokrat. Staat. Zum Problem der Bürokratie in der Weimarer Republik, in: Demokratie u. Verwaltung, Berlin 1972, 117—36.

42 --, Bürokratie in Deutschland vom späten Kaiserreich bis zur Gegenwart, Berlin 1985.

43 *Fischer, W.* u. P. Lundgreen, Recruitment and Training of Administrative and Technical Personnel, in: C. Tilly Hg., The Formation of National States in Western Europe, Princeton 1975, 456—561; z.T. dt. in: W. Fischer, Rekrutierung u. Ausbildung von Personal für den modernen Staat, in: R. Koselleck Hg., Studien zum Beginn der modernen Welt, Stuttgart 1982[2], 194—217.

44 *Frank, F.*, Geschichte der mittleren Justiz- u. Verwaltungsbeamten Badens, Freiburg 1919.

45 *Franz, G.*, Beamtentum u. Pfarrerstand 1400—1800, Limburg 1972.

46 *Fricke, H.*, Die Landesdirektoren der Provinz Brandenburg 1876—1945, in: JbGMO 5. 1956, 295—326.

47 *Friedrich, C.J.*, The Continental Tradition of Training Administrators in Law and Jurisprudence, in: JMH 11. 1939, 129–49.

48 *v.d. Gablentz, O.H.*, Industriebürokratie, in: Sch.Jb. 50. 1926, 539–72.

49 *Gerhard, H.*, Diensteinkommen der Göttinger Officianten 1750–1850, Göttingen 1978.

50 --, Stadtverwaltung u. städt. Besoldungswesen von der Frühen Neuzeit bis zum 19. Jh., in: VSWG 70. 1983, 21–49.

51 *Gillis, J.R.*, Aristocracy and Bureaucracy in 19th Century Prussia, in: PP 41. 1968, 105–29.

52 --, The Prussian Bureaucracy in Crisis 1840–60, Stanford 1971.

53 *Habermann, G.*, Über Junkertum u. Bürokratie, Diss. Konstanz 1972/Bonn 1977.

54 *Halmen, R.M.*, "Das Berufsbeamtentum muß unter allen Umständen erhalten bleiben". Die deutsche Beamtenbewegung zwischen Etatismus u. gewerkschaftl. Orientierung im Übergang vom Kaiserreich zur Republik, in: IWK 18. 1982, 173–205.

55 *Hartung, F.*, Studien zur Geschichte der preuß. Verwaltung, in: ders., Staatsbildende Kräfte der Neuzeit, Berlin 1961, 223–344.

56 *Hattenhauer, H.*, Geschichte des Beamtentums, Köln 1980.

57 *v. Heckel, M.*, Besoldung u. Besoldungspolitik, in: HStW 2. 1909[3], 848–66.

58 *Heffter, H.* Die deutsche Selbstverwaltung im 19. Jh., Stuttgart 1969[2].

59 *Heinrich, E.H.H.*, Der Rang des Beamten in histor. u. dogmat. Darstellung, Dresden 1931.

60 *Hellmuth, E.*, Naturrechtsphilosophie u. bürokrat. Werthorizont, Göttingen 1985.

61 *Henning, H.*, Der Aufbau der Sozialverwaltung, in: K. Jeserich u.a. Hg., DVG III. 1984, 275–310.

62 --, Die deutsche Beamtenschaft im 19. Jh. Zwischen Stand u. Beruf, Wiesbaden 1984.

63 --, Beamtenschaft u. industrielle Konzentration 1882–86, in: J. Schneider Hg., Wirtschaftskräfte u. Wirtschaftswege, Stuttgart 1982, 419–38.

64 --, Staatsmacht u. Arbeitskampf. Die Haltung der preuss. Innenverwaltung zum Militäreinsatz während der Bergarbeiterausstände 1889–1912, in: Fs. K. Born, Ostfildern 1987, 139–74.

65 *Heper, M.*, The State and Public Bureaucracies, in CSSH 27. 1985, 86–100.

66 *Hintze, O.*, Der österreich. u. preuß. Beamtenstaat im 17. u. 18 Jh., in: ders., Staat u. Verfassung (Ges. Abhandlungen I), Göttingen 1962, 321–58.

67 --, Der Beamtenstand, in: ders., Soziologie u. Geschichte (Ges. Abhandlungen II), Göttingen 1964[2], 66–125.

68 --, Behördenorganisaton u. allg. Verwaltung in Preußen 1740, in: AB, Behördenorganisation, IV, 1, Berlin 1901, 3–514.

69 *Hubatsch, W.*, Die preuß. Regierungspräsidenten 1815–1918, in: Fs. W. Bußmann, Stuttgart 1979, 31–55.

70 *Hülffer, H.*, Die Beamten des älteren preuß. Kabinetts, 1713–1808, in: FBPG 5. 1892, 157–90.

71 *Isaacsohn, S.*, Geschichte des preuß. Beamtentums vom Anfang des 15. Jh. bis auf die Gegenwart, 3 Bde., Berlin 1874-84/ND Aalen 1962.

72 *Jacob, H.,* German Administration Since Bismarck, New Haven 1963.

73 *Jacoby, H.,* Die Bürokratisierung der Welt, Neuwied 1984².

74 *Jeserich, K.G.A.,* Die Entwicklung des öffentl. Dienstes 1800–1871, in: DVG II. 1983, 301–32.

75 -- u.a. Hg., Deutsche Verwaltungsgeschichte, I: Spätmittelalter bis 1806, Stuttgart 1983; II: 1806–1866, Stuttgart 1983; III: 1866–1918, Stuttgart 1984.

76 *Johnson, H.C.,* Frederick the Great and His Officials, New Haven 1975.

77 *Kalmer, G.,* Beamtenschaft u. Revolution, in: K. Bosl Hg., Bayern im Umbruch, München 1969, 201–61.

78 *Kehr, E.,* Die Diktatur der Bürokratie, in: ders., Der Primat der Innenpolitik, Hg. H.–U. Wehler, Berlin 1976³, 244–53.

79 --, Zur Genesis der preuß. Bürokratie u. des Rechtsstaats, in: ders., Der Primat der Innenpolitik, Hg. H.–U. Wehler, Berlin 1976³, 31–52.

80 --, Das soziale System der Reaktion unter dem Ministerium Puttkamer, in: ders., Der Primat der Innenpolitik, Hg. H.–U. Wehler, Berlin 1976³, 64–86.

81 *Kern, E.,* Die Institution des Berufsbeamtentums im kontinentaleurop. Staat, Dortmund 1952.

82 *Klein, A.,* Die Personalpolitik der Hohenzollern–Monarchie bei der Kölner Regierung, Düsseldorf 1967.

83 *Kleinstück, E.,* Vom Wesen des deutschen Beamtentums, Berlin 1927.

84 *Kocka, J.,* O. Hintze, M. Weber u. das Problem der Bürokratie, in: HZ 233. 1981, 45–105.

85 *Knemeyer, F.–L.,* Beginn der Reorganisation der Verwaltung in Deutschland, in: DVG II. 1983, 120–54.

86 *Kübler, H.,* Besoldung u. Lebenshaltung der preuß. Staatsbeamten im 19. Jh., Nürnberg 1976.

87 *Kunz, A.,* Arbeitsbeziehungen u. Arbeitskonflikte im öffentl. Sektor. Deutschland u. Großbritannien im Vergleich, in: GG 12. 1986, 34–62.

88 --, Civil Servants and the Politics of Inflation in Germany 1914–24, Berlin 1986.

89 --, Stand versus Klasse: Beamtenschaft u. Gewerkschaften im Konflikt um den Personalabbau 1923/24, in: GG 8. 1982, 55–86.

90 *Laski, H.J.,* Bureaucracy, in: ESS 3. 1930, 70–4.

91 *Lauren, P.G.,* Diplomats and Bureaucrats: The First Institutional Responses to 20th Century Diplomacy in France and Germany, Stanford 1976

92 *Leuenberger, T. u. K.–H. Ruffmann* Hg., Bürokratie, Frankfurt 1977.

93 --, Bürokratisierung u. Modernisierung der Gesellschaft, Bern 1975.

94 *Liebel, H.P.,* Enlightened Bureaucracy vs. Enlightened Despotism in Baden 1750–1792, Philadelphia 1965.

95 *Lindenfeld, D.F.,* The Education of Prussian Higher Civil Servants in the Staatswissenschaft 1897–1914, in: E.V. Heyen Hg., Histor. Soziologie der Rechtswissenschaft, Frankfurt 1986, 201–25.

96 *Lotz, A.,* Geschichte des deutschen Beamtentums, Berlin 1914².

97 *Lüdicke, R.,* Die preuß. Kultusminister u. ihre Beamten im ersten Jh. des Ministeriums 1817–1917, Stuttgart 1918.

98 *Luhmann, N.,* Funktionen u. Folgen formaler Organisation, Berlin 1964.
99 -- u. R. Mayntz, Personal im öffentl. Dienst. Eintritt u. Karrieren, Baden–Baden 1973.
100 *Lundgreen, P.,* Gegensatz u. Verschmelzung von "alter" u. "neuer" Bürokratie im Ancien Régime: Ein Vergleich von Frankreich u. Preußen, in: Sozialgeschichte Heute. 2. Fs. H. Rosenberg, Hg. H.–U. Wehler, Göttingen 1974, 104–18.
101 *Marx, F.M.,* Civil Service in Germany, in: L.D. White Hg., Civil Service Abroad, N.Y. 1935, 161–275.
102 --, Einführung in die Bürokratie, Neuwied 1959.
103 *Mayntz, R.* Hg., Bürokrat. Organisation, Köln 1968.
104 --, Soziologie der Organisation, Reinbek 1969[4].
105 --, M. Webers Idealtypus der Bürokratie u. die Organisationssoziologie, in: KZfS 17. 1965, 493–502.
106 *Megner, K.,* Beamte. Wirtschafts- u. sozialgeschichtl. Aspekte des K.u.K. Beamtentums, Wien 1985.
107 *Merton, R.K.* u.a., Reader in Bureaucracy, Glencoe/Ill. 1960[2].
108 *Möller, H.,* Die preuß. Oberpräsidenten der Weimarer Republik, in: VfZ 30. 1982, 1–26.
109 *Mommsen, H.,* Beamtentum im Dritten Reich, Stuttgart 1966.
110 --, Beamtentum u. Staat in der Spätphase der Weimarer Republik, in: O. Franz Hg., Am Wendepunkt der europ. Geschichte, Göttingen 1981, 135–54.
111 --, Beamtentum u. demokrat. Verfassungsstaat, in: E. Brandt, Die polit. Treuepflicht, Karlsruhe 1976, 17–36.
112 --, Bürokratie im Nationalsozialismus, in: Beamte im Nationalsozialismus, Dortmund 1984, 3–62.
113 --, Staat u. Bürokratie in der Ära Brüning, in: G. Jaspers Hg., Gedenkschrift für W. Besson, Berlin 1976, 81–137.
114 --, Die Stellung der Beamtenschaft in Reich, Ländern u. Gemeinden in der Ära Brüning, in: VfZ 1. 1973, 151–65.
115 *Mommsen, W.J.,* The Age of Bureaucracy. Perspectives on the Political Sociology of M. Weber, Oxford 1974.
116 *Morsey, R.,* Zur Beamtenpolitik des Reiches von Bismarck bis Brüning, in: Demokratie u. Verwaltung, Berlin 1972, 101–16.
117 --, Beamtenschaft u. Verwaltung zwischen Republik u. "Neuem Staat", in: K.D. Erdmann u. H. Schulze Hg., Weimar, Düsseldorf 1980, 151–68.
118 --, Die Oberste Reichsverwaltung unter Bismarck 1867–90, Münster 1957.
119 *Morstein, M.F.,* Einführung in die Bürokratie, Neuwied 1959.
120 *Most, O.,* Zur Wirtschafts- u. Sozialstatistik der höheren Beamten in Preußen, in: Sch.Jb 29. 1915, 181–218/Selbst. Leipzig 1916.
121 *Mueller, H.E.,* Bureaucracy, Education, and Monopoly: Civil Service Reforms in Prussia and England, Berkeley 1984.
122 *v. Müller, J.,* Der öffentl. Dienst in Baden im 19. Jh., Diss. Heidlberg 1974.
123 *Muncy, L.W.,* The Junker in the Prussian Administration under William II. 1888– 1914, Providence 1944/ND N.Y. 1970.

124 --, The Prussian Landräte in the Last Years of the Monarchy: The Case Study of Pomerania and the Rhineland 1890–1918, in: CEH 6. 1973, 229–338.

125 *Naudé, W.*, Zur Geschichte des preuß. Subalternbeamtentums, in: FBPG 18. 1905, 1–10.

126 *Neugebauer, W.*, Zur neueren Deutung der preuß. Verwaltung im 17. u. 18 Jh., in: JbGMO 26. 1977, 86–128.

127 *Nicholls, A.J.*, Die höhere Beamtenschaft in der Weimarer Zeit, in: L. Albertin u. W. Link Hg., Polit. Parteien auf dem Weg zur parlamentar. Demokratie in Deutschland, Düsseldorf 1981, 195–207.

128 *Nolte, P.*, Staatsbildung als Gesellschaftsreform. Polit. Reformen in Preußen u. den süddeutschen Staaten 1800–1820, Frankfurt 1990.

129 *O'Boyle, L.*, Some Recent Studies of 19th Century European Bureaucracy, in: CEH 19. 1986, 386–408.

130 *Opgenoorth, E.*, "Ausländer" in Brandenburg–Preußen. Die leitenden Beamten u. Offiziere 1604–1871, Würzburg 1967.

131 *Peterson, E.N.*, The Bureaucracy and the Nazi Party, in: RoP 28. 1966, 172–92; dt. Die Bürokratie u. die NSDAP, in: Der Staat 6. 1967, 151–71.

132 *Pikart, E.*, Preuß. Beamtenpolitik 1918–33, in: VfZ 6. 1958, 119–37.

133 *Puhle, H.–J.*, Vom Wohlfahrtsausschuß zum Wohlfahrtsstaat, in G.A. Ritter Hg., Vom Wohlfahrtsausschuß zum Wohlfahrtsstaat, Köln 1972, 29–68.

134 *Reinke, H.*, Bürokratie im polit. System Deutschlands, Diss. Köln 1979.

135 *Röhl, J.C.G.*, Higher Civil Servants in Germany 1890–1900, in: JCH 2. 1967, 101–21; dt. Beamtenpolitik im wilhelmin. Deutschland, in: Das Kaiserl. Deutschland, Hg. M. Stürmer, Düsseldorf 1970/1978[3], 287–311.

136 *Rosenberg, H.*, Bureaucracy, Aristocracy, Autocracy. The Prussian Experience 1660–1815, Cambridge/Mass. 1958/1968[3].

137 *Rosenfeld, A.*, Die Entstehung des Berufsbeamtentums im Stadtstaat Hamburg, Frankfurt 1984.

138 *Rüfner, W.*, Die Verwaltungstätigkeit unter Restauration u. Konstitution, in: DVG II. 1983, 470–503.

139 *Runge, W.*, Politik u. Beamtentum im Parteienstaat 1918–32, Stuttgart 1965.

140 *Saul, K.* Konstitutioneller Staat u. betriebl. Herrschaft. Zur Arbeiter- u. Beamtenpolitik der preuß. Staatseisenbahnverwaltung 1890–1914, in: 2. Fs. F. Fischer, Bonn 1978, 315–36.

141 *Sautter, K.*, Geschichte der Deutschen Reichspost III: 1871–1945, Frankfurt 1951.

142 *Schaer, F.W.*, Die Stadt Aurich u. ihre Beamtenschaft im 19. Jh., Göttingen 1963.

143 *Schärl, F.*, Die Zusammensetzung der Bayr. Beamtenschaft 1806–1918, Kallmünz 1955.

144 *Schluchter, W.*, Aspekte bürokrat. Herrschaft, München 1972/Frankfurt 1985.

145 *Schmidt, G.* u. H. Treiber, Bürokratie u. Politik. Zur Struktur u. Funktion der Ministerialbürokratie in der BRD, München 1975.

146 *Schmoller, G.*, Der deutsche Beamtenstaat vom 16. bis zum 18. Jh., in: ders., Umrisse u. Untersuchungen, Leipzig 1898, 289–313.

147 --, Über Behördenorganisation, Amtswesen u. Beamtentum, in: AB, Behördenorganisation, I, Berlin 1894, 15—143.
148 --, Preuß. Verfassungs-, Verwaltungs- u. Finanzgeschichte, Berlin 1921.
149 *Schwabe, K. Hg.*, Das diplomat. Korps 1871—1945, Boppard 1985.
150 --, Die preuß. Oberpräsidenten im 19. u. 20 Jh., Boppard 1985.
151 *Seibel, H.D.*, Bürokratie u. Charisma bei M. Weber, in: JbS 27. 1976, 342—69.
152 *Selling, H.–J.*, Aufbau der preuß. Verwaltung 1808— 1848, Würzburg 1976.
153 *Spittler, G.*, Abstraktes Wissen als Herrschaftsbasis. Zur Entstehungsgeschichte bürokrat. Herrschaft im Bauernstaat Preußen, KZfS 32. 1980, 574—604.
154 *Steinkemper, B.*, Klassische u. polit. Bürokraten in der Ministerialverwaltung der Bundesrepublik Deutschland, Köln 1974.
155 *Stürmer, M.*, Gesellschaftskrise u. Bürokratie in Preußen. Deutschland seit 1800, in: T. Leuenberger u. K.H. Ruffmann Hg., Bürokratie, Frankfurt 1977, 9—29.
156 *Sturm, E.*, Die Entwicklung des öffentl. Dienstes in Deutschland, in: C.H. Ule Hg., Die Entwicklung des öffentl. Dienstes, Köln 1961, 1—285.
157 *Süle, T.*, Preuß. Bürokratietradition. Zur Entwicklung von Verwaltung und Beamtenschaft in Deutschland 1871—1918, Göttingen 1988.
158 *Twesten, K.*, Der preuß. Beamtenstaat, in: PJ 18. 1866, 1—39, 109—48, ND Darmstadt 1979.
159 *v. Unruh, C.*, Der Landrat, Köln 1966.
160 *Vogel, B.*, Beamtenliberalismus in der napoleonischen Ära, in: D. Langewiesche Hg., Liberalismus im 19. Jh., Göttingen 1988, 45—63.
161 *Wegemann, D.*, Die leitenden staatl. Verwaltungsbeamten der Provinz Westfalen 1815—1918, Münster 1969.
162 *v. Wiese, L.*, Bürokratie, in: HSW 2. 1959, 456—59.
163 *Wilhelm, T.*, Die Idee des Berufsbeamtentums, Tübingen 1933.
164 *Witt, P.–C.*, Konservativismus als "Überparteilichkeit". Die Beamten der Reichskanzlei 1900—1933, in: 3. Fs. F. Fischer, Bonn 1983, 231—280.
165 --, Der preuß. Landrat als Steuerbeamter 1891—1918, In: 1. Fs. F. Fischer, Düsseldorf 1973, 205—19.
166 *Wunder, B.*, Die Entstehung des modernen Staats u. des Berufsbeamtentums in Deutschland im frühen 19. Jh., in: Leviathan 2. 1974, 459—78.
167 --, Geschichte der Bürokratie in Deutschland, Frankfurt 1986.
168 --, Zur Geschichte der deutschen Beamtenschaft 1945—1985, in: GG 17. 1991, 256—77.
169 --, Privilegierung u. Disziplinierung. Die Entstehung des Berufsbeamtentums in Bayern u. Württemberg 1780—1825, München 1978.
170 --, Die Reform der Beamtenschaft in den Rheinbundstaaten, in: E. Weis Hg., Reformen im rheinbünd. Deutschland, München 1984, 181—94.
171 --, Die Rekrutierung der Beamten, in: Leviathan 5. 1977, 360—77.
172 --, Die Rekrutierung der Beamtenschaft in Deutschland, Konstanz 1979.
173 --, Rolle u. Struktur staatl. Bürokratie in Frankreich u. Deutschland, in: H. Berding u.a. Hg., Deutschland u. Frankreich im Zeitalter der Französ. Revolution, Frankfurt 1989, 139—76.

174 *Wyluda, E.,* Lehnsrecht u. Beamtentum. Studien zur Entstehung des preuß. Beamtentums, Berlin 1969.

175 *Ziekursch, J.,* Beiträge zur Charakteristik der preuß. Verwaltungsbeamten in Schlesien, Breslau 1907.

176 --, Zur Charakteristik der schles. Steuerräte 1742—1809, in: Zeitschrift des Vereins für die Geschichte Schlesiens 43. 1909, 131—82.

177 *Zunkel, F.,* Die Rolle der Bergbaubürokratie beim industriellen Ausbau des Ruhrgebiets 1815—1848, in: Sozialgeschichte Heute. 2. Fs. H. Rosenberg, Hg. H.—U. Wehler, Göttingen 1974, 130—47.

56. Militär

1 *Addington, L.H.,* The Patterns of War Since the 18th Century, Bloomington 1984.

2 *Bald, D.,* Der deutsche Generalstab 1859—1939, München 1977.

3 -- u.a., Zur sozialen Herkunft des Offiziers, München 1977.

4 --, Der deutsche Offizier. Sozial- u. Bildungsgeschichte im 20 Jh., München 1982.

5 --, Sozialgeschichte der Rekrutierung des deutschen Offizierskorps von der Reichsgründung bis zur Gegenwart, in: ders. u.a. Hg., Zur sozialen Herkunft des Offiziers, München 1977, 17—47.

6 *Berghahn, V.,* Militarism, Leamington Spa 1981.

7 -- Hg., Militarismus, Köln 1975.

8 *Blessing, W.K.,* Disziplinierung u. Qualifizierung. Zur kulturellen Bedeutung des Militärs im Bayern des 19. Jh., in: GG 17. 1991, 459—79.

9 *vom Brocke, B.,* Wissenschaft u. Militarismus, in: W.M. Calder u.a. Hg., Wilamowitz nach 50 Jahren, Darmstadt 1985, 649—719.

10 *Büsch, O.,* Militärsystem u. Sozialleben im alten Preußen, 1713—1807. Die Anfänge der sozialen Militarisierung der preuß.—deutschen Gesellschaft, Berlin 1962.

11 *Burns, C.D.,* Militarism, in: ESS 10. 1934, 446—51.

12 *Carsten, F.L.,* Germany from Scharnhorst to Schleicher. The Prussian Officer Corps in Politics 1806—1933, in: M. Howard Hg., Soldier and Goverments, London 1957, 73—98.

13 *Chickering, R.,* Der "Deutsche Wehrverein" u. die Reform der deutschen Armee 1912—1914, in: MM 1979/1, 7—33.

14 *Conze, W.* u.a., Militarismus, in: GGr 4. 1978, 1—47.

15 *Craig, G.A.,* Die preuß.—deutsche Armee 1640—1945, Düsseldorf 1960.

16 *Deist, W.,* Armee u. Arbeiterschaft 1905—18, in: Francia 2. 1975, 458—81.

17 --, Die Armee in Staat u. Gesellschaft 1890—1914, in: M. Stürmer Hg., Das kaiserl. Deutschland, Düsseldorf 1978², 312—39.

18 --, Auflösungserscheinungen in Armee u. Marine als Voraussetzungen der deutschen Revolution, in: Vorträge zur Militärgeschichte II, Herford 1981, 35–49.
19 --, Zur Geschichte des preuß. Offizierskorps 1888–1918, in: H.H. Hoffmann Hg., Das deutsche Offizierskorps 1860–1960, Boppard 1980, 39–57.
20 --, Militär, Staat u. Gesellschaft: Studien zur preuß.-deutschen Militärgeschichte, München 1991.
21 --, Militär- u. Innenpolitik im Weltkrieg 1914–1918, 2 Bde., Düsseldorf 1970.
22 *Demeter, K.*, Das deutsche Offizierskorps in Gesellschaft u. Staat, Frankfurt 1954[4].
23 --, Das deutsche Offizierskorps in histor.–soziolog. Sicht, in: Jb. der Ranke- Gesellschaft 3. 1957, 100–17.
24 *Diehl, J.M.*, Germany: Veterans' Politics under Three Flags, in: S.W. Ward Hg., The War Generation, Port Washington 1975, 135–86.
25 *Dreetz, D.*, Zu Problemen der inneren Funktion der kaiserl. deutschen Armee vom Ausgang des 19. Jh. bis 1918, in: MM 13. 1974, 710–15.
26 *Dukes, J.R.*, Militarism and Arms Policy Revisted. The Origins of the German Army Law of 1913, in: ders u. J. Remak Hg., Another Germany: A Reconsideration of the Imperial Era, Boulder 1988, 19–39.
27 *Dupuy, N.*, A Genius for War. The German Army and General Staff 1807–1945, Englewood Cliffs 1977.
28 *Eley, G.*, Army, State, and Civil Society: Revisiting the Problem of German Militarism, in: ders., From Unification to Nazism, London 1986, 85–109.
29 *Endres, F.K.*, Soziolog. Struktur u. ihr entsprechende Ideologien des deutschen Offizierskorps vor dem Weltkriege, in: ASS 58. 1928, 282–319.
30 *Evert, G.*, Die Herkunft der deutschen Unteroffiziere u. Soldaten, in: ZKPSL Erg. Heft 29, Berlin 1908.
31 *Feldman, G.D.*, Army, Industry, and Labor in Germany 1914–18, Princeton 1966; dt. Armee, Industrie u. Arbeiterschaft in Deutschland 1914–18, Berlin 1985.
32 *Fick, H.*, Der deutsche Militarismus der Vorkriegszeit, Postdam 1932.
33 *Fisher, C.*, Storm Troopers, London 1983.
34 *Fischer, I.*, Das württemberg. Offizierskorps, in: H.H. Hofmann Hg., Das deutsche Offizierskorps 1860–1960, Boppard 1980, 99–138.
35 *Förster, S.*, Der doppelte Militarismus. Die deutsche Heeresrüstungspolitik zwischen Status–Quo–Sicherung u. Aggression 1890–1913, Stuttgart 1985.
36 *Fricke, D.*, Militarismus u. Volksschule. Zum Bildungsniveau preuß. Rekruten am Beginn der imperialist. Epoche, in: Militärgeschichte 11. 1972, 155–67.
37 *v. d. Gablentz, O.H.*, Das preuß.–deutsche Offizierskorps, in: Schicksalsfragen der Gegenwart III, Tübingen 1958, 47–71.
38 *Geyer, M.*, Professionals and Junkers: German Rearmament and Politics in the Weimar Republic, in: R.J. Bessel u. E.J. Feuchtwanger Hg., Social Changes and Political Development in Weimar Germany, London 1981, 77–133.
39 --, Deutsche Rüstungspolitik 1860–1980, Frankfurt 1984.
40 Handbuch zur deutschen Militärgeschichte, Hg. M. Messerschmidt u.a., Bde. 1–6, München 1979–81.

41 *Herwig, H.H.,* Feudalization of the Bourgeoisie. The Role of the Nobility in the German Naval Officer Corps 1890–1918, in: Historian 38. 1976, 268–80.

42 --, Soziale Herkunft u. wissenschaftl. Vorbildung des Seeoffiziers der Kaiserlichen Marine von 1914, in: MM 1971/II, 81–111.

43 --, The German Naval Officer Corps 1890–1918, Oxford 1973; dt. Das Elite–Korps des Kaisers, Hamburg 1977.

44 --, Zur Soziologie des kaiserl. Seeoffizierskorps vor 1914, in: H. Schottelius u. W. Deist Hg., Marine u. Marinepolitik 1871–1914, Düsseldorf 1972, 73–88.

45 *Hintze, O.,* Der preuß. Militär- u. Beamtenstaat im 18. Jh., in: ders., Regierung u. Verwaltung (Ges. Abhandlungen III), Göttingen 1967, 419–28.

46 *Hofmann, H.H.* Hg., Das deutsche Offizierskorps 1860–1960, Boppard 1980.

47 *Horn, D.,* The German Naval Mutinies of World War One, New Brunswick 1969.

48 *Hughes, D.J.,* The King's Finest: A Social and Bureaucratic Profile of Prussia's General Officers 1871–1914, N.Y. 1987.

49 --, Occupational Origins of Prussia's Generals 1871–1914, in: CEH 13. 1980, 3–33.

50 *John, H.,* Das Reserveoffizierskorps im Deutschen Kaiserreich 1890–1914, Frankfurt 1981.

51 *Kehr, E.* Zur Genesis des Kgl. Preuß. Reserveoffiziers, in: ders., Der Primat der Innenpolitik, Hg. H.–U. Wehler, Berlin 1976[3], 53–63.

52 --, Klassenkämpfe u. Rüstungspolitik im kaiserl. Deutschland, in: ders., Der Primat der Innenpolitik, Hg. H.–U. Wehler, Berlin 1976[3], 87–110.

53 --, Zur Soziologie der Reichswehr, in: ders., Der Primat der Innenpolitik, Hg. H.–U. Wehler, Berlin 1976[3], 235–43.

54 *Kitchen, M.,* The German Officer Corps 1890–1914, Oxford 1968.

55 *Könnemann, E.,* Einwohnerwehren u. Zeitfreiwilligenverbände 1918–20, Berlin 1970.

56 *König, R.* Hg., Beiträge zur Militärsoziologie, Opladen 1968.

57 *v. Ledebur, F.,* Die Geschichte des deutschen Unteroffiziers, Berlin 1939.

58 *Lübeck, W.,* Die Rolle der Kriegervereine im System des preuß.–deutschen Militarismus bis 1914, Diss. Halle 1974.

59 *Lüdtke, A.,* "Wehrhafte Nation" u. "innere Wohlfahrt": Zur militär. Mobilisierbarkeit der bürgerl. Gesellschaft. Konflikt u. Konsens zwischen Militär u. ziviler Administration in Preußen, in: MGM 30. 1981, 7–56.

60 *Martin, G.,* Die bürgerl. Exzellenzen. Zur Sozialgeschichte der preuß. Generalität 1812–1918, Düsseldorf 1979.

61 *Mertens, L.,* Bildungsprivileg u. Militärdienst im Kaiserreich, in: Bildung u. Erziehung 43. 1990, 217–28.

62 --, Das Privileg des Einjährig–Freiwilligendienstes im Kaiserreich u. seine gesellschaftl. Bedeutung, in: MM 39. 1986, 59–66.

63 *Messerschmidt, M.,* Die preuß. Armee, in: Handbuch zur deutschen Militärgeschichte IV/2, München 1976[2], 10–225.

64 --, Die Armee in Staat u. Gesellschaft, in: M. Stürmer Hg., Das kaiserl. Deutschland, Düsseldorf 1970/1978[2], 89–118.

65 --, Militärgeschichtl. Aspekte der Entwicklung des deutschen Nationalstaats, Düsseldorf 1988.

66 --, Militär u. Politik in der Bismarckzeit u. im wilhelmin. Deutschland, Darmstadt 1975.

67 --, Militär u. Schule in der wilhelmin. Zeit, in: MM 23. 1978, 51–76.

68 --, Das preuß.– deutsche Offizierskorps 1850–90, in: H.H. Hofmann Hg., Das deutsche Offizierskorps 1860–1960, Boppard 1980, 21–38.

69 --, Preußens Militär in seinem gesellschaftl. Umfeld, in: H.–J. Puhle u. H.–U. Wehler Hg., Preußen im Rückblick (GG SoH. 6), Göttingen 1980.

70 *Müller, K.–J.*, Armee, Politik u. Gesellschaft 1933 bis 1940. Studien zum Verhältnis von Armee u. NS–System, Paderborn 1979.

71 *Ostertag, H.*, Bildung, Ausbildung u. Erziehung des Offizierskorps im Deutschen Kaiserreich 1871–1918, Frankfurt 1990.

72 *Owen, R.*, Military–Industrial Relations: Krupp and the Imperial Navy Office, in: R.J. Evans Hg., Society and Politics in Wilhelmine Germany, London 1978, 71–89.

73 *v. Potem, B.*, Geschichte des Militär-, Erziehungs- u. Bildungswesens in den Landen deutscher Zunge, 5 Bde., Berlin 1889–97.

74 *v. Preradovich, N.*, Die Führer der deutschen Heere 1866 in sozialer Sicht, in: VSWG 53. 1966, 370–76.

75 *Radway, L.J.*, Militarism, in: IESS 10. 1968, 300–05.

76 *Roghmann, K.* u. R. Ziegler, Militärsoziologie, in: HES II. 1967², 514–66/TB IX. 1977³, 142–227.

77 *Quidde, L.*, Caligula. Schriften zum Militarismus u. Pazifismus, Hg. H.–U. Wehler, Frankfurt 1977.

78 *Rohkrämer, T.*, Der Gesinnungsmilitarismus der "kleinen Leute" im Deutschen Kaiserreich, in: W. Wette Hg., Der Krieg des kleinen Mannes. Militärgeschichte von unten, München 1992, 95–109.

79 --, Der Militarismus der "kleinen Leute". Die Kriegervereine im Deutschen Kaiserreich, München 1990.

80 *Rosinski, H.*, Die deutsche Armee, Düsseldorf 1970.

81 *Rumschöttel, H.*, Bildung u. Herkunft der bayer. Offiziere 1866–1914, in: MM 1970/2, 81–132.

82 --, Das bayer. Offizierskorps 1868–1914, Berlin 1973.

83 *Sauer, W.*, Militarismus, in: E. Fraenkel u. K.D. Bracher Hg., Staat u. Politik, Frankfurt 1976², 193–96.

84 *Schmidt, A.*, Sozialmilitarismus im Kaiserreich? in: SM 16. 1982, 93–98.

85 *Schmidt, D.*, Die preuß. Landwehr 1813–30, Berlin 1981.

86 *Schmidt–Brentano, A.*, Die Armee in Österreich 1848–67, Boppard 1975.

87 *Schmoller, G.*, die Entstehung des preuß. Heeres 1640–1740, in: ders., Umrisse u. Untersuchungen, Leipzig 1898, 247–88.

88 *Schnitter, H.*, Das Militärwesen u. die Militärpublizistik, Berlin 1967.

89 *Schubert–Weller, C.*, Vormilitär. Jugenderziehung, in: HB IV. 1991, 503–15.

90 *Schulte, B.–F.*, Die Deutsche Armee 1900–14, Düsseldorf 1977.

91 *Shanahan, W.O.*, Prussian Military Reforms 1786–1813, N.Y. 1945.

92 *Showalter, D.E.*, Army and Society in Imperial Germany. The Pains of Modernization, in: JCH 18. 1983, 585–618.

93 --, Army, State and Society in Germany 1871–1914, in: J.R. Dukes u. J. Remak Hg., Another Germany. A Reconsideration of the Inperial Era, Boulder 1988, 1–88.

94 --, German Military History 1648–1982, N.Y. 1984.

95 --, The Prussian and Its Critics 1813–19, in: CEH 4. 1971, 3–33.

96 *Speier, H.*, Militarism in the 18th Century, in: ders., Social Order and the Risks of War, Cambridge/Mass., 1969², 230–52.

97 *Spencer, E.G.*, Police–Military Relations in Prussia 1848–1914, in: JSH 19. 1985, 305–17.

98 *Stübig,H.*, Der Einfluß des Militärs auf Schule u. Lehrerschaft, in: HB IV. 1991, 515–27.

99 --, Das Militär als Bildungsfaktor, in: HB III. 1987, 362–77.

100 *Stumpf, R.*, Die Wehrmacht–Elite. Rang- u. Herkunftsstruktur der deutschen Generale u. Admirale 1933–45, Boppard 1982.

101 *Trumpener, U.*, Junkers and Others: The Rise of Commonors in the Prussian Army 1871–1917, in: Canadian Journal of History 14. 1979, 29–47.

102 *Vagts, A.*, A History of Militarism, N.Y. 1967³.

103 *Waite, R.G.L.*, Vanguard of Nazism. The Free Corps Movement in Postwar Germany 1918–23, Cambridge/Mass. 1952.

104 *Wette, W.* Hg., Der Krieg des kleinen Mannes: eine Militärgeschichte von unten, München 1992.

105 *Wiedner, H.*, Soldatenmißhandlungen im wilhelm. Kaiserreich 1890–1914, in: AfS 22. 1982, 159–200.

106 *Wienhöfer, E.*, Das Militärwesen des Deutschen Bundes 1815–66, Osnabrück 1973.

107 *Willems, E.*, Der preuß. Militarismus, Köln 1984.

108 *Wohlfeil, R.*, Vom stehenden Heer des Absolutismus zur Allg. Wehrpflicht 1789–1814, in: Handbuch zur deutschen Militärgeschichte, II, Frankfurt 1964.

109 *Zabel, J.–K.*, Das preuß. Kadettenkorps, Frankfurt 1978/München 1976².

110 *Ziehen, J.*, Das deutsche Kadettenkorps, in: W. Lexis Hg., Das Unterrichtswesens im Deutschen Reich, II, Berlin 1904, 227–34.

111 *Zimmermann, H.P.*, "Der Wall gegen die rote Flut". Kriegervereine in Schleswig-Holstein 1864–1914, Neumünster 1989.

57. Sozialgeschichte der Politik, Wahlen, Parlamente

1 *Anderson, E.* Hg., Statistics on the Prussian Elections of 1862 and 1863, Lincoln 1954.

2 *Beard, C.A.*, The Economic Basic of Politics, N.Y. 1947; dt. Die wirtschaftl. Grundlage der Politik, Stuttgart 1949.

3 *Bellot, J.*, Das polit. Leben in den Saarkreisen 1848/49—1870/71, Diss. Bonn 1951.

4 *Bendikat, E.*, Wahlkämpfe im Europa 1848—89. Parteiensysteme u. Politikstile in Deutschland, Frankreich u. Großbritannien, Wiesbaden 1988.

5 *Bergmann, J. u. K. Megerle*, Gesellschaftliche Mobilisierung u. negative Partizipation. Zur Analyse der polit. Orientierung u. Aktivitäten von Arbeitern, Bauern u. gewerbl. Mittelstand in der Weimarer Republik, in: P. Steinbach Hg., Probleme polit. Partizipation im Modernisierungsprozeß, Stuttgart 1982, 376—437.

6 *Bertram, J.*, Die Wahlen zum Deutschen Reichstag 1912, Düsseldorf 1964.

7 *Best, H.*, Biography and Political Behavior: Determinants of Parliamentary Decision—Making in Mid—19th Century Germany, France and Great Britain, in: HSF 33. 1985, 71—91.

8 --, Die Männer von Bildung u. Besitz. Struktur u. Handeln parlamentar. Führungsgruppen in Deutschland u. Frankreich 1848/49, Düsseldorf 1990.

9 --, Mandat ohne Macht. Strukturprobleme des deutschen Parlamentarismus 1867— 1933, in: ders. Hg., Politik u. Milieu, St. Katharinen 1989, 175—222.

10 --, Polit. Modernisierung u. parlamentar. Führungsgruppen in Deutschland 1867—1918, in: HSF 13. 1988/45, 5—74.

11 --, Soziale Morphologie u. polit. Orientierungen bildungsbürgerl. Abgeordneter in der Frankfurter Nationalversammlung u. in der Pariser Assemblée Nationale Constituante 1848/49, in: J. Kocka Hg., Bildungsbürgertum im 19. Jh., IV, Stuttgart 1989, 53—94.

12 --, Organisationsbedingungen u. Kommunikationsstrukturen polit. Partizipation im frühindustriellen Deutschland, in: P. Steinbach Hg., Probleme polit. Partizipation im Modernisierungsprozeß, Stuttgart 1982, 114—34.

13 -- Hg., Politik u. Milieu. Wahl- u. Elitenforschung im histor. u. interkulturellen Vergleich, St. Katharinen 1989.

14 --, Recruitment, Careers, and Legislative Behavior of German Parliamentarians 1848—1953, in: HSF 1982/23, 20—54.

15 --, Struktur u. Wandel kollektiven polit. Handelns: Die handelspolit. Petitionsbewegung 1848/49, in: H. Volkmann u. J. Bergmann Hg., Sozialer Protest, Opladen 1984, 169—97.

16 *v. Bethusy—Huc, V.*, Die soziolog. Struktur deutscher Parlamente, Diss. Bonn 1958.

17 *Beushausen, G.*, Zur Strukturanalyse parlamentar. Repräsentation in Deutschland seit 1867, Diss. Hamburg 1926.

18 *Bock, A.*, Berufsgliederung der Reichstagswahlkreise, Memmingen 1911.

19 *Böhme, H.*, Politik u. Ökonomie in der Reichsgründungs- u. späten Bismarckzeit, in: M. Stürmer Hg., Das kaiserliche Deutschland, Düsseldorf 1976[2], 26—50.

20 *Borell, A.*, Die soziolog. Gliederung des Reichsparlaments als Spiegelung der polit. u. ökonom. Konstellationen, Diss. Gießen 1933.

21 *Bracher, K.D.*, Probleme der Wahlentwicklung in der Weimarer Republik, in: O. Büsch u.a. Hg., Wählerbewegung in der deutschen Geschichte, Berlin 1978, 627—49.

22 *Bramann, W.,* Die Reichstagswahlen im Wahlkreis Solingen 1867–90, Köln 1973.

23 *Brandt, H.,* Gesellschaft, Parlament u. Regierung in Württemberg 1830–1840, in: G.A. Ritter Hg., Gesellschaft, Parlament, Regierung, Düsseldorf 1974, 101–18.

24 --, Parlamentarismus in Württemberg 1819–70, Düsseldorf 1987.

25 --, Polit. Partizipation am Beispiel eines deutschen Mittelstaates im 19. Jh., in: P. Steinbach Hg., Probleme polit. Partizipation im Modernisierungsprozeß, Stuttgart 1982, 135–55.

26 *Breuer, S.,* Rationale Herrschaft. Zu einer Kategorie M. Webers, in: PVS 31. 1990, 4–32.

27 *Büsch, O. u. W. Grab* Hg., Die demokrat. Bewegung in Mitteleuropa im ausgehenden 18. u. frühen 19. Jh., Berlin 1981.

28 --, Parteien u. Wahlen in Deutschland bis zum Ersten Weltkrieg, in: Abhandlungen aus der Pädagogischen Hochschule Berlin I, Berlin 1974, 178–264.

29 -- u.a. Hg., Wählerbewegung in der deutschen Geschichte. Reichstagswahlen 1871–1933, Berlin 1978.

30 -- Hg., Wählerbewegungen in der europ. Geschichte, Berlin 1980.

31 -- *u. P. Steinbach* Hg., Vergleichende europ. Wahlgeschichte, Berlin 1983.

32 *Conze, W.,* Polit. Willensbildung im Deutschen Kaiserreich als Forschungsaufgabe histor. Wahlsoziologie, in: 2. Fs. T. Schieder, München 1978, 331–48.

33 --, Wahlsoziologie u. Parteigeschichte, in: Fs. A. Herrmann, Düsseldorf 1954, 243ff.

34 *Croon, H.,* Die gesellschaftl. Auswirkungen des Gemeindewahlrechts in den Gemeinden u. Kreisen des Rheinlandes u. Westfalens im 19. Jh., Köln 1960.

35 --, Die Einwirkung der Industrialisierung auf die Gemeindevertretungen, in: W.G. Hoffmann Hg., Beiträge zur Soziologie der industriellen Gesellschaft, Dortmund 1952, 57–68.

36 --, Die Stadtvertretungen in Krefeld u. Bochum im 19. Jh., in: Fs. F. Hartung, Berlin 1958, 289–300.

37 *Crothers, G.D.,* The German Elections 1907, N.Y. 1941.

38 *Demeter, K.,* Die soziale Schichtung des deutschen Parlaments seit 1848, in: VSWG 39. 1952, 1–29.

39 *Denk, H.,* Die Wahlen zum preuß. Abgeordnetenhaus u. zum Konstituierenden Reichstag des Norddeutschen Bundes in der Stadt Köln 1849–1867, Diss. Bonn 1954.

40 *Diederich, N.,* Empir. Wahlforschung, Köln 1965.

41 *Dix, A.,* Die deutschen Reichstagswahlen 1871–1930 u. die Wandlungen der Volksgliederung, Tübingen 1930.

42 *Draht, M.,* Der Staat der Industriegesellschaft. Entwurf einer sozialwissenschaftl. Staatstheorie, in: Der Staat 5. 1966, 273–84.

43 *Dressel, H.,* Die polit. Wahlen in der Stadt Trier u. in den Eifel- u. Moselkreisen des Regierungsbezirks Trier 1888–1913, Diss. Bonn 1961.

44 *v. Egidy, B.,* Die Wahlen im Herzogtum Nassau 1848–1952, in: Nassau. Annalen 82. 1971, 215–306.

45 *Ehrenfeuchter, B.*, Polit. Willensbildung in Niedersachsen zur Zeit des Kaiserreichs. Die Reichstagswahlen 1867–1912, Diss. Göttingen 1951.

46 *Eichhorn, E.*, Parteien u. Klassen im Spiegel der Reichstagswahlen 1907–24, Halle 1925.

47 *Eyck, F.*, The Frankfort Parliament 1848–1849, London 1968; dt. Deutschlands große Hoffnung. Die Frankfurter Nationalversammlung 1848–49, München 1973.

48 *Faul, E.* Hg., Wahlen u. Wähler in Westdeutschland, Villingen 1960.

49 *Fenske, H.*, Der Landrat als Wahlmacher. Die Reichstagswahlen 1881, in: Die Verwaltung 12. 1979, 433–56.

50 *Flaskamp, F.*, Die Reichstagswahlen im Kreise Wiedenbrück, Rheda 1960.

51 --, Die Reichstagswahlen im westfäl. Raum, in: Der Märker 18. 1969/6, 77–80.

52 *Fogt, H.*, Polit. Generationen, Opladen 1982.

53 *Frank, R.*, Die Brandenburger als Reichstagswähler I: 1867/71–1912/14, Berlin 1934.

54 *Franz, G.*, Die polit. Wahlen in Niedersachsen 1867–1949, Bremen 1953^2.

55 *Frenz, W.*, Wahlsoziologie exemplarisch: Die polit. Entwicklung in Kassel 1945–69, Meisenheim 1974.

56 *Fricke, D.*, Der deutsche Imperialismus u. die Reichstagswahlen 1907, in: ZfG 9. 1961, 538–76.

57 *v. Gerlach, H.*, Die Geschichte des preuß. Wahlrechts, Berlin 1908.

58 *Graf, H.*, Die Entwicklung der Wahlen u. polit. Parteien in Groß–Dortmund, Hannover 1958.

59 *Gugel, M.*, Industrieller Aufstieg u. bürgerl. Herrschaft. Sozialökonom. Interessen u. polit. Ziele des liberalen Bürgertums z. Zt. des Verfassungskonflikts 1857–67, Köln 1975.

60 *Haas, A.*, Die Wahlen zum Preuß. Abgeordnetenhaus im Regierungsbezirk Aachen 1848/49–1870/71, Diss. Bonn 1954.

61 *Hamerow, T.S.*, The Elections to the Frankfort Parliament, in: JMH 33. 1961, 15– 32; dt. Die Wahlen zum Frankfurter Parlament, in:E.–W. Böckenförde u. R. Wahl Hg., Moderne deutsche Verfassungsgeschichte, Königstein 1982^2, 215–36.

62 --, The Origins of Mass Politics in Germany 1866–67, in: 1. Fs. F. Fischer, Düsseldorf 1973, 105–20.

63 *Harris, J.F.*, Broadening the Scope: A Computer Analysis of the German Reichstag 1867–84, in: HMN 4. 1971, 73–78.

64 --, Parteigruppierung im konstituierenden Reichstag des Norddeutschen Bundes von 1867, in: K.H. Jarausch Hg., Quantifizierung in der Geschichtswissenschaft, Düsseldorf 1976, 168–85.

65 *Haseloff, W.*, Die polit. Parteien u. Wahlen in Waldeck 1867–1953, Diss. Marburg 1955.

66 *Heberle, R. u. S. Rokkan*, Zum Problem der Wahlsoziologie, in: HES II. 1967^2, 863–911.

67 *Heintz, E.*, Der Beamtenabgeordnete im bayer. Landtag, Diss. FU Berlin/München 1966.

68 *Heffter, H.*, Die deutsche Selbstverwaltung im 19. Jh., Stuttgart $1950/1969^2$.

69 *Henning, W.*, Geschichte der Stadtverordnetenversammlung von Essen 1890–1914, Diss. Köln/Essen 1965.

70 *Hess, A.*, Die Landtagswahlen u. Reichstagswahlen im Großherzogtum Hessen 1865–71, Oberursel 1957.

71 --, Das Parlament, das Bismarck widerstrebte. Zur Politik u. sozialen Zusammensetzung des preuß. Abgeordnetenhauses in der Konfliktzeit 1862–66, Köln 1964.

72 *Hörner, M.*, Die Wahlen zur bad. Zweiten Kammer 1819–47, Göttingen 1987.

73 *Hofmann, W.*, Die Bielefelder Stadtverordneten. Eine Untersuchung zu bürgerl. Selbstverwaltung u. sozialem Wandel, Lübeck 1964.

74 --, Städtetag u. Verfassungsordnung, Stuttgart 1966.

75 --, Prussian Town Councils in the 19th Century as Representative Institutions, in: Liber memoralis G. de Lagarde XXXVIII, London 1968, 311–18.

76 --, Zwischen Rathaus u. Reichskanzlei. Die Oberbürgermeister in der Kommunal- u. Staatspolitik des Deutschen Reiches 1890–1933, Stuttgart 1974.

77 *Holzer, J.*, Parteien u. Massen. Die polit. Krise in Deutschland 1928–30, Wiesbaden 1975.

78 *Hombach, H.J.*, Die Reichstags- u. Landtagswahlen im Siegkreis sowie in den Kreisen Mülheim a. Rh., Wipperfürth, Gummersbach u. Waldbröl 1870–78, Diss. Bonn 1960.

79 *Hubatsch, W.*, Die preuß. Regierungspräsidenten 1815–1918, in: Fs. W. Bußmann, Stuttgart 1979, 31–55.

80 *Immerfall, S.*, Wahlverhalten u. Parteiensystem im Kaiserreich, in: H. Best Hg., Politik u. Milieu, St. Katharinen 1989, 34–59.

81 *Jones, L.E. u. J. Retallack* Hg., Elections, Mass Politics, and Social Change in Modern Germany, N.Y. 1992.

82 *Kaiser, R.*, Die polit. Strömungen in den Kreisen Bonn u. Rheinbach 1848–78, Bonn 1963.

83 *Kaltefleiter, W.*, Wirtschaft u. Politik in Deutschland. Konjunktur als Bestimmungsfaktor des Parteiensystems, Köln 1966.

84 *Kamm, W.*, Abgeordnetenberuf u. Parlament, Karlsruhe 1927.

85 *Klein, T.*, Reichstagswahlen u. Abgeordnete der Provinz Sachsen u. Anhalt 1876–1918, in: Fs. F. Zahn I, Köln 1968, 65–141.

86 *Kohl, J.*, Zur langfristigen Entwicklung der polit. Partizipation in Westeuropa, in: P. Steinbach Hg., Probleme polit. Partizipation im Modernisierungsprozeß, Stuttgart 1982, 473–503.

87 *Kronberg, E.*, Polit. Strömungen u. Wahlen im Stadt- u. Landkreis Essen 1918–1924, Diss. Bonn 1968.

88 *Kühr, H.*, Parteien u. Wahlen im Stadt- u. Landkreis Essen 1919–33, Düsseldorf 1973.

89 *Kurt, A.*, Wahlen u. Wähler im Wahlkreis Offenbach 1800–1966, Offenbach 1966.

90 *Landau, F.*, Die Wahlen zum deutschen Reichstag seit 1871, Hamburg 1903.

91 *Lauter, F.*, Preußens Volksvertretung in der Zweiten Kammer u. im Haus der Abgeordneten von Februar 1849 bis Mai 1877, Berlin 1889.

92 *Lazarsfeld, P.* u.a., Wahlen u. Wähler, Neuwied 1969.

93 *Lepsius, M.R.*, The Collapse of Intermediary Power Structure: Germany 1933—34, in: Journal of Comparative Sociology 9. 1968, 289—301.

94 --, Demokratie in Deutschland als histor.—soziolog. Problem, in: T.W. Adorno Hg., Spätkapitalismus oder Industriegesellschaft? Stuttgart 1969, 197—213.

95 --, Machtstrukturen u. soziokulturelle Milieus, Göttingen 1993.

96 --, Machtübernahme u. Machtübergabe, in: Fs. E. Baumgarten, Meisenheim 1971, 158—73.

97 --, From Fragmented Party Democracy to Goverment by Emergency Decree and National Socialist Takeover: Germany, in: J. Linz u. A. Stephan Hg., The Breakdown of Democratic Regimes: Europe, Baltimore 1978, 34—79.

98 *Linz, J.*, The Social Basis of German Politics, Diss. Columbia University 1958.

99 *Lipset, S.M.*, Political Man, N.Y. 1963[3]; dt. Soziologie der Demokratie, Neuwied 1967 (gekürzt).

100 *McKibbin, R.J.*, The Myth of the Unemployed. Who did Vote for the Nazis? in: AJPH 15. 1969, 25—40.

101 *Mann, B.* Hg., Biograph. Handbuch für das Preuß. Abgeordnetenhaus 1867—1918, Düsseldorf 1988.

102 --, Das Herrenhaus in der Verfassung des preuß.—deutschen Kaiserreichs, in: G.A. Ritter Hg., Gesellschaft, Parlament, Regierung, Düsseldorf 1974, 279—89.

103 --, Die Württemberger u. die Deutsche Nationalversammlung 1848/49, Düsseldorf 1976.

104 *Maschke, E.*, Die Industrialisierung Deutschlands im Spiegel der Parlamentszusammensetzungen von 1848 bis heute, in: Tradition 10. 1965, 230—45.

105 *Mattheisen, D.J.*, Understanding Political Alignments in the Frankfurt Parliament, in: HSF 35. 1985, 19—30.

106 --, Die Fraktionen der preuß. Nationalversammlung 1848, in: K.H. Jarausch Hg., Quantifizierung in der Geschichtswissenschaft, Düsseldorf 1976, 149—67; z.T. in: ders., Voters and Parliaments in the German Revolution 1848: An Analysis of the Prussian Constituent Assembly, in: CEH 5. 1972, 3—22.

107 *Milatz, A.*, Reichstagswahlen u. Mandatsverteilung 1871—1918, in: G.A. Ritter Hg., Gesellschaft, Parlament, Regierung, Düsseldorf 1974, 207—24.

108 --, Wähler u. Wahlen in der Weimarer Republik, Bonn 1968[2].

109 --, Wahlrecht, Wahlergebnisse u. Parteien des Reichstags, in: E. Deuerlein Hg., Der Reichstag 1871—1933, Bonn 1963, 33—51.

110 *Möllers, P.*, Die polit. Strömungen im Reichstagswahlkreis Essen 1867—1878, Diss. Bonn 1955.

111 *Molt, P.*, Der Reichstag vor der improvisierten Revolution, Köln 1963.

112 --, Vom Kaiserl. Reichstag zum Bundestag, in: E. Faul Hg., Wahlen u. Wähler in Westdeutschland, Villingen 1969, 113—34.

113 *Monshausen, T.*, Polit. Wahlen im Regierungsbezirk Koblenz 1880—97, Bonn 1969.

114 *Müller, K.*, Das Rheinland als Gegenstand der histor. Wahlsoziologie, in: Annalen des Histor. Vereins für den Niederrhein 167. 1965, 124—42.

115 --, Polit. Strömungen in den rechtsrhein. Kreisen des Regierungsbezirks Köln 1879–1900, Diss. Bonn 1963.
116 *Neugebauer–Wölk, M.*, Wählergenerationen in Preußen zwischen Kaiserreich u. Republik, Berlin 1987.
117 *Neusüss–Hunkel, E.*, Parteien u. Wahlen in Marburg nach 1945, Meisenheim 1973.
118 *Niehuss, M.*, Zur Schichtungsanalyse der SPD–Wähler in Bayern 1890–1900, in: P. Steinbach Hg., Probleme polit. Partizipation im Modernisierungsprozeß, Stuttgart 1982, 217–30.
119 *Nilson, S.S.*, Wahlsoziolog. Probleme des Nationalsozialismus, in: ZGS 110. 1954, 279–311.
120 *Nöcker, H.*, Der preuß. Reichstagswähler in Kaiserreich u. Republik, Berlin 1987.
121 --, Wählerentscheidungen unter demokrat. u. Klassenwahlrecht (Reichstags- u. preuß. Landtagswahlen 1903), Berlin 1987.
122 *Obenaus, H.*, Anfänge des Parlamentarismus in Preußen bis 1848, Düsseldorf 1984.
123 *Obermann, K.*, Die Wahlen zur Frankfurter Nationalversammlung im Frühjahr 1848, Berlin 1987.
124 --, Verlauf u. Ergebnisse der Wahlen zur Frankfurter Nationalversammlung im Königreich Hannover u. Herzogtum Braunschweig, in: JbG 32. 1985, 239–69.
125 *Peters, F.*, Über die Herkunft der brem. Senatoren von der Verkündigung der ersten demokrat. Verfassung bis zur Gegenwart 1849–1955, in: Jb. der bremischen Wissenschaft 1. 1955. 189–240.
126 *Pollmann, K.E.*, Arbeiterwahlen im Norddeutschen Bund 1867–1870, in: GG 15. 1989, 164–95.
127 *Pollock, J.K.*, Foreign Government and Politics. An Area Study of the German Electorate 1930–33, in: APSR 38. 1944, 89–95.
128 *Press, V.*, Landstände des 18. u. Parlamente des 19. Jh., in: H. Berding u. H.–P. Ullmann Hg., Deutschland zwischen Revolution u. Restauration, Königstein 1981, 133–57.
129 --, Landtage im Alten Reich u. im Deutschen Bund 1750–1830, in: Zs. f. Württ. Landesgeschichte 39. 1980, 100–40.
130 *Puhle, H.–J.*, Parlament, Parteien u. Interessenverbände 1890–1914, in: M. Stürmer Hg., Das Kaiserliche Deutschland, Düsseldorf 1970/1978[3], 340–77.
131 *Pye, L.W.*, Political Culture, in: IESS 12. 1968, 218–25.
132 -- u. S. Verba Hg., Political Culture and Political Development, Princeton 1965.
133 Die Reichstagswahlen seit 1871, 2 Bde., Berlin 1903.
134 *Ritter, G.A.*, "Direkte Demokratie" u. Rätewesen in Geschichte u. Theorie, in: E.K. Scheuch Hg., Die Wiedertäufer der Wohlstandsgesellschaft, Köln 1969, 188–216; u. in: ders., Arbeiterbewegung, Parteien u. Parlamentarismus, Göttingen 1976, 158–90.
135 --, Entwicklungsprobleme des deutschen Parlamentarismus, in: ders. Hg., Gesellschaft, Parlament, Regierung, Düsseldorf 1974, 11–54; auch in: ders., Arbeiterbewegung, Parteien u. Parlamentarismus, Göttingen 1976,158–90.

136 --, Regierung, Bürokratie u. Parlament in Preußen u. Deutschland von 1848 bis zur Gegenwart, Düsseldorf 1983.
137 -- *u. M. Niehuss*, Wahlen in Deutschland 1946–1991, München 1991.
138 --, Wahlgeschichtl. Arbeitsbuch 1871–1918, München 1980.
139 *Röttges, O.*, Die polit. Wahlen in den linksrhein. Kreisen des Regierungsbezirks Düsseldorf 1858–67, Kempen 1964.
140 *Rohe, K.*, German Elections and Party Systems in Historical and Regional Perspective, in: ders. Hg., Elections, Parties and Political Traditions. Social Formations of the German Parties and Party Systems 1867–1987, N.Y. 1990, 1–25.
141 -- Hg., Elections, Parties and Political Traditions. Social Formations of the German Parties and Party Systems 1867–1987, N.Y. 1990
142 --, Polit. Kultur u. ihre Analyse, in: HZ 250. 1990, 321–46.
143 --, Wahlen u. Wählertraditionen in Deutschland, Frankfurt 1992.
144 *Rokkan, S.*, The Structure of Mass Politics in the Smaller European Democracies, in: CSSH 10. 1967/68, 173–210.
145 *Romeyk, H.*, Die polit. Wahlen im Regierungsbezirk Koblenz 1898–1918, Bonn 1969.
146 *Rose, C.*, The Issue of Parliamentary Suffrage at the Frankfurt National Assembly, in: CEH 5. 1972, 127–49.
147 *Rosenbaum, L.*, Beruf u. Herkunft der Abgeordneten zu den deutschen u. preuß. Parlamenten 1847–1919, Diss. Frankfurt 1923.
148 *Rosenberg, H.*, Honoratiorenpolitik u. großdeutsche Sammlungsbestrebungen im Reichsgründungsjahrzehnt, in: JbGMO 19. 1970, 155–233.
149 *Sahner, H.*, Polit. Tradition, Sozialstruktur u. Parteiensystem in Schleswig–Holstein, Meisenheim 1972.
150 *Schauff, J.*, Das Wahlverhalten der deutschen Katholiken im Kaiserreich u. in der Weimarer Republik (1928), Mainz 1975.
151 *Scheideler, G.K.*, Parlament, Parteien u. Regierung im wilhelmin. Deutschland, in: APZ B 12/71, 20.3.1971, 16–24.
152 *Scheuch, E.K. u. R. Wildenmann* Hg., Zur Soziologie der Wahl, Köln 1965.
153 *Schierbaum, H.J.*, Die polit. Wahlen in den Eifel- u. Moselkreisen des Regierungsbezirks Trier 1849–67, Düsseldorf 1960.
154 *Schilfert, G.*, Sieg u. Niederlage des demokrat. Wahlrechts in der deutschen Revolution 1848/49, Berlin 1952.
155 *Schluchter, W.*, Umbildung des Charismas: Überlegungen zur Herrschaftssoziologie, in: ders., Religion u. Lebensführung, II, Frankfurt 1988, 535–54.
156 *Schmidt, G.*, Der sächs. Landtag 1833–1918. Sein Wahlrecht u. seine soziale Zusammensetzung, in: R. Groß u. M. Kobuch Hg., Beiträge zur Archivwissenschaft u. Geschichtsforschung, Weimar 1977, 445–65.
157 *Schmidt, P.*, Die polit. Wahlen im Regierungsbezirk Koblenz 1848–69, Bonn 1971.
158 *v. Schuckmann, G.*, Die polit. Willensbildung in der Großstadt Köln seit 1871, Diss. Köln 1965.

159 *Schumacher, M.*, Agrar. Wahlbewegungen zum Reichstag 1912–1920/22, in: P. Steinbach Hg., Probleme polit. Partizipation im Modernisierungsprozeß, Stuttgart 1982, 353–75.

160 *Sheehan, J.J.*, Political Leadership in the German Reichstag, 1871–1918, in: AHR 74. 1968, 511–28; dt. Polit. Führung im Deutschen Reichstag 1871–1918, in: G.A. Ritter Hg., Die deutschen Parteien vor 1918, Köln 1973, 81–99.

161 *Shiveley, W.P.*, Party Identification, Party Choice, and Voting Stability. The Weimar Case, in: APSR 66. 1972, 1203–35.

162 *Siemann, W.*, Die Frankfurter Nationalversammlung 1848/49, Frankfurt 1976.

163 *Smell, J.L.* u. H.A. Schmitt, The Democratic Movement in Germany 1789–1914, Chapel Hill 1976.

164 *Specht, F.* u. P. Schwabe Hg., Die Reichstagswahlen 1867–1907, Berlin 1908[3].

165 *Steil, H.W.*, Die polit. Wahlen in der Stadt Trier u. in den Eifel- u. Moselkreisen des Regierungsbezirks Trier 1867–87, Diss. Bonn 1961.

166 *Steinbach, P.*, Modernisierungstheorie u. polit. Beteiligung, in: J. Bergmann u.a. Hg., Arbeit, Mobilität, Partizipation, Protest, Opladen 1986, 36–65.

167 --, Nationalisierung, soziale Differenzierung u. Urbanisierung als Bedingungsfaktoren des Wahlverhaltens im Kaiserreich, in: HSF 15. 1990/2, 63–82.

168 --, Die Politisierung der Region. Lippe 1866–81, 2 Bde, Passau 1989.

169 --, Politisierung u. Nationalisierung der Region im 19. Jh., in: ders. Hg., Probleme polit. Partizipation im Modernisierungsprozeß, Stuttgart 1982, 321–49.

170 --, Regionale Parteigeschichte, histor. Wahlforschung u. moderne Landesgeschichte, in: Jb. für Hess. Landesgeschichte 26. 1976, 200–66.

171 -- Hg., Probleme polit. Partizipation im Modernisierungsprozeß, Stuttgart 1982.

172 --, Stand u. Methode der histor. Wahlforschung, in: H. Kaelble u.a. Hg., Probleme der Modernisierung in Deutschland, Opladen 1978, 171–234.

173 --, Wahlverhalten im Kaiserreich, in: H. Best Hg., Politik u. Milieu, St. Katharinen 1989, 19–33.

174 *Stephan, W.*, Zur Entwicklung der Parteien bei den Reichstagswahlen von 1930–32, in: O. Büsch u.a. Hg., Wählerbewegung in der deutschen Geschichte, Berlin 1978, 236–60.

175 *Stoltenberg, G.*, Der deutsche Reichstag 1871–73, Düsseldorf 1955.

176 *Striefler, H.*, Deutsche Wahlen, Düsseldorf 1946.

177 *Stürmer, M.*, Regierung u. Reichstag im Bismarckstaat 1871–80, Düsseldorf 1974.

178 *Suval, S.*, Electoral Politics in Wilhelmine Germany, Chapel Hill 1985.

179 *Thränhardt, D.*, Wahlen u. polit. Strukturen in Bayern 1848–1953, Düsseldorf 1974.

180 *Tyrell, H.*, Gewalt, Zwang u. Institutionalisierung von Herrschaft. Versuch einer Neuinterpretation von M. Webers Herrschaftsbegriff, in: Fs. H. Schelsky, Nürnberg 1980, 59–92.

181 *Vierhaus, R.*, Wahlen u. Wählerverhalten in Ostwestfalen u. Lippe 1867–1913, in: WF 21. 1968, 54–68.

182 *Vogel, B.* u.a., Wahlen in Deutschland 1848–1970, Berlin 1971.

183 *Weinandy, K.*, Die polit. Wahlen in den rechtsrhein. Kreisen Sieg, Mülheim, Wipperfürth, Gummersbach u. Waldbröl des Regierungsbezirks Köln 1849—70, Diss. Bonn 1956.

184 *Wende, P.*, Radikalismus im Vormärz. Untersuchungen zur polit. Theorie der frühen Demokratie, Wiesbaden 1975.

185 *Wiegand, F.-M.*, Die Notabeln. Untersuchungen zur Geschichte des Wahlrechts u. der gewählten Bürgerschaft Hamburgs 1859—1919, Hamburg 1987.

186 *Wildenmann, R.*, Germany 1930—70, in: Sozialwissenschaftl. Jb. f. Politik 2. 1971, 13—60.

187 *Wölk, M.*, Der preuß. Volksschulabsolvent als Reichstagswähler 1871—1912, Berlin 1980.

188 *Zängle, M.*, M. Webers Staatstheorie, Berlin 1988.

189 *Ziebura, G.*, Anfänge des deutschen Parlamentarismus. Geschäftsverfahren u. Entscheidungsprozesse in der ersten deutschen Nationalversammlung 1848/49, in: Fs. E. Fraenkel, Berlin 1963, 185—236.

190 *Ziegler, D.J.*, Prelude to Democracy. A Study of Proportional Representation and the Heritage of Weimar Germany 1871—1920, Lincoln 1958.

191 *Zorn, W.*, Parlament, Gesellschaft u. Regierung in Bayern 1870—1918, in: G.A. Ritter Hg., Gesellschaft, Parlament u. Regierung im 19. u. 20. Jh., Düsseldorf 1974, 299— 316.

58. Parteien

1 *Bergsträsser, L. u. W. Mommsen*, Geschichte der polit. Parteien in Deutschland, München 1965[1].

2 *v. Beyme, K.*, Polit. Parteien, in: SDG 5. 1972, 141—72.

3 --, Partei, in: GGr. 4. 1978, 677—733.

4 --, Parteien in westl. Demokratien, München 1984[2].

5 *Boldt, W.*, Die Anfänge des deutschen Parteiwesens, Paderborn 1971.

6 *Dittberner, J. u. R. Ebbinghausen* Hg., Parteiensystem in der Legitimationskrise. Studien u. Materialien zur Soziologie der Parteien in der Bundesrepublik, Opladen 1973.

7 *Duverger, M.*, Die polit. Parteien, Tübingen 1959.

8 *Fenske, H.*, Die europ. Parteiensysteme, in: Jb. des öffentl. Rechts der Gegenwart 22. 1973, 249—98.

9 --, Strukturprobleme der deutschen Parteigeschichte, Frankfurt 1974.

10 --, Wahlrecht u. Parteiensystem, Frankfurt 1972.

11 *Fricke, D.* u.a. Hg., Lexikon zur Parteiengeschichte, 4 Bde., Leipzig 1983—1986[2].

12 *Gabler, H.*, Die Entwicklung der deutschen Parteien auf landschaftl. Grundlage 1871—1912, Diss. Tübingen 1934.

13 *Grebing, H.*, Geschichte der deutschen Parteien, Wiesbaden 1962.

14 *Hays, S.P.*, Political Parties in the Community–Society Continuum, in: W.N. Chambers u. W.D. Burnham Hg., The American Party System, N.Y. 1967, 152–81.

15 *Kaack, H.*, Struktur u. Geschichte der deutschen Parteien, Köln 1971.

16 *Kremer, W.*, Der soziale Aufbau der Parteien des Deutschen Reichstags 1871–1918, Köln 1934.

17 *Kühr, H.* Hg., Vom Milieu zur Volkspartei, Königstein 1979.

18 *Langewiesche, D.*, Die Anfänge der deutschen Parteien. Partei, Fraktion u. Verein in der Revolution von 1848/49, in: GG 4. 1978, 324–61.

19 *Lehnert, D.*, Zur histor. Soziographie der "Volkspartei", in: AfS 29. 1989, 1–33.

20 *Lenk, K. u. F. Neumann* Hg., Theorie u. Soziologie der polit. Parteien, Neuwied 1973^2.

21 *Lepsius, M.R.*, Parteiensystem u. Sozialstruktur. Zum Problem der Demokratisierung der deutschen Gesellschaft, in: Fs. F. Lütge, Stuttgart 1966, 371–93; u. in: G.A. Ritter Hg., Deutsche Parteien vor 1918, Köln 1973, 56–80.

22 *Lösche, P.*, Wovon leben die Parteien? Frankfurt 1984.

23 *Michels, R.*, Zur Soziologie des Parteiwesens in der modernen Demokratie (1911), Hg. W. Conze, Stuttgart 1957^2.

24 *Neumann, S.*, Die Parteien in der Weimarer Republik, Stuttgart 1965^2.

25 -- Hg., Modern Political Parties, Chicago 1967^2.

26 *Nipperdey, T.*, Grundprobleme der deutschen Parteigeschichte im 19. Jh., in: ders., Gesellschaft, Kultur, Theorie, Göttingen 1976, 89–112.

27 --, Über einige Grundzüge der deutschen Parteigeschichte, in: Fs. H.C. Nipperdey, II, München 1965, 815–41, u. in: E.–W. Böckenförde u. R. Wahl Hg., Moderne deutsche Verfassungsgeschichte, Königstein 1982^2, 274–94.

28 --, Die Organisation der bürgerl. Parteien in Deutschland vor 1918, in: ders., Gesellschaft, Kultur, Theorie, Göttingen 1976, 279–318.

29 --, Die Organisation der deutschen Parteien vor 1918, Düsseldorf 1961.

30 *Panzer, A.*, Parteipolit. Ansätze der deutschen Bauernbewegung bis 1933, in: H. Gollwitzer Hg., Europ. Bauernparteien, Stuttgart 1977, 524–61.

31 *Pappi, F.U.*, Parteisystem u. Sozialstruktur in der Bundesrepublik, in: PVS 14. 1973, 191–213.

32 *Puhle, H.–J.*, Repräsentation u. Organisation: Bürgerl. Parteien u. Interessenverbände im wilhelm. Deutschland, in: H.W. v.d. Dunk u. H. Lademacher Hg., Auf dem Wege zum Parteienstaat, Melsungen 1986, 209–26.

33 *Ritter, G.A.*, The Social Bases of the German Political Parties 1867–1920, in: K. Rohe Hg., Elections, Parties and Political Traditions, 1867–1987, N.Y. 1990, 27–52.

34 -- Hg., Deutsche Parteien vor 1918, Köln 1973.

35 --, Politische Parteien in Deutschland vor 1918, in: ders., Arbeiterbewegung, Parteien u. Parlamentarismus, Göttingen 1976, 102–15.

36 --, Die deutschen Parteien 1830–1914. Parteien u. Gesellschaft im konstitutionellen Regierungssystem, Göttingen 1985.

37 --, Kontinuität u. Umformung des deutschen Parteiensystems, 1918–1920, in: ders., Arbeiterbewegung, Parteien u. Parlamentarismus, Göttingen 1976, 116–57.

38 *Sahner, H.,* Polit. Tradition, Sozialstruktur u. Parteiensystem in Schleswig–Holstein, Meisenheim 1972.
39 *Schieder, T.,* Die geschichtl. Grundlagen u. Epochen des deutschen Parteiwesens, in: ders., Staat u. Gesellschaft im Wandel unserer Zeit, München 1974[3], 133–71.
40 *Schlangen, W.* Hg., Die deutschen Parteien im Überblick, Düsseldorf 1979.
41 *Schmidt, S.,* Zur Frühgeschichte der bürgerl. Parteien in Deutschland, in: ZfG 13. 1965, 973–91.
42 *Schulze, W.,* Struktur u. Entwicklung des Parteisystems im Königreich Württemberg, Diss. Mannheim 1970.
43 *Schumacher, M.,* Land u. Politik. Eine Untersuchung über polit. Parteien u. agrar. Interessen 1914–1923, Düsseldorf 1978.
44 *Segal, D.R. u. D. Knoke,* Auswirkungen sozialer Schichten, sozialer Mobilität u. Statuskonsistenz auf die Infrastruktur des deutschen Parteiwesens, in: KZfS 26. 1974, 371– 87.
45 *Sheehan, J.J.,* Klasse u. Partei im Kaiserreich: Einige Gedanken zur Sozialgeschichte der deutschen Politik, in: O. Pflanze Hg., Innenpolit. Probleme des Bismarck–Reiches, München 1983, 1–24.
46 *Tormin, W.,* Geschichte der deutschen Parteien seit 1848, Stuttgart 1970[3].
47 *Treue, W.,* Die deutschen Parteien, Wiesbaden 1962.
48 -- Hg., Deutsche Parteiprogramme 1861–1954, Göttingen 1968[4].
49 *Valjavec, F.,* Die Entstehung der polit. Strömungen in Deutschland 1770–1815, München 1951/ND Kronberg 1978.
50 *Varain, H.J.,* Parteien u. Verbände in Schleswig–Holstein 1945–1948, Köln 1964.
51 *Wende, F.,* Lexikon zur Geschichte der Parteien in Europa, Stuttgart 1981.
52 *Winkler, J.R.,* Sozialstruktur u. Parteiensystem in Deutschland 1912–24, in: HSR 17. 1992, 53–102.

59. Liberale Parteien/Liberalismus

1 *Adam, R.,* Der Liberalismus in der Provinz Preußen zur Zeit der Neuen Ära u. sein Anteil an der Entstehung der Deutschen Fortschrittspartei, in: Altpreuss. Beiträge, Königsberg 1933, 145–81.
2 *Albertin, L.,* Deutsche Demokratische Partei/Deutsche Staatspartei, in: Linksliberalismus in der Weimarer Republik, Düsseldorf 1980, IX–LXXIII.
3 -- Hg., Polit. Liberalismus in der Bundesrepublik, Göttingen 1980.
4 --, Liberalismus u. Demokratie am Anfang der Weimarer Republik, Düsseldorf 1972.
5 *Aldenhoff, R.,* Das Selbsthilfemodell als liberale Antwort aus die soziale Frage im 19. Jh. Schulze-Delitzsch u. die Genossenschaften, in: K. Holl u.a. Hg., Sozialer Liberalismus, Göttingen 1986, 57–69.

6 *Angermann, E.,* R. v. Mohl 1799–1875, Neuwied 1962.
7 *Ashcraft, R.,* Marx and M. Weber on Liberalism as Bourgeois Ideology, in: CSSH 14. 1972, 130–68.
8 *Ayçoberry, P.,* Freihandelsbewegungen in Deutschland u. Frankreich in den 1840er u.1850er Jahren, in: D. Langewiesche Hg., Liberalismus im 19. Jh., Göttingen 1988, 296–304.
9 *Becker, J.,* Das deutsche Manchestertum, Karlsruhe 1907.
10 *Bermbach, U.,* Liberalismus, in: J. Fetscher u. H. Münkler Hg., Pipers Hb. der polit. Ideen, IV, München 1986, 323–68.
11 *Boelcke, W.A.,* Liberalismus, in: HWW 5. 1980, 32–47.
12 *Brandenburg, D.,* 50 Jahre Nationalliberale Partei 1867–1917, Berlin 1917.
13 *Brandt, H.,* Zu einigen Liberalismusdeutungen der siebziger u. achtziger Jahre, in: GG 17. 1991, 512–30.
14 *Breuilly, J.,* Liberalism in Mid-19th Century Britain and Germany, in: ders., Labour and Liberalism in 19th Century Europe, Manchester 1992, 228–72.
15 *Cervelli, I.,* Deutsche Liberale im Vormärz. Profil einer polit. Elite 1833–47, in: W. Schieder Hg., Liberalismus in der Gesellschaft des Vormärz (= GG SoH. 9), Göttingen 1983, 312–40.
16 *Döhn, C.,* Wirtschafts- u. Sozialpolitik der Deutschen Demokrat. Partei u. der Deutschen Volkspartei, in: K. Holl u.a. Hg., Sozialer Liberalismus, Göttingen 1986, 84–107.
17 *Döhn, L.,* Politik u. Interesse. Die Interessenstruktur der "Deutschen Volkspartei", Meisenheim 1970.
18 --, Zur Verschränkung der Deutschen Volkspartei mit großwirtschaftl.–industriellen Interessen in der Weimarer Republik, in: H. Mommsen u.a. Hg., Industrielles System u. polit. Entwicklung in der Weimarer Republik, Düsseldorf 1974, 884–906.
19 *Droz, J.,* Le Liberalisme Rhénan 1815–48, Paris 1940.
20 *Düding, D.,* Der Nationalsoziale Verein 1896–1903, München 1972.
21 *Eichmeier, J.P.,* Anfänge liberaler Parteibildung 1847–54, Diss. Göttingen 1969.
22 *Eisfeld, G.P.G.,* Die Entstehung der liberalen Parteien in Deutschland 1858–70, Hannover 1969.
23 *Eley, G.,* Liberalism, Europe, and the Bourgeoisie 1860–1914, in: D. Blackbourn u. R.J. Evans Hg., The German Bourgeoisie, London 1991, 293–317.
24 --, Liberalismus 1860–1914. Deutschland u. Großbritannien im Vergleich, in: D. Langewiesche Hg., Liberalismus im 19. Jh., Göttingen 1988, 260–76.
25 *Elm, L.,* Zwischen Fortschritt u. Reaktion. Geschichte der Parteien der liberalen Bourgeoisie in Deutschland 1893–1918, Berlin 1968.
26 --, Süd–Deutsche Volkspartei 1868–1910, in: D. Fricke u.a. Hg., Lexikon zur Partiengeschichte, IV, Leipzig 1986², 171–79.
27 *Eyck, F.,* Liberalismus u. Katholizismus in der Zeit des deutschen Vormärz, in: W. Schieder Hg., Liberalismus in der Gesellschaft des deutschen Vormärz (=GG SoH. 9), Göttingen 1983, 133–46.
28 *Faber, K.-G.,* Strukturprobleme des deutschen Liberalismus im 19. Jh., in: Der Staat 14. 1975, 201–27.

29 *Fehrenbach, E.*, Rhein. Liberalismus u. gesellschaftl. Verfassung, in: W. Schieder Hg., Liberalismus der Gesellschaft des deutschen Vormärz (= GG SoH. 9), Göttingen 1983, 272—94.

30 *Fesser, G.*, Altliberale 1849—76, in: D. Fricke u.a. Hg., Lexikon zur Parteiengeschichte, I, Leipzig 1983², 59—65.

31 --, Zur "Arbeiterpolitik" der Fortschrittspartei 1861—66, in: Jenaer Beiträge zur Parteiengeschichte 1974/H. 36, 72—86.

32 --, Fortschrittspartei u. Arbeiterbewegung in der Zeit des preuß. Heeres- u. Verfassungskonflikts, in: ZfG 23. 1975, 783—94.

33 --, Linksliberalismus u. Arbeiterbewegung 1861—66, Berlin 1976.

34 --, Deutscher Nationalverein 1859—67, in: D. Fricke u.a. Hg., Lexikon zur Parteiengeschichte, II, Leipzig 1984², 201—15.

35 --, Zur Struktur u. polit. Konzeption der Deutschen Fortschrittspartei in der Konfliktzeit, in: Fs. K. Obermann, Berlin 1977, 457—74.

36 *Feuchtwanger, E.*, The Liberal Decline in Germany and Britain: Peculiarity or Parallel? in: German History 4. 1987, 3—15.

37 *Fiecker, G.*, German Liberals and the Labor Question 1844—58, Diss. Univ. Minessota 1972.

38 *Foerster, C.*, Sozialstruktur u. Organisationsformen des deutschen Preß- u. Vaterlandsvereins von 1832/33, in: W. Schieder Hg., Liberalismus in der Gesellschaft des deutschen Vormärz (=GG SoH. 9), Göttingen 1983, 147—66.

39 *Frye, B.B.*, The German Democratic Party 1918—1930, in: Western Political Quarterly 16. 1963, 167—79.

40 *Fülling, E.*, Die preuß. Altliberalen im Heeresreform- u. Verfassungskampf u. die Entstehung der Nationalliberalen Partei, Diss. Marburg/Bad Essen 1933.

41 *Gall, L.*, Hg., Liberalismus, Königstein 1985³.

42 --, Liberalismus u. "bürgerl. Gesellschaft", in: HZ 220. 1975, 324—56.

43 --, Liberalismus u. Nationalstaat. Der deutsche Liberalismus u. die Reichsgründung, in: 2. Fs. T. Schieder, München 1978, 287—300.

44 --, Der Liberalismus als regierende Partei. Das Großherzogtum Baden zwischen Restauration u. Reichsgründung, Wiesbaden 1968.

45 --, Sündenfall liberalen Denkens oder Krise der bürgerl.-liberalen Bewegung? Zum Verhältnis von Liberalismus u. Imperialismus in Deutschland, in: K. Holl u. G. List Hg., Liberalismus u. imperialist. Staat, Göttingen 1975, 148—58.

46 *Gebhardt, H.*, Revolution u. liberale Bewegung. Die nationale Organisation der konstitutionellen Partei in Deutschland 1848/49, Bremen 1974.

47 *Girwetz, H.K.*, From Wealth to Welfare: The Evolution of Liberalism, N.Y. 1963²

48 *Gottschalk, R.*, Die Linksliberalen zwischen Kaiserreich u. Weimarer Republik, Diss. Tübingen 1969.

49 *Grab, W. u. O. Büsch* Hg., Die demokrat. Bewegung in Mitteleuropa im ausgehenden 18. u. frühen 19. Jh., Berlin 1981.

50 --, Demokrat. Strömungen in Hamburg u. Schleswig—Holstein zur Zeit der Französ. Revolution, Hamburg 1966.

51 --, Ein Volk muß seine Freiheit selbst erobern. Zur Geschichte der deutschen Jakobiner, Frankfurt 1985.

52 *Grambow, L.*, Die deutsche Freihandelspartei zur Zeit ihrer Blüte, Jena 1903.

53 *Grohs, W.*, Die Liberale Reichspartei 1871-74. Liberale Katholiken u. föderalist. Protestanten im ersten Deutschen Reichstag, Frankfurt 1990.

54 *Grube, W.*, Die Neue Ära u. der Nationalverein, Diss. Marburg 1933.

55 *Hahn, H.–W.*, Zwischen deutscher Handelsfreiheit u. Sicherung landständ. Rechte. Der Liberalismus u. die Gründung des deutschen Zollvereins, in: W. Schieder Hg., Liberalismus in der Gesellschaft des deutschen Vormärz (= GG SoH. 9), Göttingen 1983, 239–71.

56 *Hartenstein, W.*, Die Anfänge der DVP 1918–20, Düsseldorf 1962.

57 *Haupts, L.*, Die liberale Bewegung in Preußen in der Zeit der "Neuen Ära", in: HZ 227. 1978, 45–85.

58 *Hentschel, V.*, Die deutschen Freihändler u. der Volkswirtschaftl. Kongreß 1858–85, Stuttgart 1975.

59 *Hildebrandt, G.*, Programm u. Bewegung des süddeutschen Liberalismus nach 1830, in: JbG 9. 1973, 7–45.

60 *Holl, K.* u.a. Hg., Sozialer Liberalismus, Göttingen 1986.

61 *Hübinger, G.*, Hochindustrialisierung u. die Kulturwerte des deutschen Liberalismus, in: D. Langewiesche Hg., Liberalismus im 19. Jh., Göttingen 1988, 193–208.

62 *Hunt, J.C.*, The People's Party in Württemberg and Southern Germany 1890–1914, Stuttgart 1975.

63 *Jarausch, K.H. u. L.E. Jones* Hg., In Search of a Liberal Germany. Studies in the History of German Liberalism from 1789 to the Present, N.Y. 1990.

64 *John, M.*, Liberalism and Society in Germany 1850–80: The Case of Hannover, in: Engl. Hist. Rev. 102. 1987, 579–98.

65 *Jones, L.E.*, German Liberalism and the Dissolution of the Weimar Party System 1918–33, Chapel Hill 1988.

66 --, The Dying Middle, in: CEH 5. 1972, 23–54.

67 --, Sammlung oder Zersplitterung? Die Bestrebungen zur Bildung einer neuen Mittelpartei in der Endphase der Weimarer Republik 1930–33, in: VfZ 25. 1977, 265–304.

68 *Kalkoff, H.*, Nationalliberale Parlamentarier 1867–1917 des Reichstags u. der Einzellandtage, Berlin 1917.

69 *Kaschuba, W.*, Zwischen Deutscher Nation u. Deutscher Provinz. Polit. Horizonte u. soziale Milieus im frühen Liberalismus, in: D. Langewiesche Hg., Liberalismus im 19. Jh., Göttingen 1988, 83–108.

70 *Kastendieck, H.*, Der Liberalismus in Bremen, Diss. Kiel 1952.

71 *Kertesz, G.*, The View from the Middle Class: The German Moderate Liberals and Socialism, in: E. Kamenka u. F.B. Smith Hg., Intellectuals and Revolution 1848, London 1979, 61–75.

72 *Koch, R.*, "Industriesystem" oder "bürgerl. Gesellschaft". Der frühe deutsche Liberalismus u. das Laissez-faire-Prinzip, in: GWU 29. 1978, 605–28.

73 --, Liberalismus u. soziale Frage im 19. Jh., in: K. Holl u.a. Hg., Sozialer Liberalismus, Göttingen 1986, 17–33.
74 *Köster, J.*, Der rhein. Frühliberalismus u. die soziale Frage, Berlin 1938.
75 *Kohne, R.*, Nationalliberale u. Koalitionsrecht. Struktur u. Verhalten der nationalliberalen Reichstagsfraktion 1890–1914, Frankfurt 1977.
76 *Langewiesche, D.*, Gesellschafts- u. verfassungspolit. Handlungsbedingungen u. Zielvorstellungen europ. Liberaler in den Revolutionen von 1848, in: W. Schieder Hg., Liberalismus in der Gesellschaft des deutschen Vormärz (= GG SoH. 9), Göttingen 1983, 341–62.
77 --, Europ. Liberale in den Revolutionen von 1848, in: APZ, B. 20/82, 22–31.
78 --, Liberalismus u. Bürgertum in Europa, in: J. Kocka Hg., Bürgertum im 19. Jh., III, München 1988, 360–94.
79 --, Liberalismus u. Demokratie in Württemberg zwischen Revolution u. Reichsgründung, Düsseldorf 1974.
80 --, Liberalismus in Deutschland, Frankfurt 1988.
81 --, Liberalismus u. Revolution in Deutschland 1789–1871, in: Liberalismus u. Revolution, Hg. F.– Naumann–Stiftung, St. Augustin 1990, 25–40.
82 --, Deutscher Liberalismus im europ. Vergleich, in: ders. Hg., Liberalismus im 19. Jh., Göttingen 1988, 11–19.
83 --, The Nature of German Liberalism, in: G. Martel Hg., Modern Germany Reconsidered 1870–1945, London 1992, 96–116.
84 *Le Mang, R.*, Der Deutsche Nationalverein, Berlin 1909.
85 *Link, W.*, Der Nationalverein für das liberale Deutschland 1907–18, in: PVS 9. 1964, 422–44.
86 *Ludz, P.-C.* Ideologie, Intelligenz u. Organisation. Bemerkungen über ihren Zusammenhang in der frühbürgerl. Gesellschaft, in: JbS 15. 1964, 82–114.
87 *Milatz, A.*, Die linksliberalen Parteien u. Gruppen in den Reichstagswahlen 1871–1912, in: AfS 12. 1972, 273–92.
88 *Mommsen, W.J.*, Deutscher u. brit. Liberalismus, in: D. Langewiesche Hg., Liberalismus im 19. Jh., Göttingen 1988, 211–22.
89 --, Der deutsche Liberalismus zwischen "klassenloser Bürgergesellschaft" u. "organisiertem Kapitalismus", in: GG 4. 1978, 77–90.
90 *Müller, P.*, Liberalismus in Nürnberg 1800–71, Nürnberg 1990.
91 *Müller, R.*, Die Stellung der liberalen Parteien im Deutschen Reichstag zu den Fragen der Arbeiterversicherung u. des Arbeiterschutzes bis zum Ausgang des 19. Jh., Diss. Jena 1952.
92 *Muhs, R.*, Deutscher u. britischer Liberalismus im Vergleich, in: D. Langewiesche Hg., Liberalismus im 19. Jh., Göttingen 1988, 223–59.
93 --, Zwischen Staatsreform u. polit. Protest. Liberalismus in Sachsen zur Zeit des Hambacher Festes, in: W. Schieder Hg., Liberalismus in der Gesellschaft des deutschen Vormärz (= GG SoH. 9), Göttingen 1983, 194–238.
94 *Mundle, G.F.*, The German National Liberal Party 1900–14, Illinois 1975.
95 *Nolte, P.*, Gemeindeliberalismus u. Bürgertum in Baden 1800–1870, Göttingen 1993.

96 --, Gemeindeliberalismus. Zur lokalen Entstehung u. sozialen Verankerung der liberalen Partei in Baden 1831–55, in: HZ 252. 1991, 57–93.

97 *Obenaus, H.,* Gutsbesitzerliberalismus. Zur regionalen Sonderentwicklung der liberalen Partei in Ost- u. Westpreußen während des Vormärz, in: GG 14. 1988, 304–28.

98 --, Region u. polit. Interesse im Vormärzliberalismus Preußens, in: D. Langewiesche Hg., Liberalismus im 19. Jh., Göttingen 1988, 71–82.

99 *O'Boyle, L.,* The German Nationalverein, in: JCEA 16. 1957, 333–52.

100 --, Liberal Political Leadership in Germany 1867–84, in: JMH 28. 1956, 338–52.

101 *O'Donnell, A.,* National Liberalism and Mass Politics of the German Right 1890–1907, Diss. Univ. Princeton 1973.

102 *Offermann, T.,* Preuß. Liberalismus zwischen Revolution u. Reichsgründung im regionalen Vergleich, in: D. Langewiesche Hg., Liberalismus im 19. Jh., Göttingen 1988, 109–35.

103 *Padtberg, B.-C.,* Liberale Einflußmöglichkeiten in Köln nach der 48er Revolution, in: K. Düwell u. W. Köllmann Hg., Rheinland-Westfalen im Industriezeitalter, I, Wuppertal 1983, 224–32.

104 --, Rhein. Liberalismus u. die preuß. Politik nach 1848/49, Köln 1985.

105 *Pohl, K.H.,* Die Nationalliberalen - eine unbekannte Partei? in: Jb. zur Liberalismus-Forschung 3. 1991, 82–112.

106 *Reinalter, H.,* Von der Aufklärung zum frühen Liberalismus, Sozialismus, Konservativismus, in: A. Pelinka Hg., Ideologien im Bezugsfeld von Geschichte u. Gesellschaft, Innsbruck 1981, 63–78.

107 *Rohr, G.D.,* The Origins of Social Liberalism in Germany, Chicago 1963.

108 *Rubinstein, A.,* Die Deutsch–Freisinnige Partei 1884–93, Diss. Berlin 1935.

109 *Runge, O.,* Die Volkspartei in Württemberg 1864–71, Stuttgart 1970.

110 *Schieder, T.,* Der moderne Liberalismus u. die Strukturwandlungen der modernen Gesellschaft vom 19. zum 20. Jh., in: Relazioni del X. Congresso Internaz. di Scienze Storiche, V, Florenz 1955, 145–72.

111 *Schieder, W.* Hg., Liberalismus in der Gesellschaft des deutschen Vormärz (= GG SoH. 9), Göttingen 1983.

112 --, Der Rheinpfälz. Liberalismus von 1832 als polit. Protestbewegung, in: 2. Fs. T. Schieder, München 1968, 169–96.

113 --, Probleme einer Sozialgeschichte des frühen Liberalismus in Deutschland, in: ders. Hg., Liberalismus in der Gesellschaft des deutschen Vormärz (= GG SoH. 9), Göttingen 1983, 9–21.

114 *Schlumbohm, J.,* Freiheit. Die Anfänge der bürgerl. Emanzipationsbewegung in Deutschland, Düsseldorf 1975.

115 *Schmidt, F.,* Die sozialpolit. Anschauungen des rhein. Frühliberalismus, Diss. Köln 1927.

116 *Schmidt, G.,* Polit. Liberalismus, "Landed Interests" u. organisierte Arbeiterschaft 1850–1880. Ein deutsch–engl. Vergleich, in: Sozialgeschichte Heute. 2. Fs. H. Rosenberg, Hg. H.–U. Wehler, Göttingen 1974, 266–88.

117 --, Liberalismus u. soziale Reform. Der deutsche u. der brit. Fall 1890—1914, in: TAJB 15. 1987, 212—38.

118 *Schmidt, S.* Hg., Politik u. Ideologie des bürgerl. Liberalismus 1789—1917, Jena 1983.

119 --, Politik u. Ideologie des bürgerl. Liberalismus im Revolutionszyklus 1789—1917, in: ZfG 31. 1983, 24—37.

120 --, Liberale Parteibewegung u. Volksmassen während der bürgerl. Umwälzung in Deutschland 1789—1871, in: ZfG 26. 1978, 400—15.

121 *Schneider, W.*, Die DDP in der Weimarer Republik 1924—30, München 1977.

122 *Schumacher, M.*, Gesellschafts- u. Ständebegriff um 1840. Ein Beitrag zum sozialen Bild des süddeutschen Liberalismus nach dem Rotteck—Welckerschen Staatslexikon, Diss. Göttingen 1955.

123 --, Mittelstandsfront u. Republik. Wirtschaftspartei — Reichspartei des deutschen Mittelstandes 1919—33, Düsseldorf 1972.

124 *Schuppan, P.*, J. Jacoby u. die antifeudale Opposition in Preußen am Beginn der 40er Jahre des 19. Jh., in: JbG 7. 1972, 97—139.

125 --, Ostpreuß. Junkerliberalismus u. bürgerl. Opposition um 1840, in: Fs. K. Obermann, Berlin 1977, 65—100.

126 *Schustereit, H.*, Linksliberalismus u. SPD in der Weimarer Republik, Düsseldorf 1974.

127 *Schwab, H.*, Aufstieg u. Niedergang der Nationalliberalen Partei 1864—80, Habil. Schrift Jena 1968, MS.

128 *Sedatis, H.*, Liberalismus u. Handwerk in Südwestdeutschland im 19. Jh., Stuttgart 1979.

129 *Seeber, G.*, Zwischen Bebel u. Bismarck. Zur Geschichte des Linksliberalismus in Deutschland 1871—93, Berlin 1965.

130 --, Kleinbürgerl. Demokratie im Bismarck-Staat, Berlin 1971.

131 *Seidman, S.*, Liberalism and the Origins of European Social Theory, Berkeley 1983.

132 *Sellin, V.*, Liberalismus, in: SDG 4. 1971, 41—77.

133 *Sheehan, J.*, Liberalism and the City in 19th Century Germany, in: PP 51. 1971, 116—37.

134 --, Liberalism and Society in Germany 1815—48, in: JMH 45. 1973, 583—604.

135 --, German Liberalism in the Nineteenth Century, Chicago 1978; dt. Der Deutsche Liberalismus 1790—1914, München 1983.

136 --, Wie bürgerl. war der deutsche Liberalismus? in: D. Langewiesche Hg., Liberalismus im 19. Jh., Göttingen 1988, 28—44.

137 --, Der deutsche Liberalismus im postliberalen Zeitalter 1890—1914, in: GG 4. 1978, 29—48.

138 --, Partei, Volk and Staat: Some Reflections on the Relationship Between Liberal Thought and Action in Vormärz, in: Sozialgeschichte Heute. 2. Fs. H. Rosenberg, Hg. H.—U. Wehler, Göttingen 1974, 162—74.

139 --, Some Reflections on Liberalism in Comparative Perspective, in: Fs. G.A. Craig, Berlin 1984, 44—58.

140 *Shonfield, W.R.*, The Classical Marxist Concept of Liberal Democracy, in: Review of Politics 33. 1971, 360–76.

141 *Siemann, W.*, Wirtschaftsliberalismus 1848/49 zwischen sozialer Verpflichtung u. Konkurrenzprinzip, in: Fs. W. Zeeden, Münster 1976, 407–32.

142 *Simon, K.*, Die württemberg. Demokraten 1890–1920, Stuttgart 1969.

143 *Smith, D.G.*, Liberalism, in: IESS 9. 1968, 276–82.

144 *Spahn, M.*, Zur Entstehung der nationalliberalen Partei, in: ZfP 1. 1908, 346–470.

145 *Sprung, J.*, Der deutsche Liberalismus u. die soziale Frage bis 1848, Diss. Leipzig 1925.

146 *Stache, C.*, Bürgerl. Liberalismus u. kathol. Konservativismus in Bayern 1867–71, Frankfurt 1981.

147 *Stammer, M.*, Die Anfänge des mecklenburg. Liberalismus bis 1848, Köln 1980.

148 *Stegmann, D.*, Linksliberale Bankiers, Kaufleute u. Industrielle 1890–1900, in: Tradition 21. 1976, 4–64.

149 *Thiel, J.*, Die Großblockpolitik der Nationalliberalen Partei Badens 1905–14, Stuttgart 1976.

150 *Thomas, R.H.*, Liberalism, Nationalism, and the German Intellectuals 1822–47, Cambridge/Mass. 1951.

151 *Trautmann, G.*, Die industriegesellschaftl. Herausforderung des Liberalismus, in: K. Holl u.a. Hg., Sozialer Liberalismus, Göttingen 1986, 34–56.

152 --, Liberalismus, Arbeiterbewegung u. Staat in Hamburg u. Schleswig– Holstein 1862–69, in: AfS 15. 1975, 51–110.

153 *Vierhaus, R.* u.a., Liberalismus, in: GGr. 3. 1982, 741–815.

154 --, Liberalismus, Beamtenstand u. konstitutionelles System, in: W. Schieder Hg., Liberalismus in der Gesellschaft des deutschen Vormärz (= GG SoH. 9), Göttingen 1983, 39–54.

155 *Wawrykowa, M.*, Revolutionäre Demokraten in Deutschland u. Polen 1815–48, Braunschweig 1974.

156 *Weber, R.*, Kleinbürgerl. Demokraten in der deutschen Einheitsbewegung 1863–66, Berlin 1962.

157 *Wegert, K.H.*, Ideologie u. Aktion. Liberale Bewegung u. Volkstradition in der Pfalz 1830–1834, in: W. Schieder Hg., Liberalismus in der Gesellschaft des deutschen Vormärz (= GG SoH. 9), Göttingen 1983, 167–93.

158 *Wegner, K.*, T. Barth u. die Freisinnige Vereinigung 1893–1910, Tübingen 1968.

159 --, Linksliberalismus im wilhelmin. Deutschland u. in der Weimarer Republik, in: GG 4. 1976, 120–37.

160 *Welti, M.E.*, Abendmahl, Zollpolitik u. Sozialistengesetz in der Pfalz. Eine statist.- quantifizierende Untersuchung zur Verbreitung von liberal–aufklärer. Gedankengut im 19. Jh., in: GG 3. 1977, 384–405.

161 *White, D.S.*, The Splintered Party: National Liberalism in Hessen and the Reich 1867–1918, Cambridge/Mass. 1976.

162 *Winkler, H.A.*, Bürgerliche Emanzipation u. nationale Einigung: Zur Entstehung des Nationalliberalismus in Preußen, in: ders., Liberalismus u. Antiliberalismus, Göttingen 1979, 24–35.

163 --, Liberalismus u. Antiliberalismus, Göttingen 1979.
164 --, Liberalismus: Zur histor. Bedeutung eines polit. Begriffs, in: ders., Liberalismus u. Antiliberalismus, Göttingen 1979, 13–19.
165 --, Preuß. Liberalismus u. deutscher Nationalstaat. Studien zur Geschichte der Deutschen Fortschrittspartei 1861–66, Tübingen 1964.
166 *Wolf, S.*, Liberalismus in Frankfurt 1866–1914, Frankfurt 1987.
167 *Zucker, S.*, L. Bamberger 1823–1899, Pittsburgh 1975.

60. Konservative Parteien/Konservativismus

1 *Aandahl, F.*, The Rise of German Free Conservatism, Diss. Princeton Univ. 1955.
2 *Allen, D.*, From Romanticism to Realpolitik: Studies in the 19th Century German Conservatism, Diss. Columbia Univ. 1971.
3 *Bacheller, C.R.*, Class and Conservatism: The Changing Social Structure of the German Right 1900–1928, Diss. Wisconsin 1976.
4 *Berdahl, R.*, The Stände and the Origins of Conservatism in Prussia, in: Eighteenth Century Studies 6. 1973, 298–321.
5 --, The Transformation of the Prussian Conservative Party 1866–76, Diss. Univ. of Minessota 1965.
6 *Booms, H.*, Die Deutschkonservative Partei, Düsseldorf 1954.
7 *Coetzee, F.* u. M.S., Rethinking the Radical Right in Germany and Britain Before 1914, in: JCH 21. 1986, 515–37.
8 *Dörr, M.*, Die DNVP 1925–1928, Diss. Marburg 1964.
9 *Droz, J.*, Préoccupations sociales et préoccupations religieuses aux origins du parti conservateur prussien, in: Revue d'Histoire Moderne et Contemporaine 2. 1955, 280–300.
10 *Edmondson, N.*, The Fichte Society: A Chapter in Germany's Conservative Revolution, in: JMH 28. 1966, 161–80.
11 *Eley, G.H.*, Reshaping the German Right, New Haven 1980.
12 --, The Wilhelmine Right: How it Changed, in: R.J. Evans Hg., Society and Politics in Wilhelmine Germany, London 1978, 112–35.
13 --, Reshaping the Right: Radical Nationalism and the German Navy League, 1898–1908, in: HJ 21. 1978, 327–54.
14 *Epstein, K.*, The Genesis of German Conservatism, Princeton 1966; dt. Die Ursprünge des Konservativismus in Deutschland, Berlin 1973.
15 *Etue, G.E.*, The German Fatherland Party 1917–1918, Diss. Berkely 1959.
16 *Fenske, H.*, Konservativismus u. Rechtsradikalismus in Bayern nach 1918, Bad Homburg 1969.
17 *Fischer, H.*, Konservativismus von unten. Wahlen im ländl. Preußen 1849/52 – Organisation, Agitation, Manipulation, in: 3. Fs. F. Fischer, Bonn 1983, 69–127.

18 --, Der "Treubund mit Gott für König und Vaterland", in: JbGMO 24. 1975, 60–127.

19 *Frank, W.,* Hofprediger A. Stoecker u. die christlichsoziale Bewegung, Hamburg 1935^{2}.

20 *Fricke, D.,* Reichs- u. Freikonservative Partei 1867–1918, in: ders. u.a. Hg., Lexikon zur Parteiengeschichte, III, Leipzig 1985^{2}, 745–72.

21 *Hartmannsgruber, F.,* Die bayer. Patriotenpartei 1868–87, München 1986.

22 *Herberger, K.V.,* Die Stellung der preuß. Konservativen zur sozialen Frage 1848– 62, Meissen 1914.

23 *Hertzmann, L.,* DNVP. Right–Wing Oppositon in the Weimar Republic 1918–24, Lincoln 1963.

24 *Holmes, K.R.,* The Forsaken Past: Agrarian Conservativism and National Socialism in Germany, in: JCH 17. 1982, 671–88.

25 *Jonas, E.,* Die Volkskonservativen 1928–33, Düsseldorf 1965.

26 *Jones, L.E. u. J. Retallack* Hg., Between Reform, Reaction, and Resistance. Studies in the History of German Conservatism 1789–1945, Providence 1991.

27 *Jordan, E.,* Die Entstehung der Konservativen Partei u. die preuß. Agrarverhältnisse von 1848, München 1914.

28 *v. Klemperer, K.,* Konservative Bewegungen zwischen Kaiserreich u. Nationalsozialismus, München 1962.

29 --, Konservativismus, in: SDG 3. 1969, 847–58.

30 *Kondylis, P.,* Konservativismus, Stuttgart 1986.

31 --, Reaktion, Restauration, in: GGr 5. 1984, 179–230.

32 *Lamberti, M.,* Lutheran Orthodoxy and the Beginning of Conservative Party Organization in Prussia, in: Church History 37. 1968, 439–53.

33 *Lebovics, H.,* "Agrarian" versus "Industrializers". Social Conservative Resistence to Industrialism and Capitalism in Late 19th Century Germany, in IRSH 12. 1967, 31–65.

34 --, Social Conservativism and the Middle Classes in Germany 1914–1933, Princeton 1969.

35 *Lenk, K.,* Deutscher Konservatismus, Frankfurt 1989.

36 *Liebe, W.,* Die DNVP 1918–24, Düsseldorf 1956.

37 *Mannheim, K.,* Konservativismus, D. Ketteler u.a. Hg., Frankfurt 1984.

38 *v. Martin, A.,* Weltanschaul. Motive in altkonservativem Denken, in: Fs. F. Meinecke, München 1922,

39 *Michels, R.,* Conservatism, in: ESS 4. 1930, 230–3.

40 *Müller, H.,* Der Preuß. Volksverein, Berlin 1914.

41 *Neumann, S.,* Die Stufen des preuß. Konservativismus, Berlin 1930/ND Vaduz 1965.

42 *Nolte, E.,* Konservativismus u. Nationalsozialismus, in: ders., Marxismus, Faschismus, Kalter Krieg, Stuttgart 1977, 117–35.

43 *Opitz, G.,* Der Christl.–Soziale Volksdienst, Düsseldorf 1969.

44 *Orr, W.,* The Prussian Ultra Right and the Advent of Constitutionalism in Prussia, in: Canadian Journal of History 11. 1976, 295–310.

45 *Peck, A.J.*, Radicals and Reactionaries. The Crisis of Conservatism in Wilhelmine Germany, Washington DC 1978.

46 *Puhle, H.–J.*, Conservatism in Modern German History, in: JCH 13. 1978, 689–720.

47 -- u.a., Konservatismus, in: I. Fetcher u. H. Münkler Hg., Pipers Hb. der Polit. Ideen, IV, München 1986, 255–318.

48 --, Konservatismus, in: W. Schlangen Hg., Die deutschen Parteien im Überblick, Düsseldorf 1979, 32–37.

49 --, Konservatismus, in: Evangel. Kirchenlexikon 1989, 1403–09.

50 --, Konservatismus u. Neo-Konservatismus: Deutsche Entwicklungslinien seit 1945, in: R. Eisfeld u. I. Müller Hg., Gegen Barbarei, Frankfurt 1989, 399–423.

51 --, Konservative Parteien, in: W. Schlangen Hg., Die deutschen Parteien im Überblick, Düsseldorf 1979, 55–63.

52 --, Radikalisierung u. Wandel des deutschen Konservatismus vor dem Ersten Weltkrieg in: G.A. Ritter Hg., Deutsche Parteien vor 1918, Köln 1973, 165–86.

53 *Retallack, J.N.*, Notables of the Right. The Conservative Party and Political Mobilization in Germany 1876–1918, Boston 1988.

54 *Ribhegge, W.*, Konservativismus. Versuch zu einer kritisch–histor. Theorie, in: APZ B 30/70, 16–32.

55 --, Konservative Politik in Deutschland. Von 1789 bis zur Gegenwart, Darmstadt 1989.

56 *Rossiter, C.*, Conservatism, in: IESS 3. 1968, 290–95.

57 *Schoeps, H.J.*, Konservativismus, in: Evangel. Soziallexikon 4. 1963, 720–22.

58 *Schult, R.*, Partei wider Willen. Kalküle u. Potentiale konservativer Parteigründer in Preußen 1847/48, in: 3. Fs. F. Fischer, Bonn 1983, 33–68.

59 *Schumann, H.G.* Hg., Konservativismus, Köln 1974/Königstein 1984².

60 *Stegmann, D.*, Konservativismus u. nationale Verbände im Kaiserreich, in: GG 10. 1985, 409–20.

61 -- u.a. Hg., Deutscher Konservativismus im 19. u. 20. Jh., Bonn 1983.

62 --, Vom Neokonservativismus zum Proto–Faschismus: Konservative Parteien, Vereine u. Verbände 1893–1920, in: 3. Fs. F. Fischer, Bonn 1983, 199–230.

63 --, Zwischen Repression u. Manipulation: Konservative Machteliten u. Arbeiter- u. Angestelltenbewegung 1910–18. Ein Beitrag zur Vorgeschichte der DAP/-NSDAP, in: AfS 12. 1972, 351–432.

64 *Stock, E.*, Wirtschafts- u. sozialpolit. Bestrebungen der Deutschkonservativen Partei unter Bismarck 1876–90, Breslau 1928.

65 *Trox, E.*, Militär. Konservativismus. Kriegervereine u. "Militärpartei" in Preußen 1815–1848/49, Stuttgart 1990.

66 *Viebig, K.*, die Entstehung u. Entwicklung der Freikonservativen u. der Reichspartei, Diss. Greifswald/Weimar 1920.

67 *Vierhaus, R.*, Konservativ, Konservativismus, in: GGr 3. 1982, 531–65.

68 *Vogel, B.*, Beamtenkonservativismus. Sozial- u. Verfassungsgeschichtl. Voraussetzungen der Parteien in Preußen im frühen 19. Jh., in: 3. Fs. F. Fischer, Bonn 1983, 1–31.

69 *Weiss, J.*, Conservatism in Europe 1770–1945, N.Y. 1977.

70 *Wolfstieg, A.*, Die Anfänge der Freikonservativen Partei, in: Fs. H. Delbrück, Berlin 1908, 313–36.

71 *Wortmann, K.*, Geschichte der Deutschen Vaterlandspartei 1917–1918, Halle 1926.

61. NSDAP

1 *Bessel, R.*, Political Violence and the Rise of Nazism. The Storm Troopers in Eastern Germany 1925–34, New Haven/Conn. 1984.

2 -- u. M. Jamin, Nazis, Workers, and the Uses of Quantitative Evidence, in: SH 4. 1979, 111–16.

3 *Boehnert, G.C.*, The Jurists in the NS–Führerkorps 1925–39, in: G. Hirschfeld u. L. Kettenacker Hg., Der "Führerstaat": Mythos u. Realität, Stuttgart 1981, 361–74.

4 *Böhnke, W.*, Die NSDAP im Ruhrgebiet, Bonn 1974.

5 *Brandenburg, H.C.*, Die Geschichte der HJ, Köln 1968/1982[2].

6 *Broszat, M.*, Zur Struktur der NS–Massenbewegung, in: VfZ 31. 1983, 52–76.

7 *Brown, C.*, The Nazi Voter: An Ecological Study, in: APSR 76. 1982, 285–302.

8 *Childers, T.*, The Social Basis of the National Socialist Vote, in: JCH 11. 1976, 17–42, u. in: G.L. Mosse Hg.,International Fascism, London 1979, 161–81.

9 --, The Formation of the Nazi Constituency 1919–33, London 1986.

10 --, The Limits of National Socialist Mobilization: The Election of 6 November 1932 and the Fragmentation of the Nazi Consitutency, in: ders., The Formation of the Nazi Constituency 1919–33, London 1986, 232–59.

11 --, The Nazi Voter, Chapel Hill 1983.

12 *Doblin, E.M. u. Pohly, C.*, Social Composition of the Nazi Leadership, in: AJS 51, 1945/46, 42–49.

13 *Falter, J.W. u. D. Hänisch*, Die Anfälligkeit von Arbeitern gegenüber der NSDAP bei den Reichstagwahlen 1928–33, in: AfS 26. 1986, 179–216.

14 --, Arbeiter haben erheblich häufiger, Angestellte dagegen sehr viel seltener NSDAP gewählt, als wir lange Zeit angenommen haben, in: GG 16. 1990, 536–52.

15 -- u.a., Arbeitslosigkeit u. Nationalsozialismus 1932 u. 1933, in: KZfS 35. 1983, 525–54.

16 -- *u. R. Zintl*, The Economic Crises of the 1930s and the Nazi Vote, in: JIH 19/1. 1988, 55–85.

17 --, Hitlers Wähler, München 1991.

18 --, Economic Debts and Political Gains: Electoral Support for the Nazi Party in Agrarian and Commercial Sectors 1928–33, in: HSR 17. 1992, 3–21.

19 -- *u. H. Bömermann*, Die Entwicklung der Weimarer Parteien in ihren Hochburgen u. die Wahlerfolge der NSDAP, in: H. Best Hg., Politik u. Milieu, St. Katharinen 1989, 92–118.

20 --, Politische Konsequenzen von Massenarbeitslosigkeit: Neue Daten zu Kontroversen Thesen über die Radikalisierung der Wählerschaft am Ende der Weimarer Republik, in: PVS 25. 1984, 275–95.

21 --, The National Socialist Mobilisation of New Voters 1928–1933, in: T. Childers Hg., The Formation of the Nazi Constituency 1919–33, London 1986, 202–31.

22 --, War die NSDAP die erste Volkspartei? in: M. Prinz u. R. Zitelmann Hg., Nationalsozialismus u. Modernisierung, Darmstadt 1991, 21–47.

23 --, Wer verhalf der NSDAP zum Sieg? in: APZ B 28–29/79, 3–21.

24 --, Radikalisierung des Mittelstandes oder Mobiblisierung der Unpolitischen? in: P. Steinbach Hg., Probleme polit. Partizipation im Modernisierungsprozeß, Stuttgart 1982, 438–69.

25 --, Die Wähler der NSDAP 1928–1933: Sozialstruktur u. parteipolit. Herkunft, in: W. Michalka Hg., Die nationalsozialist. Machtergreifung, Paderborn 1984, 47–59.

26 --, Wählerbewegungen zur NSDAP 1924–1933, in: O. Büsch Hg., Wählerbewegung in der europ. Geschichte, Berlin 1980, 159–202..

27 --, Wahlen u. Wählerverhalten unter besonderer Berücksichtigung des Aufstiegs der NSDAP nach 1928, in: K.D. Bracher u.a. Hg., Die Weimarer Republik 1918–1933, Bonn 1987, 484–504.

28 *Farquharson, J.*, The NSDAP in Hannover and Lower Saxony 1921–1926, in: JCH 8. 1973, 103–20.

29 *Fischer, C.J.*, The Occupational Background of the SA's Rank and File Membership During the Depression Years, 1929 to Mid–1934, in: P. Stachura Hg., The Shaping of the Nazi State, London 1978, 131–59.

30 *Franz–Willing, G.*, Die Hitlerbewegung, I, Hamburg 1962.

31 *Frey, B.S.* u. H. Weck, Hat Arbeitslosigkeit den Aufstieg des NS bewirkt? in: JNS 196. 1981, 1–31.

32 *Geary, D.*, The Industrial Elite and the Nazis in the Weimar Republic, in: P.D. Stachura Hg., The Nazi Machtergreifung, London 1983, 85–100.

33 *Gerth, H.*, The Nazi Party: Its Leadership and Composition, in: AJS 45. 1939/40, 517–41; u. in: R.K. Merton u.a. Hg., Reader in Bureaucracy, Glencoe 1960[2], 100–13.

34 *Gies, H.*, R.W. Darré u. die nationalsozialist. Bauernpolitik 1930–33, Diss. Frankfurt 1966.

35 --, NSDAP u. landwirtschaftl. Organisation in der Endphase der Weimarer Republik, in: VfZ 15. 1967, 341–76.

36 *Grill, J.H.*, The Nazi Movement in Baden 1920–45, Chapel Hill 1983.

37 *Hambrecht, R.*, Der Aufstieg der NSDAP in Mittel- u. Oberfranken 1925–33, Nürnberg 1976.

38 *Hamilton, R.F.*, Braunschweig 1932: Further Evidence on the Support for National Socialism, in: CEH 17. 1984, 3–36.

39 --, Hitler's Electoral Support. Recent Findings and Theoretical Implications, in: Canadian Journal of Sociology 11. 1986, 1–34.

40 --, Who Voted for Hitler? Princeton 1982.

41 *Hennig, E.*, Unterschiede bei der Entstehung des deutschen Faschismus. Ein Plädoyer für "mikroanalyt." Studien zur Erfassung der NSDAP, in: PVS 21. 1980, 152–73.

42 --, Regionale Unterschiede bei der Entstehung des deutschen Faschismus. Ein Plädoyer für "mikroanalyt." Studien zur Erfassung der NSDAP, in: PVS 21. 1980, 152–73.

43 *Höhne, H.*, Der Orden unter dem Totenkopf. Die Geschichte der SS, Gütersloh 1967/2 Bde. München 1969.

44 *Horn, W.*, Der Marsch zur Machtergreifung. Die NSDAP bis 1933, Königstein 1980.

45 *Jamin, M.*, Zwischen den Klassen. Zur Sozialstruktur der SA–Führerschaft, Wuppertal 1984.

46 *Jannen, W.*, Nationalsocialists and Social Mobility, in: JSH 9. 1976, 339–66.

47 *Kater, M.H.*, Ansätze zu einer Soziologie der SA bis zur Röhm–Krise, in: Fs. W. Conze, Stuttgart 1976, 798–831.

48 --, Generationskonflikt als Entwicklungsfaktor in der NS–Bewegung vor 1933, in: GG 11. 1985, 217–43.

49 --, The Nazi–Party 1919–1945, Cambridge/Mass. 1983.

50 --, Quantifizierung u. NS–Geschichte. Methodolog. Überlegungen über Grenzen u. Möglichkeiten einer EDV–Analyse der NSDAP–Sozialstruktur, in: GG 3. 1977, 452–84.

51 --, Zur Soziographie der frühen NSDAP, in: VfZ 19. 1971, 124–59.

52 --, Methodolog. Überlegungen über Möglichkeiten u. Grenzen einer Analyse der sozialen Zusammensetzung der NSDAP 1925–45, in: R. Mann Hg., Die Nationalsozialisten, Stuttgart 1980, 155–85.

53 --, Sozialer Wandel in der NSDAP im Zuge der NS–Machtergreifung, in: W. Schieder Hg., Faschismus als soziale Bewegung, Hamburg 1976/Göttingen 1983[2], 25–67.

54 *Kele, M.*, Nazis and Workers 1919–33, Chapel Hill 1972.

55 *Klönne, A.*, HJ, Hannover 1956.

56 *Kocka, J.*, Ursachen des Nationalsozialismus, in: APZ B 25/80, 3–15.

57 *Küchler, M.*, The NSDAP Vote in the Weimar Republic, in: HSR 17. 1992, 22–52.

58 *Larsen, S.U.* u.a., Who were the Fascists? Social Roots of European Fascism, Bergen 1980.

59 *Laswell, H.*, The Psychology of Hitlerism, PSQ 4. 1933, 373–84.

60 *Lehnert, D.*, Auf dem Weg zur "nationalen Volksgemeinschaft"? Die Durchsetzung der NSDAP als republikfeindl. Sammlungsbewegung im Parteiensystem u. in der polit. Öffentlichkeit, in: K. Megerle Hg., Warum gerade die Nationalsozialisten? Berlin 1983, 12– 67.

61 *Loomis, C.P.* u. J.A. Beegle, The Spread of German Nazism in Rural Areas, in: ASR 11. 1946, 724–34.

62 *Mann, R.* Hg., Die Nationalsozialisten, Stuttgart 1980.

63 *Manstein, P.*, Die Mitglieder u. Wähler der NSDAP 1919–33, Frankfurt 1991[3].

64 *Matzerath, H.* u. H.A. Turner, Die Selbstfinanzierung der NSDAP 1930—1932, in: GG 3. 1977, 59—92.

65 *Mitchell, O.C.* Hg., Nazism and the Common Man, Minneapolis 1972.

66 *Mühlberger, D.*, Hitler's Followers. Studies in the Sociology of the Nazi Movement, London 1991.

67 --, The Sociology of the NSDAP, in: JCH 15. 1980, 493—511.

68 *Noakes, J.*, The Nazi Party in Lower Saxony 1921—33, Oxford 1971.

69 *O'Lessker, K.*, Who Voted for Hitler? A New Look at the Class Basis of Nazism, in: AJS 74. 1968/9, 63—69.

70 *Orlow, D.*, The History of the Nazi Party, I: 1919—1933, II: 1933—1945, Pittsburg 1969/72.

71 *Paetel, K.O.*, Geschichte u. Soziologie der SS, in: VfZ 2. 1954, 1—33.

72 *Parsons, T.*, Some Sociological Aspects of the Fascist Movements, in: ders. Essays in Sociological Theory, Glencoe 1954², 124—41.

73 *Passchier, N.*, The Electoral Geography of the Nazi Landslide, in: S.U. Larsen u.a. Hg., Who were the Fascists? Social Roots of European Fascism, Bergen 1980, 283—306.

74 *Phelps, R.* Hg., "Before Hitler Came": Thule Society and German Orden, in: JMH 1963, 245—61.

75 *Pridham, G.*, Hitler's Rise to Power. The Nazi Movement in Bavaria 1923—33, London 1973.

76 *Reitlinger, G.*, The SS. Alibi of a Nation 1922—45, London 1956; dt.: Die SS. Tragödie einer deutschen Epoche, München 1957.

77 *Rempel, G.*, Hitler's Children. The Hitler Youth and the SS, Chapel Hill 1989.

78 *Rhodes, J.M.*,. The Hitler Movement. A Modern Millenarian Revolution, Stanford 1980.

79 *Roloff, E.—A.*, Wer wählte Hitler? Thesen zur Sozial- u. Wirtschaftsgeschichte der Weimarer Republik, in: Polit. Studien 15. 1964, 293—300.

80 *Riemer, S.*, Zur Soziologie des Nationalsozialismus, in: Die Arbeit 9. 1932, 101—18.

81 *Rünger G.*, Wer wählte die NSDAP? Diss. Bonn 1984.

82 *Saunders, T.*, Nazism and Social Revolution, in: G. Martel Hg., Modern Germany Reconsidered 1870—1945, London 1992, 159—77.

83 *Schäfer, W.*, NSDAP, Hannover 1956.

84 *Schieder, W.* Hg., Faschismus als soziale Bewegung, Hamburg 1976/Göttingen 1983².

85 *Schnabel, T.*, "Wer Wählte Hitler?" Bemerkungen zu einigen Neuerscheinungen über die Endphase der Weimarer Republik, in: GG 9. 1982, 116—33.

86 *Schnaiberg, A.*, Who Voted for Hitler? in: AJS 74. 1969, 732—35.

87 *Schön, E.*, Die Entstehung des Nationalsozialismus in Hessen, Meisenheim 1972.

88 *Stokes, L.D.*, The Social Composition of the Nazi Party in Eutin 1925—32, in: IRSH 23. 1978, 1—32.

89 *Tracey, D.R.*, The Development of the National Socialist Party in Thuringia 1934— 30, in: CEH 8. 1975, 23—50.

90 *Weber, A.*, Soziale Merkmale der NSDAP—Wähler, Diss. Freiburg 1969.

91 *Werner, A.*, SA u. NSDAP, 1920–33, Diss. Erlangen–Nürnberg 1965.
92 *Winkler, H.A.*, Mittelstandsbewegung oder Volkspartei? Die soziale Basis der NSDAP, in: W. Schieder Hg., Faschismus als soziale Bewegung, Hamburg 1976/Göttingen 1983², 97–118.
93 *Ziegler, H.F.*, Elite Recruitment and National Socialism: The SS–Führerkorps 1925–33, in: H. Best Hg., Politik u. Milieu, St. Katharinen 1989, 223–37.
94 *Zofka, Z.*, Die Ausbreitung des Nationalsozialismus auf dem Lande 1928–36, München 1979.
95 *Zorn, W.*, Kirchl.–evangel. Bevölkerung u. Nationalsozialismus in Bayern 1919–33, in: Fs. K. Repgen, Berlin 1983, 319–39.

62. Arbeiterbewegung/Sozialdemokratische und Kommunistische Parteien

1 *Abendroth, W.*, Sozialgeschichte der europ. Arbeiterbewegung, Frankfurt 1965.
2 *Adler, G.*, Die Geschichte der ersten sozialpolit. Arbeiterbewegung in Deutschland, Breslau 1885.
3 *Albrecht, W.*, Fachverein - Berufsgewerkschaft - Zentralverband. Organisationsprobleme der deutschen Gewerkschaften 1870–90, Bonn 1982.
4 *Angermeier, H.*, Die gelben Gewerkschaften in der sozialen Bewegung am Beginn des 20. Jh., in: Fs. W. Andreas, Stuttgart 1962, 189–198.
5 *Angress, W.T.*, Die Kampfzeit der KPD 1921–23, Düsseldorf 1973.
6 *Amstrong, S.*, The Internationalism of the Eary Social Democrats of Germany, in: AHR 47. 1942, 245–58.
7 --, The Social Democrats and the Unification of Germany 1863–71, in: JMH 12. 1940, 485–509.
8 *Badia, G.*, Le Spartakisme. Les dernières années de R. Luxemburg et de K. Liebknecht 1914–19, Paris 1967
9 *Balser, F.*, Sozial-Demokratie 1848/1863, 2 Bde, Stuttgart 1963/1966².
10 *Bassler, G.P.*, The Communist Movement in the German Revolution of 1918–19, in: CEH 6.1973, 233–77.
11 *Bebel, A.*, Aus meinem Leben, 3 Bde, Stuttgart 1910–14/ND Berlin 1986.
12 *Beer, M.*, Allg. Geschichte des Sozialismus u. der sozialen Kämpfe, Berlin 1929⁶.
13 *Beier, G.*, Arbeiterbewegungen in Hessen 1834–1984, Frankfurt 1984.
14 --, Geschichte u. Gewerkschaft. Polit.–histor. Beiträge zur Geschichte sozialer Bewegungen, Köln 1981.
15 --, Gewerkschaften, I: Geschichte, in: HWW 3.1981, 641–59.
16 --, Schwarze Kunst u. Klassenkampf, I: 1830–90, Frankfurt 1966.
17 *Benser, G.*, Zur Herausbildung der Eisenacher Partei 1855–69, Berlin 1956.
18 *Berger, M.*, Arbeiterbewegung u. Demokratisierung, Freiburg 1971.
19 *Bergmann, J.* u.a., Gewerkschaften in der Bundesrepublik, Köln 1975.

20 *Bernstein, E.*, Die Schneiderbewegung in Deutschland, Bd. I, Berlin 1913.
21 --, Die Geschichte der Berliner Arbeiter-Bewegung, 3 Bde, Berlin 1907/10.
22 *v. Beyme, K.*, Gewerkschaften u. Arbeitsbeziehungen in kapitalist. Ländern, München 1977.
23 *Bieber, H.-J.*, Gewerkschaften in Krieg u. Revolution 1914–20, 2 Bde, Hamburg 1982.
24 *Biegert, H.H.*, Gewerkschaftspolitik in der Phase des Kapp-Lüttwitz-Putsches, in: H.Mommsen u.a. Hg., Industrielles System u. polit. Entwicklung in der Weimarer Republik, Düsseldorf 1974, 190–205.
25 *Birker, K.*, Die deutschen Arbeiterbildungsvereine 1840–70, Berlin 1973.
26 *Blank, R.*, Die soziale Zusammensetzung der sozialdemokrat. Wählerschaft Deutschlands, in: ASS 20.1905, 507–50.
27 *Blessing, W.K.*, The Cult of Monarchy, Political Loyalty and the Workers' Movement in Imperial Germany, in: JCH 13. 1978, 357–75.
28 --, Der monarchische Kult, polit. Loyalität u. die Arbeiterbewegung im deutschen Kaiserreich, in: G.A. Ritter Hg., Arbeiterkultur, Königstein 1979, 185–208.
29 *Boch, R.*, Die Entstehungsbedingungen der deutschen Arbeiterbewegung: Das Berg. Land u. der ADAV, in: A. Herzig u. G. Trautmann Hg., "Der kühnen Bahn nur folgen wir ...". Ursprünge, Erfolge u. Grenzen der Arbeiterbewegung in Deutschland, I, Hamburg 1989, 103–19.
30 --, Handwerker-Sozialisten gegen Fabrikgesellschaft. Lokale Fachvereine, Massengesellschaft u. industrielle Rationalisierung in Solingen 1870–1914, Göttingen 1985.
31 --, Zunfttradition u. frühe Gewerkschaftsbewegung, in: U. Wengenroth Hg., Prekäre Selbständigkeit, Stuttgart 1989, 37–69.
32 *Bock, H.M.*, Geschichte des linken Radikalismus in Deutschland, Frankfurt 1976.
33 --, Syndikalismus u. Linkskommunismus 1918–23, Meisenheim 1969.
34 *Boll, F.*, Die deutsche Sozialdemokratie zwischen Resignation u. Revolution 1890– 1919, in: W. Huber u. J. Schwerdtfeger Hg., Frieden, Gewalt, Sozialismus, Stuttgart 1976, 179–281.
35 *Borsdorf U. u. G. Weisen* Hg., Geschichte der deutschen Gewerkschaften von den Anfängen bis 1945, Köln 1987.
36 *Bouvier, B.W.*, Die Anfänge der sozialist. Bewegung, in: H.Reinalter Hg., Demokrat. u. soziale Protestbewegungen in Mitteleuropa 1800–1848/49, Frankfurt 1986, 265–302.
37 --, Die Märzfeiern der sozialdemokrat. Arbeiter, in: D. Düding u.a. Hg., Öffentl. Festkultur, Reinbek 1988, 334–51.
38 *Bravo, G.M.*, Die internationale Frühsozialismusforschung, in: K. Tenfelde Hg., Arbeiter u. Arbeiterbewegung im Vergleich, München 1986, 507–80.
39 *Breuilly, J.*, Liberalismus oder Sozialdemokratie? Ein Vergleich der brit. u. deutschen polit. Arbeiterbewegung 1850–1875, in: J. Kocka Hg., Europ. Arbeiterbewegung im 19. Jh., Göttingen 1983, 129–66.

40 --, Liberalism or Social Democray: A Comparison of British and German Labor Politics 1850–75, in: EHQ 15. 1985, 3–42.

41 --, The Making of the German Working Class, in: AfS 27. 1987, 534–52.

42 *Breunig, W.*, Soziale Verhältnisse der Arbeiterschaft u. sozialist. Arbeiterbewegung in Ludwigshafen 1869–1919, Ludwigshafen 1976.

43 *Brockhaus, E.*, Zusammensetzung u. Neustrukturierung der Arbeiterklasse vor dem Ersten Weltkrieg, München 1975.

44 *Brose, E.D.*, Christian Labor and the Politics of Frustration in Imperial Germany, Washington D.C. 1985.

45 *Buddeberg, T.*, Das soziolog. Problem der Sozialdemokratie, in: ASS 49. 1922, 108–32.

46 *Büsch, O.* u.a. Hg., Die frühsozialist. Bünde in der Geschichte der deutschen Arbeiterbewegung 1836–47, Berlin 1975.

47 *Cassau, T.*, Die Gewerkschaften, Halberstadt 1930.

48 *Cattaruzza, M.*, Arbeiter u. Unternehmer auf den Werften des Kaiserreiches, Stuttgart 1988.

49 *Comfort, R.*, Revolutionary Hamburg: Labor Politics in the Early Weimar Republic, Stanford 1966.

50 *Conze, W.*, Der Beginn der deutschen Arbeiterbewegung, in: Fs. H. Rothfels, Göttingen 1963, 323–338.

51 --, Möglichkeiten u. Grenzen der liberalen Arbeiterbewegung in Deutschland. Das Beispiel Schulze–Delitzsch, Heidelberg 1965.

52 *Cronin, J.E.*, Labor Insurgency and Class Formation, in: Social Science History 4. 1980, 125–52.

53 *Denk, H.D.*, Die christl. Arbeiterbewegung in Bayern bis 1914, Mainz 1980.

54 *Dittrich, E.*, Arbeiterbewegung u. Arbeiterbildung im 19. Jh., Bensheim 1980.

55 *Dowe, D.*, Aktion u. Organisation. Arbeiterbewegung, sozialist. u. kommunist. Bewegung in der Rheinprovinz 1820–1852, Hannover 1970.

56 --, Einige Bemerkungen zur Berufsstruktur des Lassalleschen Allg. Deutschen Arbeitervereins Ende der 1860er Jahre, in: A. Herzig u. G. Trautmann Hg., "Der kühnen Bahn nun folgen wir ...". Ursprünge, Erfolge u. Grenzen der Arbeiterbewegung in Deutschland I: Entstehung u. Wandel der deutschen Arbeiterbewegung, Hamburg 1989, 135–47.

57 -- *u. T. Oppermann* Hg., Deutsche Handwerker- u. Arbeiterkongresse 1848–52, Berlin 1983.

58 *Duhnke, H.*, Die KPD 1933–45, Köln 1972.

59 *Eckert, G.*, Die Braunschweiger Arbeiterbewegung I: 1878–84, Braunschweig 1961.

60 *Eckert, H.*, Liberal- oder Sozialdemokratie? Frühgeschichte der Nürnberger Arbeiterbewegung, Stuttgart 1968.

61 *Eisenberg, C.*, Frühe Arbeiterbewegung u. Genossenschaften, Bonn 1985.

62 --, Deutsche u. engl. Gewerkschaften. Ähnlichkeiten u. Unterschiede zur Zeit ihrer Entstehung u. frühen Entwicklung, Göttingen 1986.

63 *Eley, G.*, Joining Two Histories: The SPD and the German Working Class 1860–1914, in: ders., From Unification to Nazism, London 1986, 171– 99.

64 *Engelhardt, U.*, Die Anfänge der deutschen Gewerkschaftsbewegung 1848–70, in: E. Matthias u. K. Schönhoven Hg., Solidarität u. Menschenwürde, Bonn 1984, 9–23.

65 --, "Nur vereinigt sind wir stark". Die Anfänge der deutschen Gewerkschaftsbewegung 1862/63, 2 Bde, Stuttgart 1977.

66 --, Gewerkschaftl. Interessenvertretung als "Menschenrecht" 1862– 69, in: Fs. W. Conze, Stuttgart 1976, 538–98.

67 --, Gewerkschaftl. Organisationsverhalten in der ersten Industrialisierungsphase, in: W. Conze u. ders. Hg., Arbeiter im Industrialisierungsprozeß, Stuttgart 1979, 372–402.

68 *Erdmann, A.*, Die christl. Arbeiterbewegung in Deutschland, Stuttgart 1909².

69 *Ettelt, W. u. H.D. Krause*, Der Kampf um eine marxist. Gewerkschaftspolitik in der deutschen Arbeiterbewegung 1868–78, Berlin 1975.

70 --, Zur Rolle der Gewerkschaftsbewegung bei der Herausbildung der "Eisenacher" Partei, in: H. Bartel u. E. Engelberg Hg., Die großpreuß.-militaristische Reichsgründung 1871, I, Berlin 1971, 552–97.

71 *Evans, R.J.*, Social Democracy and the Working Class in Imperial Germany, in: EHQ 18. 1988, 77–90.

72 -- Hg., The German Working Class 1888–1933, London 1982.

73 -- Hg., Kneipengespräche im Kaiserreich. Die Stimmungsberichte der Hamburger Polit. Polizei 1892–1914, Reinbek 1989.

74 --, Proletarians and Politics, London 1990.

75 --, "Red Wednesday" in Hamburg: Social Democrats, Police and Lumpenproletariat in the Suffrage Disturbances of 17 January 1906, in: ders., Rethinking German History, London 1987, 248–90.

76 *Eyck, E.*, Der Vereinstag deutscher Arbeitervereine 1863–68, Berlin 1904.

77 *Faust, H.*, Geschichte der Genossenschaftsbewegung, Frankfurt 1965.

78 *Feldman, G.D.*, Die freien Gewerkschaften u. die Zentralarbeitsgemeinschaft 1918– 1924, in: H.O. Vetter Hg., Vom Sozialistengesetz zur Mitbestimmung, Köln 1975, 229– 52.

79 --, Sozialgeschichte u. Geschichte der Arbeiterbewegung, Bonn 1985.

80 *Fischer, W.*, Die Fürther Arbeiterbewegung bis 1870, Diss. Erlangen- Nürnberg 1965.

81 *Franz, E.G.*, Die hess. Arbeitervereine 1848–50, Darmstadt 1975.

82 *Fricke, D.*, Handbuch zur Geschichte der deutschen Arbeiterbewegung 1869–1917, 2 Bde, Berlin 1987.

83 *Fugger, K.*, Geschichte der deutschen Gewerkschaftsbewegung, Berlin 1971².

84 *Furtwängler, F.J.*, Die Gewerkschaften, Hamburg 1956.

85 --, ÖTV. Geschichte einer Gewerkschaft, Stuttgart 1962.

86 *Gärtner, G.*, Die Nürnberger Arbeiterbewegung 1868–1908, Nürnberg 1908.

87 *Geary, D.*, Arbeiterprotest u. Arbeiterbewegung in Europa 1848–1939, München 1983.

88 --, Artisans, Protest and Labour Organization in Germany 1815–70, in: EHQ 16. 1986, 369–77.

89 --, The Failure of German Labor in the Weimar Republic, in: N. Dobkawski u. J. Walliman Hg., Towards the Holocaust, Westport/Conn. 1983, 177–96.

90 --, The German Labour Movement 1848–1919, in: ESR 6. 1976, 297–330.

91 -- Hg., Labour and Socialist Movements in Europe Before 1914, Oxford 1989.

92 --, Identifiying Militancy: The Assessment of Working-Class Attitudes Towards State and Society, in: R.J. Evans Hg., The Germans Working Class, London 1982, 220–46.

93 --, Radicalism and the Worker: Metalworkers and Revolution 1914–23, in: R.J. Evans Hg., Society and Politics in Wilhelmine Germany, London 1978, 267–86.

94 --, Socialism and the German Labour Movement Before 1914, in: ders. Hg., Labour and Socialist Movements in Europe Before 1914, Oxford 1989, 101–36.

95 Geschichte der deutschen Arbeiterbewegung. Biograph. Lexikon, Berlin 1970.

96 Geschichte der deutschen Arbeiterjugendbewegung, Berlin 1973.

97 *Geyer, C.*, Der Radikalismus in der deutschen Arbeiterbewegung, Jena 1923.

98 *Gleichauf, W.*, Geschichte des Verbandes der deutschen Gewerkvereine (Hirsch-Duncker), Berlin 1907.

99 *Goch, S.*, Sozialdemokrat. Arbeiterbewegung u. Arbeiterkultur im Ruhrgebiet 1848– 1975, Düsseldorf 1990.

100 *Goldenberg, B.*, Beiträge zur Soziologie der deutschen Vorkriegssozialdemokratie, Diss. Heidelberg 1932.

101 *Goldschmidt, K.*, Die Deutschen Gewerkvereine (Hirsch-Duncker), Berlin 1907.

102 *Grebing, H.*, Arbeiterbewegung. Sozialer Protest u. kollektive Interessenvertretung bis 1914, München 1985.

103 --, Arbeiterbewegung u. sozialer Wandel im industriellen Kapitalismus. Zu Versuchen einer europ. Vergleichsperspektive, in: TAJB 16.1987, 82–95.

104 --, Geschichte der deutschen Arbeiterbewegung, München 1970^2.

105 *Groh, D.*, Negative Integration u. revolutionärer Attentismus, Berlin 1973.

106 *Grote, H.*, Sozialdemokratie u. Religion, Frankfurt 1975.

107 *Guttsman, W.L.*, The German Social Democratic Party 1875–1933, London 1981.

108 *Häusler, W.*, In der Massenarmut zur Arbeiterbewegung, München 1979.

109 *Hall, A.*, Scandal, Sensation, and Social Democracy, Cambridge 1977.

110 *Hanisch, E.*, Neuere Studien zur Marxismus-Rezeption in der deutschen u. österreich. Arbeiterbewegung, in: K. Tenfelde Hg., Arbeiter u. Arbeiterbewegung im Vergleich, München 1986, 581–610.

111 *Hartmann, K.*, Der Weg zur gewerkschaftl. Organisation. Bergarbeiterbewegung u. kapitalist. Bergbau im Ruhrgebiet 1851–89, München 1977.

112 *Haupt, H.-G.*, Staatl. Bürokratie u. Arbeiterbewegung. Zum Einfluß der Polizei auf die Konstituierung von Arbeiterbewegung u. Arbeiterklasse in Deutschland u. Frankreich 1848–80, in: J. Kocka Hg., Arbeiter u. Bürger im 19. Jh., München 1986, 215–54.

113 *Heilmann, E.*, Geschichte der Arbeiterbewegung in Chemnitz u. dem Erzgebirge, Chemnitz 1912.

114 *Herbert, F.*, Die Sozialdemokratie in Pommern 1869–92, Stettin 1893.

115 *Herkner, H.*, Volkswirtschaft u. Arbeiterbewegung 1850–90, in: Propyläen-Weltgeschichte 8.1930, 387–454.
116 *Herzig, A.*, Der Allg. Deutsche Arbeiterverein, Berlin 1979.
117 *Hickey, S.*, The Shaping of the German Labour Movement. Miners in the Ruhr, in:; R.J. Evans Hg., Society and Politics in Wilhelmine Germany, London 1978, 215–40.
118 *Hirsch-Weber, W.*, Gewerkschaften in der Politik. Von der Massenstreikdebatte zum Kampf um das Mitbestimmungsrecht, Köln 1959.
119 *Hirschfelder, H.*, Die bayerische Sozialdemokratie 1864–1914, 2 Bde, Erlangen 1979.
120 *Höhn, R.* Hg., Die vaterlandslosen Gesellen. Geheimberichte der preuß. Polizei 1878–1914, 3 Bde, Köln 1964ff.
121 --, Sozialismus u. Heer, 3 Bde, Bad Homburg/Bad Harzburg 1959–69.
122 *Hofmann, H.H.* Hg., Führende Kräfte u. Gruppen in der deutschen Arbeiterbewegung, Limburg 1976.
123 *Hübner, M.*, Zwischen Alkohol u. Abstinenz. Trinksitten u. Alkoholfrage im deutschen Proletariat bis 1914, Berlin 1988.
124 *Hüllbusch, U.*, Gewerkschaften u. Staat. Ein Beitrag zur Geschichte der Gewerkschaften zu Anfang u. zu Ende der Weimarer Republik, Diss. Heidelberg 1958.
125 --, Koalitionsfreiheit u. Zwangstarif. Die Stellungnahme des Allgemeinen Deutschen Gewerkschaftsbundes zu Tarifvertrag u. Schlichtungswesen in der Weimarer Republik, in: Fs. W. Conze, Stuttgart 1976, 599–652.
126 --, Der Ruhreisenstreit in gewerkschaftl. Sicht, in: H. Mommsen u.a. Hg., Industrielles System u. polit. Entwicklung in der Weimarer Republik, Düsseldorf 1974, 271–89.
127 *Hunt, R.N.*, German Social Democracy 1918–33, New Haven 1964.
128 Die Erste Internationale in Deutschland 1864–72, Berlin 1964.
129 *Klönne, A.*, Die deutsche Arbeiterbewegung, Düsseldorf 1980.
130 *Koch, M.J.*, Die Bergarbeiterbewegung im Ruhrgebiet zur Zeit Wilhelm II. 1889–1914, Düsseldorf 1954.
131 *Kocka, J.* Hg., Europ. Arbeiterbewegungen im 19. Jh., Göttingen 1983.
132 --, Craft Tradition and the Labour Movement in 19th Century Germany, in: P.Thane u.a. Hg., The Power of the Past, Fs. E.J. Hobsbawm, Cambridge 1984, 95–118.
133 --, Ökonom. u. soziale Entwicklungen in Deutschland vom Beginn des 19. Jh. bis zum Ersten Weltkrieg; Soziale u. wirtschaftl. Voraussetzungen für die Entstehung der Arbeiterbewegung, in: T. Meyer u.a. Hg., Lern- u. Arbeitsbuch deutscher Arbeiterbewegung, Bd. 1/II, Bonn 1984, 9–68.
134 --, Industrialisierung u. Arbeiterbewegung in Deutschland vor 1914, in: Industrialisierung, sozialer Wandel u. Arbeiterbewegung in Deutschland u. Polen bis 1914, Hg. Deutsch-poln. Schulbuchkommission, Braunschweig 19.., 67–79.
135 --, The Study of Social Mobility and the Formation of the Working Class in the 19th Century, in: Mouvement Social 111. 1980, 97–117.
136 --, Traditionsbindung u. Klassenbildung. Zum sozialhistor. Ort der frühen deutschen Arbeiterbewegung, in: HZ 243. 1986, 333–76.

137 *Koeppen, W.*, Die Anfänge der Arbeiter- u. Gesellenbewegung in Franken 1830–52, Diss. Erlangen 1935.

138 *Köster-Bunselmeyer, D.*, Literar. Sozialismus. Texte u. Theorien der deutschen Frühsozialisten 1843–48, Tübingen 1981.

139 *Krause, H.*, USPD, Köln 1975.

140 *Kroker, E. u. W.*, Solidarität aus Tradition. Die Knappenvereine im Ruhrgebiet, München 1988.

141 *Krüger, D.*, Ein "Morgenrot wirklicher Sozialreform". Die 'Gesellschaft für Soziale Reform' u. die Entwicklung der Arbeitsbeziehungen im Ersten Weltkrieg, in: G. Mai Hg., Arbeiterschaft in Deutschland 1914–1918, Düsseldorf 1985, 29–75.

142 *Kulemann, W.*, Die Berufsvereine, 3 Bde, Jena 1908².

143 *Lademacher, H.*, Vom Arbeiterverein zur Massenpartei, in: Politik u. Landschaft, Hg. W.Forst, Köln 1968, 53–102.

144 *Laidler, H.W.*, Social-Economic Movements, London 1953.

145 *Landauer, C.*, European Socialism, 2 Bde, Los Angeles 1959.

146 *Lang, D.G.*, The German Labor Movement 1848–1919, in: ESR 6. 1976, 297–330.

147 *Langewiesche, D.*, The Impact of the German Labor Movement on Workers' Culture, in: JMH 59. 1987, 506–23.

148 *Laufenberg, H.*, Die Geschichte der Arbeiterbewegung in Hamburg, 2 Bde, Hamburg 1911–1913/ND Bonn 1977.

149 *Lehnert, D.*, Sozialdemokratie zwischen Protestbewegung u. Regierungspartei 1848– 1983, Frankfurt 1983.

150 *Lenk, L.*, Revolutionär-kommunist. Umtriebe im Königreich Bayern 1848–64, in: ZBL 28. 1965, 555–622.

151 *Lichtheim, G.*, Kurze Geschichte des Sozialismus, Köln 1972.

152 *Lidtke, V.*, The Alternative Culture. The Socialist Labor Movement in Imperial Germany, N.Y. 1985.

153 --, Lieder der deutschen Arbeiterbewegung 1864–1914, in: GG 5. 1979, 54–82.

154 --, The Outlawed Party. Social Democracy in Germany 1878–1890, Princeton 1966.

155 *Linse, U.*, Organisierter Anarchismus im Deutschen Kaiserreich von 1871, Berlin 1969.

156 *Lösche, P. u. F. Walter*, Zur Organisationskultur der sozialdemokrat. Arbeiterbewegung in der Weimarer Republik. Niedergang der Klassenkultur oder solidargemeinschaftl. Höhepunkt? in: GG 15. 1989, 511–36.

157 *Loops, E.*, Geschichte der Danziger Arbeiterbewegung, Danzig 1929.

158 *Lorwin, V.R.*, Working Class Politics and Economic Development in Western Europe, in: ders. Hg., Labor and Working Conditions in Modern Europe, N.Y. 1967, 58– 72.

159 *Lucas, E.*, Zwei Formen von Radikalismus in der deutschen Arbeiterbewegung, Frankfurt 1976.

160 --, Die Sozialdemokratie in Bremen während des Ersten Weltkriegs, Bremen 1969.

161 --, Ursachen u. Verlauf der Bergarbeiterbewegung in Hamborn u. im westl. Ruhrgebiet 1918/19, in: Duisburger Forschungen 15. 1971, 1—119.

162 *Ludewig, H.-U.*, Arbeiterbewegung u. Aufstand 1920—23, Husum 1978.

163 *Lütcke, K.—P.* Bearb., Dokumentation zur Organisationsgeschichte des Deutschen Metallarbeiter-Verbandes, Wiesbaden 1978.

164 *Luthardt, W.* Hg., Sozialdemokrat. Arbeiterbewegung u. Weimarer Republik 1927— 1933, 2 Bde, Frankfurt 1978.

165 *Mai, G.*, Kriegswirtschaft u. Arbeiterbewegung in Württemberg 1914—18, Stuttgart 1983.

166 *Mallmann, K.M.*, Die Anfänge der Bergarbeiterbewegung an der Saar 1848—1904, Saarbrücken 1981.

167 *Martiny, M.*, Die polit. Bedeutung der gewerkschaftl. Arbeiter-Sekretariate vor 1914, in: H.-O. Vetter Hg., vom Sozialistengesetz zur Mitbestimmung, Köln 1975, 153—74.

168 *Matthias, E. u. K. Schönhoven* Hg., Solidarität u. Menschenwürde. Etappen der deutschen Gewerkschaftsgeschichte von den Anfängen bis zur Gegenwart, Bonn 1984.

169 *Matull, W.*, Ostpreußens Arbeiterbewegung, Würzburg 1970.

170 *Mayer, G.*, Arbeiterbewegung u. Obrigkeitsstaat, Hg. H.-U. Wehler, Bonn 1972.

171 --, Die Trennung der proletar. von der bürgerl. Demokratie in Deutschland 1863—70 (1912), in: ders., Radikalismus, Sozialismus u. bürgerl. Demokratie, Hg. H.-U. Wehler, Frankfurt 1969[2], 108—78.

172 *Mehring, F.*, Geschichte der deutschen Sozialdemokratie (= Werke II), Berlin 1960.

173 *Merriman, J.M.* Hg., Consciousness and Class Experience in 19th Century Europe, N.Y. 1979

174 *Meusel, A.*, Proletariat, in: ESS VI/2. 1934, 510—18.

175 *Meyer, T.* u.a. Hg., Geschichte der deutschen Arbeiterbewegung, 3 Bde, Bonn 1984.

176 *Michels, R.*, Die deutsche Sozialdemokratie, I: Parteimitgliedschaft u. soziale Zusammensetzung, in: ASS 23. 1906, 471—556.

177 *Mielke, S.* Hg., Internationales Gewerkschafts-Handbuch, Opladen 1983.

178 *Miller, S.*, Die Bürde der Macht. Die deutsche Sozialdemokratie 1918—20, Düsseldorf 1978.

179 --, Burgfrieden u. Klassenkampf. Die deutsche Sozialdemokratie im Ersten Weltkriege, Düsseldorf 1974.

180 *Milles, D.*, "aber es kam kein Mensch nach den Gruben, um anzufahren". Arbeitskämpfe der Ruhrbergarbeiter 1867—78, Frankfurt 1983.

181 *Mitchell, H. u. Stearns, P.N.*, Workers and Protest. The European Labor Movement, the Working Classes, and the Origin of Social Democracy 1890—1914, Itaca/Ill. 1971.

182 *Möllers, P.*, Die Essener Arbeiterbewegung in ihren Anfängen, in: RVB 24.1960, 42—65.

183 *Mommsen, H.*, Arbeiterbewegung, in: SDG 1. 1966, 273—313.

184 --, Arbeiterbewegung u. nationale Frage, Göttingen 1979.

185 -- Hg., Arbeiterbewegung u. industrieller Wandel, Wuppertal 1980.

186 --, Die Bergarbeiterbewegung an der Ruhr 1918–1933, in: J. Reulecke Hg., Arbeiterbewegung an Rhein u. Ruhr. Beiträge zur Geschichte der Arbeiterbewegung in Rheinland-Westfalen, Wuppertal 1974, 275–314.

187 --, Die deutschen Gewerkschaften zwischen Anpassung u. Widerstand 1930–33, in: Fs. H. Boeckler, Köln 1975, 275–99.

188 --, Die Freien Gewerkschaften u. die Sozialdemokratie vor dem Ersten Weltkrieg, in: W.J. Mommsen u. H.–G. Husung Hg., Auf dem Wege zur Massengewerkschaft, Stuttgart 1984, 475–95.

189 --, Die Sozialdemokratie in der Defensive: der Immobilismus der SPD u. der Aufstieg des Nationalsozialismus, in: ders. Hg., Sozialdemokratie zwischen Klassenbewegung u. Volkspartei, Frankfurt 1974, 106–33.

190 -- Hg., Sozialdemokratie zwischen Klassenbewegung u. Volkspartei, Frankfurt 1974.

191 *Mommsen, W.J. u. H.–G. Husung* Hg., Auf dem Wege zur Massengewerkschaft, Stuttgart 1984.

192 *Morgan, D.W.*, The Socialist Left and the German Revolution. A History of the German Independent Social Democratic Party 1917–22, Ithaca/N.Y. 1976.

193 *Moring, K.-E.*, Die Sozialdemokrat. Partei in Bremen 1890–1914, Hannover 1968.

194 *Moses, J.A.*, German Trade Unionism from Bismarck to Hitler, 2 Bde, London 1981.

195 *Müller, H.*, Geschichte der Arbeiterbewegung in Sachsen-Altenburg 1848–1919, Jena 1923.

196 *Müller, T.*, Die Geschichte der Breslauer Sozialdemokratie, 2 Bde, Breslau 1925/ND Glashütten 1972.

197 *Na'aman, S.*, Zur Entstehung der deutschen Arbeiterbewegung 1830– 68, Hannover 1978.

198 --, Demokrat. u. soziale Impulse in der Frühgeschichte der deutschen Arbeiterbewegung 1862/63, Wiesbaden 1969.

199 -- *u. H.-P. Hartstick*, Die Konstituierung der deutschen Arbeiterbewegung 1862/63, Assen 1975.

200 *Neebe, R.*, Unternehmerverbände u. Gewerkschaften in den Jahren der Großen Krise 1929–33, in: GG 9. 1983, 302–30.

201 *Nettl, P.*, R. Luxemburg, Köln 1967.

202 *Neumann-Hofer, A.*, Die Entwicklung der Sozialdemokratie bei den Wahlen zum Deutschen Reichstag 1871–1903, Berlin 1903[3].

203 *Nestriepke, S.*, Die Gewerkschaften, 3 Bde, Stuttgart 1919–21.

204 *Neumann, R.P.*, Socialism, the Family and Sexuality. The Marxist Tradition and German Social Democracy Before 1914, Ann Arbor 1972.

205 *Nipperdey, T.*, Sozialdemokratie u. Geschichte, in: Fs. R.Löwenthal Berlin 1978, 493–517.

206 *Nolan, M.*, Economic Crises, State Policy, and Working–Class Formation in Germany 1870–1900, in: I. Katznelson u. A.R. Zolberg Hg., Working-Class Formation, Princeton 1986, 352–93.

207 --, Social Democracy and Society. Working Class Radicalism in Düsseldorf 1890–1920, Cambridge 1981.

208 *Offermann, T.*, Arbeiterbewegung u. liberales Bürgertum in Deutschland 1850–63, Berlin 1979.

209 --, Die regionale Ausbreitung der frühen deutschen Arbeiterbewegung 1848/49–1860/64, in: GG 13. 1987, 419–47.

210 --, Das liberale Vereinsmodell als Organisationsforum der frühen deutschen Arbeiterbewegung der 1860er Jahre, in: A. Herzig u. G. Trautmann Hg., "Der kühnen Bahn nur folgen wir ...". Ursprünge, Erfolge und Grenzen der Arbeiterbewegung in Deutschland, I, Entstehung und Wandel der deutschen Arbeiterbewegung, Hamburg 1989, 39–62.

211 *Oldenberg, K.*, Gewerkvereine, in: HStW 1. 1895/Suppl. 381–404.

212 *Opel, F.*, Der Deutsche Metallarbeiter-Verband während des Ersten Weltkrieges u. der Revolution, Hannover 1957.

213 *Ott, R.*, Kohle, Stahl u. Klassenkampf. Montanindustrie, Arbeiterschaft u. Arbeiterbewegung im Osnabrücker Land 1857–78, Frankfurt 1982.

214 *Parisius, B.*, Vom Groll der "Kleinen Leute" zum Programm der kleinen Schritte. Arbeiterbewegung im Herzogtum Oldenburg 1840–90, Oldenburg 1985.

215 *Pateau, R.*, Cultures and Mentalities, Metaphors and Symbols. Approaches to the History of 19th Century German Labor Movement, in: B. Stråth Hg., Language and the Constitution of Class Identities, Gothenburg 1990, 429–67.

216 *Patsch, W.L.*, Christian Trade Unions in the Weimar Republic 1918– 1933. The Failure of "Corporative Pluralism", New Haven 1985.

217 *Peukert, D.*, Die KPD im Widerstand. Verfolgung u. Untergrundarbeit an Rhein u. Ruhr 1933–1945, Wuppertal 1980.

218 *Pohl, K.H.*, Die Münchener Arbeiterbewegung. SPD, Freie Gewerkschaften, Staat u. Gesellschaft in München 1890–1914, München 1992.

219 *Pollard, S.*, The Trade Unions and the Depression of 1929–1933, in: H. Mommsen u.a. Hg., Industrielles System u. polit. Entwicklung in der Weimarer Republik, Düsseldorf 1974, 237–47.

220 *Potthoff, H.*, Freie Gewerkschaften 1918–33. Der Allg. Deutsche Gewerkschaftsbund in der Weimarer Republik, Düsseldorf 1987.

221 --, Gewerkschaften u. Politik 1918–23, Düsseldorf 1979.

222 *Prager, E.*, Geschichte der USPD, Berlin 1922[2]/ND Glashütten 1970.

223 *Quarck, M.*, Die erste deutsche Arbeiterbewegung, Leipzig 1924/ND Berlin 1977.

224 *Ratz, U.*, Sozialreform u. Arbeiterschaft. Die "Gesellschaft für soziale Reform" u. die sozialdemokrat. Arbeiterbewegung 1900–14, Berlin 1980.

225 *Regling, H.V.*, Die Anfänge des Sozialismus in Schleswig-Holstein 1848-78, Neumünster 1965.

226 *Reichard, R.W.*, Crippled from Birth. German Social Democracy 1844–70, Ames 1969.

227 *Renzsch, W.*, Handwerker u. Lohnarbeiter in der frühen Arbeiterbewegung, Göttingen 1980.

228 *Retzlaw, K.*, Spartakus, Frankfurt 1972[2].

229 *Reulecke, J.* Hg., Arbeiterbewegung an Rhein u. Ruhr, Wuppertal 1974.

230 *Richter, W.*, Gewerkschaften, Monopolkapital u. Staat im Ersten Weltkrieg 1914–18, Berlin 1959.

231 *Ritter, G.A.*, Die Arbeiterbewegung im Wilhelmin. Reich, Berlin 1963^2.

232 --, Die polit. Arbeiterbewegung Deutschlands 1863–1914, in: ders., Arbeiterbewegung, Parteien u. Parlamentarisierung, Göttingen 1974, 21–54.

233 -- Hg., Der Aufstieg der deutschen Arbeiterbewegung, München 1990.

234 -- *u. K. Tenfelde*, Der Durchbruch der Freien Gewerkschaften Deutschlands zur Massenbewegung im letzten Viertel des 19. Jh., in: G.A. Ritter, Arbeiterbewegung, Parteien u. Parlamentarisierung, Göttingen 1976, 55–101.

235 --, Die sozialist. Parteien in Deutschland zwischen Kaiserreich u. Republik, in: Fs. W. Bußmann, Stuttgart 1979, 100–55.

236 --, Probleme der Erforschung von Arbeiterschaft u. Arbeiterbewegung in Deutschland vom Ende des 18. Jh. bis 1914, in: TAJB 16. 1987, 369–97.

237 --, Die Sozialdemokratie im Deutschen Kaiserreich in sozialgeschichtl. Perspektive, in: HZ 249. 1989, 295–362.

238 --, Staat, Arbeiterschaft u. Arbeiterbewegung in Deutschland 1840–1933, Berlin 1980.

239 *Rogger, F.*, "Wir helfen uns selbst". Die kollektive Selbsthilfe der Arbeiterverbrüderung 1848/49 u. die individuelle Selbsthilfe S. Borns, Erlangen 1986.

240 *Rosenhaft, E.*, Beating the Fascists? The German Communists and Political Violence 1929–33, Cambridge 1983.

241 *Rossmeisl, D.*, Arbeiterschaft u. Sozialdemokratie in Nürnberg 1890–1914, Nürnberg 1977.

242 *Roth, G.*, The Social Democrats in Imperial Germany, Totowa 1963.

243 *Rüdinger, K.*, Die Arbeiterbewegung in Bayern 1848–50, Diss. München/Bottrop 1934.

244 *Saul, K.*, Gewerkschaften zwischen Repression u. Integration. Staat u. Arbeitskampf im Kaiserreich 1884–1914, in: W.J. Mommsen u. H.-G. Husung Hg., Auf dem Wege zur Massengewerkschaft. Die Entwicklung der Gewerkschaften in Deutschland u. Großbritannien 1880–1914, Stuttgart 1984, 433–53.

245 --, Staat, Industrie u. Arbeiterbewegung im Kaiserreich. Zur Innen- u. Sozialpolitik des Wilhelmin. Deutschland 1903–14, Düsseldorf 1974.

246 --, Staatsintervention u. Arbeitskampf im Wilhelmin. Reich 1904– 14, in: Sozialgeschichte Heute. 2. Fs. H. Rosenberg, Hg. H.-U. Wehler, Göttingen 1974, 479–94.

247 *Schaaf, F.*, Der Kampf der deutschen Arbeiterbewegung um die Landarbeiter u. werktätigen Bauern 1848–1890, Berlin 1962.

248 *Schade, F.*, K. Eisner u. die bayer. Sozialdemokratie, Hannover 1961.

249 *Schadt, J.*, Die Sozialdemokrat. Partei in Baden 1868–1900, Hannover 1971.

250 *Schäfer, H.P.*, Die "Gelben Gewerkschaften" am Beispiel des Unterstützungsvereins der Siemens-Werke, Berlin, in: VSWG 59. 1972, 41–76.

251 *Schieder, W.*, Anfänge der deutschen Arbeiterbewegung, Stuttgart 1963.

252 --, Bund der Kommunisten, in: SDG 2. 1966, 900–09.

253 --, Kommunismus, in: GGr 3. 1982, 455–529.

254 --, Das Scheitern des bürgerl. Radikalismus u. die sozialist. Parteibildung in Deutschland, in: H. Mommsen Hg., Sozialdemokratie zwischen Klassenbewegung u. Volkspartei, Frankfurt 1974, 17—34.
255 --, Sozialismus, in: GGr. 5. 1984, 923—96.
256 *Schindlmayr-Reyl, I.*, Die Arbeiterbewegung in der Rheinprovinz 1850—62, Diss. Köln 1969.
257 *Schlechte, H.* Bearb., Die Allg. Deutsche Arbeiterverbrüderung 1848—50, Weimar 1979.
258 *Schmidt, G.*, Spartakus, Frankfurt 1971.
259 *Schmidt, W.* Hg., Der Auftakt der deutschen Arbeiterbewegung 1836—1852, Berlin 1987.
260 *Schmierer, W.*, Von der Arbeiterbildung zur Arbeiterpolitik. Die Anfänge der Arbeiterbewegung in Württemberg 1862—78, Hannover 1969.
261 *Schmitz, K.H.*, Anfänge u. Entwicklung der Arbeiterbewegung im Raum Düsseldorf 1859—78, Hannover 1968.
262 *Schneider, E.*, Die Anfänge der sozialist. Arbeiterbewegung in der Rheinpfalz, 1864—99, Diss. Mainz 1956.
263 *Schneider, M.*, Die Christl. Gewerkschaften 1894—1933, Bonn 1982.
264 --, Christl. Arbeiterbewegung in Europa. Ein vergl. Literaturbericht, in: K. Tenfelde Hg., Arbeiter u. Arbeiterbewegung im Vergleich, München 1986, 477—505.
265 --, Höhen, Krisen u. Tiefen. Die Gewerkschaften in der Weimarer Republik 1918—33, in: U. Borsdorf u. G. Weiden Hg., Geschichte der deutschen Gewerkschaften von den Anfängen bis 1945, Köln 1987, 281— 446.
266 --, Unternehmer u. Demokratie. Die Freien Gewerkschaften in der unternehmer. Ideologie 1918—33, Bonn 1975.
267 --, Konjunkturpolit. Vorstellungen der Gewerkschaften in den letzten Jahren der Weimarer Republik. Zur Entwicklung des Arbeitsbeschaffungsplans des ADGB, in: H. Mommsen u.a. Hg., Industrielles System u. polit. Entwicklung in der Weimarer Republik, Düsseldorf 1974, 226—36.
268 *Schönhoven, K.*, Die regionale Ausbreitung der deutschen Gewerkschaften im Kaiserreich 1890—1918, in: G.A. Ritter Hg., Der Aufstieg der deutschen Arbeiterbewegung, München 1990, 345—78.
269 --, Expansion u. Konzentration. Studien zur Entwicklung der Freien Gewerkschaften im Wilhelmin. Deutschland 1890—1914, Stuttgart 1980.
270 --, Die deutschen Gewerkschaften, Frankfurt 1987.
271 --, Die Gewerkschaften als Massenbewegung im Wilhelmin. Kaiserreich 1890—1918, in: U. Borsdorf u. G. Weiden Hg., Geschichte der Deutschen Gewerkschaften von den Anfängen bis 1945, Köln 1987, 169—278.
272 --, Bearb., Die Gewerkschaften in Weltkrieg u. Revolution 1914—1919, Köln 1985.
273 --, Gewerkschaftswachstum, Mitgliederintegration u. bürokrat. Organisation in der Zeit vor dem Ersten Weltkrieg, in: H. Mommsen Hg., Arbeiterbewegung u. industrieller Wandel, Wuppertal 1980, 16—37.

274 --, Gewerkschaftl. Organisationsverhalten im Wilhelmin. Deutschland, in: W. Conze u. U. Engelhardt, Arbeiter im Industrialisierungsprozeß, Stuttgart 1979, 403–21.

275 --, Reformismus u. Radikalismus. Gespaltene Arbeiterbewegung im Weimarer Sozialstaat, München 1989.

276 --, Selbsthilfe als Form von Solidarität. Das gewerkschaftl. Unterstützungswesen im Deutschen Kaiserreich bis 1914, in: AfS 20. 1980, 147–94.

277 *Schöttler, P.*, Syndikalismus in der europ. Arbeiterbewegung. Neuere Forschung in Frankreich, England u. Deutschland, in: K. Tenfelde Hg., Arbeiter u. Arbeiterbewegung im Vergleich, München 1986, 419–75.

278 *Schorske, C.*, German Social Democracy 1905–1917, Cambridge, Mass. 1955/London 1973[3]; dt. Die Große Spaltung, Berlin 1981.

279 *Schraepler, E.*, Der Bund der Gerechten 1840–1847, in: AfS 2. 1962, 5–29.

280 -- u.a., Grundriß der Geschichte der deutschen Arbeiterbewegung, in: JbGMO 13. 1964, 268–347.

281 --, Handwerkerbünde u. Arbeitervereine 1830–53, Berlin 1972.

282 *Schröder, W.*, Klassenkämpfe u. Gewerkschaftsarbeit. Die Herausbildung u. Konstituierung der gesamtnationalen deutschen Gewerkschaftsbewegung u. der Generalkommission der Gewerkschaften Deutschlands, Berlin 1965.

283 --, Partei u. Gewerkschaften. Die Gewerkschaftsbewegung in der Konzeption der revolutionären Sozialdemokratie 1868–93, Berlin 1975.

284 *Schröder, W.*, Arbeitergeschichte u. Arbeiterbewegung. Industriearbeit u. Organisationsverhalten im 19. u. frühen 20. Jh., Frankfurt 1978.

285 -- Hg., Sozialdemokrat. Reichstagsabgeordnete u. Reichstagskandidaten 1898–1918. Biograph.-Statist. Handbuch, Düsseldorf 1986.

286 *Schüddekopf, O.E.*, Linke Leute von rechts. Die nationalrevolutionären Minderheiten u. der Kommunismus in der Weimarer Republik, Stuttgart 1960.

287 *Schuster, K.G.P.*, Der Rote Frontkämpferbund 1924–29. Beiträge zur Geschichte u. Organisationsstruktur eines polit. Kampfbundes, Düsseldorf 1975.

288 *Sieger, H.*, Das erste Jahrzehnt deutscher Arbeiterjugendbewegung 1904–14, Berlin 1955.

289 *Siemann, J.*, Die sozialdemokrat. Arbeiterführer in der Zeit der Weimarer Republik, Diss. Göttingen 1955.

290 *Soell, H.*, Die deutsche Arbeiterbewegung im Reichsland Elsaß-Lothringen 1871–1918, Diss. Heidelberg 1963.

291 *Stephan, C.*, "Genossen, wir dürfen uns nicht von der Geduld hinreißen lassen!" Aus der Geschichte der Sozialdemokratie 1862–78, Frankfurt 1977.

292 *Steinbach, P.*, Sozialdemokrat. Verfassungsverständis zwischen Reichsgründung u. Nationalsozialismus, in: APZ B22/80, 19–33.

293 *Steinberg, H.J.*, Die Entwicklung des Verhältnisses von Gewerkschaften u. Sozialdemokratie bis 1914, in: Fs. H. Böckler, Köln 1975, 121–34.

294 --, Sozialismus u. deutsche Sozialdemokratie, Bonn 1972[3].

295 *Stuke, H.*, Sozialismus: Geschichte, in: HWW 7. 1977, 1–28.

296 *Tenfelde, K.*, Arbeiter, Arbeiterbewegung in: R. van Dülmen Hg., Fischer Lexikon Geschichte, Frankfurt 1990[2], 120–31.

297 --, Zur Bedeutung der Arbeitskämpfe für die Entstehung der deutschen Gewerkschaften, in: E. Matthias u. K. Schönhoven Hg., Solidarität u. Menschenwürde, Bonn 1984, 25–38.
298 --, Strukturelle Bedingungen für Solidarität. Erfahrungen der deutschen Arbeiterbewegung im 19. Jh., in: Gewerkschaftl. Monatshefte 28. 1977, 212–35.
299 --, Die Bergarbeiter, ihre Gewerkschaften u. der Kapp-Putsch, in: J. Gorlas u. D.J.K. Peukert Hg., Ruhrkampf 1920, Essen 1987, 40–58.
300 --, Bergarbeiterbewegung u. Widerstand im Nationalsozialismus, in: 11. März 1933. Ein Tag der Mahnung, Bochum 1983, 7–31.
301 --, Die Entstehung der deutschen Gewerkschaftsbewegung. Vom Vormärz bis zum Ende des Sozialistengesetzes, in: U. Borsdorf u. G. Weisen Hg., Geschichte der deutschen Gewerkschaften von den Anfängen bis 1945, Köln 1987, 17–165.
302 --, Germany, in: M. van der Linden u. J. Rojahn Hg., The Formation of Labour Movements 1870–1914, Leiden 1990, 243–69.
303 --, Gewalt u. Konfliktregelung in den Arbeitskämpfen der Ruhrbergleute vor 1918, in: Wiener Beiträge zur Geschichte der Neuzeit 4. 1977, 185–236.
304 --, Großstadt u. Industrieregion. Die Ausbreitung der deutschen Arbeiterbewegung in Grundzügen, in: Fs. J. Rainer, Innsbruck 1988, 687–700.
305 --, Konflikt u. Organisation in der Frühgeschichte der deutschen Gewerkschaftsbewegung, in: W.J. Mommsen u. H.-G. Husung Hg., Auf dem Wege zur Massengewerkschaft, Stuttgart 1984, 256–76.
306 --, Probleme der Organisation von Arbeitern u. Unternehmern im Ruhrberbau 1890–1918, in: H. Mommsen Hg., Arbeiterbewegung u. industrieller Wandel, Wuppertal 1980, 38–61.
307 --, Zur Sozialgeschichte der Arbeiterbewegungen im Ruhrgebiet 1918–33, in: K. Düwell u. W. Köllmann Hg., Rheinland-Westfalen im Industriezeitalter II, Wuppertal 1984, 333–48.
308 --, Linksradikale Strömungen in der Ruhrbergarbeiterschaft 1905–19, in: H. Mommsen u. U. Borsdorf Hg., Glück auf, Kameraden! Die Bergarbeiter u. ihre Organisationen in Deutschland, Köln 1979, 199–223.
309 --, Wege zur Sozialgeschichte der Arbeiterschaft u. Arbeiterbewegung. Regional- u. lokalgeschichtl. Forschungen (1945–1975) zur deutschen Arbeiterbewegung bis 1914, in: H.-U. Wehler Hg., Die moderne deutsche Geschichte in der internationalen Forschung, Göttingen 1978, 197–255.
310 --, German Workers and the Incapacity for Revolution, in: Theory and Society 9. 1980, 735–44.
311 *Thum, H.*, Mitbestimmung in der Montanindustrie. Der Mythos vom Sieg der Gewerkschaften, Stuttgart 1983.
312 *Todt, E.*, Die gewerkschaftl. Betätigung in Deutschland 1850–59, Berlin 1950.
313 -- *u. Radandt, H.*, Zur Frühgeschichte der deutschen Gewerkschaftsbewegung 1800–49, Berlin 1950.
314 *Trautmann, G.*, Gewerkschaften ohne Streikrecht. Lohntheorie u. Koalitionstheorie in Deutschland 1861–78, in: Fs. W. Conze, Stuttgart 1976, 472–537.
315 *Ueberhorst, H.*, Frisch, frei, stark u. treu: Die Arbeitersportbewegung in Deutschland 1893–1933, Düsseldorf 1973.

316 *Ullrich, V.*, Die Hamburger Arbeiterbewegung vom Vorabend des Ersten Weltkrieges bis zur Revolution 1918/19, Hamburg 1976.

317 *Umbreit, P.*, Die deutschen Gewerkschaften im Kriege/C. Lorenz, Die gewerbl. Frauenarbeit während des Krieges, beide in: Der Krieg u. die Arbeiterverhältnisse, Stuttgart 1928.

318 *Varain, H.J.*, Freie Gewerkschaften, Sozialdemokratie u. Staat: Die Politik der Generalkommission unter der Führung C.Legiens 1890–1920, Düsseldorf 1956.

319 *Vetterli, R.*, Industriearbeit, Arbeiterbewußtsein u. gewerkschaftl. Organisaiton, Göttingen 1978.

320 *Vormbaum, T.*, Sozialdemokratie u. Zivilrechtskodifikation, Berlin 1977.

321 *Wachenheim, H.*, Die deutsche Arbeiterbewegung 1844–1914, Opladen 1971².

322 *Weber, H.* Hg., Der deutsche Kommunismus, 2 Bde, Köln 1973.

323 -- u.a. Hg., Quellen zur Geschichte der deutschen Gewerkschaftsbewegung im 20. Jh., 7 Bde, Köln 1985ff.

324 *Wehler, H.-U.*, Sozialdemokratie u. Nationalstaat, Würzburg 1962/Göttingen 1971².

325 *Wernicke, K.*, Geschichte der revolutionären Berliner Arbeiterbewegung 1830–1849, Berlin 1978.

326 *Wheeler, R.*, Zur sozialen Struktur der Arbeiterbewegung am Anfang der Weimarer Republik, in: H. Mommsen u.a. Hg., Industrielles System u. polit. Entwicklung in der Weimarer Republik, Düsseldorf 1974, 179–89.

327 --, USPD u. Internationale, Berlin 1975.

328 *Winkler, H.A.*, Von der Revolution zur Stabilisierung. Arbeiter u. Arbeiterbewegung in der Weimarer Republik I: 1918–1924, Berlin 1984.

329 --, Der Schein der Normalität. Arbeiter u. Arbeiterbewegung in der Weimarer Republik II: 1924–30, Berlin 1985.

330 --, Der Weg in die Katastrophe. Arbeiter u. Arbeiterbewegung in der Weimarer Republik III: 1930–1933, Berlin 1987.

331 *Wohlgemuth, H.*, Die Entstehung der KPD 1914–18, Berlin 1968.

332 *Wunderer, H.*, Materialien zur Soziologie der Mitgliedschaft u. Wählerschaft der KPD zur Zeit der Weimarer Republik, in: Gesellschaft 5. 1975, 257–81.

333 *Zollitsch, W.*, Einzelgewerkschaften u. Arbeitsbeschäftigung: Zum Handlungsspielraum der Arbeiterbewegung in der Spätphase der Weimarer Republik, in: GG 8. 1982, 87–115.

334 *Zwahr, H.*, Arbeiterbewegung in Deutschland innerhalb der Trias von kapitalabhängigem Handwerk, Manufaktur u. Fabrik, in: A. Herzig u. G. Trautmann Hg., " Der kühnen Bahn nur folgen wir ...". Ursprünge, Erfolge u. Grenzen der Arbeiterbewegung in Deutschland, I: Entstehung u. Wandel der deutschen Arbeiterbewegung, Hamburg 1989, 120–34.

335 --, Die deutsche Arbeiterbewegung im Länder- u. Territorienvergleich 1875, in: GG 13. 1987, 448–507.

63. Interessenverbände

1 *Abelshauser, W.*, The First Post-Liberal Nation: Stages in the Development of Modern Corporatism in Germany, in: EHQ 14.1984, 285–318.
2 *Ackermann, P.*, Der Deutsche Bauernverband im polit. Kräftespiel der Bundesrepublik Deutschland, Tübingen 1970.
3 *Bak, Geun-Gab*, Industrielle Interessenpolitik im frühen Kaiserreich. Der "Verein Deutscher Eisen- u. Stahlindustrieller" 1874–95. Diss. Bielefeld 1987.
4 *Barmeyer, H.*, A. Hermes u. die Organisation der deutschen Landwirtschaft. Christl. Bauernvereine, Reichslandbund, Grüne Front u. Reichsnährstand 1928–33, Stuttgart 1971.
5 *Berghahn, V.*, Der Stahlhelm 1918–1935, Düsseldorf 1966.
6 *v. Bethusy-Huc, V.*, Demokratie u. Interessenpolitik, Wiesbaden 1962.
7 *v. Beyme, K.*, Interessengruppen in der Demokratie, München 1974[4].
8 --, Der Neokorporatismus - Neuer Wein in alte Schläuche? in: GG 10. 1984, 211–33.
9 --, Gesellschaftl. Organisationen, Interessengruppen, Verbände, in: SDG 2. 1968, 972–1000.
10 *Blaich, F.*, Staat u. Verbände in Deutschland 1871–1945, Wiesbaden 1979.
11 --, Der Trustkampf. Ein Beitrag zum Verhalten der Ministerialbürokratie gegenüber Verbandsinteressen im Wilhelmin. Deutschland, Berlin 1975.
12 *Böhme, H.*, Big-Business Pressure Groups and Bismarck's Turn to Protectionism 1873–1879, in: HJ 10. 1967, 218–36.
13 *Boelcke, W.A.*, Landwirtschaftl. Verbände, in: HWW 5. 1980, 18–23.
14 *Braunthal, G.*, The Federation of German Industry in Politics, Ithaca 1965.
15 *Breitling, R.*, Die Verbände in der Bundesrepublik, Meisenheim 1955.
16 *Buchholz, E.*, Die Wirtschaftsverbände in der Wirtschaftsgesellschaft, Tübingen 1969.
17 *Chickering, R.*, Imperial Germany and a World Without War. The Peace Movement and German Society 1892–1914, Princeton 1975.
18 --, We Men Who Feel Most German. A Cultural Study of the Pan-German League 1886–1914, London 1984.
19 --, Patriotic Societies and German Foreign Policy 1890–1914, in: International History Review 1. 1979, 470–89.
20 *Croner, J.*, Geschichte der agrar. Bewegung in Deutschland, Berlin 1907.
21 *Däbritz, W.*, 75 Jahre Verein Deutscher Eisenhüttenleute 1860–1935, in: Stahl u. Eisen 55. 1935, 1257–450.
22 *David, E.*, Der Bund der Landwirte als Machtinstrument des ostelb. Junkertums 1893–1920, Diss. Halle 1967.
23 *Diehl, J.M.*, Von der "Vaterlandspartei" zur "nationalen Revolution". Die vereinigten Vaterländ. Verbände Deutschlands 1922–32, in: VfZ 33. 1985, 617–39.
24 *Eckardt, G.*, Industrie u. Politik in Bayern 1900–1919. Der Bayer. Industriellen Verband, Berlin 1976.

25 *Eley, G.*, The Populist Movement of the 1890s: Agrarian Mobilisation and the Decomposition of the Bismarckian System, in: J.C. Fout Hg., Politics, Parties, and the Authoritarian State: Imperial Germany 1871–1918, N.Y. 1992.

26 --, Zum Problem der Verbände im Kaiserreich, in: Sowi 11. 1982, 22–28.

27 --, Some Thoughts on the Nationalist Pressure Groups in Imperial Germany, in: P. Kennedy u. A. Nicholls Hg., Nationalist and Racialist Movements in Britain and Germany before 1914, Oxford 1981, 40–67.

28 *Erdmann, G.*, Die deutschen Arbeitgeberverbände im sozialen Wandel der Zeit, Neuwied 1966.

29 *Erdmann, M.*, Die verfassungspolit. Funktion der Wirtschaftsverbände in Deutschland 1815–71, Berlin 1968.

30 *Eschenburg, T.*, Herrschaft der Verbände? Stuttgart 1963².

31 *Esenwein-Rothe, I.*, Die Wirtschaftsverbände 1933–45, Berlin 1965.

32 *Feldman, G.D.*, German Interest Group Alliances in War and Inflation 1914–23, in: S. Berger Hg., Organizing Interests in Western Europe, Cambridge 1981, 159–84.

33 -- *u. J. Steinisch* Hg., Industrie u. Gewerkschaften 1918–24. Die überforderte Zentralarbeitsgemeinschaft, Stuttgart 1985².

34 -- *u. U. Nocken*, Trade Association and Economic Power: Interest Group Development in the German Iron and Steel and Machine Building Industries, in: BHR 49. 1975, 413–45.

35 *Fischer, W.*, Staatsverwaltung u. Interessenverbände im Deutschen Reich 1871–1914, in: ders., Wirtschaft u. Gesellschaft im Zeitalter der Industrialisierung, Göttingen 1972, 194–213.

36 --, Unternehmerschaft, Selbstverwaltung u. Staat. Die Handelskammern in der deutschen Wirtschafts- u. Staatsverfassung des 19. Jh., Berlin 1964.

37 *Flemming, J.*, Landwirtschaftl. Interessen u. Demokratie. Ländl. Gesellschaft, Agrarverbände u. Staat 1890–1925, Bonn 1978.

38 --, Großagrar. Interessen u. Landarbeiterbewegung. Überlegungen zur Arbeiterpolitik des "Bundes der Landwirte" u. des "Reichslandbundes" in der Anfangsphase der Weimarer Republik, in: H. Mommsen u.a. Hg., Industrielles System u. polit. Entwicklung in der Weimarer Republik, Düsseldorf 1974, 745–61.

39 *Fricke, D. u. E. Hartwig*, Bund der Landwirte 1893–1920, in: D. Fricke u.a. Hg., Lexikon zur Parteiengeschichte, I, Leipzig 1983², 241–70.

40 -- *u. W. Fritsch*, Deutschnationaler Handlungsgehilfenverband 1893–1934, in: D. Fricke u.a. Hg., Lexikon zur Parteiengeschichte, II, Leipzig 1983², 457–75.

41 --, Der Reichsverband gegen die Sozialdemokratie, in: ZfG 7. 1959, 237– 80.

42 *Galos, A.* u.a., Die Hakatisten. Der Deutsche Ostmarkenverein 1894–1934, Berlin 1966.

43 *Gensel, J.*, Der Deutsche Handelstag 1861–1901, Berlin 1902.

44 *Georges, D.*, Die Interessenpolitik des deutschen Handwerks bis 1914, Frankfurt 1992.

45 --, Die Interessenpolitik des deutschen Handwerks bis 1914, Frankfurt 1991.

46 *Hamel, I.*, Völkischer Verband u. nationale Gewerkschaft. Der "Deutschnationale Handlungsgehilfen-Verband" 1893–1933, Frankfurt 1967.

47 Der Deutsche Handelstag 1861–1911, 2 Bde, Berlin 1911/13.

48 *Hartwich, H.-H.*, Arbeitsmarkt, Verbände u. Staat 1918–33, Berlin 1967.

49 *Hartwig, E.*, Zur Politik u. Entwicklung des "Alldeutschen Verbandes" 1891–1914, Diss. Jena 1966.

50 *Hauenstein, F.*, Die Gründerzeit der Wirtschaftsverbände, in: Ordo 9. 1967, 43–64.

51 *Henning, H.J.*, Kriegervereine in den preuß. Westprovinzen 1860–1914, in: RVB 32. 1968, 430–75.

52 *Herrmann, W.*, Zur Geschichte der Unternehmerverbände in Europa, in: Fs. B. Kuske, Köln 1951, 150–79.

53 *Hoepke, K.-P.*, A. Hugenberg als Vermittler zwischen großindustriellen Interessen u. "Deutschnationaler Volkspartei", in: H. Mommsen u.a. Hg., Industrielles System u. polit. Entwicklung in der Weimarer Republik, Düsseldorf 1974, 907–18.

54 *Horn, H.*, Der Kampf um den Bau des Mittellandkanals, Köln 1964.

55 --, Die Rolle des "Bundes der Landwirte" im Kampf um den Bau des Mittellandkanals, in: JbGMO 7. 1958, 273–358.

56 *Hornung, K.*, Der Jungdeutsche Orden, Düsseldorf 1958.

57 *Huber, E.R.*, Das Verbandswesen des 19. Jh. u. der Verfassungsstaat, in: Fs. T. Maunz, München 1971, 173–98.

58 *Hunt, J.C.*, The "Egalitarianism" of the Right. The Agrarian League in Southwest Germany 1893–1914, in: JCH 10. 1975, 513–30.

59 *Huppert, W.*, Industrieverbände. Organisation u. Aufgaben, Probleme u. neue Entwicklungen, Berlin 1973.

60 Der Deutsche Industrie- u. Handelstag in seinen ersten 100 Jahren, Hg. DIHT, Bonn 1962.

61 *Jacobs, F.*, Von Schorlemer zur Grünen Front, Düsseldorf 1957.

62 *Jones, L.E.*, The Crisis of White-Collar Interest Politics: "Deutsch-nationaler Handlungsgehilfen-Verband" and "Deutsche Volkspartei" in the World Economic Crisis, in: H. Mommsen u.a. Hg., Industrielles System u. polit. Entwicklung in der Weimarer Republik, Düsseldorf 1974, 811–22.

63 *Jüngst, E.*, Fs. zur Feier des 50jährigen Bestehens des "Vereins für die Bergbaul. Interessen im Oberbergamtsbezirk Dortmund", Essen 1908.

64 *Kaelble, H.*, Industrielle Interessenpolitik in der Wilhelmin. Gesellschaft. Centralverband Deutscher Industrieller 1895–1915, Berlin 1967.

65 --, Industrielle Interessenverbände vor 1914, in: W. Rüegg u. O. Neuloh Hg., Zur soziolog. Theorie u. Analyse des 19. Jh., Göttingen 1971, 180–92.

66 *Kaiser, J.H.*, Die Repräsentation organisierter Interessen, Berlin 1956.

67 *Kehr, E.*, Soziale u. finanzielle Grundlagen der Tirpitzschen Flottenpropaganda, in: ders., Der Primat der Innenpolitik, Hg. H.-U. Wehler, Berlin 1976^3, 130–48.

68 *Kessler, G.*, Arbeitgeberverbände, in: HStW 1. 1923^4, 712–29.

69 --, Die deutschen Arbeitgeberverbände, Leipzig 1907.

70 *Klotzbücher, A.*, Der polit. Weg des "Stahlhelm" 1918–33, Diss. Erlangen-Nürnberg 1965.

71 Die Korporation der Kaufmannschaft von Berlin 1820–1920, Berlin 1920.

72 *Krause, A.* Hg., Deutscher Beamtenbund 1918–68, Bad Godesberg 1968.

73 *Krawinkel, M.L.*, Die Verbandsbildung in der deutschen Drahtindustrie, Köln 1968.

74 *Kruck, A.*, Geschichte des "Alldeutschen Verbandes" 1890–1939, Wiesbaden 1954.

75 *Kurtz, C.*, Verbände der deutschen papiererzeugenden Industrie 1870–1933, Berlin 1966.

76 *Lambi, I.N.*, The Agrarian-Industrial Front in Bismarckian Politics, in: JCEA 20. 1961, 378–96.

77 --, The Protectionist Interests of the German Iron and Steel Industry 1873–1879, in: JEH 22. 1962, 59–70; dt. Die Schutzzollinteressen der deutschen Eisen- u. Stahlindustrie 1873–1879, in: H. Böhme Hg., Probleme der Reichsgründungszeit 1848– 79, Köln 1968, 317–21.

78 --, Free Trade and Protection in Germany 1868–1879, Wiesbaden 1963.

79 *Leckebusch, R.*, Entstehung u. Wandlungen der Zielsetzungen, der Struktur u. der Wirkungen von Arbeitgeberverbänden, Berlin 1966.

80 *Lederer, E.*, Klasseninteressen, Interessenverbände u. Parlamentarismus (1912), in: ders., Kapitalismus, Klassenstruktur u. Probleme der Demokratie in Deutschland 1910–1940, Hg. J. Kocka, Göttingen 1979, 14–32.

81 --, Die sozialen Organisationen, Berlin 1922[2].

82 *Liefmann, R.*, Die Unternehmerverbände, Freiburg 1897.

83 *Lindig, U.*, Der Einfluß des "Bundes der Landwirte" auf die Politik des Wilhelmin. Zeitalters, Diss. Hamburg 1953.

84 *Lippold, K.W.*, Ansatzpunkte zur systemorientierten Betrachtung des Verbandes. Analyse der Deutschen Kolpingsfamilie, Berlin 1974.

85 *Lohalm, N.*, Völkischer Radikalismus. Die Geschichte des "Deutsch-völkischen Schutz- u. Trutz-Bundes" 1919–23, Hamburg 1970.

86 *Maier, C.S.*, "Fictitious Bonds ... of Wealth and Law": On the Theory and Practice of Interest Representation, in: S. Berger Hg., Organizing Interest in Western Europe: Pluralism, Corporatism, and the Transformation of Politics, Cambridge 1981, 27–61.

87 *Megerle, K.*, Zur Entstehung von Arbeitgebervereinigungen. Überlegungen am Beispiel des Heidenheimer Fabrikantenvereins von 1835, in: GG 6. 1980, 189–219.

88 *Mielke, S.*, Der Hansa-Bund 1912–14, Göttingen 1976.

89 *Müller, K.*, Agrar. Interessenverbände in der Weimarer Republik, in: RVB 38. 1974, 386–405.

90 *Muth, H.*, Die Führungsschichten der Bauernverbände, in: G. Franz Hg., Bauernschaft u. Bauernstand 1500–1970, Limburg 1975, 291–321.

91 *Nipperdey, T.*, Interessenverbände u. Parteien in Deutschland vor dem Ersten Weltkrieg, in: H.-U. Wehler Hg., Moderne Deutsche Sozialgeschichte, Köln 1966/Königstein 1981[6], 369– 88.

92 --, Organisierter Kapitalismus, Verbände u. die Krise des Kaiserreichs, in: GG 5. 1979, 418–33.

93 *Nocken, U.*, Corporatism and Pluralism in Modern German History, in: 2. Fs. F. Fischer, Bonn 1978, 37–58.

94 *Nusser, H.G.W.*, Konservative Wehrverbände in Bayern, Preußen u. Österreich 1918–33, München 1973.

95 *Puhle, H.-J.*, Polit. Agrarbewegungen in kapitalist. Industriegesellschaften, Göttingen 1975.

96 --, Von der Agrarkrise zum Präfaschismus, Wiesbaden 1972.

97 --, Der "Bund der Landwirte" im wilhelmin. Reich, in: W. Rüegg u. O.Neuloh Hg., Zur soziolog. Theorie u. Analyse des 19. Jh., Göttingen 1971, 145–62.

98 --, Agrar. Interessenpolitik u. preuß. Konservatismus im wilhelmin. Reich 1893–1914, Hannover 1966/Bonn 1975[2].

99 *Pyta, W.*, Landwirtschaftl. Interessenpolitik im Kaiserreich, Stuttgart 1991.

100 *Rohe, K.*, Das Reichsbanner Schwarz-Rot-Gold, Düsseldorf 1966.

101 *Saul, K.*, Der "Deutsche Kriegerbund". Zur innenpolit. Funktion eines "nationalen" Verbandes im kaiserl. Deutschland, in: MM 1969/II, 95–159.

102 *Schade, K.H.*, Die polit. Vertretung der deutschen Landwirte seit 1867, Diss. Bonn 1956.

103 *Schäfer, D.*, Der Deutsche Industrie- u. Handelstag als polit. Forum der Weimarer Republik, Hamburg 1966.

104 *Schäfer, H.*, Regionale Wirtschaftspolitik in der Kriegswirtschaft. Industrie u. Verbände während des Ersten Weltkriegs in Baden, Stuttgart 1983.

105 *v. Schmädel, D.*, Führung u. Interessenverband. Probleme der innerverbandl. Willensbildung, Berlin 1968.

106 *Schmitt, H.*, Entstehung u. Wandlungen der Zielsetzungen, der Struktur u. der Wirkungen der Berufsverbände, Berlin 1966.

107 *Schulz, G.*, Über Entstehung u. Formen der Interessengruppen, in: PVS 2. 1961, 124–54, u. in: ders., Das Zeitalter der Gesellschaft, München 1969, 222–51.

108 --, Räte, Wirtschaftsverbände u. die Transformation des Verbandswesens am Anfang der Weimarer Republik, in: G.A. Ritter Hg., Gesellschaft, Parlament u. Regierung, Düsseldorf 1974, 345–66.

109 *Schulz, G.*, Der gezähmte Konflikt. Zur Interessenverarbeitung durch Verbände u. Parteien am Beispiel der Wirtschaftsentwicklung u. Wirtschaftspolitik in der Bundesrepublik 1966–76, Opladen 1984.

110 *Spiller, J.-O.*, Reformismus nach rechts. Zur Politik des "Reichsverbandes der Deutschen Industrie" 1927–1930 am Beispiel der Reparationspolitik, in: H. Mommsen u.a. Hg., Industrielles System u. polit. Entwicklung in der Weimarer Republik, Düsseldorf 1974, 593–602.

111 *Stammer, O.* u.a., Verbände u. Gesetzgebung, Köln 1965.

112 *Stegmann, D.*, Die Erben Bismarcks. Parteien u. Verbände in der Spätphase des wilhelmin. Deutschland, Köln 1970.

113 --, Hugenberg contra Stresemann. Die Politik der Interessenverbände am Ende des Kaiserreichs 1910–19, in: VfZ 24. 1976, 329–78.

114 --, Unternehmerverbände (Geschichte), in: HWW 8. 1978, 155–77.

115 --, Deutsche Zoll- u. Handelspolitik 1925/26—1929 unter bes. Berücksichtigung agrar. u. industrieller Interessen, in: H. Mommsen u.a. Hg., Industrielles System u. polit. Entwicklung in der Weimarer Republik, Düsseldorf 1974, 499—513.

116 *Tänzler, F.*, Die deutschen Arbeitgeberverbände 1904—29, Berlin 1929.

117 *Tipton, F.B.*, Farm Labor and Power Politics Germany 1850—1914, in: JEH 34. 1974, 951—79.

118 *Tirrell, S.R.*, German Agrarian Politics After Bismarck's Fall. The Formation of the Farmers' League, N.Y. 1951.

119 *Tschierschky, S.*, Die Organisation der industriellen Interessen in Deutschland, Göttingen 1905.

120 *Ullmann, H.-P.*, Der "Bund der Industriellen" 1895—1914, Göttingen 1976.

121 --, Organisierte Interessen im Deutschen Kaiserreich, in: H. Rumpler Hg., Innere Staatsbildung u. gesellschaftl. Modernisierung in Österreich u. Deutschland 1867/71— 1914, München 1991, 91—106.

122 --, Interessenverbände in Deutschland 1800—1986, Frankfurt 1988.

123 --, Zur Rolle industrieller Interessenorganisationen in Preußen u. Deutschland bis 1914, in: H.-J. Puhle u. H.-U. Wehler Hg., Preußen im Rückblick (= GG SoH. 6), Göttingen 1980, 300—23.

124 *Urwin, D.W.*, From Ploughshare to Ballotbox: The Politics of Agrarian Defense in Europe, Oslo 1980.

125 *Varain, H.J.* Hg., Interessenverbände in Deutschland, Köln 1973.

126 *Wambach, M.M.*, Verbändestaat u. Parteienoligopol. Macht u. Ohnmacht der Vertriebenenverbände, Stuttgart 1971.

127 *Warren, D.*, The Red Kingdom of Saxony: Lobbying Grounds for G. Stresemann 1901—09, Den Haag 1964.

128 Der Weg zum industriellen Spitzenverband, Darmstadt 1956.

129 *Wehler, H.-U.*, Zur Funktion u. Struktur der nationalen Kampfverbände im Kaiserreich, in: ders., Historische Sozialwissenschaft u. Geschichtsschreibung, Göttingen 1980, 151—60.

130 *Wein, J.*, Die Verbandsbildung im Einzelhandel, Berlin 1968.

131 *Weisbrod, B.*, Zur Form schwerindustrieller Interessenvertretung in der zweiten Hälfte der Weimarer Republik, in: H. Mommsen u.a. Hg., Industrielles System u. polit. Entwicklung in der Weimarer Republik, Düsseldorf 1974, 674—92.

132 *Wengst, U.*, Der Reichsverband der Deutschen Industrie in den ersten Monaten des Dritten Reiches, in: VfZ 28. 1980, 94—110.

133 --, Unternehmerverbände u. Gewerkschaften in Deutschland 1930, in: VfZ 25. 1977, 99—119.

134 *Werner, K.-G.*, Organisation u. Politik der Gewerkschaften u. Arbeiterverbände in der deutschen Bauwirtschaft, Berlin 1968.

135 *Werner, L.*, Der Alldeutsche Verband 1890—1918, Berlin 1935.

136 *Wertheimer, M.S.*, The Pan-German League 1890—1914, N.Y. 1924.

137 *Winkler, H.A.*, Pluralismus oder Protektionismus? Verfassungspolitische Probleme des Verbandswesens im deutschen Kaiserreich, in: ders., Liberalismus u. Antiliberalismus, Göttingen 1979, 163—74.

138 --, Unternehmerverbände zwischen Ständeideologie u. Nationalsozialismus, in: ders., Liberalismus u. Antiliberalismus, Göttingen 1979, 175—94.
139 *Wössner, J.*, Die ordnungspolit. Bedeutung des Verbandswesens, Tübingen 1961.
140 *Zeise, R.*, Der "Kongreß deutscher Volkswirte" u. seine Rolle beim Abschluß der bürgerl. Umwälzung 1858—71, in: JbG 21. 1980, 147—68.
141 --, Zur Rolle der kapitalist. Interessenverbände beim Abschluß der bürgerl. Umwälzung in den deutschen Staaten, in: JbG 14. 1976, 125—75.

64. Nationalismus

1 *Alter, P.*, Nationalismus, Frankfurt 1985.
2 *Anderson, B.*, Die Erfindung der Nation, Frankfurt 1988.
3 *Applegate, C.*, A Nation of Provincials: The German Idea of Heimat, Berkeley 1990.
4 *Berdahl, R.M.*, Der deutsche Nationalismus in neuer Sicht, in: H.A. Winkler Hg., Nationalismus, Königstein 1978, 138—54.
5 *Berding, H.*, Staatl. Identität, nationale Integration u. polit. Regionalismus, in: BDL 121. 1985, 371—93.
6 *Berlin, I.*, Der Nationalismus, Meisenheim 1990.
7 *Best, H.*, Interessenpolitik u. nationale Integration 1848/49, Göttingen 1980.
8 *Binkley, R.C.*, Realism and Nationalism 1852—71, N.Y. 1963².
9 *Breton, A.*, The Economics of Nationalism, in: JPE 1964, 376—87.
10 *Breuilly, J.*, Nationalism and the State, Manchester 1982.
11 --, The State of Germany. The National Idea in the Making, Unmaking, and Remaking of a Modern Nation-State, London 1992.
12 *Buse, D.*, Lower-Class German Nationalism in Bremen in 1815, in: Canadian Review of Studies in Nationalism 14. 1987, 93—103.
13 -- *u. J.C. Doerr*, German Nationalism. A Bibliographical Approach, N.Y. 1985.
14 *Coetzee, M.S.*, The German Army League. Popular Nationalism in Wilhelmine Germany, N.Y. 1990.
15 *Conze, W.*, Zum Verhältnis des Lutherthums zu den mitteleurop. Nationalbewegungen im 19. Jh., in: B. Möller Hg., Luther in der Neuzeit, Gütersloh 1983, 178—93, u. in: ders., Gesellschaft, Staat, Nation, Hg. U. Engelhardt u.a., Stuttgart 1992, 422—37.
16 *Daebel, J.*, Die Schleswig-Holstein-Bewegung in Deutschland 1863/64, Diss. Köln 1969.
17 *Dann, O.*, Deutsche Nation, Nationalbewegung, Nationalismus, München 1992.
18 -- Hg., Nationalismus u. sozialer Wandel, Hamburg 1978.
19 --, Nationalismus u. sozialer Wandel in Deutschland 1806—50, in: ders. Hg., Nationalismus u. sozialer Wandel, Hamburg 1978, 77—128.
20 -- Hg., Nationalismus in vorindustrieller Zeit, München 1986.

21 --, Der polit. Strukturwandel u. das Problem der Nationsbildung in Deutschland um die Wende des 18. Jh., in: W. Conze u.a. Hg., Modernisierung u. nationale Gesellschaft, Berlin 1979, 48–58.

22 *Deutsch, K.W.*, Nationalism and Social Communication, Cambridge/Mass. 1966².

23 --, Der Nationalismus u. seine Alternativen, München 1972.

24 *Dipper, C.*, Nationalstaat u. Klassengesellschaft (19. Jh.), in: G. Niemetz u. U. Uffelmann Hg., Epochen der modernen Geschichte, Würzburg 1986, 73–92.

25 *Düding, D.*, Die Kriegervereine im wilhelmin. Reich u. ihr Beitrag zur Militarisierung der deutschen Gesellschaft, in: J. Dülffer u. K. Holl Hg., Bereit zum Krieg, 1890– 1914, Göttingen 1986, 99–121.

26 --, Die Kriegervereine im wilhelm. Reich u. ihr Beitrag zur Militarisierung der deutschen Gesellschaft, in: J. Dülffer u.a. Hg., Bereit zum Krieg, 1890–1914, Göttingen 1986, 99–121.

27 --, Die deutsche Nationalbewegung des 19. Jh. als Vereinsbewegung, in: GWU 42. 1991, 601–24.

28 --, Deutsche Nationalfeste im 19. Jh., in: AfK 69. 1987, 371–88.

29 --, Organisierter gesellschaftl. Nationalismus in Deutschland 1808–1847. Bedeutung u. Funktion der Turner– u. Sängervereine für die deutsche Nationalbewegung, München 1983.

30 --, Nationale Oppositionsfeste der Turner, Sänger u. Schützen im 19. Jh., in: ders. u.a. Hg., Öffentl. Festkultur, Reinbek 1988, 166–90.

31 *Dülffer, J. u. K. Holl* Hg., Bereit zum Krieg. Kriegsmentalität im wilhelmin. Deutschland 1890–1914, Göttingen 1986.

32 -- *u. K. Holl* Hg., Bereit zum Krieg. Kriegsmentalität im wilhelmin. Deutschland 1890–1914, Göttingen 1986.

33 *Eley, G.*, Nationalism and Social History, in: SH 6. 1981, 83–107.

34 --, German Politics and Polish Nationality: The Dialectic of Nation-Forming in the East of Prussia, in: ders., From Unification to Nazism, London 1986, 200–28.

35 --, State Formation, Nationalism, and Political Culture: Some Thoughts on the Unification of Germany, in: ders., From Unification to Nazism, London 1986, 61–84.

36 --, Wilhelminismus, Nationalismus, Faschismus, Münster 1990.

37 *Elias, N.*, Ein Exkurs über Nationalismus, in: ders., Studien über die Deutschen, Frankfurt 1989, 161–222.

38 *Epkenhans, M.*, Die wilhelmin. Flottenrüstung 1908–14, München 1991.

39 *v.d. Gablentz, O.*, Nationalismus, in: HSW 7. 1961, 540–46.

40 *Gellner, E.*, Nations and Nationalism, Oxford 1983; dt. Nationalismus u. Moderne, Berlin 1990.

41 *Giesen, B.* Hg., Nationale u. kulturelle Identität, Frankfurt 1991.

42 *Gründer, H.*, Nation u. Katholizismus im Kaiserreich, in: A. Langer Hg., Katholizismus, nationaler Gedanke u. Europa seit 1800, Paderborn 1985, 65–89.

43 *Hagen, W.W.*, Germans, Poles and Jews. The Nationality Conflict in the Prussian East 1772–1914, Chicago 1980.

44 *Hanisch, M.*, Nationalisierung der Dynastien oder Monarchisierung der Nation? Verhältnis von Monarchie u. Nation in Deutschland im 19. Jh., in: A.M. Birke u. L. Kettenacker Hg., Bürgertum, Adel u. Monarchie, München 1989, 71–91.

45 *Hardtwig, W.*, Von Preußens Aufgabe in Deutschland zu Deutschlands Aufgabe in der Welt. Liberalismus u. borussianisches Geschichtsbild zwischen Revolution u. Imperialismus, in: ders., Geschichtskultur u. Wissenschaft, München 1990, 103–60.

46 *Hauser, O.*, Polen u. Dänen im Deutschen Reich, in: T. Schieder u. E. Deuerlein Hg., Reichsgründung 1870/71, Stuttgart 1970, 291–318.

47 --, Preuß. Staatsräson u. nationaler Gedanke, Neumünster 1960.

48 *Hayes, C.J.H.*, Nationalism, N.Y. 1960.

49 *Hertz, F.*, Zur Soziologie der Nation u. des Nationalbewußtseins, in: ASS 65. 1931, 1–60.

50 *Hobsbawm, E.J.*, Introduction: Inventing Traditions; Mass-Producing Traditions: Europe 1870–1914, in: ders. u. T. Ranger Hg., The Invention of Tradition, Cambridge 1983, 1–14; 263–307.

51 --, Nations and Nationalism Since 1780, Cambridge 1990; dt. Nationen und Nationalismus. Mythos und Realität seit 1780, Frankfurt 1991.

52 --, Some Reflections on Nationalism, in: T.J. Nossiter u.a. Hg., Imagination and Precision in the Social Sciences, in: Fs. P. Nettl, London 1972, 385–406.

53 *Hroch, M.*, Das Bürgertum in den nationalen Bewegungen des 19. Jh. Ein europ. Vergleich, in: J. Kocka Hg., Bürgertum im 19. Jh., III, München 1988, 337–59.

54 *Jeismann, M.*, Das Vaterland der Feinde. Studien zum nationalen Feindbegriff u. Selbstverständnis in Deutschland u. Frankreich 1792–1918, Stuttgart 1992.

55 *John, H.G.*, Politik u. Turnen. Die Deutsche Turnerschaft als nationale Bewegung im Kaiserreich 1871–1914, Ahrensburg 1976.

56 *Kiernan, V.G.*, Nationalist Movements and Social Classes, in: A.D. Smith Hg., Nationalist Movements, London 1976, 110–33.

57 *Kohn, H.*, Nationalism, in: IESS 11. 1968, 63–69.

58 *Langewiesche, D.*, "Nation" u. "Nationalstaat". Zum Funktionswandel polit.-gesellschaftl. Leitideen in Deutschland seit dem 19. Jh., in: F.W. Busch Hg., Perspektiven gesellschaftl. Entwicklung in beiden deutschen Staaten, Oldenburg 1988, 173– 83.

59 --, Reich, Nation u. Staat in der jüngeren deutschen Geschichte, in: HZ 254. 1992, 341–81.

60 --, Die schwäb. Sängerbewegung in der Gesellschaft des 19. Jh. - ein Beitrag zur kulturellen Nationalbildung, in: Zeitschrift für Württemberg. Landesgeschichte 1993.

61 --, "... für Volk u. Vaterland kräftig zu würken". Zur polit. u. gesellschaftl. Rolle der Turner 1811–71, in: O. Grupe Hg., Kulturgut oder Körperkult, Tübingen 1990, 22–61.

62 *Lemberg, E.*, Geschichte des Nationalismus in Europa, Stuttgart 1950.

63 --, Nationalismus, 2 Bde, Reinbek 1964.

64 --, Nationalismus, in: Staatslexikon 5. 1960^4, 896–902.

65 *Lepsius, M.R.*, Nation u. Nationalismus in Deutschland, in: H.A. Winkler Hg., Nationalismus in der Welt von heute, Göttingen 1982 (= GG SoH. 8), 12–27.

66 --, Extremer Nationalismus. Strukturbedingungen vor der nationalsozialist. Machtergreifung, Stuttgart 1966.

67 *Mommsen, H.*, Nation u. Nationalismus in sozialgeschichtl. Perspektive, in: W. Schieder u. V. Sellin Hg., Sozialgeschichte in Deutschland, II, Göttingen 1986, 162–85.

68 --, Der Nationalismus als weltgeschichtl. Faktor. Probleme einer Theorie des Nationalismus, in: ders., Arbeiterbewegung u. nationale Frage, Göttingen 1979, 15–60.

69 *Mosse, G.L.*, Die Nationalisierung der Massen, Berlin 1976.

70 --, Nationalismus u. Sexualität, Reinbek 1987[2].

71 *Na'aman, S.*, Der Deutsche Nationalverein 1859–67, Düsseldorf 1987.

72 *Nipperdey, T.*, Nationalidee u. Nationaldenkmal im 19. Jh., in: HZ 206.1968, 529– 85 u. in: ders., Gesellschaft, Kultur, Theorie, Göttingen 1976, 133–73.

73 --, Auf der Suche nach Identität. Romant. Nationalismus, in: ders., Nachdenken über die deutsche Geschichte, München 1986, 110–25.

74 *Pogge-v. Strandmann, H.*, Nationale Verbände zwischen Weltpolitik u. Kontinentalpolitik, in: H. Schottelius u. W. Deist Hg., Marine u. Marinepolitik in Deutschland 1871–1914, Düsseldorf 1972, 296–317.

75 *Real, W.*, Der deutsche Reformverein, Lübeck 1966.

76 *Rohkrämer, T.*, Der Militarismus der "kleinen Leute". Die Kriegervereine im Deutschen Kaiserreich, München 1990.

77 *Rosenthal, H.K.*, German and Pole. National Conflict and Modern Myth, Gainesville 1976.

78 *Sauer, W.*, Das Problem des deutschen Nationalstaats, in: PVS 3.1962, 159–86 u. in: Moderne deutsche Sozialgeschichte, Hg. H.-U. Wehler, Königstein 1981[6], 407–36.

79 *Schieder, T.* u.a. Hg., Nationale Bewegung u. soziale Organisation, I, München 1978.

80 --, Das Deutsche Kaiserreich als Nationalstaat, Köln 1961/ND Hg. H.-U. Wehler, Göttingen 1992.

81 --, Nationalismus u. Nationalstaat, Hg. O. Dann u. H.- U. Wehler, Göttingen 1991/1992[2].

82 --, Der Nationalstaat in Europa als histor. Problem, Köln 1964.

83 --, Partikularismus u. nationales Denken im Vormärz, in: W. Conze Hg., Staat u. Gesellschaft im deutschen Vormärz 1815–1848, Stuttgart 1982[3], 9–38.

84 --, Probleme der Nationalismus-Forschung, in: ders. u. P. Burian Hg., Sozialstruktur u. Organisation europ. Nationalbewegungen, München 1971, 9–18.

85 -- *u. P. Burian* Hg., Sozialstruktur u. Organisation europ. Nationalbewegungen, München 1971.

86 --, Typologie u. Erscheinungsformen des Nationalstaats in Europa, in: H.A. Winkler Hg., Nationalismus, Königstein 1978, 119–37.

87 *Schilling, K.*, Beiträge zu einer Geschichte des radikalen Nationalismus 1890–1909, Diss. Köln 1968.

88 *Schulze, H.*, Die deutsche Nationalbewegung bis zur Reichseinigung, in: O. Büsch u. J.J. Sheehan Hg., Die Rolle der Nation in der deutschen Geschichte u. Gegenwart, Berlin 1985, 84–117.
89 --, Der Weg zum Nationalstaat. Die deutsche Nationalbewegung vom 18. Jh. bis zur Reichsgründung, München 1985.
90 *Schwab, R.*, Der deutsche Nationalverein, Frauenfeld 1902.
91 *Sheehan, J.J.*, The Problem of the Nation in German History, in: O. Büsch u. ders. Hg., Die Rolle der Nation in der deutschen Geschichte u. Gegenwart, Berlin 1985, 3– 20.
92 *Snyder, L.*, German Nationalism, Port Washington 1969[2].
93 --, Roots of German Nationalism 1815–1970, Bloomington 1978.
94 *Wehler, H.-U.*, Zur neueren Geschichte der Masuren, in: ders., Krisenherde des Kaiserreichs 1871–1918, Göttingen 1979[2], 238–48.
95 --, Die Polenpolitik im Deutschen Kaiserreich 1871–1918, in: ders., Krisenherde des Kaiserreichs 1871–1918, Göttingen 1979[2], 184–202.
96 *Werner, E.*, Die Slowenen im Ruhrgebiet, in: SW 9. 1958, 247–61.
97 *Winkler, H.A.* Hg., Nationalismus, Königstein 1978/1985[2].
98 --, Der Nationalismus u. seine Funktionen, in: ders., Nationalismus, Königstein 1978, 5–46, u. in: ders., Liberalismus u. Antiliberalismus, Göttingen 1979, 52–80.
99 --, Vom linken zum rechten Nationalismus: Der deutsche Liberalismus in der Krise von 1878/79, in: ders., Liberalismus u. Antiliberalismus, Göttingen 1979, 36–51.
100 *Wittram, R.*, Das Nationale als europ. Problem, Göttingen 1954.
101 *Zillesen, H.*, Volk - Nation - Vaterland. Der deutsche Protestantismus u. der Nationalismus, Gütersloh 1979.
102 *Zorn, W.*, Sozialgeschichtl. Probleme der nationalen Bewegung in Deutschland, in: T. Schieder u. P. Burian Hg., Sozialstruktur u. Organisation europ. Nationalbewegungen, München 1971, 97–115.

65. Juden und Antisemitismus

1 *Adam, U.D.*, Judenpolitik im Dritten Reich, Düsseldorf 1979[2].
2 *Adler, H.*, Ostjuden in Deutschland 1880–1940, Tübingen 1959.
3 *Adler-Rudel, S.*, Ostjuden in Deutschland 1880–1940, Tübingen 1959.
4 *Angress, W.T.*, The German Army's "Judenzählung" of 1916, in: LBIYB 23. 1978, 117–37.
5 --, The Impact of the "Judenwahlen" of 1912 on the Jewish Question, in: YLBI 28. 1983, 367–410.
6 --, The German Jews 1933–39, in: H. Friedländer u. S. Milton Hg., The Holocaust: Ideology, Bureaucracy, and Genocide, Millwood 1980, 69–82.
7 --, Jüd. Jugend im "Dritten Reich", Hamburg 1985.

8 --, Das deutsche Militär u. die Juden im Ersten Weltkrieg, in: MM 4. 1976, 77–146.

9 --, Prussia's Army and the Jewish Reserve Officer Controversy Before World War One, in: J.J. Sheehan Hg., Imperial Germany, N.Y. 1975, 93–128.

10 *Arnsberg, P.*, Die jüd. Gemeinden in Hessen, 2 Bde, Frankfurt 1971.

11 *Aschheim, S.E.*, Brothers and Strangers. The East European Jew in German and German Jewish Consciousness 1800–1923, Madison 1982.

12 *Bahr, H.*, Der Antisemitismus. Ein internationales Interview (Berlin 1894), Hg. H. Greive, Königstein 1979.

13 *Bahrdt, H.P.*, Soziolog. Reflexionen über die gesellschaftl. Voraussetzungen des Antisemitismus in Deutschland, in: W.E. Mosse u. A. Paucker Hg., Entscheidungsjahr 1932, Tübingen 1965, 135–55.

14 *Ball-Kaduri, K.J.*, Berlin wird judenfrei, in: JbGMO 22. 1973, 208ff.

15 *Barbu, Z.*, Die sozialpsycholog. Struktur des nationalsozialist. Antisemitismus, in: W.E. Mosse u. A. Paucker Hg., Entscheidungsjahr 1932, Tübingen 1965, 157–81.

16 *Barkai, A.*, Sozialgeschichtl. Aspekte der deutschen Judenheit in der Zeit der Industrialisierung, in: JbIDG 11. 1982, S. 237–60.

17 --, Vom Boykott zur "Entjudung". Der wirtschaftl. Existenzkampf der Juden im Dritten Reich 1933–1943, Frankfurt 1988.

18 --, The German Jews at the Start of Industrialization - Structural Change and Mobility 1835–60, in: W.E. Mosse u.a. Hg., Revolution and Evolution. 1848 in German- Jewish History, Tübingen 1981, 123–56.

19 --, Jüd. Minderheit u. Industrialisierung 1850–1914, Tübingen 1988.

20 *Baumgart, P.*, Die "Freiheitsrechte" der jüd. Minderheit im Staat des Aufgeklärten Absolutismus, in: G. Birtsch Hg., Grund- u. Freiheitsrechte im Wandel von Gesellschaft u. Geschichte, Göttingen 1981, 121–45.

21 --, Absoluter Staat u. Judenemanzipation in Brandenburg-Preußen, in: JbGMO 13/14. 1965, 60–87.

22 *Bautz, F.J.* Hg., Geschichte der Juden, München 1983/1986^2.

23 *Behnen, M.*, Probleme des Frühantisemitismus in Deutschland 1815–48, in: BDL 112. 1976, 244–79.

24 *Bein, A.*, Modern Anti-Semitism, in: Between East and West, Fs. B. Horowitz, London 1958, 164–93.

25 --, Die Judenfrage, 2 Bde, Stuttgart 1980.

26 --, Die Judenfrage in der Literatur des modernen Antisemitismus, in: Bulletin of the Leo Baeck Institute 6. 1963, 4-51.

27 *Bennathan, E.*, Die demograph. u. wirtschaftl. Struktur der Juden, in: W.E. Mosse Hg., Entscheidungsjahr 1932: Zur Judenfrage in der Endphase der Weimarer Republik, Tübingen 1965, 87–131.

28 *Benz, W.* Hg., Die Dimension des Völkermords. Zur Zahl der jüd. Opfer im Nationalsozialismus, München 1991.

29 *Berding, H.*, Moderner Antisemitismus in Deutschland, Frankfurt 1988.

30 --, Die Emanzipation der Juden im Königreich Westfalen 1807–13, in: AfS 23. 1983, 23–50.

31 --, Judenemanzipation im Rheinbund, in: E. Weis Hg., Reformen im rheinbünd. Deutschland, München 1984, 269–86.
32 *Bering, D.*, Der Name als Stigma. Antisemitismus im deutschen Alltag 1812–1933, Stuttgart 1987.
33 *Bieber, H.-J.*, Anti-Semitism as a Reflection of Social, Economic and Political Tension in Germany 1880–1933, in: D. Bronsen Hg., Jews and Germans, Heidelberg 1979, 33–77.
34 *v. Bieberstein, J.R.*, Die These von der Verschwörung 1776–1945. Philosophen, Freimaurer, Juden, Liberale u. Sozialisten als Verschwörer gegen die Sozialordnung, Berlin 1976.
35 *Blackbourn, D.*, Roman Catholics, the Centre Party and Anti-Semitism in Imperial Germany, in: P. Kennedy u. A. Nicholls Hg., Nationalist and Racialist Movements in Britain and Germany before 1914, London 1981, 106–29.
36 *Blasius, D.*, "Geträumte Sicherheit" - Lebensgeschichten jüd. Menschen in Deutschland, in: GG 9. 1983, 453–61.
37 *Bolkovsky, S.S.*, The Distorted Image. German Jewish Perceptions of Germans and Germany 1918–45, N.Y. 1975.
38 *Braatz, W.*, Antisemitismus, Antimodernismus u. Antiliberalismus im ausgehenden 19. Jh., in: Polit. Studien 22. 1971, 20–33.
39 *Brakelmann, G.* u.a. Hg., Antisemitismus, Göttingen 1989.
40 *Brammer, A.H.*, Judenpolitik u. Judengesetzgebung in Preußen 1812–14, Berlin 1987.
41 *Breslauer, W.*, Der Verband deutscher Juden 1904–20, in: Bulletin of the Leo Baeck Institute 7. 1964, 345–79.
42 *Breuer, M.*, Jüd. Orthodoxie im Deutschen Reich 1871–1918, Frankfurt 1986.
43 *Bronsen, D.* Hg., Jews and Germans 1860–1933. The Problematic Symbiosis, Heidelberg 1979.
44 *Browning, C.R.*, Genocide and Public Health: German Doctors and Polish Jews 1939–41, in: Holocaust and Genocide Studies 3. 1988, 21–36.
45 --, The Final Solution and the German Foreign Office, N.Y. 1978.
46 *Bruer, A.A.*, Geschichte der Juden in Preußen 1750–1820, Frankfurt 1991.
47 *Brunner, F.H.*, Juden als Bankiers, in: Fs. S. Moses, Tel Aviv 1962, 509–35.
48 *Caro, G.*, Sozial- u. Wirtschaftsgeschichte der Juden im Mittelalter u. der Neuzeit, Leipzig 1908.
49 *Carsten, F.*, The Court Jews, in: LBIYB 3. 1958, 140–56.
50 *Cecil, L.A.*, Jew and Junkers in Berlin, in: LBIYB 20. 1975, 47–58.
51 *Claussen, D.*, Grenzen der Aufklärung. Zur gesellschaftl. Geschichte des modernen Antisemitismus, Frankfurt 1987.
52 *Dawidowicz, L.S.*, Der Krieg gegen die Juden 1933–45, München 1979.
53 *Dipper, C.*, Der deutsche Widerstand u. die Juden, in: GG 9. 1983, 349–80.
54 --, Der Widerstand u. die Juden, in: J. Schmädecke u. P. Steinbach Hg., Der Widerstand gegen den Nationalsozialismus, München 1985, 598–615.
55 *Dobkowski, M.N. u. I. Wallimann* Hg., Towards the Holocaust, London 1983.
56 *Döscher, H.-J.*, Reichskristallnacht. Die November-Pogrome 1938, Berlin 1988.

57 *Ebeling, H.-H.*, Die Juden in Braunschweig. Rechts-, Sozial- u. Wirtschaftsgeschichte von den Anfängen der jüd. Gemeinde bis zur Emanzipation 1282–1848, Braunschweig 1988.

58 *Eichstädt, V.*, Bibliographie zur Geschichte der Judenfrage, I: 1750–1848, Hamburg 1938/ND Farnborough 1969.

59 *Elbogen, I. u. E. Sterling*, Die Geschichte der Juden in Deutschland, Frankfurt 1966.

60 *Engelmann, H.*, Die Entwicklung des Antisemitismus im 19. Jh. u. A. Stoeckers "Antijüd. Bewegung", Diss. Erlangen 1953.

61 *Erb. R. u. W. Bergmann*, Die Nachtseite der Judenemanzipation. Der Widerstand gegen die Integration der Juden in Deutschland 1780–1860, Berlin 1989.

62 *Faust, A.*, Die "Reichskristallnacht": Der Judenpogrom vom November 1938, in: APZ B43 1988, 14–21.

63 *Feilchenfeld, W.* u.a., Haavara-Transfer nach Palästina u. Einwanderung deutscher Juden 1933-39, Tübingen 1972.

64 *Fein, H.*, Accounting for Genocide: National Responses and Jewish Victimization During the Holocaust, N.Y. 1979.

65 *Felden, K.*, Die Übernahme des antisemit. Stereotyps als soziale Norm durch die bürgerl. Gesellschaft Deutschlands 1875–1900, Diss. Heidelberg 1963.

66 *Fetscher, T.*, Zur Entstehung des polit. Antisemitismus in Deutschland, in: H. Huss u. A. Schröder Hg., Antisemitismus, Frankfurt 1965, 9–33.

67 *Fischer, H.*, Judentum, Staat u. Heer in Preußen im frühen 19. Jahrhundert, Tübingen 1968.

68 *Freund, I.*, Die Emanzipation der Juden in Preußen, 2 Bde, Berlin 1912.

69 *Fricke, D.*, Antisemit. Parteien 1879–1894, in: ders. u.a. Hg., Lexikon zur Parteiengeschichte, I, Leipzig 1983², 77–88.

70 *Friedländer, S.*, Vom Antisemitismus zur Ausrottung, in: E. Jäckel u. J. Rohwer Hg., Der Mord an den Juden im Zweiten Weltkrieg, Stuttgart 1985/ Frankfurt 1987², 18–60.

71 *Gay, P.*, Begegnungen mit der Moderne. Deutsche Juden in der deutschen Kultur, in: W.E. Mosse Hg., Juden im wilhelmin. Deutschland 1890–1914, Tübingen 1976, 241– 311.

72 --, Freud, Juden u. andere Deutsche, Hamburg 1986.

73 *Genschel, H.*, Die Verdrängung der Juden aus der Wirtschaft im Dritten Reich, Göttingen 1966.

74 *Gerlach, H.C.*, Agitation u. parlamentar. Wirksamkeit der deutschen Antisemitenparteien 1873–95, Diss. Kiel 1956.

75 *Ginzel, G.B.*, Jüd. Alltag in Deutschland 1933–45, Düsseldorf 1984.

76 *Glanz, R.*, Geschichte des niederen jüd. Volkes in Deutschland, N.Y. 1968.

77 *Göppinger, H.*, Juristen jüd. Abstammung im "Dritten Reich", München 1990.

78 *Goldhagen, E.*, Weltanschauung u. Endlösung. Zum Antisemitismus der nationalsozialist. Führungsschicht, in: VfZ 24. 1976, 379–405.

79 --, Determinants of Change and Response Among Jews and Catholics in a 19th Century German Village, N.Y. 1984.

80 *Grab, W.* Hg., Deutsche Aufklärung u. Judenemanzipation, Tel Aviv 1980.

81 --, Jüd. Integration u. Identität in Deutschland u. Österreich 1848–1918, Tel Aviv 1984.
82 -- *u. J. Schoeps* Hg., Juden im Vormärz u. in der Revolution von 1848, Stuttgart 1983.
83 -- Hg., Juden in der deutschen Wissenschaft, Tel Aviv 1986.
84 --, Der preuß.-deutsche Weg der Judenemanzipation, in: F.J. Bautz Hg., Geschichte der Juden, München 1983/1986², 140–64.
85 *Graml, H.*, Reichskristallnacht. Antisemitismus u. Judenverfolgung im Dritten Reich, München 1988.
86 *Greive, H.*, Geschichte des modernen Antisemitismus in Deutschland, Darmstadt 1983.
87 *Greschat, M.*, Protestant. Antisemitismus in Wilhelminischer Zeit. Das Beispiel des Hofpredigers A. Stoecker, in: G. Brakelmann u. M. Rosowski Hg., Antisemitismus, Göttingen 1989, 27–51.
88 *Gurian, W.*, Antisemitism in Modern Germany, in: K.S. Pinson Hg., Essays on Antisemitism, N.Y. 1946², 218–65.
89 *Gutteridge, R.*, The German Evangelical Church and the Jews 1879–1950, N.Y. 1976.
90 *Haase, A.*, Kathol. Presse u. die Judenfrage. Inhaltsanalyse kathol. Periodika am Ende des 19. Jh., Pullach 1975.
91 *Hamburger, E.*, Jews in the Public Service Under the German Monarchy, in: LBIYB 9. 1964, 206–38.
92 --, Juden im öffentl. Leben Deutschlands 1848–1914, Tübingen 1968.
93 *Hellige, H.D.*, Generationskonflikt, Selbsthaß u. die Entstehung antikapitalist. Positionen im Judentum, in: GG 5. 1979, 476–518.
94 *Hertz, D.*, Jewish High Society in Old Regime Berlin, New Haven 1988; dt. Die jüd. Salons im deutschen Berlin, Frankfurt 1991.
95 *Herzig, A.*, Juden u. Judentum in der sozialgeschichtl. Forschung, in: W. Schieder u. V. Sellin Hg., Sozialgeschichte in Deutschland, IV, Göttingen 1987, 108–32.
96 --, Judentum u. Emanzipation in Westfalen, Münster 1973.
97 *Hilberg, R.*, The Destruction of the European Jews, Chicago 1967/N.Y. 1985², dt. Die Vernichtung der europ. Juden. Gesamtgeschichte des Holocaust, 4 Bde, Frankfurt 1990.
98 *Hortzitz, N.*, "Früh-Antisemitismus" in Deutschland 1789–1871/72, Tübingen 1988.
99 *Jacobmeyer, W.*, Jüd. Überlebende als "Displaced Persons". Untersuchungen zur Besatzungspolitik in den deutschen Westzonen u. zur Zuwanderung osteurop. Juden 1945–1947, in: GG 9. 1983, 421–52.
100 *Jäckel, E. u. J. Rohwer* Hg., Der Mord an den Juden im Zweiten Weltkrieg, Stuttgart 1985.
101 *Jay, M.*, Frankfurter Schule u. Judentum. Die Antisemitismusanalyse der Krit. Theorie, in: GG 5.1979, 439–54.
102 *Jersch-Wenzel, S.*, Der Einfluß zugewanderter Minoritäten als Wirtschaftsgruppe auf die Berliner Wirtschaft in vor- u. frühindustrieller Zeit, in: O. Büsch Hg.,

Untersuchungen zur Geschichte der Frühen Industrialisierung, Berlin 1971, 193–223.

103 --, Juden u. "Franzosen" in der Wirtschaft des Raumes Berlin-Brandenburg zur Zeit des Merkantilismus, Berlin 1978.

104 --, Die Lage der Minderheiten als Indiz für den Stand der Emanzipation einer Gesellschaft, in: Sozialgeschichte Heute. 2. Fs. H. Rosenberg, Hg. H.-U. Wehler, Göttingen 1974, 365–87.

105 --, Minderheiten in der bürgerl. Gesellschaft. Juden in Amsterdam, Frankfurt u. Posen, in: J. Kocka Hg., Bürgertum im 19. Jh., II, München 1988, 392–420.

106 *Jochmann, W.*, Gesellschaftskrise u. Judenfeindschaft in Deutschland 1870–1945, Hamburg 1988.

107 --, Struktur u. Funktion des deutschen Antisemitismus 1878–1914, in: H.A. Strauss u. N. Kampe Hg., Antisemitismus, Frankfurt 1985, 99–142.

108 --, Struktur u. Funktion des deutschen Antisemitismus, in: W.E. Mosse u. A. Paucker Hg., Juden im wilhelmin. Deutschland, Tübingen 1976, 389–477.

109 Judentum im Zeitalter der Aufklärung, Wolfenbüttel 1977.

110 *Kaiser, J.-C. u. M. Greschat* Hg., Der Holocaust u. die Protestanten. Analyse einer Verstrickung, Frankfurt 1988.

111 *Kampe, N.*, Jews and Antisemites at Universities in Imperial Germany, in: LBIYB 30. 1985, 357–94.

112 --, Studenten u. "Judenfrage" im Deutschen Kaiserreich, Göttingen 1987.

113 *Kaplan, M.A.*, For Love or Money. The Marriage Strategies of Jews in Imperial Germany, in: LBIYB 28. 1983, 263–300.

114 *Kaplan, M.A.*, The Making of the Jewish Middle Class. Women, Family, and Identity in Imperial Germany, Oxford 1991.

115 --, Tradition and Transition. The Acculturation, Assimilation, and Integration of Jews in Imperial Germany, in: LBIYB 27. 1982, 3–35.

116 *Kampmann, W.*, Deutsche u. Juden, Frankfurt 1980^2.

117 *Kater, M.H.*, Everyday Anti-Semitism in Prewar Nazi Germany: The Popular Bases, in: Yad Vashem Studies 16. 1984, 129–59.

118 *Katz, J.*, Die Anfänge der Judenemanzipation, in: R. Koselleck Hg., Studien zum Beginn der modernen Welt, Stuttgart 1977, 178–93.

119 --, Zur Assimilation u. Emanzipation der Juden, Darmstadt 1982.

120 --, Out of the Ghetto. The Social Background of Jewish Emancipation 1770–1870, Cambridge/Mass. 1973.

121 --, From Prejudice to Persecution. Antisemitism 1700–1933, Cambridge/Mass. 1980; dt. Vom Vorurteil bis zur Vernichtung. Der Antisemitismus 1700–1933, München 1989.

122 --, The Preparatory Stage of the Modern Antisemitic Movement 1873–79, in: S. Almog Hg., Antisemitism Through the Ages, Oxford 1988, 279–88.

123 *Kershaw, I.*, Antisemitismus u. Volksmeinung. Reaktionen auf die Judenverfolgung, in: M. Broszat u. E. Fröhlich Hg., Bayern in der NS-Zeit, II: Herrschaft u. Gesellschaft im Konflikt, München 1979, 281–348.

124 *Klein, T.* u.a., Judentum u. Antisemitismus von der Antike bis zur Gegenwart, Düsseldorf 1984.

125 *Knauß, E.*, Der polit. Antisemitismus im Kaiserreich 1871—1900 unter bes. Berücksichtigung des mittelhess. Raumes, in: Mitteilungen des Oberhess. Geschichtsvereins 53/54. 1959, 43-69.
126 *Knütter, H.-H.*, Die Juden u. die deutsche Linke in der Weimarer Republik 1918— 33, Düsseldorf 1971.
127 *Krausnick, H.*, Die Verfolgung der Juden unter dem Nationalsozialismus, in: Judentum, Schicksal, Wesen u. Gegenwart, Bd. 1, Wiesbaden 1965, 290—366.
128 *Krohn, H.*, Die Juden in Hamburg 1800—50, Frankfurt 1967.
129 *Kwiet, K.*, Nach dem Pogrom. Stufen der Ausgrenzung, in: W. Benz Hg., Die Juden in Deutschland 1933—45, München 1988, 545—659.
130 *Lamberti, M.*, Liberals, Socialists, and the Defence against Antisemitism in the Wilhelminian Period, in: YLBI 25. 1980, 147—62.
131 *Landes, D.S.*, The Jewish Merchant, Typology and Stereotypology in Germany, in: LBIYB 29. 1974, 11—23.
132 *Lestschinsky, J.*, Das wirtschaftl. Schicksal des deutschen Judentums, Berlin 1932.
133 *Leuschen-Seppel, R.*, Arbeiterbewegung u. Antisemitismus, in: G. Brakelmann u. M. Rosowski Hg., Antisemitismus, Göttingen 1989, 77—96.
134 --, Sozialdemokratie u. Antisemitismus 1871—1914, Bonn 1978.
135 *Levy, R.S.*, The Downfall of the Anti-Semitic Political Parties in Imperial Germany, London 1975.
136 *Lewis, B.*, Semites and Anti-Semites. An Inquiry into Conflict and Prejudice, N.Y. 1986.
137 *Liebschütz, H. u. A. Paucker* Hg., Das Judentum in der deutschen Umwelt 1800— 50, Tübingen 1977.
138 *Loewenberg, P.*, Antisemitismus u. jüd. Selbsthaß, in: GG 5. 1979, 455—75.
139 *Lowenstein, S.*, The Rural Community and the Urbanization of German Jewry, in: CEH 13. 1980, 218—36.
140 --, The Mechanics of Social Change. Essays in the Social History of German Jewry, Atlanta/Ga. 1992.
141 *Mai, G.*, Sozialgeschichtl. Bedingungen von Judentum u. Antisemitismus im Kaiserreich, in: T. Klein u.a. Hg., Judentum u. Antisemitismus, Düsseldorf 1984, 113—36.
142 *Martin, B. u. E. Schulin* Hg., Die Juden als Minderheit in der Geschichte, München 1981.
143 *Massing, P.W.*, Vorgeschichte des polit. Antisemitismus, Frankfurt 1959/1986[2].
144 *Maurer, T.*, Ostjuden in Deutschland 1918—33, Hamburg 1986.
145 --, Ostjuden u. deutsche Juden im Kaiserreich u. in der Weimarer Republik, in: GWU 39. 1988, 523—42.
146 *Meyer, M.A.*, Response to Modernity: A History of the Reform Movement in Judaism, Oxford 1988.
147 *Michalski, G.*, Der Antisemitismus im deutschen akadem. Leben nach 1918, Frankfurt 1980.

148 *Mommsen, H.*, Die Funktion des Antisemitismus im "Dritten Reich". Das Beispiel des Novemberpogroms, in: G. Brakelmann u. M. Rosowski Hg., Antisemitismus, Göttingen 1989, 179–92.

149 --, Der nationalsozialist. Polizeistaat u. die Judenverfolgung vor 1938, in: VfZ 10. 1962, 68–87.

150 --, Die Realisierung des Utopischen: Die "Endlösung der Judenfrage" im "Dritten Reich", in: GG 9. 1983, 381–420.

151 *Mosse, G.L.*, Germans and Jesw. The Right, the Left, and the Search for a "Third Force" in Pre-Nazi Germany, N.Y. 1970.

152 -- *u. A. Paucker* Hg., Entscheidungsjahr 1932. Zur Judenfrage in der Endphase der Weimarer Republik, Tübingen 1965.

153 --, Jews in the German Economy. The German-Jewish Economic Elite 1820–1935, Oxford 1987.

154 --, The German-Jewish Economic Elite 1820–1935. A Socio-Cultural Profile, Oxford 1989.

155 --, Judaism, Jews, and Capitalism. Weber, Sombart and Beyond, in: LBIYB 24. 1979, 3–15.

156 -- *u. A. Paucker* Hg., Juden im wilhelmin. Deutschland, Tübingen 1976.

157 --, Die Juden in Wirtschaft u. Gesellschaft, in: ders. u. A. Paucker Hg., Juden im wilhelmin. Deutschland 1890–1914, Tübingen 1976, 57–113.

158 -- *u. A. Paucker* Hg., Deutsches Judentum in Krieg u. Revolution 1916–23, Tübingen 1971.

159 -- u.a. Hg., Revolution and Evolution: 1848 in German-Jewish History, Tübingen 1981.

160 *Müller, A.*, Geschichte der Juden in Nürnberg 1146–1945, Nürnberg 1968.

161 *Niewyk, D.L.*, The Jews in Weimar Germany, Baton Rouge 1980.

162 --, Socialist, Anti-Semite, and Jew: German Social Democracy Confronts the Problem of Anti-Semitism 1918–33, Baton Rouge 1971.

163 *Nipperdey, T. u. R. Rürup*, Antisemitismus, in: GGr 1. 1972, 129–53, u. in: R. Rürup, Emanzipation u. Antisemitismus, Göttingen 1975, 95–114.

164 *Paucker, A.*, Der jüd. Abwehrkampf gegen Antisemitismus u. Nationalsozialismus in den letzten Jahren der Weimarer Republik, Hamburg 1969[2].

165 -- Hg., Die Juden im nationalsozialist. Deutschland 1933–1943, Tübingen 1986.

166 *Peal, D.*, Antisemitism and Rural Transformation in Kurhessen. The Rise and Fall of the Böckel Movement, Diss. Columbia Univ. 1985.

167 --, Jewish Response to German Antisemitism: The Case of the Böckel Movement 1887–94, in: Jewish Social Studies 158. 1986, 269–82.

168 *Pehle, W.H.* Hg., Der Judenpogrom 1938. Von der "Reichskristallnacht" zum Völkermord, Frankfurt 1988.

169 *Poliakov, L.*, Geschichte des Antisemitismus, 8 Bde, Worms, ab Bd. 7 Frankfurt 1979–88.

170 *Preissler, D.*, Frühantisemitismus in Frankfurt u. im Großherzogtum Hessen 1810– 60, Heidelberg 1989.

171 *Prinz, A.*, Juden im deutschen Wirtschaftsleben 1850–1914, Hg. A. Barkai, Tübingen 1984.

172 *Pulzer, P.G.J.*, The Rise of Political Anti-Semitism in Germany and Austria, N.Y. 1964; dt. Die Entstehung des polit. Antisemitismus in Deutschland u. Österreich 1867–1914, Gütersloh 1966.
173 *Rabinbach, A. u. J. Zipes* Hg., Germans and Jews Since the Holocaust. The Changing Situation in West Germany, N.Y. 1986.
174 *Reichmann, E.G.*, Der Bewußtseinswandel der deutschen Juden, in: W.E. Mosse Hg., Deutsches Judentum in Krieg u. Revolution 1916–23, Tübingen 1971.
175 *Reinharz, Y.*, Fatherland or Promised Land. The Dilemma of the German Jews 1893–1914, Ann Arbor 1975.
176 --, Living With Antisemitism: The Jewish Response in the Modern Period, Hanover/N.H. 1987.
177 *Retallack, J.*, Anti-Semitism, Conservative Propaganda, and Regional Politics in Late 19th Century Germany, in: GSR 2. 1988, 377–403.
178 *Richarz, M.*Hg., Jüd. Leben in Deutschland, 3 Bde, Stuttgart 1976–82.
179 --, Jewish Social Mobility in Germany 1790–1871, in: LBIYB 20. 1975, 69–77.
180 *Rogow, A.A.*, Anti-Semitism, in: IESS 1. 1968, 345–49.
181 *Rosenstock, W.*, Exodus 1933–39. Ein Überblick über die jüd. Auswanderung aus Deutschland, in: R. Weltsch Hg., Deutsches Judentum. Aufstieg u. Krise, Stuttgart 1963, 380–405.
182 *Rürup, R.*, Emancipation and Crisis. The "Jewish Question" in Germany 1850–1890, in: LBIYB 20. 1975, 13–25.
183 --, Emanzipation u. Antisemitismus, in: H.A. Strauss u. N. Kampe Hg., Antisemitismus, Frankfurt 1985, 88–98.
184 --, Emanzipation u. Antisemitismus, Göttingen 1975.
185 --, Emanzipation u. Krise. Zur Geschichte der "Judenfrage" in Deutschland vor 1890, in: W.E. Mosse u. A. Paucker Hg., Juden im wilhelmin. Deutschland 1890–1914, Tübingen 1976, 1–56.
186 --, Das Ende der Emanzipation: Die antijüd. Politik in Deutschland von der "Machtergreifung" bis zum Zweiten Weltkrieg, in: A. Paucker Hg., Die Juden im nationalsozialist. Deutschland, Tübingen 1986, 97–114.
187 --, Zur Entwicklung der modernen Antisemitismusforschung, in: ders., Emanzipation u. Antisemitismus, Göttingen 1975, 115–25.
188 --, Judenemanzipation u. bürgerl. Gesellschaft in Deutschland, in: ders., Emanzipation u. Antisemitismus, Göttingen 1975, 11–36.
189 --, Die Judenemanzipation in Baden, in: ders., Emanzipation u. Antisemitismus, Göttingen 1975, 37–73.
190 --, Kontinuität u. Diskontinuität der "Judenfrage" im 19. Jh., in: ders., Emanzipation u. Antisemitismus, Göttingen 1975, 74–94.
191 --, The European Revolutions of 1848 and Jewish Emancipation, in: W.E. Mosse u.a. Hg., Revolution and Evolution 1848, Tübingen 1982, 1–53.
192 --, Sozialismus u. Antisemitismus in Deutschland vor 1914, in: W. Grab Hg., Juden u. jüd. Aspekte in der deutschen Arbeiterbewegung, Tel Aviv 1977, 203–25.
193 *Ruppin, A.*, Soziologie der Juden, 2 Bde, Berlin 1930/31.
194 *Sorkin, D.*, The Transformation of German Jewry 1780–1840, N.Y. 1987.

195 *Scheffler, W.*, Judenverfolgung im Dritten Reich, Berlin 1964².

196 *Schmelz, K.V.*, Die demograph. Entwicklung der Juden in Deutschland 1850–1933, in: Zeitschrift für Bevölkerungswissenschaft 8. 1982, 31–72.

197 *Scholem, G.*, Zur Sozialpsychologie der Juden in Deutschland 1900–30, in: R. v. Thadden Hg., Die Krise des Liberalismus zwischen den Weltkriegen, Göttingen 1978, 256– 77.

198 *Schorsch, J.*, Jewish Reactions to German Anti-Semitism 1870–1914, N.Y. 1972.

199 *Schulin, E.*, Die Rathenaus. Zwei Generationen jüd. Anteils an der industriellen Entwicklung Deutschlands, in: W.E. Mosse u. A. Paucker Hg., Juden im wilhelmin. Deutschland 1890–1914, Tübingen 1976, 115–42.

200 *Schwarz, E.*, Das Bild der Juden in deutschen u. französischen Romanen des ausgehenden 19. Jh., in: J. Kocka Hg., Bürgertum im 19. Jh., II, 421–50.

201 *Schwarz, S.*, Die Juden in Bayern, München 1963.

202 *Segall, J.*, Die berufl. u. sozialen Verhältnisse der Juden in Deutschland, Berlin 1912.

203 *Silbermann, A. u. J.H. Schoeps* Hg., Antisemitismus nach dem Holocaust. Bestandsaufnahme u. Erscheinungsformen in deutschsprachigen Ländern, Köln 1986.

204 *Sombart, W.*, Die Juden u. das Wirtschaftsleben, Leipzig 1911.

205 *Sterling, E.*, Judenhaß 1815–1850, Frankfurt 1969².

206 --, Anti-Jewish Riots in Germany 1819, in: Historia Judaica 12. 1950, 105–42.

207 *Stern, S.*, The Court Jew, Philadelphia 1950.

208 --, Der preuß. Staat u. die Juden, 4 Bde, Tübingen 1962–64.

209 *Stern-Täubler, S.*, The First Generation of Emancipated Jews, in: LBIYB 15. 1970, 3–40.

210 *Strauss, H.A. u. N. Kampe* Hg., Antisemitismus, Frankfurt 1985.

211 -- *u. W. Bergmann* Hg., Current Research on Antisemitism, Berlin 1987.

212 *Tal, U.*, Christians and Jews in Germany 1870–1914, Ithaca 1974.

213 *Thieme, K.* Hg., Judenfeindschaft, Frankfurt 1963.

214 *Toury, J.*, Der Eintritt der Juden in das deutsche Bürgertum 1770–1849, Tel Aviv 1972.

215 --, Soziale u. polit. Geschichte der Juden in Deutschland 1847–71, Tel Aviv 1977.

216 --, Die polit. Orientierungen der Juden in Deutschland: von Jena bis Weimar, Tübingen 1966.

217 --, Zur Problematik der jüd. Führungsschichten im deutschsprachigen Raum 1880–1933, in: TAJB 16. 1987, 251–81.

218 --, Organizational Problems of German Jewry, in: LBIYB 13. 1968, 57–90.

219 *Treue, W.*, Zur Frage der wirtschaftl. Motive im deutschen Antisemitismus, in: W.E. Mosse u. A. Paucker Hg., Deutsches Judentum in Krieg u. Revolution 1916–23, Tübingen 1971, 386–408.

220 *Vierhaus, R.*, Jüd. Salons in Berlin u. Wien zu Beginn des 19. Jh., in: E. François Hg., Sociabilité et société bourgeoise en France, en Allemagne et en Suisse 1750– 1850, Paris 1986, 96– 103.

221 *Volkov, S.*, Antisemitismus in Deutschland als Problem jüd.-nationalen Denkens u. jüd. Geschichtsschreibung, in: GG 5.1979, 519—44.
222 --, Erfolgreiche Assimilation oder Erfolg u. Assimilation: Die deutsch-jüd. Familie im Kaiserreich, in: Jb. des Wissenschaftskollegs zu Berlin 1982/83, 373—87.
223 --, Jüd. Assimilation u. jüd. Eigenart im Deutschen Kaiserreich, in: GG 9. 1983, 331—48.
224 --, Die Erfindung einer Tradition. Zur Entstehung des modernen Judentums in Deutschland, in: HZ 253. 1991, 603—28.
225 --, Kontinuität u. Diskontinuität im deutschen Antisemitismus, in: VfZ 33. 1985, 221—43.
226 --, Jüd. Leben u. Antisemitismus im 19. u. 20. Jh., München 1990.
227 --, Selbstgefälligkeit u. Selbsthaß. Die deutschen Juden zu Beginn des 20. Jh., in: GWU 37. 1986, 1—13.
228 --, The Social and Political Function of Late 19th Century Anti-Semitism: The Case of the Small Handicraft Masters, in: Sozialgeschichte Heute. 2. Fs. H. Rosenberg, Hg. H.-U. Wehler, Göttingen 1974, 416—31.
229 --, Soziale Ursachen des Erfolgs in der Wissenschaft: Juden im Kaiserreich, in: HZ 245. 1987, 315—42, u. in: dies., Jüd. Leben u. Antisemitismus im 19. u. 20. Jh., München 1990, 146—65.
230 --, Die Verbürgerlichung der Juden in Deutschland. Eigenart u. Paradigma, in: J. Kocka Hg., Bürgertum im 19. Jh., II, München 1988, 343—71.
231 *Wawrzinek, K.*, Die Entstehung der deutschen Antisemitenparteien 1873—90, Berlin 1927.
232 *Weinryb, B.D.*, The Economic and Social Background of Modern Antisemitism, in: K.S. Pinson Hg., Essays on Antisemitism, N.Y. 1946^2, 17—34.
233 *Wertheimer, J.*, Unwelcome Strangers: East European Jews in Imperial Germany, Oxford 1987.
234 *Wiesemann, F.*, Juden auf dem Lande: die wirtschaftl. Ausgrenzung jüd. Viehhändler in Bayern, in: D. Peukert u. J. Reulecke Hg., Die Reihen fast geschlossen, Wuppertal 1981, 381—96.
235 *Wilhelm, K.*, The Jewish Communitiy in the Post-Emancipation Period, in: LBIYB 2. 1957, 47—75.
236 *Winkler, H.A.*, Die deutsche Gesellschaft der Weimarer Republik u. der Antisemitismus, in: B. Martin u. E. Schulin Hg., Die Juden als Minderheit in der Geschichte, München 1981, 271—89.
237 *Wollenberg, J.* Hg., "Niemand war dabei u. keiner hat's gewußt". Die deutsche Öffentlichkeit u. die Judenverfolgung 1933—45, München 1990.
238 *Zimmermann, M.*, Aufkommen u. Diskreditierung des Begriffs Antisemitismus, in: Fs. W. Jochmann, I, Hamburg 1986, 59—77.
239 --, Eintritt in die Bürgerlichkeit. Vom Selbstvergleich deutscher mit außereurop. Juden im Vormärz, in: J. Kocka Hg., Bürgertum im 19. Jh., II, München 1988, 372—91.
240 --, W. Marr, N.Y. 1986.
241 --, Hamburg. Patriotismus u. deutscher Nationalismus. Die Emanzipation der Juden in Hamburg 1830—65, Hamburg 1979.

242 *Zmarzlik, H.-G.*, Antisemitismus im Deutschen Kaiserreich 1871–1918, in: B. Martin u. E. Schulin Hg., Die Juden als Minderheit in der Geschichte, München 1981, 249–70.

66. Allgemeine Revolutionsgeschichte und Revolutionstheorie

1 *Adams, B.*, The Theory of Social Revolution, N.Y. 1913.
2 *Amann, P.*, Revolution, in: U. Jaeggi u. S. Papcke Hg., Revolution u. Theorie, I, Frankfurt 1974, 181–98.
3 *Arendt, H.*, On Revolution, N.Y. 1963; dt. Über die Revolution, München 1963.
4 *Baechler, J.*, Les phénomènes revolutionnaires, Paris 1970.
5 *Becker, W.*, Methodological Aspects in Describing Bourgeois and Industrial Revolutions, in: P. Bairoch u. M. Lévy-Leboyer Hg., Disparities in Economic Development Since the Industrial Revolution, London 1981, 131–36.
6 *Bergeron, L.* u.a., Das Zeitalter der europ. Revolution 1780–1848, Frankfurt 1969.
7 *Bernstein, A.*, Revolutions- u. Reaktionsgeschichte, 3 Bde, Berlin 1882.
8 *v. Beyme, K.* Hg., Empir. Revolutionsforschung, Opladen 1973.
9 *Bienen, H.*, Violence and Social Change, Chicago 1968.
10 *Blessing, W.K.*, Gedrängte Evolution: Bemerkungen zum Erfahrungs- u. Verhaltenswandel in Deutschland um 1800, in: H. Berding u.a. Hg., Deutschland u. Frankreich im Zeitalter der Französ. Revolution, Frankfurt 1989, 426-51.
11 *Brinkmann, C.*, Revolution, in: HSW 9. 1956, 10–13.
12 --, Soziolog. Theorie der Revolution, Göttingen 1948.
13 *Brinton, C.*, The Anatomy of Revolution, N.Y. 1938/1952; dt. Die Revolution u. ihre Gesetze, Frankfurt 1959.
14 *Calvert, P.*, Revolution, N.Y. 1970.
15 --, A Study of Revolution, Oxford 1970.
16 *Dahrendorf, R.*, Über einige Probleme der soziolog. Theorie der Revolution, in: Europ. Archiv für Soziologie 2. 1961, 153–62.
17 *Davies, J.C.*, The J-Curve of Rising and Declining Satisfaction as a Cause of Some Great Revolutions and a Contained Rebellion, in: H.G. Davis Graham u. T.R. Gurr Hg., Violence in America, N.Y. 1970, 690–730.
18 -- Hg., When Men Revolt and Why, N.Y. 1971.
19 --, Toward a Theory of Revolution (1962), in: ders. Hg., When Men Revolt and Why, N.Y. 1971, 134–47, dt. in: W. Zapf Hg., Theorien des sozialen Wandels, Königstein 1979^4, 399–417.
20 *Dunn, J.*, Moderne Revolutionen, Stuttgart 1974.
21 *Eckstein, H.*, On the Etiology of Internal Wars, in: HT 4. 1965, 133–63.
22 -- Hg., Internal War, N.Y. 1964.
23 *Edwards, L.P.*, The Natural History of Revolution, Chicago 1927/ND N.Y. 1970.

24 *Eisenstadt, S.N.*, Revolution u. die Transformation von Gesellschaften, Opladen 1982.
25 *Friedrich, C.J.* Hg., Revolution, N.Y. 1966.
26 *Gehring, A.*, Zur Theorie der Revolution, in: KZfS 23. 1971, 673–86.
27 *Geiger, T.*, Die Masse u. die Aktion. Ein Beitrag zur Soziologie der Revolution, Stuttgart 1926/ND Darmstadt 1967.
28 --, Revolution, in: A. Vierkandt Hg., Handwörterbuch der Soziologie, Stuttgart 1931/ND 1959, 511–19.
29 *Gerschenkron, A.*, Reflections on Economic Aspects of Revolutions, in: ders., Continuity in History, Cambridge/Mass. 1968, 257–80.
30 *Gilbert, F.*, Revolution, in: Dictionary of the History of Ideas, N.Y. 1973, 152–67.
31 *Gillis, J.R.*, Political Decay and the European Revolutions 1789–1848, in: WP 22. 1970, 344–70.
32 *Goldstone, J.A.*, The Comparative and Historical Study of Revolutions, in: ders. Hg., Revolutions, San Diego 1986, 1–17.
33 *Goode, W.J.*, Mobilität u. Revolution, in: KZfS 18. 1966, 227–52.
34 *Greene, T.H.*, Comparative Revolutionary Movements, Englewood Cliffs 1974.
35 *Griewank, K.*, Der neuzeitl. Revolutionsbegriff, Weimar 1955/ND Frankfurt 1973.
36 *Gurr, T.R.*, Why Men Rebel, Princeton 1970; dt. Rebellion, Wien 1972.
37 --, A Comparative Study of Civil Strife, in: H.D. Graham u. ders. Hg., Violence in America, N.Y. 1970, 572–632.
38 *Hart, T.G.*, The Dynamics of Revolution, Stockholm 1971.
39 *Harth, D. u. J. Assmann* Hg., Revolution u. Mythos, Frankfurt 1992.
40 *Hatto, A.*, Revolution: An Enquiry into the Usefulness of an Historical Term, in: Mind 58.1949, 495–517.
41 *Hellmann, S.*, Die großen europ. Revolutionen, München 1919^2.
42 *Hettling, M.* Hg., Revolution in Deutschland? Göttingen 1991.
43 *Hirschman, A.O.*, Journeys Towards Progress, Garden City 1963/ND Greenwood 1968
44 *Hobsbawm, E.J.*, The Age of Revolution 1789–1848, London 1962; dt. Europ. Revolutionen, München 1962.
45 --, Revolution, in: R. Porter u. M. Teich Hg., Revolution in History, Cambridge 1986, 5–46.
46 *Jaeggi, U. u. S. Papcke* Hg., Revolution u. Theorie, I, Frankfurt 1974.
47 *Johnson, C.*, Revolutionary Change, Boston 1966; dt. Revolutionstheorie, Köln 1971.
48 --, Revolution and the Social System, Stanford 1964.
49 *Julku, K.*, Die revolutionäre Bewegung im Rheinland am Ende des 18. Jh., 2 Bde, Helsinki 1965/69.
50 *Kaplan, L.* Hg., Revolutions, N.Y. 1973.
51 *Koselleck, R.* u.a., Revolution, Rebellion, Aufruhr, Bürgerkrieg, in: GGr 5. 1984, 653–788.
52 *Kossok, M.* Hg., Revolutionen der Neuzeit 1500–1917, Vaduz 1982.

53 --, Revolutionen der Weltgeschichte, Stuttgart 1989.

54 --, Rolle u. Formen der Volksbewegungen im bürgerl. Revolutionszyklus, Berlin 1976.

55 -- Hg., Studien über die Revolution, Berlin 1971[2].

56 --, Studien in Vergleich. Revolutionsgeschichte 1500–1917, Berlin 1974.

57 *Kramnick, J.*, Reflections on Revolution, in: HT 11. 1972, 26–63.

58 *Labrousse, E.*, 1848–1830–1789. Comment Naissent les Revolutions? in: Actes du Congrès Historique du Centenaire de la Revolution de 1848, I, Paris 1948, 1–29.

59 *Langewiesche, D.* Hg., Revolution u. Krieg, Paderborn 1989.

60 *Laqueur, W.*, Revolution, in: IESS 13. 1968, 501–07.

61 *Lederer, E.*, Einige Gedanken zur Soziologie der Revolution, Leipzig 1918.

62 *Leiden, C. u. Schmitt, K.M.*, The Politics of Violence: Revolution in the Modern World, Englewood Cliffs 1968.

63 *Lenk, K.*, Theorien der Revolution, München 1973.

64 *Lindner, C.*, Theorie der Revolution, München 1972.

65 *Lipset, S.M.*, Revolution and Counterrevolution, N.Y. 1968.

66 *Luttwak, E.*, Der Coup d'Etat oder: Wie man einen Staatsstreich inszeniert, Hamburg 1969.

67 *Mazlish, B.* u.a. Hg., Revolution, N.Y. 1971.

68 *Meusel, A.*, Revolution and Counterrevolution, in: ESS 13. 1934, 365–76.

69 *Meyer, G.P.*, Revolutionstheorien heute, in: H.-U. Wehler Hg., 200 Jahre amerikan. Revolution u. moderne Revolutionsforschung, Göttingen 1976, 122–76.

70 *Möller, H.*, L. v. Steins Interpretation der Franz. Revolution von 1789, in: Der Staat 18. 1979, 521–48.

71 *Narr, W.-D.*, Gewalt u. Legitimität, in: Leviathan 1. 1973, 7–42.

72 *Neumüller, M.*, Liberalismus u. Revolution. Das Problem der Revolution in der deutschen liberalen Geschichtsschreibung des 19. Jh., Düsseldorf 1973.

73 *Olson, M.*, Rapid Growth as a Destabilizing Force, in: JEH 23. 1963, 529–52; dt. Rapides Wachstum als Destabilisierungsfaktor, in: K. v. Beyme Hg., Empir. Revolutionsforschung, Opladen 1973, 205–22.

74 *Palmer, R.R.*, Social and Psychological Foundations of the Revolutionary Era 1763– 93, in: NCMH 8. 1965, 421–47.

75 *Parker, W.N.*, Agrarian and Industrial Revolutions, in: R. Porter u. M. Teich Hg., Revolution in History, Cambridge 1987[2], 167–85.

76 *Parsons, T.*, Some Reflections on the Place of Force in Social Process, in: ders., Sociological Theory and Modern Society, N.Y. 1967, 264–96.

77 *Pelinka, A. u. H. Reinalter* Hg., Revolution u. Gesellschaft, Innsbruck 1979.

78 *Pettee, G.S.*, The Process of Revolution, N.Y. 1938.

79 *Postgate, R.*, Revolution 1789–1906, Boston 1923.

80 *Richter, M.*, Tocqueville's Contribution to the Theory of Revolution, in: C.J. Friedrich Hg., Revolution, N.Y. 1966, 75–121.

81 *Ridker, R.G.*, Discontent and Economic Growth, in: EDCC 11. 1962, 1–15.

82 *Rittberger, V.*, Über sozialwissenschaftl. Theorien der Revolution, in: PVS 12. 1971, 492–529, u. in: K. v. Beyme Hg., Empir. Revolutionsforschung, Opladen 1973, 39– 80.

83 *Rosenstock-Huessy, E.*, Revolution als polit. Begriff in der Neuzeit, in. Fs. P. Heilborn, Breslau 1931, 84–124.

84 --, Die europ. Revolutionen u. der Charakter der Nationen, Stuttgart 1962[3].

85 *Schieder, T.*, Das Problem der Revolution im 19. Jh., in: ders. Staat u. Gesellschaft im Wandel unserer Zeit, München 1974[3], 11–57.

86 *Sorokin, P.*, Die Soziologie der Revolutionen, München 1928.

87 *Stone, L.*, Theories of Revolution, in: WP 18. 1966, 160–76; u. in: ders., The Causes of the English Revolution, London 1972, 3-25; dt. in. U. Jaeggi u. S. Papcke Hg., Revolution u. Theorie, I, Frankfurt 1974, 259–78.

88 *Tanter, R. u. M. Midlarsky*, Revolutions, in: Journal of Conflict Resolution 11. 1967, 264–80; dt. Revolutionen, in: W. Zapf Hg., Theorien sozialen Wandels, Köln 1971[2], 418–40.

89 *Tetsch, H.*, Die permanente Revolution, Opladen 1972.

90 *Tilly, C.*, From Mobilization to Revolution, Reading/Mass. 1976.

91 --, Revolutions and Collective Violence, in: F.J. Greenstein u. N. Polsby Hg., Handbook of Political Science, III, Reading/Mass. 1975, 483–555.

92 *Vierkandt, A.*, Zur Theorie der Revolution, in: Sch.Jb. 46. 1921, 325–47.

93 *Wassmund, H.*, Revolutionsforschung, in: NPL 18. 1973, 421–29; 20. 1975, 425– 32.

94 *Weber, E.*, Revolution? Counterrevolution? What Revolution? in: JCH 9. 1974, 3– 47.

95 *Weitmann, S.R.*, The Sociological Thesis of Toqueville's "The Old Regime and the Revolution", in: SR 33. 1966, 389–406.

96 *Willer, D. u. G.K. Zollschan*, Prolegomena to a Theory of Revolution, in: G.K. Zollschan u. W.H. Hirsch Hg., Explorations in Social Change, Boston 1964, 125–51; dt. in: U. Jaeggi u. S. Papcke Hg., Revolution u. Theorie, I, Frankfurt 1974, 226–58.

97 *Winkler, H.A.* Hg., Sozialgeschichtl. Aspekte europ. Revolutionen (= GG 4/H. 3), Göttingen 1978.

98 --, Revolution, Staat, Faschismus, Göttingen 1978.

99 --, Zum Verhältnis von bürgerl. u. proletar. Revolution bei Marx u. Engels, in: ders., Revolution, Staat, Faschismus, Göttingen 1978, 8–34.

100 *Zagorin, P.*, Theories of Revolution in Contemporary Historiography, in: PSQ 88. 1973, 23–52.

101 *Zimmermann, E.*, Krisen, Staatsstreiche u. Revolutionen, Opladen 1981.

67. Die Revolution von 1848/49

1 *Adam, K.*, Stände u. Berufe in Preußen gegenüber der nationalen Erhebung des Jahres 1848, in: Preuß. Jahrbücher 89. 1897, 285–308.

2 *Bachmann, K.*, Die Volksbewegung 1848/49 im Allgäu u. ihre Vorläufer, Erlangen 1954.

3 *Bartel, H.* Hg., Die bürgerl.–demokrat. Revolution von 1848/49 in Deutschland, 2 Bde, Berlin 1972.

4 *Baumgart, F.*, Die verdrängte Revolution. Darstellung u. Bewertung der Revolution von 1848 in der deutschen Geschichtsschreibung vor 1914, Düsseldorf 1976.

5 *Bavendamm, D.*, Von der Revolution zur Reform. Die Verfassungspolitik des Hamburger Senats 1849/50, Berlin 1969.

6 *Becker, G. u. W. Schmidt*, Die bürgerl.-demokrat. Revolution von 1848/49, in: H. Bartel u.a. Hg., Deutsche Geschichte IV: 1789–1871, Berlin 1984, 282–378.

7 --, Zur Rolle der preuß. Bourgeoisie nach der Märzrevolution 1848, in: ZfG 24. 1976, 168–89.

8 *Behr, H.-J.*, Zur Rolle der Osnabrücker Landbevölkerung in der bürgerl. Revolution 1848, in: Osnabrücker Mitteilungen 81. 1974, 128–46.

9 *Bergmann, J.*, Ökonom. Voraussetzungen der Revolution von 1848: Zur Krise 1845-1848, in: H.-U. Wehler Hg., 200 Jahre amerikan. Revolution u. moderne Revolutionsforschung, Göttingen 1975, 254–87.

10 --, Die Revolution von 1848 als Modernisierungskrise, in: ders. u.a., Arbeit, Mobilität, Partizipation, Protest, Opladen 1986, 13–35.

11 --, Soziallage, Selbstverständnis u. Aktionsformen der Arbeiter in der Revolution von 1848, in: ders. u. H. Volkmann Hg., Sozialer Protest, Opladen 1984, 283–303.

12 --, Wirtschaftskrise u. Revolution. Handwerker u. Arbeiter 1848/49, Stuttgart 1987.

13 *Best, H.*, Der "Ausschluß" - Elitenstruktur u. kleindeutsche Lösung 1848/49. Ergebnise einer kollektiven Biographie der Abgeordneten der Frankfurter Nationalversammlung, in: Bericht über den 16. österreich. Historikertag 1984, Hg. Verband Österreich. Geschichtsvereine, Wien 1985, 609–19.

14 *Biebusch, W.*, Revolution u. Staatsstreich. Verfassungskämpfe in Bremen 1848-1854, Hamburg 1979.

15 *Bleiber, H.*, Bauern u. Landarbeiter in der bürgerl.-demokrat. Revolution von 1848/9, in: ZfG 17. 1969, 289–309.

16 --, Bauernbewegungen u. bäuerl. Umwälzungen in Deutschland 1848/49, in: M. Kossok u. W. Loch Hg., Bauern u. Bürgerl. Revolution, Vaduz 1985, 199–220.

17 --, Die Haltung von Gutsherren, Behörden u. Bürgertum zur revolutionären Bewegung der schles. Bauern und Landarbeiter, in: JbG 21. 1980, 103–46.

18 --, Die Haltung der Parteien gegenüber der Landbevölkerung in der Wahlbewegung im Frühjahr 1848 in Schlesien, in: JbG 7. 1972, 407–57.

19 -- u.a. Hg., Männer der Revolution von 1848, 2 Bde, Berlin 1987.

20 --, Zur Rolle der Bauern in der deutschen Revolution 1848/49, in: Nordharzer Jb. 7. 1978, 77—80.

21 --, Volksmassen u. Revolution 1848/49 in Deutschland, in: BGA 21. 1979, 821—40.

22 *Bohnert, D.*, Die Behandlung der sozialen Frage in den Debatten der Frankfurter Nationalversammlung 1848/49, Diss. Heidelberg 1980.

23 *Bollnow, H.*, Polit. u. soziale Bewegung in Oldenburg 1848, in: Niedersächs. Jb. 36. 1964, 158—71.

24 *Botzenhart, M.*, Baden in der deutschen Revolution 1848/49, in: A. Schäfer Hg., Oberrhein. Studien 2. 1973, 61—91.

25 --, Deutscher Parlamentarismus in der Revolutionszeit 1848—50, Düsseldorf 1977.

26 --, Reform, Restauration, Krise. Deutschland 1789—1847, Frankfurt 1985.

27 *Brederlow, J.*, "Lichtfreunde" u. "Freie Gemeinden". Religiöser Protest u. Freiheitsbewegung im Vormärz u. in der Revolution von 1848/49, München 1976.

28 *Breuilly, J.*, The Failure of the Revolution of 1848, in: ESR 11. 1981, 103—16.

29 *Brunner, L.*, Polit. Bewegungen in Nürnberg 1848/49, Heidelberg 1907.

30 *Dorpalen, A.*, Die Revolution von 1848, in: SDG 5. 1972, 748—66, u. in: T. Schieder Hg., Revolution u. Gesellschaft, Freiburg 1973^2, 97—116.

31 --, Die Revolution von 1848 in der Geschichtsschreibung der DDR, in: HZ 210. 1970, 324—68.

32 *Droz, J. u. E. Tonnelat*, Les Révolutions Allemandes de 1848, Paris 1957.

33 --, Die religiösen Sekten u. die Revolution von 1848, in: AfS 3. 1963, 109— 18.

34 -- *u. P. Ayçoberry*, Structures sociales et courants idéologiques en Allemagne prérévolutionnaire, in: Annali 6. 1963, 164—236.

35 *Entholt, H.*, Die Brem. Revolution von 1848, Bremen 1948.

36 *Fenske, H.* Hg., Vormärz u. Revolution 1840—1849, Darmstadt 1976.

37 *Franz, G.*, Die agrar. Bewegung 1848, in: ZAA 7. 1959, 176—93.

38 *Gailus, M.*, Zur Politisierung der Landbevölkerung in der Märzbewegung von 1848, in: P. Steinbach Hg., Probleme polit. Partizipation im Modernisierungsprozeß, Stuttgart 1982, 88—113.

39 --, Straße u. Brot. Sozialer Protest in den deutschen Staaten unter bes. Berücksichtigung Preußens 1847—49, Göttingen 1990.

40 *Gönner, E.*, Die Revolution 1848/49 in den hohenzoller. Fürstentümern, Hechingen 1952.

41 *Golka, H. u. A. Reese*, Soziale Strömungen der Märzrevolution von 1848 in der Landdrostei Hannover, in: Niedersächs. Jb. f. Landesgeschichte 45. 1973, 275—301.

42 *Grab, W.* Hg., Die Revolution von 1848, München 1980.

43 *Griewank, K.*, Vulgärer Radikalismus u. die demokrat. Bewegung in Berlin 1842—48, in: FBPG 36. 1924, 14—37.

44 *Häusler, W.*, Soziale Protestbewegungen in der bürgerl.-demokrat. Revolution 1848 in der Habsburgermonarchie, in: H. Reinalter Hg., Demokrat. u. soziale Protestbewegungen in Mitteleuropa 1815—1848/49, Frankfurt 1986, 327—59.

45 *Hamerow, T.S.*, The German Artisan Movement 1848/49, in: JCEA 21. 1961, 135–52.

46 --, 1848, in: Fs. H. Holborn, Garden City 1967, 145–61.

47 --, History and the German Revolution of 1848, in: AHR 60. 1954/55, 27–44.

48 *Hansen, M.L.*, The Revolution of 1848 and German Emigration, in: Journal of Economic and Business History 2. 1930, 630–58.

49 *Hardtwig, W.*, Die Revolution 1848/49 in Berlin im Vergleich, in: W. Ribbe u. J. Schmädeke Hg., Berlin im Europa der Neuzeit, Berlin 1990, 85–97.

50 *Hettling, M.*, 1848 - Illusion einer Revolution, in: ders. Hg., Revolution in Deutschland? Göttingen 1991, 27–45.

51 *Hofmann, K.*, Die Unruhen 1848 u. 1849 im bad. Frankenland, Weinheim 1911.

52 *Hoppe, R. u. J. Kuczynski*, Eine Berufs- bzw. Klassen- u. Schichtenanalyse der Märzgefallenen in Berlin, in: JbW 1964/IV, 200–76.

53 *Hümmel, K.-J.*, München in der Revolution von 1848–49, Göttingen 1987.

54 *Jessen, H.* Hg., Die Deutsche Revolution 1848/49, München 1973^2.

55 *Kaeber, E.*, Berlin 1848, Berlin 1949.

56 *Kaschuba, W. u. C. Lipp*, 1848, Provinz u. Revolution, Tübingen 1979.

57 --, Revolutionskultur 1848, in: ZWLG 39. 1980, 141–64.

58 *Kessler, H.*, Polit. Bewegungen in Nördlingen u. dem bayer. Ries 1848/49, Diss. München 1939.

59 *Klemm, V.*, Größe u. Grenzen der kleinbürgerl.-demokrat. Bewegung in der Revolution von 1848/49 in Deutschland, Berlin 1968.

60 *Kleßmann, C.*, Zur Sozialgeschichte der Reichsverfassungskampagne von 1849, in: HZ 218. 1974, 283–337.

61 *Klötzer, W.* u.a. Hg., Ideen u. Strukturen der deutschen Revolution von 1848, Frankfurt 1974.

62 *Koch, R.*, Die Agrarrevolution in Deutschland 1848, in: D. Langewiesche Hg., Die Revolution von 1848/49, Darmstadt 1983, 362–94.

63 *Krause, H.*, Die demokrat. Partei von 1848 u. die soziale Frage, Frankfurt 1923.

64 *Kuczynski, J.*, Die wirtschaftl. u. sozialen Voraussetzungen der Revolution 1848/49, in: E. Todt u. H. Radandt, Zur Frühgeschichte der deutschen Gewerkschaftsbewegung 1800–1849, Berlin 1950, 9–32.

65 *Kuhn, S.*, Der Aufstand der Kleineisenindustriearbeiter in Solingen am 16. und 17.3.1848, Diss. München 1938.

66 *Langer, W.L.*, The Patterns of Urban Revolution in 1848, in: ders., Explorations in Crises, Cambridge/Mass. 1969, 452–77; dt. Das Muster der städt. Revolutionen von 1848, in: H. Stuke u. W. Forstmann Hg., Die europ. Revolutionen von 1848, Königstein 1979, 46–69.

67 *Langewiesche, D.*, 1848/49: Die Revolution in Hamburg - eine vergleichende Skizze, in: A. Herzig Hg., Das alte Hamburg 1500–1848/49, Hamburg 1989, 177–89.

68 --, Die Agrarbewegungen in den europ. Revolutionen von 1848, in: Fs. G. Schulz, Berlin 1989, 275–89.

69 --, Republik, konstitutionelle Monarchie u. "Soziale Frage". Grundprobleme der deutschen Revolution 1848/49, in: HZ 230. 1980, 529–48.

70 -- Hg., Die deutsche Revolution 1848/49, Darmstadt 1983.
71 --, Die deutsche Revolution 1848/49 u. die vorrevolutionäre Gesellschaft, in: AfS 21. 1981, 458—98.
72 --, Die deutsche Revolution von 1848/49 u. die vorrevolutionäre Gesellschaft (Teil II), in: AfS 31. 1991, 331—443.
73 --, Die Rolle des Militärs in den europ. Revolutionen von 1848/49, in: W. Bachofer u. H. Fischer Hg., Ungarn-Deutschland, München 1983, 273—88.
74 --, Vereins- u. Parteibildung in der Revolution von 1848/49, in: O. Dann Hg., Vereinswesen u. bürgerl. Gesellschaft in Deutschland, München 1984, 51—53.
75 *Lautenschlager, F.*, Die Agrarunruhen in den bad. Standes- u. Grundherrschaften im Jahr 1848, Heidelberg 1915.
76 *Leibbrand, R.*, Das Revolutionsjahr 1848 in Württemberg, Stuttgart 1948.
77 *Lipp, C. u. W. Kaschuba*, Wasser u. Brot, Polit. Kultur im Alltag der Vormärz- u. Revolutionsjahre, in: GG 10. 1984, 320—51.
78 *Lougee, R.*, Midcentury Revolution: 1848, Lexington/Mass. 1972.
79 *Loui, K.H.*, Stralsund im Revolutionsjahr 1848, Schwerin 1958.
80 *Lüders, G.*, Die demokrat. Bewegung in Berlin im Oktober 1848, Berlin 1909.
81 *Marx, J.*, Die wirtschaftl. Ursachen der Revolution 1848 in Österreich, Köln 1965.
82 *Mastmann, H.*, Die demokrat.-republikan. Bewegung in Thüringen 1848, Diss. FU Berlin 1953.
83 *Nickel, D.*, Die Revolution 1848/49 in Augsburg u. Bayerisch-Schwaben, Augsburg 1965.
84 *Noack, R.*, Die Revolutionsbewegung von 1848/49 in der Saargegend, Diss. Frankfurt 1929.
85 *Noyes, P.*, Organization and Revolution. Working-Class Associations in the German Revolution of 1848/49, Princeton 1966.
86 *Obermann, K.*, Die deutschen Arbeiter in der Revolution von 1848, Berlin 1953^2.
87 --, Die Berliner Univ. am Vorabend u. während der Revolution 1848/49, in: Forschung u. Wirkung 1. 1960, 165—201.
88 *O'Boyle, L.*, The Democratic Left in Germany 1848, in: JMH 33. 1961, 374—83; dt. in: D. Langewiesche Hg., Die deutsche Revolution 1848/49, Darmstadt 1983, 261—77.
89 *Orr, W.J.*, Königsberg u. die Revolution 1848, in: ZfO 26. 1977, 271—306.
90 --, East Prussia and the Revolution of 1848, in: CEH 13. 1980, 303—31.
91 *Pelger, H.*, Zur demokrat. u. sozialist. Bewegung in Norddeutschland im Anschluß an die Revolution von 1848, in: AfS 8. 1968, 161—228.
92 *Peters, H.*, Erfurt im Jahre 1848, Diss. Berlin 1966.
93 *Pflaume, H.*, Organisation u. Vertretung der Arbeitnehmer in den Bewegungen von 1848, Diss. Jena 1934.
94 Pietismus u. Neuzeit, V: Die evangel. Kirchen u. die Revolution 1848, Göttingen 1980.
95 *Polisensky, J.*, Aristocrats and the Crowd in the Revolutionary Year 1848, N.Y. 1980.

96 *Popiolek, K. u. F.*, 1848 in Silesia, in: Slavonic & East European Review 26. 1948, 374–89.

97 *Pouthas, C.*, The Revolutions of 1848, in: NCMH 10. 1971, 389–415.

98 *Radandt, H.*, Arbeiterbewegung u. Gewerkschaften in der Revolution 1848/49, in: E. Todt u. ders., Zur Frühgeschichte der deutschen Gewerkschaftsbewegung, Berlin 1950, 107–211.

99 *Rath, R.J.*, The Viennese Revolution of 1848, Austin 1957/1969[2].

100 *Real, W.*, Die Revolution in Baden 1848/49, Stuttgart 1983.

101 *Reiter, H.*, Die Revolution von 1848/49 in Altbayern. Ihre sozialen u. mentalen Voraussetzungen u. ihr Verlauf, München 1983.

102 *Reith, R.*, Der Aprilaufstand von 1848 in Konstanz, Sigmaringen 1982.

103 *Renner, H.*, Die pfälz. Bewegung 1848/49, Diss. Marburg 1955.

104 *Repgen, K.*, Märzbewegung u. Maiwahlen des Revolutionsjahres 1848 im Rheinland, Bonn 1955.

105 *Robertson, P.*, Revolutions of 1848: A Social History, Princeton 1952.

106 *Rothfels, H.*, 1848, in: JMH 20. 1948, 291–319; dt. 1848, Darmstadt 1972.

107 *Rupieper, H.-J.*, Die Polizei u. die Fahndungen anläßlich der deutschen Revolution von 1848/49, in: VSWG 64. 1977, 328–55.

108 --, Probleme einer Sozialgeschichte der Revolution 1848/49 in Deutschland, in: M. Salewski Hg., Die Deutschen u. die Revolution, Göttingen 1984, 157–78.

109 --, Die Sozialstruktur der Trägerschichten der Revolution von 1848/49 am Beispiel Sachsen, in: H. Kaelble u.a., Probleme der Modernisierung in Deutschland, Opladen 1978, 80–109.

110 *Schieder, W.*, Die Rolle der deutschen Arbeiter in der Revolution von 1848/49, in: Archiv für Frankfurts Geschichte u. Kunst 54. 1974, 43–56.

111 *Schildt, G.*, Landbevölkerung u. Revolution. Zur Ursache für die Niederlage der Revolution von 1848 in Preußen, in: GWU 43. 1992, 290–302.

112 *Schmidt, W.* u.a., Illustrierte Geschichte der deutschen Revolution 1848/49, Berlin 1975[2].

113 --, Zu Problemen der europ. bürgerl. Revolutionen von 1848/49, in: ZfG 27. 1979, 639–59.

114 --, Die Revolution von 1848/49 in Hamburg, Hamburg 1983.

115 -- u.a., Die europ. Revolutionen 1848/49, in: M. Kossok Hg., Revolutionen der Neuzeit 1500–1917, Berlin 1982, 271–348.

116 --, Zur Rolle der Bourgeoisie in den bürgerl. Revolutionen 1789 u. 1848, in: ZfG 21. 1973, 301–20.

117 --, Zur Rolle des Proletariats in der deutschen Revolution 1848/49, in: ZfG 17. 1969, 270–88.

118 *Schnabel, F.*, Die Revolution von 1848 u. die deutsche Geschichte (1941), in: ders., Abhandlungen u. Vorträge 1914–1965, Hg. H. Lutz, Freiburg 1970, 189–95.

119 *Schneider, W.*, Wirtschafts- u. Sozialpolitik im Frankfurter Parlament, Frankfurt 1923.

120 *Schwentker, W.*, Konservative Vereine u. Revolution in Preußen 1848/49, Düsseldorf 1988.

121 *Shorter, E.*, Middle-Class Anxiety in the German Revolution of 1848, in: JSH 2. 1968/69, 189–216.

122 *Sieber, E.*, Stadt u. Universität Tübingen in der Revolution von 1848/49, Tübingen 1975.

123 *Siemann, W.*, Parteibildung 1848/49 als "Kampf ums Recht", in: Der Staat 18. 1979, 199–227.

124 --, Protestbewegungen in der deutschen Revolution von 1848/49, in: H. Reinalter Hg., Demokrat. u. soziale Protestbewegungen in Mitteleuropa 1815–1848/49, Frankfurt 1986, 305–26.

125 --, Die deutsche Revolution 1848/49, Frankfurt 1985.

126 *Sigmann, J.*, 1848. The Romantic and Democratic Revolution in Europe, London 1973.

127 *Simhart, F.*, Bürgerl. Gesellschaft u. Revolution 1848, München 1978.

128 *Sked, A.*, The Survival of the Habsburg Empire. Radetzky, the Imperial Army, and the Class War 1848, London 1979.

129 *Sperber, I.*, Rhineland Radicals. The Democratic Movement and the Revolution of 1848/49, Princeton 1991.

130 *v. Srbik, H.R.*, Die Wiener Revolution 1848 in sozialgeschichtl. Beleuchtung, in: Sch.Jb. 43. 1919, 829–68.

131 *Stadelmann, R.*, Soziale u. polit. Geschichte der Revolution 1848, München 1948/ND 1973.

132 *Stearns, P.N.*, The Revolutions of 1848, London 1974.

133 *Steinert, H. u. H. Treiber*, Die Revolution u. ihre Theoretiker 1848: Marx, v. Stein, Tocqueville im aktuellen Vergleich, Opladen 1975.

134 *Stürmer, M.*, 1848 in der deutschen Geschichte, in: 2. Fs. H. Rosenberg, Hg. H.-U. Wehler, Göttingen 1974, 228–42.

135 *Stuke, H. u. W. Forstman* Hg., Die europ. Revolutionen von 1848, Königstein 1979.

136 --, Materielle Volksinteressen u. liberale Ideale 1848, in: Archiv für Frankfurts Geschichte u. Kunst 54. 1974, 29–42.

137 *Valentin, V.*, Die revolutionären Bewegungen der Jahre 1848/49, in: Die Befreiung der Menschheit, Berlin 1921/ND 1977, 106–28.

138 --, Geschichte der deutschen Revolution 1848/49, 2 Bde, Berlin 1930/31/ND Köln 1970.

139 --, Polit., geistiges u. wirtschaftl. Leben in Frankfurt a.M. vor dem Beginn der Revolution von 1848/49, Heidelberg 1907.

140 *Violand, E.*, Die soziale Geschichte der Revolution in Österreich 1848, Hg. W. Häussler, Wien 1984.

141 *Vollmer, F.-X.*, Die 48er Revolution in Baden, in: J. Becker u.a., Bad. Geschichte, Stuttgart 1979, 37–64.

142 --, Vormärz u. Revolution 1848/49 in Baden, Frankfurt 1979.

143 *Wawrykowa, M.*, Revolutionäre Demokraten in Deutschland u. Polen 1815–48, Braunschweig 1974.

144 *Weber, R.*, Die Beziehungen zwischen sozialer Struktur u. polit. Ideologie des Kleinbürgertums in der Revolution 1848/49, in: ZfG 13. 1965, 1186–93.

145 --, Die Revolution in Sachsen 1848/49, Berlin 1970.

146 *Wegmann-Peitsch, M.*, Die Revolution 1848 im Großherzogtum Oldenburg, Oldenburg 1974.

147 *Werner, A.*, Die polit. Bewegungen in Mecklenburg 1848, Berlin 1907.

148 *Wettengel, M.*, Die Revolution von 1848/49 im Rhein-Main-Raum. Polit. Vereine u. Revolutionsalltag im Großherzogtum Hessen, Herzogtum Nassau u. in der Freien Stadt Frankfurt, Wiesbaden 1989.

149 *Wirtz, R.*, Plebej. u. bürgerl. Aufstandsbewegungen 1848, in: Sowi 8. 1979, 83–87.

150 --, Die Begriffsverwirrung der Bauern im Odenwald 1848, in: D. Puls Hg., Wahrnehmungsformen u. Protestverhalten, Frankfurt 1979, 81–104.

151 --, Die Revolution im Seekreis 1848/49, in: D. Schott u. W. Trapp Hg., Seegründe, Weingarten 1984, 103–27.

152 *Wollstein, G.*, Deutsche Geschichte 1848/49. Gescheiterte Revolution in Mitteleuropa, Stuttgart 1986.

153 *Yanagisawa, O.*, Die sozioökonom. Forderungen der preuß. Landbevölkerung 1848 im Spiegel der Petitionsnachweisung, in: Fs. H. Kellenbenz, III, Stuttgart 1978, 295–308.

154 *Zeise, R.*, Bauern u. Demokratie 1848/49. Zur antifeudalen Bewegung der sächs. Landbevölkerung in der Revolution vom Sommer 1848 bis zum Vorabend des Dresdner Maiaufstandes, in: JbR 4. 1972, 148–77.

155 --, Der Kampf um die Mobilisierung der Landbevölkerung in Sachsen im Frühjahr 1848, in: Sächs. Heimatblätter 12. 1966, 429–44.

156 --, Zur sozialen Struktur u. zur Lage der Volksmassen auf dem Lande am Vorabend der Revolution 1848/49 in Sachsen, in: JbW 1969/I, 239–73.

157 *Zenker, E.V.*, Die Wiener Revolution 1848 in ihren sozialen Voraussetzungen u. Beziehungen, Wien 1897.

158 *Zimmermann, L.*, Die Einheits- u. Freiheitsbewegung u. die Revolution von 1848 in Franken, Würzburg 1951.

159 *Zucker, A.E.* Hg., The Forty-Eigters. Political Refugees of the German Revolution of 1848, N.Y. 1950.

160 --, German Women and the Revolution of 1848: K. Zitz-Halein and the Humania Association, in: CEH 13. 1980, 237–54.

161 *Zwahr, A.*, Zur Politik der Bourgeoisie in Sachsen von Februar bis September 1848, in: Fs. K. Obermann, Berlin 1977, 331–60..

162 --, Sachsen im März 1848, in: JbR 7. 1979, 35–50.

68. Die Revolution von 1918/19

1 *Abelshauser, W.*, Umsturz, Terror, Bürgerkrieg: Das rhein.-westfäl. Industriegebiet in der revolutionären Nachkriegsperiode, in: ders. u. R. Himmelmann Hg., Revolution in Rheinland u. Westfalen, Essen 1988, 11–51.

2 *Albrecht, W.*, Landtag u. Regierung in Bayern am Vorabend der Revolution von 1918. Studien zur gesellschaftl. u. staatl. Entwicklung Deutschlands 1912–18, Berlin 1968.

3 *Ay, K.-L.*, Die Entstehung einer Revolution, Bayern 1914–1918, Berlin 1968.

4 --, Die Deutsche Revolution 1914–18, in: ZBL 36. 1973, 877–96.

5 *Baudis, D.*, Zur Problematik der Rätebewegung 1918/19 in Deutschland, in: JbW 1967/III, 394–420.

6 *Bermbach, U.*, Das Scheitern des Rätesystems u. der Demokratisierung der Bürokratie 1918/19, in: PVS 8. 1967, 445–60.

7 *Bertrand, C.* Hg., Revolutionary Situation in Europe 1917–22: Germany, Italy, Austria-Hungary, Montreal 1977.

8 *Bey-Heard, F.*, Hauptstadt u. Staatsumwälzung, Berlin 1919. Problematik u. Scheitern der Rätebewegung in der Berliner Kommunalverwaltung, Stuttgart 1969.

9 *Beyer, H.*, Von der Novemberrevolution zur Räterepublik in München, Berlin 1957.

10 *Blasius, D.*, Revolution u. Revolutionsalltag 1918/19 in Deutschland, in: APZ 45. 1978, 25–36.

11 *Bosl, K.* Hg., Bayern im Umbruch. Die Revolution von 1918, München 1969.

12 *Brandt, P. u. R. Rürup*, Arbeiter-, Soldaten- u. Volksräte in Baden 1918/19, Düsseldorf 1980.

13 *Broué, P.*, Révolution en Allemagne 1917–23, Paris 1971.

14 *Carsten, F.L.*, Revolution in Mitteleuropa 1918–19, Köln 1973.

15 --, Revolutionäre Situationen in Europa 1917–20, in: 2. Fs. F. Fischer, Bonn 1978, 375–88.

16 *Conze, W.*, Die sozialgeschichtl. Bedeutung der deutschen Revolution von 1918/19, in: O. Franz Hg., Vom Sinn der Geschichte, Stuttgart 1976, 71–84.

17 *Coper, R.*, Failure of a Revolution: Germany 1918–19, Cambridge 1955.

18 *Dähn, H.*, Rätedemokrat. Modelle. Studien zur Rätediskussion in Deutschland 1918/19, Meisenheim 1975.

19 *Drabkin, J.S.*, Die Novemberrevolution 1918 in Deutschland, Berlin 1968.

20 *Elben, W.*, Das Problem der Kontinuität in der deutschen Revolution. Die Politik der Staatssekretäre u. der militär. Führung vom November 1918 bis Februar 1919, Düsseldorf 1965.

21 *Feldman, G.D.*, Socio-Economic Structures in the Industrial Sector and Revolutionary Potentialities 1917–22, in: C.L. Bertrand Hg.,Revolutionary Situations in Europe, 1917–22, Germany, Italy, Austria-Hungary, Montreal 1977, 159–69; dt. Sozio-ökonom. Strukturen im Industriesektor u. revolutionäres Potential 1917–22, in. ders., Vom Weltkrieg zur Weltwirtschaftskrise, Göttingen 1984, 69–83.

22 *Flemming, J.*, Parlamentar. Kontrolle in der Novemberrevolution, Dez. 1918 - April 1919, in: AfS 11. 1971, 69–139.

23 *Friedländer, H.E.*, Conflict of Revolutionary Authority: Provisional Government versus Berlin Soviet, Nov.-Dec. 1918, in: IRSH 7. 1962, 163–76.

24 *Hajdu, T.*, Socialist Revolution in Central Europe 1917–21, in: R. Porter u. M. Teich Hg., Revolution in History, Cambridge 1987², 101–20.

25 *Hillmann, G.*, Die Rätebewegung, 2 Bde, Reinbek 1971/72.

26 *Hillmayr, H.*, Roter u. Weißer Terror in Bayern nach 1918, München 1974.

27 *Kalmer, G.*, Die "Massen" in der Revoluiton von 1918/19, in: ZBL 34. 1971, 316–57.

28 *Kittel, E.*, Novemberumsturz 1918, in: BDL 104. 1968, 42–108.

29 *Kluge, U.*, Die deutsche Revolution 1918/19, Frankfurt 1985.

30 --, Soldatenräte u. Revolution. Studien zur Militärpolitik in Deutschland 1918/19, Göttingen 1975.

31 *Kolb, E.*, Die Arbeiterräte in der deutschen Innenpolitik 1918/19, Düsseldorf 1962.

32 -- Hg., Vom Kaiserreich zur Weimarer Republik, Köln 1976².

33 -- *u. K. Schönhoven* Bearb., Regionale u. lokale Räteorganisationen in Württemberg 1918/19, Düsseldorf 1976.

34 --, Rätewirklichkeit u. Räteideologie in der deutschen Revolution 1918/19, in: H. Neubauer Hg., Deutschland u. die russ. Revolution, Stuttgart 1968, 94–110; u. in: ders. Hg., Vom Kaiserreich zur Weimarer Republik, Köln 1972, 165–84.

35 -- *u. R. Rürup* Bearb., Der Zentralrat der Deutschen Sozialist. Republik, Leiden 1968.

36 *Kuckuk, P.* Hg., Revolution u. Räterepublik in Bremen, Frankfurt 1969.

37 *Lucas, E.*, Frankfurt unter der Herrschaft des Arbeiter- u. Soldatenrats 1918/19, Frankfurt 1969.

38 --, Märzrevolution 1920, 3 Bde, Frankfurt 1983².

39 *Mai, G.*, Die Sozialstruktur der württemberg. Soldatenräte 1918/19, in: IWK 14. 1978, 3–28.

40 *Metzmacher, H.*, Der Novembersturz 1918 in der Rheinprovinz, in: Annalen d. Histor. Vereins für den Niederrhein 168/69. 1967, 135–265.

41 *Mitchell, A.*, Revolution in Bavaria 1918/19, Princeton 1965; dt. Revolution in Bayern 1918/19, München 1967.

42 *Mommsen, W.J.*, Die deutsche Revolution 1918–20, in: GG 4. 1978, 362–91.

43 *Muth, H.*, Die Entstehung der Bauern- u. Landarbeiterräte im November 1918 u. die Politik des "Bundes der Landwirte", in: VfZ 21. 1973, 1–38.

44 *Nimtz, W.*, Die Novemberrevolution 1918/19 in Deutschland, Berlin 1965².

45 *v. Oertzen, P.*, Betriebsräte in der Novemberrevolution, Düsseldorf 1963/1976².

46 *Otto, K.A.*, Die Revolution in Deutschland 1918/19, München 1979.

47 *Pohl, K.H.*, Obrigkeitsstaat u. Demokratie. Aspekte der "Revolution" von 1918/19, in: M. Hettling Hg., Revolution in Deutschland? Göttingen 1991, 46–69.

48 *Rürup, R.* Hg., Arbeiter- u. Soldatenräte im rhein.-westfäl. Industriegebiet, Wuppertal 1975.

49 --, Probleme der Revolution in Deutschland 1918/19, Wiesbaden 1968.

50 --, Problems of the German Revolution 1918–19, in: JCH 3. 1968, 109–35.

51 --, Demokrat. Revolution u. "Dritter Weg". Die deutsche Revolution von 1918/19, in: GG 9. 1983, 278–301.

52 *Ryder, A.J.*, The German Revolution of 1918, Cambridge 1967.
53 *Saage, R.*, Einige Rahmenbedingungen der deutschen u. österreich. Revolution von 1918, in: Polit. Didaktik 1. 1977, 7–24.
54 *Schneider, D. u. R. Kuda*, Arbeiterräte in der Novemberrevolution, Frankfurt 1968.
55 *Schwarz, K.-D.*, Weltkrieg u. Revolution in Nürnberg, Stuttgart 1971.
56 *Tampke, J.*, The Ruhr and Revolution in the Rhenish-Westphalian Industrial Region 1912–19, London 1979.
57 *Tormin, W.*, Zwischen Rätediktatur u. sozialer Revolution, Düsseldorf 1954.
58 *Winckler, L.*, Die Novemberrevolution in der Geschichtsschreibung der Bundesrepublik, in: GWU 21. 1970, 216–34.

69. Sozialgeschichte der deutschen Staaten und Regionen bis 1871

1 *Anderson, E.N.*, The Social and Political Conflict in Prussia 1858–64, Lincoln 1954/ND N.Y. 1976.
2 *Berding, H. u. H.-P. Ullmann* Hg., Deutschland zwischen Revolution u. Restauration, Königstein 1981.
3 --, Napoleon. Herrschafts- u. Gesellschaftspolitik im Königreich Westfalen 1807– 1813, Göttingen 1973.
4 -- *u. H.–P. Ullmann*, Veränderungen in Deutschland an der Wende vom 18. zum 19. Jh., in: dies. Hg., Deutschland zwischen Revolution u. Restauration, Königstein 1981, 11–40.
5 *Blessing, W.K.*, "Der Geist der Zeit hat die Menschen sehr verdorben". Bemerkungen zur Mentalität in Bayern um 1800, in: E. Weis Hg., Reformen im rheinbünd. Deutschland, München 1984, 229–50.
6 --, Staatsintegration als soziale Integration. Zur Entstehung einer bayer. Gesellschaft im frühen 19. Jh., in: ZBL 41. 1978, 633–700.
7 --, Staat u. Kirche in der Gesellschaft. Institutionelle Autorität u. mentaler Wandel in Bayern während des 19. Jh., Göttingen 1982.
8 --, Umbruchkrise u. 'Verstörung'. Die Napoleon. Erschütterung u. ihre sozialpsycholog. Bedeutung, in: ZBL 42. 1979, 75–106.
9 --, Umwelt u. Mentalität im ländl. Bayern, in: AfS 19. 1979, 1–42.
10 *Boelcke, W.A.*, Sozialgeschichte Baden-Württembergs 1800–1989, Stuttgart 1989.
11 *Bosl, K. u. E. Weis*, Die Gesellschaft in Deutschland, I: bis 1848, München 1976.
12 *Botzenhart, M.*, Reform, Restauration, Krise. Deutschland 1789-1847, Frankfurt 1985.
13 --, Wandlungen der ständ. Gesellschaft im Deutschland der preuß. u. rheinbünd. Reformen, in: Der Staat, Beih. 4. 1980, 55–75.

14 *Bruford, W.*, Gesellschaftl. Grundlagen der Goethezeit, Weimar 1936/ Berlin 1975.

15 --, Kultur u. Gesellschaft im Klassischen Weimar, 1775–1800, Göttingen 1966.

16 *Bullik, M.*, Staat u. Gesellschaft im hess. Vormärz, Köln 1972.

17 *Conze, W.* u.a. Hg., Modernisierung u. nationale Gesellschaft im ausgehenden 18. u. 19. Jh., Berlin 1979.

18 --, Das Spannungsfeld von Staat u. Gesellschaft im Vormärz, in: ders. Hg., Staat u. Gesellschaft im deutschen Vormärz 1815–48, Stuttgart 1970², 207–69.

19 --, Staat u. Gesellschaft in der frührevolutionären Epoche Deutschlands, in: HZ 186. 1958, 1–34, u. in: H.H. Hofmann Hg., Die Entstehung des modernen souveränen Staates, Köln 1967, 297–320.

20 -- Hg., Staat u. Gesellschaft im deutschen Vormärz 1815–48, Stuttgart 1962/1970².

21 --, Sozialer u. wirtschaftl. Wandel, in: DVG II: 1803–1866, 1983, 19–56.

22 *Crössmann, C.*, Die Unruhen in Oberhessen im Herbste 1830, Darmstadt 1929.

23 *Dipper, C.*, Probleme einer Wirtschafts- u. Sozialgeschichte der Säkularisation in Deutschland 1803–13, in: A. v. Reden-Dohna Hg., Deutschland u. Italien im Zeitalter Napoleons, Wiesbaden 1979, 123–70.

24 *Droz, J. u. P. Ayçoberry*, Structures sociales et courants idéologiques en Allemagne prérévolutionnaire, in: Annali dell'Istituto Feltrinelli 6. 1963, 164–236.

25 *Dufraisse, R.*, Das napoleon. Deutschland. Stand u. Probleme der Forschung unter bes. Berücksichtigung der linksrhein. Gebiete, in: GG 6. 1980, 467–83.

26 *Eberhardt, H.*, Goethes Umwelt. Forschungen zur gesellschaftl. Struktur Thüringens, Weimar 1951.

27 *Engel, W.*, Wirtschaftl. u. soziale Kämpfe in Thüringen vor 1848, Jena 1927.

28 *Fehrenbach, E.*, Verfassungs- u. sozialpolit. Reformen u. Reformprojekte in Deutschland unter dem Einfluß des napoleon. Frankreich, in: HZ 228. 1979, 288–316, u. in: H. Berding u. H.-P. Ullmann Hg., Deutschland zwischen Revolution u. Restauration, Königstein 1981, 65–96.

29 *Fischer, W.*, Staat u. Gesellschaft Badens im Vormärz, in: ders., Wirtschaft u. Gesellschaft im Zeitalter der Industrialisierung, Göttingen 1972, 86–109.

30 *Giebel, H.*, Strukturanalyse der Gesellschaft des Königreichs Bayern im Vormärz 1818–48, Diss. München 1971.

31 *Gray, M.W.*, Prussia in Transition: Society and Politics Under the Stein Ministry, Philadelphia 1986.

32 *Günther, W.* Hg., Sozialer u. polit. Wandel in Oldenburg, Oldenburg 1981.

33 *Hamerow, T.S.*, The Social Foundations of German Unification 1848–71, 2 Bde, Princeton 1969/73.

34 --, Restoration, Revolution, Reaction. Economics and Politics in Germany 1815–1871, Princeton 1972⁶.

35 *Hammen, O.*, Economic and Social Factors in the Prussian Rhineland in 1848, in: AHR 54. 1949, 825–40.

36 *Hardtwig, W.*, Vormärz. Der monarch. Staat u. das Bürgertum, München 1985.

37 *Henning, F.-W.*, Studien zur Wirtschafts- u. Sozialgeschichte Mittel- u. Ostdeutschlands, Dortmund 1985.

38 *Herberts, H.*, Alles ist Kirche u. Handel ... Wirtschaft u. Gesellschaft des Wuppertals im Vormärz u. in der Revolution 1848/49, Neustadt 1980.

39 *Hermes, G.*, Statist. Studien zur wirtschaftl. u. gesellschaftl. Struktur des zollvereinten Deutschland, in: ASS 63. 1929, 121—62.

40 *Huth, K.*, Wirtschafts- u. Sozialgeschichte des Landkreises Biedenkopf 1800—1866, Biedenkopf 1967.

41 *Ipsen, G.*, Landkreis im Sauerland: Meschede 1818—1915, in: ZAA 19. 1971, 197—210.

42 *Kaufhold, K.H.*, Wirtschaft u. Gesellschaft in Deutschland seit der Industrialisierung 1800—1963, in: A. Rauscher Hg., Der soziale u. polit. Katholizismus, II, München 1982, 9—51.

43 --, Wirtschaft u. Gesellschaft im südl. Niedersachsen im 18. u. frühen 19. Jh., in: K. Borchardt u.a. Hg., Weltwirtschaftl. u. währungswirtschaftl. Probleme seit dem Ausgang des Mittelalters, Stuttgart 1981, 207—25.

44 *Kistler, F.*, Die wirtschaftl. u. sozialen Verhältnisse in Baden 1849—1870, Freiburg 1954.

45 *Klueting, H.*, Die Folgen der Säkularisierung, in: H. Berding u. H.P. Ullmann Hg., Deutschland zwischen Revolution u. Restauration, Königstein 1981, 184—207.

46 --, Die Säkularisation im Herzogtum Westfalen 1802—34, Köln 1980.

47 *Koselleck, R.*, Preußen zwischen Reform u. Revolution 1791—1848, Stuttgart 1967/München 1987[4].

48 --, Staat u. Gesellschaft in Preußen 1815—48, in: W. Conze Hg., Staat u. Gesellschaft im deutschen Vormärz, 1815—1848, Stuttgart 1970[2], 79—112, u. in: Moderne Deutsche Sozialgeschichte, Hg. H.-U. Wehler, Königstein 1981[6], 55—84.

49 *Lee, L.L.*, The Politics of Harmony. Civil Service, Liberalism, and Social Reform in Baden 1800—1850, Newark 1980.

50 *Lees, A.*, Revolution and Reflection, Intellectual Change in Germany During the 1850's, Den Haag 1974.

51 *Lerner, F.*, Wirtschafts- u. Sozialgeschichte des Nassauer Raumes 1816—1964, Wiesbaden 1965.

52 *Locher, H.*, Die wirtschaftl. u. soziale Lage in Baden am Vorabend der Revolution von 1848, Diss. Freiburg 1950.

53 *Meinhardt, G.*, Der schles. Weberaufstand von 1844, in: Jb. d. Schles. Friedrich-Wilhelm-Univ. in Breslau 17. 1972, 91—112.

54 *Milkereit, G.*, Sozial- u. Wirtschaftsentwicklung der südl. Rheinlande seit 1815, in: F. Petri u. G. Droege Hg., Rhein. Geschichte, III, Düsseldorf 1979, 199—246, 312— 27.

55 *Mittenzwei, I.*, Preußen nach dem Siebenjährigen Krieg, Berlin 1978.

56 *Morsey, R.*, Wirtschaftl. u. soziale Auswirkungen der Säkularisation in Deutschland, in: Fs. K. v. Raumer, Münster 1966, 361—83.

57 *Müller, M.*, Säkularisation u. Grundbesitz. Zur Sozialgeschichte des Saar-Mosel-Raumes 1794—1813, Boppard 1980.

58 *Nipperdey, T.*, Deutsche Geschichte 1800–1866. Bürgerwelt u. starker Staat, München 1983.

59 *Obermann, K.*, Wirtschafts- u. sozialpolit. Aspekte der Krise von 1845–1847 in Deutschland, insbes. in Preußen, in: JbG 7. 1972, 141–74.

60 *Plaul, H.*, Grundzüge der sozialökonom. Verhältnisse in der Magdeburger Börde 1830–1880, in: H.-J. Rach u.a. Hg., Landwirtschaft u. Kapitalismus in der Magdeburger Börde, I, Berlin 1978/79, 175–231.

61 *Otruba, G.*, Wirtschaft. u. soziale Lage Österreichs im Vormärz, in: Österreich in Geschichte u. Literatur 10. 1966, 161–76.

62 *Rosenberg, H.*, Polit. Denkströmungen im deutschen Vormärz, Göttingen 1972.

63 *Scheglmann, A.*, Geschichte der Säkularisierung im rechtsrhein. Bayern, 3 Bde, Regensburg 1903–08/ND 1952–54.

64 *Schieder, W. u. A. Kube*, Säkularisation u. Mediatisierung. Die Veräußerung der Nationalgüter im Rhein-Mosel-Departement 1803–13, Boppard 1987.

65 *Schulte, W.*, Volk u. Staat, Westfalen im Vormärz u. in der Revolution 1848–1849, Münster 1954.

66 *Sheehan, J.J.*, German History 1770–1866, Oxford 1989.

67 *Shorter, E.*, Social Change and Social Policy in Bavaria 1800–1860, Diss. Harvard Univ. 1967.

68 *Siemann, W.*, Gesellschaft im Aufbruch. Deutschland 1849–1871, Frankfurt 1990.

69 -- Hg., Restauration, Liberalismus u. nationale Bewegung 1815–70, Darmstadt 1982.

70 *Simon, W.M.*, The Failure of the Prussian Reform Movement 1807–1819, Ithaca 1955/ND N.Y. 1971.

71 *Straub, A.*, Das bad. Oberland im 18. Jh. Die Transformation der Gesellschaft vor der Industrialisierung, Husum 1977.

72 *Stulz, P. u. A. Opitz*, Volksbewegungen in Kursachsen zur Zeit der Französ. Revolution, Berlin 1956.

73 *Stutzer, D.*, Die Säkularisation 1803 (Bayern), Rosenheim 1978.

74 *Vogel, B.*, Reformpolitik in Preußen 1807–20, in: H.-J. Puhle u. H.-U. Wehler Hg., Preußen im Rückblick (= GG SoH. 6), Göttingen 1980, 202–23.

75 *Weis, E.* Hg., Reformen im rheinbünd. Deutschland, München 1984.

76 *Zang, G.* Hg., Provinzialisierung einer Provinz (Konstanz im 19. Jh.), Frankfurt 1978.

77 *Ziegler, K.*, Verwaltungs-, Wirtschafts- u. Sozialstruktur Hohenzollerns im 19. Jh., Sigmaringen 1976.

78 *Zorn, W.*, Gesellschaft u. Staat im Bayern des Vormärz, in: W. Conze Hg., Staat u. Gesellschaft im deutschen Vormärz 1815–1848, Stuttgart 1970², 113–42.

79 --, Die Sozialentwicklung der nichtagrar. Welt 1806–1970, in: HBG IV/2, München 1975, 782–882.

80 --, Kleine Wirtschafts- u. Sozialgeschichte Bayerns 1806–1933, München 1962.

81 *Zwahr, H.*, Bourgeoisie u. Proletariat am Beginn der bürgerl. Umwälzung in Sachsen. Die Septemberereignisse von 1830 u. die Anfänge der deutschen Arbeiterbewegung, in: ZfG 25. 1977, 656–75.

70. Sozialgeschichte des Kaiserreichs und seiner Staaten

1 Albrecht, D., Bayern 1871–1918, in: HBG IV/1. 1974, 283–386.

2 *Armeson, R.B.*, Total Warfare and Compulsory Labor. A Study of the Military-Industrial Complex in Germany During World War I, Den Haag 1964.

3 *Berteaux, P.F.*, La vie quotidienne en Allemagne au temps de Guilleaume II en 1900, Paris 1962.

4 *v. Bissing, W.M.F.*, Autoritärer Staat u. pluralist. Gesellschaft in den ersten Jahrzehnten des Bismarckischen Reiches, in: Sch.Jb. 83. 1963, 17–45.

5 *Born, K.-E.*, Wirtschafts- u. Sozialgeschichte des Deutschen Kaiserreichs 1866/71– 1914, Wiesbaden 1985.

6 *Bosl, K.*, Gesellschaft u. Politik in Bayern vor dem Ende der Monarchie, in: ZBL 28. 1965, 1–31.

7 *v. Brandt, A.*, Zur sozialen Entwicklung im Saargebiet, Leipzig 1904.

8 *Burgelin, H.*, La société allemande 1871–1968, Paris 1969.

9 *Doerry, M.*, Übergangsmenschen. Die Mentalität der Wilhelminer u. die Krise des Kaiserreichs, 2 Bde, Weinheim 1986.

10 *Emsley, C.* Hg., War, Peace, and Social Change in Twentieth-Century Europe, Milton Keynes 1989.

11 *Evans, R.J.* Hg., Society and Politics in Wilhelmine Germany, London 1978.

12 *Feldman, G.D.*, The Political and Social Foundations of Germany's Economic Mobilization 1914–16, in: Armed Forces and Society 3. 1976, 121–45.

13 *Fenske, H.* Hg., Im Bismarckschen Reich 1871–90, Darmstadt 1978.

14 *Fout, J.C.* Hg., Politics, Parties, and the Authoritarian State: Imperial Germany 1871–1918, N.Y. 1992.

15 *Fuchs, K.*, Beiträge zur Wirtschafts- u. Sozialgeschichte Schlesiens, Dortmund 1985.

16 *Fujimoto, T.*, Sozialgeschichtl. Betrachtung der Finanzpolitik im Deutschen Kaiserreich, Kobe 1986.

17 *Guillen, P.*, L'empire allemande 1871–1918, Paris 1970.

18 *Kaelble, H.* u.a., Probleme der Modernisierung in Deutschland, Opladen 1978/79^2.

19 *Kätzel, H.*, Die gesellschaftl. Strukturveränderungen im Zeitalter des Imperialismus, Diss. Erlangen 1949.

20 *Kocka, J.*, Klassengesellschaft im Krieg. Deutsche Sozialgeschichte 1914–1918, Göttingen 1973/1978^2.

21 --, Weltkrieg u. Mittelstand, in: Francia 3. 1975, 431–57.

22 --, The First World War and the "Mittelstand", in: JCH 8. 1973, 101–23.

23 *Kutz, M.*, Wirtschafts- u. Sozialgeschichte in beiden Weltkriegen, in: L. Köllner u. ders., Wirtschaft u. Gesellschaft in beiden Weltkriegen, München 1980, 47–303.

24 *Langewiesche, D.* Hg., Ploetz - Das deutsche Kaiserreich 1867/71–1918, Würzburg 1984.

25 --, "Revolution von oben?" Krieg u. Nationalstaatsgründung in Deutschland, in: ders. Hg., Revolution u. Krieg, Paderborn 1989, 117–33.

26 *Marwick, A.*, War and Social Change in the 20th Century. A Comparative Study of Britain, France, Germany, Russia and the United States, London 1974.

27 *v. Mendelssohn-Bartholdy, A.*, The War and German Society, New Haven 1937.

28 *Möckl, K.*, Die Prinzregentenzeit. Gesellschaft u. Politik während der Ära des Prinzregenten Luitpold in Bayern, München 1972.

29 *Moeller, R.*, Dimensions of Social Conflict in the Great War: The View from the German Countryside, in: CEH 14. 1981, 142–68.

30 *Mommsen, W.J.*, Der autoritäre Nationalstaat. Verfassung, Gesellschaft u. Kultur im deutschen Kaiserreich, Frankfurt 1990.

31 *Müller, K.-P.*, Politik u. Gesellschaft im Krieg. Baden 1914–18, Stuttgart 1988.

32 *Pohl, H.*, Wirtschafts- u. sozialgeschichtl. Grundzüge der Epoche 1870–1914, in: ders. Hg., Sozialgeschichtl. Probleme in der Zeit der Hochindustrialisierung 1870–1914, Paderborn 1979, 13–55.

33 -- Hg., Sozialgeschichtl. Probleme in der Zeit der Hochindustrialisierung 1870–1914, Paderborn 1979.

34 *Ritter, G.A.*, Gesellschaft u. Politik im Kaiserreich 1871–1914, in: ders., Arbeiterbewegung, Parteien u. Parlamentarismus, Göttingen 1976, 10–20.

35 *Rosenberg, H.*, Political and Social Consequences of the Great Depression of 1873– 1896 in Central Europe (1943), in: ders., Machteliten u. Wirtschaftskonjunkturen, Göttingen 1978, 161–72.

36 --, Große Depression u. Bismarckzeit. Wirtschaftsablauf, Gesellschaft u. Politik in Mitteleuropa, Berlin 1967/1976².

37 --, Wirtschaftskonjunktur, Gesellschaft u. Politik in Mitteleuropa 1873– 96, in: ders. Machteliten u. Wirtschaftskonjunkturen, Göttingen 1978, 173–97.

38 *Schmidt, G.*, Innenpolit. Blockbildungen in Deutschland am Vorabend des Ersten Weltkrieges, in: APZ B 20/72, 13.5.1972, 3–32.

39 *Schnorbus, A.*, Arbeit u. Sozialordnung in Bayern vor dem Ersten Weltkrieg 1890– 1914, München 1969.

40 *Schramm, G.*, Klassengegensätze im Ersten Weltkrieg, in: GG 2. 1976, 244–60.

41 --, Militarisierung u. Demokratisierung: Typen der Massenintegration im Ersten Weltkrieg, in: Francia 3. 1976, 475–97.

42 *Shotwell, J.T.* Hg., Wirtschafts- u. Sozialgeschichte des Weltkriegs, Deutsche Serie, 11 Bde., Stuttgart 1927–32.

43 *Siney, M.C.*, The Allied Blockade 1941–1916, Ann Arbor 1957.

44 *Stegmann, D.*, Wirtschaft u. Politik nach Bismarcks Sturz, in: 1. Fs. F Fischer, Düsseldorf 1974², 161–84.

45 *Stürmer, M.* Hg., Das kaiserl. Deutschland, Gesellschaft u. Politik 1871–1918, Düsseldorf 1970/ND 1977.

46 *Vincent, C.P.*, The Politics of Hunger. The Allied Blockade of Germany 1915–1919, Athens/Ohio 1986.

47 *Wall, R. u. J. Winter* Hg., The Upheaval of War. Family, Work and Welfare in Europe 1914–1918, Cambridge 1988.

48 *Wehler, H.–U.* Hg., Neue Aspekte der reichsdeutschen Sozialgeschichte 1871–1918 (= GG 17. H. 3), Göttingen 1991.
49 --, Das Deutsche Kaiserreich 1871–1918, Göttingen 1973/1988[6].
50 --, Krisenherde des Kaiserreichs. Studien zur Sozial- u. Verfassungsgeschichte 1871–1918, Göttingen 1970/1979[2].
51 *Whalen, R.W.*, Bitter Wounds. German Victims of the Great War 1914–1939, Ithaca 1984.
52 *Whitman, S.*, Das kaiserl. Deutschland, Hamburg 1898.
53 *Winter, J.M.* Hg., War and Economic Development, Cambridge 1975.
54 *Wolff, T.*, Die wilhelmin. Epoche (1936), Hg. B. Sösemann, Frankfurt 1989.
55 *v. Zobelitz, F.*, Chronik der Gesellschaft unter dem letzten Kaiserreich 1894–1914, 2 Bde, Hamburg 1922.
56 *Zorn, W.*, Wirtschaft u. Gesellschaft in Deutschland in der Zeit der Reichsgründung, in: T. Schieder u. E. Deuerlein Hg., Reichsgründung 1870/71, Stuttgart 1970, 197–225.
57 --, Wirtschafts- u. sozialgeschichtl. Zusammenhänge der deutschen Reichsgründungszeit 1850–1879, in: HZ 197. 1963, 318–42, u. in: Moderne Deutsche Sozialgeschichte, Hg. H.-U. Wehler, Königstein 1981[6], 254–70.

71. Sozialgeschichte der Weimarer Republik

1 *Abelshauser, W.* Hg., Die Weimarer Republik als Wohlfahrtsstaat, Stuttgart 1986.
2 *Bessel, R.*, Eastern Germany as a Structural Problem in the Weimar Republic, in: SH 3. 1978, 199–218.
3 *Bracher, K.D.*, Die Auflösung der Weimarer Republik, Villingen 1955/ND Königstein 1978[5].
4 -- u.a. Hg., Die Weimarer Republik 1918–33, Politik, Wirtschaft, Gesellschaft, Düsseldorf 1987.
5 *Bullivant, K.* Hg., Culture and Society in the Weimar Republic, Manchester 1978.
6 *Burnham, W.D.*, Political Immunization and Political Confessionalism: The United States and Weimar Germany, in: JIH 3. 1972, 1–30.
7 *Castellan, G.*, Zur sozialen Bilanz der Prosperität 1924–1929, in: H. Mommsen u.a. Hg., Industrielles System u. polit. Entwicklung in der Weimarer Republik, Düsseldorf 1974, 104–10.
8 *Childers, T.*, Inflation, Stabilization, and Political Realignment in Germany 1924–28, in: G.D. Feldman u.a. Hg., Beiträge zu Inflation u. Wiederaufbau in Deutschland u. Europa 1914–24, Berlin 1982, 409–31.
9 --, Interest and Ideology: Anti-System Politics in the Era of Stabilization 1924–1928, in: G. Feldman Hg., Die Nachwirkungen der Inflation auf die deutsche Geschichte 1924–1933, München 1985, 1–20.

10 --, The Social Language of Politics in Germany. The Sociology of Political Discourse in the Weimar Republic, in: AHR 95. 1990, 331–58.

11 *Dudek, P.*, Erziehung durch Arbeit, Arbeitslagerbewegung u. freiwilliger Arbeitsdienst 1920–35, Opladen 1988.

12 *Falter, J.W.* u.a., Wahlen u. Abstimmungen in der Weimarer Republik 1919–33, München 1986.

13 *Feldman, G.D.*, Die Demobilmachung u. die Sozialordnung der Zwischenkriegszeit in Europa, in: GG 9. 1983, 156–77.

14 --, The Politics of Stabilization in Weimar Germany, in: TAJB 17. 1988, 19–41.

15 --, Wirtschafts- u. sozialpolit. Probleme der deutschen Demobilmachung 1918/19, in: H. Mommsen u.a. Hg., Industrielles System u. polit. Entwicklung in der Weimarer Republik, Düsseldorf 1974, 618–36.

16 --, The Weimar Republic: A Problem of Modernization, in: AfS 26. 1986, 1–26.

17 -- *u. I. Steinisch*, Die Weimarer Republik zwischen Sozial- u. Wirtschaftsstaat. Die Entscheidung gegen den Achtstundentag, in: AfS 18. 1978, 353–439.

18 --, Vom Weltkrieg zur Weltwirtschaftskrise 1914–1932, Göttingen 1984.

19 *Flemming, J.* u.a., Die Republik von Weimar, II: Das sozialökonom. System, Königstein 1979.

20 *Fromm, E.*, Arbeiter u. Angestellte am Vorabend des Dritten Reiches. Eine sozialpsycholog. Untersuchung, Stuttgart 1980.

21 *Geary, D.*, Employers, Workers, and the Collapse of the Weimar Republic, in: I. Kershaw Hg., Weimar: Why Did German Democracy Fail? London 1990, 92–119.

22 --, The Failure of German Labor in the Weimar Republic, in: M. Dobkowski u. J. Walliman Hg., Towards the Holocaust, Westport/Conn. 1983, 177–96.

23 *Geyer, M.*, Nation, Klasse u. Macht. Zur Organisation von Herrschaft in der Weimarer Republik, in: AfS 26. 1986, 27–48.

24 *Hagtvet, B.*, The Theory of Mass Society and the Collapse of the Weimar Republic, in: S.U. Larsen u.a. Hg., Who Were the Fascists? Bergen 1980, 66–117.

25 *Hentschel, V.*, Wirtschafts- u. sozialhistor. Brüche u. Kontinuitäten zwischen Weimarer Republik u. Drittem Reich, in: ZfU 28. 1983, 39–80.

26 *Herf, J.*, Reactionary Modernism. Technology, Culture, and Politics in Weimar and the Third Reich, Cambridge 1984/1990[4].

27 *Holtfrerich, C.-L.*, Arbeitslosigkeit - Sozialabbau - Demokratieverlust. Ergebnis zu hoher Löhne in der Weimarer Republik? in: E. Breit Hg., Aufstieg des Nationalsozialismus - Untergang der Republik - Zerschlagung der Gewerkschaften, Köln 1984, 119–27.

28 --, Zu hohe Löhne in der Weimarer Republik? Bemerkungen zur Borchardt-These, in: GG 10. 1984, 122–41.

29 *Holzer, J.*, Parteien u. Massen. Die polit. Krise in Deutschland 1928–30, Wiesbaden 1975.

30 *John, M.*, Sozial-, alltags- u. kulturhistor. Aspekte der Geschichte der Weimarer Republik, in: ZfG 38. 1990, 802–19.

31 *Kunz, A.*, Inflation als Verteilungskampf, in: W. Abelshauser Hg., Die Weimarer Republik als Wohlfahrtsstaat, Stuttgart 1987, 171–84.

32 *Lederer, E.*, Die Gesellschaft der Unselbständigen. Zum sozialpsych. Habitus der Gegenwart (1918), in: ders., Kapitalismus, Klassenstruktur u. Probleme der Demokratie in Deutschland 1910–1940, Hg. J. Kocka, Göttingen 1979, 14–32.

33 --, Die Umschichtung des Proletariats u. die kapitalist. Zwischenschichten vor der Krise (1929), in: ders., Kapitalismus, Klassenstruktur u. Probleme der Demokratie in Deutschland 1910–1940, Hg. J. Kocka, Göttingen 1979, 172–85.

34 *Liang, H.*, Die Berliner Polizei in der Weimarer Republik, Berlin 1977.

35 *Maier, C.S.*, Recasting Bourgeois Europe: Stabilization in France, Germany, and Italy in the Decade After World War One, Princeton 1975.

36 *Matthias, E. u. Morsey, R.* Hg., Das Ende der Parteien 1933, Düsseldorf 1960.

37 *Parsons, T.*, Democracy and Social Structure in Pre-Nazi-Germany, in: ders., Essays in Sociological Theory, Glencoe 1954[2], 104–23; dt. Demokratie u. Sozialstruktur in Deutschland vor der Zeit des Nationalsozialismus, in: ders., Beiträge zur soziolog. Theorie, Hg. D. Rüschemeyer, Neuwied 1968[2], 256–81.

38 *Peukert, D.K.*, Die Weimarer Republik. Krisenjahre der klassischen Moderne, Frankfurt 1987.

39 *Pois, R.A.*, The Bourgeois Democrats of Weimar Germany, Philadelphia 1976.

40 *Rittberger, V.*, Revolution and Pseudo-Democratization: The Formation of the Weimar Republic, in: G. Almond u.a. Hg., Crisis, Choice, and Change, Boston 1973, 285– 391.

41 *Rosenberg, A.*, Entstehung der Weimarer Republik/ Geschichte der Weimarer Republik, Frankfurt 1974[1].

42 *Schulz, G.*, Staatl. Stützungsmaßnahmen in den deutschen Ostgebieten. Zur Vorgeschichte der "Osthilfe" der Regierung Brüning, in: ders., Das Zeitalter der Gesellschaft, München 1969, 252–98.

43 *Schumacher, M.*, Hausbesitz, Mittelstand u. Wirtschaftspartei in der Weimarer Republik, in: H. Mommsen u.a. Hg., Industrielles System u. polit. Entwicklung in der Weimarer Republik, Düsseldorf 1974, 923–35.

44 --, Land u. Politik. Eine Untersuchung über polit. Parteien u. agrar. Interessen 1914–23, Düsseldorf 1978.

45 *Stoltenberg, G.*, Polit. Strömungen im schleswig-holstein. Landvolk 1918–33, Düsseldorf 1962.

46 *Winkler, H.A.*, Mittelstand, Demokratie u. Nationalsozialismus 1918–33, Köln 1972.

47 --, German Society, Hitler, and the Illusion of Restoration 1930–33, in: JCH 11. 1976, 1–16.

48 *Witt, P.-C.*, Finanzpolitik als Verfassungs- u. Gesellschaftspolitik. Überlegungen zur Finanzpolitik des Deutschen Reiches in den Jahren 1930–1932, in: GG 8. 1982, 386–414.

49 --, Finanzpolitik u. sozialer Wandel. Wachstum u. Funktionswandel der Staatsausgaben in Deutschland 1871–1933, in: Sozialgeschichte Heute. 2. Fs. H. Rosenberg, Hg. H.-U. Wehler, Göttingen 1974, 565–74.

50 *Woytinski, W.*, The Social Consequences of Economic Depression, London 1936.

51 *Wulf, P.*, Die Mittelschichten in der Krise der Weimarer Republik 1930–33, in: K. Holl Hg., Wirtschaftskrise u. liberale Demokratie, Göttingen 1978, 89–102.

72. Sozialgeschichte des nationalsozialistischen Deutschland

1 *Absolon, R.*, Die Wehrmacht im Dritten Reich, 5 Bde, Boppard 1969—1979.

2 *Adler, H.G.*, Der verwaltete Mensch. Studien zur Deportation der Juden aus Deutschland, Tübingen 1974.

3 --, Theresienstadt, 1941—1945: Das Antlitz einer Zwangsgemeinschaft, Tübingen 1960^{2}.

4 *Allen, W.S.*, The Nazi Seizure of Power, London 1965/Chicago 1988^{2}; dt. Das haben wir nicht gewollt. Die nationalsozialist. Machtergreifung in einer Kleinstadt 1930—1935, Gütersloh 1966.

5 Alltagsgeschichte der NS-Zeit. Neue Perspektive oder Trivialisierung? München 1984.

6 *Angermund, R.*, Die geprellten "Richterkönige". Zum Niedergang der Justiz im NS-Staat, in: H. Mommsen Hg., Herrschaftsalltag im Dritten Reich, Düsseldorf 1988, 304— 37.

7 *Baranowski, S.*, The Confession Church. Conservative Elites, and the Nazi State, Lewiston 1986.

8 *Barkai, A.*, Die deutschen Unternehmer u. die Judenpolitik im "Dritten Reich", in: GG 15. 1989, 227—47.

9 *Benz, W.*, Vom freiwilligen Arbeitsdienst zur Arbeitsdienstpflicht, in: VfZ 16. 1968, 317—46.

10 --, Herrschaft u. Gesellschaft im nationalsozialist. Staat. Studien zur Struktur- u. Mentalitätsgeschichte, Frankfurt 1990.

11 *Bessel, R.*, Living with the Nazis: Some Recent Writing on the Social History of the Third Reich, in: EHQ 14. 1984, 211—20.

12 *Besson, W.*, Zur Geschichte des nationalsozialist. Führungsoffiziers, in: VfZ 9. 1961, 76—116.

13 *Beyerchen, A.D.*, Wissenschaft unter Hitler. Physiker im Dritten Reich, Köln 1980.

14 *Birn, R.B.*, Die höheren SS- u. Polizeiführer, Düsseldorf 1986.

15 *Boehnert, G.C.*, The Third Reich and the Problem of "Social Revolution": German Officers and the SS, in: V.R. Berghahn u. M. Kitchen Hg., Germany in the Age of Total War, London 1981, 203—17.

16 *Borkenau, F.*, Zur Soziologie des Faschismus, in: ASS 68. 1933, 513—47.

17 *Bracher, K.D.*, Die deutsche Diktatur. Entstehung, Struktur u. Folgen des Nationalsozialismus, Köln 1969/Frankfurt 1983^{6}.

18 -- u.a., Die nationalsozialist. Machtergreifung, Köln 1960/ 3 Bde, Berlin 1974^{3}.

19 *Broszat, M.* u.a. Hg., Bayern in der NS-Zeit, 6 Bde, München 1977—83.

20 -- *u. E. Fröhlich*, Polit. u. soziale Macht auf dem Lande, in: VfZ 25. 1977, 546—72.

21 --, Soziale Motivation u. Führer-Bindung im Nationalsozialismus, in: VfZ 18. 1970, 392—409.

22 --, Der Nationalsozialismus, Stuttgart 1960.

23 -- *u. N. Frei*, Ploetz - Das Dritte Reich. Ursprünge, Ereignisse, Wirkungen, Freiburg 1983.
24 --, Zur Sozialgeschichte des deutschen Widerstands, in: VfZ 34. 1986, 293—309.
25 --, Der Staat Hitlers, München 1969/1986[1].
26 *Buchholz, W.*, Die nationalsozialist. Gemeinschaft "Kraft durch Freude", Diss. München 1976.
27 *Buchheim, H.*, Die höheren SS- u. Polizeiführer, in: VfZ 11. 1963, 362—91.
28 *Burkhardt, B.*, Eine Stadt wird braun. Die nationalsozialist. Machtergreifung in der schwäb. Provinz, Hamburg 1980.
29 *Castellan, G.*, Bilan social du 3. Reich, in: RHM 15. 1968, 502—11.
30 *Clemenz, M.* Hg., Kritische Theorie des Faschismus, 2 Bde, Frankfurt 1974.
31 --, Gesellschaftl. Ursprünge des Faschismus, Frankfurt 1972.
32 *Corino, K.* Hg., Intellektuelle im Bann des Nationalsozialismus, Hamburg 1980.
33 *Corni, G.*, Hitler and the Peasants 1930—39, Oxford 1930.
34 *Czichon, E.*, Wer verhalf Hitler zur Macht? Köln 1967/1978[5].
35 *Davidson, E.*, Wie war Hitler möglich? Düsseldorf 1980.
36 *Diehl-Thiele, D.*, Partei u. Staat im Dritten Reich. Untersuchungen zum Verhältnis von NSDAP u. allg. innerer Staatsverwaltung 1933—45, München 1969.
37 *Dlugoborski, W.* Hg., Zweiter Weltkrieg u. sozialer Wandel, Achsenmächte u. besetzte Länder, Göttingen 1981.
38 *Drobisch, K. u. D. Eichholtz*, Die Zwangsarbeit ausländ. Arbeitskräfte in Deutschland 1939—45, in: ZfG 18. 1970, 626—39.
39 *Dubail, R.*, Une expérience d'économie dirigée: L'Allemagne Nationalsocialiste, Paris 1962.
40 *Dülffer, J.*, Aufrüstung, Kriegswirtschaft u. soziale Frage im Dritten Reich 1936—39, in: K. Hildebrand u. K.F. Werner Hg., Deutschland u. Frankreich 1936—39, München 1981.
41 --, Deutsche Geschichte 1932—45. Führerglaube u. Vernichtungskrieg, Stuttgart 1992.
42 *Ebenstein, W.*, National Socialism, in: IESS 11. 1968, 45—50.
43 *Eckert, R.*, Die Leiter u. Geschäftsführer der Reichsgruppe Industrie, ihrer Haupt- u. Wirtschaftsgruppen, in: JbW 1979/IV, 243—77; 1980/I, 177—233.
44 *Eiber, L.* Hg., Verfolgung - Ausbeutung - Vernichtung. Die Lebens- u. Arbeitsbedingungen der Häftlinge in deutschen Konzentrationslagern 1933—45, Hannover 1985.
45 *Eichholtz, D.*, Zur Lage der deutschen Werktätigen im ersten Kriegsjahr 1939/40. Eine Studie über die staatsmonopolist. Kriegswirtschaft im deutschen Faschismus, in. JbW 1967/I, 147—71.
46 *Einaudi, M.*, Fascism, in: IESS 5. 1968, 334—41.
47 *Eley, G.*, What Produces Fascism: Pre-Industrial Traditions or a Crisis of the Capitalist State? in: ders., From Unification to Nazism, London 1986, 254—82.
48 *Erhardt, H.*, Euthanasie u. Vernichtung "lebensunwerten" Lebens, Stuttgart 1965.
49 *Falter, J.W.*, Warum die deutschen Arbeiter während des "Dritten Reiches" zu Hitler standen, in: GG 13. 1987, 217—31.

50 *Farquharson, J.E.*, The Plough and the Swastika, London 1976.

51 *Gellately, R.*, The Gestapo and German Society 1933—1945, Oxford 1990.

52 *Gies, H.*, Die nationalsozialist. Machtergreifung auf dem agrarpolit. Sektor, in: ZAA 16. 1968, 210—32.

53 --, Der Reichsnährstand - Organ berufsständ. Selbstverwaltung oder Instrument staatl. Wirtschaftslenkung, in: ZAA 21. 1973, 216—33.

54 --, Revolution oder Kontinuität - Die personelle Struktur des Reichsnährstandes, in: G. Franz Hg., Bauernschaft u. Bauernstand 1500—1970, Limburg 1975, 323—30.

55 *Gossweiler, K.* u.a., Faschismus: Entstehung u. Verhinderung, Frankfurt 1972.

56 *Graml, H.* Hg., Widerstand im Dritten Reich, Frankfurt 1984.

57 *Grebing, H.*, Faschismus, Mittelschichten u. Arbeiterklasse, in: IWK 12. 1976, 443—60.

58 *Grunberger, R.*, A Social History of the Third Reich, London 1971; dt. Das 12jährige Reich, Wien 1972.

59 *Grunfeld, F.V.*, The Hitler File: A Social History of Germany and the Nazis 1918— 45, N.Y. 1974; dt. Die deutsche Frage. A. Hitler u. das Deutsche Reich 1918—1945, Hamburg 1975.

60 *Hamilton, R.*, Die soziale Basis des Nationalsozialismus, in: J. Kocka Hg., Angestellte im europ. Vergleich, Göttingen 1981, 354—75.

61 *Heberle, R.*, Landbevölkerung u. Nationalsozialismus, Stuttgart 1963.

62 *Hennig, E.*, Bürgerl. Gesellschaft u. Faschismus in Deutschland, Frankfurt 1977.

63 -- u.a., Soziale Funktion u. Basis des Nationalsozialismus, Opladen 1974.

64 *Herbert, U.*, Fremdarbeiter. Politik u. Praxis des "Ausländereinsatzes" in der Kriegswirtschaft des "Dritten Reiches", Berlin 1985.

65 *Homze, L.*, Foreign Labor in Nazi Germany, Princeton 1967.

66 *Horn, D.*, Youth Resistance in the Third Reich: A Social Portrait, in: JSH 7. 1973, 26—50.

67 *Hüttenberger, P.*, Die Gauleiter, Stuttgart 1970.

68 --, Nationalsozialist. Polykratie, in: GG 2. 1976, 417—42.

69 *Jaschke, H.-G.*, Soziale Basis u. soziale Funktion des Nationalsozialismus, Opladen 1982.

70 *Kater, M.H.*, Begrifflichkeit u. Historie. "Alltag", "Neokonservatismus" u. "Judenfrage" als Themen einer NS-bezogenen Sozialgeschichtsschreibung, in: AfS 23. 1983, 688—703.

71 --, Doctors Under Hitler, Chapel Hill 1990.

72 --, Die deutsche Elternschaft im NS-Erziehungssystem, in: VSWG 67. 1980, 484—512.

73 --, Medizin. Fakultäten u. Medizinstudenten, in: F. Kudlien Hg., Ärzte im Nationalsozialismus, Köln 1985, 82—104.

74 --, Hitler in a Social Context, in: CEH 14. 1981, 243—72.

75 --, Anti-Fascist Intellectuals in the Third Reich, in: Canadian Journal of History 16. 1981, 263—77.

76 --, Die Medizin im nationalsozialist. Deutschland u. E. Liek, in: GG 16. 1990, 440—63.

77 --, Medizin u. Mediziner im "Dritten Reich", in: HZ 244. 1987, 299–352.
78 --, Zum gegenseitigen Verhältnis vomn SA u. SS in der Sozialgeschichte des Nationalsozialismus 1925–39, in: VSWG 62. 1975, 339–79.
79 *Kershaw, I.*, Der NS-Staat, Reinbek 1988.
80 --, "Widerstand ohne Volk?" Dissens u. Widerstand im Dritten Reich, in: J. Schmädecke u. P. Steinbach Hg., Der Widerstand gegen den Nationalsozialismus, München 1985, 779–98.
81 *Köhler, H.*, Arbeitsdienst in Deutschland bis 1935, Berlin 1967.
82 *Kranig, A.*, Lockung u. Zwang. Zur Arbeitsverfassung im Dritten Reich, Stuttgart 1983.
83 *Kudlien, F.* u.a., Ärzte im Nationalsozialismus, Köln 1985.
84 *Lerner, D.*, The Nazi Elite, in: H.D. Lasswell Hg., World Revolutionary Elites, Cambridge/Mass. 1965, 194–318.
85 *Lipset, S.M.*, Fascism - Left, Right, and Center, in: ders., Political Man. The Social Bases of Politics, N.Y. 1963; dt. in: E. Nolte Hg., Theorien über den Faschismus, Königstein 1984^{6}, 449–91.
86 --, Nationalsozialismus - ein Faschismus der Mitte, in: ders., Soziologie der Demokratie, Neuwied 1962, 131–88.
87 *Majer, D.*, "Fremdvölkische" im Dritten Reich, Boppard 1981.
88 *Mann, R.*, Protest u. Kontrolle im Dritten Reich. NS-Herrschaft im Alltag einer rhein. Großstadt, Köln 1986.
89 *Matzerath, H. u. H. Volkmann*, Modernisierungstheorie u. Nationalsozialismus, in: J. Kocka Hg., Theorien in der Praxis des Historikers (= GG, SoH. 3) Göttingen 1977, 86– 102.
90 --, Nationalsozialismus u. kommunale Selbstverwaltung, Stuttgart 1970.
91 *Milward, A.S.*, Der Zweite Weltkrieg, München 1977.
92 *Mommsen, H.*, Nationalsozialismus, in: SDG 4. 1971, 695–713.
93 --, Zur Verschränkung traditioneller u. faschist. Führungsgruppen in Deutschland beim Übergang von der Bewegungs- zur Systemphase, in: W. Schieder Hg., Faschismus als soziale Bewegung, Hamburg 1976/Göttingen 1983^{2}, 157–81.
94 --, Der Widerstand gegen Hitler u. die deutsche Gesellschaft, in: HZ 241. 1985, 81–104.
95 *Mosse, G.L.*, Nazi Culture, N.Y. 1966; dt. Der nationalsozialist. Alltag, Königstein 1978.
96 *Moyer, L.V.*, The "Kraft durch Freude" Movement in Nazi Germany 1933–39, Ann Arbor 1984.
97 *Müller, I.*, Furchtbare Juristen, München 1987.
98 *Müller, K.-J.*, Nationalkonservative Eliten zwichen Kooperation u. Widerstand, in: J. Schmädecke u. P. Steinbach Hg., Der Widerstand gegen den Nationalsozialismus, München 1985, 24–49.
99 --, Zu Struktur u. Eigenart der nationalkonservativen Opposition bis 1938, in: J. Schmädecke u. P. Steinbach Hg., Der Widerstand gegen den Nationalsozialismus, München 1985, 329–44.
100 *Müller, M.*, Die Stellung des Arbeiters im nationalsozialist. Staat, in: GWU 26. 1975, 1–21.

101 *Neumann, F.L.*, Behemoth, the Structure and Practice of Nationalsocialism 1933–44, N.Y. 1944/1972[4]; dt. Behemoth, Köln 1977/Frankfurt 1984[2].

102 *Neusüss-Hunkel, E.*, Die SS, Hannover 1956.

103 *Niethammer, L.* Hg., Lebensgeschichte u. Sozialkultur im Ruhrgebiet 1930–1960, 3 Bde, Berlin 1983–85.

104 *Petzina, D.*, Die Mobilisierung deutscher Arbeitskräfte vor u. während des Zweiten Weltkriegs, in: VFZ 18. 1970, 443–55.

105 *Peukert, D. u. J. Reulecke* Hg., "Die Reihen fast geschlossen". Beiträge zur Geschichte des Alltags unterm Nationalsozialismus, Wuppertal 1981.

106 --, Volksgenossen u. Gemeinschaftsfremde. Anpassung, Ausmerze u. Aufbegehren unter dem Nationalsozialismus, Köln 1982.

107 *Pingel, F.*, Häftlinge unter SS-Herrschaft, Hamburg 1978.

108 --, Die Konzentrationslager im nationalsozialist. Arbeitseinsatz, in: W. Dlugoborski Hg., Zweiter Weltkrieg u. sozialer Wandel, Göttingen 1981, 151–63.

109 *Prinz, M. u. R. Zitelmann* Hg., Nationalsozialismus u. Modernisierung, Darmstadt 1991.

110 *Rogowski, R.*, The Gauleiter and the Social Origins of Fascism, in: CSSH 19. 1977, 399–430.

111 *Scherer, K.*, "Asozial" im Dritten Reich, Münster 1990.

112 *Schieder, W.*, Zwei Generationen im militär. Widerstand gegen Hitler, in: J. Schmädecke u. P. Steinbach Hg., Der Widerstand gegen den Nationalsozialismus, München 1985, 436–59.

113 *Schmuhl, H.-W.*, Die Selbstverständlichkeit des Tötens. Psychiater im Nationalsozialismus, in: GG 16. 1990, 411–39.

114 *Schoenbaum, D.*, Hitler's Social Revolution. Class and Status in Nazi Germany 1933–1939, N.Y. 1967; dt. Die braune Revolution, Köln 1968/ND München 1980.

115 *Scholtz, H.*, Die "NS-Ordensburgen", in: VfZ 15. 1967, 269–377.

116 *Schorn, H.*, Der Richter im Dritten Reich, Frankfurt 1959.

117 *Schumann, H.-G.*, Nationalsozialismus u. Gewerkschaftsbewegung, Hannover 1958.

118 *Sheehan, J.J.*, National Socialism and German Society, in: Theory and Society 13. 1984, 851–67.

119 *Siegfried, K.-J.*, Das Leben der Zwangsarbeiter im VW-Werk 1939–45, Frankfurt 1988.

120 *Smelser, R. u. R. Zitelmann* Hg., Die braune Elite, Darmstadt 1989.

121 --, Die nationalsozialist. Machtergreifung als sozialintegrierender Prozeß: Überlegungen zur nationalsozialist. Sozial-Politik, in: W. Michalka Hg., Die nationalsozialist. Machtergreifung, Paderborn 1984, 220–30.

122 *Sorge, M.K.*, The Other Price of Hitler's War. German Military and Civilian Losses Resulting from World War II, Westport/Conn. 1986.

123 *Stachura, P.D.*, Who Were the Nazis? in: ESR 11. 1981, 293–324.

124 *Steiner, M.*, Power Politics and Social Change in National Socialist Germany, Den Haag 1976.

125 *Stockhorst, E.*, Fünftausend Köpfe. Wer war wer im Dritten Reich? Kettwig 1967.
126 *Tenfelde, K.*, Zwischen Betrieb u. Kommune. Zum Arbeiterverhalten im Nationalsozialismus, in: E. Breit Hg., Aufstieg des Nationalsozialismus - Untergang der Republik - Zerschlagung der Gewerkschaften, Köln 1984, 185—96.
127 --, Soziale Grundlagen von Resistenz u. Widerstand, in: J. Schmädeke u. P. Steinbach Hg., Der Widerstand gegen den Nationalsozialismus, München 1985, 799—812.
128 --, Proletar. Provinz, Radikalisierung u. Widerstand in Penzberg/Oberbayern 1900—1945, München 1982².
129 *Werner, W.*, Der Arbeitserziehungslager als Mittel nationalsoz. "Sozialpolitik" gegen deutsche Arbeiter, in: W. Dlugoborski Hg., Zweiter Weltkrieg u. sozialer Wandel, Göttingen 1981, 138—47.
130 *Yano, H.*, Hüttenarbeiter im Dritten Reich, Stuttgart 1986.
131 *Zimmermann, M.*, Verfolgt, vertrieben, vernichtet. Die nationalsozialist. Vernichtungspolitik gegen Sinti u. Roma, Essen 1989.

73. Sozialgeschichte der Bundesrepublik und der DDR

1 *Abelshauser, W.*, Die Langen Fünfziger Jahre: Wirtschaft u. Gesellschaft der Bundesrepublik Deutschland 1949—66, Düsseldorf 1987.
2 --, Wirtschaftsgeschichte der Bundesrepublik Deutschland 1945—80, Frankfurt 1983.
3 *Abendroth, W.*, Die soziale Struktur der Bundesrepublik u. ihre polit. Entwicklungstendenzen, in: PVS 4. 1963, 150—67; u. in: ders., Antagonist. Gesellschaft u. pluralist. Demokratie, Neuwied 1967, 17—47.
4 --, Wirtschaft, Gesellschaft u. Demokratie in der Bundesrepublik, Frankfurt 1965.
5 *Ambrosius, G.*, Flüchtlinge u. Vertriebene in der westdeutschen Wirtschaftsgeschichte, in: R. Schulze Hg., Flüchtlinge u. Vertriebene in der westdeutschen Nachkriegsgeschichte, Hildesheim 1987, 216—27.
6 *Benz, W.* Hg., Die Bundesrepublik Deutschland, 4 Bde, Frankfurt 1983/1989².
7 --, Zwischen Hitler u. Adenauer. Studien zur deutschen Nachkriegsgesellschaft, Frankfurt 1991.
8 *Berghahn, V.*, Unternehmer u. Politik in der Bundesrepublik, Frankfurt 1985.
9 *Broszat, M.* u.a., Von Stalingrad zur Währungsreform. Zur Sozialgeschichte des Umbruchs in Deutschland, München 1988.
10 *Buchheim, C.*, Was ist sozial an der Marktwirtschaft? in: W. Benz Hg., Sieben Fragen an die Bundesrepublik, München 1989, 53—71.
11 --, Die Währungsreform 1948 in Westdeutschland, in: VfZ 36. 1988, 189—231.
12 *Broszat, M.* u.a. Hg., Von Stalingrad zur Währungsreform. Zur Sozialgeschichte des Umbruchs in Deutschland, München 1988.

13 *Claessens, D.* u.a., Sozialkunde der Bundesrepublik Deutschland, Düsseldorf 1970[3].

14 *Conze, W. u. M.R. Lepsius* Hg., Sozialgeschichte der Bundesrepublik Deutschland, Stuttgart 1983.

15 *Dahrendorf, R.*, Wandlungen der deutschen Gesellschaft in der Nachkriegszeit, in: ders., Gesellschaft u. Freiheit, München 1961, 300–20.

16 *Erbe, G.* u.a., Politik, Wirtschaft u. Gesellschaft in der DDR, I, Opladen 1980[2].

17 *Erker, J.*, Ernährungskrise u. Nachkriegsgesellschaft. Bauern u. Arbeiterschaft in Bayern 1943–53, Stuttgart 1990.

18 *Föhl, C.*, Stabilisierung u. Wachstum beim Einsatz von Gastarbeitern, in: Kyklos 20. 1967, 119–46.

19 *Geissler, H.*, Die Neue Soziale Frage, Freiburg 1976.

20 *Hansen, A.*, Die Einkommens- u. Vermögensverteilung in der Bundesrepublik aus statist. Sicht, in: W. Albers Hg., Öffentl. Finanzwirtschaft u. Verteilung, Berlin 1974.

21 *Hartmann, A.* u.a., BRD - DDR. Vergleich der Gesellschaftssysteme, Köln 1971.

22 *Heilmann, M.*, Die Umverteilung der Einkommen durch den Staat in der Bundesrepublik in den Jahren 1960–72, Göttingen 1976.

23 *Hudemann, R.*, Anfänge der Wiedergutmachung. Französ. Besatzungszone 1945–1950, in: GG 13. 1987, 181–216.

24 *Jacobmeyer, W.*, Vom Zwangsarbeiter zum heimatlosen Ausländer, Göttingen 1985.

25 *Jolles, H.M.*, Zur Soziologie der Heimatvertriebenen, Köln 1965.

26 *Kaelble, H.* Hg., Der Boom 1948–1973, Opladen 1992.

27 Klassen- u. Sozialstruktur der Bundesrepublik 1950–1970, 2 Bde, Frankfurt 1972/73.

28 *Kleßmann, C.*, Zwei Staaten, eine Nation. Deutsche Geschichte 1955–1970, Göttingen 1988.

29 --, Die doppelte Staatsgründung. Deutsche Geschichte 1945–1955, Göttingen 1991[5].

30 *Lampert, H.*, Die Wirtschafts- u. Sozialordnung der Bundesrepublik Deutschland, München 1970/1976[5].

31 *Lemberg, E.* u.a. Hg., Die Vertriebenen in Westdeutschland, 3 Bde, Kiel 1959.

32 *Münke, S.*, Die mobile Gesellschaft. Einführung in die Sozialstruktur der Bundesrepublik Deutschland, Stuttgart 1968.

33 *Münstermann, J.* u.a., Armut in Deutschland, in: Gleiche Chancen im Sozialstaat? Opladen 1975, 27–47.

34 --, Die soziale Basis des Klassenbewußtseins, in: W. Meißner u. L. Unterscher Hg., Verteilungskampf u. Stabilitätspolitik, Stuttgart 1972, 168–84.

35 *Niethammer, L.* Hg., "Die Menschen machen ihre Geschichte nicht aus freien Stücken, aber sie machen sie selbst". Einladung zu einer Geschichte des Volkes in NRW, Berlin 1985[2].

36 *Rausch, H. u.a.*, DDR - Das polit., wirtschaftl. u. soziale System, München 1974.

37 *Reigrotzki, E.*, Soziale Verflechtungen in der Bundesrepublik, Tübingen 1956.

38 *Ritsert, J. u. C. Rolshausen*, Zur Sozialstruktur der Bundesrepublik Deutschland, in: K. Meschkat u. O. Negt Hg., Gesellschaftsstrukturen, Frankfurt 1973, 13–40.

39 *Ritter, G.A. u. M. Niehuss*, Wahlen in Deutschland 1946–90, München 1991.

40 *Roth, J.*, Armut in der Bundesrepublik, Frankfurt 1971.

41 *Schäfers, D.*, Sozialstruktur u. Wandel der Bundesrepublik Deutschland, Stuttgart 1985[4].

42 *Schmidt, U. u. T. Fichter*, Der erzwungene Kapitalismus: Klassenkämpfe in den Westzonen 1945–48, Berlin 1971.

43 *Schnelzer, G.*, Sozialisierung, Internationalisierung oder Privatbesitz: Die Entscheidung über den Besitz an der westdeutschen Industrie 1945–1949, Diss. Heidelberg 1977.

44 *Staritz, D.*, Geschichte der DDR 1949–1985, Frankfurt 1985.

45 *Steffen, H.* Hg., Die Gesellschaft in der Bundesrepublik, 2 Bde, Göttingen 1970/71.

46 *Thränhardt, D.*, Geschichte der Bundesrepublik Deutschland, Frankfurt 1986.

47 Wirtschaftl. u. sozialer Wandel in der Bundesrepublik Deutschland, Gutachten der Kommission für wirtschaftl. u. sozialen Wandel, Göttingen 1977.

48 *Winkler, H.A.* Hg., Polit. Weichenstellungen im Nachkriegsdeutschland 1945–53 (= GG SoH. 5), Göttingen 1979.

49 *Zwahr, H.*, Die Revolution in der DDR, in: M. Hettling Hg., Revolution in Deutschland? Göttingen 1991, 122–43.

Abkürzungsverzeichnis

anon.	anonymer Verfasser
AHR	American Historical Review
AfK	Archiv für Kulturgeschichte
APSR	American Political Science Review
APZ	Aus Politik u. Zeitgeschichte (Beilage zur Wochenzeitung "Das Parlament)
AfS	Archiv für Sozialgeschichte
ASR	American Sociological Review
ASS	Archiv für Sozialwissenschaft u. Sozialpolitik
Bd.	Band
Bde	Bände
Beih.	Beiheft
BDL	Blätter für Deutsche Landesgeschichte
BH	Business History
BHR	Business History Review
BHS	Beiträge zur Historischen Sozialkunde
BJS	British Journal of Sociology
CEH	Central European History
CEHE	Cambridge Economic History of Europe
CSSH	Comparative Studies in Society and History
ders.	derselbe
dt.	deutsche Übersetzung
DVG	Deutsche Verwaltungsgeschichte
DZW	Deutsche Zeitschrift für Wirtschaftskunde
EDCC	Economic Development and Cultural Change
EEH	Explorations in Entrepreneurial (seit 1969: Economic History)
EHQ	European History Quarterly
EHR	Economic History Review
ESR	European Studies Review
ESS	Encyclopaedia of the Social Sciences
Fs.	Festschrift
FBPG	Forschungen zur Brandenburgischen u. Preußischen Geschichte
Ges.	Gesammelte
GG	Geschichte u. Gesellschaft
GGr	Geschichtliche Grundbegriffe
GdS	Grundriß der Sozialökonomik
GSR	German Studies Review
GW	Gesammelte Werke
GWU	Geschichte in Wissenschaft und Unterricht
Hb.	Handbuch
Hg.	Herausgeber
HB	Handbuch der deutschen Bildungsgeschichte
HBG	Handbuch der Bayerischen Geschichte

HEG	Handbuch der Europäischen Geschichte
HES	Handbuch der Empirischen Sozialforschung
HEWS	Handbuch der Europäischen Wirtschafts- u. Sozialgeschichte
HJ	Historical Journal
HdM	Handbuch zur deutschen Militärgeschichte
HdR	Handwörterbuch zur deutschen Rechtsgeschichte
HSF	Historische Sozialforschung
HStW	Handwörterbuch der Staatswissenschaften
HSW	Handwörterbuch der Sozialwissenschaften
HT	History and Theory
HW	History Workshop
HWS	Handbuch der deutschen Wirtschafts- und Sozialgeschichte
HWW	Handwörterbuch der Wirtschaftswissenschaft
HZ	Historische Zeitschrift
IASL	Internationales Archiv für Sozialgeschichte der deutschen Literatur
IESS	International Encyclopaedia of the Social Sciences
IRSH	International Review of Social History
IWK	Internationale Wissenschaftliche Korrespondenz zur Geschichte der deutschen Arbeiterbewegung
Jb.	Jahrbuch
Jh.	Jahrhundert
JCEA	Journal of Central European Affairs
JCH	Journal of Contemporary History
JEH	Journal of Economic History
JbG	Jahrbuch für Geschichte
JbGMO	Jahrbuch für die Geschichte Mittel- und Ostdeutschlands
JHI	Journal of the History of Ideas
JbIDG	Jahrbuch des Instituts für Deutsche Geschichte in Tel Aviv; (seit 1987: Tel Aviver Jahrbuch für Deutsche Geschichte [TAJB])
JIH	Journal of Interdisciplinary History
JMH	Journal of Modern History
JNS	Jahrbücher für Nationalökonomie u. Statistik
JbR	Jahrbuch für Regionalgeschichte
JbS	Jahrbuch für Sozialwissenschaft
JSH	Journal of Social History
JbW	Jahrbuch für Wirtschaftsgeschichte
KZfS	Kölner Zeitschrift für Soziologie u. Sozialpsychologie
LBIYB	Leo-Baeck-Institute Yearbook
MM	Militärgeschichtliche Mitteilungen
MS	Manuskript
NCMH	New Cambridge Modern History
ND	Nachdruck
NF	Neue Folge
NPL	Neue Politische Literatur
NSDAP	Nationalsozialistische Deutsche Arbeiterpartei

N.Y.	New York
Prov.	Provinz
PP	Past and Present
PoSt	Population Studies
PSQ	Political Science Quarterly
PVS	Politische Vierteljahrschrift
RGG	Religion in Geschichte u. Gegenwart
RoP	Review of Politics
RVB	Rheinische Vierteljahrsblätter
Sowi	Sozialwissenschaftliche Informationen
SDG	Sowjetsystem u. Demokratische Gesellschaft
SH	Social History
SoH.	Sonderheft
Sch.Jb.	Schmollers Jahrbuch
SM	Scripta Mercaturae
SR	Social Research
SVS	Schriften des Vereins für Sozialpolitik
SW	Soziale Welt
TAJB	Tel Aviver Jahrbuch für Deutsche Geschichte
TB	Taschenbuch
Univ.	Universität
VSWG	Vierteljahrsschrift für Sozial- u. Wirtschaftsgeschichte
VfZ	Vierteljahrshefte für Zeitgeschichte
Wb.	Wörterbuch
WF	Westfälische Forschungen
WP	World Politics
WbV	Wörterbuch der Volkswirtschaft
WSA	Wolfenbütteler Studien zu Aufklärung
ZAA	Zeitschrift für Agrargeschichte u. Agrarsoziologie
ZBL	Zeitschrift für Bayerische Landesgeschichte
ZfG	Zeitschrift für Geschichtswissenschaft
ZGS	Zeitschrift für die Gesamte Staatswissenschaft
ZHF	Zeitschrift für Historische Forschung
ZKPSL	Zeitschrift des Königlich Preußischen Statistischen Landesamtes
ZfO	Zeitschrift für Ostforschung
ZPSL	Zeitschrift des Preußischen Statistischen Landesamtes
ZfS	Zeitschrift für Soziologie
ZfU	Zeitschrift für Unternehmensgeschichte